Das HolzArbeiterBuch

»Holzarbeiter, schließt die Reihen«

Das HolzArbeiterBuch

Die Geschichte der Holzarbeiter und ihrer Gewerkschaften

Herausgegeben von Helga Grebing
Hans-Otto Hemmer Gottfried Christmann

BUND-VERLAG

© 1993 by
Bund-Verlag GmbH, Köln
Lektorat:
Christiane Schroeder-Angermund
Redaktion: Stephan Hegger
Gestaltung:
Brigitte und Hans Peter Willberg
Herstellung: Heinz Biermann
Bildrecherche:
Hans Christian Adam
Gottfried Christmann
Stephan Hegger
Milon Gupta
Schrift: Today
Satz: Fotosatz Böhm GmbH, Köln
Druck: P. R. Wilk, Friedrichsdorf
Bindung: G. Lachenmaier, Reutlingen
Printed in Germany 1993
ISBN 3-7663-2144-7

Alle Rechte vorbehalten,
insbesondere die
des öffentlichen Vortrags,
der Rundfunksendung und
der Fernsehausstrahlung,
der fotomechanischen Wiedergabe,
auch einzelner Teile.

INHALT

Vorwort – 7

HELGA GREBING – 9
Einleitung:
»... auf dem alten Grunde
Neues bauen jede Stunde.«

KAPITEL I

GOTTFRIED CHRISTMANN – 17
Gründung und Aufbau 1868–1893

GOTTFRIED CHRISTMANN – 38
Theodor Yorck

WOLFGANG SCHMIERER – 42
Karl Kloß

BERND FAULENBACH – 45
Handwerkstraditionen und Holzarbeitergewerkschaften

FRANK MEYER – 52
Vom Leben und Arbeiten
in Tischlerwerkstätten um 1900

KAPITEL II

KLAUS SCHÖNHOVEN – 63
**Erfolgreiche Jahre und schwere Entscheidungen
1893–1918**

JOACHIM EICHLER – 88
Theodor Leipart

DETLEV BRUNNER – 92
Carl Legien

HERMANN RÖSCH – 96
Arbeit, Einheit, Stärke, Schutz: Der Zentralverband
Christlicher Holzarbeiter Deutschlands

JOSEF DEUTZ – 102
Adam Stegerwald

GOTTFRIED CHRISTMANN – 106
Revolution im Harz
Der Lauterberger Stuhlarbeiterstreik

GEORG GITSCHEL – 111
Die Internationale der Holzarbeiter

KAPITEL III

HEINRICH POTTHOFF – 123
**Aufschwung, Erfolg und Grenzen
in der Weimarer Republik 1918–1933**

UDO ENGBRING-ROMANG – 143
Adam Neumann

RAINER SCHULZE – 145
Fritz Tarnow

MICHAEL SCHNEIDER – 150
Heinrich Kurtscheid

MARTIN NOÉ – 153
Wie die Gewerkschaft bei Steinway Fuß faßte

MICHAEL LÖSEL – 159
Opfer ihres Berufes: Arbeiterinnen in der Bleistiftindustrie

DETLEV HEIDEN – 165
Das Möbelbecken – Die Holzindustrie
in Ostwestfalen-Lippe

KAPITEL IV

GUNTHER MAI – 173
**Arbeiter ohne Gewerkschaften
Verfolgung und Widerstand 1933–1945**

HENRYK SKRZYPCZAK – 186
Funktionäre im Widerstand

HENRYK SKRZYPCZAK – 190
Michael Kayser

STEPHAN HEGGER – 191
Georg Elser

INHALT

KAPITEL V

HELGA GREBING – 195
Wiederaufbau, Restauration, »Wirtschaftswunder« 1945 – 1966

WOLFGANG MEINICKE – 218
Zur Geschichte der Holzarbeitergewerkschaft in der sowjetischen Besatzungszone

PETER RIEMER – 224
Heinz Seeger

HANS-GEORG THÖNGES – 225
»Sitz der Verbandsrebellion« oder Spiegel der Gewerkschaft? 120 Jahre Holzarbeiterpresse

WOLFGANG MEINICKE – 234
Heimarbeit in der mitteldeutschen Spielwarenindustrie 1900 – 1949

WOLFGANG SCHÄFER – 240
Betriebs- und Gewerkschaftsarbeit in der industriellen Provinz am Beispiel der Ilse-Möbelwerke (Uslar)

KAPITEL VI

HANS-OTTO HEMMER – 255
Erfolge und Gefährdungen der Gewerkschaft Holz und Kunststoff von 1966 bis heute

DIETER SCHUSTER – 274
Gerhard Vater

DIETER SCHUSTER – 276
Kurt Georgi

STEPHAN HEGGER – 278
Auf den Spuren eines Gewerkschaftssekretärs im Bayerischen Wald

GESPRÄCH – 284
Tradition – Eine Flamme am Leben halten

ANHANG

Chronik der organisierten Holzarbeiter – Seite 292

Geschäftsführende Vorstände der Gewerkschaft Holz und Kunststoff seit 1949 – Seite 298

Mitglieder-, Beitrags- und Verwaltungsstellenentwicklung des Deutschen Holzarbeiter-Verbandes 1893-1931 – Seite 300

Mitgliederzahlen des Deutschen Holzarbeiter-Verbandes 1893-1931 – Seite 302

Mitgliederzahlen der Gewerkschaft Holz und Kunststoff seit 1945 und Beschäftigtenentwicklung im Organisationsbereich – Seite 303

Tarifentwicklung der holzverarbeitenden Industrie am Beispiel Niedersachsen und Baden-Württemberg – 304

LITERATUR – 306

DIE AUTORIN UND DIE AUTOREN – 307

PERSONENREGISTER – 308

BILDNACHWEIS – 310

Vorwort

Die Gewerkschaft Holz und Kunststoff ist stolz auf ihre Geschichte. Wir bekennen uns zu den Höhen und Tiefen unserer Tradition, wir fühlen uns den Generationen verbunden, auf deren Leistung, auf deren Opfer wir aufbauen – und wir sehen unsere Geschichte als Verpflichtung für gegenwärtiges Handeln wie für die Weichenstellungen in die Zukunft.

Die Arbeit mit Holz ist eine uralte menschliche Beschäftigung. Handwerker und Künstler haben es seit jeher zu bedeutenden Leistungen in der Bearbeitung und Verarbeitung von Holz gebracht. Vielfach ist der Beruf über Generationen vom Vater an den Sohn (seltener an die Tochter) weitergegeben worden. Daraus ist ein besonderes Traditionsbewußtsein erwachsen, das die Holzarbeiter und ihre Gewerkschaften innerhalb der Arbeiterbewegung charakterisiert und auszeichnet. Holzarbeiter haben zu den ersten gehört, die sich im 19. Jahrhundert gewerkschaftlich organisiert haben. Und immer wieder sind es Holzarbeiter gewesen, die dem gewerkschaftlichen Gedanken und der Gewerkschaftsorganisation insgesamt Impulse gegeben haben: Theodor Yorck und Karl Kloß, Carl Legien und Theodor Leipart, Wilhelm Leuschner und Fritz Tarnow – um nur einige wenige zu nennen. Von ihrer historischen Rolle ist in diesem Buch ebenso Zeugnis abgelegt wie vom Wandel der Holzarbeit in den vergangenen hundert Jahren, von Arbeit und Leben der Holzarbeiterinnen und Holzarbeiter, von unseren gemeinsamen Niederlagen und Erfolgen.

Wer am Holz arbeitet, der arbeitet mit Natur. Das Wissen darum, daß auch dieser Teil von Natur endlich ist, ist erst in jüngster Zeit Allgemeingut geworden. Zu Hause und in der Welt sind die Wälder bedroht: von Giften, von Feuer, von Kahlschlag. Gesunde Wälder sind eine Grundvoraussetzung für das Leben und Überleben auf unserem Planeten. Für jene Menschen, die mit Holz und am Holz arbeiten, ist die Erhaltung des Rohstoffes für ihre Arbeit von doppelter Bedeutung. Deshalb tritt die Gewerkschaft Holz und Kunststoff nachhaltig für einen wirksamen Schutz der Regenwälder wie der heimischen Wälder ein.

Ich hoffe und wünsche, daß viele das Buch zur Hand nehmen, blättern, betrachten, vielleicht sogar lesen werden und dabei zu dem Schluß kommen werden, daß es sich lohnt, im Bewußtsein einer großen Tradition auch in Zukunft für die gute gewerkschaftliche Sache zu arbeiten, zu streiten, zu kämpfen.

Horst Morich

Vorsitzender der Gewerkschaft Holz und Kunststoff

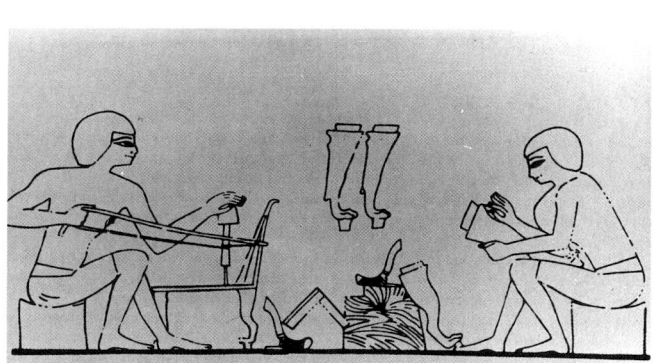

Ägyptische Möbeltischler
(um 1475 v. Chr.)

Römische Tischlerwerkstatt
(um 300 n. Chr.)

Der Schreiner Karl Schreyner
(älteste deutsche Darstellung
einer Hobelbank, 1398)

Korbmachermeister Eduard Liessel
(1902)

Wilhelm Schweckendiek (Vorsitzender
des »Allgemeinen Tischler-Vereins«) an
der Hobelbank

HELGA GREBING

Einleitung:
»... auf dem alten Grunde Neues bauen jede Stunde.«

So lautet – wie der Vorsitzende der Gewerkschaft Holz und Kunststoff im Gespräch am Ende dieses Buches berichtet – der Spruch, der über dem Eingang eines alten Holzarbeiterbetriebs in seinem Heimatort Bad Lauterberg in einen dicken Balken eingeschnitzt ist. Und obwohl die Gewerkschaft Holz und Kunststoff im Jahre 1993 bereits 100 Jahre alt wird, reicht »der alte Grund« viel weiter zurück, bis in die Mitte des vorigen Jahrhunderts, als Tischlergesellen wie andere Gesellen auch nach dem Gesellenstück erst einmal auf die Walz gingen – vornehmlich nach Deutschland, Österreich und in die Schweiz, manchmal sogar nach Nordeuropa, überall dorthin, wo das Holz lebt. Meist dauerte die Wanderschaft drei bis fünf Jahre, wie beim Drechslergesellen August Bebel, dem späteren – fast schon legendär gewordenen – Führer der deutschen Arbeiterbewegung und heimlichen Gegenkaiser aller aufgeklärten Deutschen (gegen die Wilhelms, die Friedrichs und die Friedrich-Wilhelms). Manchmal machte die Wanderschaft das halbe Berufsleben aus, wenn man nirgendwo auf Dauer Arbeit fand, keine Familie gründen konnte, wurzellos von Ort zu Ort zog und manchmal bis an die Grenze des Bettelns geriet.

Aber Wandern war eben auch mehr, als die bloße Existenz zu fristen, es war die Erschließung einer Erfahrungswelt, in der man Anstöße zu solidarischem Handeln und zu gemeinsamer Widerständigkeit gegen alle Art von Bevormundung erhielt, gegen den sich zum kapitalistischen Ausbeuter mausernden Prinzipal so gut wie gegen den Staat in Gestalt des Gendarmen und gegen manches andere wie zum Beispiel den affigen Bürgerstolz. Wanderschaft – das war die Vorschule der modernen Arbeiterbewegung (und manchmal war auch das Gefängnis die Universität des Proletariats – um noch einmal an den Drechsler August Bebel zu erinnern); übrigens gab es diese »Vorschule« bis in die zwanziger Jahre unseres Jahrhunderts hinein, wie viele Biographien in diesem Buch ausweisen. »Alter Grund« – das muß wohl auch die Neigung zur »Vererbung« des Berufs gewesen sein: Da wird von einem 1869 in Karlsruhe geborenen Holzarbeitergewerkschafter berichtet (Anton Rusch war sein Name – vielleicht hat ihn noch jemand von den Lesern dieses Buches gekannt), er war der Sohn eines Parkettlegers, hatte bei seinem Vater gelernt, war bis Frankfurt gewandert und hatte dort eine Familie gegründet. Von seinen elf Kindern erlernten alle vier Söhne das Parkettlegerhandwerk und einige Enkel noch dazu. Von einem anderen, einem eine ganze Generation Jüngeren (Jg.1905), wissen wir, daß er erst als Hilfsarbeiter ohne Lehre in einer Möbelfabrik in Essen gearbeitet und es dann doch geschafft hat – wie er die Nachwelt wissen ließ –, glücklicher »Parkettleger mit Leib und Seele« zu werden. Oder die Familie des jungen Uwe K. (Jg.1959): Großvater Karl (Jg.1907), Schreiner, hat drei Söhne und drei Enkel, die alle Schreiner geworden sind; Vater Volker (Jg.1929) ist Schreiner, war eine Zeitlang selbständig und arbeitete dann bei einem Innenarchitekten (danach lange Zeit als Umschuler); Uwe selbst und sein Bruder lernten – wie kann es anders sein – Schreiner, erst später studierte Uwe Architektur.

Holzarbeiter wissen, daß ihre Leidenschaft für Holz etwas mit dessen Eigenschaften zu tun hat; Holz ist eben ein idealer Werkstoff, der wie sonst fast kein anderer die Gestaltungskraft dessen, der mit ihm umgeht, freizusetzen vermag (Probleme schafft erst die Verbindung des natürlichen Werkstoffs mit chemischen Stoffen). Vielfach hat Holz die Menschen zu Bildern angeregt, die in ihrem Leben eine Bedeutung haben. Wer klopft nicht gern auf Holz, um Wertbeständigkeit und die Hoffnung auf eine unversehrte Zukunft zu berufen? Aber Holz ist auch ein Symbol für die Gefährdung menschlichen Daseins, wie wir aus dem Evangelium des Lukas (Kapitel 23, Vers 31) über Jesu Verurteilung wissen: »Denn so tut man das am grünen Holz, was will am dürren werden?« Da klingt es fast wie ein hoffnungsvolles Projekt der Zukunft, wenn der moderne Möbelkonsument heute aufgefordert wird, sich doch besser mit dem »Baum im Raum« als eine Lebenseinheit zu betrachten und seine Gebrauchsgüter schlicht, schadstofflos, der natürlichen Struktur folgend zu wählen.

Doch ehe wir ins grüne Schwärmen abheben, sei klargestellt: Arbeit an und mit Holz war nie eine Idylle und ist es auch heute noch nicht. Die »normale« Tischlerwerkstatt bestand bis ins 20. Jahrhundert hinein zumeist aus einem Meister, ein bis zwei Gesellen, einem Lehrling. In schlechten Zeiten hielt der Meister nur Lehrlinge, viel zu viele, was man »Lehrlingszüchterei« nannte. Wenn die Gesellen im Hause des Meisters wohnten, erhielten sie allenfalls »Halblohn«, das heißt mehr als die Hälfte des Lohns wurde für Kost und Logis einbehalten. Die Überbesetzung des Handwerks war in der Mitte des 19. Jahrhunderts so groß und die Lage der Gesellen so miserabel, daß der starke Zuspruch zu den Arbeiterbildungsvereinen seine Ursache nicht nur in der Bildungsbeflissenheit der Gesellen hatte, sondern seine materielle Grundlage in der Inanspruchnahme der Versorgungseinrichtungen der Vereine fand. Neben der »normalen« Tischlerwerkstatt gab es in einigen Regionen, so zum Beispiel in Hamburg, um 1850 Bau- und Möbeltischlereien mit Holz- und Zimmerplatz. Die über 100 Beschäftigten in diesen Betrieben arbeiteten allerdings noch kaum arbeitsteilig, das heißt, die Arbeitsformen waren noch wenig fabrikmäßig organisiert. Doch zur gleichen Zeit begann in der Leisten-, Parkett- und Furnierproduktion sowie in der Stuhlindustrie bereits der Maschineneinsatz üblich zu werden.

Der Ausbeutungsgrad der Arbeit war hoch: Vor 1914 arbeitete man 60 bis 66 Stunden in der Woche, die Wege zur Arbeitsstätte und ins Wohnquartier zurück kamen noch hinzu. Oft mußte der Arbeiter noch für seine Werkzeuge selbst aufkommen und sich die Lampe am Arbeitsplatz und das Petroleum dazu auf eigene Rechnung besorgen. Obwohl das Holzgewerbe die Domäne der Facharbeiter war und blieb, gab es über die Zeiten genug Dequalifikationsprozesse, so wenn einer vom hochqualifizierten Luxusmöbel-Einzelstückhersteller zum einfachen Stuhlfabrikarbeiter abstieg; aber auch der umgekehrte Trend zu neuen, aufstiegsorientierten Berufsbildern läßt sich feststellen, wie zum Beispiel in neuester Zeit am Beruf des Holzmechanikers.

Die Unfallträchtigkeit der Arbeit am Holz war enorm. Gerade wenn die benötigte Maschinerie eine Verlängerung der Hand und der Handgriffe ist, ist die Gefahr der Verstümmelung der Hand besonders groß. Hinzu kam der Holzstaub, der Erkrankungen der Bronchien und der Lunge, ja sogar Nasenkrebs – und dies bis heute – hervorrufen kann. 1893 bzw. 1897 gingen 46 Prozent aller Todesfälle der organisierten Holzarbeiter auf das Konto der »Mottenlöcher« in der Lunge, wie man die Proletarier-Krankheit TBC anschaulich beschrieb (vier Fünftel der an TBC Gestorbenen waren unter fünfzig Jahre alt). Heute wissen wir, welche Gefährdungen der Gesundheit (nicht nur für den Holzarbeiter, sondern auch für den Käufer von Holzprodukten) die Verbindung von Holz mit chemischen Stoffen wie zum Beispiel Leimen, Lacken und Holzschutzmitteln nach sich ziehen kann. Hier verbinden sich die Probleme der Arbeitsformen mit Holz und Kunststoff mit den allgemeinen ökologischen Problemen, denen der einzelne ohnmächtig gegenüberstehen müßte, wüßte er nicht oder hätte er nicht aus den Quellen des »alten Grundes« gelernt, daß man nur gemeinsam stark sein kann, um »Neues zu bauen«.

Zu dieser Einsicht zu gelangen war für die Holzarbeiter ein ziemlich weiter und anstrengender Weg. Noch bis zum Ende der achtziger Jahre des 19. Jahrhunderts fühlte sich die große Masse der Holzarbeiter eigentlich von keinem Organisationsangebot, sieht man einmal von den Bildungsvereinen Mitte des Jahrhunderts ab, besonders stark angezogen. Das hatte weniger seinen Grund in einem etwas borniertem Berufsstolz wie zum Beispiel bei den Berliner Arbeitern, die Lassalle so enttäuschten, sondern damit zu tun, daß man kaum über den Tellerrand der lokalen Umgebung hinausschaute. Das Organisationsverhalten der großen Masse folgte mehr den Konjunkturverläufen in den einzelnen Städten und war gerichtet auf an konjunkturelle Aufschwünge geknüpfte kurzfristige Hoffnungen auf eine Verbesserung der Lebenslage und hatte wenig zu tun mit den politischen Absichten und Einsichten der Gewerkschaftsgründer. So spielten zunächst bei den lokalen Aktionen auch die zeremoniellen, stark ritualisierten Formen der alten Handwerkertradition eine Rolle (Umzug mit Musike), und nicht selten forderten die jungen Gesellen ihre alten Meister noch auf, sie bei ihrer Auseinandersetzung mit den neuen kapitalistischen Ausbeutern zu unterstützen. Es war nicht einfach, die sozial integrativen Solidarstrukturen einer versinkenden Welt in die neue Zeit des kapitalistischen Industrialismus zu übertragen.

Streiks wurden zunächst auf lokaler Ebene begonnen und – meistens wenig erfolgreich – beendet. Über den Ort hinausgehende Bedeutung und Beachtung fanden Streiks erst dann, wenn sie sich länger hinzogen und man die Hilfe der auswärtigen Kollegen brauchte. Auf diesem Weg entwickelte sich ein dauerhaftes Organisierungsverhalten, das allerdings auch seinen Preis hatte. Denn ziemlich rasch wurde das Streikverhalten der Holzarbeiter an die kurze Leine der überregional koordinierten Verbandspolitik genommen. »Centralisation« war das Losungswort, um durch die Macht der Organisation Streiks zu verhindern, ja überflüssig zu machen. Die Gewerkschaftsführer setzten seit den neunziger Jahren des vergangenen Jahrhunderts auf Tarifverträge, Schlichtungskommissionen, paritätisch besetzte Arbeitsnachweise und betrachteten den Streik nur als Ultima ratio. Dies hing mit der klein- und mittelbetrieblichen Struktur der holzbe- und -verarbeitenden Branchen zusammen, die auch die Aussperrung durch die Unternehmer begünstigte – bis ins 20. Jahrhundert.

Dies war der Weg zu einer Gewerkschaft, die schließlich vor dem Ersten Weltkrieg nach den Buchdruckern den Platz zwei auf der Skala der Organisationsquote einnahm. Diese Gewerkschaft wollte und will bis zum heutigen Tag eine »zum Anfassen« sein: immer konkret an der realen Lage und den hautnahen Bedürfnissen ihrer Mitglieder orientiert. Längst hat sich ihr Blick auch über die nationalen Grenzen gerichtet – seit den neunziger Jahren des vorigen Jahrhunderts gab es gegenseitige Beziehungen zu fast allen größeren Holzarbeitergewerkschaften in Europa, und heute ist es gar die Welt, die die Holzarbeitergewerkschaft beschäftigt: die GHK ist es nämlich gewesen, die innerhalb des internationalen Organisationsrahmens der Bau- und Holzarbeiter einen umfangreichen Tropenwald-Aktionsplan zur Rettung der Wälder vorgelegt hat – wie wir wissen, ein globales ökologisches Problem, von dem ganz entscheidend der Weiterbestand der Lebensgrundlagen auf dieser Erde abhängt.

Daß aus vielfältigen, oft unterschiedlichen, ja manchmal fast gegensätzlichen Interessenlagen der Holzarbeiter – darunter solche, die uns heute beinahe kurios anmuten, so wenn wir hören, daß bis zum Ende des 19. Jahrhunderts immer wieder Entsolidarisierungen zwischen Junggesellen und verheirateten Gesellen vorkamen – eine Gewerkschaft werden konnte, verwundert ein ums andere Mal: 1914 waren es zwanzig Verbände, die sich zum Holzarbeiterverband zusammengeschlossen bzw. sich ihm angeschlossen hatten, sechzehn mehr als im Gründungsjahr 1893. An diesem Aufschwung hatten einige wenige Männer entscheidenden Anteil: Der Breslauer Tischler Theodor Yorck, Sohn eines Tischlers, war einer der Ersten, die in dieser »Ahnenreihe« zu nennen sind; als er 1875 mit 45 Jahren starb, hatte er gezeigt, wie man die zersplitterten Kräfte der vielen kleinen Berufsorganisationen bündeln kann. Der Berliner Karl Kloß vom Jahrgang 1847, der wie sein Vater das Tischlerhandwerk erlernt hatte, hat dann seine Tischlerbewegung bereits mit sicherer Hand durch die Zeit des Sozialistengesetzes gesteuert und die Gewerkschaft bis zu seinem Tod 1908 geleitet. Von dem Westpreußen Carl Legien, Jahrgang 1861, wissen wir, daß er, Drechsler wie Bebel, dem Freien Drechsler-Verband vorstand, bevor er 1891 die Leitung des ersten Dachverbandes der Freien Deutschen Gewerkschaften, der Generalkommission, übernahm. Sein Nachfolger als Vorsitzender des Drechsler-Verbandes war Theodor Leipart, auch ein Drechsler, geboren 1867 in Neubrandenburg, der 1908 nach Kloß' Tod erst Vorsitzender der Holzarbeitergewerkschaft, dann nach Legiens Tod 1921 Vorsitzender des ADGB wurde.

Man sieht: Personelle Kontinuitäten waren wichtig und wirkungsvoll; man sieht auch: Die Holzarbeiter-Bosse haben oft allgemeine gewerkschaftliche Aufgaben übernommen, ja sogar öffentliche Ämter: Der Klavierbauer Robert Schmidt war vor 1914 nicht nur als Tarifexperte seines Verbandes erfolgreich, sondern wurde nach der Revolution 1918/19 kurzzeitig Reichswirtschaftsminister und Vizekanzler; der Korbmacher Gustav Noske war nicht nur Vorsitzender des DHV-Gaues Ost- und Westpreußen, sondern auch 1918 bis 1920 (umstrittener) Reichswehrminister und später immerhin der (keineswegs umstrittene, sondern sehr geachtete) Oberpräsident der preußischen Provinz Hannover; der aus Unterfranken stammende Schreiner Adam Stegerwald, der den Verein der Christlichen Holzarbeiter mit gegründet hatte, war unter dem Reichskanzler Brüning am Ende der Weimarer Republik Reichsarbeitsminister. Der Tischler Fritz Tarnow (als Sohn eines Tischlers 1880 im Hannoverschen geboren) hat zwar nie öffentliche Ämter bekleidet, galt aber als Vorsitzender des DHV seit 1920 als ein angesehener, versierter Praktiker, der wie kaum sonst einer als Wirtschaftstheoretiker der Gewerkschaftsbewegung der Zwischenkriegszeit allgemeine Geltung und politischen Einfluß besaß. Schließlich sei noch Wilhelm Leuschner genannt: 1890 in Bayreuth geboren, von Beruf Holzbildhauer, mit 38 Jahren hessischer Innenminister, Mitglied des ADGB-Bundesvorstandes, 1944 von den Nazis ermordet.

Bei so viel Engagement für die allgemeinen öffentlichen Angelegenheiten wird nachvollziehbar, warum die Repräsentanten der Holzarbeitergewerkschaft immer auch bei den »Schicksalsfragen der Nation« ihr Wort in die Waagschale geworfen haben. Dabei neigten die handwerklich geprägten Holzarbeiter zu keiner Form des Radikalismus, und die Verbandsführung bemühte sich anhaltend und erfolgreich um eine Integration der verschiedenen Strömungen, indem sie die gewerkschaftlichen Aufgaben in den Vordergrund rückte. Und so überrascht es, daß der Holzarbeiter-Verband 1914 kriegspatriotisch entschlossen für die Landesverteidigung eintrat und Theodor Leipart überdies zum Wortführer einer Zusammenarbeit mit den Unternehmern wurde und für ein »nationales Stillhalteabkommen« eintrat. War dies ein unter den Gewerkschaftern ungewöhnliches Ausschwenken in den nationalen Gemeinschaftsgeist, so lag die zögerliche Haltung gegenüber dem Nationalsozialismus 1932/33 auf der Linie der allgemeinen Ratlosigkeit der zerstrittenen und zermürbten demokratischen Kräfte in Deutschland. Nach 1945, nach zwölf Jahren nationalsozialistischer Diktatur, war – so scheint es – die Lektion gelernt, und die Holzarbeitergewerkschafter gehörten zu denen im Lager der Arbeiterbewegung, die lieber ein Wort mehr und deutlicher bei politischen Weichenstellungen sagten als zu wenig. Ihr Antifaschismus war immer eindeutig und offensiv; ihre Beurteilung der Entwicklung des bürokratisch-autoritären Kollektivismus im kommunistischen Einflußbereich demgegenüber manchmal schillernd, manchmal blauäugig. Der Anspruch auf Mitwirkungs- und Beteiligungsrechte im demokratischen Rechtsstaat blieb hingegen nicht bloß Forderung, sondern wurde als eine Gestaltungsaufgabe, die man selbst zu erfüllen hatte, anerkannt.

In manchen Bereichen gewerkschaftlicher Arbeit hat die Holzarbeitergewerkschaft besonders innovativ gewirkt: Da hatte es schon im Gründungsjahr 1893 die Initiative zu einer reichsweiten Erhebung sozialstatistischer Daten gegeben; mit 20 000 Fragebogen verschaffte man sich einen Überblick über die Lage der einzelnen Holzarbeitergruppen – 100 Jahre später ist die Methode zwar verfeinert, aber im Prinzip immer noch gebräuchlich. Eine Publikationsreihe, die die Situation in den einzelnen Sparten umfassend darstellte, folgte – sie entlastet die Historiker noch heute von schwieriger Überlieferungsarbeit. Geradezu vorbildlich war die Pressearbeit der Gewerkschaft mit der Holzarbeiter-Zeitung als Kernstück, den Fachblättern und den Veröffentlichungen für einzelne Gruppen (Mitarbeiter, Jugend, Frauen). Daß es oft zu Spannungen zwischen der Verbandsleitung und den Redaktionen kam, war rückblickend eher eine fruchtbare Herausforderung für beide und sicher nicht schlecht für das Austarieren unterschiedlicher (auch parteipolitischer) Optionen bis zum heutigen Tag, da es darum geht, eine integrierende Wirkung in Richtung Ostdeutschland zu entfalten.

Auch in der Holzarbeitergewerkschaft hat es Beispiele dafür gegeben, daß der Fortschritt eine Schnecke ist. Vor 1914 verdienten die meist ungelernten Frauen noch nicht einmal halb so viel wie die am schlechtesten bezahlten unter ihren Berufskollegen. Dennoch gelang es, bis 1913 jede fünfte Holzarbeiterin zu organisieren, wobei erschwerend hinzukam, daß ein Viertel von ihnen, nämlich 40 000, Heimarbeit leisteten. In Funktionen gelangten Frauen auch nach 1918 und nicht anders nach 1945 selten. Sicher unterschätzte man in der Gewerkschaft jene Frauen, die von der überwiegenden Zahl der Männer in ihrem Betrieb in den Betriebsrat gewählt wurden, wofür es nach 1945 einige Beispiele gab. Und ganz gewiß wurde die Bedeutung der »Mädels«, wie die weiblichen Verwaltungsangestellten im Jargon der Zeit genannt wurden, nicht richtig eingeschätzt: Sie bildeten oft genug in den Jahren des Wiederaufbaus nach 1945 das Rückgrat der Organisation; an ihnen hing die Arbeit, vor allem auch der Kassenführung; der einzige Bonus, den sie ihren Kollegen anerkanntermaßen voraus hatten, war, daß sie meist jung (nach 1920 geboren) waren, während das Durchschnittsalter der Führungsgruppe der Gewerkschaft damals 64,3 Jahre betrug. Heute gibt es in der GHK 44 Geschäftsstellen, und nur drei werden von einer Frau geleitet. Auch gibt es nur einige wenige Betriebsratsvorsitzende. Eine davon ist Helga V., die man am Schluß dieses Buches kennenlernen kann: frisch, fröhlich, selbstbewußt, unsentimental und außerordentlich kompetent. Es könnten mehr sein.

Kenner der zwar relativ kleinen, aber stabilen und traditionsbewußten GHK meinen nicht zu Unrecht, daß diese Organisation – mit geordneten Finanzen und gefestigtem Apparat – gut gewappnet ins letzte Jahrzehnt dieses Jahrhunderts geht. 41 Geschäftsführer und drei Geschäftsführerinnen betreuen mit 12 000 Vertrauensleuten die Holzarbeiter und Holzarbeiterinnen in ca. 35 000 Betrieben. Es gibt Organisationsbereiche, die ganze Regierungsbezirke umfassen und von Reutlingen bis an den Bodensee reichen oder wie der Betreuungsbereich Niederbayern größer sind als das Bundesland Saarland. Diese organisatorische Kraft wird noch gesteigert werden müssen im Maße der wirklichen solidarischen Integration der Kollegen und Kolleginnen Ostdeutschlands in die demokratische, auf die kämpferische Verwirklichung der Ziele der gesellschaftlichen Mitbestimmung und sozialen Gerechtigkeit gerichteten Gewerkschaftsbewegung.

Manches deutet darauf hin, daß auch in der GHK am »alten Grund« gerüttelt wird, wenn es zum Beispiel um die neuen Technologien geht, deren Einfluß auf die Arbeitsorganisation fast nach der Art eines Selbstläufers im Wachsen scheint. Demgegenüber wird die Forderung an die Gewerkschaft unabweisbar werden, die Arbeitsverhältnisse bei der Einführung neuer Technologien aktiv mitzugestalten. Und vielleicht stellt sich auch für die GHK früher oder später die Frage, ob man langfristig noch vor Konzepten zurückschrecken kann, die radikale Eingriffe in die Tradition der Mitgliederinteressenvertretung bedeuten würden. Vielleicht ist auch die Zeit nicht allzu fern, in der die Gewerkschaften, wie groß oder wie klein sie immer sein mögen, ihr Gewicht als Mitgestalter humaner und gerechter gesellschaftlicher Verhältnisse wieder lauter und überzeugender in die öffentliche Diskussion einbringen müssen. Die Grundwerte der alten, angeblich zu Ende gegangenen herrlichen Zeit der Arbeiterbewegung – Demokratie und Freiheit – sind immer noch, unter den Bedingungen der kapitalistischen Wirtschaftsverfassung notwendigerweise, die Leitziele für eine wirtschaftsdemokratische und ökologische Umgestaltung der Industriegesellschaft. Dies ist eine Aufgabe, die im vereinigten Deutschland neue Dimensionen gewonnen hat. Der Beitrag der Gewerkschaft Holz und Kunststoff zu den Zukunftsaufgaben könnte weiter unter dem Motto stehen: »Laßt uns am Alten, so es gut ist, halten, aber auf dem alten Grunde Neues bauen jede Stunde.«

Kapitel I **1868–1893**

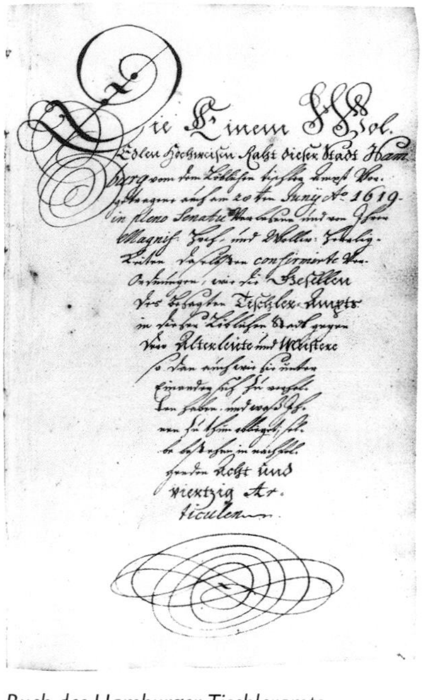

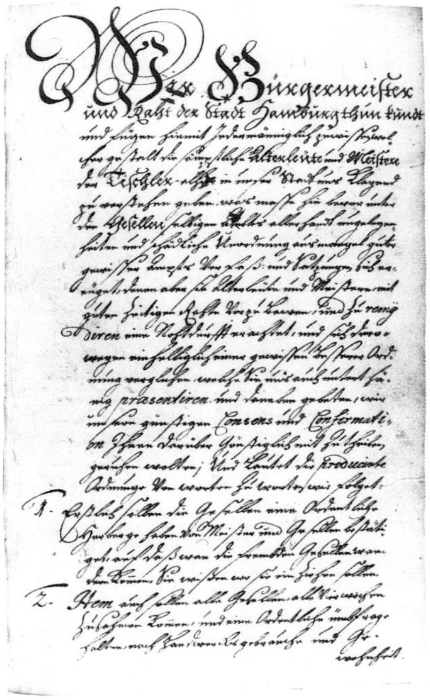

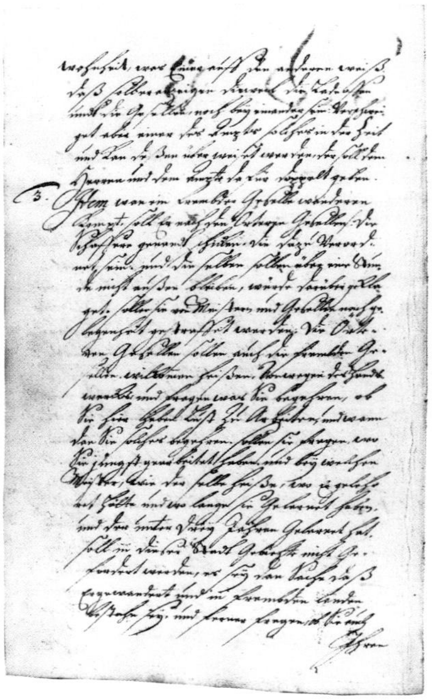

Buch des Hamburger Tischleramts (Meister und Gesellen schrieben darin die Protokolle ihrer – getrennten – Sitzungen nieder.)

Zwischen 1619 und 1865 wachte der Rat der Stadt über die Einhaltung der Amtsordnung.

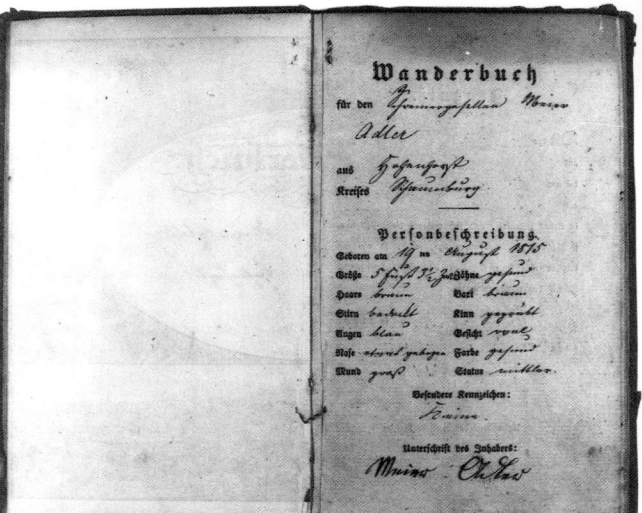
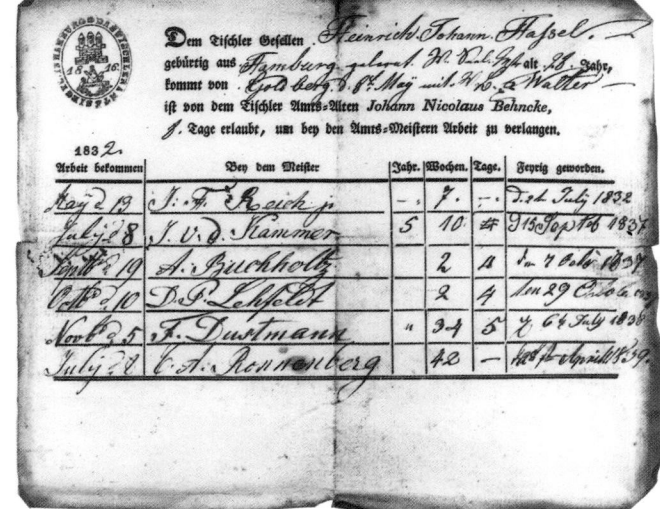
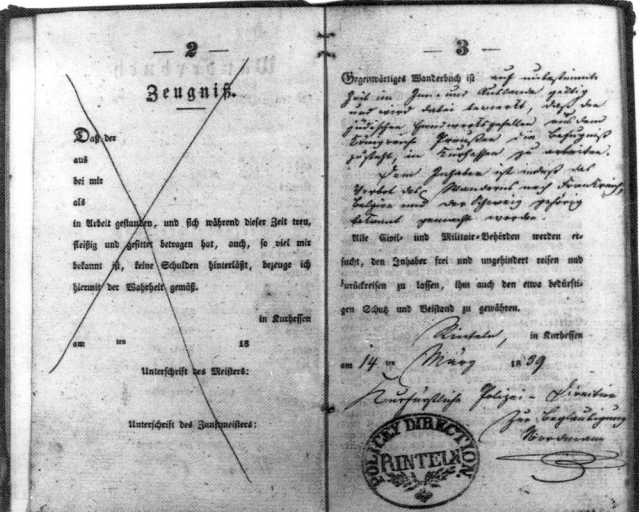

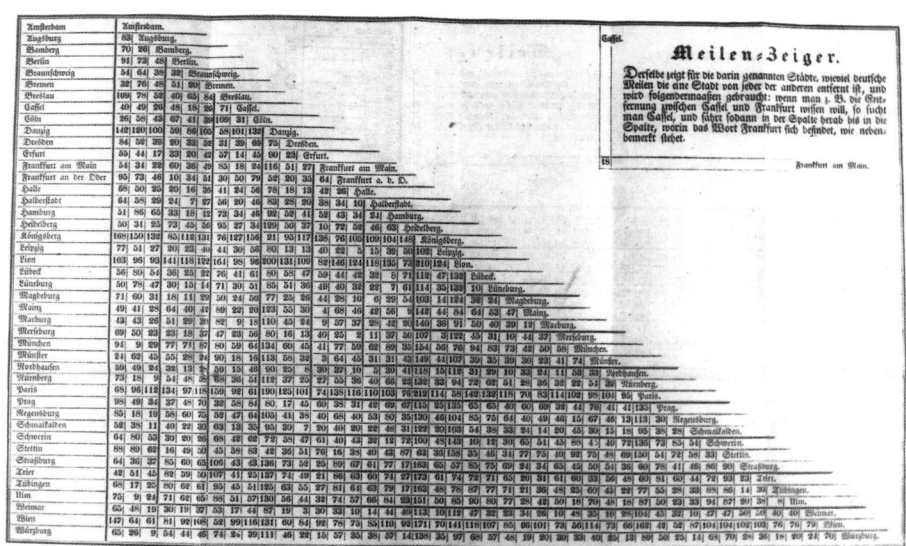

GOTTFRIED CHRISTMANN

Gründung und Aufbau 1868 – 1893

Es war einer jener für diese Jahreszeit oft typischen warmen Herbsttage, als – gänzlich unbeachtet von der Öffentlichkeit und selbst von den zur selben Zeit in Berlin versammelten Teilnehmern des Allgemeinen deutschen Arbeiterkongresses kaum wahrgenommen – ein paar Dutzend Männer am 26. September 1868 den »Gewerkverein Deutscher Holzarbeiter« gründeten. Mehr als 120 Jahre sind seither vergangen. Die Bürsten- und Korbmacher, Böttcher, Faßbinder und Stellmacher, Stuhlflechter und Glaser, die in Berlin ihren eigenen Verein gründeten, haben es sich damals bestimmt nicht träumen lassen, daß sie sozusagen die Keimzelle für eine jener 17 Gewerkschaften bildeten, die, heute im Deutschen Gewerkschaftsbund zusammengeschlossen, zu den mächtigsten Arbeitnehmerorganisationen in der Welt gehören. 120 Jahre sind in der Weltgeschichte kaum ein Lidschlag. Wer sich aber in die teilweise vergilbten Akten und andere Zeugnisse dieses einhundertzwanzigjährigen Werdegangs vertieft, kann auch heute noch angerührt werden von den Kämpfen, den Niederlagen und Siegen, den Träumen und Ernüchterungen jener Menschen, die ihre Ausbeutung nicht mehr als gottgegeben hinnehmen wollten. Es war ein langer Weg, und am Beginn stand ein typisch deutscher Streit um Prinzipien.

Gründungen von oben: Organisationsangebote

Besagte die Gründungssatzung von 1868 noch einleitend, daß Mitglied »jeder Arbeiter, jede Arbeiterin, jeder Kleinmeister, jede Kleinmeisterin« aus den genannten Gewerben sein könne, so löschte schon die erste Generalversammlung des Gewerkvereins im Mai 1869 auf Anraten seines Präsidenten Theodor Yorck die Mitgliedsfähigkeit der Frauen kurzerhand aus dem Statut. Man war der Meinung, Frauen würden kaum in den Gewerkverein eintreten wollen[1].

Die Gründungsväter des neuen »Gewerkvereins« betrachteten es als dessen wichtigste Aufgabe, »die Ehre und die materiellen Interessen der Beteiligten zu wahren und zu fördern«, und gründeten deshalb schon im arbeitskampfbewegten Gründungsjahr dieser ersten Holzarbeitergewerkschaft eine Reiseunterstützung für wandernde, gemaßregelte und arbeitslos gewordene Gesellen. Von Streikunterstützung war – obwohl wichtigste Unterstützungsart – dagegen noch nicht ausdrücklich die Rede. Und eine Krankenkasse wurde erst bei der ersten Generalversammlung in Kassel im Mai 1869 eingerichtet, als der junge Gewerkverein bereits 2000 Mitglieder in 44 Orten hatte. Wortführer der Gegner solcher Unterstützungseinrichtungen war Vizepräsident Oscar Lehder. Als Exponent der Hamburger Puristen verfocht Lehder mit seiner Kritik das Prinzip einer reinen Kampforganisation. Theodor Yorck wies demgegenüber auf den Werbecharakter einer überregional wirkenden Krankenkasse unter hochmobilen Arbeitskräften hin, ohne die eine beständige Interessenvertretung der Arbeiter aus seiner Sicht nicht denkbar war. Umgekehrt waren die ortsgebundenen Gesellen in den meisten Städten durch die Behörden gezwungen, kommunalen Fach- oder allgemeinen Krankenkassen anzugehören. Das Gewerkschaftsmodell Yorcks war ein Wechsel auf die Zukunft.

Während der politischen Machtkämpfe in den unterschiedlichen Lagern der frühen Arbeiterbewegung wechselte Theodor Yorck die Fronten und löste damit innerhalb des »Gewerkvereins deutscher Holzarbeiter« einen Richtungskampf aus, der im Herbst 1869 zur Spaltung der jungen Gewerkschaft entlang der sozialen Bruchlinie zwischen ortsansässigen und mobilen Gesellen führte. Für die große Masse der politisch nicht ambitionierten Holzarbeiter wird es schwer gewesen sein, den »Gewerkverein deutscher Holzarbeiter« (Lehder) vom »Gewerkverein der Holzarbeiter« (Yorck) zu unterscheiden, zumal mit dem »Gewerkverein der deutschen Tischler (Schreiner) und verwandten Berufsgenossen« im April 1869 eine dritte, »liberale« Berufsgruppengewerkschaft gegründet worden war und im sächsischen sowie im Rhein-Main-Gebiet Holzarbeitervereine der Bebel-Liebknechtschen Orientierung zur Gründung einer vierten, »internationalen« Zentralorganisation aufriefen. Der heftig, mitunter handgreiflich ausgetragene Streit der Prinzipien ist von den Funktionären für die äußerst schwache Resonanz der Organisationsangebote unter den »Berufsgenossen« verantwortlich gemacht worden. Tatsächlich wirkte der Streit aber auch als Motor und Schule für die harte, entbehrungsreiche und von Frustrationen begleitete Überzeugungsarbeit der damaligen »Agitatoren«.

Die »Hirsche« und die Selbsthilfe

Der Hirsch-Dunckersche Gewerkverein nahm am deutlichsten die alte handwerkliche Traditionslinie der Selbsthilfe auf. Er knüpfte am Traum der Gesellen an, daß der Übergang in die Selbständigkeit nur eine Frage der Zeit sei. Genossenschaftliche Kassen, Betriebe und Konsumvereine sollten die Grundelemente einer Lebens- und Arbeitsweise bilden, mit der sich die Gesellen gegen die Industrialisie-

---

[1] Protokoll der ersten General-Versammlung des Gewerkvereins deutscher Holzarbeiter am 23.5.1869 in Cassel (Parallel: ADAV GV), S. 6.

rung von Wirtschaft und Gesellschaft stemmen wollten. Arbeitskämpfe wurden deshalb abgelehnt oder sollten wie zu Zeiten der Zünfte auf Extremsituationen beschränkt werden. Der Gedanke der genossenschaftlichen Selbsthilfe traf durchaus die Auffassung der Mehrheit unter den Handwerksgesellen, er wurde als staatliche Aufgabe bzw. als wichtigstes Element einer zukünftigen Wirtschaftsweise auch von den Sozialdemokraten programmatisch weitergetragen und blieb besonders bei der Abwehr von Aussperrungen, Maßregelungen und bei Betriebsschließungen (bis heute) lebendig. Der »Gewerkverein der deutschen Tischler und verwandten Berufsgenossen«, der spätere »Gewerkverein der Holzarbeiter«, war in seiner Gründungsphase also sehr wohl attraktiv. Und er blieb es für die abnehmende Zahl derjenigen Gesellen, die die Meisterschaft anstreben konnten. Während der ersten Jahre des Sozialistengesetzes, als die sozialdemokratische Tischlerbewegung mit Polizeischikanen überzogen wurde, stand der liberale, staatlich gestützte Gewerkverein nominell sogar als mitgliederstärkste Holzarbeitergewerkschaft da: 1886 hatte er 5635 Mitglieder in 98 Zahlstellen.

1869 bis 1877: Kampf zweier Linien

Junggesellen, Altgesellen…

Es nutzte dem Yorckschen »Gewerkverein der Holzarbeiter« schon kurz nach der Spaltung, daß seit dem Herbst 1869 eine weitere Gewerkschaftsgründung vorbereitet worden war. Die »international gesinnten« Holzarbeiter, an deren Aufbaubemühungen »von unten« der Drechsler und Vorsitzende des »Verbandes der deutschen Arbeitervereine« (VDAV) August Bebel regen Anteil genommen hatte, wurden nach dem Wechsel Yorcks vom ADAV zur »Internationale« aufgerufen, sich dessen »Gewerkverein« anzuschließen. Dadurch erweiterte sich die geographische Rekrutierungsbasis des Gewerkvereins um Sachsen, Franken und das Rhein-Main-Gebiet. Die Nagelprobe, ob dieses zweite sozialdemokratische Organisationsangebot attraktiver als das lassalleanische sein würde, stand aber noch aus. Der Yorcksche »Gewerkverein« war bis dahin nicht überzeugend gewachsen: Auf der Generalversammlung 1870 waren 6 Bezirke mit 1150 Mitgliedern in 25 Orten vertreten. Es gab 9 stimmberechtigte Delegierte. Die Gewerkschaft gab sich den Namen »Internationale Gewerkschaft der Holzarbeiter«, wobei der Namensbestandteil »international« gegen das Votum des einzigen ausländischen Delegierten angenommen und später nie mehr benutzt wurde. Von den Mitgliedern waren 68 Prozent unverheiratet. Und: Nur 37 Prozent der Mitglieder zahlten neben dem normalen Beitrag auch Beiträge in die Krankenkasse der Gewerkschaft. Es war also im Kern eine ausgesprochene Junggesellenorganisation. Die Zahlstelle Köln vertrat mit 300 »steuernden Mitgliedern« 29 Prozent der Gesamtmitgliedschaft und Wiesbaden mit 97 Mitgliedern immerhin noch 9 Prozent. Nimmt man die beiden Zahlstellen Leipzig (63) und Breslau (60) als Orte mit über 50 Mitgliedern dazu, dann war in vier Städten bereits die Hälfte der Gesamtmitgliedschaft erfaßt. Die Großstädte Berlin und Hamburg fehlten im Netz[2]. Die übrigen 500 Mitglieder verteilten sich auf 21 weitere Orte. Örtliche Krankenkassen auf der Basis von im Schnitt unter 25 Mitgliedern waren ohne starke, ausgleichende Zentralkasse jedoch kaum denkbar.

Das in Mainz beschlossene Organisationsfundament zielte auf einen Ausgleich der Interessen der ledigen und der verheirateten Gesellen in der Unterstützungsfrage. Dieser ging auch von einer Interessengleichheit von Tischlern und Korbmachern, von Pinselmachern und Drechslern aus. Man wollte eine Brücke schlagen zwischen den Gesellenschaften der großen Städte und denen der kleinen Landstädtchen. Die Mitglieder setzten mit der Reise- und der Krankenunterstützung einen deutlichen Akzent auf die Interessenlage der jungen, wandernden Gesellen und mußten deshalb auf die – in den Großstädten bereits maßgebliche – Minderheit der verheirateten Gesellen ein bißchen provinziell wirken.

… und großstädtische Familienväter: Strike-Kassen

In Berlin, einer Hochburg der liberalen Tischler, hatten die beiden sozialdemokratischen Holzarbeitergewerkschaften nicht Fuß fassen können. In diesem Schmelztiegel hatten sich die Lebens- und Arbeitsverhältnisse der Tischler besonders weit in Richtung der neuen kapitalistischen Produktionsweise entwickelt. In Kost und Logis beim Meister lebten 1872 nur noch wenige Gesellen, die Schlafstelle außerhalb des Meisterhaushalts hatte sich durchgesetzt. 1867 war in Berlin schon jeder dritte Tischler verheiratet. Bis 1890 sollte sich diese Zahl unter den über 23jährigen auf 66 Prozent erhöhen. Durch die Übernahme von Servicefunktionen in »Lohnschneidereien«, die das Zuschneiden des Holzes besorgten, waren Großbetriebe (5 bis 50 Beschäftigte) in der Möbelproduktion keine Seltenheit. Der »Berliner Schund« war reichsweit unter Tischlern verpönt und bei den kleinen Leuten beliebt[3].

Als die Hochkonjunktur der Gründerjahre 1871 auch die Tischler erreichte, wurden Lohnerhöhungen in Berlin ohne Arbeitskämpfe durchgesetzt. Die Arbeitskraft war knapp und sehr gesucht. *»Es war die berühmte Zeit, in der »die Maurergesellen in der Droschke zur Arbeit fuhren und zum Frühstück nur noch Champagner trinken wollten«.«*[4] In dieser Situation lehnten die Meister die Verkürzung der 14- bis 16stündigen Arbeitszeiten, vorgetragen von einer im Frühjahr 1871 gebildeten Lohnkommission der Tischler, strikt ab. Die Gesellen bildeten eine »Strike-Kasse«, deren umtriebiger Führer Wilhelm Schmitz aufgrund praktischer Erfahrungen nichts

---

[2] Berechnet nach: Abrechnung für das I. Quartal 1870, in: Gewerkverein der Holzarbeiter, Circulair des Direktoriums, Correspondenz an die Gewerksgenossen vom 12.4.1870; 17 der 27 Mitgliedschaften machten Angaben über den Anteil der Verheirateten.

[3] Bruno Burchardt, Die Lage der Berliner Tischlerei, Schriften des Vereins für Socialpolitik, LXV, Leipzig 1895, S. 501.

[4] Fritz Tarnow, Der Berliner Holzarbeiter Kämpfe und Organisation von den Anfängen der Gewerkschaftsbewegung bis zur Gegenwart, Berlin 1912, S. 13.

GRÜNDUNG UND AUFBAU

Versammlung eines Arbeiter-
bildungsvereins im Jahr 1868

Die Gründer der Gewerkschaft der
Holzarbeiter in Dresden. Von links
nach rechts stehend: Nitsche, Petters,
Hermann, Hartmann, Heß, Ebert,
Vater, Hackebeil, Hartmann;
auf dem Stuhl sitzend: Hartmann,
Eichler, Peters, Arnold;
am Boden sitzend: Paulsen, Voigt.

von Gewerkschaften hielt. Große öffentlichkeitswirksame Versammlungen waren das Medium, mit dem er und die anderen Wortführer den Arbeitskampf vorbereiteten. Mitte August begann der Streik um 25 Prozent Lohnaufbesserung und um eine $9\frac{1}{2}$stündige Arbeitszeit. Nach und nach wurden zwischen 8000 und 10000 Tischler von der Bewegung erfaßt. Am Ende der ersten Streikwoche beschlossen die Ledigen – nach dem klassischen Vorbild der Zunftzeit –, die Stadt zu verlassen. Am Montag, dem 28. August, zogen sie in einer aufsehenerregenden Demonstration »Unter den Linden« entlang zum Brandenburger Tor hinaus. Der Arbeitskampf dauerte 9 Wochen und wurde danach vom Komitee als erfolgreich für beendet erklärt. 6906 Taler hatte die Strike-Kasse eingenommen, 6031 Taler waren verbraucht worden.

Dieser Streik prägte auch andernorts die Aktivitäten der lokalen Fachvereine. Die Arbeitskämpfe des Jahres 1871 zeigten aber, daß lokale Erfolge ohne den Rückhalt einer ständig gut gefüllten Kasse wie Sand zwischen den Fingern verrannen. Diese Erkenntnis, die sich auf Tischlertagen in Breslau (für Schlesien), in Dresden (für Sachsen) und mit einer Stuttgarter Initiative zu einem »süddeutschen Schreinerkongreß« durchsetzte, konnte die »Gewerkschaft der Holzarbeiter« aber nicht für sich nutzen. Die führenden Repräsentanten der siegreichen Berliner Tischlerbewegung riefen deshalb am 7. August 1872 zu einem gesamtdeutschen Tischlerkongreß in die Reichshauptstadt Berlin auf.

Da auch die Verfechter reiner Kampforganisationen überlokale Gewerkschaftseinrichtungen anstrebten, standen die Zeichen für eine einheitliche Gründung nicht schlecht. Zwei Grundpositionen standen sich gegenüber: Die einen wollten über die einzelnen Berufe hinausgreifende Gewerkschaften mit verschiedenen Unterstützungseinrichtungen als Bindemittel der Mitglieder zwischen den meist Jahre auseinanderliegenden Arbeitskämpfen. Die anderen strebten lediglich eine Gewerkschaft an, die Streiks eines einzelnen Berufs koordinieren sollte.

Eine Entscheidung 1872: Verein oder Gewerkschaft?

Als im Oktober 1872 im Saal des Berliner Handwerkervereins 34 Delegierte um die zukünftige Organisationsform rangen, mußten sie zwischen drei Statut-Entwürfen entscheiden. Diese 34 Delegierten repräsentierten über 26000 Tischler. Theodor Yorck, der Parteisekretär der SAPD, kam in Begleitung eines Parteifreundes, des Sattlers Ignaz Auer, und gab damit seiner Parteifunktion zusätzliches Gewicht. Da der Vorsitzende der »Gewerkschaft« der Prüfungskommission kein gültiges Mandat eines Fachvereins oder einer öffentlichen Tischlerversammlung vorlegen konnte, wurde er ohne Federlesens noch vor Eintritt in die Debatte zusammen mit dem berufsfremden Auer von den Beratungen ausgeschlossen. Die Entscheidung, das lassalleanische Parteiblatt als Publikationsorgan zu benutzen und das der

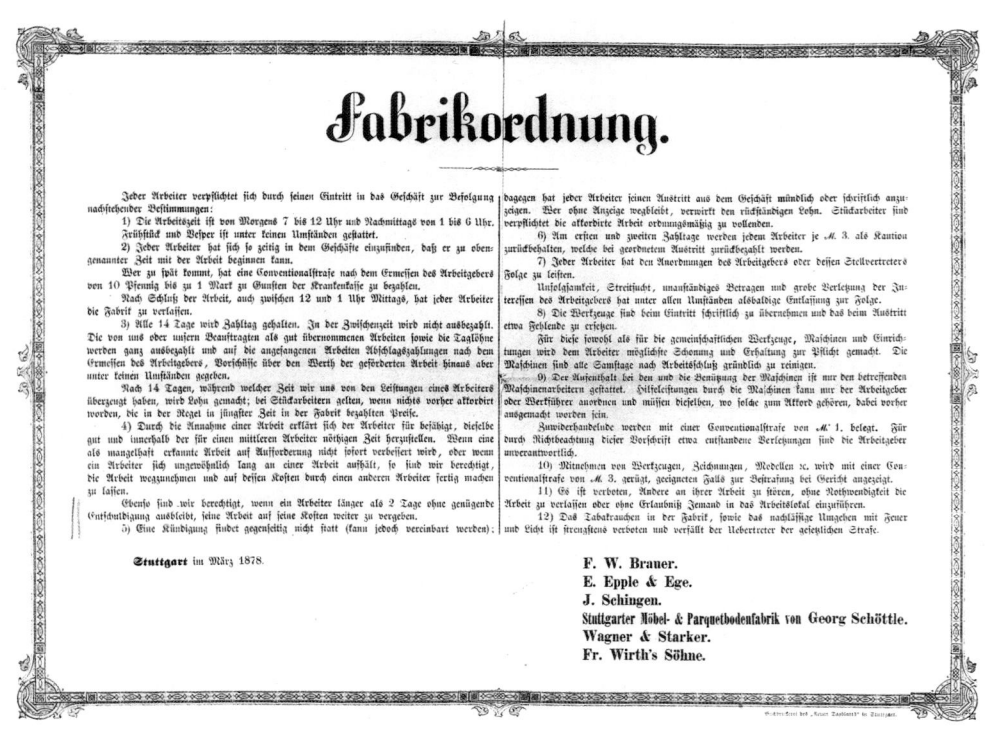

GRÜNDUNG UND AUFBAU

Eisenacher ausdrücklich auszuschließen, brachte dem aus dem Kongreß hervorgegangenen »Allgemeinen Tischler-(Schreiner-)Verein« das Etikett einer lassalleanischen Gewerkschaft ein. Diese Etikettierung erhielt weitere Bedeutung, weil sich die radikale, auf den politischen Umsturz orientierte Sprache der Lassalleaner mit den kurzfristig angelegten Streikzielen der ortsgebundenen, verheirateten Tischler leicht verknüpfen ließ und virtuos genutzt wurde: Der Ausbau einer Gewerkschaft durch die Errichtung von Unterstützungskassen neben der Streikkasse stehe dem Zweck reiner Kampforganisationen gegen den Kapitalismus und der absoluten Priorität des Kampfes für die anstehende politische Revolution entgegen. Die Weigerung, höhere Beiträge für eine auf die Zukunft ausgerichtete, flächendeckende (solidarische) Gewerkschaftsarbeit aufzubringen, konnte so hinter der Losung von der »reinen« Kampforganisation verschwinden.

Daß das Etikett »lassalleanisch« für den »Allgemeinen Tischlerverein« wenig erklärte, zeigte sich 1874, als der ADAV die Auflösung seiner sämtlichen »Corporativ-Vereine« vorbereitete. Mit dem Beschluß der zweiten Generalversammlung Ende Mai in Frankfurt/Main, »dem nicht entsprechen zu können«, stimmten die Delegierten des »Tischlervereins« für die selbständige Existenz ihrer Gewerkschaft und zeigten damit ihre Unabhängigkeit vom ADAV[5]. Die Parole von der reinen Kampforganisation hatte eine Kehrseite: Beim Konjunkturabschwung des Jahres 1873 waren von den ursprünglich 26000 Tischlern und Holzarbeitern des Jahres 1872 nur noch 4638 als zahlende Mitglieder übriggeblieben. Bis zur dritten Generalversammlung im Juni 1875 sank die Mitgliederzahl – auch unter dem zusätzlichen Druck von behördlichen Willkürakten – sogar auf nur 1200 Mitglieder. Der Verein befand sich offensichtlich in einer Krise, als die Vereinigung der beiden sozialdemokratischen Parteien 1875 auch für die sympathisierenden Gewerkschaften Einigungsverhandlungen nahelegte.

Die »Gewerkschaft«: Entwicklung einer Binnenstruktur

Die »Gewerkschaft der Holzarbeiter« dagegen zeigte – wenn auch auf niedrigem Mitgliederniveau – seit 1872 Stabilisierungstendenzen. Sie veranstaltete ihre vierte Generalversammlung im Oktober 1873 in Nürnberg parallel zum »Congreß der Holzarbeiter«. Als wichtigste Zukunftsaufgabe galt es, »die Mitglieder der Fachvereine für die gemeinsame Agitation und einheitliche Organisation zu gewinnen«. Denn obwohl die Gewerkschaft in letzter Zeit Fortschritte gemacht hatte und ihre Mitgliederzahl in einem Jahr auf 2466 hatte fast verdoppeln können, blieb nach allgemeiner Übereinstimmung ein »riesiges Feld zu bearbeiten übrig«[6].

Kräfteverhältnisse 1874 einmal ungeschminkt

An einem der Streitpunkte zeigte sich die Entideologisierung der Diskussion und die Hinwendung zu einer pragmatischen Gewerkschaftspolitik besonders deutlich: Beim Arbeitsnachweis stellte sich die Machtfrage zwischen Meistern und Gesellen. Den Gesellen war die Kontrolle über den Arbeitsmarkt in den beiden Jahrzehnten um die Jahrhundertwende in schweren Kämpfen von den Meistern und der Obrigkeit entrissen worden[7]. 1874 – in der fünften Generalversammlung der »Gewerkschaft« – wurde die Arbeitsnachweisfrage erneut auf die Tagesordnung gesetzt. Yorck sah sich daraufhin gezwungen, von seinen stets taktisch positiven Prognosen abzurücken und die Realität zu beschreiben: »Der Grund, weshalb die Gründung von Arbeitsnachweis-Stellen durch die Gewerkschaft so schwierig ist«, führte er aus, »liegt darin, daß die Gewerkschaften noch so wenig verbreitet, den alten Gesellenverbindungen mit ihrem Herbergswesen gegenüber in der Minorität sind, und selbst wo Letzteres nicht der Fall ist, geht das entgegenstehende Interesse der Meister und des Herbergswirthes Hand in Hand, um die Bestrebungen der Arbeiter zu verhindern. Und selbst für den Fall, daß nach dem Zustandekommen der Gewerkschafts-Union verschiedene Gewerkschaften gemeinsam vorgehen wollten, selbst dann wird die Lokalfrage, d. h. die Frage nach einem passenden Lokal, die Theoretiker belehren, wie grau alle Theorie auf diesem Gebiet ist.«[8] Was dem Konstrukteur der modernen Gewerkschaftsbewegung da im Eifer des Gefechts entlockt worden war, ließ sich mit der offiziellen Lehrmeinung vom unaufhaltsamen Untergang des Handwerks kaum vereinbaren. Die Macht der Meisterverbindungen war mit der Aufhebung der Zunftverfassungen nämlich keineswegs verschwunden. Die »alten Gesellenverbindungen« hatten sich indessen von Partnern zu potentiellen Gegnern der Gewerkschaft gewandelt.

Eine schwierige Vereinigung

Im Verlauf des Jahres 1874 erstarkte die »Gewerkschaft der Holzarbeiter« durch den Ausbau ihrer Zeitung »Union« und durch die Zusammenarbeit mit den Gewerkschaften der Metallarbeiter und der Schuhmacher. In verstärktem Maße konnte sie so Reiseunterstützung zahlen und kranke Mitglieder betreuen. Die Zahl ihrer eigenen Mitgliedschaften erhöhte sich unter den Bedingungen wirtschaftlicher Rezession und trotz stärker werdender polizeilicher Repressionsmaßnahmen bis Ende Juli 1875 auf 55, die der darin »steuernden« Mitglieder auf annähernd 3000. Theodor Yorcks Anstrengungen, die Bildung einer Gewerkschaftsunion voranzutreiben, hatten damit kurz vor seinem Tod am 1. Januar 1875 zumindest ansatzweise Erfolg. In der »Ge-

---

5
Willy Albrecht, Fachverein – Berufsgenossenschaft – Zentralverband, Organisationsprobleme der deutschen Gewerkschaften 1870–1890, Bonn 1982, S. 253.

6
Protokoll der vierten Generalversammlung der Gewerkschaft der Holzarbeiter 1873.

7
Andreas Grießinger, Das symbolische Kapital der Ehre, Frankfurt/M. 1981, S. 255ff.

8
Protokoll der fünften Generalversammlung der Gewerkschaft der Holzarbeiter, abgehalten in Hannover am 11., 12. und 13. Oktober 1874, Leipzig 1874, S. 5ff.

werkschaft« hinterließ er eine Lücke, so daß diese in den Vereinigungsverhandlungen mit dem »Tischlerverein« führungslos erschien. Yorcks Parteifreunde Ignaz Auer und August Geib versuchten bis Juli 1875, diese Lücke auszufüllen. Auer empfahl der Generalversammlung der »Gewerkschaft« dann den jungen, wenig bekannten Nürnberger Klaviertischler Bruno Moje als zukünftigen Vorsitzenden[9].

Aber Mojes Verhalten und die rüde Art seiner Verbandsführung weckten in der »Gewerkschaft« den Argwohn, der Hamburger Ausschuß betreibe eine Vereinigung um jeden Preis. Nach einem Boykottaufruf der großen Leipziger Zahlstelle war die »Gewerkschaft« auf dem Gründungskongreß des »Bundes der Tischler und verwandten Berufsgenossen Deutschlands« am 25. Juni 1876 in Frankfurt/Main nicht geschlossen vertreten. Die Reiseunterstützung, die dem Hamburger Delegierten Harder »nach der alten Zunft (roch)«, wurde mit 32 gegen 10 Stimmen überraschend deutlich verworfen. Die übrigen Streitpunkte wurden daraufhin in der Generaldebatte geklärt. Alles weitere schien Formsache zu sein. In dem Streit um den Organisationsbereich, der sich am Begriff über die »verwandten Berufsgenossen« entzündete, bot jedoch ausgerechnet der Vorsitzende der »Gewerkschaft« eine äußerst enge Definition an: Der Begriff »*beziehe sich auf diejenigen Arbeiter, die entweder direct im Tischlergewerbe thätig sind oder durch ihre Beschäftigung die das Tischlergewerbe ergänzenden Factoren bilden*«. Fast die Hälfte ihrer Mitglieder stand mit dieser Grenzziehung außerhalb ihrer »Gewerkschaft«. Um so überraschender war das Abstimmungsergebnis: Es gab nur fünf Gegenstimmen. (Den Oppositions-Delegierten der »Gewerkschaft« handelte diese Abstimmung später in Dresden den Vorwurf ein, sie hätten sich in Frankfurt »übertölpeln lassen«.) Der Kongreß wählte Ferdinand Weidemann zum Vorsitzenden und Bruno Moje zum Sekretär und Redakteur des neuen Bundes. Nach dem Kongreßverlauf, den die Delegierten der »Gewerkschaft« durch eine eigene Generalversammlung flankiert hatten, müssen etliche Delegierte der »Gewerkschaft« mit dem faden Eindruck nach Hause gefahren sein, ihre Generalversammlung sei »*eine künstliche*« gewesen »*und das Arrangement derselben nur darauf berechnet (gewesen), die Delegierten zu dupiren*«[10].

Durch die unbeirrte Fortführung der Politik der vollendeten Tatsachen auch gegenüber der Dresdener Kontrollkommission wuchs das Unbehagen an der »Diktatur« des Ausschusses innerhalb der »Gewerkschaft« im folgenden Auflösungsprozeß sehr schnell zu offenem Widerstand. Als der Ausschuß trotz fehlender satzungsmäßiger Dreiviertelmehrheit bei der Urabstimmung die »Gewerkschaft« am 5. September 1876 gegen den Einspruch der Dresdener für aufgelöst erklärte, provozierte er damit deren erste außerordentliche Generalversammlung am 8./9. Oktober.

Die Dresdener »Gewerkschaft der Holzarbeiter«

Die Haltung der oppositionellen Mitgliedermehrheit, die in Dresden zu der Auffassung kam, daß die »Gewerkschaft« fortbestehe und ihr »lediglich der Ausschuß davongelaufen« sei, traf der designierte Vorsitzende Peters, als er ausführte: »*Ich wünsche vor allem den Beitritt zum Bunde, jedoch darf unser Statut nicht verletzt werden und muß unseren Mitgliedern Rechnung getragen werden. Die Dictatur muß fallen und das geschaffene Gesetz geachtet werden.*« Es waren solche Probleme verantwortlichen Umgangs mit gewachsenen Rechten, die den Tischler Peters dazu brachten, Moje und den Hamburger Vorstand zu stoppen.

Im Tischlerbundorgan »Bund« wurde die »Gewerkschaft« trotzdem noch Anfang November als »Opposition von einigen hundert Schreihälsen« bezeichnet. Der Nürnberger Ausschuß (Kontrollinstanz) des »Tischlerbundes« sah sich deshalb gezwungen, seinen Vorstand in Hamburg anzuweisen, »*daß unter keiner Bedingung derartige Artikel mehr veröffentlicht werden dürfen*«[11]. Die Spitzen der sozialdemokratischen Arbeiterpartei (SDAP) stellten mit Bebel, Geib, Hasenclever, Liebknecht, Motteler, Reimer und Vahlteich ein von Peters verlangtes Schiedsgericht, das den Holzarbeitergewerkschaften im Dezember 1876 einen Weg aus ihrem Streit zeigen mußte. Das Urteil unterstellte dem Hamburger Ausschuß mit Spruch vom 14. Dezember salomonisch, bei der Verletzung der Statuten in gutem Glauben gehandelt zu haben. Die beiden Organisationen sollten bis Ostern 1877 ihre Streitigkeiten regeln.

Ostern 1877: Endlich die Einigung

Vom 31. März 1877 an tagten in Braunschweig die beiden Generalversammlungen. Mit dem Tischlerbund verhandelte anfangs Jakob Peters seitens der »Gewerkschaft« allein. In den entscheidenden Punkten einigte man sich überraschend schnell. Der Sitz des Vorstands wurde von Hamburg nach Mannheim verlegt, was einer Ohrfeige für die Hamburger gleichkam. Der problematischste Punkt wurde erst im zweiten Verhandlungsdurchgang geregelt. Dem Tischlerbund sollten für das laufende Geschäftsjahr aus dem Gewerkschaftsvermögen 1000 Mark zur Finanzierung einer für ein Jahr probeweise einzuführenden Reiseunterstützung bewilligt werden. Am Ende eines jahrelangen aufreibenden Ringens um Prinzipienfragen stand ein insgesamt tragfähiger Kompromiß. Von viel größerer Tragweite für die unmittelbare Zukunft sollte aber der eher unspektakuläre Beschluß werden, nach dem die Verwaltungen von Bund und Krankenkasse zu trennen seien.

9
Protokoll der sechsten Generalversammlung der Gewerkschaft der Holzarbeiter, abgehalten in Leipzig am 25., 26. und 27. Juli 1875, Leipzig 1875, S. 4. Vgl. auch Almanach des DHV für das Jahr 1903, s. die Kurzbiographie Bruno Moje.

10
Protokoll der Generalversammlung der Gewerkschaft der Holzarbeiter 8./9.10.1876, S. 2.

11
Vgl. Albrecht, a.a.O., S. 231 Fußnote 166 und Protokoll der ersten Generalversammlung des Bundes der Tischler und verwandten Berufs-Genossen Deutschlands, Hamburg 1–4, 4, 1877, S. 12.

Die kurze Geschichte des Bundes der Tischler und verwandten Berufsgenossen Deutschlands

Die »Gewerkschaft« löste sich unmittelbar nach der Generalversammlung an ihrem Sitz Dresden bei der dortigen Polizeiverwaltung auf. Der geeinte Bund zählte jetzt in 64 Orten 3500 Mitglieder. Der geschätzte Organisationsgrad lag auf der Basis von 150 000 beschäftigten Tischlern damit bei sehr bescheidenen 2,3 Prozent.

Zu internen Streitereien, in deren Folge Bruno Moje resignierte und am 17. Juni 1877 seine Ämter niederlegte[12], kamen im Laufe des Geschäftsjahres 1877/78 zunehmend Schwierigkeiten, die er im April 1877 als bevorstehende »Tessendorffiade« vorausgesagt hatte. Die nach dem berüchtigten Berliner Staatsanwalt benannte Verfolgungswelle erreichte den Tischlerbund schon bald: Anfang 1878 wurden die Mitgliedschaften in Schwerin, Leipzig und Plagwitz polizeilich geschlossen, die in Frankfurt/Main und Köln im Sommer desselben Jahres.

Eine zweite Verwaltungsebene wird eingezogen

1878 zeigten sich erste Vorteile der formellen Trennung der Hauptkasse, mit der gewerkschaftliche Aufgaben im engeren Sinne bestritten wurden, von der »Central-Kranken- und Sterbe-Casse« des Bundes. Die Zahl der anfangs üblichen Personalunionen bei der Besetzung von Funktionen in beiden Einrichtungen ging langsam zurück. Die Hamburger »Hülfskasse Nr. 3« hatte die mit der Hilfskassennovelle von 1876 oktroyierte staatliche Kontrolle über die Solidität ihrer Geschäftsführung widerwillig akzeptiert. Der damit eingehandelte Vorteil lag auf der Linie der Pazifizierungsstrategie der staatlichen Behörden. Die Gerichte konnten nicht gut Polizeiübergriffe gegen staatlich geschützte Einrichtungen zulassen. In Hamburg gab es eine seit den Tagen der Zunft eingespielte Kassenaufsicht durch einen Senator. Von hier kamen in der Phase der verwaltungstechnischen Vorarbeiten für eine rasche Exekution des zu erwartenden »Sozialistengesetzes« existenziell wichtige Tips. Das Grundmuster für die Aufrechterhaltung ihrer Kommunikationszusammenhänge hatten die Holzarbeiter allerdings schon viele Monate vor der Verabschiedung des Sozialistengesetzes entwickelt: In Leipzig fanden seit Februar 1878 regelmäßige »Hauptversammlungen« der »Mitglieder der Zentralkranken- und Sterbekasse der Tischler und Berufsgenossen« und der Abonnenten des »Pionier« statt. Anläßlich der zweiten Generalversammlung des Tischlerbundes vom 23. bis 26. Juni 1878 in Dresden konnte Ferdinand Weidemann erklären, die Polizei habe zwar die genannten Mitgliedschaften aufgelöst, »*doch blieben diese Mitglieder der Central-Kranken- und Sterbekasse, welche man ja nicht aufzulösen vermag, und abonierten auf den »Pionier«; somit waren diese braven Kämpfer, wenn auch nicht auf den Listen in unseren Reihen, doch vollständig vertraut mit der Organisation und im Einklang mit dem Wollen und Streben der Tischler und Berufsgenossen Deutschlands.*«

Das Ende?

Schwerer als die Schikanen der Polizei behinderte im ersten Halbjahr 1878 die, so Ferdinand Weidemann, »gewaltige und den gesamten Arbeiterstand so enorm drückende Krise« die Arbeiterorganisationen. Die wirtschaftlichen Verhältnisse im Land seien so traurig, daß selbst viele überzeugte Gewerkschafter der Organisation fernbleiben müßten. Außer in Stuttgart seien die vielerorts »drohenden Gewitterwolken in Form von Strikes... vermöge unserer Thätigkeit als Seifenblasen vorübergezogen...«

Löhne und Arbeitszeiten kamen gegen Ende der 70er Jahre wieder zunehmend unter Druck. Verschärft wurde die ökonomisch schwierige Situation durch eine politische Krise, die in den zwei Attentaten auf Kaiser Wilhelm ihren Höhepunkt fand. Bismarck benutzte diese Attentate als willkommene Gelegenheit zur Unterdrückung der sozialdemokratischen Arbeiterbewegung. Der »Bund der Tischler und verwandten Berufsgenossen« wurde am 28. Oktober 1878 auf der Grundlage des »Gesetzes gegen die gemeingefährlichen Bestrebungen der Sozialdemokratie« verboten. Die Gelder der Hauptkasse waren vor dem Zugriff der Polizei schon auf die Krankenkasse der Tischler übertragen worden. Die Gewerkschaften wurden als sozialdemokratische Vereine bezeichnet und fielen damit unter das Gesetz. Viele führende Funktionäre der Holzarbeiter wurden Opfer der furchtbarsten Waffe des Sozialistengesetzes, der Ausweisung. Wilhelm Schweckendiek, den ehemaligen Vorsitzenden des Tischlerverbandes, traf dieses Los sogar zweimal, 1878 in Berlin und 1880 in Hamburg. Aus Hamburg wurden 1880 ebenfalls ausgewiesen Ferdinand Weidemann und Reinhard Meyer, aus Bremen im gleichen Jahr Bruno Moje. Ferdinand Weidemann trennte sich von der sozialdemokratischen Arbeiterbewegung und blieb ab 1881 unbehelligt. Die anderen schlossen sich dem Heer ihrer Berufskollegen als Auswanderer nach Amerika an.

Bruno Moje

12
Vgl. neben dem Protokoll der 2. Generalversammlung in Dresden von 1878 (S. 6) besonders den Almanach-Artikel zu Bruno Moje und den ebenso mit großer Wahrscheinlichkeit von Theodor Leipart geschriebenen Artikel »Einige Daten aus der Geschichte der deutschen Holzarbeiterbewegung« im DHV-Almanach für das Jahr 1901, besonders S.101; auch Dieter Schneider folgte in seinem Beitrag »1868–1968. Einhundert Jahre Gewerkschaften der Holzarbeiter«, der Darstellung aus der Almanach-Kurzbiographie, in der persönliche Schwierigkeiten zwischen Weidemann und Moje bei der Vorstandsarbeit verantwortlich für Mojes Ausscheiden gemacht wurden, in: HZ 9/1968.

»Tabula rasa«

Die dritte Generalversammlung der Krankenkasse der Holzarbeiter am 1. Juni 1879 in Hannover bot zugleich den Rahmen für die erste größere illegale Kommissionssitzung von »Vertrauensleuten« des unterdrückten »Tischlerbundes«. 36 Kassendelegierte aus Elmsbüttel, Hannover, Braunschweig, Lindenau, Stuttgart, Darmstadt, Hamburg, Leipzig, Fürth und Kassel erfuhren in informellem Kreis von den turbulenten Ereignissen der Zwischenzeit und hörten einen Rechenschaftsbericht ihres Vorstands. Wie das inmitten der aufgeheizten politischen Stimmung unter den Bedingungen der Illegalität inszeniert werden konnte, schildert der Polizeicommissarius Schiemacher in seinem Überwachungsprotokoll. Der hielt es nämlich für erläuterungsbedürftig, warum trotz überaus strittiger Themen bei den offiziellen Verhandlungen eine ruhige, sachliche Atmosphäre vorherrsche: Es sei den *»Delegierten wohl zu statten (gekommen), daß sie sämmtlich in der Knochenhauerstraße Nr. 7 wohnten, gemeinschaftlich speisten und hierbei Gelegenheit hatten, ihre Ansichten ohne Überwachung auszutauschen. Aus der wiederholten Bezugnahme auf den aufgelösten [Bund] dürfte wohl hervorgehen, daß die Mitglieder diesem Verein schon angehört haben.«* Die Generalversammlung machte auf Vorschlag des – laut Schiemacher einzigen öfters undiszipliniert laut werdenden – Kasseler Delegierten Wilhelm Pfannkuch »tabula rasa« mit dem zerstrittenen, teilweise der Geldgier beschuldigten, teilweise in eine Unterschlagungsaffäre verwickelten Vorstand. Die Delegierten folgten dieser Meinung und wählten den Hannoveraner Wilhelm Gramm zum neuen Hauptkassierer und Albert Hidde zum 1. Vorsitzenden. Als weitere vertrauensbildende Maßnahme wurden die Gehälter des Kassierers von 105 auf 60 Mark und des Vorsitzenden von 30 auf 15 Mark monatlich gesenkt[13]. Es war vor allem Gramms Tätigkeit zu danken, daß sich die desolate Kasse bereits 1879 bei 2817 Mitgliedern nur unwesentlich unter ihrem Stand vor dem Inkrafttreten des Sozialistengesetzes (3200) stabilisierte. Für den dann folgenden rasanten Aufschwung (1883: 24 200 Mitglieder; 1884: 70 000) zur größten Hilfskasse Deutschlands war allerdings die von Gramm befürwortete Gesetzesvorlage zur Einführung des Kassenzwangs verantwortlich. Das Gesetz machte den als Privatkassen geführten »Bruderschaftsladen«, den Resten der alten Gesellenladen, endgültig den Garaus.

Die Fachvereins- und Kongreßbewegung: 1880 bis 1890

Verstetigung eines Grundmusters

Als sich im Frühjahr 1880 zuerst in Berlin eine Belebung des »Geschäfts« im Möbelbau abzeichnete, wurden die Tischlergesellen der Großstadt wieder aktiv. Sozialdemokratische Tischler reaktivierten das Instrument der »Werkstattdelegiertenversammlung« und ließen auf diesem organisatorischen Unterbau am 10. Juni 1880 eine Lohnkommission wählen. In vielen Werkstätten wurde eine Lohnerhöhung von 10 Prozent und eine Arbeitszeitverkürzung auf 10 Stunden vereinbart. Franz Tutzauer, ehemaliges Vorstandsmitglied des Tischlerbunds, machte auf die Brüchigkeit dieses Erfolges aufmerksam und empfahl die Gründung einer kontinuierlich arbeitenden Kontrolleinrichtung. Einige Mitglieder der aufgelösten Lohnkommission gründeten deshalb im November 1880 den »Verein zur Wahrung der Interessen der Tischler Berlins«. Ohne diese Einrichtung, die über die Einhaltung getroffener Vereinbarungen wie des »Minimal-Lohntarifs für Spezialarbeiten im Akkord« des Jahres 1885 in der kaum überschaubaren Masse der kleinen Werkstätten wachte, wären angesichts der aus den Ostprovinzen zuwandernden relativ bedürfnislosen Tischlergesellen und Holzarbeiter Absprachen mit den Meistern illusorisch gewesen. Die Kommission signalisierte mit ihrer Arbeit ebenso wie mit der Einrichtung einer Bibliothek, der Einführung eines Arbeitsnachweises und dem Aufbau eines Rechtsschutzes die Absicht einer Verstetigung gewerkschaftlicher Politik zwischen den in den einzelnen Branchen zeitlich weit auseinanderliegenden Lohnbewegungen.

Die Bewegung der Gesellen, Renaissance der Fachvereine

Tutzauer, der auch Berliner Delegierter auf der 1879er Generalversammlung der Tischlerkrankenkasse in Hannover gewesen war, zielte bei der erzwungenen Aufwertung der lokalistischen Traditionslinie auf einen kontinuierlichen Aufbau. Er ertrug gelassen Angriffe aus den eigenen Reihen wegen Übervorsichtigkeit gegenüber dem Gesetz und propagierte die Idee der Fachvereine beharrlich in der »Neuen Tischler Zeitung«. Die 1874 von Yorck noch als verfrüht bekämpften gewerkschaftlich kontrollierten Arbeitsnachweise wurden jetzt, in der Regie des Fachvereins, zunächst auf lokaler Ebene in Berlin eingeführt. Unter den Bedingungen des Ausnahmegesetzes war mit dem Berliner Modell zumindest für die großen Städte eine tragfähige Basis gefunden. Auch in Hamburg und Stuttgart, wo man Tutzauers erfolgreichem Berliner Vorstoß sofort zu folgen versuchte, wurden polizeibekannte Tischlergesellen aktiv. Während die Hamburger Polizei erst 1882 auf die trotz aller Verfolgungen gewerkschaftstolerierende Generallinie der preußischen Bürokratie einschwenkte, gelang in Stuttgart, dem Sitz des letzten Ausschusses des Tischlerbundes, bereits im November 1880 die Konstituierung eines »Fachvereins der Schreiner«. Vorsitzender wurde Karl Kloß, einer der beiden Stuttgarter Delegierten zur Dresdener Generalversammlung des Tischlerbunds; Dietrich Sievers, der letzte lokale Bevollmächtigte des Tischlerbundes vor dem Oktober 1878, war Leiter der konstituierenden Versammlung. Obwohl viele exponierte Funktionäre und ihre Familien durch Ausweisungen und Arbeitsverbote hart leiden mußten, blieb die personelle Kontinuität der Tischlerbewegung über das Verbot von 1878 hinweg weitgehend erhalten.

13
Vgl. DHV-Almanach für das Jahr 1912, S.102f.; Wilhelm Gramm; Das handschriftliche Polizeiprotokoll findet sich im Staatsarchiv Hamburg; zu den folgenden Mitgliederzahlen siehe Albrecht, a.a.O., S. 298.

GRÜNDUNG UND AUFBAU

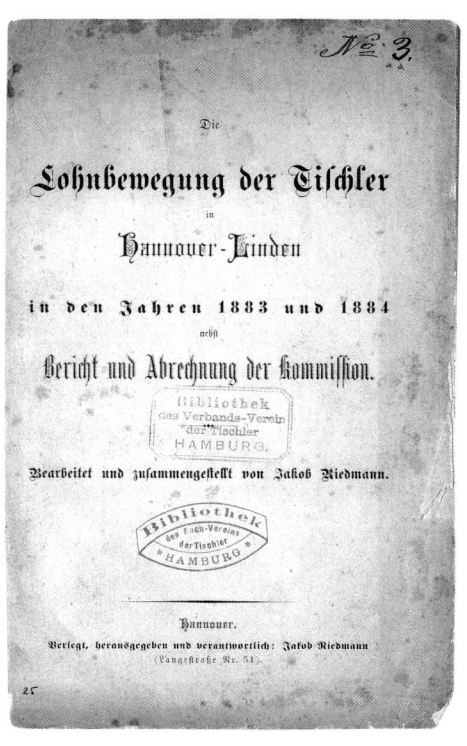

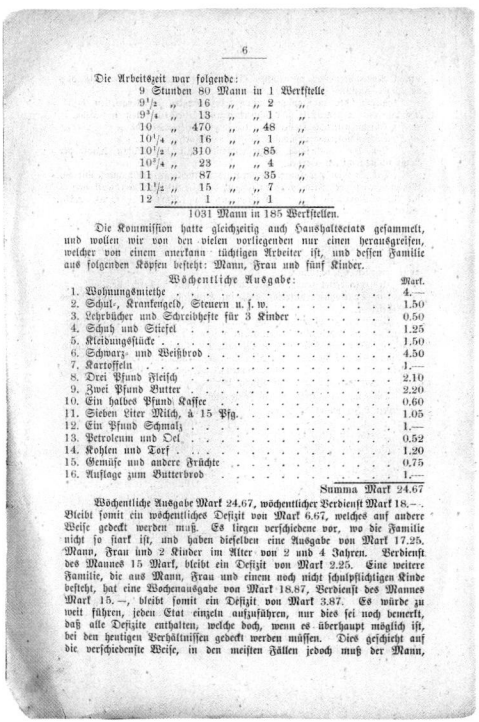

Konservativ gelackt: Gegen Handel und Schwindel-Konkurrenz

Im April 1882 war die Zahl der Holzarbeiter-Fachvereine auf zwölf gestiegen. Den allgemeinen verbindenden Horizont bildete eine gleichsam wissenschaftlich begründete Entwicklungsperspektive: Auf der Grundlage jetzt vielerorts betriebener statistischer Analysen zu Löhnen, Arbeitszeiten und Lebensbedingungen wurden die eigenen Bestrebungen als notwendige Abhilfe gegenüber einem seit Jahren andauernden Niedergang des Handwerks ausgewiesen. Die Fachvereine meinten, daß sie auch im wohlverstandenen Interesse der Meister liegen müßten. Die Betonung dieses Gemeininteresses ging so weit, daß der Tischlergeselle Fleischmann, Vorsitzender des Frankfurter Fachvereins, anläßlich eines vielbeachteten Streiks der benachbarten Isenburger Tischlergesellen die Frankfurter Meister zu deren Unterstützung gegen die »Capitalisten« aufrief, um der auch sie gefährdenden Isenburger Billigkonkurrenz entgegenzutreten. Der Isenburger Geselle Wörstein versprach dem Frankfurter Fachverein als Gegenleistung für dessen Unterstützung, *»daß man eifrigst bestrebt sein werde, sich in dem Handwerk vervollkommnen zu wollen, um in Zukunft bessere Waare liefern zu können.«*

Ein Mechanisierungsschub

Daß das demonstrativ gegen die Unternehmer gerichtete Hochhalten alter Handwerkstugenden nichts mit genereller Rückwärtsgewandtheit zu tun haben mußte, illustriert die schwärmerische Beschreibung der »k.k. österreichisch-ungarisch und Fürstlich rumänischen Hof-Kunsttischlerei« des Herrn Bernhard Ludwig in Wien durch einen Korrespondenten der Neuen Tischler-Zeitung (NTZ): *»Die Einrichtung dieser Fabrik ist sehr praktisch zu nennen, natürlich Alles Dampfbetrieb und elektrische Beleuchtung, letztere finde ich hier zum ersten Male. In dem 4 Stockwerke enthaltenden Gebäude arbeiten etwa 60 Gesellen... Natürlich findet man in der unteren Werkstätte dieser Tischlerei alle Arten Maschinen nach der besten und neuesten Construktion (Hobel-, Fräs-, Kehl-, Stemm- und Zinkmaschinen, Kreis- und Bandsägen,...) ...Ich muß gestehen, daß alles praktisch eingerichtet ist und für den Arbeiter recht bequem.«* Bequem war für den Gesellen vor allen Dingen, daß er die Werkstücke lediglich nach der Zeichnung »reißen« brauchte. Alle mechanischen Arbeiten wie Sägen, Hobeln, Schlitzen und Stemmen konnte er mittels Aufzug in mehreren Arbeitsgängen an die Maschinenarbeiter im Erdgeschoß abgeben. *»Ist dieses geschehen, so gelangt das Holz wieder herauf und jetzt erst beginnt unsere eigentliche Arbeit.«*[14] Die eigentliche Arbeit der Tischlergesellen veränderte sich nicht, wenn bestimmte Vorarbeiten an Maschinenholzarbeiter abgegeben wurden. Ob die Maschinen unter dem gleichen Dach aufgestellt waren oder in einem speziellen Betrieb um die Ecke standen, war dabei kein Unterschied.

14
Reisebrief in NTZ von Anfang Juni 1882; zu den übrigen Zitaten siehe NTZ vom 15.7.1882, S.1 und 2; zum folgenden besonders NTZ vom 15.9.1882, »Vermischtes«.

Wohl aber veränderte sich in den großen Städten die Lohnfindung: Neben dem Stücklohn nahm die Akkordarbeit stark zu[15].

In der Offensive: 1882 bis 1884

Ende 1882 wurden die Rufe nach einer erneuten Zentralisation so laut, daß die Redaktion der NTZ bremste. Die meisten Fachvereine befänden sich »noch im ersten Stadium der Entwicklung«, sie hätten noch keinen »festen Halt gewonnen«. Die Zeit für weitergehende Schritte sei noch nicht reif. Besonders die Fachvereine in kleinen Städten suchten Anlehnungsmöglichkeiten. Hier bildeten oft zugereiste Gesellen einen mitgliederschwachen Verein, weil die ortsansässigen verheirateten Gesellen andere Sorgen hatten und dem Treiben ihrer jungen Kollegen bestenfalls mit Sympathie begegneten. Anfang April 1883 stellten zum Beispiel Koblenzer Tischler in der NTZ die Frage: »*Ist eine Centralisation der Fachvereine oder ist sonst eine Verbindung herzustellen möglich?*« Es lagen Streiks in der Luft. Vielerorts sah man eine Chance, die seit der Krise Mitte der 70er Jahre ständig herabgedrückten Löhne zu heben und die verlängerten Arbeitszeiten zu senken. In Berlin war Wilhelm Schmitz (»Streikvater Lukas«) im Frühjahr 1883 nach mehreren Jahren persönlicher Abstinenz wieder in der Versammlungsöffentlichkeit der Tischler aufgetaucht. Er hatte viele Verzagte aufgerüttelt und am 28. Mai in großer öffentlicher Versammlung die 9½stündige Arbeitszeit und 10 Prozent Lohnerhöhung als Ziele genannt. Während die Streiks in Köln, Frankfurt/Main, Dessau und Nürnberg relativ leicht gewonnen werden konnten, gestaltete sich eine Auseinandersetzung in Stuttgart zu einem »schwierigen und harten Kampf«. Hier reagierte ein straff organisierter Fabrikantenring auf den Ausstand mit einer allgemeinen Aussperrung. Noch vor dem für die Gesellen und Fabriktischler erfolgreichen Ende dieses aufsehenerregenden Arbeitskampfes, der im Juli und August 400 Arbeiter in Mitleidenschaft zog, hatte Karl Kloß als Streikführer und Vorsitzender des Stuttgarter Fachvereins einen Aufruf »An die Tischler Deutschlands« geschickt. In ihm forderte er zur Gründung weiterer Fachvereine und zur Vorbereitung eines Kongresses auf. Art und Ablauf der Aussperrung in Stuttgart führten dazu, daß in den Werkstätten überall im Land Sammellisten kreisten und verhalfen dem Bewußtsein von einer neuartigen Bedrohung zum Durchbruch.

Der Kongreß der Deutschen Tischler-(Schreiner-)Vereine in Mainz

Den Grundgedanken des von ihm angestoßenen Vereinheitlichungsbemühens hatte Karl Kloß als Referent auf einer Vorkonferenz entwickelt, zu der sich Vorstandsmitglieder von neun Fachvereinen »aus allen Theilen Deutschlands« am 8./9. Oktober 1883 in Frankfurt/Main getroffen hatten: »*Es sei unmöglich, daß ein örtlicher Verein dauernd die Verhältnisse in einer Stadt hochhalten könne, wie der einzelne Arbeitgeber von den örtlichen Verhältnissen abhängig, so sind dies wiederum die örtlichen Verhältnisse vom gesammten gewerblichen Leben Deutschlands.*« Um dem Rechnung zu tragen, sollte vor allem zweierlei erreicht werden: die Eindämmung der Vielzahl unkoordinierter Streiks, die einer kontinuierlichen und allgemeinen Besserung der Lohn- und Arbeitsbedingungen im Wege standen, und die Wiedereinrichtung einer gemeinsamen, überregionalen Reiseunterstützung, die deren Absicherung gegenüber dem Arbeitsmarkt ermöglichen sollte. Denn das Wandern als Arbeitsplatzsuche überlagerte in den siebziger und achtziger Jahren – wie übrigens schon zwischen 1820 und 1850 – noch einmal quantitativ deutlich das Wandern als berufliche und allgemeine Weiterbildung. Das besonders für die Arbeitsverhältnisse der ortsansässigen Tischler gefährliche, unkontrollierte Wanderverhalten wurde verstärkt durch ein ruckartiges Wachstum der deutschen Städte, die zwischen 1870 und 1890 mit mehr als drei Viertel des enormen Zuwachses der Reichsbevölkerung fertig werden mußten, sowie durch die regional ungleichzeitigen Bau- und Exportkonjunkturen[16]. Besonders in Berlin und Hamburg klagte man über den Zustrom von gewerkschaftlich ungebildeten Ostpreußen und Schlesiern und verlangte verstärkte Agitationsanstrengungen in diesen Provinzen. Rationalisiertes Streikverhalten und Reiseunterstützung sollten sich funktional ergänzen.

Auch wenn der Mainzer Gründungskongreß des »Zentral-Verbands der Vereine der Tischler (Schreiner) und verwandten Berufsgenossen Deutschlands« am 27. Dezember 1883 mit einem »Hoch auf die Zentralisation« ausklang, verdient das, was während der nächsten Jahre folgte, diesen Namen kaum. Die Organisationsfrage blieb ein dauernder Zankapfel unter den organisierten deutschen Tischlern. Der Verband selbst war schwächlich. Zwar schlossen sich bis Ende 1884 54 Vereine an, und ein Jahr später waren es 58 mit 4600 Mitgliedern. Daß aber von den 4195 Mitgliedern im IV. Quartal 1884 nur 1994 Beiträge zahlten, signalisierte bereits, daß die formellen Mitgliederzahlen nicht viel besagen mußten. Im weiteren ging es dann auch mit diesen bergab. Ende 1886 zählte man zwar 60 Verbandsvereine, aber nur noch 3291 Mitglieder. Im folgenden Frühjahr blieben noch 56 Vereine mit 3060 Mitgliedern. Andererseits organisierten sich die Tischler durchaus: Mitte 1886 gab es neben den 60 Verbandsvereinen ebenso viele Fachvereine, die nicht dazugehörten.

Zum Teil waren dafür rechtliche Beschränkungen und politische Unterdrückung verantwortlich. Das galt insbesondere in Sachsen, wo das Verbindungsverbot für politische Vereine auch gewerkschaftliche Fachvereine traf.

15
Vgl. hierzu Paul Voigt, Lage der Berliner Holzarbeiter, Schriften des Vereins für Socialpolitik LXV, Leipzig 1895; den knappsten neuesten Überblick über die Entwicklung der Technik in der holzbe- und -verarbeitenden Wirtschaft geben Joachim Radkau/Ingrid Schäfer, Holz – Ein Naturstoff in der Technikgeschichte, Reinbek 1987, S. 237ff.; siehe auch Friedrich Lenger, Sozialgeschichte der deutschen Handwerker, Frankfurt 1988, S. 128ff.

16
Zur Konjunktur- und Bevölkerungsentwicklung siehe Hans-Ulrich Wehler, Das Deutsche Kaiserreich 1871–1918, Göttingen 1973, das Flugblatt Kloß' befindet sich im STA HH, Polit. Pol. V.186 Bl. 33ff., Fachverein der Tischler Hamburgs.

Wenn die sächsischen Tischler nicht auf jugendliche und weibliche Mitglieder verzichten wollten, durften sie nicht einmal in Briefkontakt mit dem Vorsitzenden des Verbandes in Stuttgart stehen. Aber auch anderswo gab es lästige Repressionen: Der Königsberger Fachverein wurde für »politisch« erklärt, was ihm eine Verbindung zu anderen Vereinen untersagte; die Vereine in Barmen und Frankfurt wurden dem Versicherungsgesetz von 1853 unterstellt, wodurch deren Beitritt zum Zentralverband von einer Erlaubnis der jeweiligen Ministerien abhängig gemacht worden wäre, den »Geschäftsbetrieb« der Zentrale auf Preußen und Hessen auszudehnen. Der Puttkamersche Streikerlaß vom 11. April 1886, der schon den Versuch einer verbalen Beeinflussung von Streikbrechern unter Strafe gestellt hatte, läutete in dieser Lage eine neue Repressionswelle gegen die Gewerkschaften ein. Und zum Jahresende 1887 mußte ein außerordentlicher Verbandstag die Mitgliedsbeiträge umgehend in freiwillige Zahlungen umwandeln. In Preußen hatte nämlich die Bürokratie begonnen, den Tischlerverband gerichtlich als eine Versicherungsgesellschaft zu definieren. In Bayern sah man im gleichen Verband eine Sterbekasse. Der Stuttgarter Verbandstag schaffte die Mitgliedsbeiträge ab und erklärte sie zu freiwilligen Zahlungen[17].

Die hauptsächlichen Gründe für das Scheitern der Zentralisierung im Verband waren aber hausgemacht. Von Anfang an herrschte zwischen Anhängern der Stuttgarter Zentralisierungspolitik und Lokalisten erbitterter Streit darüber, wie die abstrakt bejahte Einheitlichkeit konkret beschaffen sein sollte. Vordergründig ging es dabei vor allem um die zu hohen Verbandsbeiträge, die von durchaus unterschiedlichen Standpunkten aus kritisiert wurden. Den verheirateten Tischlergesellen war jetzt hauptsächlich an der Reiseunterstützung gelegen. Die übrigen Verbandskosten schienen ihnen zu teuer. Die Fachvereine in Großstädten wollten über ihre reichlichen Finanzmittel lieber selbst verfügen und hielten dem Kloßschen Ausgleichsprinzip ihr Vorreiterprinzip entgegen. Als drittes gab es weiterhin die Lehre von der reinen Kampforganisation, deren Charakter durch Unterstützungsleistungen, gleich welcher Art, verdorben würde. Im Hinblick auf die Streiks standen Großstadtfachvereinen wie Dresden, Berlin und anderen, die den Koordinationsanspruch der Stuttgarter Zentrale zurückwiesen oder einfach ignorierten, andere gegenüber, wie zum Beispiel Braunschweig, die gerade deshalb austreten wollten, weil die Koordination und Einschränkung der Streiks nicht klappte. Die politische und organisatorische Formel, alle diese sich vielfach überschneidenden Interessen unter einen Hut zu bekommen, mußte erst noch gefunden werden.

Stuttgart: Klammer zwischen Verband und Kongreß

Die Organisation befand sich im Vorfeld ihres zweiten Verbandstages Ende 1886 in einer tiefen Mitgliederkrise. Von seinen organisationspolitischen Zielsetzungen her war der Verband erst einmal gescheitert. Unter dem Eindruck dieses offenkundigen Niedergangs erhielten Stimmen aus Sachsen mehr Gewicht, wo man mit Blick auf das eigene strenge Verbindungsverbot von Anfang an ein anderes Verbandsmodell vertreten hatte: statt Vereinen die Bildung eines einheitlichen Verbandes mit lokalen Zahlstellen. Im Winter 1886 begannen die Dresdener eine öffentlich geführte Reformdebatte mit den Stuttgartern. Der Stuttgarter Verbandsvorstand reagierte flexibel, entschloß sich, zweigleisig zu fahren, und ging auf die Rufe nach einem allgemeinen Tischlerkongreß ein.

Zwischen den Jahren 1886 und 1887 fand in Gotha, zeitlich eingerahmt vom zweiten Verbandstag der Vereine der Tischler, der geforderte Kongreß statt. Die Zusammensetzung der beiden Tagungen gab den Kongreßbefürwortern Recht. Von den 62 Delegierten des Kongresses waren nur 27 gleichzeitig für den Verbandstag delegiert. 33 Orte, darunter so wichtige wie Berlin, München und Dresden, waren ausschließlich auf dem Kongreß vertreten oder durch unterschiedliche Delegierte auch auf dem Verbandstag. Bezeichnend für die Situation war, daß nicht vom zuerst eröffneten zweiten ordentlichen Verbandstag, sondern vom Kongreß eine Entscheidung über das weitere Schicksal des Verbandes erwartet wurde.

Wichtigster Streitpunkt war die Frage, wie planlose Streiks unterbunden werden könnten, die ohne Rücksicht auf die Entwicklung der allgemeinen Arbeits- und Entlohnungsbedingungen vom Zaun gebrochen wurden. Kloß verlangte vom Kongreß die Einrichtung einer Zentralstelle, deren Beschlüsse – Verbandsverein oder Fachverein – bindend sein sollten. Nicht genehmigte lokale Streiks sollten von niemandem mehr unterstützt werden. Man einigte sich auf ein Streikregulativ, das reine Lohnstreiks ausschloß und Abwehr- vor Angriffsstreiks stellte, und berief ein zentrales Streikkomitee in Stuttgart als Koordinationsinstanz. Außerdem wurden 14 Regionalkommissionen gegründet, die, unabhängig vom Verband gewählt, über die bis zum Stichtag 1. Februar jedes Jahres einzureichenden Streikbegehren befinden sollten. Was die Organisationsfrage im engeren Sinne anging, stand am Ende der Debatte der etwas vage Beschluß, einen Tischlerverband mit Zahlstellen und daneben unabhängigen Fachvereinen zu gründen und die Klärung der Einzelheiten dem anschließenden Verbandstag zu überlassen. Nur den gemeinsamen Vorsitzenden wollte man auf dem Kongreß wählen. Diese deutliche Aufwertung des neuen Verbandes wurde bei nur drei Gegenstimmen angenommen. Karl Kloß wurde per Akklamation vom Kongreß (!) zum Vorsitzenden des Verbandes gewählt.

17
In der Literatur sind die organisatorischen Umwandlungen der Jahre 1886/87 im Anschluß an Willi Albrecht merkwürdigerweise als Ausweis für die konsequente Weiterentwicklung der Tischlergewerkschaft von einem Unterstützungs- zu einem Kampfverband interpretiert worden.

Drei Tage nach diesem Kongreß beschloß der Verbandstag in der mit 30 Minuten vermutlich kürzesten Sitzung aller Holzarbeiterverbandstage auf den Antrag August Bohnes hin einstimmig die Umwandlung des »Verbandes der Vereine« in einen »Tischlerverband«. Damit gab es jetzt nur noch einen »Verein« mit zugehörigen Zahlstellen. Die Statutenberatung am letzten Tag des Jahres 1886 brachte mit der Einführung des wöchentlichen Beitrags eine einschneidende Finanzreform. Noch wichtiger aber war die Aufwertung der Lokalkassen. Die bisher 5 Prozent des Beitragsaufkommens für die Vereinsverwaltungen vor Ort wurden nach »lebhafter Debatte« auf 30 Prozent für die zukünftigen »Lokalverwaltungen« aufgestockt. Obwohl harte politische Repressionen seitens der Behörden einsetzten und sogar die Umwandlung der Verbandsbeiträge in freiwillige Zahlungen notwendig wurde, griffen die neuen Verbandsstrukturen. Die Hoffnung auf einen Beitritt der Sachsen hatte sich zwar nicht erfüllt. Der Verband gewann aber durch die Möglichkeit, Zahlstellen mit starker Lokalkasse zu gründen, zusehends an Attraktivität, vorerst allerdings in kleinen Städten. Als die in Gotha beschlossene Statutenänderung im zweiten Quartal 1887 wirksam wurde, stieg die Zahl der Zahlstellen von 56 auf 72 und im dritten Quartal sogar auf 83 an. Die Mitgliederzahl stieg von 3300 sogar auf 5355.

Mehr als das stetige Wachstum des Zahlstellennetzes in der Fläche kam dem Zentralverband in der Aufschwungphase des Sommers 1887 allerdings der Umstand zugute, daß die Hamburger Polizei die streikenden Bautischler durch das Verbot des streikführenden Lokalvereins sozusagen in den Verband zurückzwang. Da der neben dem 9½-Stunden-Tag geforderte Minimallohn von 40 Pfennigen je Stunde nur für die Bautischler hatte erreicht werden können, war eine nächste Runde absehbar. Der im März 1888 begonnene Streik gegen eine geschlossen auftretende Innung dauerte 13 Wochen. Er kostete die Hamburger Zahlstelle 80 000 Mark. 20 000 mußten als Schulden aufgenommen werden, weil der Unterstützungsaufruf der Zentralstreikkommission auf wenig Resonanz gestoßen war. Unterstützt wurden die Streikenden durch die Vereine der umliegenden Orte sowie die gerade von den Hamburgern bis vor kurzem noch heftig befehdete Reiseunterstützung, die nunmehr während der ersten Streikwochen 500 Gesellen den Abzug ermöglichte. Wegen der sofort nach Streikende einsetzenden Flut von Zuwanderern wurde die Notwendigkeit einer überlokalen Organisation deutlich sichtbar. Von Hamburg wurden in der Folge Agitationsreisen bis nach Dresden organisiert. Die Hamburger Funktionäre hatten ihre Lektion gelernt und verfochten die Kloßsche Maxime von einer flächendeckenden Verbesserung der Arbeits- und Lebensbedingungen um so entschiedener, als sie mit den erstreikten Löhnen von 40 Pfennigen noch vor den Berlinern einsam an der Spitze der Lohnskala lagen. Mit der dauerhaften Rückkehr eines der beiden großstädtischen Fachvereine in den Verband war unter den Tischlern der Konflikt zwischen Zentralisten und Lokalisten jetzt auch praktisch vorentschieden, auch wenn es im Anschluß an eine Auseinandersetzung in der SPD-Presse auf dem Kongreß 1888 noch einmal eine Debatte über einen lokalistischen Antrag gab. Die Mehrheit der Delegierten folgte Kloß, der auf die erwiesene Lebensfähigkeit von Lokalvereinen in Mittel- und Kleinstädten verwies, in denen nach wie vor die meisten Tischler lebten.

Darüber hinaus verbesserte der Kongreß das bereits 1886 beschlossene Genehmigungsverfahren für Streiks. Besonders bedeutsam war dabei die sich weiter öffnende Schere zwischen Zentren und Randregionen. Während beispielsweise in Schlesien die Wochenarbeitszeit noch 80 Stunden dauerte, verlangten Berliner und Kölner Gemeinschaftsresolutionen bereits den 8-Stunden-Tag. Streiks sollten künftig einfacher beschlossen und die Unterstützungsgelder schneller ausgezahlt werden. Mit jeweils nur einer Stimme pro angeschlossenem Ort sollten alle Zahlstellenverwaltungen und Fachvereinsvorstände gemeinsam entscheiden. Mit Blick auf Gegenmaßnahmen der Staatsmacht wurden alle für diese Aufgabe zu wählenden lokalen Kommissionen und Vertrauensmänner als gleichrangige Entscheidungsträger in dieses Gremium berufen. Die Abstimmungsergebnisse sollten in der NTZ bekanntgegeben werden. Die regionalen Fünferkommissionen wurden abgeschafft. Schließlich wurde ein Streikfonds auf der Basis regelmäßiger (freiwilliger) Beiträge beschlossen.

Die neue Entscheidungsstruktur mochte zwar vordergründig schwerfällig anmuten, bedeutete aber einen entscheidenden Schritt vorwärts. Nach der bis dahin breitesten Lohnbewegungswelle, die die Tischler je gekannt hatten, erklärte Kloß dem Hannoveraner Kongreß 1890, daß sich der umständliche Abstimmungsprozeß der 220 bis 240 Zahlstellen innerhalb der Zentralstreikkommission nicht zuletzt deshalb bewährt habe, weil er zu einer verstärkten Selbstqualifikation geführt habe.

Der anhaltende Aufschwung des Verbands gab den Zentralisten recht. Ende des Jahres 1889 waren in 127 Zahlstellen 11 000 Mitglieder organisiert. In 26 Lokalvereinen – allerdings ohne Berlin – waren es nur 3582 Mitglieder. Ein Jahr später waren es 214 Zahlstellen mit 17 500 Mitgliedern.

Als im Dezember 1890 in Hannover zum Kongreß 88 Delegierte und zum vierten ordentlichen Verbandstag 62 Delegierte zusammenkamen, gehörte das Sozialistengesetz bereits der Vergangenheit an. Die SPD hatte in einem triumphalen Reichstagswahlsieg im Februar ihre Stärke demonstriert. Der erste legale Parteitag der SPD in Halle hatte die Gewerkschaftseinrichtungen bestätigt. Er beschloß auf Initiative des Nürnberger Metallarbeiters Martin Segitz die Einsetzung einer »Generalkommission«, um die Konsequenzen der Niederlage zu beraten, die die vereinigten Unternehmer Hamburgs den Gewerkschaften am 1. Mai zugefügt hatten. Die Holzarbeiter – in der Auseinandersetzung mit dem Parteivorstand um die Form der Maifeiern Hauptverfechter der unbedingten Arbeitsruhe auch am 1. Mai – waren in der siebenköpfigen Kommission mit deren Vorsitzenden Carl Legien, mit Karl Kloß und Theodor Glocke sehr stark vertreten. Der Tischlerverband hatte kräftig zugelegt und gehörte zu den mitgliederstärksten Gewerkschaften.

GRÜNDUNG UND AUFBAU

Der Streit zwischen Lokalisten und Zentralisten, zwischen klassenbewußten Politikern und »Nur-Gewerkschaftern«, zwischen städtischen und kleinen Vereinen, zwischen Verheirateten und Ledigen war bei den Tischlern 1886 mittels einer merkwürdigen neuen Konstellation nicht zu Ende ausgefochten, sondern neutralisiert worden. Strenggenommen gab es seit 1886 drei nebeneinander bestehende Zentralorganisationen mit jeweils eigenen Generalversammlungen: erstens die Zentralkrankenkasse (mit der Neuen Tischler-Zeitung), zweitens den »Deutschen Tischler Verband« und drittens die Zentralstreikkommission mit ihrem erst regional, dann auch lokal organisierten Unterbau mit dem zentralen Streikfonds und Kongressen. Von 1883 bis zum Ende des Deutschen Tischler Verbands 1893 gab es mit einer Ausnahme (1885) keinen ordentlichen Verbandstag ohne gleichzeitig tagenden allgemeinen Kongreß. An die Stelle des zermürbenden ideologischen Kampfes war damit eine flexible Organisationsstruktur mit dem Stuttgarter Vorstand als Klammer getreten: Auseinandersetzungen fanden selbst beim nicht polizeilich erzwungenen Wechsel der lokalen Organisationsform immer noch im Kontext der gemeinsamen Bewegung statt. Der Gegensatz zwischen Fachverein und Zahlstelle und die darin aufgehobenen sozialen Spannungspotentiale waren nicht verschwunden. Sie hatten aber unter den Tischlern ihre destruktive Kraft weitgehend verloren.

Vorwärts in die Vergangenheit? Auf dem Weg zur Industriegewerkschaft

Einige Konflikte, in denen die »Organisationsfrage« weiterhin spannungsgeladen enthalten war, wurden im Dezember 1888 auf dem Braunschweiger Kongreß zwar angesprochen, aber nicht entschieden. Seit langem als Problem bekannt, wurden 1888 auch von Hamburg, Braunschweig, Bremen und Nürnberg Industriebetriebe ins Blickfeld gerückt. Seit Mitte des Jahrzehnts war verstärkt ein neuer Arbeitertyp in der Holzindustrie aufgetaucht: Der angelernte Maschinenarbeiter kam nicht mehr allein in Holzbearbeitungsbetrieben vor, er stand in den großen Städten in Werkstätten und Fabriken auch schon neben dem gelernten Tischler.

Umzug der Herberge der Tischler in Hannover (1886)

Bilanz: Statistische »Bilder« zur sozialen Lage der Tischler 1889

Es gibt kein statistisch exaktes Zahlenmaterial über die Auswirkungen der letzten Arbeitskampfwelle der 1880er Jahre. In 58 Orten, bei denen für den Tischlerverband ein Vergleich zwischen 1887 und 1889 möglich war, schwankten die Lohnerhöhungen in 38 Orten mit zwischen 2 Prozent bis 29 Prozent äußerst breit. In 9 der beteiligten Orte waren die Löhne gleich geblieben, in 11 waren sie gesunken. Noch 1889 schwankten die lokalen Durchschnittslöhne zwischen 20 und 38 Pfennigen pro Stunde. Hamburg, das nicht in den Vergleich einbezogen war, führte die Lohnskala sogar mit 40 Pfennig an, während die Berliner bei 35 Pfennig standen. Die durchschnittlichen Arbeitszeiten betrugen zwischen 57 und 78 Stunden pro Woche. Die statistische Durchschnitts-

Holzberufe und -werkzeuge (18. Jh.)

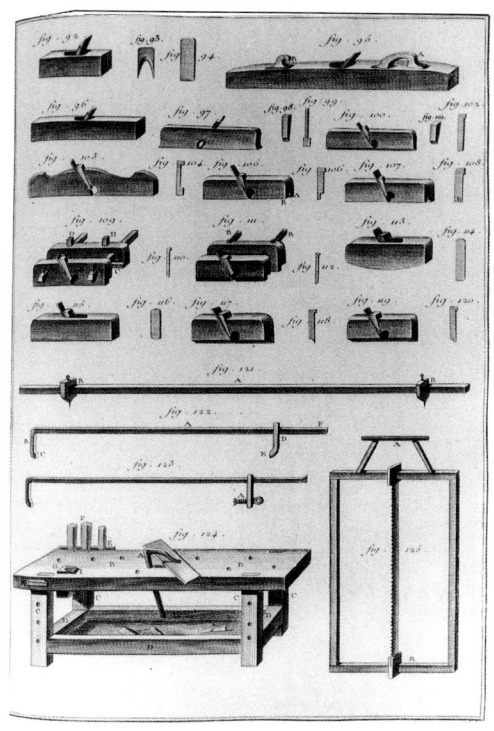
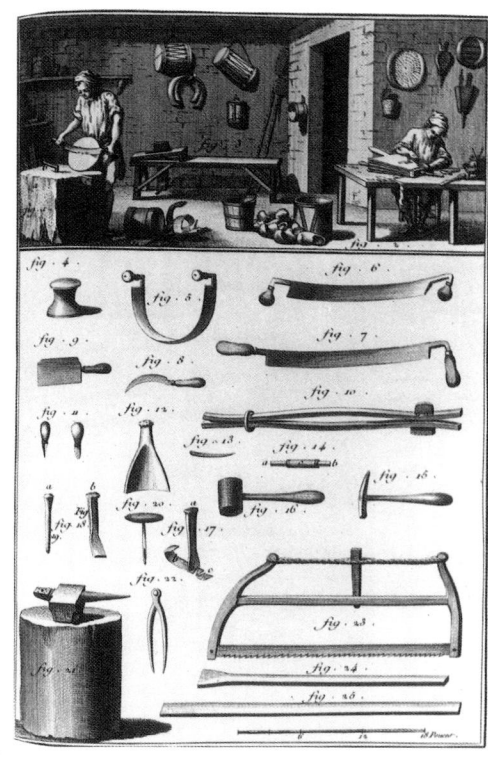
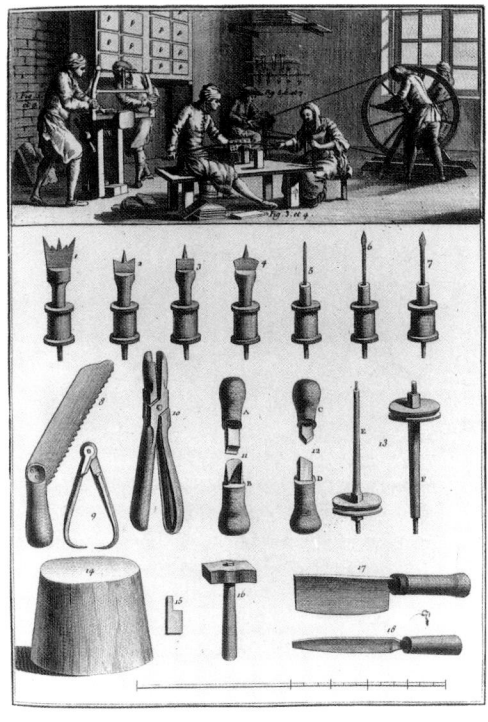
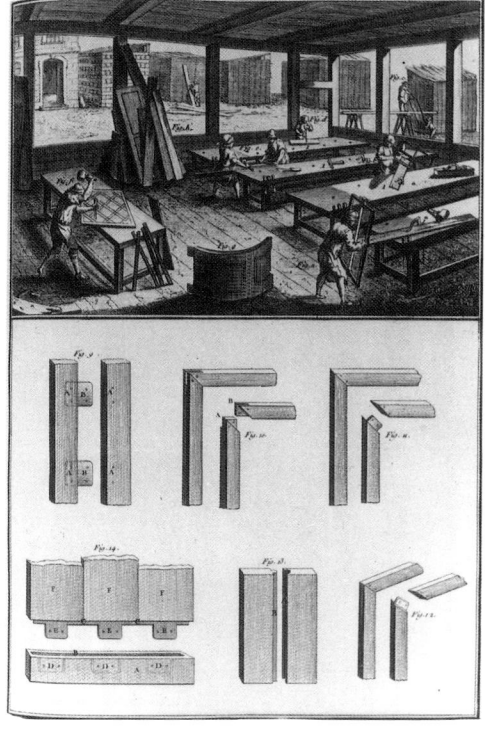

Holzberufe und -werkzeuge (18. Jh.)

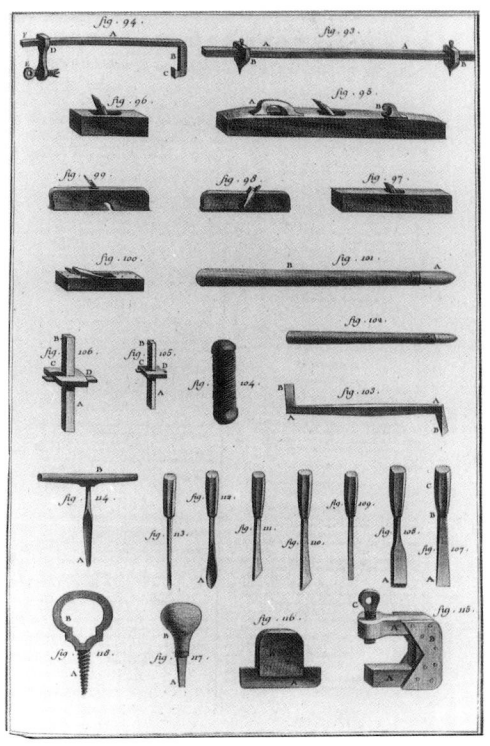
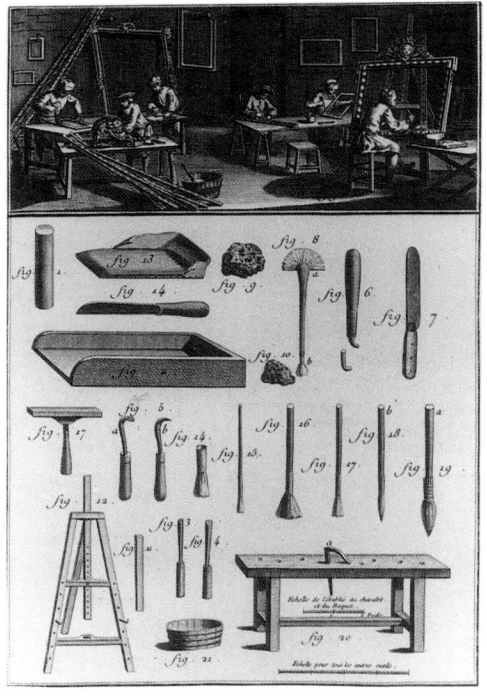

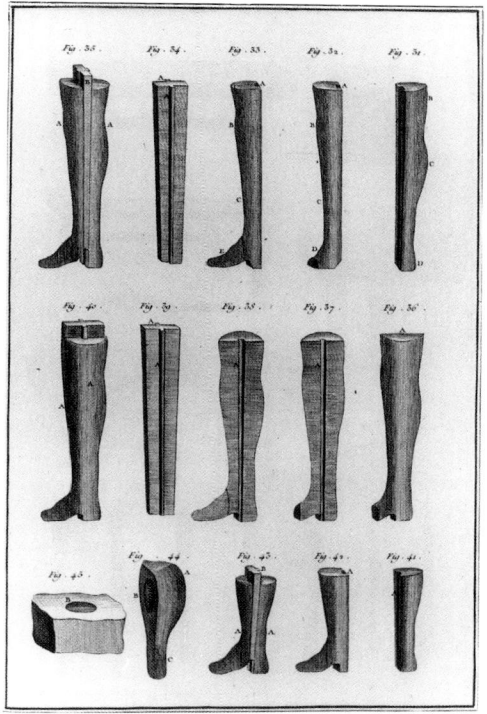

arbeitszeit pro Woche sank in den verglichenen 58 Orten von 62,42 (1887) auf 61,07 (1889) Stunden. Die Zahl der Überstunden (und Sonntagsarbeit) fiel von 300 Stunden pro Geselle im Jahr 1884 auf je 51 Stunden im Jahr 1889. Die 411 erfaßten Arbeiterinnen verdienten im Schnitt 44,5 Prozent der Männerlöhne. Bei 20 Pfennigen als Obergrenze in Nürnberg und Dresden und 10 und 9 Pfennigen in Göttingen und Liegnitz als Untergrenze stellten die Frauenlöhne die Spannbreite des eigentlichen Minimallohns dar. Die Spitzenlöhne in den Fabriken konnten durchaus höher als die in der Werkstatt liegen. In Leipzig errechnete sich ein Durchschnittsstundenlohn von 33 Pfennigen (Stücklohn und Zeitlohn gemittelt). Die Bau- und Möbeltischler verdienten dort im Schnitt 29 Pfennige. Der höhere Gesamtdurchschnitt ergab sich, weil die Löhne der besser bezahlten Arbeiter in den Holzwerkzeuge-, Bilderrahmen-, Musikwerke- und Photographenkastenfabriken deutlich höher lagen als die der erstgenannten Gesellen. Der Fabriklohn war also zumindest in den höheren Lohngruppen besser als in der traditionellen Werkstatt. Der Anteil der vom Tischlerverband statistisch erfaßten Gesellen, deren Löhne durch »Kost-und-Logis«-Arbeitsverhältnisse weit unter dem jeweiligen Ortsdurchschnitt lagen, war zwischen 1884 und 1889 von 11 Prozent auf 3,6 Prozent gesunken. Die Lehrlinge, deren Ausbildung weiterhin nahezu ausschließlich in kleinen Werkstätten und nicht in den Maschinenbetrieben durchgeführt wurde, blieben dagegen überwiegend (1887: 71 Prozent) durch »Kost und Logis« in den Meisterhaushalt integriert. Die Durchschnittslehrzeit betrug 3 Jahre und 5 Monate. 37 Prozent der in der Statistik erfaßten Gesellen arbeiteten 1889 in »Geschäften mit Maschinenbetrieb«, wobei allerdings der Löwenanteil dieser Betriebe auf den Bausektor entfiel und der Prozentanteil mit Sicherheit zu hoch gegriffen war. Zwischen 1887 (48 Prozent) und 1889 (51 Prozent) überstieg der Anteil der verheirateten Tischlergesellen zum ersten Mal den der ledigen. Die »Todtenliste« der Tischlerstatistik wies bei über 60 Prozent der Sterbefälle »Erkrankung der Athmungsorgane« aus. Die »Proletarierkrankheit« Schwindsucht hatte dabei nicht zufällig einen Anteil von nahezu 42 Prozent. In nur 138 von 7488 in die Statistik einbezogenen Betrieben gab es 1889 eine »Vorrichtung für Ventilation«. »Die schwere physische Arbeit des Tischlers verursacht ... außerordentlich starke Ausdünstung; wenn aber diese Arbeit dann in schlecht oder gar nicht ventilierten Räumen verrichtet wird, deren Atmosphäre noch obendrein mit Leim- und Spiritus- (denaturierten) Dünsten angefüllt ist und oft bei einer Temperaturhöhe, in welcher längerer Aufenthalt überhaupt verboten sein sollte, dann darf man sich nicht wundern...«[18]. Am Beispiel der Werkstätte des Hoftischlers Knust in Wolfenbüttel verdeutlichte der Tischlerverband den Hintergrund der für Tischler offensichtlich nicht ungewöhnlichen Bruthitze: »Da Vorrichtung für Ventilation nicht getroffen ist, so werden dort die Arbeiter geradezu mit dem Holze aufgetrocknet.«

Die »Gruppe der Holzarbeiter«

Auf dem Kongreß der Tischler 1890 war es keine Frage, daß »die Zentralisation der einzelnen Branchen... nicht mehr aus(reiche), um den Kampf gegen die Unternehmerkoalitionen wirksam führen zu können. Es sei ein Zusammengehen dieser Zentralisationen nothwendig«. Karl Kloß sprach zur Begründung allgemein von der »immer weiter um sich greifende(n) Konzentration des Kapitals« und den »vielen Fabrikantenorganisationen«, die »speziell in Hamburg so nette Blüthen trieb(en)«. Er meinte aber mit Blick auf die schwere Niederlage der Arbeiterbewegung in der Maifeierfrage in Hamburg wohl nicht in erster Linie die Verhältnisse in der Holzwirtschaft, wenn er »in nächster Zeit bedeutende Kämpfe um Aufrechterhaltung des Organisationsrechts« kommen sah.

Carl Legien, der erste besoldete Vorsitzende der 1887 gegründeten »Vereinigung der Drechsler Deutschlands«, hatte der Berliner Gewerkschaftskonferenz am 16. November 1890 einen Entwurf »Statut der Gruppe der Holzarbeiter« vorgelegt. Er sollte die Zentralverbände der Tischler, Drechsler, Stellmacher, Böttcher und Bürstenmacher mittels gemeinsamen »Verwaltungsrats«, Verbandsorgans und Kongresses miteinander verbinden. Doch die Entscheidung über die künftige Organisationsform wurde in Berlin auf einen allgemeinen Gewerkschaftskongreß verschoben. Die in Berlin zur Ausarbeitung geeigneter Vorlagen für diesen Kongreß eingesetzte »Generalkommission« wählte den Drechsler Legien zu ihrem Vorsitzenden. Neben ihm gehörten mit Karl Kloß und Theodor Glocke zwei Tischler der Generalkommission an. Daß die Holzarbeiter mit drei von sieben Mitgliedern deutlich überrepräsentiert waren, lag an der kritischen Zurückhaltung und der Opposition der Metallarbeiter gegenüber diesem sich später zum Dachverband der freien Gewerkschaften entwickelnden Gremium.

Die Ausgangssituation 1890

Außerhalb des Berufsspektrums, das die Tischler seit 1872 zu ihrem Organisationsbereich rechneten, hatten sich in den achtziger Jahren in der Holzwirtschaft die Verbände der Bildhauer (1882), der Bürsten- und Pinselmacher (1884), der Stellmacher und der Böttcher (1885), der Schirmmacher (1884) und der Drechsler (1887) gebildet. Die »Vergolder, Goldleistenarbeiter und Berufsgenossen Deutschlands« waren nach einem Kongreß am 26./27. Dezember 1889 in zwanzig Orten dem Aufruf zur Zentralisierung gefolgt. Sie arbeiteten am Aufbau eines eigenen Verbandes. Im gleichen Organisationsstadium befanden sich die Korbmacher[19]. Die Bildhauer – sie arbeiteten nicht nur

---

18
Zitiert nach: Ergebnis der statistischen Erhebungen im Tischler-(Schreiner-)Gewerbe pro 1889 veranstaltet vom Deutschen Tischler-Verband, 1889, S.14; den Vergleich ermöglicht das Ergebnis der statistischen Erhebungen... pro 1887, veranstaltet vom Deutschen Tischler-Verband, veröffentlicht als Beilage zur NTZ Nr. 2 vom 13.1.1889.

19
Zu den Modelltischlern vgl. Heinrich Bürger, Die Hamburger Gewerkschaften und deren Kämpfe von 1865 bis 1890, Hamburg 1899, S. 221ff.; zu den Vergoldern vgl. Almanach für das Jahr 1915, S.133; zu den Korkschneidern vgl. Almanach f. d. J. 1911, S. 95ff.

GRÜNDUNG UND AUFBAU

mit dem Werkstoff Holz – konnten sich angesichts ihrer hohen Löhne bis 1919 von einem Zusammengehen mit einem stärkeren, aber vergleichsweise leistungsschwächeren Verband nichts Positives versprechen. Die Böttcher lösten erst 1927 ihren selbständigen Zentralverband auf und schlossen sich in ihrer Mehrheit dem »Deutschen Nahrungsmittel- und Getränkearbeiterverband« an.

Für alle diese Verbände galt, daß sie ein relativ begrenztes, teilweise – wie bei den Drechslern durch den Jugendstil bedingt – sogar schrumpfendes Organisationsgebiet beackerten. Im Vergleich zu den Metallarbeitern war im Holzarbeiterbereich mit Ausnahme von Berlin die Zentralverbandszahlstelle gegenüber der Lokalorganisation schon 1890 der Regelfall. Dieser Umstand erklärt neben der Existenz der Berufsgruppengewerkschaft »Tischlerverband«, warum das Organisationsprinzip »Industrieverband« den Tischlern nicht so auf den Nägeln brannte wie den Metallarbeitern. Zudem gerieten alle neben dem Tischlerverband genannten Holzarbeitergewerkschaften in der Wirtschaftskrise Anfang der 1890er Jahre in große Schwierigkeiten und blieben bis auf den Drechslerverband und den Bildhauerverband ausgesprochen leistungsschwache Zwergverbände[20]. Bei den Überlegungen, ob man mit dem trotz »Geschäftsflaute« auch nach 1890 expandierenden Tischlerverband fusionieren sollte, spielte die Frage der Leistungsfähigkeit eine entscheidende Rolle. Bei den Drechslern wurden – angesichts eines Rückgangs von 3066 Mitgliedern in 75 Zahlstellen Ende 1890 auf 2238 in 80 Zahlstellen Ende 1892 – besonders die Kosten der Verwaltung von Vorstand und Basis sehr unterschiedlich gesehen.

Belegschaft der »Ersten Berliner-Küchen-Möbel-Fabrik Ernst Manske« (um 1905)

Tischlermeister mit seinen Gesellen auf Herrenpartie (1896)

Halberstadt 1892: Spezial-Kongreß der Holzarbeiter

Auf dem ersten allgemeinen Gewerkschaftskongreß im März 1892 in Halberstadt sprachen sich der Tischler Georg Eitzinger und der Drechsler Roßkopf aus Nürnberg entschieden für den Industrieverband als zukünftig verbindliche Organisationsform der deutschen Gewerkschaften aus. Karl Kloß, der den Kongreß neben Carl Legien leitete, hatte eine Überbrückung der festgefahrenen und in drei Resolutionen fixierten Gegensätze im Sinn, als er eine Resolution des »Holzarbeiterspezialkongresses« zur Klärung der Streitfrage Berufs- oder Industrieverbände in die Auseinandersetzungen einbrachte: »*Der Kongreß erklärt sich für die Annäherung der verwandten Berufe durch Kartellverträge, will jedoch die Frage, ob die spätere Einigung der Branchenorganisationen in Form von Unionen oder Industrieverbänden stattzufinden hat, der weiteren Entwicklung infolge der Kartellverträge überlassen; derselbe ist der Ansicht, daß, wo die Verhältnisse den Industrieverband zulassen, dieser vorzuziehen ist; wo dieser infolge der großen Verschiedenheit der Verhältnisse nicht durchführbar ist, soll durch Bildung von Unionen diese Möglichkeit herbeigeführt werden.*

20
Vgl. Klaus Schönhoven, Expansion und Konzentration, Stuttgart 1980, S. 320ff.

Der Kongreß erklärt, Lokalorganisationen nur in den Landesteilen anzuerkennen, wo die Vereinsgesetze die Bildung von Zentralvereinen unmöglich machen.«[21] Eindeutig war diese Resolution lediglich in der Ablehnung der Lokalorganisation. Sie fand aber im Streit um die Industrieverbände im letzten Moment die Unterstützung der Metallarbeiter, die ihren Industrieverband bereits 1891 gegründet hatten. Der Kongreß entschied die Organisationsfrage im Sinn der diplomatischen Resolution der Holzarbeiter.

Der Spezial-Kongreß der Holzarbeiter war eine von insgesamt elf Branchenkonferenzen, in die sich der Halberstädter Kongreß am Nachmittag des 16. März aufgeteilt hatte. Die Bildhauer, Korbmacher und Klavierarbeiter ließen erkennen, daß sie weder an einer Union noch an einem Industrieverband Interesse hätten. Für die Tischler verlangte Eitzinger den Industrieverband. Die Möbelpolierer Berlins wollten diesem beitreten, wenn sie eine Sektion bilden könnten. Die Tapezierer wollten die Auszahlung der Reiseunterstützung in eigener Regie behalten. Für die Drechsler führte Roßkopf aus, diese seien für den Industrieverband. Er habe das Mandat der Drechsler für Halberstadt erhalten, nachdem er in einer Artikelserie im Drechsler-Fachblatt diesen Standpunkt vertreten habe: *»Die einem Industrieverband entgegenstehenden Hindernisse sind weniger bei den Mitgliedern, als vielmehr bei den Führern zu suchen.«*[22] Carl Legien widersprach Roßkopfs Behauptung, die Mehrheit der Drechsler sei für einen Industrieverband. Die Debatte wurde mit der von Karl Kloß eingebrachten und »fast einstimmig« angenommenen Resolution beendet. Die Konsequenzen aus den Halberstädter Konferenzen wurden unterschiedlich interpretiert. In der NTZ wurde am 1. Mai zur Organisationsfrage mitgeteilt, es seien Industrieverbände zu bilden, »wo dies irgend möglich«. Vom Spezialkongreß der Holzarbeiter sei der Vorstand des Tischlerverbandes beauftragt worden, *»sowohl einen Kartellvertrag, wie auch ein Statut für einen Holzarbeiterverband auszuarbeiten und beides den Gewerkschaften der Holzindustrie zu unterbreiten. Im Frühjahr 1893 soll denn ein allgemeiner Gewerkschaftskongreß an der Hand dieser Entwürfe über den weiteren Ausbau der Organisation beschließen und die sich daran anschließenden Generalversammlungen der einzelnen Verbände diese Beschlüsse sanktionieren«.*

Ernst Sparfeld, Klaviertischler aus Berlin, der mit Hilfe von Beiträgen in der NTZ die überlokale Organisation der Musikinstrumentenarbeiter betrieb, erfuhr in Sondierungsgesprächen mit Karl Kloß, daß der Tischlerverbandsvorstand zur Einbindung der einzelnen Branchen – jetzt anders als 1890 – weitgehende Konzessionen an deren »Kastengeist« zu machen bereit sei. *»Wir können als Sektionen der Musikinstrumenten-Arbeiter in allen Städten, wo es angebracht erscheint, von der Zahlstelle abgesonderte eigene Arbeitsnachweise und Bibliotheken unterhalten«*, teilte Sparfeld im April 1892 auf ihrer Konferenz in Gera zu dem »sehr anheimelnd(en)« Angebot des Tischlerverbandes mit[23]. Auch wenn die Geraer Konferenz aus Mißtrauen auf dieses Angebot noch nicht einging, war in dieser Auseinandersetzung ein organistorisches Element des Holzarbeiterindustrieverbandes gefunden worden, das dort schon bald in Form von Branchenorganisationen mit Zentralkommissionen an ihrer Spitze eine große Rolle spielen sollte. Es war dies der entscheidende Baustein, um in einem Industrieverband dem Berufsstolz Rechnung tragen zu können.

21
NTZ Nr. 15 vom März 1892, S. 3; zur allgemeinen Entwicklung und zu den Hintergründen siehe Schönhoven, a.a.O., S. 264 ff.

22
Kurzprotokoll des Spezialkongresses in NTZ, a.a.O., S. 3 f.

23
Protokoll der ersten deutschen Musikinstrumenten-Arbeiterkonferenz, abgehalten zu Gera 19./20. April 1892, Berlin 1892, S. 22 f.

Die von Theodor Leipart 1900 eingeführten Almanache ersetzten die außer Gebrauch gekommenen Wanderbücher und dienten als Jahreskalender.

GRÜNDUNG UND AUFBAU

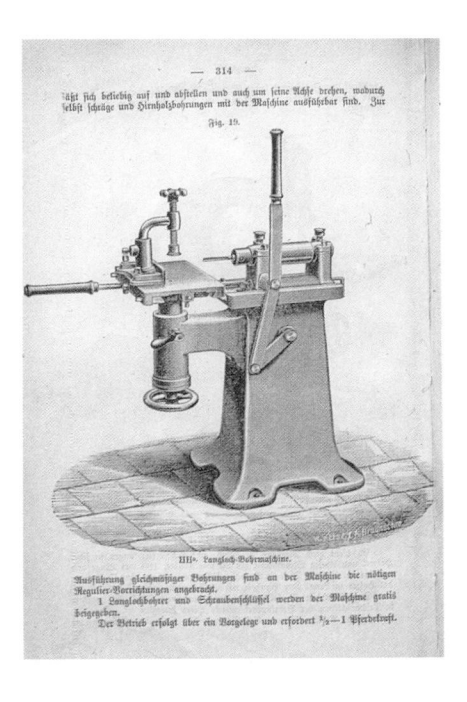

Erste Maschinen zur Holzbearbeitung

35

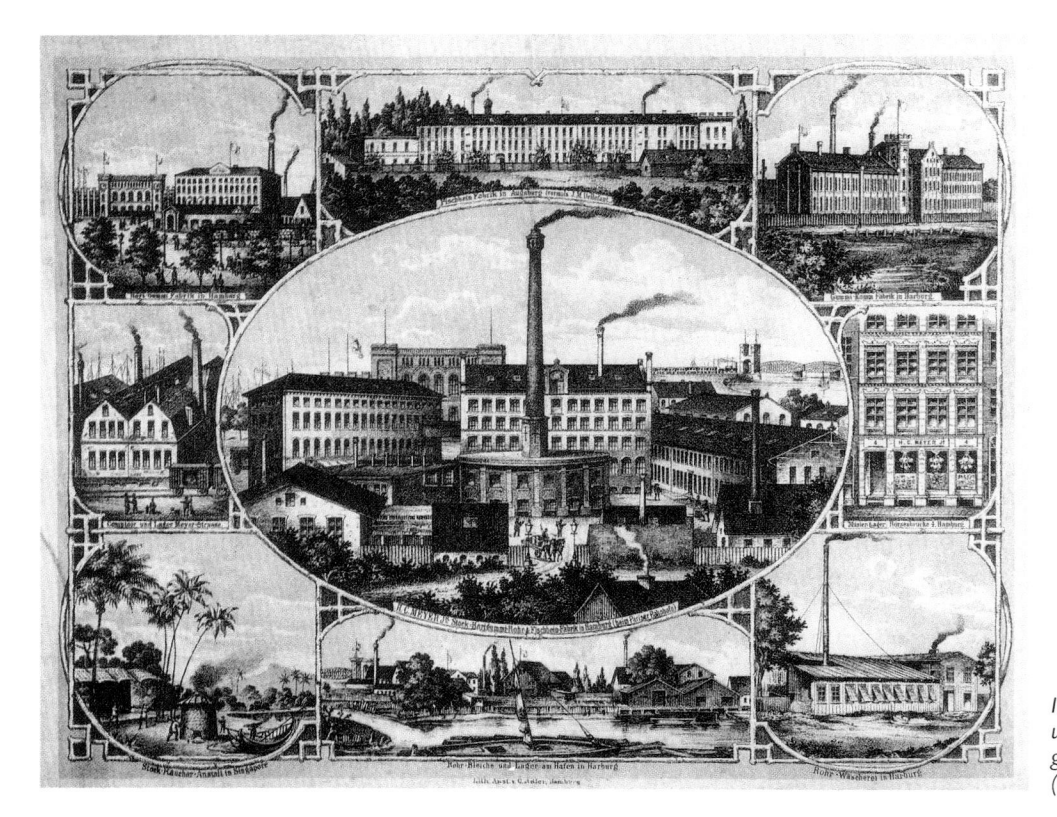

Industriebetrieb des (ehemals unzünftigen Gesellen) H. C. Meyer, genannt Stockmeyer, in Hamburg (um 1850)

Möbelherstellung bei den Gebrüdern Löwinson in Berlin (um 1862)

GRÜNDUNG UND AUFBAU

Bandsäge (19. Jh.)

Holzverarbeitung in Paris (um 1873)

Holzarbeiten (19. Jh.)

GOTTFRIED CHRISTMANN

Theodor Yorck

* 13. Mai 1830 in Breslau, Sohn des Tischlermeisters Johann Gottlieb Yorck und seiner Frau Rosina, geb. Hansch

1844–1849 Tischlerlehre in Breslau

1849–1855 Wanderschaft in Deutschland und Österreich

1855–1956 Tischler in Hamburg; Beitritt zur Hamburger »Reformpartei«

1856 Übersiedlung ins hannoversche Harburg; politische Arbeit in dem im gleichen Jahr gegründeten »Bildungsverein für Arbeiter in Harburg«, aus dem er im April 1862 wieder ausgeschlossen wird.

1862 Teilnahme an der Arbeiter-Deputation des Nationalvereins für die Weltausstellung in London; Ablösung vom nationalliberalen Bürgertum

April 1863 maßgebliche Beteiligung an der Gründung des Harburger Arbeitervereins; Bruch mit dem Prinzip der Selbsthilfe

Mai 1863 Gründung des Allgemeinen Deutschen Arbeitervereins; Wahl Yorcks in dessen zentralen Ausschuß

Februar 1867 Kanditatur als Lassalleaner für den konstituierenden Reichstag des Norddeutschen Bundes

Sommer 1869 Wechsel zur Sozialdemokratischen Arbeiterpartei; Tätigkeit als Parteisekretär

August 1871 Wahl in den konstituierenden Ausschuß der SDAP

Juni 1872 maßgebliche Beteiligung an der Entwicklung einer Union der Gewerkschaften und der außerhalb der »Gewerkschaften« stehenden Fachvereine

September 1873 Bestellung zum Vorsitzenden des »Central-Bureaus« für die zu gründende Gewerkschaftsunion, den ersten provisorischen Dachverband der deutschen Gewerkschaften sozialdemokratischer Prägung
Oktober 1873 Wiederwahl als Vorsitzender der Gewerkschaft der Holzarbeiter; Rücktritt vom Amt als Parteisekretär

† 1. Januar 1875

Die Meinungen über ihn gingen weit auseinander: er war unbequem, »knorrig und eigenwillig«, oft hart gegen sich selbst und gegen andere. Diktatorische Gelüste wurden ihm vorgeworfen, obwohl er Bevormundung jeglicher Art haßte und bekämpfte. Er hatte intellektuelle Fähigkeiten, die einem Handwerksgesellen seiner Zeit nicht zugetraut wurden, er hatte einen Blick für das Wesentliche, war beweglich genug, aus politischen Sackgassen wieder herauszufinden, und stabil genug, Niederlagen zu verarbeiten. Die frühe Gründung einer »Union« der einzelnen Berufsgewerkschaften, deren erster Vorsitzender Theodor Yorck wurde, ist bereits in den 1890er Jahren als Zeichen einer weit vorausschauenden Politik gewertet worden. Yorcks Leistungen basierten indes eher auf dem Bemühen, den tagtäglich erzwungenen Pragmatismus gewerkschaftlichen Handelns mit den vorwärtsweisenden politischen Strömungen seiner Zeit zu größtmöglicher Effektivität zu verbinden.

»In Erwägung, daß die Kapitalmacht alle Arbeiter, gleichviel ob sie konservativ, fortschrittlich, liberal oder Sozialdemokraten sind, gleich sehr bedrückt und ausbeutet, erklärt der Kongreß es für die heilige Pflicht der Arbeiter, allen Parteihader beiseite zu setzen, um auf dem neutralen Boden einer einheitlichen Gewerkschaftsorganisation die Vorbedingung eines erfolgreichen kräftigen Widerstandes zu schaffen, die bedrohte Existenz sicherzustellen und eine Verbesserung ihrer Klassenlage zu erkämpfen. Insbesondere aber haben die verschiedenen Fraktionen der Sozialdemokratischen Arbeiterpartei die Gewerkschaftsbewegung nach Kräften zu fördern…«

Entschließung des Erfurter Gewerkschaftstages vom 15. Juni 1972 zum Verhältnis der Gewerkschaften zur Sozialdemokratischen Partei (Auszug). Die Vorlage hatte Theodor Yorck erarbeitet.

Carl Theodor Yorck wurde am 13. Mai 1830 in Breslau geboren. Sein Vater, Johann Gottlieb, war dort Tischlermeister. Seine Mutter, Rosina geb. Hansch, starb, als Theodor gerade ein Jahr alt war. Er begann 1844 eine fünfjährige Lehre. Durch die Unvorsichtigkeit eines Mitlehrlings erlitt er einen so schweren Beinbruch, daß er Zeit seines Lebens hinkte. Die Revolution von 1848 erlebte er als Lehrling in Breslau[1]. 1849 ging er auf Wanderschaft durch Deutschland und Österreich, entwickelte sich zu einem »sehr befähigt(en)« Tischler, arbeitete 1855 ein Jahr in Hamburg, blieb von 1856 bis 1871 im hannoverschen Harburg und zog dann noch einmal nach Hamburg um[2]. 1867, ein Jahr nach der Geburt ihres ersten Sohnes, heiratete Yorck die drei Jahre ältere Tagelöhnertochter Helene Grap aus Dahme. Die Yorcks waren so arm, daß Theodor Yorck des öfteren vor der Entscheidung stand, seine politische Arbeit aufzugeben und wieder ausschließlich als Tischlergeselle zu arbeiten. Als Präsident einer Gewerkschaft und als Sekretär der sozialdemokratischen Partei bezog er zwar offiziell seit 1869 und 1870 Gehälter. Er verfügte aber – wie Parteichef August Bebel sich erinnerte – auch in den 1870er Jahren nicht über ausreichend Geld, um »sich eine neue Hose anzuschaffen«[3]. Seinem Tod sah Yorck mit Gleichmut entgegen. Das enorme Arbeitspensum, das sich der schwer nierenkranke Mann 1874 in der Verfolgung seiner Lebensziele noch zumutete, hielt ihn in Bewegung: »Obwohl schwer leidend, so daß er nur mit Unterstützung zu gehen und Treppen zu ersteigen vermochte, ließ er es sich nicht nehmen, der ersten vertraulichen Besprechung zwischen dem Ausschuß der Eisenacher Partei und den von Tölcke geführten Vertretern des Allgemeinen deutschen Arbeitervereins beizuwohnen.«[4] Nach einem Schlaganfall starb Yorck in der Neujahrsnacht 1875 um 5 Uhr im Hamburger Freimaurer-Krankenhaus. Seine Beerdigungsfeier am 3. Januar 1875 wurde zur ersten großen Demonstration der Hamburger Arbeiter für die Einheit der deutschen Arbeiterbewegung.

Bildung, Selbsthilfe oder Wahlrecht?

Im 1857 gegründeten »Bildungs-Verein für Arbeiter in Harburg« wurde Yorck politisch aktiv. Hier betrieb er vor allem die Gründung einer Krankenkasse, engagierte sich im literarischen Ausschuß und war Initiator der Liedertafel »Frohsinn«. Seit Herbst 1861 bekam er jedoch zunehmend Schwierigkeiten im Verein und wurde schließlich während der Hauptversammlung am 6. April 1862 mit 43 gegen 34 Stimmen ausgeschlossen[5]. Der entscheidende Grund war, daß die politischen Differenzen zwischen zwei Gruppierungen im Verein unüberbrückbar geworden waren. Yorck hatte nach seiner Übersiedelung von Hamburg nach Harburg seine seit 1855 aufgebauten Verbindungen in die nahe Großstadt weiterhin gepflegt. Die Hamburger »Reformpartei«, zu der Yorck gehörte, versuchte die Kasseneinrichtungen aus den Zunftzusammenhängen zu lösen. Dieser Lösungsprozeß vom nationalliberalen Bürgertum wurde durch die Teilnahme an der Arbeiter-Deputation des Nationalvereins zur Weltindustrie-Ausstellung im Sommer 1862 in London beschleunigt. Yorck betrieb seine Studien über »Holzarbeiten« und über die soziale Lage und Stellung der englischen Arbeiter im Kontakt mit dem radikalen Londoner Arbeiterbildungsverein, wo er den legendären »48er« Wilhelm Liebknecht kennenlernte. Auch der Gedanke der Einberufung eines deutschen Arbeiterkongresses wurde unter den Teilnehmern verfestigt und ließ sich nicht mehr unterdrücken.

Vom Programm der Selbsthilfe...

»Fürs Erste der Kongreß, und immer wieder der Kongreß, darauf kommt nach meinem Dafürhalten alles an...« schrieb er am 23. Februar 1863 an das Leipziger Zentralkomitee zur Einberufung eines Arbeitertages. Gleichzeitig betrieb er die Gründung eines »allgemeinen Arbeitervereins« in Hamburg »als *einen Stamm, aus welchem dann die verschiedenen Assotiationszweige sich besser und leichter herausbilden können als aus der im Grunde genommen gänzlich unorganisierten Masse*«. Der Harburger Arbeiterverein wurde im April 1863 gegründet. Seine Ziele, »*Förderung des materiellen Wohls des Arbeiterstandes, Hebung der Stellung des Arbeiters und Wahrung seiner Interessen*«, wollte der Verein dadurch erreichen, daß er »*unter seinen Mitgliedern den Sinn für das Genossenschaftswesen wecken und beleben*« wollte, »*um als dann die Gründung von Unterstützungs-Kassen, Consum-Vereinen und dergleichen mit Erfolg bewerkstelligen zu können*«[6]. Yorcks Konzeption eines lokalen »allgemeinen Arbeiter-Vereins« als Dach verschiedener anderer Vereine war in dieser Zeit eine neue, originelle Idee.

...zum ADAV!

Die Lassallesche Konzeption eines reinen Agitationsvereins stand zu Yorcks bisherigen Absichten in deutlichem Gegensatz. Die Spaltung der Bildungsvereine in der Frage des Arbeiterkongresses und besonders die von Lassalle Anfang

---

[1] S. Na'aman/H. P. Harstick, Die Konstituierung der deutschen Arbeiterbewegung 1862/63, Amsterdam 1974, S. 29.
[2] Union Nr. 1, 15.1.1875, Nachruf auf S. 1.
[3] August Bebel, Aus meinem Leben, Berlin/Bonn 1986, S. 254 und S. 384.

[4] »Theodor York«, in: Der wahre Jacob, Nr. 107, 1890, S. 855, laut T. Leipart aus der Feder I. Auers.
[5] John Breuilly/Wieland Sachse, Joachim Friedrich Martens (1806-1877) und die Deutsche Arbeiterbewegung, Göttingen 1984, S. 428.

[6] Zitiert nach Günter Scheel, Die Anfänge der Arbeiterbewegung im Königreich Hannover, in: Niedersächsisches Jahrbuch für Landesgeschichte, Hildesheim 1976, S. 17-70, S. 57.

März formulierte Forderung nach einer selbständigen Arbeiterpartei zwangen nicht nur Theodor Yorck zu einer politischen Grundsatzentscheidung. Yorcks Bruch mit dem Prinzip der Selbsthilfe war radikal. Auch in der Wahlrechtsfrage schloß er sich der Forderung Lassalles an, für das allgemeine Männerstimmrecht zu streiten. Als am 23. Mai 1863 auf nationaler Ebene die Gründung des »Allgemeinen Deutschen Arbeiter Vereins« (ADAV) vollzogen wurde, ließ sich Yorck in dessen zentralen Ausschuß wählen. Rätselhaft bleibt, warum er als einziger der Abstimmenden Lassalle am 23. Mai nicht zum Präsidenten des ADAV gewählt hat.

Der Wahlkampf für den konstituierenden Reichstag des Norddeutschen Bundes am 12. Februar 1867 machte Yorck zur »Schlüsselfigur der hannoverschen Arbeiterbewegung«. Er kandidierte als einziger sozialistischer Bewerber im heutigen Niedersachsen. Zu den zweiten Wahlen des Jahres kandidierte er zusätzlich im 8. Wahlkreis Hannover-Linden. In einem Bericht über eine Wahlversamlung am 18. August 1867 schrieb die bürgerliche »Frankfurter Zeitung«, Theodor Yorck, »die Seele der Lassalleaner im Hannoverschen«, habe »am ruhigsten und geordnetsten« gesprochen. Er sei *»ein kleiner, etwas verwachsener Mann von etwa 38 Jahren, für dessen Zuversichtlichkeit zu dem Siege seiner Lehren der ruhige singende Predigerton seiner Rede sehr wohl paßt und nicht ohne Eindruck auf sein Publikum bleibt.«*[7] Das Wahlergebnis für Yorck in Harburg erregte trotz der Niederlage Aufsehen. In den Städten Harburg und Buxtehude wurde bereits die absolute Mehrheit der Stimmen für den Sozialdemokraten abgegeben. Als Reichstagskandidat blieb Yorck auch im dritten Anlauf um ein Mandat glücklos, als er 1874 im 22. sächsischen Wahlkreis Auerbach-Reichenbach antrat[8].

Als im Sommer 1869 Johann Baptist von Schweitzer im ADAV die kurz zuvor abgeschaffte Präsidialdiktatur wiederherzustellen versuchte, war Theodor Yorck einer der prominentesten Unterzeichner eines Aufrufs zum offenen Widerstand. Dieser mit Bebel und Liebknecht abgestimmte Aufruf kündigte zugleich den Gründungskongreß der »socialdemokratischen Arbeiterpartei« in Eisenach und Yorcks Überwechseln ins Lager der »Eisenacher« an. In der SDAP gehörte Yorck zunächst nur zur Kontrollkommission, wurde dann aber als Parteisekretär in den die Partei leitenden Ausschuß gewählt[8]. In diesem Amt ist der von Anfang an umstrittene und mit Mißtrauen beobachtete Ex-Lassalleaner gescheitert. In seinem Eifer packte er notfalls auch gegen die Buchstaben der Statuten zu und zog so den Verdacht auf sich, er wolle die demokratischen Strukturen der Eisenacher Partei aushöhlen, um eine Diktatur des Apparates, wenn nicht sogar seine persönliche Diktatur aufzurichten. Aufgrund eines Skandals in der intrigenreichen neuen Arbeiterpartei kam die Kritik an Yorcks Geschäftsführung nicht zur Ruhe. Auf dem Parteitag 1873 in Eisenach überstanden der Hamburger Parteiausschuß und sein Sekretär Yorck zwar noch die massiv vorgetragenen Vorwürfe. Auf dem Gewerkschaftstag der Holzarbeiter vom 4.–8. Oktober 1873 in Nürnberg gab Yorck dann seine Absicht bekannt, als Parteisekretär zurückzutreten, wenn der Ausschuß der Gewerkschaft in Hamburg bleiben werde und er als dessen Vorsitzender wiedergewählt werde. Er halte es »besonders bei der ins Auge gefaßten Gründung der Gewerkschafts-Union« für notwendig, *»stets solche Männer an der Spitze der Bewegung zu erhalten, die mit den ganzen Verhältnissen vertraut seien«*. Die Generalversammlung der Holzarbeiter wählte ihn daraufhin mit 12 (von 13) Stimmen erneut und unangefochten zum Vorsitzenden. Einige Tage später trat Yorck in Hamburg *von seinem Amt als Parteisekretär zurück*[9].

Parteitagsredner, Wanderprediger und Gewerkschaftsredakteur

Im Kampf der Eisenacher gegen die Lassalleaner, der in den siebziger Jahren die politische Vernunft oft in den Hintergrund drängte, war Yorck im verbalen Austeilen nicht zimperlich. Er führte eine äußerst »spitze Feder«, liebte ironisierende, verletzende Wortspiele und ging im Extremfall bis zur Kennzeichnung eines Gegners als »Bestie«. Im Herbst 1869 war Yorck mehrere Wochen im Auftrag der SDAP unterwegs und bereiste von Lüneburg bis Wiesbaden nicht weniger als 36 Städte. Wie hoch Yorcks Leistung angesichts der damaligen Verkehrsverhältnisse einzuschätzen war, hat Fritz Tarnow deutlich zu machen versucht. *»Im Archiv unseres späteren Holzarbeiter-Verbandes«*, schrieb der ehemalige DHV-Vorsitzende 1950, *»wurde neben anderen Zeugen der Vergangenheit eine dunkel gebeizte Holzkiste mit aufklappbarem Deckel und Handgriff aufbewahrt, der selbstgefertigte »Reisekoffer« Theodor Yorcks. Als einziger bezahlter Funktionär (...) mußte er viel reisen; dabei an eine andere Möglichkeit zu denken als den Bummelzug und die 4. Klasse wäre vermessen gewesen. Da war es gut, sich eine Sitzgelegenheit mitzubringen.«*[10]

Als belesener Praktiker hatte Yorck ein instrumentelles Verhältnis zur Theorie. In seinen Referaten auf den Parteitagen der SDAP, die Ignaz Auer etwas zweideutig als »wahre Musterleistungen volksthümlicher Beredtsamkeit« charakterisiert hat, nutzte Theodor Yorck ungeachtet gegensätzlicher Aussagen der von ihm zitierten Autoren deren Schriften wie Steinbrüche.

Mit der ersten »eigenen« Zeitung, die Yorck als Präsident des »Gewerkvereins der Holzarbeiter« Anfang 1870 herausbrachte, erfüllte sich ein von ihm seit 1863 verfolgter Plan. Er glaubte damit auch grundlegend Bahn für die Gewerkschaftspresse brechen zu können. Mit gutem Grund: In der zweiten Nummer dieses »Circulair des Directoriums«

7
Vgl. H. Laufenberg, Geschichte der Arbeiterbewegung in Hamburg Altona und Umgegend, Hamburg 1911, S. 306f., und Ulrich Engelhardt, »Nur vereinigt sind wir stark«. Die Anfänge der deutschen Gewerkschaftsbewegung 1862/63 bis 1869/70, Stuttgart 1977, S. 909, Anm. 7.

8
Zu den Hintergründen vgl. Circular »Gewerkschaft der Holzarbeiter«, Nr.10 (Dez. 1873), S. 2, »Organisation und Disziplin« (Klage über verlorene RT-Wahl im 22. sächs. Wahlkreis wegen Geldmangels).

9
Protokoll des SDAP-Parteitages in Coburg 1874, S. 19.

10
Bebel, a.a.O., S. 254; Fritz Tarnow, Von Theodor Yorck bis Karl Kloß, II, Holzarbeiter-Zeitung 21.1.1950, S. 20f.

Brief von Theodor Yorck an Johann Philipp Becker in Bern (26. März 1873)

lieferte er seinen »Gewerkgenossen« eine analytische Bestandsaufnahme des Zustands von Handwerk, Industrie und Gewerkschaftsbewegung, die sich in ihrer Tiefenschärfe und in ihrem ideologiearmen Realismus sowohl von seinen eigenen Parteitagsreferaten als auch von den Artikeln in der Parteipresse abhob. »Aller Anfang ist schwer«, versuchte er »die Pioniere der Bewegung« aufzumuntern, in einem Gewerbe, in dem die handwerksmäßige Arbeitsweise in Kleinbetrieben so eindeutig den fabrikmäßigen Betrieb überwiege. Überhaupt sei die Großproduktion in Deutschland noch nicht so alt, als daß der Gegensatz zwischen Arbeitern und Arbeitsherren schon zum Durchbruch hätte kommen können. Dieser gegensätzliche Geist, Voraussetzung für »eine korporative Umbildung der früheren Gesellenschaften«, sei zwischen Meistern und Gesellen noch nicht in ausreichender Schärfe ausgebildet. Solidarität und Zusammengehörigkeitsgefühl aufzubauen, erfordere bei dem Umstand, daß die Arbeiter vereinzelt in den Werkstätten und voneinander isoliert arbeiteten, Überzeugungsarbeit bei nahezu jedem als einzelnem zu leisten. Rasche Erfolge könne man also nicht erwarten[11].

Vorsitzender der Gewerkschafts-»Union«

Seit Beginn seiner Organisationsarbeit für die Gewerkschaften im Rahmen des ADAV hatte Yorck Konzepte verfolgt, die die zersplitterten Kräfte der vielen kleinen Berufsorganisationen bündeln sollten, ohne deren Autonomie aufzuheben. Im Unterschied zu der im »Allgemeinen deutschen Arbeiterschaftsverband« (ADASV) verwirklichten Zentralisation wollte Yorck »gemischte lokale Gewerkschaften«, lokale Unionen, lokale Fachvereine und zentralisierte Berufsgewerkschaften unter einem gemeinsamen Dach zusammenführen. Die Dachorganisation sollte aus Beiträgen der genannten Organisationen flächendeckend Unterstützungen anbieten können. So flexibel Yorck das Unionskonzept auch angelegt hatte, die Gegensätze »Hyperzentralisation« im ADAV und lokalistischer »Fachverein« blieben im Zeitraum seines Wirkens übermächtig. Als am 15. Juni 1872 in Erfurt die Delegierten verschiedener Gewerkschaften und der außerhalb der Gewerkschaften stehenden Fachvereine zusammenkamen, zeigte sich, daß die größten Fachvereine wie der der Holzarbeiter ferngeblieben waren. Dem unter Vorsitz Mottelers und Yorcks tagenden Gewerkschaftskongreß gelang es dank eines von Yorck vorgelegten Entwurfs, ein Unionsstatut zu verabschieden. Als Sitz des Zentral-Ausschusses wurde Leipzig gewählt. Die Gewerkschaftszeitung »Union« sollte nach dem Willen der Delegierten trotz Yorcks Mahnung, Gewerkschafts- und Parteiangelegenheiten nicht ständig zu vermischen, lediglich als Beilage zum Parteiblatt »Volksstaat« erscheinen.

11
Gewerkverein der Holzarbeiter (Internationale Genossenschaft), Circulair des Directoriums, Correspondenz an die Gewerksgenossen, Nr. 2, Hamburg-Altona-Harburg 1870, S. 1f.

Eine von Theodor Yorck eingebrachte Resolution – in der damaligen Situation eigentlich ein Dokument der Schwäche – hat Eingang in die Geschichtsbücher gefunden, weil es zum erstenmal in der Geschichte der deutschen Arbeiterbewegung die Unabhängigkeit der Gewerkschaften von den Parteien proklamierte.

Dennoch scheiterte die geplante Unionsgründung. Lediglich ein provisorisches Komitee konnte zur weiteren Diskussion der Unionspläne installiert werden. Erst am 28./29. September 1873 trafen sich in Braunschweig erneut die »Vertrauensmänner der verschiedenen Gewerkschaftsverwaltungen« und vereinbarten als vorbereitende Schritte für »die später zu gründende Union« zunächst die Einführung gleichmäßiger Quittungsbücher und von Reisegeld-Coupons. Die einzelnen Gewerkschaften sollten ihre Reisegeldunterstützung auf gleiche Höhe bringen. Ferner vereinbarten die Vertrauensmänner, »vor der Hand ein Central-Bureau« zu errichten, das die Agitation für die »Gewerkschaftsorganisation im allgemeinen« zu betreiben habe. Gewerkschaften, die diesem »provisorischen Verband« beitreten, sollten einen halben Silbergroschen pro Mitglied und Quartal an das Zentralbüro entrichten. Mit der Ausführung der Bestimmungen wurde der »Vorort der Gewerkschaft der Holzarbeiter« betraut. Theodor Yorck war damit Vorsitzender des ersten provisorischen Dachverbandes der deutschen Gewerkschaften sozialdemokratischer Richtung geworden[12]. Der Magdeburger Gewerkschaftskongreß (23.–25.6.1874) bestätigte Yorck als Vorsitzenden der Dachorganisation. Die befreundeten Gewerkschaften ließen die Holzarbeiter allerdings mit den Anlaufschwierigkeiten allein. Der Ausschuß der Metallarbeitergewerkschaft hintertrieb mehrere Monate das Zeitungsprojekt und blockierte sogar die Ausgleichszahlungen an das provisorische Zentralbüro. Erst als die Maurer- und Zimmerergewerkschaft die Zeitung im Herbst 1874 obligatorisch einführte, war sie über den Berg, und so konnte der Beschluß der Magdeburger Gewerkschaftskonferenz in die Tat umgesetzt werden und die »Union« als »Organ der verbündeten Gewerkschaften« seit Januar 1875 wöchentlich erscheinen. Theodor Yorck hat das nicht mehr erlebt; in der ersten Nummer findet sich ein Nachruf auf ihn.

[12] Ein knappes Protokoll der Braunschweiger Versammlung veröffentlichte Yorck in: »Gewerkschaft der Holzarbeiter, Circular-Correspondenz des Ausschusses an die Gewerkschaft« 1873, Nr. 9, S.1; zur Ereignisgeschichte um die Dachorganisation »Union« vgl. besonders John A. Moses, Trade Unionism in Germany from Bismarck to Hitler, 1869–1933, Bd.1, London 1982, Kapitel 3. Dort auch die bisher dichteste biographisch-politische Würdigung Theodor Yorcks in jüngerer Zeit.

WOLFGANG SCHMIERER

Karl Kloß

* 15. April 1847 als Sohn des Tischlers Carl August Cloß in Berlin

1874 nach vorangegangener Schreinerlehre und mehrjähriger Wanderschaft als Geselle Übersiedlung nach Stuttgart

Juni 1878 Wahl in den Ausschuß des »Bundes der Tischler«

November 1878 bis zu deren Auflösung infolge des Sozialistengesetzes Vorsitzender der »Zentral-Kranken- und Sterbekasse der Tischler« (und verwandten Berufsgenossen)

1880 nach vorübergehender Ausweisung als »sozialdemokratischer Agitator« Rückkehr nach Stuttgart; Gründung des »Fachvereins Stuttgarter Schreiner«; Wahl zu dessen Vorsitzenden

1883 Beteiligung an der Gründung des »Zentralverbandes der Vereine der Tischler (Schreiner) und verwandten Berufsgenossen Deutschlands«; Wahl zu dessen Vorsitzenden

1887 Gründung des »Arbeitervereins Heslach« in Kloß' Stuttgarter Wohnbezirk als organisatorischem Zusammenschluß der durch das Sozialistengesetz verfolgten Arbeiter

1888 vorübergehende Verhaftung gemeinsam mit anderen Vorstandsmitgliedern des Tischlerverbandes

1890 Aufhebung des Sozialistengesetzes; Wahl in die erste »Generalkommission der Gewerkschaften Deutschlands«

1893 Wahl zum Vorsitzenden des aus dem Tischlerverband und dem Verband der Drechsler gegründeten »Deutschen Holzarbeiterverbandes«

1891–1896 Mitglied des Stuttgarter Bürgerausschusses und ab 1887 des Stuttgarter Gemeinderates, zunächst als einziger Vertreter der Sozialdemokratischen Partei, dann als deren Fraktionsvorsitzender

1893–1896 Vorsitzender des Internationalen Sekretariats der Holzarbeitergewerkschaften

1895–1908 Abgeordneter des Württembergischen Landtags, ebenfalls zunächst als einziger Abgeordneter der SPD, dann als deren Fraktionsvorsitzender

1898–1903 Reichstagsabgeordneter

† 11. Februar 1908 in Hamburg

Er war ein »Kind armer Leute«, geboren am 15. April 1847 als Sohn des Tischlers Carl August Cloß in Berlin. Wie sein Vater erlernte er das Schreinerhandwerk und kam nach längerer Wanderschaft als Handwerksgeselle 1874 nach Stuttgart. Wenige Jahre später begann er seine Karriere als Gewerkschaftsführer: Als Delegierter vertrat er den »Stuttgarter Tischlerbund« im Juni 1878 bei der zweiten Generalversammlung des »Bundes der Tischler« in Dresden und wurde in dessen Ausschuß gewählt. Im November 1878, unmittelbar nach Erlaß des Sozialistengesetzes, wurde er auch Vorsitzender der »Zentral-Kranken- und Sterbekasse der Tischler« (und verwandten Berufsgenossen), bis die Polizei den Tischlerbund als vermeintlichen Bestandteil der sozialdemokratischen Organisation auflöste. Kloß kam auf die Liste der »sozialdemokratischen Agitatoren« und verließ Stuttgart. Zwei Jahre später, 1880, war er wieder am Ort und übernahm den Vorsitz des »Fachvereins der Stuttgarter Schreiner«, den er zusammen mit anderen polizeibekannten Sozialdemokraten gegründet hatte. Eine Streikbewegung im Herbst 1881 verstärkte den Fachverein auf über 600 Mitglieder. 1883 traten unter der Führung von Kloß die Stuttgarter Schreiner zum größten Streik an, den Württemberg bis dahin erlebt hatte: Der zweimonatige Ausstand von über 600 Schreinern stärkte den Fachverein erheblich und erzwang bedeutende Lohnerhöhungen sowie sonstige Tarifverbesserungen.

Da diese umsichtig geführte Streikbewegung trotz ihres Erfolgs aber auch gezeigt hatte, daß örtliche Organisationen für größere gewerkschaftliche Aktionen in keiner Weise ausreichten, wurde Kloß in der Folgezeit zum Vorkämpfer für die Gründung einer neuen, reichsweit organisierten Gewerkschaft. Insbesondere auf seine Initiative hin wurde im Dezember 1883 in Mainz der »Zentralverband der Vereine der Tischler (Schreiner) und verwandten Berufsgenossen Deutschlands« gegründet, er selbst zum »besoldeten« (= fest angestellten) ersten Verbandsvorsitzenden gewählt und Stuttgart als Verbandssitz bestimmt. Von Stuttgart aus wirkte der hochbefähigte und bienenfleißige Mann in den nächsten Jahren nun trotz des Sozialistenge-

Heitere Rundschau.

(Mel.: Es steht ein Wirtshaus an der Lahn.)

Ihr Brüder, seid mir all willkomm
Und setzt euch um den Tisch herom,
:,: Wir woll'n ein Liedchen singen,
Gespickt mit allerlei Humor,
Das soll uns Freude bringen. :,:

Karl Kloß, der ist des Tages Held,
Drum kostet's ihn das meiste Geld,
:,: Er wird heut sechzig Jahre,
Doch steckt er noch voll Jugendmut
Trotz seiner weißen Haare. :,:

Der zweite ist der **Theodor**,
Voll Würde wie ein Hauptpastor,
:,: Korrekt, genau und bieder,
Nur wenn er an dem Kneiptisch hockt,
Erkennt man ihn kaum wieder. :,:

Ein echter, rechter Bureaukrat
Ist **Wilhelm Schneegaß** früh und spat,
:,: Er tippt mit ernster Miene
Und sitzt mit hochgeschwellter Brust
An seiner Schreibmaschine. :,:

Freund **Gustav** reist im Land herum,
Und schwatzt die Unternehmer dumm,
:,: Und kommt er heimgezogen,
So kramt er Abenteuer aus,
Wobei er nie gelogen. :,:

Der **Kassen-König** sorgt fürwahr,
Daß alles klappt ganz wunderbar,
:,: Er wühlt in seinen Batzen
Und freut sich, wenn der Schrank sich füllt,
Bis daß die Nieten platzen. :,:

»Bierzeitung« des Vorstands des DHV anläßlich des 60. Geburtstags von Karl Kloß (Auszug)

setzes zielstrebig für den Ausbau einer schlagkräftigen Gewerkschaftsorganisation, die in dieser Zeit rasch zunehmender Industrialisierung die Interessen der Arbeitnehmer angemessen vertreten konnte. Er meisterte immer wieder die vielfachen Probleme, setzte sich mit Reichs- und Landesbehörden auseinander, schlichtete, organisierte, reiste und redete unermüdlich. 1888 wurde Kloß mit anderen Vorstandsmitgliedern des Verbandes verhaftet, Bücher und Unterlagen wurden beschlagnahmt. Er kam jedoch rasch wieder frei und erhielt sogar die beschlagnahmten Unterlagen zurück.

1889 nahm er als Delegierter der deutschen Tischler am Internationalen Arbeiterkongreß in Paris teil. 1890 wurde er auf der Gewerkschaftskonferenz in Berlin in die neuerrichtete Generalkommission der Gewerkschaften, die wohl erste Gewerkschaftsorganisation Deutschlands, gewählt.

Auch als sich 1893 der Tischlerverband und die Vereinigung der Drechsler zum »Deutschen Holzarbeiterverband« zusammenschlossen, wählte man Kloß als Verbandsvorsitzenden. Er behielt dieses Amt bis zu seinem frühen Tod. Auf dem Internationalen Holzarbeiterkongreß 1893 in Zürich wurde er auch zusätzlich internationaler Sekretär der Holzarbeiter. In der Folge war er einer der im In- und Ausland meistgeachteten und -geforderten deutschen Gewerkschaftsführer seiner Zeit. Kein wichtiger nationaler oder internationaler Gewerkschaftskongreß, an dem er nicht teilgenommen hätte. Auch außerhalb der Gewerkschaftsbewegung genoß er bald hohes Ansehen: Schon in den 1890er Jahren referierte er zu Arbeiterproblemen beim Freien Deutschen Hochstift in Frankfurt, was ihm zum Teil Kritik aus den eigenen Reihen eintrug. Das stetige Wachstum des Holzarbeiterverbands bestätigte sein erfolgreiches Wirken: Bis 1906 war dieser auf 151 717 Mitglieder angewachsen und verbuchte jährlich Mitgliedsbeiträge von fast drei Millionen Goldmark.

In der Sozialdemokratischen Partei gehörte Karl Kloß, der von der Stuttgarter Polizei 1888 als »intelligenter, redegewandter, energischer, mit Organisationstalent versehener Mann« charakterisiert wurde, während der harten Jahre unter dem Sozialistengesetz zu den Exponenten einer klassenkämpferischen Politik. Auch hier konnte er sich als führende Persönlichkeit durchsetzen und entscheidenden Einfluß gewinnen. 1887 gründete er in seinem Stuttgarter Wohnbezirk den »Arbeiterverein Heslach« und gab damit der Sozialdemokratie wieder eine, wenn auch noch getarnte, legale Organisation. 1890 vertrat er Stuttgart als Delegierter beim 1. Parteitag nach dem Fall des Sozialistengesetzes. Von da an gab es kaum einen sozialdemokratischen Parteitag, an dem Kloß nicht teilgenommen hätte; mehrfach gehörte er dem Präsidium des Parteitags an.

Aber er war nicht nur führender Gewerkschafter und Parteifunktionär. Ihm gelang es auch, Wähler zu gewinnen. Der zugewanderte Berliner errang in Württemberg als erster sozialdemokratischer Politiker Mandate auf der kommunalen, Landes- und Reichsebene. 1891 bis 1896 war er als erster Sozialdemokrat Mitglied im Stuttgarter Bürgerausschuß, wurde 1897 in den Gemeinderat gewählt und gehörte ihm – bald als Fraktionsvorsitzender – bis zu seinem Tode ununterbrochen an. 1895 wurde er Landtagsabgeordneter für Stuttgart und war damit der erste Sozialdemokrat im traditionsreichen württembergischen Landtag. Als in der folgenden Legislaturperiode weitere »Genossen« Landtagsmandate erhielten, wurde Kloß erster SPD-Fraktionsvorsitzender. In den Reichstag gelangte er schließlich 1898 für den Wahlkreis Stuttgart – wieder als erster Sozialdemokrat aus Württemberg. Er blieb allerdings nur bis 1903 im Reichstag, da er eine erneute Kandidatur wegen Arbeitsüberlastung und Kritik aus dem Holzarbeiterverband ablehnen mußte.

Der Drechsler Wilhelm Keil, der nach Kloß ebenfalls eine dominierende Rolle in der württembergischen Sozialdemokratie einnahm, beschrieb den älteren Freund und Mentor so: »Wo er auftrat, erwarb er sich persönliche Sympathien, die seiner Partei zum Nutzen gereichten (…), er verstand es, mit gezügeltem Temperament und unbedingter Sachlichkeit auf seine Hörer zu wirken. Damit erwarb er sich im Lauf der Jahre ein Ansehen und eine Popularität, die über die Anhängerschaft seiner Partei weit hinausreichte.« Das war sicher nicht zu hoch gegriffen. Wenn man etwa bedenkt, daß es Kloß 1898 gelang, als damals noch einziger Sozialdemokrat im württembergischen Landtag einen Tadelsantrag gegen die Landesregierung durchzusetzen, weil diese im Bundesrat der gegen die Sozialdemokratie gerichteten »Zuchthausvorlage« der Reichsregierung zugestimmt hatte, kann man seine Überzeugungsfähigkeit nur bewundern.

Der »Topmanager« opferte sich ohne Rücksicht auf Gesundheit und eigenes Wohlergehen für die Arbeiterbewegung. Obwohl »seit langem« krank – er litt vermutlich an Magen- oder Darmkrebs –, blieb er bis zuletzt agitatorisch und organisatorisch tätig. Bei einer Vortragsreise starb der Sechzigjährige am 11. Februar 1908 in Hamburg. Am 14. Februar fand im Krematorium des Stuttgarter Pragfriedhofs die Totenfeier statt. Der Trauerzug, in dem die Stuttgarter Arbeiterschaft von ihrem langjährigen Führer Abschied nahm, war einer der größten in der Geschichte der Stadt: Zehntausende nahmen teil. Seine Asche wurde auf dem Friedhof in Stuttgart-Heslach beigesetzt. Er hinterließ zwei Töchter; seine Ehefrau war schon 1901 verstorben. Seit 1946 erinnert in Stuttgart die Karl-Kloß-Straße an diesen großen Gewerkschafter.

»Karl Kloß war« – so hieß es im Nachruf der Holzarbeiter-Zeitung – »ein guter Mensch, ein edler und lauterer Charakter. Mit einer strengen Rechtlichkeit verband er ein freundliches und mildes Wesen, das ihm im Fluge die Herzen gewann. Sein goldener Humor verließ ihn bis in die letzten Tage nicht, und oft genug gelang es ihm in den Sitzungen und Versammlungen, denen er präsidierte, durch ein Scherzwort, das er hinwarf, die erregten Gemüter zu besänftigen. Diese Charaktereigenschaften machten ihn besonders geeignet, die Sache seiner Freunde dem Gegner gegenüber zu führen. Neben der Liebe und Verehrung der Arbeitermassen gewann er sich so auch die Achtung und Anerkennung seiner Widersacher (…). Nun ruht er aus, der stets auf dem Posten war, wenn es galt, die Interessen der Armen und Unterdrückten wahrzunehmen.«

BERND FAULENBACH

Handwerkstraditionen und Holzarbeitergewerkschaften

Zur Frage soziokultureller Kontinuitäten

Nach verbreitetem populärwissenschaftlichem Verständnis hat im 19. Jahrhundert die industrielle Entwicklung die handwerklich-bäuerliche Welt mit ihrer Kultur zunehmend überwunden. Die historische Analyse freilich zeigt, daß es sich um einen längeren komplizierten Prozeß handelt, der von Branche zu Branche und von Region zu Region unterschiedlich abgelaufen ist und in dem es vielfach ein Nebeneinander und auch ein Ineinander von handwerklichen und industriellen Komponenten gegeben hat. Zudem sind der handwerkliche Tätigkeitsbereich und partiell auch handwerkliche Traditionen in der Industriegesellschaft erhalten geblieben. Die komplizierte Verknüpfung der Entwicklungen von Handwerk und Industrie ist vor allem auf sozial- und politisch-kultureller Ebene erkennbar.

Das »Handwerk« war bis ins 19. Jahrhundert hinein nicht nur eine kleingewerbliche Betriebsform, sondern ein »ausstrahlungsfähiges Ensemble von Arbeits- und Lebensformen, von Bräuchen und Normen, von genossenschaftlichen Solidarstrukturen und spezifischen Konfliktformen«[1]. In dieser Skizze soll es um die Frage der Bedeutung handwerklicher Kultur – der Lebensweise und Tradition – in der Holzarbeiterbewegung der Zeit des Kaiserreichs gehen, in der sich die industrielle Produktionsweise in der Holzverarbeitung teilweise – wenn auch weit weniger als in anderen Branchen – durchgesetzt hat und sich moderne Gewerkschaftsstrukturen herauszubilden begannen, wobei die neunziger Jahre als »Wasserscheide« zwischen der älteren und der neuen Struktur gelten können. Gefragt wird nach kulturellen Zusammenhängen zwischen dem Handwerk als einem »ökonomisch-sozial-kulturellen Teilsystem« und der modernen Arbeiterbewegung und ihrer Kultur[2].

1
Jürgen Kocka, Tradition und Emanzipation. Die frühe deutsche Arbeiterbewegung, in: ders., Geschichte und Aufklärung. Göttingen 1989, S. 53–81, Zitat S. 56; zur Geschichte der hier in Frage kommenden holzverarbeitenden Handwerke siehe insbesondere Fritz Hellwag, Die Geschichte des Deutschen Tischlerhandwerks. Vom 12. bis zum 20. Jahrhundert, Berlin 1924; Max Fehring, Sitte und Brauch der Tischler. Unter besonderer Berücksichtigung Hamburgischer Quellen, Hamburg 1929.
2
Kocka, Tradition und Emanzipation, S. 56; vgl. ders., Lohnarbeit und Klassenbildung, Berlin/Bonn 1983; zum Begriff der Arbeiterkultur siehe Gerhard A. Ritter (Hrsg.), Arbeiterkultur, Königstein/Ts. 1979; Dieter Langewiesche, Arbeiterkultur, Kultur der Arbeiterbewegung im Kaiserreich und in der Weimarer Republik, Bemerkungen zum Forschungsstand, in: Arbeiterkultur in Deutschland (= Ergebnisse, Zeitschrift für demokratische Geschichtswissenschaft 26), Hamburg 1984, S. 9–29; ders., Politik – Gesellschaft – Kultur. Zur Problematik von Arbeiterkultur und kulturellen Arbeiterorganisationen in Deutschland nach dem Ersten Weltkrieg, in: Archiv für Sozialgeschichte 22, 1982, S. 359–403; Bernd Faulenbach, Von der Klassenkultur zur Massenkultur. Zur Frage der historischen Einordnung der Arbeiterkultur, in: Beiträge, Informationen, Kommentare. Forschungsinstitut für Arbeiterbildung, 7/1988, S. 4–21.

Daß es derartige Zusammenhänge gibt, läßt schon die bedeutende Rolle handwerklich geprägter Arbeiter in wichtigen Funktionen der Arbeiterbewegung erkennen; genannt seien nur August Bebel, Carl Legien, Theodor Leipart, Wilhelm Keil, Gustav Noske und Fritz Tarnow, die aus dem holzverarbeitenden Handwerk stammten.

Drei Komplexe werden hier im Hinblick auf diese Zusammenhänge näher beleuchtet: der traditionelle Berufsstolz, das Wandern und die handwerklichen Konfliktformen. Es gilt, die Frage zu beleuchten, welche Bedeutung diese handwerklich geprägten Phänomene für die frühe Arbeiterbewegung und die Arbeiterbewegungskultur der Holzarbeiter im Kaiserreich hatten.

Berufsstolz und Selbstbewußtsein

Historische Skizzen und Selbstdarstellungen des Deutschen Holzarbeiterverbandes lassen erkennen, daß dieser die Geschichte der verschiedenen Handwerke und Handwerkszünfte – in einem weiteren Sinne – als seine Vorgeschichte betrachtet hat[3]. Es war kein Zufall, wenn der Deutsche Holzarbeiter-Verband 1913 den Historiker Fritz Hellwag damit beauftragte, eine Geschichte des deutschen Tischlerhandwerks zu schreiben, »die von wirtschaftsgeschichtlichen, technischen und kunsthistorischen Gesichtspunkten aus behandelt sein sollte«[4]. Auf diese Weise entstand Hellwags bis heute grundlegende »Geschichte des deutschen Tischlerhandwerks«, die freilich nur bis zur Einführung der Gewerbefreiheit reicht.

Die gewerkschaftlichen Verbände wurden – sich teilweise aus den Gesellenschaften entwickelnd – als handwerksbezogene Fachvereine gegründet, aus denen sich der moderne, den Berufspartikularismus partiell überwindende Deutsche Holzarbeiterverband entwickelt hat. In den handwerksbezogenen Verbänden manifestierten sich Interessen der Handwerksgesellen, wollte man doch – wie die »Tischler-Zeitung« erkennen läßt – das Handwerk und seine qualitative Arbeit gegen die Kapitalinteressen und die von ihm diktierte »quantitative Vielleistung« zur Geltung bringen[5]. Doch auch im DHV lebte – wie das Verbandsorgan ausweist[6] – viel von den berufsbezogenen Interessen weiter. So wurde zum Beispiel in der »Holzarbeiter-Zeitung« regel-

---

[3]
Dies lassen etwa die historischen Artikel des jährlich erscheinenden »Almanachs des Deutschen Holzarbeiter-Verbandes« erkennen, die seit 1900 im Auftrag des Verbandsvorstandes von Theodor Leipart herausgegeben wurden. Schaut man sich etwa das Beispiel Hamburg an, so wird man diese Sicht der Geschichte keineswegs als völlig abwegig bezeichnen können. Vgl. Arno Herzig, Kontinuität und Wandel der politischen und sozialen Vorstellungen Hamburger Handwerker 1790–1870, in: Ulrich Engelhardt (Hrsg.), Handwerker in der Industrialisierung. Lage, Kultur und Politik vom späten 18. bis ins frühe 20. Jahrhundert, Stuttgart 1984, S. 294–319, hier S. 310ff.

[4]
Siehe Hellwag, Geschichte des Deutschen Tischlerhandwerks, S. 8ff.

[5]
Siehe die in der Tischler-Zeitung vom 1.1.1883 wiedergegebene Rede beim Stuttgarter Stiftungsfest.

[6]
Die aus der Tischler-Zeitung hervorgegangene Holzarbeiter-Zeitung (seit 1892) trug den Untertitel »Zeitschrift für die Interessen aller Holzarbeiter«.

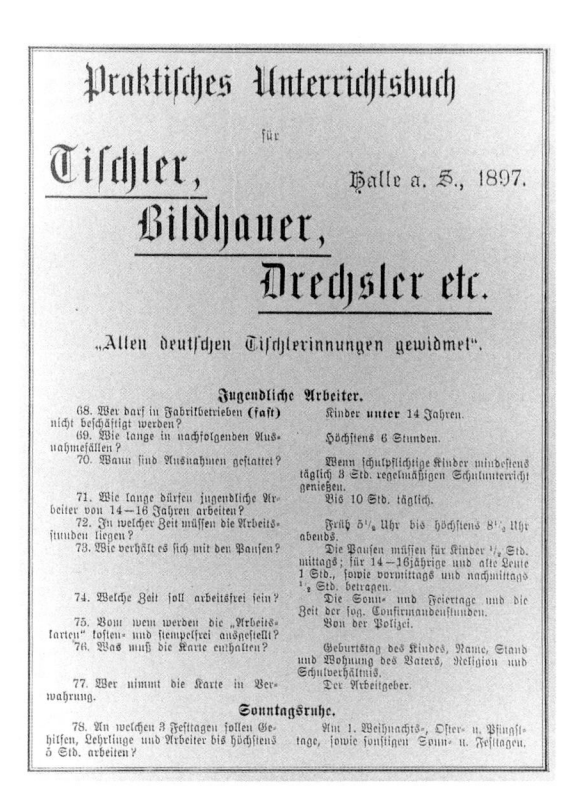

HANDWERKSTRADITION

mäßig über den Korbmacher-Tag oder die Stellmacher-Vereinigung berichtet; die beruflichen Traditionen wurden bewußt gepflegt. Die Zeitung behielt damit – wenn auch in modifizierter Form – den Blickwinkel der Verbandszeitungen der Berufsgewerkschaften bei, die nicht nur über den Verband und seine Arbeit, über das Leben in den Zahlstellen und über Mißstände in den Betrieben berichteten, sondern auch den beruflichen Interessen Rechnung trugen.

Die beruflichen Weiterbildungsinteressen manifestierten sich sowohl in den Berufsverbänden als auch im DHV. Die wöchentlich erscheinende Verbandszeitung der Drechsler etwa veröffentlichte eine »Beilage guter Zeichnungen von Drechslerarbeiten«[7]; auch die »Neue Tischler-Zeitung« brachte einmal monatlich eine Beilage mit Zeichnungen. Ähnliches läßt sich auch von den anderen Tischler- und Stellmacherzeitungen sagen. Und das seit 1906 erscheinende »Fachblatt für Holzarbeiter«[8] war eine anspruchsvolle, reich illustrierte Monatszeitschrift, die über vielfältige Aspekte der Arbeit mit Holz informierte.

Hier fand der beruflich interessierte Holzarbeiter Beiträge über die verschiedensten Möbel, etwa über den »Ausziehtisch mit Grund- und Umriß nebst Kalkulation« oder »Türen, Tore, Windfänge« oder auch die »Gartenlaube« (jeweils mit entsprechenden Zeichnungen, die eine Herstellung der Stücke ermöglichten). Er wurde aber auch informiert über ästhetische Trends, zum Beispiel über »Moderne Formen im Möbelbau«. Breit dargestellt wurden auch technische Verfahren der Materialbehandlung: so das »Ahorn- und Eichenholz reinweiß polieren«, »Das Beizen, Mattieren und Polieren«, »Entharzen harzhaltiger Hölzer vor dem Beizen«[9]. Das Fachblatt brachte zudem Artikel zur Geschichte und zum Stand verschiedener Gewerbe, etwa über das Drechsler-Handwerk oder die Erneuerung des Kunsthandwerks in England[10].

Insgesamt gesehen sprachen diese gewerkschaftlichen Veröffentlichungen das berufliche Interesse der Mitglieder, das Interesse an beruflicher Weiterbildung, auch ästhetische Bedürfnisse in eindrucksvoller Weise an. Sie lassen ein traditionell positives Verhältnis zur Arbeit und zu den Arbeitsprodukten erkennen, in denen sich kulturelle Wertvorstellungen, wenn man so will, eine Kultur manifestierte. Der Berufsstolz der Handwerker fand mithin nicht nur in den Berufsgewerkschaften, sondern auch im Deutschen Holzarbeiterverband Raum und Ausdruck.

7
Siehe Wilhelm Keil, Erlebnisse eines Sozialdemokraten, Stuttgart 1947, S. 44.
8
Das seit 1906 erscheinende »Fachblatt für Holzarbeiter« wurde vom deutschen Holzarbeiter-Verband herausgegeben.
9
Beispiele aus dem zweiten Jahrgang, 1907.

10
Die Zeitschrift brachte auch Textbeiträge, in denen sich ökonomische, soziale und handwerkliche Aspekte mischten, etwa über »Grundsätze für Arbeiterwohnungen«, »Die volkswirtschaftliche Bedeutung des Kunstgewerbes« oder auch über den »Drechsler« (ein Beitrag, in dem die Situation des Drechslerhandwerks sowie die Ursachen seines Niedergangs erörtert wurden). Siehe Fachblatt der Holzarbeiter 2, 1907, S. 25ff., 21ff., S.101ff., 149ff., 193ff.

Zweifellos speiste sich aus dem Berufsstolz in erheblichem Maße das Selbstbewußtsein der Gesellen und Gesellen-Arbeiter im 19. Jahrhundert; er ist eine wesentliche Voraussetzung für ein Gruppenbewußtsein, das die Entstehung widerständiger gewerkschaftlicher Organisationen erleichterte, allerdings deren weitere Entwicklung durch die Partikularität der Handwerke und die damit gegebene Tendenz zu Gruppenegoismus, Standesdünkel und Überheblichkeit gegenüber anderen Gesellen-Gruppen und ungelernten Handwerkern auch behindern konnte[11].

Die Tradition des Wanderns

Die alten handwerklichen Traditionen wirkten in vielen Bereichen bis in das 20. Jahrhundert fort. So war das Zunft- und Innungswesen in bestimmten Handwerken mancherorts noch Ende der achtziger Jahre in Geltung[12]. Auch war zum Beispiel der blaue Montag noch weit verbreitet[13]. Nicht zuletzt aber war das Wandern in vielen Berufen noch üblich.

Recht aufschlußreiche Berichte über die Wanderschaft von Drechslergesellen haben August Bebel und Wilhelm Keil geliefert[14]. Bebel führte die Wanderschaft in den Jahren 1858 bis 1860 von Wetzlar nach Speyer, wo er schlecht bezahlte Arbeit fand, von dort durch die Pfalz den Oberrhein hinauf nach Freiburg, hier wieder in Arbeit und Brot gelangend, danach durch den Schwarzwald an den Bodensee und nach München und Regensburg, wo der Drechslergeselle wieder in Arbeit kam, über Rosenheim nach Österreich; er durchwanderte Tirol, kehrte schließlich nach Wetzlar zurück, um von hier aus nach Leipzig zu wandern, wo er fortan wirkte[15]. 30 Jahre später, von 1888 bis 1890, wanderte – noch in ganz ähnlicher Weise wie Bebel – Wilhelm Keil von Kassel über Hannover nach Hamburg, wo er jeweils eine Zeitlang arbeitete, von dort nach London, wo er keine Arbeit fand, über Köln und Koblenz, wo er wieder längere Zeit tätig war, danach nach Elberfeld – hier lebte er 10 Monate – und schließlich nach Mannheim, wo er die Wanderschaft beendete. Die Berichte zeigen, daß das Wandern mit erheblichen Strapazen und Schwierigkeiten verbunden war, zugleich aber auch den Selbstbehauptungswillen und das Gruppenbewußtsein der Gesellen stärkte.

Gewiß wurden von den Wandergesellen für Teiletappen zunehmend auch moderne Verkehrsmittel genutzt, doch wurde auch »getippelt«, wobei die Gesellen Wind und Wetter ausgesetzt waren. Die Arbeitssuche verlief teilweise noch in traditioneller Form, dem »Vorsprechen«. Dies spielte sich bei den Drechslern noch Ende der achtziger Jahre so ab, daß der vorsprechende Geselle den Meister und seine Gesellen mit den Worten begrüßte »Grüß Gott, Meister und Gesellen! Ein fremder Drechsler spricht um Arbeit vor.« Zunftgerecht wurde darauf geantwortet »Hui Drechsler«[16]. Wenn keine Arbeit da war, war es üblich, dem Gesellen 10 Pfennig Reisebeihilfe zu schenken.

Doch so traditionell die Formen waren, so wurden über das Wandern doch auch Erfahrungen weitergegeben und neue Ideen aufgenommen. Gewiß wurden »Vorstellungen von ehrbarer Arbeit und auskömmlicher Nahrung, wenig arbeitsteiliger Tätigkeit und herkömmlichen Rechten« tradiert, Vorstellungen, die zunehmend in Konflikt mit den Realitäten und Anforderungen der für den Markt produzierten Massenware und ihr entsprechender Lohnarbeit gerieten[17]. Weitergegeben wurde aber auch eine gewisse Bereitschaft zum solidarischen Handeln und zur Widerständigkeit, an die die Arbeiterbewegung anknüpfen konnte. Auch begünstigte das Wandern eine gewisse geistige und politische Aufgeschlossenheit.

Das Wanderwesen war ein ganz wesentlicher Ansatzpunkt gemeinschaftlichen Handelns der Gesellen. Schon die Gesellenvereine, die bei den Drechslern in den achtziger Jahren teilweise noch Bestandteil der Innungsverfassung waren, dienten nicht nur der Geselligkeit, sondern ermöglichten auch Kommunikation zwischen den Gesellen. Orte des Erfahrungsaustauschs der Gesellen waren vor allem die Herbergen. Für die gewerkschaftliche Resonanz unter den Gesellen war von großer Bedeutung, daß die gewerkschaftlichen Verbände – abgesehen davon, daß sie Streikende unterstützten – ihren Mitgliedern eine Reisekostenunterstützung zahlten, deren Höhe beim Tischler- und Drechslerverband von den örtlichen Zahlstellen bestimmt wurde[18]. Die Gewerkschaften unterhielten zudem in den großen Städten schon einige Herbergen.

Die gewerkschaftliche Mitgliederwerbung setzte noch um die Jahrhundertwende teilweise bei den wandernden Handwerksburschen an, wie die von Theodor Leipart herausgegebene kleine Schrift »Auf der Walze. Briefe eines Handwerksburschen« zeigt[19]. In diesen fiktiven Briefen geht

---

11
Vgl. Peter John, Bauhandwerk und Industrie. Von den Gesellenverbänden zur Gewerkschaftsbewegung, in: Arno Klönne u. a. (Hrsg.), Hand in Hand. Bauarbeit und Gewerkschaften. Eine Sozialgeschichte, Köln 1989, S. 12–27, hier S. 19.
12
Siehe Keil, Erlebnisse eines Sozialdemokraten, S. 42. Zur Entwicklung in Hamburg siehe Herzig, Kontinuität und Wandel der politischen und sozialen Vorstellungen Hamburger Handwerker 1790–1870; John Breuilly, Wieland Sachse, Joachim Martens (1806–1877) und die Deutsche Arbeiterbewegung, Göttingen 1984, insbes. S. 125ff.

13
Siehe Keil, Erlebnisse eines Sozialdemokraten, S. 53.
14
Ebd., S. 38ff. Vgl. auch Heinrich Georg Dikreiter, Vom Waisenhaus zur Fabrik. Geschichte einer Proletarierjugend, Berlin o. J., S. 92ff.
15
Siehe August Bebel, Aus meinem Leben, Bd. I, Berlin 1946, S. 42ff. Vgl. Felix Hirsch, August Bebel. Reinbek 1973, S. 21ff.; Brigitte Seebacher-Brandt, Bebel. Künder und Kärrner im Kaiserreich, Berlin/Bonn 1988, S. 31ff.

16
Keil, Erlebnis eines Sozialdemokraten, S. 46.
17
Kocka, Tradition und Emanzipation, S. 67.
18
Vgl. Keil, Erlebnisse eines Sozialdemokraten, S. 43ff.

19
Theodor Leipart (Hrsg.), Auf der Walze. Briefe eines Handwerksburschen, Stuttgart 1901.

der Handwerksgeselle nicht mehr auf Wanderschaft, weil es sich für einen Gesellen, der Handwerk, Land und Leute kennenlernen will, so gehört, sondern weil er arbeitslos geworden ist[20]. In der Tat war das Wandern, das schon in vorindustrieller Zeit dem Ausgleich der Schwankungen des Arbeitsmarktes gedient hatte, Suche nach Arbeit; es stellte eine kaum verdeckte Form der Arbeitslosigkeit dar. Der Briefschreiber hebt hervor, wie nützlich es ist, dem Holzarbeiterverband anzugehören, eine Reisehilfe zu erhalten und nicht betteln zu müssen (was offensichtlich gang und gäbe war) und Schutz gegen behördliche Willkür zu erfahren. Auch sonst werden die Notwendigkeit der Vereinigung der Holzarbeiter und die Leistungen des Deutschen Holzarbeiterverbandes hervorgehoben.

Unverkennbar wurden über die wandernden Gesellen trotz der Zensur und anderer behördlicher Maßnahmen – abgesehen von der Erstellung überörtlicher, berufsspezifischer Verbindungen – nicht nur gewerkschaftliche, sondern auch sozialdemokratische Ideen verbreitet. So zeigt die Autobiographie Wilhelms Keils, wie er während der Wanderschaft schrittweise mit sozialdemokratischen Ideen in Berührung gekommen ist. Er begegnete nicht nur sozialdemokratischen Gesellen, sondern auch sozialdemokratischen Meistern – so in Koblenz Meister Hanke. Ausgerechnet in der Zeit, als er bei diesem arbeitete und wohnte, schrieb er für die Zeitung des Drechslerverbandes eine Kritik an dem traditionellen Kost- und Logissystem[21], ein Vorgang, der symbolhaft die komplizierte Gemengelage zwischen Traditionalismus und Neuorientierung im Handwerker-Milieu noch um 1890 zeigt. Die Arbeits- und Lebensverhältnisse des sozialdemokratischen Meisters waren noch traditional geprägt, der Geselle kritisierte sie von einer modernen gewerkschaftlichen Position her. Zweifellos war das Wohnen außerhalb des Hauses des Meisters ein wichtiger Schritt, um die soziale Kontrolle zu verringern; es erleichterte die Herausbildung einer eigenständigen »Kultur« der Gesellen in Absetzung von den Meistern, die ihrerseits eine wesentliche Komponente im Entstehungsprozeß der Arbeiterbewegung war[22]. Insgesamt ist deutlich, daß die traditionelle handwerkliche Alltagskultur, zu der das Wanderwesen gehörte, zwar einerseits der Kritik der Gewerkschaftsbewegung unterlag, andererseits aber für diese Anknüpfungspunkte bot. Letzteres lassen auch die Konflikte, vor allem die Streiks, erkennen.

Formen und Ziele der Gesellenaufstände

Die Gesellenorganisationen stellten im 19. Jahrhundert Kommunikationsbeziehungen und Solidaritätspotentiale bereit, auf denen widerständiges Handeln aufbauen konnte. Zwar spielte in den Gesellenvereinen das gesellige Moment vielfach die Hauptrolle, doch waren diese Vereine politisierbar. Auch wurden durch sie Verhaltensmuster solidarischen Handelns präformiert, die in Konflikten die Herausbildung gewerkschaftlicher Vereinigungen erleichtern konnten.

Die vielfältigen Gesellenaufstände des 18. Jahrhunderts, die die Gesellen bereits als den Meistern gegenüberstehende Masse zeigen, wurden in bestimmten Formen ausgetragen[23]. Zu ihnen gehörten unter anderem spektakuläre Gesellenumzüge mit Fahnen und Musik. Zwar sind diese Gesellenaufstände nicht gleichzusetzen mit modernen Streiks, ging es dabei doch nur teilweise um Lohn- und Arbeitszeitfragen. Gleichwohl: Schaut man sich die Streikbewegungen der zweiten Hälfte des 19. Jahrhunderts an, so ist festzustellen, daß bestimmte Formen, Sitten und Symbole der zünftigen Traditionen noch gelten[24]. Das Beispiel Hamburg – wo die Zunftverfassung besonders lange gegolten hatte – zeigt, daß in den Streiks der sechziger Jahre zünftige Streiktraditionen mit ihren demonstrativen Umzügen weitergeführt wurden[25]. So zogen hier 1865 3500 Tischler, von einem Trompeter und einem Fahnenträger mit einer großen Trikolore angeführt, von der Altonaer Innenstadt nach Langenfeld. Wenig später gab es einen ähnlichen Umzug. Derartige Umzüge standen in der Tradition der Zunftbräuche[26]. Zweifellos wirkten überkommene Verhaltensweisen der Gesellen noch nach.

Gewiß hatten die Formen und Ziele der Gesellenaufstände häufig einen eher rückwärtsgewandten Charakter. Es ging in ihnen um die Verteidigung überkommener Rechte[27]. Die Streikbewegungen der sechziger Jahre und darüber hinaus sind noch durch eine komplizierte, traditionale und moderne Elemente vermischende Motivstruktur bestimmt, die erst allmählich völlig zugunsten moderner gesellschaftlicher Zielsetzungen überwunden wurde. Gleichwohl läßt sich mit Wolfram Fischer die These aufstellen, daß Streikvorstellungen und Streikorganisation von den Handwerksgesellen vorbereitet und von ihnen in die Arbeiterbewegung eingebracht wurden[28]. Generell läßt sich

---

20
Vgl. Dikreiter, Vom Waisenhaus zur Fabrik, S. 155ff.
21
Keil, Erlebnisse eines Sozialdemokraten, S. 76f.
22
Vgl. Kocka, Lohnarbeit und Klassenbildung, S. 98f.

23
Vgl. Fehring, Sitte und Brauch der Tischler, S. 96ff.; Andreas Grießinger, Das symbolische Kapital der Ehre. Streikbewegungen und kollektives Bewußtsein deutscher Handwerksgesellen im 18. Jahrhundert, Berlin/Wien 1981.
24
Vgl. Kocka, Tradition und Emanzipation, S. 76.

25
Siehe Herzig, Politische und soziale Vorstellungen Hamburger Handwerker 1790–1870, S. 317f.
26
Vgl. Fehring, Sitte und Brauch der Tischler, S. 134ff., 143ff.
27
Kocka, Tradition und Emanzipation, S. 76.

28
Wolfram Fischer in seiner Einführung der Beiträge über »Meister – Gesellen: Organisation, Wanderung, politisch-soziale Interessen, Konflikt«, in: Engelhardt, Handwerker in der Industrialisierung, S. 211–218, hier S. 216.

feststellen, daß die modernen gewerkschaftlichen Solidarstrukturen, wie die Berufsgewerkschaften zeigen, teilweise an ältere kooperative Vergemeinschaftungen der handwerklichen Welt angeknüpft haben. Zugespitzt wird man sagen können: Es wurde versucht, die sozialintegrativen politisch-gesellschaftlich-kulturellen Solidarstrukturen einer versinkenden Welt in die neue Zeit zu transformieren. Daß im übrigen in der Verbandskultur des DHV die Erinnerung an diese Welt aufgehoben war, überrascht vor diesem Hintergrund nicht.

Die Arbeiterbildungsvereine

Es waren nicht mehr nur traditionale Orientierungen, die die Tischler, Drechsler und andere Gesellen seit den vierziger Jahren des 19. Jahrhunderts leiteten. Ganz offensichtlich war gerade für einen Teil dieser Gruppen die Bereitschaft zum Engagement in den Arbeiterbildungsvereinen charakteristisch. Mancherorts bildeten die Tischler die Mehrheit in den Arbeiterbildungsvereinen[29]. So waren von den im Jahre 1848 in den Hamburger Arbeiterbildungsverein eingetretenen 598 Mitgliedern 281 Tischler, was einem Anteil von 27 Prozent der in dieser Branche tätigen Gesellen entsprach. Noch höher war der Anteil bei den Drechsler-Gesellen[30]. Vor und nach 1848 waren in Hamburg die Tischler wohl die aktivste Gruppe der Arbeiterbewegung. Auch in den preußischen Arbeiterbildungsvereinen der sechziger Jahre bildeten die Tischler neben den Schneidern die stärkste Gruppe[31].

Die Mitgliedschaft in den Arbeiterbildungsvereinen des mittleren 19. Jahrhunderts läßt eine Relativierung, wenn nicht gar Überwindung der Orientierung an der Zunft erkennen. Die teilweise durch bildungsbürgerliche Initiative entstandenen, die Grenzen der Handwerke überspringenden Vereine dienten der Allgemeinbildung und der beruflichen Weiterbildung, auch der materiellen Unterstützung auf Genossenschaftsbasis. Eine wichtige Komponente des Vereinslebens war auch das gesellige Zusammensein. Die Vereine waren zugleich Orte der politischen Willensbildung. Offensichtlich suchten sie die Lösung der sozialen Probleme nicht mehr innerhalb der einzelnen Handwerke; sie standen allen Berufsgruppen offen und unterschieden zudem nicht mehr zwischen Meistern, Gesellen und ungelernten Arbeitern[32].

Allerdings stießen diese Vereine auch auf Feindschaften bei Mitgliedern der traditionellen Gesellenvereine. Zahlreiche Tischler und Drechsler repräsentierten jedoch von den vierziger Jahren bis in die Zeit der Jahrhundertwende einen Handwerker-Arbeitstypus, der auf der einen Seite Orientierungs- und Verhaltensmuster der Handwerkergesellen weitertrug, sich auf der anderen Seite aber in besonderer Weise durch individuelle Bildung und kollektives Handeln in der veränderten Zeit zu behaupten suchte. Beide Komponenten förderten die Entstehung und Entwicklung der Fachverbände und Holzarbeitergewerkschaften und wirkten in diesen nach.

Eine neue Verbandskultur

Die Fachverbände entfalteten – wie die Verbandszeitungen erkennen lassen – trotz aller Behinderungen durch Behörden und Innungen beachtliche Aktivitäten, insbesondere auf lokaler Ebene. Naturgemäß ging es vorrangig um Lohn- und Gehaltsfragen, doch spielte auch das gesellige Leben – etwa die Stiftungsfeste – eine erhebliche Rolle.

Mit der teilweisen Überwindung der Berufsverbände im Deutschen Holzarbeiterverband trat zweifellos eine strukturelle Veränderung ein, die die gewerkschaftliche Arbeit auf eine neue Basis stellte. Die Mitgliederzahlen wuchsen, die Eigengewichtigkeit der Organisation nahm zu, die Ausübung gewerkschaftlicher Funktionen wurde zunehmend professionalisiert, die gewerkschaftlichen Aufgaben weiteten sich aus (man denke nur an die Arbeitsnachweise, die Mitarbeit in den Vertretungen der Sozialsysteme, etc.); ein innerverbandliches Bildungssystem wurde ebenso aufgebaut wie eine eigenständige Jugendarbeit, ein Verlag wurde ins Leben gerufen und anderes mehr. Ein Teil dieser Funktionen und Institutionen lag quer zu den traditionellen berufsgruppenbezogenen Strukturen und Denkweisen.

Zugleich wurden die handwerkliche Produktionsweise durch industrialisierte Fabrikation zurückgedrängt, in Handwerksbetrieben mit Massenproduktion Akkordlöhne eingeführt, auch manche Handwerke an den Rand gedrängt. Die Gesellen wurden teilweise zu Fabrikarbeitern[33], sie näherten sich dem Lohnarbeitertypus an, das Wanderwesen schwächte sich ab, traditionelle handwerkliche Lebensweisen lösten sich zunehmend auf, ohne freilich völlig zu verschwinden. Gleichwohl wirkten bei den Handwerker-Arbeitern traditionelle berufliche Orientierungen noch nach, worauf die Holzarbeitergewerkschaft in Organisation und Publizistik Rücksicht nahm. Im Verbandslied des DHV wurden zwar die gemeinsamen Nöte der Holzarbeiter betont, gleichwohl verschiedene der Handwerke aufgezählt:

29
Vgl. Karl Birker, Die deutschen Arbeiterbildungsvereine 1840–1870, Berlin 1973.
30
Herzig, Politische und soziale Vorstellungen Hamburger Handwerker, S. 312.
31
Siehe Birker, Die deutschen Arbeiterbildungsvereine 1840–1870, S. 142, Tabelle 16.

32
Vgl. Birker, Die deutschen Arbeiterbildungsvereine 1840–1870; Toni Offermann, Arbeiterbewegung und liberales Bürgertum 1850–1863, Bonn 1979.

33
Siehe exemplarisch Heinrich Georg Dikreiter, Vom Waisenhaus zur Fabrik. Geschichte einer Proletarierjugend, S. 155ff.

»Seht, es ist der gleiche Notstand,
Der uns hier zusammenführt:
Tischler, Drechsler, Bürstenmacher,
Und wer Körbe fabriziert;
Wagner und Pantinenmacher,
Wer vergoldet und poliert –
Seht, es ist das selbe Elend…
Das als Band uns hart umschnürt.«[34]

Verbandslied, Bildungswesen, Jugendarbeit etc. lassen erkennen, daß sich nunmehr zunehmend eine Verbandskultur entwickelte, die eine Eigengewichtigkeit erhielt und die traditionellen handwerklichen Orientierungen überformte. Zu dieser Verbandskultur gehörten Feste und Feiern, Ausflüge, der 1. Mai, auch eine Offenheit zu den Arbeiterkultur- und Arbeitersport-Organisationen.

Die in der Weimarer Zeit weiter differenzierte Arbeiterbewegungskultur fand ihren symbolhaften Ausdruck nicht zuletzt in den Eröffnungsfeiern der Verbandstage. Manifest wurde die Verbandskultur auch in dem architektonisch beachtlichen, modern eingerichteten neuen Verwaltungsgebäude des Verbandes in Berlin, das in den zwanziger Jahren mit beträchtlicher innerverbandlicher Publizität gebaut und eingerichtet wurde. Wie die Verbandszeitung und der jährlich erscheinende Almanach ausweisen, blieb die Erinnerung an die handwerklichen Wurzeln lebendig.

Resümierend läßt sich feststellen, daß handwerkliche soziokulturelle Traditionen teils die Entwicklung der Gewerkschaften begünstigten, teils von diesen genutzt wurden, um die Gewerkschaftsanhängerschaft auszuweiten. Diese Funktion der Traditionen dürfte gewichtiger sein als ihre durch die Partikularität der Handwerke gegebene hemmende Wirkung. Zu konstatieren ist auch, daß diese ambivalenten Traditionen im integrationistischen Deutschen Holzarbeiterverband in der Wilhelminischen Zeit nachwirkten, letztlich aber zunehmend durch die Veränderung der Produktionsstrukturen wie durch den Verband und seine Kultur entweder überwunden oder abgeschwächt beziehungsweise überformt wurden. Einiges von diesen Traditionen wurde gleichsam zur »Folklore«, zum ornamentalen Brauchtum der Gewerkschaft. Auf jeden Fall aber ist es abwegig, Gesellenkultur und Arbeiterkultur schroff zu kontrastieren. Kontinuität und Diskontinuität sind bei den Holzarbeitern eng miteinander verwoben. Nicht zuletzt die besondere Rolle der Handwerker-Arbeiter in der deutschen Arbeiterbewegung vor 1933 unterstreicht diesen Tatbestand.

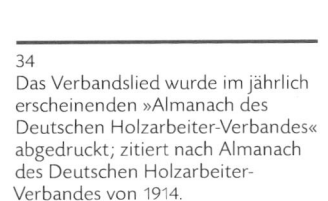

34
Das Verbandslied wurde im jährlich erscheinenden »Almanach des Deutschen Holzarbeiter-Verbandes« abgedruckt; zitiert nach Almanach des Deutschen Holzarbeiter-Verbandes von 1914.

KAPITEL I 1868–1893

FRANK MEYER

Vom Leben und Arbeiten in Tischlerwerkstätten um 1900

Heinrich Dikreiter

* 3. Juli 1865 in Straßburg

1882–1885 Tischlerlehre, nach anschließender Wanderschaft und Militärdienst bis 1898 Arbeit als Tischlergeselle

1892–1905 Mitglied der Agitationskommission und des Gauvorstands der Sozialdemokratischen Partei für die Pfalz

1897–1898 Vorsitzender der Agitationskommission des Holzarbeiterverbands für die Pfalz und Lothringen

1898–1900 nebenamtlicher Gauvorstand des Verbands für Mannheim-Ludwigshafen

November 1889–Juni 1913 Redakteur der »Pfälzischen Post« in Ludwigshafen, dann der »Volkszeitung« in Altenburg

1903 Kandidatur für die Sozialdemokratische Partei für den Reichstag

1909–1913 Stadtverordneter in Altenburg

1910–1913 Mitglied des Landtags von Sachsen-Altenburg

Juni 1913–Juni 1919 Redakteur des »Fränkischen Volksfreunds« in Würzburg, dann der »Schlesischen Bergwacht« in Waldenburg

Juli 1919–1930 besoldeter Stadtrat in Waldenburg

† 14. Januar 1947 in Überlingen

»*Die Bank, der Stuhl, auf die wir uns setzen, der Tisch, an dem wir essen, der Schrank, das Pult, in dem wir die meisten Gegenstände, mit denen wir täglich und stündlich zu thun haben, aufbewahren, die Wiege, in der wir die ersten Stunden unseres Daseins zubringen, und der Sarg, der schließlich unsere sterblichen Glieder birgt, oder die Thür, durch die wir in unser Haus treten, der Fußboden, auf dem wir in demselben einherwandeln, alles das sind Produkte, die vom Tischler erzeugt sind und die in den mannigfaltigsten Formen und in der verschiedensten Gestalt sich überall finden. (...) Aber ebenso verschiedenartig und mannigfaltig die Produkte der Tischlerei sind, ebenso mannigfaltig und vielgestaltig sind hier die gewerblichen Verhältnisse, und es ist schwer, in kurzer Weise ein übersichtliches Bild derselben zu geben.*«[1]

So klagte Dr. Max Mendelson im Jahre 1899 in seiner Abhandlung über »Die Stellung des Handwerks«. Zwar begann sich auch im Tischlerhandwerk »in den letzten Jahrzehnten vor der Jahrhundertwende eine technische und ökonomische Umwälzung von großer Ausdehnung«[2] abzuzeichnen, doch war auch damals schon erkennbar, daß Lebens- und Arbeitsbedingungen »noch auf Jahrzehnte, vielleicht noch auf Jahrhunderte hinaus in vielen Gegenden weit hinter jeder Vergleichbarkeit mit den (...) Berliner Verhältnissen« – die zu dieser Zeit am weitesten fortgeschritten waren – zurückbleiben mußten. Nur allzu selten fanden sich »[k]aufmännischer Geist, gute Verkehrsmittel [und] eine dichte Bevölkerung«, so daß die Fortexistenz von Tischlereien mit einem festen Kundenstamm sowohl auf dem Land als auch in der Stadt noch für lange Zeit gesichert blieb[3].

Wie aber lebten und arbeiteten Tischler um die Jahrhundertwende? Zwei biographische Berichte sollen einen ersten Einblick geben.

1
Max Mendelson, Die Stellung des Handwerks in den hauptsaechlichsten der ehemals zünftigen Gewerbe, Jena 1899, S. 55.
2
Ebenda, S. 55.
3
Hans Grandke, Die vom »Verein für Socialpolitik« veranstalteten Untersuchungen über die Lage des Handwerks in Deutschland, mit besonderer Rücksicht auf seine Konkurrenzfähigkeit gegenüber der Großindustrie. Zusammenfassende Darstellung, in: Jahrbuch für Gesetzgebung, Verwaltung und Volkswirtschaft, Bd. 21 (1897), S. 1031–1088, Zitat S. 1037.

TISCHLERWERKSTÄTTEN

Am Fastensonntag 1885 hatte Heinrich Georg Dikreiter seine erste Akkordarbeit fast beendet. Eine Woche schon »wühlte [er] drauf los, was das Zeug hielt, schuftete die halben Nächte durch, nahm den Sonntag zu Hilfe«[4], um fertig zu werden mit dem eigentlich sehr einfachen polierten Waschtisch mit Zinkeinsatz, den Meister Möhrle ihm als Arbeit anvertraut hatte. Nachdem alle Gesellen und Gehilfen nach und nach den Betrieb verlassen hatten und weitergezogen waren, blieb dem »Alten« im Grunde keine andere Wahl mehr, als Heinrich als Gesellen zu behandeln. Vielleicht arbeitete Heinrich auch deshalb so eifrig, weil er dem Meister beweisen wollte, daß er keine Notlösung mehr war, daß er sich nun, nach drei langen Lehrjahren, genauso viele, wenn nicht sogar bessere Kenntnisse und Fertigkeiten erworben hatte als die insgesamt fünfzehn Gesellen und Gehilfen, die während seiner Lehrzeit ihre Wanderung meist nur sehr kurz in Meister Möhrles Werkstatt unterbrochen hatten[5]. Heinrich hatte inzwischen alle Verbindungen zusammengefügt, alle Fugen schlossen dicht. Noch vom Polieren des Möbels war er vollkommen erschöpft. Das war eine Arbeit, die schwerer war, als sie aussah. »Im Stehen, gebückt oder hockend wurde sie verrichtet, erforderte kräftige Arme, einfühlsame, schwungvolle Hände«[6], und die in seiner Kehle kratzenden, aus der Politurmischung aufgestiegenen Bestandteile der Pyridinbasen, die man zum Denaturieren des Lösungsmittels für den Schellack benutzte, riefen ein unangenehmes Würgen in seinem Hals hervor. Oftmals litten Möbelpolierer unter häufiger Übelkeit, Kopfschmerzen, Schwindelgefühlen, unter nervösem Gliederzittern und unter Hautausschlägen[7].

Das Ende von Heinrichs Lehrzeit, der 1. Mai, war nur noch wenige Wochen entfernt, und sicher dachte Heinrich gerade in dieser Zeit häufiger über seine harten drei Lehrjahre nach. Damals, es war der 1. Mai 1882, hatte er zum ersten Mal vor der Werkstatt gegenüber dem Badhotel in Überlingen gestanden. »Es regnete dünn und fein; jener verdammte Regen, der alles durchdringt, auf Haut und Knochen geht. Und so wie das Wetter, kalt und frostig, war auch der Empfang« bei Meister Möhrle gewesen.

Nachdem die Frau des Meisters ihn durch den schmalen Hauseingang, der voller Materialien für die Schreinerei lag, geführt hatte, an der Küche vorbei, durch einen kleinen Hof, auf dem Hühner herumliefen und auf dem es nach Mist stank, gelangte er in die Werkstatt. Der Meister nahm ihn wortkarg in Empfang und zeigte ihm zuerst den schmucklosen, niedrigen Raum über der Werkstatt, der wüst und verwahrlost aussah. Er beherbergte fünf Betten, zwei schmale, unangestrichene Schränke, einen größeren angestrichenen Schrank, einen armseligen Tisch, zwei elendige Holzstühle, drei Koffer und – dazwischen verstreut – verschiedenste Holzabfälle. In diesem zugigen, offensichtlich in aller Eile zusammengezimmerten Raum direkt unter dem undichten Dach sollte er, nur durch eine halsbrecherische Hühnersteige von der Werkstatt getrennt, die nächsten drei Jahre nächtigen. Außer ihm schliefen damals noch die drei Gesellen und der andere Lehrling dort.

Damals hatte er sich gewundert, daß der Meister noch wartete, als er wieder über die Treppe in die Werkstatt hinabgeklettert kam. Der Meister stellte ihn gleich an eine Hobelbank, mitten in ein Durcheinander von Holzabfällen, spannte ein knorriges astiges Brett ein, drückte ihm einen Schlichthobel in die Hand, zeigte ihm, wie man hobelt, und ging dann weiter. So stand er damals als »jüngster Stift an der Bank, drückte wie verrückt auf den Hobel und hobelte drauflos, daß es alle Heiligen im Himmel erbarmte«. Der Meister beobachtete ihn eine Weile stechend, brachte dann ein kleines irdenes Töpfchen, mit Leinöl gefüllt, und erklärte ihm mit den Worten: »Wer gut schmiert, der gut fährt«, daß der Hobel besser laufe, wenn er gut geschmiert sei, und daß sich die Äste besser hobeln ließen, wenn man sie mit Öl überstreiche. Meister Möhrle hatte ihm, als das Eisen stumpf und schartig geworden war, gezeigt, wie man es aus dem Maul herauszieht, wie man die einfache runde Form an der Schleifscheibe mit dem Handkurbelantrieb zu schleifen hatte, so daß die Schneide nicht braun oder sogar blau anläuft und dadurch an Härte verliert, wie man das nasse Eisen abzieht und wie man schließlich das geschärfte Eisen wieder mit dem Keil im Hobelkasten richtig einstellt. An den nächsten Tagen mußte er mit der Säge arbeiten lernen, Fußbodenbretter fugen, dann bekam er den Nuthobel, dann den Platthobel in die Hände. Nach und nach hatte er bei den verschiedenen Handarbeiten – denn Maschinen hatte es bei Möhrle nicht gegeben[8] – begriffen, worauf es jeweils ankam.

Während der Lehrzeit hatte er vieles zu ertragen gehabt. Die Arbeitstage vergingen eintönig nach dem gleichen Muster: Im Sommer wurden Gesellen und Lehrlinge um fünf Uhr morgens, »im Winter nicht viel später«, vom drängenden Schellen einer Glocke, die der Meister über einen Drahtzug von seinem Bett aus betätigen konnte, geweckt. Anschließend ging es ungewaschen an die Arbeit, denn es gab keine Schüsseln, abgesehen von jenen, in denen der Leim angerührt wurde, und erst nach etwa einer Stunde rief die Frau des Meisters die Tischler zu einem kargen Frühstück. Es bestand aus einem trockenen Stück Brot und aus

---

4
Der folgende Text stützt sich auf: Heinrich Georg Dikreiter, Die Geschichte einer Kindheit und Jugend, unveröffentlichtes maschinenschriftliches Manuskript, 1935, STA Überlingen, S.102–220. Ein bereits 1914 veröffentlichtes, wesentlich weniger umfangreiches Manuskript wurde kürzlich erneut publiziert: Heinrich Georg Dikreiter, Vom Waisenhaus zur Fabrik. Geschichte einer Proletarierjugend, Eggingen 1988.

5
STA Überlingen, Fremdenbücher, Bd.1, 1858ff., S.9.

6
Heinz Willmann, Steine klopft man mit dem Kopf. Lebenserinnerungen, Berlin 1977, S.5.

7
Der Süddeutsche Möbel- und Bauschreiner, 1./2. Jg. (1901/1902), S.100.

8
Urteil des Großherzoglich Badischen Verwaltungsgerichtshofs, Nr. 2609, vom 10. Juli 1912. Eine Fotokopie des Urteils hat mir Herr Konrad Möhrle, Überlingen, freundlicherweise zur Verfügung gestellt.

einer bereits durch die Meisterin maßvoll eingeschenkten Tasse Kaffee mit Milch. An den höchsten Festtagen wurde der Kaffee manchmal noch mit etwas Zucker versüßt. Sofort nach Beendigung des Essens wurde die Arbeit wieder aufgenommen, die, nur um 9 Uhr von einer kurzen Vesper mit dünnem Most und trockenem Brot unterbrochen, bis zum Mittagessen um zwölf Uhr fortgeführt werden mußte. »In der Regel gab es Suppenfleisch und Gemüse. Die Fleischportion fiel klein aus, die Gemüseportion dagegen sehr groß, [denn] das Gemüse stammte aus dem eigenen Garten, kostete also nichts und war obendrein nur der Rest von dem, was man nicht auf den Markt bringen konnte. [...] Nach dem Essen ging es sofort wieder an die Arbeit. Eine Mittagspause gab es nicht. Der Meister war ein abgesagter Feind dieser »neumodischen« Einrichtung.« Aus eben diesem Grund erschien er auch stets bereits fünf bis zehn Minuten vor Ablauf der nach einer unverbürgten Überlieferung eine halbe Stunde betragenden Frühstücks- und Vesperpause, um durch sein Erscheinen die Arbeiter wieder zur Rückkehr an die Hobelbänke zu bewegen. Um 16 Uhr gab es wie bei der Vesper noch einmal Most und Brot, bevor endlich »nach 7 Uhr – vor 7 Uhr wurde niemals »Zum Esse« gerufen, denn auf eine halbe Stunde Verlängerung der Arbeitszeit kam es nicht an« – der Arbeitstag zumindest für den Meister und die Gesellen beendet war. Die Lehrlinge hatten im Anschluß an das Essen noch die Werkstatt aufzuräumen. Das Abendessen »bestand fast regelmäßig aus einer Tasse Kaffee mit Brot und Bratkartoffeln, aber es gab noch, je nach der Gemüsezeit, mächtige Schüsseln voll Salat, Bohnen, gelben Rüben und ähnlichem Grünfutter. Fleisch und Wurst konnte man sich dazu denken.« Abgesehen vom Meister und seiner Frau »langte jeder mit dem Löffel in den Teller voller Bratkartoffeln. Es war für sieben erwachsene Personen doch etwas zu knapp bemessen.« Die Arbeitszeit hatte also, je nach der willkürlichen Auslegung durch den Meister, zwischen 12 und 13 Stunden täglich betragen. Hinzu kam, daß die Gesellen den Sonntagvormittag mit dem Anfertigen neuer, der Reparatur beschädigter und der »Pflege abgenutzter Werkzeuge verbringen mußten, wollten sie an diesem Tag ebenfalls voll beköstigt werden«.

Aber nicht nur Arbeitszeit, Kost und Logis waren Heinrich so nachdrücklich im Gedächtnis verhaftet geblieben, auch der Arbeitslohn bewegte sich bei Meister Möhrle eher am unteren Rand des Überlinger Durchschnittslohnes. Dieser lag bei drei bis fünf Mark wöchentlich, wenn der Geselle im Hause des Meisters schlief und aß. Heinrich hatte in seinen ersten zweieinhalb Lehrjahren insgesamt knapp 10 Mark erhalten, obwohl er, hätte der Meister ihm alles ausgezahlt, was er ihm jedesmal versprochen hatte, wenn es darum gegangen war, eilige Termin- oder größere Akkordarbeiten zu bewältigen, einiges mehr an Taschengeld hätte haben müssen. So hatte er sich seinen großen Wunsch, einen schönen Hut für zwei Mark beim Trödler zu erstehen, nie erfüllen können. Er hatte, um nicht ganz ohne Geld zu sein, abends und sonntags im Badhotel vis-à-vis gearbeitet, Bestecke geputzt und Schuhe gewichst, was mit immerhin 50 Pfennig bis zu einer Mark in der Woche entlohnt wurde. Doch all das sollte sich in einigen Wochen von Grund auf ändern, wenn er erst einmal Geselle war!

Tischlerwerkstatt um 1900

Tischlerwerkstatt um 1870

Karl Wilhelmsdörfer

Im gleichen Jahr wie Heinrich, im Juli 1882, war Karl Wilhelmsdörfer, nur widerwillig dem Wunsch seiner Mutter folgend, in die Lehre beim Schreinermeister Lenz gekommen[9]. Am liebsten wäre er wieder umgekehrt, als sie ihn auf dem schmalen Weg zwischen Mistgrube und den Fenstern zur Haustür der Schreinerei geführt hatte. In der Werkstätte, die gleichzeitig als Küche, Wohn- und Schlafraum diente, wimmelte es von ungewaschenen und ungekämmten Kindern. Die Fenster waren trotz des schönen frischen Morgens fest geschlossen, Hobelspäne, Abschnitte bedeckten den Boden, und unfertige Arbeiten standen und lagen herum. An den Wänden hingen allerlei Schablonen und lehnten fertige Grabkreuze. Über dem breiten Doppelbett neben dem Kochherd war an der Decke eine Stellage angebracht, auf der Holz zum Trocknen aufgestapelt lag. Karl fühlte sich dumpf beengt und niedergeschlagen in diesem Raum.

Sofort nachdem er seine Jacke an die Wand gehängt hatte, mußte er an die Arbeit. Der Meister gab ihm Birkenholz, das er in kleine Stücke spalten und aus diesen kleine Sargnägel schnitzen mußte. Nägel schnitzen, Bretter hobeln, große Dielen ausschneiden, das war im ersten Jahr seine ganze Beschäftigung gewesen. An manchen Stunden des Tages mußte er auch häusliche Arbeiten verrichten oder bei den unangenehmen Feldarbeiten helfen. Die Arbeitszeit war sehr lang. Morgens um sechs Uhr mußte er kommen, denn er schlief nicht im Hause des Meisters. Eine Mittagspause gab es überhaupt nicht, vom Tisch weg ging es sofort wieder an die Hobelbank. Am Abend dauerte die Arbeit im Sommer bis spät zum Dunkelwerden, im Winter wurde noch bei Licht gearbeitet, oft bis spät in die Nacht. Wenn

---

9
Der folgende Text stützt sich auf:
Karl Wilhelmsdörfer, Tagebuch eines Proletariers, Hamburg, ohne Jahr (Vorwort von 1908), S. 24–57.

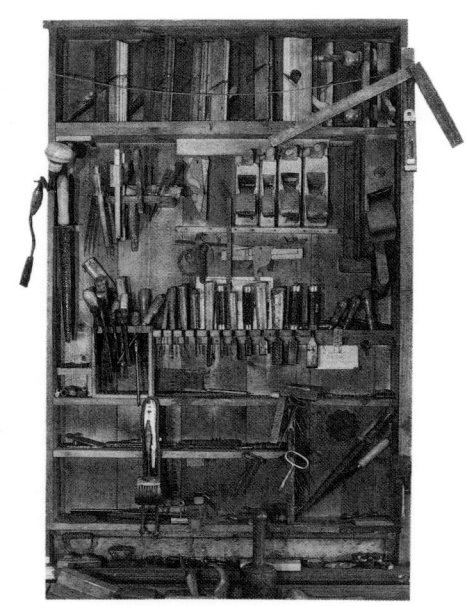

Offener Zeugrahmen (mit dem vollständigen Werkzeugsatz für eine Hobelbank)

Belegschaft einer Tischlerwerkstatt (um 1910)

ein Sarg oder ein Kammerwagen zu machen war, dann kam es sogar vor, daß bis zwei, drei Uhr gearbeitet wurde. Wenn die Meisterin nicht durch Anstreichen oder Schleifen mit den Tischlern beschäftigt war, ging sie schon zu Bett und schlief trotz des Lärms meistens sehr fest. Auch die kleineren Kinder schliefen sämtlich in der engen staubigen Schreinerwerkstatt. Zweimal während seiner Lehrzeit hatte Karl sogar eine Geburt miterlebt, aber die laute Arbeit wurde höchstens auf einige Stunden unterbrochen – dann war alles erledigt. Nach zwei oder drei Tagen stand die Meisterin wieder auf, als sei nichts geschehen.

Nachdem Karl seine Lehre beendet hatte, wanderte er als Geselle durch die Schweiz, Oberitalien und Südfrankreich. In Zürich fand er längerfristig Arbeit und schloß sich der dortigen Holzarbeitergewerkschaft, der Parteiorganisation und dem Arbeiterbildungsverein an. Der Verein besaß eine umfangreiche Bibliothek, einen eigenen Lesesaal und er hielt eine ganze Anzahl von Arbeiterblättern. Jeden Donnerstag war Diskussionsstunde, an der auch häufiger Studenten der Zürcher Universität teilnahmen. »Es ging zumeist sehr lebhaft zu, und es wurde manchmal auch viel leeres Stroh gedroschen.« Aber Karl fühlte sich in diesem Milieu wohl und fand nebenbei sogar noch an einigen Abenden Zeit, die Gewerbeschule zu besuchen und dort Zeichnen und Rechnen zu lernen.

Die neuerworbenen Qualifikationen ermöglichten es ihm, zunächst in Zürich, später in München eine Stellung als Modellschreiner in einer neugegründeten Maschinenfabrik anzunehmen. »Es ist in diesem Spezialberufe mehr zu grübeln und durchzudenken«, fand er, und das interessierte ihn »natürlich mehr, als Dutzende von Türen und Fenstern, eines wie das andere, zusammenzufügen«. Wer in der Modellschreinerei »arbeitete, mußte [...] nicht nur geschickt sein, sondern auch denken können. Er mußte die Konstruktion der Maschine, deren Modellkörper er eben anfertigte, einigermaßen kennen; er mußte Zeichnungen verstehn, die ihm die Maße und Formen für seine Arbeit angaben; er mußte Geschick und Gewandtheit besitzen, um aus möglichst wenigen Brettern, Pflöckchen und Brettchen möglichst schnell, praktisch und gut die Formen zusammenzusetzen und zu gewinnen, die die Zeichnung für das betreffende Stück vorschrieb.«[10]

In der Modellschreinerei gab es gewöhnlich einige Maschinen: Eine Bandsäge und eine Hobelmaschine bildeten die Mindestausstattung, doch »auf ihnen wurden nur die großen Stücke [bearbeitet]; das übrige, bei weitem das meiste in diesem Saale, war notwendig Handarbeit«[11].

»1900–1901 brach über München die Geschäftskrise herein«, und in der »Fabrik wurde die Arbeiterzahl reduziert«. Auch Karl verlor seine Stellung. Da er als Tischler nirgendwo eine Anstellung fand, beschloß er, sich selbständig zu machen. Eine Maschinenfabrik übergab ihm ohne Anzahlung einige Holzbearbeitungsmaschinen, wofür er der Fabrik Modelle liefern sollte. Auch eine in seinem Wohnhaus befindliche »optische Anstalt« interessierte sich dafür, sich von Karl Kamerakästen anfertigen zu lassen. Außerdem wollte Karl als Lohnschneider tätig werden, das heißt gegen Lohn den Zuschnitt für eine ganze Anzahl von nahegelegenen Schreinereien, die keine Maschinen besaßen, besorgen. So etwas war vielerorts üblich. Er ließ also die Maschinen anliefern, und da er sich keinen Monteur leisten konnte, arbeitete er selber »bis in die sinkende Nacht, ja oft ganze Nächte hindurch«, bis die Maschinen betriebsbereit waren. Er stellte zwei Arbeiter ein, und die Produktion lief an. Er »fühlte sich der Verwirklichung eines Traumes nahe«, bis kurz darauf der Hauseigentümer vor der Tür stand und Karl unmißverständlich aufforderte, die Maschinen abzuschalten, da sich bereits alle Mieter über den Lärm beklagt und mit der Kündigung gedroht hätten. Karl mußte sich davon überzeugen, daß der Lärm und die Erschütterungen, die seine Maschinen verursachten, ein Arbeiten in den benachbarten Geschäften, Ateliers und Büros unmöglich machten. Die Gewerbepolizei kam, und der Hausbesitzer setzte durch, daß Karl den Betrieb seiner Maschinen einzustellen hatte. Karl war ruiniert. Er hatte sechs Kinder und keine Ersparnisse. Was sollte er jetzt anfangen?

10
Paul Göhre, Drei Monate Fabrikarbeiter und Handwerksbursche. Eine praktische Studie, Leipzig 1891, S. 46.
11
Ebenda, S. 46.

Möbelproduktion bei der Firma Thonet

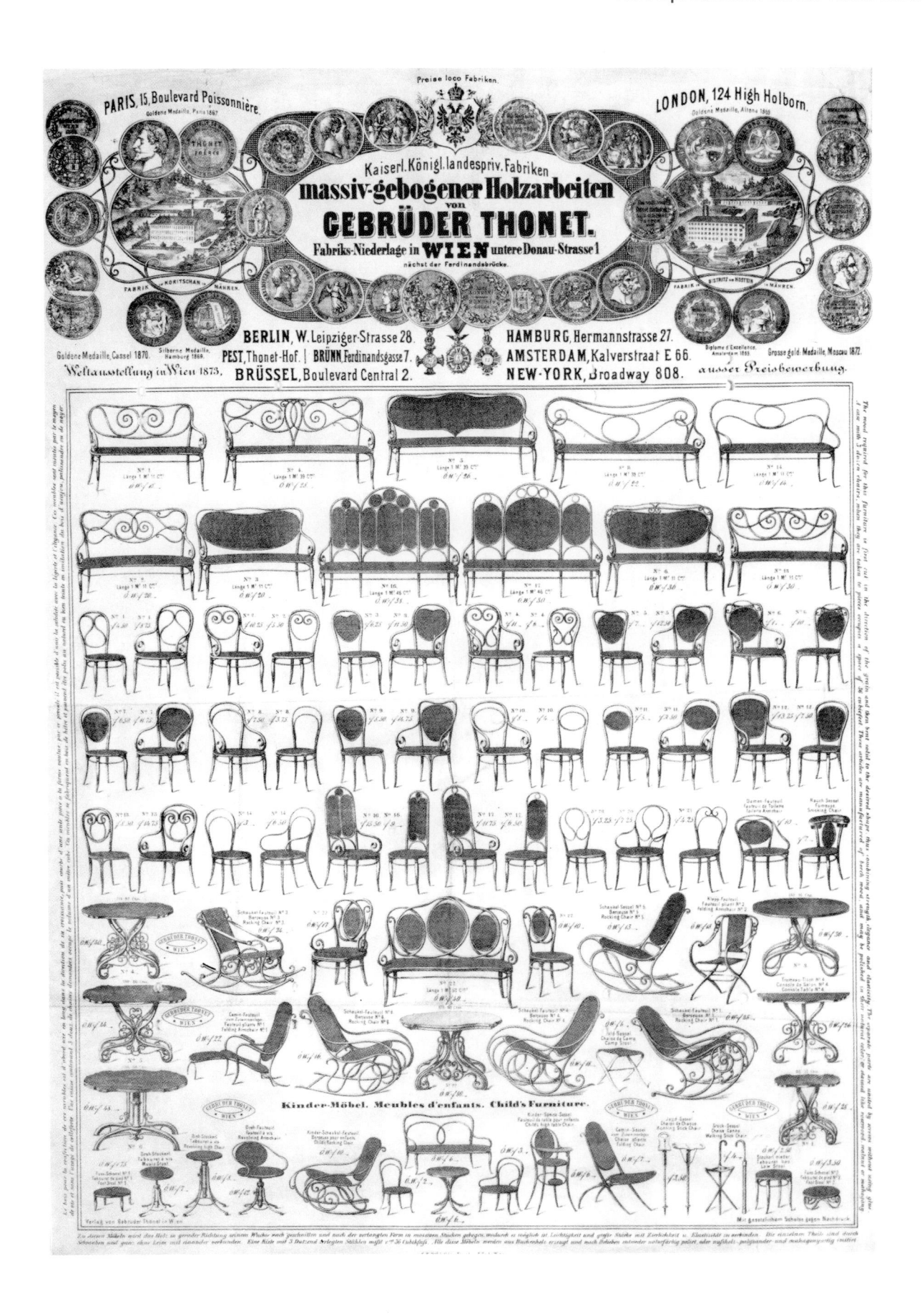

Möbelproduktion bei der Firma Thonet

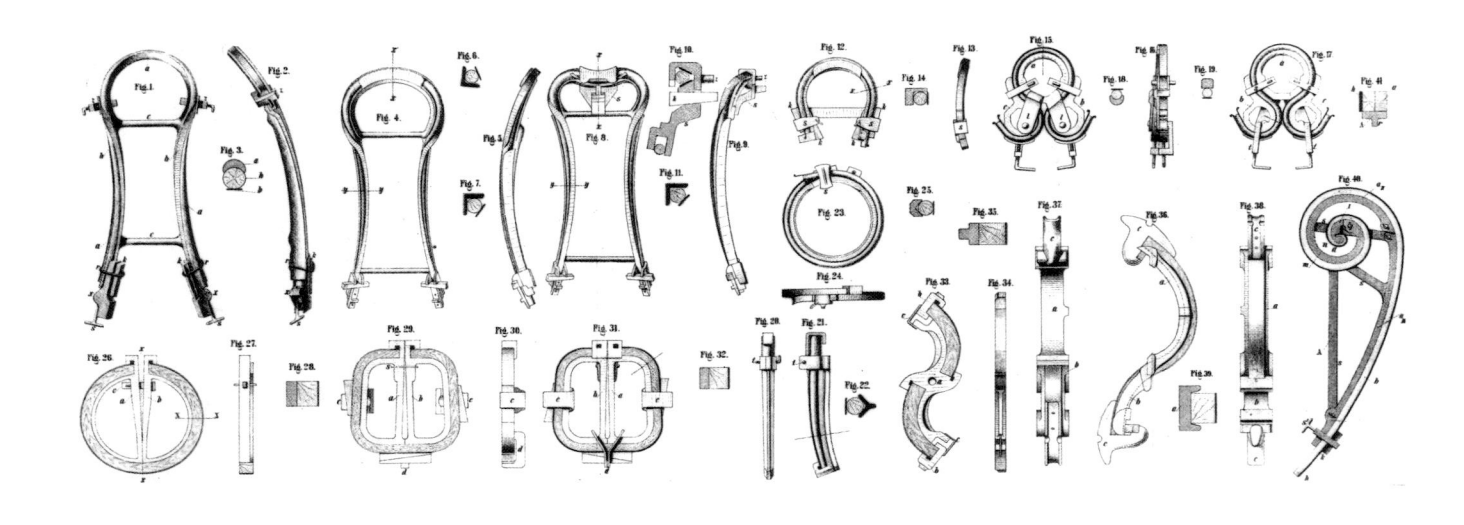

Möbelproduktion bei der Firma Thonet

Kapitel II 1893–1918

Erinnerung an den Streik u. Aussperrung der Bleistiftindustrie Nürnberg vom 6. Juli bis zum 25. September 1910.

Einigkeit macht stark

KLAUS SCHÖNHOVEN

Erfolgreiche Jahre und schwere Entscheidungen 1893 – 1918

Die Gründung des Holzarbeiter-Verbandes als überberuflicher Zusammenschluß von zuvor autonomen Berufsverbänden war eine schwere Geburt. Als nach dem Fall des Sozialistengesetzes im Herbst 1890 eine jahrelang andauernde Kontroverse über die zukünftigen Organisationsstrukturen der deutschen Gewerkschaften einsetzte, existierten in der Holzindustrie bereits eine Reihe von berufsorientierten Einzelverbänden, denen es nicht leicht fiel, ihre gewerkschaftliche Unabhängigkeit aufzugeben. Die Mitglieder dieser Verbände lebten meistens noch in einer handwerklich geprägten Berufswelt als hochqualifizierte Facharbeiter. Ihre gewerkschaftliche Solidarität wurzelte in ihrem professionellen Zusammengehörigkeitsgefühl als Tischler, Drechsler, Stellmacher oder Bildhauer. Außerdem dominierten in der Holzindustrie Klein- oder Mittelbetriebe mit geringer Mechanisierung und eine Vielzahl von Spezialberufen, zwischen denen ein großes Lohngefälle bestand. Das wirkte sich natürlich auch auf die Finanzkraft und Leistungsfähigkeit der einzelnen Verbände aus. So konnten die schlecht bezahlten Holzhilfsarbeiter nur knapp drei Mark Jahresbeitrag aufbringen, während der Bildhauerverband pro Mitglied im Jahr mehr als 30 Mark einnahm.

Das Konzept, möglichst alle holzverarbeitenden Berufe in einem Verband zu vereinen, war angesichts dieser Ausgangssituation nicht zu verwirklichen. Finanziell gut gestellte Verbände befürchteten einen Statusverlust und die Auszehrung ihrer vollen Verbandskassen durch schlechtergestellte Berufsgruppen. Man schätzte die berufsübergreifende Integrationsfähigkeit eines Großverbandes gering ein, verwies auf die überregional noch kaum gefestigten Beziehungen zwischen den einzelnen Sparten der Holzindustrie und scheute davor zurück, das überkommene Berufsbewußtsein von Handwerksarbeitern in einer Großorganisation auf die Probe zu stellen, zumal die Gewerbestrukturen noch nicht so beschaffen waren, daß die industriewirtschaftliche Verflechtung der holzverarbeitenden Betriebe eine gewerkschaftliche Konzentration der einzelnen Berufsgruppen erzwang.

Wenn es dennoch gelang, auf einem vom 3. bis 7. April 1893 in Kassel tagenden Kongreß die vier Berufsverbände der Tischler, der Drechsler, der Bürsten- und Pinselmacher und der Stellmacher zu einer gemeinsamen Organisation zu verschmelzen, so war dies vor allem der Initiative des Deutschen Tischlerverbandes und seines Vorsitzenden Karl Kloß zu verdanken. Er hatte schon im Dezember 1890 ein Zusammengehen der verschiedenen Berufsverbände der Holzbranche gefordert, weil sonst der »Kampf gegen die Unternehmerkoalitionen« nicht mehr erfolgreich zu führen sei[1]. Als sich dann in den beiden nächsten Jahren die seit den 1870er Jahren schwelende Konjunkturkrise wieder verschärfte und in teils existenzbedrohenden Mitgliederverlusten der Gewerkschaften niederschlug, sah sich Kloß in seiner Auffassung bestätigt, daß berufsfixierte Zwergverbände auf die Dauer nicht mehr lebensfähig seien.

In Etappen zur Einheit

Seit Sommer 1892 standen zwei Organisationsmodelle zur Diskussion, über die von den einzelnen Verbänden zu entscheiden war: Entweder konnten sie untereinander einen Kartellvertrag vereinbaren, der die Selbständigkeit der Berufsverbände respektierte und sie lediglich zur punktuellen Zusammenarbeit verpflichtete, oder sie entschlossen sich zur Aufgabe ihrer einzelverbandlichen Autonomie und gründeten einen gemeinsamen Verband. Während Kloß im

Gasthaus »Bunter Bock« bei Kassel, Tagungsort des »Deutschen Holzarbeiter-Verbandes« vom 3. bis 7. April 1893

[1] Vgl. Protokoll des Kongresses der deutschen Tischler, abgehalten zu Hannover am 27., 28. und 29. Dezember 1890, Stuttgart 1891, S. 31.

Tischlerverband alles tat, um die Weichen in Richtung eines Industrieverbandes aller Holzarbeiter zu stellen, plädierten Theodor Leipart und Carl Legien als die Wortführer des Drechslerverbandes für die Zwischenlösung des Kartellvertrages. Auf dem Kasseler Kongreß konnten sich aber die beiden prominenten Drechslerführer nicht durchsetzen. Hier verweigerte ihnen sogar die Mehrheit der Delegierten des eigenen Verbandes die Gefolgschaft und votierte für den Einheitsverband der Holzarbeiter.

In der entscheidenden Abstimmung behaupteten sich in Kassel die Befürworter einer Verschmelzung der bestehenden Berufsverbände eindeutig: 82 Delegierte stimmten für die Gründung eines Holzarbeiter-Verbandes, 15 Delegierte – unter ihnen Leipart und Legien – sprachen sich dagegen aus, zwei Delegierte enthielten sich der Stimme. Allerdings waren in Kassel nur die Verbände der Drechsler und Tischler mit gewählten Delegierten vertreten, weil beide Organisationen dort gleichzeitig ihre Verbandstage abhielten. Sieben andere Verbände der Holzbranche hatten nach Kassel nur ein oder zwei Beauftragte entsandt, die über keine Verhandlungsvollmacht verfügten, sondern nur die von ihren Verbänden bereits verabschiedeten Zustimmungs- oder Ablehnungserklärungen vortragen konnten. Von diesen an ein imperatives Mandat gebundenen Delegierten votierten nur die Sprecher der Bürsten- und Pinselmacher sowie der Stellmacher für die Gründung eines Industrieverbandes. Die Vertreter der Bildhauer, der Glaser und der Tapezierer erteilten dieser Verbandsform eine Absage; die Bevollmächtigten der Holzhilfsarbeiter und der Korbmacher stellten den Beitritt ihrer Organisationen für einen späteren Zeitpunkt in Aussicht.

Der Kasseler Kongreß endete also nicht mit der Zusammenfassung aller Branchenorganisationen der Holzindustrie in einem Verband. Dem »Deutschen Holzarbeiter-Verband«, der offiziell am 1. Juli 1893 seine Tätigkeit aufnahm, schlossen sich nämlich nur vier der zehn existierenden Berufsverbände an (Tischler, Drechsler, Bürsten- und Pinselmacher, Stellmacher). Sie zählten zum Gründungszeitpunkt insgesamt 22 745 Mitglieder, von denen allein 19 400 aus den Reihen des Tischlerverbandes kamen. Die sechs Verbände, die ihre Mitglieder zum Teil auch in holzverarbeitenden Berufen rekrutierten, sich aber 1893 gegen die Bildung eines Industrieverbandes aussprachen (Bildhauer, Böttcher, Glaser, Holzhilfsarbeiter, Korbmacher, Tapezierer) hatten zusammen etwas mehr als 10 000 Mitglieder. Trotzdem kann man das Ergebnis von Kassel als eine entscheidende Etappe in der Geschichte der Holzarbeiterbewegung bezeichnen. Immerhin war es gelungen, rund zwei Drittel aller gewerkschaftlich organisierten Holzarbeiter für die Idee eines Einheitsverbandes zu gewinnen. Damit war ein gewerkschaftlicher Konzentrationsprozeß eingeleitet, ohne den die organisatorische Durchdringung der klein- und mittelbetrieblich strukturierten Holzindustrie nicht so schnelle Fortschritte gemacht hätte, wie es dann in den beiden folgenden Jahrzehnten bis zum Ersten Weltkrieg der Fall war[2].

Bereits in seinem Gründungsjahr sammelte der Verbandsvorstand in einer aufwendigen reichsweiten Erhe-

Der Magistrat von Breslau heißt 1913 den Kaiser willkommen.

ERFOLGREICHE JAHRE

bung sozialstatistische Daten, um sich einen Überblick über die Lage der Berufsgruppen des Verbandes zu verschaffen. Auf der Basis von fast 20000 Fragebogen, die am Jahresende 1893 ausgewertet werden konnten, ließ sich ein recht zuverlässiges Bild der beruflichen und materiellen Situation zeichnen. In den vier Berufsgruppen des Verbandes dominierten gelernte Arbeiter, die eine drei- bis vierjährige Lehrzeit absolviert hatten: Bei den Tischlern waren 75,6 Prozent gelernte Handwerksarbeiter, bei den Stellmachern 71,7 Prozent, bei den Drechslern 68 Prozent; lediglich bei den Bürsten- und Pinselmachern überwog die Zahl der Unqualifizierten mit 53,5 Prozent. Verhältnismäßig klein war der Anteil der in der Holzindustrie beschäftigten Frauen, der sich auf 5,4 Prozent belief.

Die meisten Verbandsmitglieder arbeiteten 60 bis 66 Stunden in der Woche, was bedeutete, daß sie an allen sechs Werktagen der Woche eine Arbeitszeit von jeweils 10 bis 11 Stunden hatten. Drei Viertel der Arbeiter gehörten den Altersgruppen der 20- bis 40jährigen an; die Hälfte von ihnen war verheiratet und hatte – statistisch gesehen – eine vier- bis fünfköpfige Familie zu ernähren. Akkordarbeit herrschte bei den Bürstenmachern vor, von denen fast zwei Drittel im Stücklohn beschäftigt waren. Bei den Drechslern arbeiteten drei von fünf Beschäftigten im Akkord; bei den Tischlern waren Stück- und Zeitlohn ausgewogen vertreten.

Am wenigsten verdienten die Bürsten- und Pinselmacher, die auf einen durchschnittlichen Wochenlohn von 15,78 Mark kamen; Drechsler hatten einen Wochenlohn von 16,77 Mark, die Stellmacher und Tischler führten mit 18,43 Mark bzw. 18,98 Mark pro Woche die Lohntabelle mit großem Vorsprung an. Das reale Jahreseinkommen bewegte sich in den vier Berufsgruppen, zieht man die durch Krankheit und Arbeitslosigkeit verursachten Verdienstausfälle ab, zwischen 804 Mark (Bürstenmacher) und 922 Mark (Tischler). Frauen, die meist ungelernt waren, verdienten in der Holzindustrie mit durchschnittlich 7,40 Mark pro Woche nicht einmal halb so viel wie ihre am schlechtesten bezahlten männlichen Berufskollegen. Sie waren gezwungen, ihren Hungerlohn durch vielerlei Nebentätigkeiten aufzubessern. Aber auch der normale Wochenlohn des Mannes reichte in einem Tischlerhaushalt nicht aus, um die Familie zu ernähren. Das Haushaltsbudget mußte durch Sonntagsarbeit und Überstunden oder durch die Mitarbeit von Frau und Kindern aufgebessert werden, wollte die Arbeiterfamilie einigermaßen zurechtkommen und sich einen Notgroschen ansparen.

2
Zu weiteren Einzelheiten der Verbandsgründung siehe Klaus Schönhoven, Expansion und Konzentration. Studien zur Entwicklung der Freien Gewerkschaften im Wilhelminischen Deutschland 1890 bis 1914, Stuttgart 1980, S. 324ff.

Mit Festumzügen versuchten die Bürger, etwas vom Glanz der kaiserlichen Paraden und Auftritte in ihre Straßen zu holen.

KAPITEL II 1893–1918

Vorherrschaft der gelernten Handwerkerarbeiter

Die vom Verbandsvorstand 1893 gesammelten Angaben zu Krankheiten und Todesfällen ergaben einen deprimierenden Befund: 30 Prozent der Befragten erkrankten ein- oder mehrmals im Jahr. Auffallend hoch war die Zahl der berufsbedingten Erkrankungen der Brust- und Atmungsorgane, die nicht zuletzt von der schlechten Belüftung in den Werkstätten verursacht wurde. Die staub- und rauchgeschwängerte Luft in den Betrieben und die ungesunden Wohnverhältnisse in feuchten Keller- oder Dachwohnungen spiegelten sich auch in der Sterbestatistik der Untersuchung wider: 46,5 Prozent aller Todesfälle waren auf die Schwindsucht, die klassische Proletarierkrankheit des 19. Jahrhunderts, zurückzuführen. Vier Fünftel der an dieser Krankheit Verstorbenen hatten das fünfzigste Lebensjahr nicht erreicht[3].

Vier Jahre später, 1897, wiederholte der Holzarbeiter-Verband die Befragungsaktion bei seinen Berufsgruppen auf noch breiterer statistischer Basis. Der seit 1895 zu verzeichnende Aufschwung der Industrie hatte sich auch in einer Lohnsteigerung niedergeschlagen, denn die durchschnittlichen Wochenlöhne schwankten nun zwischen 17,63 Mark (Bürstenmacher) und 20,36 Mark (Tischler). Erheblich stärker als die Männerlöhne, die seit 1893 um circa 7 Prozent gestiegen waren, hatten sich die Frauenlöhne erhöht: Frauen verdienten 1897 im Schnitt in der Woche 8,38 Mark und damit 13 Prozent mehr als 1893. In den vier Jahren zwischen beiden Erhebungen war die durchschnittliche Arbeitszeit von 61,5 Stunden (1893) auf 59,3 Stunden (1897) in der Woche gesunken. Diesen für die Arbeiter positiven Entwicklungstrends, zu denen ferner ein Rückgang der Arbeitslosigkeit gehörte, standen aber nach wie vor Negativposten gegenüber. Die Unfallzahlen hatten sich erhöht, was zum Teil auf die stärkere Mechanisierung der Betriebe zurückzuführen war, und die Sterbestatistik wies einen unverändert hohen Anteil an Brust- oder Lungenkrankheiten auf. Immer noch waren mehr als 46 Prozent der Verstorbenen der Schwindsucht zum Opfer gefallen.

Die Holzindustrie war eine Domäne der gelernten Arbeiter geblieben, die drei Viertel der Berufsangehörigen stellten. Hinzu kam ein Hilfsarbeiteranteil von 10,2 Prozent; jugendliche Arbeitskräfte und Lehrlinge machten zusammen 9,4 Prozent der Beschäftigten aus; die Frauenquote hatte sich auf 5,2 Prozent leicht verringert. Auffällig im Vergleich zu 1893 war der Anstieg der Betriebe, die Maschinen einsetzten. Mit der Umstellung auf den Maschinenbetrieb und der Normierung von Fertigungsprozessen war auch die Zahl der Akkordarbeiter gewachsen, die sich von 41,3 Prozent (1893) auf 48,4 Prozent (1897) erhöht hatte.

Vor der Neuen Wache in Berlin

3
Vgl. zu den angeführten Zahlen:
Die Lage der Deutschen Holzarbeiter.
Ergebnis statistischer Erhebungen
für das Jahr 1893. Veranstaltet vom
Deutschen Holzarbeiter-Verband,
Stuttgart 1895.

Obwohl der Verbandsvorstand in seiner Schlußbewertung der Daten »in mancher Beziehung eine Besserung der Verhältnisse« konstatierte, bestand aus seiner Sicht weiterhin »überreichlich Anlaß zu berechtigten Klagen«. Nach den Berechnungen der Verbandsstatistiker wurden nämlich die Einkommenszuwächse durch die Steigerung der Lebenshaltungskosten aufgezehrt. Genauere Erhebungen in 42 Städten hatten zum Ergebnis, daß zwischen dem Jahresverdienst der Holzarbeiter und ihren Haushaltsausgaben für Nahrung, Wohnung, Kleidung und die sonstigen dringenden Lebensbedürfnisse eine Lücke von 100 bis 150 Mark klaffte. Dieses Defizit im Jahresbudget der Familien mußte durch Überstunden, durch Nebenerwerb der Frauen und durch Mitarbeit der Kinder aufgefüllt werden[4].

Die stürmische organisatorische Entwicklung des Holzarbeiter-Verbandes in den zwei Jahrzehnten bis zum Ersten Weltkrieg widerlegte alle Skeptiker, die dem Verband bei seiner Gründung prophezeit hatten, er werde weniger Anziehungskraft entwickeln als berufsorientierte Fachgewerkschaften. Noch vor der Jahrhundertwende setzte unter günstigen konjunkturellen Vorzeichen eine Mitgliederexpansion ein, die den freigewerkschaftlichen Verband binnen weniger Jahre zu einer Massenorganisation werden ließ. Als die magische Zahl »100 000 Mitglieder« im Jahr 1905 überschritten war, feierte man dieses Ereignis mit einem die gewerkschaftliche Aufbruchstimmung pathetisch widerspiegelnden Gedicht, das mit den Strophen endete:

»*Noch tobt durch alle Lande der Arbeit heil'ger Krieg,*
Noch winkt erst aus der Ferne der heißersehnte Sieg.
Doch immer dichter scharen die Kämpfer sich zuhauf
Und immer schneller streben zur Höhe sie hinauf.

Das erste Hunderttausend ist heute schon erreicht,
Drob schwellt die Brust voll Freude, jetzt wird der Kampf erst leicht.
Und unablässig strömen die Kämpfer rings herbei,
In allen deutschen Gauen macht sich die Arbeit frei.

Frisch auf, ihr Kameraden, zum neuen Siegeszug,
Noch tobt der Kampf, und Arbeit gibt's überall genug.
Es sei, kost' es auch Opfer und Mühe noch so viel,
Das zweite Hunderttausend zu werben unser Ziel!«[5]

4
Vgl. Die Lage der Deutschen Holzarbeiter. Nach statistischen Erhebungen für das Jahr 1897. Hrsg. vom Vorstand des Deutschen Holzarbeiter-Verbandes, Stuttgart 1899, Zitate S. 53.

5
Autor dieses Gedichtes war Franz Laufkötter; abgedruckt in: Almanach des Deutschen Holzarbeiter-Verbandes für das Jahr 1906. Taschenkalender für die Verwaltungen und Mitglieder des Verbandes. Im Auftrag des Verbandsvorstandes hrsg. von Theodor Leipart, Stuttgart o. J., S. 72.

KAPITEL II 1893–1918

Mitgliederentwicklung des Holzarbeiter-Verbandes 1893–1913[6]

■ Mitglieder, davon Frauen
■ Zugänge
■ Abgänge
000 Verwaltungsstellen

[6] Berechnet nach den Jahrbüchern des Verbandes: Jahrbuch 1906–1914 des Deutschen Holzarbeiter-Verbandes. Hrsg. vom Verbandsvorstand, Stuttgart 1907–1908, Berlin 1909–1915.

Jahr	Mitglieder	davon Frauen	Zugänge	Abgänge	Verwaltungsstellen
1893	23 774				356
1894	26 141	401	21 086	18 716	404
1895	27 741	367	21 200	18 229	449
1896	38 648	453	34 800	26 099	476
1897	40 876	296	30 281	25 521	465
1898	48 988	332	34 804	26 419	496
1899	62 569	720	44 395	27 700	538
1900	73 947	755	39 620	36 046	568
1901	70 251	589	29 160	32 449	591
1902	70 390	455	31 000	27 490	607
1903	79 732	511	41 908	29 097	629
1904	97 105	635	47 865	26 141	660
1905	119 925	1 797	59 910	35 155	714
1906	146 443	3 592	63 059	41 483	767
1907	149 501	3 402	44 671	48 896	787
1908	146 337	3 024	33 684	36 917	811
1909	148 943	3 373	40 350	33 782	825
1910	158 767	5 653	49 771	36 556	844
1911	176 838	7 172	54 828	37 120	874
1912	192 645	8 209	51 370	37 310	877
1913	195 441	8 618	37 425	41 160	880

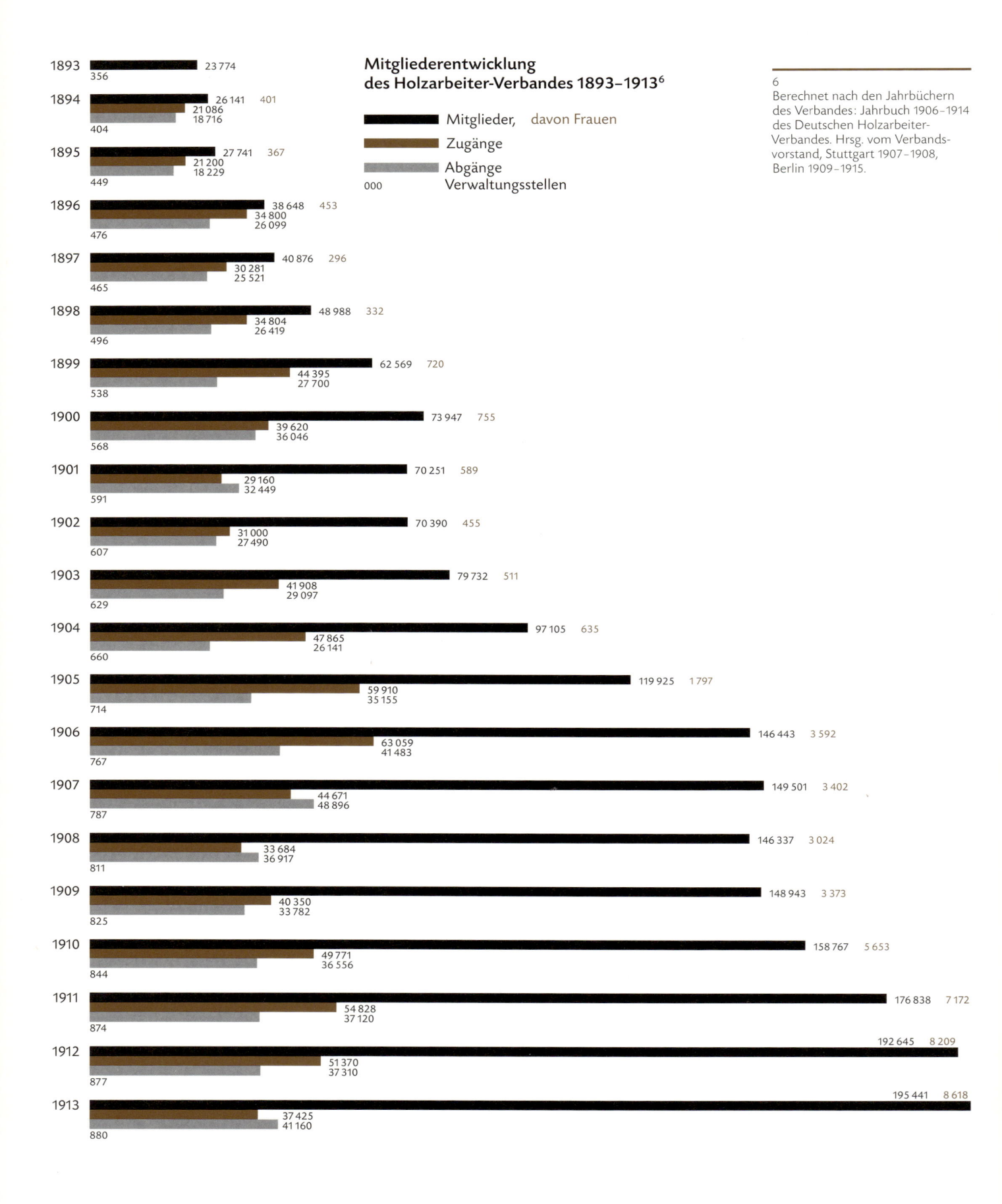

Obwohl das hier anvisierte »zweite Hunderttausend« vor dem Kriegsbeginn 1914 nicht mehr ganz erreicht wurde, konnte der Verband nach zwanzigjähriger Existenz eine stolze Erfolgsbilanz vorlegen: Er hatte in diesem Zeitraum seine Mitgliederzahl verachtfacht. Welche organisatorische Kärrnerarbeit nötig war, um dieses Wachstum zu ermöglichen, können quantitative Angaben nur schwer verdeutlichen. Tabellarisch läßt sich jedoch nachweisen, daß die Mitgliederzahlen nicht kontinuierlich anstiegen, sondern vom Rhythmus der Konjunktur beeinflußt wurden. Phasen des raschen Verbandswachstums deckten sich mit den Schönwetterphasen der Wirtschaftsentwicklung; stockte das Wirtschaftswachstum – wie beispielsweise in den Jahren 1901, 1902 und 1908 –, dann verloren auch die Gewerkschaften Mitglieder oder stagnierten in ihrer Ausdehnung. Diese Konjunkturempfindlichkeit teilte der Holzarbeiter-Verband mit anderen gewerkschaftlichen Branchenorganisationen in der Metallindustrie, im Baugewerbe oder in der Bekleidungsindustrie.

Der gewerkschaftliche Expansionsprozeß war außerdem von einer immensen Mitgliederfluktuation begleitet, die auf den Verbandstagen immer wieder heftig diskutiert wurde. Die Bilanz des Holzarbeiter-Verbandes spricht hier für sich selbst: In den zwanzig Jahren zwischen 1893 und 1913 traten dem Verband mehr als 800 000 Holzarbeiter bei; im gleichen Zeitraum gingen ihm aber auch über 640 000 Mitglieder wieder verloren. Auf die Frage, welche Faktoren für diese Instabilität verantwortlich waren, konnte kein gewerkschaftlicher Verbandsvorstand eine befriedigende Antwort geben. Besonders hoch waren Jahr für Jahr die Verluste bei den neueingetretenen Mitgliedern, die dem Verband nach kurzer Zugehörigkeit bereits wieder den Rücken kehrten. Gewerkschaftliche Solidarität mußte erst erlernt werden. Wer eine schlagartige Verbesserung seiner sozialen Lage durch den Verbandsbeitritt erwartete, wurde oft enttäuscht, weil die Durchsetzungsmöglichkeiten der Gewerkschaften begrenzt waren. Kurzfristig entfachte Gewerkschaftsbegeisterung schlug schnell wieder in Desinteresse um; man vergaß die Mitgliedspflichten und verlor die Mitgliedsrechte, ohne dieser Veränderung Bedeutung beizumessen.

Dennoch war in der Holzindustrie der gewerkschaftliche Organisationsgrad besonders hoch. Gelernte Handwerksarbeiter stellten nämlich im Kaiserreich das Rückgrat der Gewerkschaftsbewegung dar, während die Massenbelegschaften der Großindustrie aus vielerlei Gründen von den Gewerkschaften nur schwer erreicht werden konnten. Hinter den Buchdruckern, die mit Abstand die beste Organisationsquote aufwiesen, folgte der Holzarbeiter-Verband auf dem zweiten Platz der Rangliste. Geht man von der Zahl der organisationsfähigen Arbeiter in der Holzindustrie aus, die nach der amtlichen Statistik etwas mehr als eine halbe Million Arbeiter betrug[7], dann erreichte der Organisationsgrad des Verbandes bei den Männern 1905 bereits 23,9 Prozent, 1913 sogar 38,9 Prozent. Bei den Holzarbeiterinnen, deren Anteil an der Mitgliedschaft des Verbandes bis 1905 bei 1,5 Prozent stagnierte, in den folgenden Jahren aber auf

Arbeiterwohnen

4,4 Prozent (1913) anstieg, verbesserte sich der Organisationsgrad im letzten Vorkriegsjahrzehnt stetig. Immerhin war 1913 jede fünfte Holzarbeiterin Mitglied des Deutschen Holzarbeiter-Verbandes. Diese Quote ist sehr beachtlich, weil ein Viertel der rund 40 000 weiblichen Beschäftigten in der Holzindustrie zu den Heimarbeiterinnen gehörte, die besonders schwer gewerkschaftlich organisiert werden konnten.

Die Idee der Branchengewerkschaft setzt sich durch

Mit dem hohen Entwicklungstempo des freigewerkschaftlichen Industrieverbandes vermochten die Holzgewerkschaften des christlichen und des liberalen Lagers nicht Schritt zu halten. Die Hirsch-Dunckerschen Gewerkvereine, die sich als Speerspitze des Linksliberalismus verstanden und neben den Idealen der sozialen Gerechtigkeit und der Selbstverantwortung auch die nationale Komponente besonders betonten, um sich von der sozialdemokratischen Konkurrenz abzugrenzen, waren nach der Jahrhundertwende eine stagnierende Gewerkschaftsrichtung. Eine zahlenmäßig relevante Alternative zu den Freien Gewerkschaften stellten die Gewerkvereine in keinem Industriezweig dar, auch nicht in ihren regionalen Zentren in Mittel- und Ostdeutschland. Ihr Holzarbeiterverband hatte reichsweit auf dem Höhepunkt seiner Entwicklung 8500 Mitglieder (1904) und erreichte damit noch nicht einmal die Stärke einer großstädtischen Verwaltungsstelle des freigewerkschaftlichen Verbandes.

Die Gründung einer zentralen christlichen Holzarbeitergewerkschaft, die seit dem 1. Juli 1899 unter dem Namen Christlicher Holzarbeiterverband in Deutschland ins Leben trat, erfolgte im engen Zusammenhang mit den Emanzipationsbestrebungen kirchlich orientierter Arbeiterführer. Sie wollten sich von der amtskirchlichen Bevormundung befreien und zugleich die gewerkschaftlichen Organisationsbedürfnisse von religiös geprägten Handwerksgesellen und Fabrikhandwerkern befriedigen, die in der stark säkularisierten Sozialdemokratie keine politische Heimat fanden und weltanschauliche Bedenken gegen ein Engagement in den Freien Gewerkschaften hatten. Organisatorisch konnten die unmittelbar vor der Jahrhundertwende entstehenden christlichen Verbände an kirchliche Vorfeldvereine anknüpfen, insbesondere an die konfessionellen Arbeitervereine und an ihre Fachsektionen für bestimmte Berufsgruppen[8].

7
Ausgegangen wurde von der Berufszählung 1907 für die Gruppe »Holz- und Schnitzstoffe«. Auf dieser Basis betrug die Zahl der organisationsfähigen Holzarbeiter und -arbeiterinnen (ab dem 16. Lebensjahr) rund 542 000 Personen; vgl. Die Holzindustrie in der amtlichen Berufs- und Betriebszählung vom 12. Juni 1907, bearb. nach den Veröffentlichungen des Kaiserlichen Statistischen Amts und hrsg. vom Vorstand des Deutschen Holzarbeiter-Verbandes, Berlin 1911, S. 30.

8
Vgl. zur Geschichte der christlichen Gewerkschaftsbewegung Michael Schneider, Die Christlichen Gewerkschaften 1894–1933, Bonn 1982, insbesondere S. 93ff.; ferner: Leo Götte, Der Zentralverband christlicher Holzarbeiter. Eine gewerkschaftliche Studie, Staatswiss. Diss., Freiburg 1922 (Maschinenschrift).

Der Anstoß zur Gründung eines christlichen Holzarbeiterverbandes ging von München aus, wo mit Adam Stegerwald ein besonders energischer und selbstbewußter Verfechter der gewerkschaftlichen Verselbständigung der katholischen Arbeiterschaft die notwendigen Vorarbeiten geleistet hatte. In seinem Entstehungsjahr zählte der Verband nur 750 Mitglieder, die sich auf wenige Fachsektionen im süddeutschen Raum konzentrierten. Die Konsolidierung des Zentralverbandes machte nach der Jahrhundertwende zwar einige Fortschritte, als es ihm gelang, am Niederrhein fester Fuß zu fassen. Aber selbst innerhalb der christlichen Gewerkschaftsbewegung spielte er nie eine herausragende Rolle, sieht man einmal von Stegerwald persönlich ab, der als Generalsekretär des Gesamtverbandes der christlichen Gewerkschaften schnell zu einem der bedeutendsten Führer dieser Richtungsgewerkschaft aufstieg.

Ein Vergleich der Mitgliederentwicklung der freigewerkschaftlichen, christlichen und liberalen Holzarbeiterverbände im Kaiserreich dokumentiert das organisatorische Ungleichgewicht zwischen diesen drei Richtungen auf Reichsebene. Klammert man konfessionsbedingte Sonderentwicklungen in den preußischen Regierungsbezirken Münster, Arnsberg und Düsseldorf aus, in denen der christliche Holzarbeiterverband seinem freigewerkschaftlichen Konkurrenten den Rang ablaufen oder wenigstens doch Paroli bieten konnte, dann war die Dominanz der sozialdemokratischen Richtungsgewerkschaft in der Holzindustrie geradezu erdrückend: Neun Zehntel aller gewerkschaftlich organisierten Holzarbeiter gehörten diesem Verband an.

Mitgliederentwicklung der Richtungsgewerkschaften in der Holzindustrie[9]

- Deutscher Holzarbeiter-Verband
- Zentralverband christlicher Holzarbeiter
- Gewerkverein der Holzarbeiter (H.-D.)

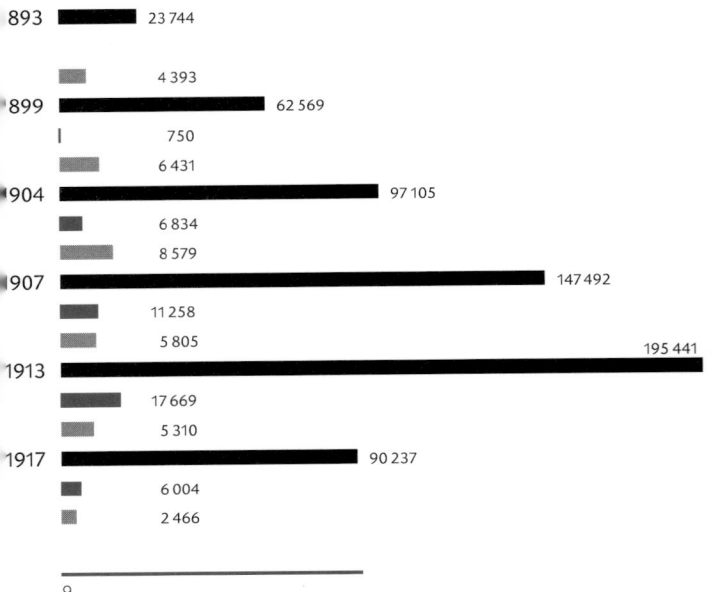

Jahr	Deutscher Holzarbeiter-Verband	Zentralverband christlicher Holzarbeiter	Gewerkverein der Holzarbeiter (H.-D.)
1893	23 744		4 393
1899	62 569	750	6 431
1904	97 105	6 834	8 579
1907	147 492	11 258	5 805
1913	195 441	17 669	5 310
1917	90 237	6 004	2 466

---

[9] Zu den Zahlenangaben vgl. Anm. 6 sowie Götte, S. 81f.

KAPITEL II 1893–1918

*Elektrisch betriebene Stellmacherei
(vor 1914)*

Holsatia-Werke Hamburg (um 1911)

ERFOLGREICHE JAHRE

Die richtungsgewerkschaftliche Zersplitterung in der Holzindustrie wurde zum Teil durch die weitere Konzentration von Berufsverbänden der Freien Gewerkschaften kompensiert. In den zwölf Sparten des holzverarbeitenden Gewerbes – sie reichten von der Holzzurichtung und Holzkonservierung bis zur Anfertigung von Holzspielwaren und Regenschirmen – gaben nämlich im Laufe der Jahre berufsorientierte Spezialverbände ihre Selbständigkeit auf und schlossen sich dem Holzarbeiter-Verband an. So stießen zu den vier Gründungsverbänden 1896 die Korbmacher, 1899 die Holzhilfsarbeiter und die Korkarbeiter; 1906 folgten die Vergolder und 1910 die Schirmmacher. Alle genannten Verbände beendeten mit ihrem Übertritt in die Branchenorganisation der Holzindustrie »eine rührende Leidenschronik vergeblichen Strebens und begrabener Hoffnungen«[10], in der Mitgliederverluste, Finanzierungsprobleme und verbandsinterne Streitigkeiten die Hauptkapitel gewesen waren. Den Schritt in den Industrieverband vollzogen lediglich die Bildhauer, Böttcher und Glaser nicht, weil ihre Berufsangehörigen oft auch in anderen Industriezweigen (zum Beispiel Bauindustrie, Industrie der Steine und Erden, Brauereien) arbeiteten und somit keine engen Verbindungen zu Holzarbeitern hatten.

Befürchtungen, daß ein großer Industrieverband die spezifischen Interessen von Angehörigen kleiner Berufsgruppen nicht hinreichend berücksichtige, bestätigten sich im Falle des Holzarbeiter-Verbandes nicht. Dessen Verbandssatzung zeichnete sich durch eine fein untergliederte Binnenstruktur aus, die vom Vertrauensmann am Arbeitsplatz über Werkstattausschüsse, Branchenorganisationen im Betrieb, Ortsverwaltungen, Gauvorstände bis auf die Reichsebene die einzelnen Berufssparten in die Verbandsarbeit statutarisch integrierte. Seit 1898 war das Reichsgebiet in Gaue mit eigenen Regionalverwaltungen untergliedert, an deren Spitze festbesoldete Funktionäre standen. Diese Dezentralisierung und Professionalisierung der Organisation, kombiniert mit einer arbeitsplatznahen Mitgliederverwaltung und -betreuung sowie mit nach Branchen und Betrieben differenzierten Versammlungen bewährte sich und trug dazu bei, daß die einzelnen Berufsgruppen am Wachstum des Verbandes gleichmäßig teilhatten.

Eine derart vielschichtige und finanziell kostspielige Verbandsstruktur konnten sich allerdings nur Großorganisationen mit reichsweiten Berufsfeldern leisten. Der Ausbau der Verbandsbürokratie machte deshalb bei ihnen auch die schnellsten Fortschritte. In seinem Gründungsjahr hatte der Holzarbeiter-Verband drei hauptamtliche Funktionäre, die beiden Vorsitzenden und den Kassier. Fünf Jahre später arbeiteten in der Verbandsverwaltung acht Gewerkschaftsbeamte; 1904 betrug ihre Zahl 65; bis 1907 war sie auf 112 und bis 1913 auf 166 angestiegen[11]. Diese rasch expandierende »Bürokratisierung« der Gewerkschaften hat viel zeitgenössische und auch viel wissenschaftliche Kritik provoziert, weil man in ihr auch ein Indiz für die »Verbürgerlichung« der Gewerkschaften sah. Allerdings wußte keiner der Kritiker eine Antwort auf die Frage, wie man mit einigen Feierabendfunktionären eine Massenorganisation von der Größe des Holzarbeiter-Verbandes verwalten und führen sollte. Rechnet man sämtliche Verwaltungsangestellten und politischen Sekretäre bis zum Vorsitzenden des Verbandes zusammen, dann entfiel 1914 auf 1000 Mitglieder ein Funktionär, eine Quote, die bei der Aufgabenvielfalt nicht als zu hoch bezeichnet werden kann.

Auch das Jahreseinkommen der Verbandsangestellten war nicht übertrieben hoch. Der Vorwurf des »Bonzentums« ließ sich damit jedenfalls nicht untermauern. Bezirksleiter und lokale Spitzenfunktionäre verdienten etwa so viel wie mittlere Beamte im öffentlichen Dienst oder ein Buchhalter in der Privatwirtschaft; der Verbandsvorsitzende lag mit seinem Jahreseinkommen von 4000 Mark (1912) zwar deutlich über dem Durchschnittseinkommen eines Holzarbeiters, reihte sich aber in der Gehaltsskala des Deutschen Reiches auf der Stufe eines preußischen Regierungsrates ein. Dieser Vergleich relativiert den Vorwurf, Gewerkschaftsführer seien überbezahlt gewesen. Immerhin stand Leipart, als er dieses Einkommen bezog, an der Spitze einer Organisation, die fast 200 000 Mitglieder hatte und jährlich ein Finanzvolumen von 10 Millionen Mark verplante.

Der Streit um den »Unterstützungsrummel«

Die Hauptmasse dieses Gesamtetats wurde für innergewerkschaftliche Solidarleistungen bei Krankheit und Invalidität, für arbeitslose oder einen neuen Arbeitsplatz suchende Mitglieder, für Streikende und Gemaßregelte, für den Rechtsschutz und in Not- oder Sterbefällen ausgegeben. Mit dem Ausbau ihres Unterstützungswesens zu einem weitgespannten Netz von kollektiven Selbsthilfeeinrichtungen übernahmen die Gewerkschaften eine Vorreiterrolle bei der Grundlegung des modernen Sozialstaats und setzten neue Ziele, die von Bismarck mit seinen Gesetzesmaßnahmen in den 1880er Jahren nicht erreicht worden waren oder bewußt aus der staatlichen Daseinsvorsorge ausgeklammert bleiben sollten.

Der enorme Ausbau des gewerkschaftlichen Unterstützungswesens im späten Kaiserreich war von heftigen innerverbandlichen Auseinandersetzungen begleitet. Dabei ging es weniger um den organisatorischen Nutzen der Selbsthilfeeinrichtungen bei der Stabilisierung und Vergrößerung der Verbände, sondern vielmehr um deren Funktion im

---

[10] So der Almanach des deutschen Holzarbeiter-Verbandes für das Jahr 1912, Stuttgart o. J., S.102.

[11] Vgl. dazu ausführlich Schönhoven, Expansion, S.221ff.

[12] So die Holzarbeiter-Zeitung, Nr.30 vom 28.7.1895; vgl. auch Klaus Schönhoven, Selbsthilfe als Form von Solidarität. Das gewerkschaftliche Unterstützungswesen im Deutschen Kaiserreich bis 1914, in: Archiv für Sozialgeschichte, Bd. 20, 1980, S.147–193.

ERFOLGREICHE JAHRE

Produktionsräume der Vereinigten Werkstätten München (1908)

Wohnküche

Emanzipationsprozeß der Arbeiterschaft. Die Grundsatzkontroverse über den gewerkschaftlichen Stellenwert der praktischen Reformtätigkeit und ihre strategische Bedeutung wurde im Holzarbeiter-Verband exemplarisch im Zusammenhang mit der Einführung der Arbeitslosenunterstützung geführt. Während die Gegner dieses Versicherungszweiges, mit dem eine Lücke im staatlichen Sozialsystem gefüllt werden sollte, gegen den »Unterstützungsrummel«[12] mobil machten und argumentierten, die Zuspitzung der Klassenkonflikte und der zwangsläufige Untergang der bürgerlichen Gesellschaft dürften nicht durch humanitäre Hilfsmaßnahmen verzögert werden, stellten sich die Anhänger der Arbeitslosenhilfe auf eine längere kapitalistische Übergangszeit ein. Nach ihrer Auffassung mußten die Gewerkschaften zunächst die Mehrheit der indifferenten Arbeiter für sich gewinnen, auch wenn diese sich nur aus materiellen Gesichtspunkten den Gewerkschaften anschlossen.

Der Disput um die damit aufgeworfenen Prinzipienfragen begann im Holzarbeiter-Verband 1895 und dauerte bis 1903 an. Auf den Verbandstagen von 1895 und 1898 setzten sich die Gegner der Arbeitslosenversicherung, unterstützt vom Verbandsvorstand und der Verbandszeitung, mit klaren Mehrheiten durch. Diejenigen Delegierten, die diese Kasseneinrichtung als unnötigen Ballast ansahen oder vor dem Kostenrisiko zurückschreckten, ließen sich von dem Hinweis, der Zukunftsstaat sei »nicht von heute auf morgen zu erwarten«[13], nicht beeindrucken. Nachdem aber der Metallarbeiter-Verband sich 1899 für die Arbeitslosenunterstützung entschieden hatte, votierte ein Jahr später auch der Vorstand des Holzarbeiter-Verbandes für diese Versicherung. Erneut behaupteten sich jedoch auf dem Verbandstag die Gegner, die jetzt ihre Bedenken vor allem mit dem unterschiedlichen Lohnniveau oder den ungleichen Beschäftigungschancen in den einzelnen Sparten der Holzindustrie begründeten. Der Kongreß beschloß daraufhin, die Verbandsmitglieder in einer Urabstimmung direkt entscheiden zu lassen. An ihr beteiligten sich im Frühjahr 1902 knapp 70 Prozent, die mit der denkbar geringen Mehrheit von 24 907 zu 24 037 Stimmen für die Arbeitslosenunterstützung votierten[14].

Vom 1. April 1903 an wurde der Wochenbeitrag der Mitglieder von 20 auf 35 Pfennig erhöht und die Arbeitslosenunterstützung für alle, die dem Verband länger als ein Jahr angehörten, eingeführt. Ein Anspruch auf Verbandshilfe bestand nach siebentägiger unverschuldeter Erwerbslosigkeit; die Unterstützung wurde höchstens für 36 Tage pro Jahr ge-

---

13
So ein Delegierter auf dem Verbandstag von 1898: Protokoll des Zweiten ordentlichen Verbandstages des Deutschen Holzarbeiter-Verbandes. Abgehalten zu Göttingen vom 11. bis 16. April 1898, Stuttgart 1898, S. 35.
14
Zahlen nach: Holzarbeiter-Zeitung, Nr. 15 vom 13. 4. 1902.

KAPITEL II 1893–1918

B. Glüss. R. Schmid. G. Huls. K. Pelikann. Seudier. M. Sarnau. M. Kunst. Groenewald. H. Otte. F. Henke. H. Pappe. H. Körner. A. Gerhardt. Methner. P. Hartung. L. Meyer. H. Maass. E. Roeske.
Cöln. Fürth i. B. Bamberg. Langenöls. Hamburg. Dortmund. Münster i. W. Düsseldorf. Berlin. Erfurt. Bayreuth. Zeitz. Frankfurt a. O. Strassburg. Berlin. Berlin.
H. Richter. K. Willers. K. Köhler. F. Leopold. R. Leopold. M. Günther. W. Rakuff. K. Seifert. H. Eckel. M. Wicklein. W. Weidner. J. B. Weiss. P. Richter. R. Fischer. R. Fendel. H. Müller. L. Güth.
Berlin. Lübeck. Crimmitschau. Berlin. Berlin. Dessau. Königsberg i. Pr. Kalk. Kassel. Nordhausen. Frankfurt a. M. Mainz. Wilsdruff. Birckigt. Berlin. Danzig.
H. Stubbe. A. Tielemann. K. Hoopts. F. Sarach. H. Kupczyk. A. Siekfeldt. W. Güth. R. Penck. H. Wilsdorf. F. Krüger. M. Hann. W. Gericke. M. Börner. H. Beer. J. Hauser. A. Neumann. P. Heider. F. Stasche. W. Kern.
Berlin. Berlin. Berlin. Braunschweig. Leipzig. Wandsbeck. Erfurt. Leipzig. Leipzig. Flensburg. Hamburg. Liegnitz. Berlin. Frankenthal.
F. Hamuel. G. Schellich. G. Jescrit. H. Möller. A. Raith. K. Kliegner. W. Frank. K. Rehfeldt. H. Löber. J. Kratky. A. Röcke. Th. Mrkwicka. J. Waltzer. P. Kretschmer. Simon. O. Gerlicke. H. Meyer. R. Wustlich. G. Türck. R. Falkenberg.
Breslau. Luckenwalde. München. München. Berlin. Wittenberge. Mannheim. Basel. Prag. Wien. Budapest. Meissen. Angsburg. Dresden. Bremen. Rabenau. Rostock. Stettin.
J. Seidel. K. Weller. O. Streller. L. Stein. A. Horst. G. Becker. Th. Glocke. R. Schmidt. Th. Leipart. K. Kloss. A. Bohne. W. Schneegass. Berlowitz. H. Lüth. W. Angeloh. Odanass.
Breslau. Cannstadt. Hartha i. S. Nürnberg. Herforst. Hannover. Berlin. Berlin. Hamburg. Altona.

ERFOLGREICHE JAHRE

Karl Kloß

Theodor Leipart

*Haus des Deutschen
Holzarbeiter-Verbandes
am Köllnischen Park
in Berlin (bezogen 1913)*

währt und betrug – je nach Mitgliedsdauer – zwischen 1 Mark und 1,70 Mark pro Tag. Damit konnte der Lohnausfall bei Arbeitslosigkeit zwar nicht ausgeglichen werden, aber es war eine sozialpolitische Richtmarke gesetzt. Bis zur Einführung der staatlichen Arbeitslosenversicherung, die dann diese gewerkschaftliche Solidarleistung ablöste, verging allerdings noch ein Vierteljahrhundert.

Mit dem Votum für die Arbeitslosenunterstützung vollzog der Holzarbeiter-Verband einen Strategiewandel, nämlich die Abkehr von der Verelendungs- und Zusammenbruchstheorie. Der wirtschaftliche Aufschwung seit 1895 hatte alle Vorhersagen widerlegt, die einen baldigen Kollaps des Kapitalismus prophezeit hatten. Je stärker sich das bestehende privatwirtschaftliche System stabilisierte, um so mehr konzentrierten sich auch die sozialdemokratischen Gewerkschaften auf systemimmanente Aufgaben, den Kampf um höhere Löhne und um die Verbesserung der alltäglichen Lebensbedingungen der Arbeiterschaft. Sie gaben spätestens seit der Jahrhundertwende der Sozialreform den Vorzug vor der Sozialrevolution, setzten nun nicht mehr auf eine kompromißlose Verschärfung des Klassenkampfes, lösten das Dogma der Konfrontation durch die Hoffnung auf Partizipation ab. Im Grundsatzstreit um die Arbeitslosenversicherung behaupteten sich also letztlich die Anhänger eines evolutionären Weges in den Zukunftsstaat und mit ihnen die Verfechter einer pragmatischen Gewerkschaftspolitik, die unwägbare Umsturzrisiken vermeiden wollten.

Die Auseinandersetzung um die zentralistische Reglementierung der Arbeitskämpfe

Nach der Jahrhundertwende änderten sich in der Holzindustrie auch die Beziehungen zwischen Arbeit und Kapital, weil beide Seiten eine wachsende Kooperationsbereitschaft erkennen ließen, die zur Entschärfung von Arbeitskonflikten beitrug. Begünstigt wurde die Zusammenarbeit durch die gewerbestrukturelle Situation der Holzindustrie. Die handwerklich geprägten Mittel- und Kleinbetriebe waren auf qualifizierte Fachkräfte angewiesen, die sich bei Streiks nicht so schnell ersetzen ließen. Außerdem waren die Arbeitgeber der Branche an einer kontinuierlichen Produktion interessiert. Ihre Betriebsrücklagen reichten nämlich vielfach nicht aus, um das finanzielle Risiko längerer Arbeitskämpfe zu verkraften. Zusätzlich gedämpft wurde die Konfliktbereitschaft der Unternehmer durch den Termin- und Kostendruck, der sie zum Einlenken zwang. Die Streitfrage, ob die Gewerkschaften ihrem Wesen nach »Streikvereine« oder »Streikvermeidungsvereine« waren, geht am eigentlichen Kern des Problems vorbei: Die Geschichte der Lohnbewegungen ist sowohl von harten Zusammenstößen bei Streiks und Aussperrungen geprägt als auch von tarifvertraglichen Regelungen, mit denen Interessengegensätze friedlich beigelegt werden konnten.

In den zwei Jahrzehnten zwischen seiner Gründung und dem Beginn des Ersten Weltkrieges war der Holzarbeiter-Verband an über 10 000 Lohnbewegungen beteiligt, für die

Streikposten in Kassel (1903)

er rund 16 Millionen Mark an Kosten aufbringen mußte. Diese außerordentlich hohen finanziellen Belastungen zwangen den Verband, die Streikwaffe vorsichtig zu handhaben. Ein bereits 1898 verabschiedetes Streikstatut unterstellte alle Lohnbewegungen der »Oberleitung des Verbandsvorstandes«. Er entschied über die Streikgesuche der lokalen Zahlstellen. Sie hatten im Zuge eines komplizierten Genehmigungsverfahrens einen »Streik-Fragebogen« auszufüllen, in dem sozialstatistische Angaben über die lokalen Arbeits- und Organisationsverhältnisse, die Höhe der Löhne, der Lebensmittelpreise und der Mieten zu machen waren. Außerdem verpflichtete das Streikstatut die lokalen Verbandsinstanzen, vor der Einleitung eines Streiks »alles zu versuchen, um einen gütlichen Ausgleich herbeizuführen«[15].

Diese zentralistische Reglementierung der Arbeitskämpfe sollte kosten- und konfliktdämpfend wirken. Sie löste auf Verbandstagen natürlich immer wieder heftige Kontroversen aus, wenn der Vorstand einer Zahlstelle die Streikgenehmigung verweigert hatte und sie zum Stillhalten zwang. Dem Argument, der Arbeitskampf sei das beste Agitationsmittel des Verbandes, weil er noch indifferente Berufskollegen von der Notwendigkeit eines gewerkschaftlichen Engagements überzeuge, konnten sich die hauptamtlichen Funktionäre allerdings nicht anschließen. Sie machten regelmäßig die Erfahrung, »daß bei einem großen Teile der durch einen Streik der Organisation zugeführten Kollegen der zur Schau getragene Enthusiasmus nur ein Strohfeuer ist und daß man, wenn die Bewegung vorüber ist, in der Organisation nicht mehr den guten Freund, den Helfer in der Not erblickt, sondern nur noch den lästigen Forderer und Mahner«[16].

Trotz dieser skeptischen Einschätzung des Werbemittels Streik und trotz seiner zurückhaltenden Arbeitskampfpolitik wurde der Holzarbeiter-Verband immer wieder in langwierige Konflikte mit den Arbeitgebern der Branche verwickelt: Von 1893 bis 1914 führte der Verband 4458 Streiks durch und mußte 408 Aussperrungen hinnehmen. Diese Arbeitskämpfe betrafen 440 000 organisierte Holzarbeiter, deren Lohnausfall durch die vom Verband gewährte Streik- und Gemaßregeltenunterstützung nur zum Teil verringert werden konnte. Obwohl erhebliche Geldmittel für diese Solidarleistungen erbracht wurden, verringerte sich der Lohn pro Streikwoche um bis zu 40 Prozent. Dieser Verdienstausfall hatte zur Folge, daß Streikwochen für die meisten Holzarbeiter zugleich Hungerwochen waren.

Nicht zuletzt deshalb setzte sich in allen Richtungsgewerkschaften seit der Jahrhundertwende die Auffassung durch, es sei besser, den Weg der friedlichen Konfliktlösung

Streikposten (photographiert Streikbrecher aus einer Kiste heraus) beim Schreinerstreik in Nürnberg 1909

15
Das Streikstatut ist abgedruckt in: Protokoll Göttingen, S. 90ff.; Zitat S. 91.

16
So Karl Kloß in seinem Vorstandsbericht; Protokoll Göttingen, S. 41.

zu beschreiten. Erstmals befaßte sich der Holzarbeiter-Verband auf seinem Verbandstag im April 1900 mit dem Thema »Tarifgemeinschaft«. Vorangegangen war 1899 ein Grundsatzbeschluß des allgemeinen Kongresses der sozialdemokratischen Gewerkschaftsbewegung, der die paritätische Konfliktregelung durch Tarifverträge »als Beweis der Anerkennung der Gleichberechtigung der Arbeiter seitens der Unternehmer bei der Festsetzung der Arbeitsbedingungen« mit überwältigender Mehrheit begrüßt hatte[17]. Damit war für alle sozialdemokratischen Einzelverbände eine Richtmarke gesetzt, die es dann dem Holzarbeiter-Verband erlaubte, seinen Zahlstellen grünes Licht für Tarifvereinbarungen zu geben.

Nach der Auffassung von Robert Schmidt, der 1900 die Tariffrage auf dem Verbandstag der Holzarbeiter behandelte, waren Gewerkschaften »an sich nicht des Streiks wegen da«. Sie hatten vielmehr die Aufgabe, »mit allem Eifer und allen Mitteln« für sozialpolitische Fortschritte zu kämpfen. In Tarifverträgen sah er nicht ein »Zeichen des Niedergangs«, sondern einen Beweis »für die Stärke und Kraft der gewerkschaftlichen Organisation«[18]. Diese Wertschätzung kooperativer Abkommen, in denen Arbeitgeber und Gewerkschaften sich als legitime Verhandlungspartner respektierten, teilte der sozialdemokratische Gewerkschaftsführer mit den Spitzenfunktionären der christlichen und liberalen Richtungsgewerkschaften, die kollektive Vereinbarungen ebenfalls bevorzugten und Streiks aus dem Wege gehen wollten. Man kann also betonen, daß alle drei Richtungsgewerkschaften sich in der Frage der Tarifpolitik in einem sozialreformerischen Gleichklang bewegten.

Die tarifvertragliche Institutionalisierung des Klassenkonflikts setzte allerdings die organisierte Beteiligung der Arbeitgeberseite voraus, die sich in der Holzindustrie erst relativ spät zu einem überregionalen Verband zusammenschloß. In den Jahren vor der Jahrhundertwende beherrschten noch die lokalen Innungen das mehr handwerksmäßig betriebene Holzgewerbe. Ihr schrittweises Zusammenwachsen zu einem »Arbeitgeberschutzverband für die Holzindustrie« vollzog sich zwischen 1897 und 1903, als Tischlermeister und Möbelfabrikanten die Idee eines gemeinsamen Streikabwehrverbandes propagierten, um dem freigewerkschaftlichen Holzarbeiter-Verband in Arbeitskämpfen geschlossen entgegentreten zu können.

Der Tarifgedanke setzt sich durch

Obwohl der Gründungskonsens des Arbeitgeberschutzverbandes antigewerkschaftlich akzentuiert war, setzte sich in den folgenden Jahren der Tarifgedanke in der Holzindustrie bedeutend schneller durch als in der Montan- oder Eisenindustrie. Dies erklärt sich aus dem organisatorischen Vorsprung der Gewerkschaften, die in den Handwerksbetrieben der Holzverarbeitung eine starke Marktposition besaßen und sich auf das kollegiale Zusammengehörigkeitsgefühl von hochqualifizierten Facharbeitern, dessen Wurzeln bis in die Zunftzeit zurückreichten, stützen konnten. Außerdem waren die Klein- und Mittelbetriebe der Branche streikanfälliger als Großunternehmen des Bergbaus oder der Metallverarbeitung. Tischlereien und Schreinereien konnten die durch längere Betriebsunterbrechungen entstehenden Verluste anschließend kaum durch Produktionssteigerungen wettmachen, weil die Einzelbetriebe eine zu geringe Kapitaldecke und zu wenig Arbeitskräfte hatten. Deshalb waren die meisten Arbeitgeber in der Holzbranche keine prinzipiellen Gegner des Tarifgedankens, der ihre mittelfristige Kostenkalkulation erleichterte, »Schmutzkonkurrenz« und »Lehrlingszüchterei« in Billiglohnbetrieben eindämmte und dem Gewerbe für einen überschaubaren Zeitraum einen Streikschutz vertraglich zusicherte.

In den letzten Jahren vor dem Ersten Weltkrieg gewannen »friedliche« Lohnbewegungen in der Holzindustrie immer mehr an Boden, weil sich die drei Richtungsgewerkschaften und die Arbeitgeber darum bemühten, Streiks zu vermeiden und Lohnkonflikte vertraglich beizulegen. Die Zahl der Betriebe, für die der Holzarbeiter-Verband Tarifvereinbarungen abschließen konnte, erhöhte sich von 11 000 (1907) auf 15 000 (1913); im gleichen Zeitraum stieg die Zahl der Beschäftigten, für die Tarife galten, von 93 000 Personen auf 150 000 Personen[19]. Der Zentralverband der christlichen Holzarbeiter, der 1902 erst drei Tarifverträge abgeschlossen hatte, verfügte am Jahresende 1913 über einen Bestand von 251 Verträgen. Diese Entwicklung kommentierte die Verbandszeitung mit der Feststellung, aus »Industrieuntertanen« seien »Industriebürger« geworden: »Nicht der Arbeitgeber diktiert mehr die Arbeitsbedingungen, die Arbeiter reden mit. Und ihr Mitreden ist nicht formaler Natur. Sie bestimmen mit«[20].

Diese Einschätzung war zwar zu optimistisch, weil sie die Grenzen der gewerkschaftlichen Mitbestimmung ignorierte. Die Richtungsgewerkschaften in der Holzindustrie konnten aber am Vorabend des Ersten Weltkrieges darauf verweisen, daß in ihrer Branche zwischen Arbeit und Kapital

---

[17] Die Resolution wurde mit 126 gegen vier Stimmen verabschiedet. Vgl. Protokoll der Verhandlungen des 3. Kongresses der Gewerkschaften Deutschlands. Abgehalten zu Frankfurt a.M.-Bockenheim vom 8. bis 13. Mai 1899, Hamburg 1899, S.146.

[18] Zitiert nach: Protokoll des Dritten ordentlichen Verbandstages des Deutschen Holzarbeiter-Verbandes. Abgehalten zu Nürnberg vom 16. bis 21. April 1900, Stuttgart 1900, S.122ff.

[19] Zahlenangaben nach: Tarifverträge des Deutschen Holzarbeiter-Verbandes vom Jahre 1913, hrsg. vom Verbandsvorstand, Berlin 1914, S. 5.

[20] Zitiert nach Götte, S. 268.

ein Zustand der wechselseitigen Anerkennung erreicht war, von dem beide Seiten profitierten. In der Holzindustrie war der Tarifvertrag zu einer wichtigen gewerkschaftlichen Waffe im Kampf um die ökonomische Lageverbesserung geworden. Dies war die gemeinsame Auffassung der in der Branche tätigen sozialdemokratischen, christlichen und liberalen Gewerkschaftsführer.

Auf die Frage, welche Erfolge man in zwanzigjähriger Tätigkeit erkämpft hatte, gaben eine Reihe von Publikationen Auskunft, die der Vorstand des Holzarbeiter-Verbandes 1913 und 1914 veröffentlichte[21]. Sie stellten detailliert die berufliche Situation in den einzelnen Sparten der Holzindustrie dar, analysierten die Betriebs- und Arbeitsverhältnisse und informierten über Arbeitszeit und Löhne in den einzelnen Regionen des Reiches: Für einen Tischler, der 1893 noch 61,4 Stunden pro Woche hatte arbeiten müssen, war die Wochenarbeitszeit bis 1911 auf 55,3 Stunden gesunken; gleichzeitig war sein Wochenlohn von 18,98 Mark (1893) auf 28,54 Mark (1911) angestiegen. Ähnlich sah das Bild bei den Drechslern aus, deren Wochenarbeitszeit von 62,5 Stunden (1893) auf 56,3 Stunden (1912) geschrumpft war und deren Wochenverdienst sich von 16,77 Mark (1893) auf 25,72 Mark (1912) erhöht hatte. Den Vorwurf der sozialdemokratischen Parteilinken, sie hätten nur »Sisyphusarbeit« geleistet und die materielle Lage der Arbeiter nicht zu verbessern gemocht, konnten die Gewerkschaften also mit guten Gründen zurückweisen.

Gleichwohl bestand für den Holzarbeiter-Verband kein Grund, sich einem »Gefühl der Zufriedenheit« hinzugeben. Man hatte eine Zwischenetappe erreicht und sah sich mit neuen Herausforderungen konfrontiert, wobei vor allem der Kampf um eine weitere Reduzierung der Arbeitszeit fortan im Mittelpunkt stehen sollte. Dazu führte der Verbandsvorstand aus: »Wohl hat sich die Arbeitszeit im Verlauf der Jahre und unter dem fortgesetzten Ansturm der Organisation gesenkt, aber keineswegs in einem Tempo, wie es den Verhältnissen entsprochen hätte. Schneller als die Arbeitszeit gesunken ist, ist die Arbeitsintensität gestiegen, hat die Ausnutzung der Arbeitskraft zugenommen. Die gewachsenen Anforderungen an die Arbeitskraft würden allein ausreichen, eine stärkere Verkürzung der Arbeitszeit zu verlangen. Aber sollen wir nicht auch einen Anteil verlangen können an den wachsenden Kulturgütern? Mehr Freizeit bedeutet mehr geistiges Leben und Genießen, mehr Familienleben, mehr Gesundheit und längeres Leben! Ist es vermessen, wenn wir danach unsere Augen erheben?«[22] Dieser Kommentar wurde am Ende des letzten Friedensjahres vor dem Ersten Weltkrieg verfaßt.

Die Kontroverse um das »nationale Stillhalteabkommen«

Ein halbes Jahr später, Anfang August 1914, reihten sich alle drei Richtungsgewerkschaften in die nationale Einheitsfront ein und proklamierten, die Vaterlandsverteidigung sei jetzt das Gebot der Stunde. Entsprach das Bekenntnis der christlichen und liberalen Gewerkschaften zum Kaiserreich völlig ihrer ausgesprochen staatsloyalen Vorkriegstradition, so mußten sich die sozialdemokratischen Verbände schon bald vom linken Flügel der SPD die Kritik gefallen lassen, sie hätten die pazifistischen Ideale des Sozialismus preisgegeben und seien vor dem wilhelminischen Imperialismus in die Knie gegangen. Einer unvoreingenommenen Überprüfung hält diese von zeitgenössischen Gegnern der gewerkschaftlichen Burgfriedenspolitik erhobene Anklage, die später von der marxistisch-leninistischen Geschichtsschreibung kanonisiert wurde, allerdings nicht stand.

Die Befürwortung der Kriegskredite und der Verzicht auf Streiks für die Dauer des Krieges waren in den Augen der sozialdemokratischen Gewerkschaftsführer kein Verrat an der eigenen klassenkämpferischen Vergangenheit. Aus ihrer Sicht, die sie mit vielen Sozialdemokraten teilten, hatte das zaristische Rußland den Krieg vom Zaun gebrochen. Gegen einen Angriff dieser reaktionären Vormacht war aber auch nach dem Selbstverständnis der SPD das Eintreten für die Landesverteidigung vollends gerechtfertigt. Für eine Kriegsschulddebatte bestand im Sommer 1914 kein Anlaß, weil die Winkelzüge der wilhelminischen Diplomatie während der Julikrise von 1914 vor der Öffentlichkeit geheimgehalten worden waren. Über den Anteil Deutschlands an der Herbeiführung des Ersten Weltkrieges diskutierten die Historiker erst ein halbes Jahrhundert später, als sich ihnen die Archive der beteiligten Staaten öffneten.

Im August 1914 teilten die deutschen Gewerkschaftsführer mit der überwältigenden Mehrheit ihrer Landsleute die Überzeugung, dem Kaiserreich sei der Krieg vom Zarismus aufgezwungen worden. Hinzu kamen strategische Überlegungen, die ebenfalls gegen die These einer kopflosen Kapitulation der Arbeiterbewegung vor dem Obrig-

---

21
Arbeitszeit und Löhne im Tischlergewerbe. Nach einer Statistik des Deutschen Holzarbeiter-Verbandes vom November 1911. Hrsg. vom Verbandsvorstand, Berlin 1913; Die Arbeitsverhältnisse in der Bürsten- und Pinselindustrie. Nach statistischen Erhebungen im November 1912. Hrsg. vom Vorstand des Deutschen Holzarbeiter-Verbandes, Berlin 1913; Die Arbeitsverhältnisse in der Stuhlindustrie. Ergebnisse einer statistischen Erhebung vom November 1913. Hrsg. vom Vorstand des Deutschen Holzarbeiter-Verbandes, Berlin 1914; Die Lage der Arbeiter im Drechslergewerbe. Ergebnisse einer statistischen Erhebung vom November 1912. Hrsg. vom Vorstand des Deutschen Holzarbeiter-Verbandes, Berlin 1914.

22
Zitiert nach: Die Lage der Arbeiter im Drechslergewerbe, S. 27.

keitsstaat sprechen. Klammert man einmal den ausgeprägten Patriotismus aus, der sich bei den als »Reichsfeinde« und »vaterlandslose Gesellen« jahrzehntelang angeprangerten Sozialdemokraten im August 1914 emotional Luft verschaffte, dann gab es darüber hinaus auch noch rationale Gründe für die gewerkschaftliche Identifikation mit den deutschen Kriegsinteressen.

Das Deutsche Reich kämpfte nach der Meinung der meisten Gewerkschaftsführer auch um seine wirtschaftliche Zukunft als Industrienation, um Rohstoffe und Absatzmärkte, die ihm namentlich von der britischen Konkurrenz bestritten wurden. Sie galt es zu behaupten, wollte man mit gewerkschaftlichen Mitteln die materielle Existenz der Arbeiter sichern und verbessern. Ferner waren die Gewerkschaftsführer bestrebt, den nationalen Gemeinschaftsgeist, den der Kaiser bei Kriegsbeginn selbst beschworen hatte, für eine entschlossene Reformpolitik zu nutzen. Auch im sozialdemokratischen Gewerkschaftslager wertete man die Entscheidung für den Burgfrieden als Votum für den klassenübergreifenden Schulterschluß aller reformbereiten Kräfte, als eine innenpolitische Weichenstellung, die die Arbeiterbewegung aus ihrer Außenseiterrolle herausführen sollte und in die bestehende Gesellschaft integrieren konnte. Der Kriegspatriotismus aller drei Richtungsgewerkschaften schloß also innen- und sozialpolitische, aber auch handfeste ökonomische Erwägungen ein, in denen durchaus auch imperialistische Untertöne mitschwangen, und er ging von der grundsätzlichen Kooperationsbereitschaft der zivilen und militärischen Reichsleitung aus. Von ihr erwartete man, sie werde im Krieg eine Mittlerrolle zwischen Kapital und Arbeit übernehmen und den Brückenschlag über die Klassengrenzen hinweg möglich machen.

Dies war auch das gewerkschaftspolitische Credo von Theodor Leipart, der als Vorsitzender des Holzarbeiter-Verbandes in den viereinhalb Kriegsjahren eng mit seinem an der Spitze der sozialdemokratischen Gewerkschaftsbewegung stehenden Freund Carl Legien zusammenarbeitete und sich ebenso stark wie dieser mit der Kriegsführung des Kaiserreichs identifizierte. In der Vorständekonferenz der Freien Gewerkschaften, die am 2. August 1914 mit ihrem Ja zur Vaterlandsverteidigung die Bewilligung der Kriegskredite durch die sozialdemokratische Reichstagsfraktion vorprogrammierte, plädierte Leipart dafür, alle Streiks »so schnell wie möglich« zu beenden[23] und die Verständigung über eine Zusammenarbeit mit den Unternehmern sofort herbeizuführen. An diesem nationalen Stillhalteabkommen hielt er in den nächsten Jahren konsequent fest, als er im sozialdemokratischen Parteistreit eindeutig gegen die Burgfriedensgegner Stellung bezog und vom SPD-Vorstand schon im Juni 1915 »eine regere Tätigkeit« gegen die »Organisationszersplitterer« um Karl Liebknecht und Rosa Luxemburg forderte[24]. Ebenso entschieden verteidigte Leipart die Wahrung des Tariffriedens während der Dauer des Krieges. Er lehnte im Herbst 1916, als erste Teuerungsunruhen aufflackerten, in Gauvorsteher-Konferenzen seines Verbandes mit Nachdruck den Griff zur Streikwaffe ab, weil nach seiner Meinung eine »frisch-fröhliche Tarifbewegung« nicht zur ernsten Kriegslage paßte und dem Ansehen der Gewerkschaften in der Öffentlichkeit und bei den Behörden schadete[25]. Noch im Juni 1919, auf dem ersten Kongreß des Holzarbeiter-Verbandes nach Kriegsende, bekannte sich Leipart ohne Wenn und Aber zur Burgfriedenspolitik, wie er sie seit August 1914 vertreten hatte: »Wir haben unsern Mitgliedern in hohem Maße das Durchhalten während des Krieges erleichtert, wir haben dafür alle unsere Zeit geopfert und alle unsere Kräfte eingesetzt und lassen es uns deswegen auch gerne gefallen, wenn man uns dieserhalb Durchhaltepolitiker genannt hat.«[26]

Diese selbstbewußte Verteidigung der eigenen Politik fiel Leipart schon deshalb leicht, weil er sich der Rückendeckung durch seine Vorstandskollegen sicher sein konnte und weil er wußte, daß die Gruppe seiner Gegner auf dem Verbandstag in der Minderheit bleiben würde. Die verbandsinterne Opposition hatte nämlich schon während des Krieges nur in wenigen lokalen Zahlstellen Fuß fassen können und war mit ihren Anträgen immer wieder gescheitert. Zielscheibe der Kritik war mehrfach die »Holzarbeiter-Zeitung«, die in ihren Artikeln ein Übersoll an vaterländischer Pflichterfüllung leistete und im sozialdemokratischen Parteistreit wiederholt scharf gegen die Minderheit der Kriegskreditgegner zu Felde zog. Alle Beschwerden gegen die Redaktionspolitik des Verbandsorgans wiesen jedoch die Pressekommission oder der Verbandsvorstand entschieden zurück[27].

Typisch für den Stil derartiger Diskussionen war eine Kontroverse im Verbandsvorstand im Oktober 1915. Ein erst während des Krieges in den Vorstand nachgerückter Beisitzer kritisierte, daß die »Holzarbeiter-Zeitung« zu einseitig den Standpunkt der Parteimehrheit vertrete und mit ihren Artikeln »noch Öl ins Feuer« gieße. Zugleich wandte sich dieser Beisitzer gegen eine Rubrik des Verbandsorgans, in der die mit dem Eisernen Kreuz ausgezeichneten Verbandsmitglieder aufgeführt wurden. Dies hielt er für »vollständig überflüssig«, weil man vom »Standpunkt der Menschlich-

---

23
Zitiert nach: Klaus Schönhoven (Bearb.), Die Gewerkschaften in Weltkrieg und Revolution 1914–1919, Köln 1985, S. 80.

24
In der Vorstandssitzung am 28.6.1915. Zitiert nach: Protokollbuch des Verbandsvorstandes vom 20.5.1914–5.7.1915. Zentralarchiv des FDGB, Historische Abteilung, Nr. A 31.
25
Vgl. die Protokolle der Sitzungen der Gauvorsteher-Konferenzen vom 30.8.1916 und 1.10.1916. Zitiert nach: Gauvorsteher-Konferenzen, 30.8.1916–5.11.1917. Zentralarchiv des FDGB, Historische Abteilung, Nr. A 42.

26
Protokoll des Elften ordentlichen Verbandstages des Deutschen Holzarbeiter-Verbandes. Abgehalten zu Berlin vom 15. bis 21. Juni 1919, Berlin 1919, S. 90.

27
Vgl. den Bericht der Pressekommission auf dem Kongreß von 1919, der sich mit Beschwerden von Zahlstellen aus Bremen, Kiel, Berlin und Düsseldorf befaßt, Protokoll Berlin, S. 33ff.

ERFOLGREICHE JAHRE

Leben um die Jahrhundertwende

KAPITEL II 1893–1918

Schlachtfeld an der Somme 1916/17
Erster Weltkrieg

Hungerjahre (Erster Weltkrieg)

ERFOLGREICHE JAHRE

Das erste Verbandhaus des DHV, Lauterberg/Harz

Frauen in der Kriegsproduktion (Erster Weltkrieg)

Frauen in der Granatenproduktion Geschoßkörbe

keit« aus nicht denjenigen in der Gewerkschaftspresse hervorheben solle, »der sich besonders im Massenmord ausgezeichnet hat«. Als er schließlich noch bezweifelte, daß die »Raubtiernatur des Kapitals« eine »spezielle Eigenschaft des englischen Kapitals« sei, brach über ihn der geballte Unmut der anderen Vorstandsmitglieder nieder. Vom stellvertretenden Verbandsvorsitzenden mußte er sich belehren lassen, an der Front stünden über eine Million Gewerkschaftsmitglieder, die »sich doch keine Rohheiten zu Schulden kommen« ließen. Wer das Interesse der deutschen Arbeiterklasse wahrnehme, könne nicht wollen, »daß Deutschland zu Grunde gerichtet wird«. Leipart zeigte sich über die Ausführungen des noch unerfahrenen Beisitzers »fürchterlich enttäuscht«. Alles, was dieser vorgebracht habe, sei »flach und seicht«. Er verhalte sich wie viele Vertreter des linken SPD-Flügels, , »die, wenn sie etwas von dem deutschen Siege hören, auffahren wie ein Ochse oder Truthahn vor dem roten Tuch«[28].

Als es zu diesen Auseinandersetzungen kam, konnte von einem schnellen Kriegsende, das man im August 1914 noch erwartet hatte, schon längst keine Rede mehr sein. Die Fronten waren in Frankreich in einem mörderischen Stellungskampf erstarrt, der Tag für Tag einen hohen Blutzoll forderte und mehr und mehr Aushebungen zum Heeresdienst nach sich zog. Bis Kriegsende wurden rund 125 000 Mitglieder des Holzarbeiter-Verbandes eingezogen, der bei Kriegsbeginn etwas mehr als 180 000 männliche Mitglieder gehabt hatte. Die Zahl der Gefallenen aus den eigenen Reihen schätzte der Verbandsvorstand auf rund 12 000 Mitglieder; über die Zahl der Verwundeten, Vermißten und Kriegsgefangenen konnte der Vorstand 1919 in seinem Rechenschaftsbericht keine Auskünfte geben[29]. Welche tiefgreifenden Folgewirkungen das Kriegsgeschehen sonst noch auf das Verbandsleben hatte, vermitteln die Statistiken nur unvollkommen, weil sie sich auf zählbare Angaben beschränken.

Der Krieg begann für alle Gewerkschaften mit der Unterbrechung der Kommunikation zwischen ihren Zentralvorständen, regionalen Bezirken und lokalen Einrichtungen. Der Geschäftsverkehr war wochenlang gestört, weil die Postbeförderung aus militärischen Gründen stockte; Papierrationierung und Pressezensur erschwerten oder verhinderten jede verbandsinterne Diskussion; die personelle Ausdünnung der Ortsverwaltungen infolge von Einberufungen machte viele Gremien handlungsunfähig; leitende Verbandsbeamte blieben ohne Informationen oder waren tagelang unterwegs, wenn sie sich vor Ort einen persönlichen Eindruck verschaffen wollten. Besonders besorgniserregend war das sprunghafte Anwachsen der Arbeitslosigkeit, das Betriebsstillegungen oder Produktionsverlagerungen verursachten. Nach anderthalb Kriegsjahren hatte sich die Zahl der in der Holzindustrie Beschäftigten um die Hälfte verkleinert, wobei einzelne Branchen einen Aderlaß von bis zu drei Vierteln ihrer Arbeitskräfte hinnehmen mußten.

Bis Anfang 1916 verlor der Holzarbeiter-Verband zwei Drittel seiner Mitglieder von 1914 durch Einberufungen oder Berufswechsel. Der Verband zählte nur noch knapp 70 000 Mitglieder und war damit auf den Stand zurückgeworfen, den er bereits zur Jahrhundertwende erreicht hatte. Für die Anwerbung neuer und die Betreuung der verbliebenen Mitglieder fehlte überall geschultes Personal. Die Verbandsfunktionäre hatten alle Hände voll zu tun, um die notwendigen Verwaltungsarbeiten zu erledigen. Für gezielte Mitgliederwerbung blieb ihnen keine Zeit. Ähnlich war das Bild im Zentralverband christlicher Holzarbeiter, der nach dem zweiten Kriegsjahr nur noch 3300 Mitglieder zählte und damit an der Grenze der Existenzfähigkeit stand.

In den beiden letzten Kriegsjahren erholten sich die Gewerkschaften wieder. Seit 1917 verstärkten sie ihre Agitation, begünstigt durch das Hilfsdienstgesetz, das ihnen am Jahresende 1916 die staatliche Anerkennung als legitime Interessenvertretung der Arbeiterschaft und die gesetzlich garantierte Parität mit den Unternehmern in den Feststellungs- und Schlichtungsgremien der Kriegsindustrien eingebracht hatte. Diese in einer konzertierten Aktion von den sozialdemokratischen, liberalen und christlichen Richtungsgewerkschaften und den ihnen verbundenen Reichstagsparteien durchgesetzte Reform der Arbeitsbeziehungen war ein erster Schritt auf dem Weg zur gewerkschaftlichen Mitbestimmung und leitete zugleich einen imponierenden Mitgliederaufschwung in den einzelnen Verbänden ein: Der Holzarbeiter-Verband gewann zwischen Januar 1917 und Oktober 1918 über 30 000 neue Mitglieder hinzu und stabilisierte sich mit nun knapp 100 000 Mitgliedern wieder; der Zentralverband christlicher Holzarbeiter vergrößerte im gleichen Zeitraum seinen Mitgliederbestand auf 12 000 und entging damit dem drohenden Ruin.

Besonders kräftig wuchs während des Krieges die Zahl der weiblichen Mitglieder des Holzarbeiter-Verbandes, weil auch in der Holzindustrie viele der durch Einberufungen von Männern freigewordenen Arbeitsplätze mit Frauen besetzt wurden. Bis zum Kriegsende war die Zahl der weiblichen Mitglieder auf nicht ganz 25 000 angestiegen und hatte sich damit im Vergleich zum letzten Vorkriegsjahr vervierfacht. Seit November 1914 unterstützte der Verband die Agitation unter den weiblichen Beschäftigten der Branche mit einer eigenen Zeitung, dem »Holzarbeiter-Frauenblatt«, das kostenlos ausgeliefert wurde. Dieses Blatt ersetzte die bis dahin vom Holzarbeiter-Verband für seine

---

28
Die Diskussion wurde in der Vorstandssitzung am 8.10.1915 geführt. Vgl. Protokollbuch des Verbandsvorstandes vom 12.7.1915–7.8.1916. Zentralarchiv des FDGB, Historische Abteilung, Nr. A 32.

29
Vgl. Protokoll Berlin, S.16. Zur Geschichte des Holzarbeiter-Verbandes im Ersten Weltkrieg siehe auch Emil Bardey, Der Deutsche Holzarbeiter-Verband und der Weltkrieg. Die Entwicklung einer freien Gewerkschaft während des Krieges. Phil. Diss. Rostock 1922.

weiblichen Verbandsangehörigen bezogene Frauenzeitung der SPD »Die Gleichheit«, deren redaktionelle Linie Clara Zetkin prägte, die auf dem äußersten linken Flügel der SPD stand und schon deshalb vielen Gewerkschaftsführern suspekt war.

Das weitgehende Verstummen der innerverbandlichen Diskussion im Krieg und die Lähmung von Mitgliederaktivitäten wirkten sich auf das Verhältnis von Gewerkschaftsbasis und Gewerkschaftsführern negativ aus. Obwohl der Vorstand des Holzarbeiter-Verbandes in mehreren Gauvorsteher- und Städtekonferenzen, die während der Kriegszeit stattfanden, Möglichkeiten zum Informationsaustausch schuf, vergrößerte sich mit der Dauer des Ausnahmezustandes die Unzufriedenheit der Mitglieder. Da der Verband bei Kriegsbeginn auf den Streik als gewerkschaftliches Kampfmittel verzichtet hatte, waren ihm in seiner Lohn- und Arbeitszeitpolitik die Hände weitgehend gebunden. Außerdem tat der Vorstand alles, um Tarifauseinandersetzungen friedlich beizulegen.

Im Spannungsverhältnis zwischen kriegswirtschaftlicher Ordnungsmacht und Interessenvertretung der Arbeiter

Gegen diese Politik der Konfliktvermeidung, die alle auftauchenden Differenzen in der mit den Unternehmern im September 1914 vereinbarten Kriegsarbeitsgemeinschaft kanalisieren wollte, regte sich im Verband immer wieder Widerstand und machte sich in »wilden Streiks« Luft. Allerdings wurde die Holzindustrie nicht zu einem Zentrum des Massenprotests wie beispielsweise der Bergbau oder die Rüstungsbetriebe in der Metallverarbeitung. Weder bei den großen Aprilstreiks von 1917 noch bei den vorrevolutionären Januarstreiks von 1918 spielten Holzarbeiter eine herausragende Rolle. Offensichtlich waren die Arbeitsverhältnisse in den Klein- und Mittelbetrieben der Holzbranche noch erträglicher als in den Großunternehmen mit ihren bunt zusammengewürfelten Belegschaften. Das Protestverhalten der hochqualifizierten Tischler, Schreiner oder Drechsler blieb punktuell, es entzündete sich in einzelnen Betrieben, dehnte sich aber nie zu einem Flächenbrand aus und verlöschte meistens bereits nach kurzer Zeit wieder.

Die statistische Kurve der Arbeitskämpfe wies dennoch auch in der Holzindustrie nach oben – wenn auch auf sehr niedrigem Niveau: Sie stieg von acht Streiks (1915) über 52 (1916) und 53 (1917) auf 93 (1918) an[30]. Immerhin war damit signalisiert, daß auch in der Holzindustrie mit jedem Kriegsjahr die Gereiztheit der Beschäftigten wuchs. In den Forderungskatalogen der Streikenden standen zunächst Lohnfragen an erster Stelle, weil in den beiden ersten Kriegsjahren der Reallohn sank und nicht mehr zum Lebensunterhalt der Familien ausreichte. Seit dem »Hungerwinter« 1916/17 rückte dann die Lebensmittelnot in den Vordergrund, denn nun gab es für die mittlerweile erheblich angehobenen Löhne nicht mehr viel zu kaufen. Wie drastisch sich die Stimmung im Sommer 1918 verschlechtert hatte, dokumentierte ein Arbeitskampf in den Bayerischen Flugzeugwerken. Hier verweigerte im August 1918 die Belegschaft geschlossen die Arbeit, ohne Schlichtungsverhandlungen abzuwarten, und artikulierte ihren Unmut über die katastrophale Lage in der Feststellung, »sich lieber den Kopf herunterschießen zu lassen, als in der Heimat langsam dem Hungertode entgegenzusehen«[31].

Gegen die immer größer werdende Mißstimmung breiter Bevölkerungsschichten hatten die Gewerkschaften keine Heilmittel anzubieten. In ihrer Doppelfunktion als kriegswirtschaftliche Ordnungsinstanz und als Interessenorganisation der Arbeiter saßen sie buchstäblich zwischen den Stühlen und konnten es letztlich keiner Seite mehr recht machen. Die Fehler und Versäumnisse des Obrigkeitsstaates vermochten sie nicht aus eigener Kraft zu korrigieren; zu einem radikalen Kurswechsel und zur Aufkündigung des Burgfriedens waren sie nicht bereit, weil sie die im Krieg erreichten Reformzugeständnisse nicht leichtfertig verspielen wollten.

Als der Zusammenbruch des Kaiserreichs nicht mehr aufzuhalten war, richtete sich das Hauptaugenmerk der Gewerkschaftsführungen darauf, die erreichten Rechtspositionen abzusichern. Angesichts des rapiden Autoritätsverfalls der Monarchie im Herbst 1918 entschlossen sie sich dazu, die Zusammenarbeit mit den Unternehmern auf freiwilliger Basis auszubauen und zu festigen. Beide Seiten gingen nun auf Distanz zum handlungsunfähig gewordenen Staat und suchten nach autonomen Regelungen für ihre Beziehungen. Auch in der Stunde der Revolution setzten die Gewerkschaften auf die Karte der Kontinuität, auf das Festhalten an ihrem Reformkurs. Leipart gab dafür die Devise aus: »Unsere Aufgabe ist es, durch unsere praktische Arbeit den Beweis zu liefern, daß wir tatsächlich notwendig, unentbehrlich sind«.[32]

---

[30] Zahlen nach Bardey, S.130.

[31] Zitiert nach Bardey, S.120.

[32] Zitiert nach Schönhoven, Die Gewerkschaften in Weltkrieg und Revolution, S. 569.

KAPITEL II 1893–1918

JOACHIM EICHLER

Theodor Leipart

* 17. Mai 1867 in Neubrandenburg, Sohn des Damenschneiders Ernst Leipart und seiner Frau Wilhelmine

1874–1881 Besuch der Mittelschule

1881–1885 Drechslerlehre in Hamburg

April 1885–März 1886 Wanderzeit

März 1886 Antritt einer Anstellung bei einer Hamburger Gummifabrik, Beitritt zum lokalen Fachverein für Drechsler

August 1887 Wahl zum Vorstands-Schriftführer des neugegründeten Zentralverbandes der Drechsler Deutschlands

Januar 1891 Redakteur der Fachzeitung für Drechsler

März 1891 Wahl zum Vorsitzenden des Drechslerverbandes

April 1893 Wahl zum 2. Vorsitzenden des Deutschen Holzarbeiter-Verbandes

1894–1896 Vorsitzender des SPD-Bezirksvereins in Stuttgart

1908 Wahl zum 1. Vorsitzenden des Holzarbeiter-Verbandes

August 1919 Rücktritt vom Amt des DHV-Vorsitzenden

1919–1920 Arbeitsminister in der Regierung Württembergs

1921–1933 Vorsitzender des Allgemeinen Deutschen Gewerkschaftsbundes (ADGB)

1922–1933 Vorstandsmitglied des Internationalen Gewerkschaftsbundes

2. Mai–Juli 1933 Haft im Berliner Untersuchungsgefängnis

1933–1945 Privatmann, Kontakt zum sog. »Gewerkschaftsflügel« der Widerstandsgruppe des 20. Juli 1944

1946 Propagandist für die Vereinigung von SPD und KPD zur SED

† 23. März 1947

Theodor Leipart, der langjährige Vorsitzende des Deutschen Holzarbeiter-Verbandes und des Allgemeinen Deutschen Gewerkschaftsbundes in der Weimarer Republik, ist heute weitgehend in Vergessenheit geraten. Ursache dafür ist sicherlich der sogenannte »Leipart-Kurs« des ADGB: die unter seiner Führung 1933 begonnene, letztlich mißlungene Überlebensstrategie gegenüber der nationalsozialistischen Bedrohung, die von seiten der KPD als opportunistische Anpassung angeprangert wurde – was sie tatsächlich nie war. Den Verlierern flicht die Nachwelt keine Kränze: Fritz Tarnows Nachruf auf Leipart nahmen die »Gewerkschaftlichen Monatshefte« 1948 entgegen und druckten ihn *nicht*. Leiparts Name wurde allein noch mit dem 1. Mai 1933, dem Tag der »Kapitulation der deutschen Gewerkschaften vor Hitler«, verbunden. Großzügig überging man, daß der »Leipart-Kurs« tatsächlich von der ganzen Gewerkschaftsführung (inklusive der Bezirkssekretäre) mitgetragen worden war[1]; Leiparts Verdienste um den Aufbau der Gewerkschaftsbewegung waren vergessen.

Der Mecklenburger

In der gewerkschaftlichen Geschichtsschreibung hat es lange Zeit eine Neigung zur Heroisierung von Gewerkschaftsführern gegeben, wie zum Beispiel bei der Durchsicht älterer Literatur über Carl Legien schnell deutlich wird. Im Falle Leiparts wäre dies sicher schwierig geworden. Der großgewachsene Mecklenburger mit seinem charakteristischen Spitzbart war alles andere als eine schillernde Figur: wortkarg (öffentliche Reden waren ihm ein Greuel), überaus zuverlässig und korrekt, von großer Arbeitsbereitschaft und mit einer Beharrlichkeit ausgestattet, für die das Wort Sturheit angemessen erscheint. In seiner Amtsführung als Gewerkschaftsvorsitzender war Leipart von einer gewissen Janusköpfigkeit: Einerseits verlor er nie ganz die »Basisnähe«; als Vorsitzender des Drechslerverbands führte er einen ausführlichen und engagierten Briefwechsel wegen eines einzelnen Mitglieds, das aus der Zahlstelle Mannheim ausgeschlossen werden sollte; an ihn gerichtete Briefe einfacher Gewerkschaftsmitglieder beantwortete er auch als ADGB-Vorsitzender persönlich und ausführlich. Andererseits konnte er bei Streitigkeiten schroff, diktatorisch und verletzend sein, so daß Vorstandsmitglieder mit dem Verweis auf »unversöhnliche Differenzen mit Leipart« von ihrem Amt zurücktraten und er auf einem DHV-Verbandstag wegen seiner Art offen angegriffen wurde. Er neigte durchaus zu scharfen Schnitten, wenn seiner Ansicht nach gute Worte nicht halfen: Die genannte Zahlstelle wurde wegen Verstoßes gegen die Statuten aufgelöst, nachdem sie sich weigerte, das umstrittene Mitglied wieder aufzunehmen. Er konnte aber auch Taktiker sein: Die maßgeblich durch sein Auftreten veranlaßte Akzeptierung der Betriebsräte durch den Nürnberger Gewerkschaftskongreß 1919 hatte er allein zu dem Zweck betrieben, daß die gewerkschaftsfeindliche Stimmung unter den Freunden der Arbeiterräte nicht weiter um sich griff. Er selbst gehörte sicher nicht zu diesen[2]. Weitere persönliche Charakteristika waren seine Liebe zu Pflanzen (als Kind wollte er gerne Gärtner werden) und sein Hang zu starkem Tabak. Gerne erinnerte er sich im Alter an die langen Bierabende mit Carl Legien. Bei solchen Bierrunden, so ist es überliefert, ging der ruhige Mecklenburger mehr aus sich heraus.

Für Leiparts steilen Aufstieg in der Gewerkschaftsbewegung ist neben seinem beträchtlichen Arbeitseinsatz vor allem seine Zuverlässigkeit verantwortlich – letztere spielte eine bedeutende Rolle in einem Umfeld, in dem eine gewisse Nachlässigkeit und auch Veruntreuungen durch Funktionsträger nicht ganz selten waren. Hinzu kam eine für sein Umfeld überdurchschnittliche Bildung: Bis zu seinem 14. Lebensjahr hatte er statt der üblichen Volks- die Mittelschule besucht (das Schulgeld bezahlte der Vater eines Freundes, der die Spielkameraden nicht trennen wollte)[3] – nicht zufällig war sein erster Vorstandsposten der des Schriftführers.

Die gewerkschaftliche Arbeit in führender Position lief in der Kaiserzeit nahezu zwangsläufig auf Selbstausbeutung hinaus, wenn man seine Arbeit ernst nahm. Die Belastung durch die zahlreichen Aufgaben in seiner Tätigkeit führte bei Leipart zu einer Herzschwäche, die im Alter von 28 Jahren zum erstenmal auftrat und mit der er sein Leben lang zu kämpfen hatte; Schwindelanfälle setzten ihn immer wieder zeitweise außer Gefecht. Daß eine hohe Arbeitsbelastung ein entsprechendes Gehalt und auch Urlaub verdiene, war Leiparts Überzeugung und führte im DHV zu Angriffen aus dem Verband, weil der Vorsitzende zu hoch bezahlt werde. Zu Reichtum konnten seine Gehälter jedoch nicht führen: Seine Entlohnung für die Tätigkeit als Vorsitzender des Drechslerverbandes und Redakteur entsprach einem guten Drechslerlohn, 1923 verdiente der ADGB-Vorsitzende den Gegenwert eines Facharbeiter-Spitzenlohns. Als es Angriffe hagelte, weil ihm die Arbeiterbank zum 60. Geburtstag ein Grundstück schenkte, auf dem Leipart ein Siedlungshäuschen baute, war er schlichtweg beleidigt. Seine Überzeugung, daß er dieses Geschenk verdient habe, rührte nicht zuletzt daher, daß er in den zwanziger Jahren unter nicht gerade luxuriösen Umständen – und für die Kollegen jederzeit erreichbar – zeitweise im Berliner Gewerkschaftshaus gewohnt hatte.

1
F. T. (Fritz Tarnow), Der A.D.G.B.-Aufruf zum 1. Mai, in: Rundbrief Nr. 7 der Landesvertretung der deutschen Gewerkschaften, Juni 1943, in: Nachlaß Fritz Tarnow, Kasten 2. DGB-Archiv/Hans-Böckler-Stiftung.

2
Protokoll der Vorständekonferenz 3.12.1918, Quellen zur Geschichte der deutschen Gewerkschaftsbewegung im 20. Jhdt., Bd. 1, S. 568ff.; P. v. Oertzen, Betriebsräte in der Novemberrevolution, Düsseldorf 1963, S. 266ff.

3
Vgl. Th. Leipart, Aus meinem Leben, 14seit. Manuskript, Berlin 1946, Archiv des Geschichtsprojekts/GHK.

Der Patriot

Leiparts Internationalismus (in der Internationale der Holzarbeiter und im Vorstand des Internationalen Gewerkschaftsbundes IGB) war insofern keine hohle Phrase, als er die Notwendigkeit übernationaler Zusammenarbeit der Arbeiterorganisationen erkannte. Weiter ging er jedoch nicht, denn Leipart dachte deutlich in nationalen Kategorien. Wie viele Gewerkschaftskollegen sah er den Ersten Weltkrieg als gerechten Verteidigungskrieg an, in dem die organisierte Arbeiterschaft ihren Teil zum Sieg Deutschlands beitragen müßte. Der Tod seines einzigen Sohnes Ernst an der Westfront 1914, der ihn schwer traf, war für ihn ein »Opfer für das Vaterland«[4]. Die »Burgfriedenspolitik« der Gewerkschaften trug er an führender Stelle mit und trat wegen der heftigen Kritik daran auf dem ersten Verbandstag nach dem Krieg von seinem Posten als DHV-Vorsitzender zurück.

Der gewerkschaftliche Einsatz im »Ruhrkampf« 1923 war in Leiparts Augen wie die Burgfriedenspolitik Beleg für die nationale Gesinnung der deutschen Arbeiter und ihrer Organisationen. Die Arbeiterschaft, so Leipart, sei die tragende Stütze der Nation, und diese Stellung sollte von allen gesellschaftlichen Kräften anerkannt werden[5]. Ein Schritt in diese Richtung – ein Aufgeben des »Herrenstandpunkts« durch die Arbeitgeber – schien für ihn die Zusammenarbeit mit diesen in der Zentralen Arbeitsgemeinschaft und im Reichswirtschaftsrat zu sein[6]. Daß durch die Nazis das Gerede von den »vaterlandslosen Gesellen« wieder aufgenommen wurde, erfüllte ihn mit Empörung: Mit wenig Erfolg versuchte er 1932/33, Argumente gegen die Nazi-Propaganda zu stellen.

Der Organisator und Politiker

Theodor Leipart trat als junger Drechsler der SPD bei, sein kurzes Engagement in der Stuttgarter Parteiorganisation endete jedoch 1896, als er wegen einer Entscheidung in seiner gewerkschaftlichen Tätigkeit aus der SPD angegriffen wurde. Sein Augenmerk galt in erster Linie der sozialen Lage der Arbeiter, vordringlich für ihn waren kürzere Arbeitszeit, höherer Lohn, bessere Wohnverhältnisse. Der

Im DHV-Verbandshaus in Berlin:
Büro des Vorsitzenden (o);
Redaktion (m);
Büro der Hilfsarbeiter (u)

---

[4] Brief Th. Leipart an W. Keil, 8.1.1915, Nachlaß Keil, K.3, Mappe 11, AdsD; vgl. auch Notiz im Taschenalmanach Leiparts, Archiv des Geschichtsprojekts/GHK.
[5] Vgl. Th. Leipart, Die Kulturaufgaben der Gewerkschaften. Vortrag in der Aula der Bundesschule in Bernau am 14. Oktober 1932, Berlin 1932.
[6] Protokoll der Vorständekonferenz 3.12.1918, Quellen zur Geschichte der deutschen Gewerkschaftsbewegung im 20. Jhdt., Bd.1, S. 568ff.

Weg dahin führte über die Stärkung der gewerkschaftlichen Organisation, die dann – gestützt auf eine Massenbasis, eiserne Disziplin und gefüllte Streikkassen – die Unternehmer durch gezielte Streiks zu Entgegenkommen zwingen konnte. Deshalb war Leipart immer unter den ersten, die für den DHV eine Erhöhung der Beiträge forderten: Das »lächerlich kleine Opfer eines ausreichenden Verbandsbeitrages« schaffe doch die Möglichkeit, »mit der Macht der leistungsfähigen Organisation den siegesgewissen Kampf aufzunehmen und bis ans Ende auszufechten gegen diesen fluchwürdigen Zustand in der heutigen Welt«[7]. Auch der ADGB-Vorsitzende Leipart betrieb weiter den Ausbau der Organisation: Die Gründung der Arbeiterbank und der ADGB-Bundesschule in Bernau kann seiner Aktivität zugeschrieben werden.

In der Weimarer Republik sah Leipart schließlich die Gewerkschaften als einzige Kraft, die den Sozialismus durchsetzen konnte. Unter »Sozialismus« verstand er dabei keinen leuchtenden Zukunftsstaat, keine Diktatur des Proletariats. Die unter dem Schlagwort »Wirtschaftsdemokratie« veröffentlichten Pläne, die nach Leiparts Worten durch ihn angeregt worden waren[8], sahen vor, daß die Arbeiter auch an der wirtschaftlichen Macht teilhaben sollten. Dies sollte über eine paritätische Vertretung der Gewerkschaften in den Unternehmungsleitungen geschehen. Diese mehr an die Montan-Mitbestimmung von 1952 erinnernden Pläne betrachtete Leipart offensichtlich als Sozialismus-Entwurf[9].

Vom politischen Arm der Arbeiterbewegung erwartete Leipart Anfang der dreißiger Jahre nichts mehr; zur Stärkung beziehungsweise Erhaltung der gewerkschaftlichen Organisationen war er auch zu tiefen Schnitten in alte Strukturen bereit. Die Abkoppelung von der SPD und die Bemühungen um eine Einheitsgewerkschaft 1933 waren – so gesehen – frei von Opportunismus und lediglich konsequent. Ein Werben um die Gunst der Nazis hat es nie gegeben.

Die letzten Jahre

Nach seiner Haft 1933 lebte der alte Gewerkschaftsführer zurückgezogen mit seiner Frau Maria im Zehlendorfer Häuschen, dessen Garten für das Überleben wichtig wurde. Nach seiner Gewerkschaftspension hatten die Behörden nämlich auch die Invalidenrente (aus einem Unfall 1929) gestoppt, weil ihm konspirative Kontakte aus den Jahren 1933/34 nachzuweisen seien. Das Scheitern des Attentats vom 20. Juli 1944 und die Hinrichtung seines Freundes Wilhelm Leuschner, mit dem er zuvor mehrfach über die Gestalt von Gewerkschaften in einem neuen Deutschland beraten hatte, raubten ihm zeitweise den zuvor noch großen Lebensmut. Durch die Vermittlung seines früheren Sekretärs Hermann Schlimme erhielt Theodor Leipart 1946 noch einmal große Publizität. Er glaubte, daß die KPD aus früheren Fehlern gelernt habe, und trat so in ehrlicher Überzeugung für die Vereinigung der Arbeiterparteien zur SED und die Gründung des FDGB ein. Seinen Irrtum erkannte er erst kurz vor seinem Tod.

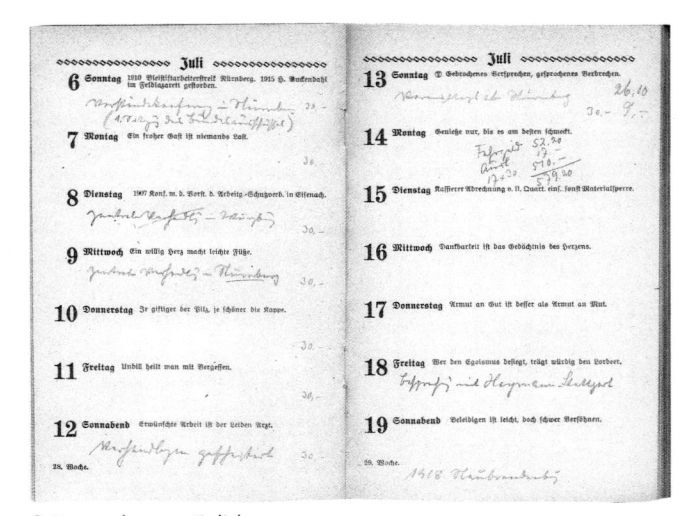

Seite aus dem persönlichen Almanach Theodor Leiparts (1919)

7
Th. Leipart, Höhere Beiträge, in: Holzarbeiter-Zeitung 4, Nr. 41, 11.10.1896.

8
Nachlaß Anton Erkelenz, Dok 26: »Unterredung mit Leipart, 2.3.34«, Bundesarchiv Koblenz.

9
Nachlaß A. Erkelenz, ebd.

KAPITEL II 1893–1918

DETLEV BRUNNER

Carl Legien

* 1. Dezember 1861 in Marienburg/ Westpreußen, als Sohn eines Steueraufsehers

1867–1875 Besuch der Schule des Waisenhauses in Thorn

1875–1880 Drechslerlehre in Thorn

1881, 1884–1886 Wanderschaft

1881–1884 Militärdienst

1885 Eintritt in die Sozialdemokratische Partei

1886 Eintritt in den Hamburger Fachverein der Drechsler

1887–März 1891 Vorsitzender der Vereinigung der Drechsler Deutschlands

Seit Herbst 1890 Vorsitzender der Generalkommission der Gewerkschaften Deutschlands

Seit Juni 1893 Mitglied des Reichstages (mit Unterbrechungen)

1903–1913 Sekretär der Internationalen Zentralstelle der gewerkschaftlichen Landeszentralen

1913–1919 Präsident des Internationalen Gewerkschaftsbundes

Seit 1919 Vorsitzender des Allgemeinen Deutschen Gewerkschaftsbundes

1919/20 Mitvorsitzender der Zentralarbeitsgemeinschaft

Juni–Dezember 1920 Stellvertretender Vorsitzender des Vorläufigen Reichswirtschaftsrates

† 26. Dezember 1920 in Berlin.

Carl Legien gilt als *der* Führer der sozialdemokratisch orientierten deutschen Gewerkschaftsbewegung. Als Legien im Dezember 1920 verstarb, rühmten ihn nicht nur Gewerkschaften und Sozialdemokratie in oft überschwenglichen Worten, auch Unternehmervertreter und bürgerliche Politiker schrieben ehrende Nachrufe. Theodor Leipart, enger Vertrauter und Nachfolger Legiens, stellte selbst bei den Kommunisten einen gewissen Respekt angesichts des Todes von Legien fest.

Jugendjahre, Wanderschaft und Militärzeit

Legien hatte keine glückliche Kindheit. Am 1. Dezember 1861 in Marienburg in Westpreußen geboren, lernte er die Geborgenheit eines geregelten Familienlebens nicht kennen. Schon früh verlor er die Eltern und wuchs, von seinen zahlreichen Geschwistern getrennt, seit seinem achten Lebensjahr im Waisenhaus in Thorn auf.

Nach Beendigung der Schulzeit lernte er fünf Jahre bei einem Drechslermeister. 1881 ging er als Geselle auf Wanderschaft. Im November desselben Jahres wurde er zum dreijährigen Militärdienst eingezogen. Paul Umbreit, Redakteur des »Correspondenzblattes«, und Emma Ihrer, zeitweilige Lebensgefährtin Legiens, verfaßten 1910 auf Legiens Militärzeit ein Scherzgedicht, in dem es hieß: »Die Disziplin, man merkt's noch heut', hat man Dir wacker eingebleut«[1]. So spaßhaft dies gemeint war, es barg einen wahren Kern. In der Tat war für Legien, wie in der Gewerkschaftsbewegung generell, die Disziplin grundlegendes Gebot.

Vom Drechslergesellen zum Gewerkschaftsführer

Nach seiner Entlassung vom Militär ging Legien erneut auf Wanderschaft. Als er 1886 nach Hamburg gelangte, trat er in den dort bestehenden lokalen Fachverein der Drechsler ein. Hier lernte er auch Leipart kennen, der Vorstandsmitglied des Fachvereins war. Bereits 1885 war er Mitglied der Sozialdemokratischen Partei geworden. Sozialdemokrat und Gewerkschafter zu sein war in jenen Jahren keineswegs ungefährlich. Noch herrschte das Sozialistengesetz, jener Ausdruck polizeistaatlicher Unterdrückung, die Legien und seine Generation von Gewerkschafts- und Parteifunktionären nachhaltig prägte.

Legiens Aufstieg in der Gewerkschaftsbewegung verlief rasant – wie häufig in jener Aufbauzeit. 1886 beteiligte er sich im Hamburger Fachverein zum ersten Mal an einer Diskussion. Im August 1887 wurde er auf dem Drechslerkongreß zum Vorsitzenden der neu gegründeten »Vereinigung der Drechsler Deutschlands« gewählt. Zunächst ehrenamtlich tätig, erhielt er ab 1889 700 Mark Jahresgehalt und mußte sich den Rest seines Einkommens in seinem erlernten Beruf hinzuverdienen. Als »Verbandsbüro« diente das Zimmer, das er als Schlafbursche gemietet hatte[2].

Vom Verbandsvorsitz zur Generalkommission

Im September 1890 lief das Sozialistengesetz aus. Nun konnte die sozialdemokratische Arbeiterbewegung wieder legal wirken. Doch nicht nur dies, sondern vor allem die schwere Streikniederlage der Hamburger Arbeiterschaft im Mai 1890 bot den Anlaß zu einer Konferenz der wichtigsten gewerkschaftlichen Funktionsträger (Verbandsvorsitzende, Vorsitzende von Gewerkschaftskartellen usw.) im November des Jahres in Berlin. Die Gewerkschaften waren zu der Einsicht gekommen, daß sie sich gegen die Unternehmer nur vereint erfolgreich zur Wehr setzen konnten. Die Konferenz gründete deshalb eine gewerkschaftliche Zentralinstanz – die Generalkommission der Gewerkschaften Deutschlands – mit Sitz in Hamburg (ab 1903 in Berlin). Sie sollte Koordinierungsaufgaben übernehmen und außerdem einen Vorschlag für die geeignetste Form gewerkschaftlicher Organisation ausarbeiten[3]. Als Vorsitzender des neuen Gremiums wurde der knapp 29jährige Carl Legien gewählt. Die Gründe für seine Wahl bleiben im dunkeln. Nach Leiparts Meinung hatte sich Legien durch seine Vorbereitungsarbeit, einen ausführlichen Statutenentwurf für die Zusammenarbeit der verschiedenen Holzarbeitergewerkschaften, profiliert[4]. Der erste allgemeine deutsche Gewerkschaftskongreß in Halberstadt 1892 bestätigte Legien in seinem Amt.

Carl Legien stand nun an der »Spitze der Bewegung«. Allerdings war seine Funktion vorerst nicht mit viel Macht verbunden. Die Generalkommission war in der Gewerkschaftsbewegung keineswegs allgemein anerkannt. Auch konnte Legien in den ersten Jahren über keinen »Apparat« verfügen. Bis Juli 1894 mußte er die anfallenden Arbeiten, Korrespondenzen, Verfassen von Flugblättern und Broschüren, Erstellen von Statistiken, Agitationsreisen usw. allein erledigen[5]. Daß sich die Generalkommission von jenem ungeliebten Kind der Anfangszeit zu der allgemein anerkannten Zentralinstanz entwickelte, ist zweifelsohne ein Verdienst des energischen und unermüdlichen Wirkens Legiens.

Legien und die Partei

Er mußte sich dabei vor allem auch mit der Sozialdemokratischen Partei auseinandersetzen. Legien vertrat auf dem SPD-Parteitag in Köln 1893 die Meinung, Partei und Gewerkschaften seien »fast gleich wichtig«. Der Parteivorsitzende

---

1
Th. Leipart: Carl Legien, Berlin 1929, S. 12.

2
Ebd., S. 18f.

3
Ausführlich dazu: K. Schönhoven: Expansion, a.a.O., S. 264ff.

4
Th. Leipart: Carl Legien, Berlin 1929, S. 26.

5
Rechenschaftsbericht der Generalkommission, in: Protokoll der Verhandlungen des 2. Kongresses der Gewerkschaften Deutschlands, abgehalten zu Berlin 4.–8. 5. 1896, S. 34.

KAPITEL II 1893–1918

Bebel prognostizierte dagegen ein absehbares Ende der Gewerkschaften. Erst im sogenannten »Mannheimer Abkommen« von 1906 erkannte die SPD die Gewerkschaften als gleichberechtigte Säule der Arbeiterbewegung an[6]. Legien war Gewerkschaftsführer und Politiker. Seit 1893 bis zu seinem Tode gehörte er mit fünfjähriger Unterbrechung dem Deutschen Reichstage an. Auch in die inneren Belange der SPD mischte er sich engagiert ein. In den Jahren des Ersten Weltkrieges bezog er deutlich Stellung für die mehrheitssozialdemokratische Richtung und trat mit Schärfe gegen die von ihm zutiefst abgelehnten »radikalen Phraseologen« auf.

Legien und die Nation

Legien war, wie die meisten Gewerkschaftsführer seiner Generation, trotz seines internationalen Engagements national gesinnt. Bei aller Kritik am preußisch-deutschen Obrigkeitsstaat war er bereit, »in der Stunde der Not« an der Seite des »Vaterlandes« zu stehen. So auch im Ersten Weltkrieg, den er, was die deutsche Seite betraf, als »Verteidigungskrieg« vor allem gegen Rußland bezeichnete – eine Version, die er auch in den Nachkriegsjahren durchweg vertrat. Legien wollte Reform, nicht Revolution, wollte nicht die Zerschlagung des Staates, sondern die Integration der Arbeiterschaft. Der Erste Weltkrieg bot die Chance, mit diesen Zielen ein Stück voranzukommen. Legien war bereit, mit Burgfriedenspolitik und Eingliederung der Gewerkschaften in eine »nationale Einheitsfront« diese Politik zu verfolgen, auch um den Preis schwerwiegender Konsequenzen für die deutsche und internationale Gewerkschaftsbewegung. Die Entfremdung der Gewerkschaftsspitze von der Arbeiterschaft an der Basis wurde im Verlauf des Ersten Weltkrieges immer deutlicher. Legien und die Generalkommission hielten auch dann an ihrer Politik fest, als sich besonders ab 1917 die Unzufriedenheit der Arbeiterschaft in Unruhen und »wilden«, gegen den Willen der Verbandsführungen durchgeführten Streiks entlud[7]. Noch während Legien im Herbst 1918 mit den Unternehmern über eine Arbeitsgemeinschaft verhandelte, war in Deutschland die Revolution losgebrochen.

Vor allem die Kriegspolitik und die von Legien mit eingefädelte Arbeitsgemeinschaft mit den Unternehmern brachten ihm die heftigsten Angriffe von den verschiedenen oppositionellen Flügeln in der Arbeiterbewegung ein. Die Berliner Verwaltungsstelle des Holzarbeiterverbandes forderte 1919 und 1920 sogar den Gewerkschaftsausschluß Legiens[8].

---

[6] K. Schönhoven: Die deutschen Gewerkschaften, Frankfurt/M. 1987, S. 67ff.

[7] Vgl. besonders H.-J. Bieber: Gewerkschaften in Krieg und Revolution. Arbeiterbewegung, Industrie, Staat und Militär in Deutschland 1914–1920, 2 Bde., Hamburg 1981, Bd.1, S. 416ff.

[8] Vgl. Vorstandsprotokolle des DHV v. 8.9.1919 (Bibliothek und Archiv der Gewerkschaftsbewegung Berlin, A34) und v. 3.6.1920 (ebd., A36).

Legien und die Unternehmer

Legien betonte 1900, zwischen Kapital und Arbeit bestehe eine »unüberbrückbare Kluft«. Dies bedeute jedoch nicht, daß »die Capitalisten und die Arbeiter als Menschen nicht Berührungspunkte finden könnten«[9].

Legien war an einer Verständigung mit den Unternehmern interessiert, an Gleichberechtigung mit ihnen, am Abschluß von Tarifverträgen. Trotz dieser moderaten Haltung lehnten gerade die Schwerindustriellen die Gewerkschaften strikt als Verhandlungspartner ab. Es muß für Legien und seine Kollegen eine Genugtuung gewesen sein, daß sich jene Kreise angesichts der revolutionären Situation im Herbst 1918 im Rahmen des sogenannten Stinnes-Legien-Abkommens nun endlich zu einer Anerkennung der Gewerkschaften durchrangen.

Legien und der Kapp-Putsch

Trotz aller politischen Angriffe wurde Legien im Jahre seines Todes noch einmal zur Galionsfigur der deutschen Arbeiterbewegung. Im Kampf gegen den Kapp-Putsch im März 1920 sei er, so das Korrespondenzblatt, »die Seele des Widerstandes gegen die Usurpatoren, der Leiter des Generalstreiks« gewesen[10]. In der Tat bewies Legien in jenen Tagen starke integrative Fähigkeiten innerhalb der Arbeiterbewegung und wurde von breiten Kreisen der unterschiedlichen Arbeiterorganisationen als Führungspersönlichkeit anerkannt. Über Erfolge und Mißerfolge Legiens und der Gewerkschaften in diesem Zusammenhang soll hier nicht debattiert werden. Legien war zeitweilig auch als Reichskanzler in einer wie auch immer gearteten »Arbeiterregierung« im Gespräch. An die Übernahme eines solchen Amtes hat Legien selbst wohl nie gedacht. Sein äußerst kritischer Gesundheitszustand dürfte dabei eine Rolle, aber sicher nicht die ausschlaggebende, gespielt haben.

Der Mensch Legien und die Gewerkschaftsbewegung

Legien war 1920 ein schwerkranker Mann. Ungeachtet dessen versuchte er, pflichtbewußt seinen Aufgaben nachzugehen. Mit Bedauern schrieb er am 8. Dezember, nur wenige Tage, bevor er an Magenkrebs verstarb, an Leipart: »Möglicherweise muß ich, zum ersten Male, die Sitzung des Bundesausschusses versäumen.«[11] Legien war mit der Gewerkschaftsbewegung »verheiratet«. Auf die Frage, was die Gewerkschaftsbewegung ohne Legien wäre, antwortete er: »Die Gewerkschaftsbewegung wäre, was sie ist, auch ohne mich. Aber was wäre ich ohne die Gewerkschaftsbewegung?«[12]

Die Bewegung als Ersatz für private Beziehungen? Legien war Junggeselle. Von seinem Freund Leipart ist überliefert, daß er, abgesehen von dem mehrere Jahre dauernden Zusammenleben mit Emma Ihrer, große Probleme im Verhältnis zu Frauen gehabt habe. Seine Sehnsüchte nach Geborgenheit, »nach einem Heim und einer liebenden Seele« blieben unerfüllt[13].

Legien sei verschlossen, ernst, zurückhaltend und oft sogar abstoßend gewesen. Leipart erklärte dies mit seiner harten Kindheit. Beim Alkohol, dem Legien ausgiebig zusprach, habe er jedoch auch witzig und humorvoll sein können. Legien selbst begründete seine Vorliebe für Alkohol so: »Seit ich mir im Jahre 1886 in Hamburg mit dem Wasser den Typhus in den Bauch getrunken hatte, wobei ich nur knapp mit dem Leben davonkam, habe ich dem Wasser zum innerlichen Gebrauch entsagt und diese Entsagung immer und überall durchgeführt« – auch auf seiner USA-Reise 1912, bei der er durch Staaten fuhr, in denen Alkohol verboten war[14].

Legien war ein Mann des Dachverbandes, der Generalkommission und später des ADGB. Als Vertreter der Berufsverbandsidee stand er der Verschmelzung der Drechsler, Tischler, Bürstenmacher und Stellmacher zum Holzarbeiterverband 1893 skeptisch gegenüber. Mit diesem Industrieverband sei er, so Leipart, nie recht warm geworden[15].

---

9 C. Legien: Die deutsche Gewerkschaftsbewegung, Vortrag v. 17. 5. 1900, Berlin 1901, S. 8.
10 Korrespondenzblatt, Nr. 1, 1.1.1921, S. 3.
11 Th. Leipart: Carl Legien, Berlin 1929, S. 157.

12 Ebd., S. 81.
13 Ebd., S. 76f.
14 Ebd., S. 78f.
15 Ebd., S. 20.

HERMANN RÖSCH

Arbeit, Einheit, Stärke, Schutz: Der Zentralverband Christlicher Holzarbeiter Deutschlands

Im Laufe der neunziger Jahre des 19. Jahrhunderts entstanden neben den sozialdemokratischen und liberalen Gewerkschaften als dritte Gruppierung die christlichen Gewerkschaften[1]. Die Vorreiterrolle hatten Dortmunder Bergleute eingenommen und im Herbst 1894 den »Gewerkverein christlicher Bergarbeiter« gegründet. Weitere Gründungen auf lokaler und regionaler Ebene folgten. Bereits im Mai 1899 wurde auf dem ersten Kongreß der Christlichen Gewerkschaften in Mainz die Gründung des Dachverbandes in die Wege geleitet, obwohl sich erst wenige funktionierende Einzelgewerkschaften gebildet hatten. Die Konstituierung des Gesamtverbandes der Christlichen Gewerkschaften allerdings beschleunigte die Entstehung weiterer zugehöriger Zentralverbände.

Als erste reagierten 1899 die Holzarbeiter. Noch während des Mainzer Kongresses berieten die zwölf dort anwesenden Holzarbeiter, darunter Adam Stegerwald und Heinrich Kurtscheid, über die Schaffung einer eigenen christlich orientierten Gewerkschaft. Bis dahin existierten zwei überregionale Holzarbeiterorganisationen, zu denen man in Konkurrenz zu treten gedachte. Der Deutsche Holzarbeiter-Verband (DHV) war 1893 gegründet worden und zählte zum Lager der Freien Gewerkschaften. Die Vorsitzenden Karl Kloß und Theodor Leipart konnten 1899 bereits mehr als 67 000 Mitglieder verzeichnen. Kaum von Bedeutung, wenngleich bereits 1868 entstanden, war der Hirsch-Dunckersche »Gewerkverein der Deutschen Tischler (Schreiner) und verwandten Berufsgenossen«, der ab 1908 unter der Bezeichnung »Gewerkverein der Holzarbeiter Deutschlands« firmierte. Diese liberale Gewerkschaft, über Jahrzehnte hinweg unter der Leitung von Mathias Schumacher stehend, verfügte 1899 über 6431 Mitglieder.

Die christlich orientierten Holzarbeiter konnten sich von keiner der bestehenden Richtungsgewerkschaften angesprochen fühlen. In dieses Vakuum stieß nun der »Christliche Holzarbeiterverband in Deutschland«, der zum 1. Juli 1899 aus der Taufe gehoben wurde. Mit sieben Zahlstellen und ca. 500 Mitgliedern waren die Anfänge überaus bescheiden[2]. Der Schwerpunkt der Organisation lag zunächst im süddeutschen Raum, zumal von dort auch die Gründung initiiert worden war. Zwar hatte bereits von 1873 bis Ende der siebziger Jahre in Essen ein »Verein rheinisch-westfälischer Metall-, Stein- und Holzarbeiter« bestanden und auf christlicher Grundlage gewerkschaftliche Interessen zu verfolgen gesucht, doch sind die unmittelbaren organisatorischen Vorläufer des »Christlichen Holzarbeiterverbandes« in München zu suchen. Dort war im November 1895 der Verein »Arbeiterschutz« ins Leben gerufen worden, der als allgemeiner christlicher Arbeiterverband darum bemüht war, unabhängig von den katholischen Arbeitervereinen für die Rechte der Arbeiter einzutreten. Bald war die Zahl der Mitglieder groß genug, um eine Aufteilung in Fachsektionen vornehmen zu können. Am 4. April 1897 wurde die »Sektion der Schreiner und verwandten Berufsgenossen des Vereins Arbeiterschutz« in München gegründet. Zu den 75 Gründungsmitgliedern gehörte der Schreiner Adam Stegerwald, der schon im September 1897 dafür warb, den lokalen Charakter zu überwinden und eine Zentralorganisation christlicher Holzarbeiter anzustreben. Die Münchner Sektion erarbeitete einen Statutenentwurf, der zur Grundlage der Beratungen auf dem Mainzer Kongreß 1899 wurde. Die Sektion der Schreiner, nun zur Münchner Zahlstelle des neuen Verbandes gewandelt, brachte mit 250 etwa die Hälfte der Mitglieder in den Christlichen Holzarbeiterverband ein. Stegerwald wurde zum Vorsitzenden gewählt und München zum Sitz der Organisation bestimmt.

Programmatisch orientierte sich der Christliche Holzarbeiterverband ganz an den »Mainzer Leitsätzen«, die der Kongreß der Christlichen Gewerkschaften 1899 beschlossen hatte. Interkonfessionalität und parteipolitische Neutralität waren darin zur Grundlage zukünftiger Arbeit gemacht worden. Realiter ging es darum, eine Fremdbestimmung durch die Katholische Kirche und das Zentrum zu vermeiden; denn tatsächlich setzte sich die Mitgliedschaft der christlichen Gewerkschaften immer zum weitaus überwiegenden Teil aus katholischen Arbeitern zusammen. Die teilweise recht massiven Auseinandersetzungen um die Autonomie der Christlichen Gewerkschaften von der Katholischen Kirche zogen sich – bekannt als »Gewerkschaftsstreit« – bis zum Ausbruch des Ersten Weltkrieges hin. Das Bemühen um parteipolitische Neutralität bezog sich nur auf das bürgerliche Lager; die Bekämpfung der Sozialdemokratie und der Freien Gewerkschaften galt dagegen als zentrale Aufgabe[3]. Deren religionsfeindliche, materialistische und klassenkämpferische Ausrichtung wurde entschieden verworfen. So begründete Heinrich Kurtscheid die Notwendigkeit eines Christlichen Holzarbeiterverbandes nicht nur mit »verbesserungsbedürftigen Lohn- und Arbeitsver-

---

[1] Vgl. dazu und zum folgenden Michael Schneider: Die Christlichen Gewerkschaften 1894–1933. Bonn 1982, sowie ders.: Kleine Geschichte der Gewerkschaften. Ihre Entwicklung in Deutschland von den Anfängen bis heute. Bonn 1989.

[2] Vgl. dazu und zum folgenden auch Leo Götte: Der Zentralverband christlicher Holzarbeiter. Eine gewerkschaftliche Studie. Diss. Freiburg 1922, S. 38ff.

[3] So äußerte sich z. B. Carl Jansen, der Chefredakteur des »(Deutschen) Holzarbeiter«, folgendermaßen: »Mit parteipolitischen Fragen beschäftigt sich unsere Verbandszeitung absolut nicht. Die einzelnen Parteien erhalten wegen ihrer Parteigrundsätze weder eine Kritik noch ein Lob. (...) Gegenüber der Sozialdemokratie kennen wir natürlich keine Neutralität.« Vgl. Der Zentralverband christlicher Holzarbeiter Deutschlands in den Jahren 1912/13, Köln 1914, S. 221.

ZENTRALVERBAND CHRISTLICHER HOLZARBEITER

Bürohaus der Christlichen Gewerkschaften in Köln

hältnissen«, sondern auch wesentlich mit dem Widerstand gegen »die religions- und vaterlandsfeindlichen Bestrebungen der sozialdemokratischen Verbände«[4].

In der Satzung des Christlichen Holzarbeiterverbandes wurde neben der »geistigen und gewerblichen Ausbildung seiner Mitglieder« die »Verbesserung ihrer materiellen Lage auf christlicher und gesetzlicher Grundlage« als »Zweck des Verbandes« definiert[5]. Im Gegensatz zu den Freien Gewerkschaften verfolgten die christlichen Holzarbeiter damit einen systemkonformen und sozialpartnerschaftlichen Ansatz. Oberstes Ziel war die Herbeiführung eines friedlichen Ausgleichs der Gegensätze zwischen Arbeitern und Arbeitgebern. Von »versöhnlichem Geist durchweht«, sollten die Forderungen »maßvoll sein, aber fest und entschieden vertreten werden«[6]. Der Streik wurde zwar nicht abgelehnt, durfte jedoch nur das letzte Mittel der Auseinandersetzung sein. In dieser Haltung lag auch ein wesentlicher Grund dafür, daß der Christliche Holzarbeiterverband zeit seines Bestehens und zu Anfang auch noch gegen den Widerstand der Arbeitgeber für den Abschluß von Tarifverträgen eintrat. Frühzeitig wurde darin ein wichtiges Instrument zur Verrechtlichung der Arbeitsbeziehungen gesehen, das die Chancen friedlicher und konsensualer Regelungen erhöhte.

Der Kampf um Lohnerhöhungen und Arbeitszeitverkürzungen galt den christlichen Gewerkschaften als »Werk wahrer Nächstenliebe«, wodurch den »wilden und schädlichen Auswüchsen des Konkurrenzkampfes« entgegengetreten werde[7]. Ziel gewerkschaftlicher Arbeit ist damit die soziale Korrektur und die Integration der Arbeiterschaft in das bestehende politische System. Dann erst können »aus gedrückten Arbeitern und Staatsbürgern (…) wieder freie Menschen, wertvolle Glieder der Gesellschaft und wertvolle Kräfte für die Volkswirthschaft (werden), die zwar ihre Rechte fordern, die sich aber auch ihrer Pflichten und Verantwortung bewußt sind«[8].

Dieser Aufgabenstellung dienten zwei weitere in den Statuten des Christlichen Holzarbeiterverbandes festgelegte Tätigkeitsfelder: die Bildungsarbeit und der Bereich der gewerkschaftlichen Sozialleistungen[9]. Auf den Mitgliederversammlungen der Zahlstellen wurden – oft mit Unterstützung des Volksvereins für das katholische Deutschland – Vorträge gehalten über christliche und materialistische Weltanschauung, Gewerkschaftsbewegung als Kulturbewegung, Sozialgesetzgebung, Genossenschaftswesen oder Arbeitgeberverbände. Es wurden aber auch Themen behandelt wie soziale Entwicklung im alten Griechenland oder die Römer in Bayern. Die gewerkschaftlichen Sozialleistungen erstreckten sich auf finanzielle Unterstützung bei Streiks und Aussperrungen, Reise- und Umzugsunterstüt-

---

4
Heinrich Kurtscheid: Fünfzehn Jahre Zentralverband christlicher Holzarbeiter Deutschlands. Köln 1914, S.13.
5
Ebd., S.15.
6
Ebd., S.11.

7
Vgl. ebd., S.39f.
8
Ebd., S.40.
9
Vgl. dazu Statuten des christlichen Holzarbeiterverbandes in Deutschland. München 1899.

zung, Arbeitslosen- und Krankenunterstützung sowie Sterbegeld und Rechtsschutz.

Zum Organisationsbereich des Christlichen Holzarbeiterverbandes gehörten alle im Holz- und Schnitzstoffgewerbe beschäftigten Arbeitnehmer. Im einzelnen waren dies folgende Berufsgruppen: Tischler, Drechsler, Bürstenmacher, Holzbildhauer, Modelltischler, Vergolder, Polierer, Küfer, Korkschneider, Stellmacher, Korbmacher, Glaser, Säger, Maschinenarbeiter, Kammacher, Instrumentenmacher, Knopfarbeiter, Polsterer und Tapezierer sowie alle in der Holzbranche und verwandten Berufen beschäftigten Arbeiter und Arbeiterinnen. Den weitaus größten Anteil unter den organisierten christlichen Holzarbeitern hatten die Tischler. 1908 waren im Gesamtverband mit 6666 von 11258 Mitgliedern 59,2 Prozent Tischler. An zweiter Stelle folgten die Bürsten- und Pinselmacher mit 675 Mitgliedern und einem Anteil von 6 Prozent.

Aus den Reihen der Holzarbeiter sind in der deutschen Arbeiterbewegung immer wieder führende Persönlichkeiten hervorgegangen wie August Bebel, Robert Schmidt oder Gustav Noske.

Vorsitzende sowohl der freien wie auch der christlichen Holzarbeitergewerkschaften sollten im Laufe ihrer politischen Karriere weitere wichtige Aufgaben übernehmen. Theodor Leipart amtierte von 1908 bis 1919 als Vorsitzender des Deutschen Holzarbeiter-Verbandes und übernahm später den Vorsitz des Allgemeinen Deutschen Gewerkschaftsbundes. Gründungsvorsitzender des Christlichen Holzarbeiterverbandes war der Schreiner Adam Stegerwald. Er hatte dieses Amt von Juli 1899 bis Mai 1902 inne. Zu diesem Zeitpunkt wurde ihm die Funktion des Generalsekretärs beim Gesamtverband der christlichen Gewerkschaften übertragen[10]. Mit Stegerwald und Leipart an der Spitze der Dachverbände von christlichen und freien Gewerkschaften standen sich also zeitweilig die ehemaligen Vorsitzenden der zugehörigen Holzarbeitergewerkschaften gegenüber.

Zunächst setzte Stegerwald seine Kraft voll für den organisatorischen Aufbau des Christlichen Holzarbeiterverbandes ein. Zählte der Verband Ende 1899 erst 750 Mitglieder und 11 Zahlstellen, so waren es Ende 1902 bereits 3403 Mitglieder und 93 Zahlstellen. Im Oktober 1899 konnte die erste Probenummer des Verbandsorgans »Der Deutsche Holzarbeiter« präsentiert werden. Wenig später erschien die Zeitung bereits im wöchentlichen Rhythmus.

Kurz nachdem Heinrich Kurtscheid zum neuen Vorsitzenden gewählt worden war, wurde der Sitz des Christlichen Holzarbeiterverbandes 1903 von München nach Köln verlegt. Dieser Umzug folgte einer tatsächlichen Schwerpunktverlagerung. Wie die christliche Gewerkschaftsbewegung insgesamt faßte auch die zugehörige Holzarbeitergewerkschaft überall dort Fuß, wo innerhalb eines geschlossenen konfessionellen, d. h. in erster Linie katholischen Milieus ein ausgeprägtes Vereinsleben existierte[11]. Zur Domäne auch des Christlichen Holzarbeiterverbandes wurden daher die preußischen Provinzen Rheinland und Westfalen. 1903 kamen von 4313 Mitgliedern allein 1380 (32 Prozent) aus dem Regierungsbezirk Düsseldorf. Demgegenüber wurden in ganz Bayern nur 505 Mitglieder (11,7 Prozent) gezählt. Starke Zahlstellen bestanden außerdem in Münster (405 = 9,4 Prozent), Köln (378 = 8,8 Prozent) und Arnsberg (309 = 7,2 Prozent)[12]. So schwach der Christliche Holzarbeiterverband im übrigen Reich war, im Rheinland und in Westfalen war er eindeutig »Mehrheitsverband« und konnte die Konkurrenz vom Deutschen Holzarbeiter-Verband an vielen Orten auf den zweiten Rang verweisen.

Bis zum Ausbruch des Ersten Weltkrieges nahm der Christliche Holzarbeiterverband (ab 1906 umbenannt in »Zentralverband Christlicher Holzarbeiter Deutschlands«), von geringen Schwankungen abgesehen, einen stetigen Aufschwung. 1904 konnte das 5000ste, 1906 bereits das 10000ste Mitglied begrüßt werden. Die konjunkturelle Flaute der Jahre 1907-1909 ließ die Zahl der Mitglieder bei etwa 11000 stagnieren. Der Höchststand, vor dem kriegsbedingten Einbruch, wurde mit 17669 im Jahr 1913 verzeichnet. Der »Deutsche Holzarbeiter-Verband« vertrat zu diesem Zeitpunkt mit 193075 Holzarbeitern mehr als das Zehnfache, wohingegen der »Gewerkverein der Holzarbeiter« nur 5310 Mitglieder hatte.

Die Relation von 1:10-11 zwischen Zentralverband und DHV hatte auch in der Weimarer Republik Bestand. 1920, zur Blütezeit der deutschen Gewerkschaftsbewegung standen den 370840 Mitgliedern des DHV auf seiten des Zentralverbandes 36512 und des Gewerkvereins 9124 Mitglieder gegenüber. Den Mitgliederrekord verzeichnete der Zentralverband im Jahre 1922 mit 45261. Durch Wirtschaftskrise und Inflation sank die Zahl bis 1926 auf 23215. Nach einem leichten Anstieg auf 27810 im folgenden Jahr gab es bis zum Ende der legalen Gewerkschaftsbewegung 1933 keine wesentlichen Veränderungen mehr. Organisatorisch gelang es vor dem Ersten Weltkrieg trotz der Dominanz des rheinischen und westfälischen Bereichs, im ganzen Reich insgesamt zehn Bezirkssekretariate mit einem Gewerkschaftsbeamten einzurichten. Auch konnten einige größere Zahlstellen hauptamtliche Sekretäre einstellen. Von den 13 Zahlstellensekretariaten, die 1913 bestanden, befanden sich allein sieben im Gebiet des Bezirkssekretariats Düsseldorf. Zusammen mit den vier hauptamtlichen Kräften des Zentralvorstands standen 1913 27 Gewerkschaftsbeamte in Diensten des Zentralverbands Christlicher Holzarbeiter.

Einen interessanten Vergleich bieten die Zahlen des Jahres 1907. Nach der amtlichen Berufsstatistik ist die Zahl der

---

10
Vgl. dazu den Beitrag von Josef Deutz über Stegerwald in diesem Band.

11
Michael Schneider: Die christlichen Gewerkschaften, S.113.

12
Walter Troeltsch, Paul Hirschfeld: Die deutschen sozialdemokratischen Gewerkschaften. 2. Aufl. Berlin 1907, S. 86f.

organisationsfähigen Holzarbeiter (über 16 Jahre) für dieses Jahr mit 547 000 anzugeben, darunter 40 000 Frauen[13]. Davon waren organisiert im Deutschen Holzarbeiter-Verband 147 492 (27 Prozent), im Zentralverband Christlicher Holzarbeiter 11 258 (2,1 Prozent) und im Gewerkverein der Holzarbeiter 5805 (1,1 Prozent). Während also mehr als ein Viertel der Holzarbeiter dem freigewerkschaftlichen DHV angehörte, konnten die christliche und die liberale Gewerkschaft zusammen nur 3,2 Prozent vereinen. Leider lassen sich diese Zahlen nicht regional aufschlüsseln. Daher mögen zur Veranschaulichung der regionalen Besonderheiten einige Daten aus späteren Jahren dienen. 1911 waren in der westfälischen Bau- und Möbelindustrie 3342 Holzarbeiter beschäftigt[14]. Davon waren 1624 (48,6 Prozent) im Zentralverband, 942 (28,2 Prozent) im DHV und 30 (0,9 Prozent) im Gewerkverein organisiert. Nur 22 Prozent der Holzarbeiter waren nicht organisiert. Wenngleich diese Zahlen nicht repräsentativ für die gesamte Holzindustrie der Region sind, so sind sie doch aussagekräftig genug, um die Vormachtstellung des Zentralverbandes eindrucksvoll zu demonstrieren. Daran änderte sich auch in der Weimarer Republik wenig, wie aus den Organisationsdaten des August 1919 zu ersehen ist[15]. Im Lohngebiet Aachen-Mönchengladbach-Cleve war der Zentralverband mit 850 gegenüber 300 DHV-Mitgliedern fast dreifach überlegen. Der Hirsch-Dunckersche Gewerkverein war gar nicht vertreten. Im rheinisch-westfälischen Lohngebiet (Duisburg, Dortmund, Bochum, Hagen) stand der Zentralverband mit 2238 Mitgliedern gegenüber 2046 des DHV und 60 des Gewerkvereins ebenfalls an der Spitze. Im Sauer- und Siegerland sticht die relative Stärke des Hirsch-Dunckerschen Gewerkvereins hervor. Seinen 580 Mitgliedern standen hier 701 christlich und 252 freigewerkschaftlich organisierte Holzarbeiter gegenüber. Im westfälisch-lippischen Lohngebiet schließlich zählte der Zentralverband 2395 Mitglieder, der DHV 1643.

Für alle Holzarbeitergewerkschaften gilt, daß der Anteil der organisierten Arbeiterinnen gering war. Das lag zum einen daran, daß in der Holzindustrie die traditionellen Männerberufe vorherrschten. Lediglich in der Stock- und Schirmproduktion, der Spielwarenherstellung und der Bürsten- und Pinselindustrie waren bis zu 38 Prozent der Beschäftigten Frauen[16]. In der gesamten Holzindustrie lag ihr Anteil meist nur zwischen acht und zehn Prozent. Zusätzlich waren die Frauen im Zentralverband Christlicher Holzarbeiter deutlich unterrepräsentiert. Dort waren 1913 mit 226 nur 1,3 Prozent und 1919 mit 2024 immer noch nur 5,9 Prozent Frauen organisiert. Der Deutsche Holzarbeiter-Verband konnte demgegenüber 3,7 Prozent (1913) beziehungsweise 11,6 Prozent (1919) aufweisen[17]. Das schlechte Ergebnis des Zentralverbandes dürfte auch mit der kritischen Haltung zusammenhängen, die die Christlichen Gewerkschaften grundsätzlich gegenüber der Frauenerwerbsarbeit einnahmen. Der Zentralverband hatte auch erst im Jahr 1906 Frauen die Mitgliedschaft in der Organisation zugestanden.

Bemerkenswert an der organisatorischen Entwicklung des Zentralverbands Christlicher Holzarbeiter ist die hohe Mitgliederfluktuation. In den Rechenschaftsberichten sowohl der Verbandszentrale wie auch einzelner Zahlstellen finden sich ausnahmslos Klagen über dieses Phänomen. So kam es z. B. im Laufe des Jahres 1909 zu einer Steigerung der Mitgliederzahlen um 443 von 10 869 auf 11 312. Dem standen aber 4447 Neuaufnahmen gegenüber, so daß im gleichen Zeitraum 4004 Mitglieder den Verband verlassen haben mußten[18]. Dafür wurden vielfältige Gründe angeführt wie natürlicher Abgang durch Tod, Berufswechsel oder Militärdienst. Die wirkliche Ursache dürfte jedoch in der organisatorischen Schwäche des Verbandes liegen. Aufgrund des mangelhaft ausgebauten Vertrauensmännersystems und unregelmäßiger Kassierung mußten zu viele Mitglieder, die zu Quartalsende ihren Beitrag nicht von sich aus entrichteten, einfach gestrichen werden. Die Dauer der Verbandszugehörigkeit war daher relativ niedrig. So gehörten Ende 1909 von den 11 312 Mitgliedern 3412 (30,2 Prozent) dem Zentralverband weniger als ein Jahr an, 5793 (51,2 Prozent) 1–5 Jahre, und nur 2107 (18,6 Prozent) waren seit sechs und mehr Jahren Mitglied der Organisation.

In der Programmatik des Zentralverbandes Christlicher Holzarbeiter war der Streik, wenngleich als letztes, so doch als legitimes Mittel des Arbeitskampfes anerkannt worden.

Reichsjugendtreffen der christlichen Gewerkschaften in Köln

13
Die Holzindustrie in der amtlichen Berufs- und Betriebszählung von 1907. Berlin 1911, S. 30.
14
Leo Götte: Der Zentralverband a.a.O., S. 238f.
15
Ebd., S. 524f.

16
Ebd., S. 57.
17
Vgl. Michael Schneider: Die Christlichen Gewerkschaften, S. 376f.
18
Vgl. Der Zentralverband christlicher Holzarbeiter in den Jahren 1908/09. Köln 1910, S. 7f.

Zwar übte der Verband in Arbeitskämpfen insgesamt größere Zurückhaltung, was mit seinem sozialpartnerschaftlichen Ansatz einerseits und seiner organisatorischen Unterlegenheit andererseits zusammenhing, doch blieb es hinsichtlich der Streikbereitschaft im Ernstfall nicht bei Lippenbekenntnissen. Bereits 1902 war der junge Verband in die ersten Streiks und Aussperrungen verwickelt. 209 Verbandsmitglieder waren im genannten Jahr an acht Streiks und Aussperrungen beteiligt. Der fünfwöchige Streik im badischen Bühlerthal, den Heinrich Kurtscheid als Streikführer »vor Ort« leitete, hätte den Verband beinahe in den finanziellen Ruin getrieben. Der Streik von 99 Sägern kostete 6000 Mark und endete dennoch als Mißerfolg. Die Zahlstelle Bühlerthal war im Juli 1901 gegründet worden. Bei Ausbruch des Streiks im April 1902 waren von 181 Beschäftigten bereits 112 Mitglied im Christlichen Holzarbeiterverband, so daß die organisatorischen Voraussetzungen günstig erschienen. Gefordert wurde eine Arbeitszeitverkürzung von 14 auf 12 Stunden pro Tag und ein täglicher Mindestlohn von 1,80 Mark. Nach fünf Wochen aber waren die finanziellen Reserven des Verbandes bereits so weit angegriffen, daß ein Vergleich akzeptiert werden mußte, in dem die Unternehmer nicht mehr zugestanden als die Anerkennung des Verbandes und die strikte Einhaltung von Arbeitspausen. Stegerwald versuchte zwar nach eigenem Bekenntnis, »aus dem Mißerfolg mit allen Spitzfindigkeiten und allen Regeln der Kunst einen Erfolg herauszukonstruieren«[19], konnte jedoch nicht verhindern, daß sich die Bühlerthaler Holzarbeiter enttäuscht aus dem Verband zurückzogen. Wenige Zeit nach diesem Desaster mußte die Zahlstelle Bühlerthal aufgelöst werden.

Andere Arbeitskämpfe verliefen jedoch erfolgreicher. Beim sechswöchigen Streik der Posener Möbeltischler gelang es dem Christlichen Holzarbeiterverband, erstmals einen Tarifvertrag auszuhandeln, der sich aus mehr als 200 Einzelregelungen zusammensetzte. Ein weiterer Erfolg konnte 1907 im pfälzischen Ramberg verbucht werden. Nach 14wöchigem Streik in der dortigen Bürstenindustrie war von den Unternehmern eine zehnstündige Arbeitszeit und ein Stundenlohn von 0,30 Mark zugesichert worden. Da die Arbeitgeber den Vertrag nicht einhielten, gründeten die Arbeiter mit Unterstützung des Zentralverbandes eine genossenschaftliche Bürstenfabrik, die sich fest am Markt etablieren konnte.

Der Höhepunkt der Streikbeteiligungen des Zentralverbands Christlicher Holzarbeiter in der Vorkriegsphase war 1906 erreicht[20]. 1727 Mitglieder waren an 84 Streiks und Aussperrungen beteiligt. Von weiteren 140 Lohnbewegungen waren 4682 Mitglieder betroffen; 92 Tarifverträge konnten unter Mitwirkung des Zentralverbandes abgeschlossen werden.

Wichtige Bedeutung für das Verhalten in Arbeitskämpfen und Lohnbewegungen hatte die Frage, welche Stellung der Zentralverband Christlicher Holzarbeiter gegenüber dem Deutschen Holzarbeiter-Verband einnahm. Man wollte sich ungeachtet der »prinzipiellen Gegensätze zwischen den christlichen und den sozialdemokratischen Gewerkschaften« die Möglichkeit offen halten, »daß beide Richtungen dort, wo es sich um die Lösung rein gewerkschaftlicher Aufgaben handelt, gemeinsam vorgehen können«[21]. Im übrigen sollte die Unvereinbarkeit der Weltanschauungen deutlich herausgestrichen werden. Ständiger Zankapfel war zum Beispiel die Frage der Arbeitsniederlegung und feierlichen Demonstration am 1. Mai. Lakonisch wurde vom Zentralverband dazu festgelegt: »Der 1. Mai ist ein Tag wie jeder andere und auch als solcher zu behandeln.«[22] Neben der christlichen Grundhaltung war es vor allem die nationale Gesinnung der Christlichen Gewerkschaften, die eine weitere Kooperation mit den Freien Gewerkschaften erschwerte. So zollten zum Beispiel die Delegierten des Zentralverbandes beim 7. Verbandstag 1912 zur Eröffnung »dem sozialen Landesvater den schuldigen Tribut« mit dem Ruf: »Seine Majestät der Kaiser lebe hoch!« und stimmten das Lied »Heil dir im Siegerkranz!« an[23].

In den rein gewerkschaftlichen Belangen gab es zahlreiche Formen gemeinsamen Vorgehens, doch mangelte es nie an Hakeleien, bisweilen gar erbitterten Auseinandersetzungen. Da beklagten die christlichen Holzarbeiter in München, daß »einem Mitgliede unseres Verbandes von den Gegnern Menschenkot in die Taschen gefüllt« wurde[24]. Die Kollegen der Kölner Zentrale gar gewannen den Eindruck, »als ob der sozialdemokratische Holzarbeiterverband die vertiertesten Elemente auf den Cölner Kampfplatz geworfen hätte«[25].

Zur entscheidenden Auseinandersetzung aber kam es aus Anlaß des Schreinerstreiks in Köln 1905. Die Bedeutung dieses als »Kölner Prinzipienkampf« bekanntgewordenen Konflikts war konstitutiv für das Verhältnis von christlicher und freier Gewerkschaftsbewegung insgesamt. Bereits in den Jahren zuvor war es in der Kölner Holzindustrie zu Arbeitsniederlegungen gekommen, ohne daß eine Abstimmung mit dem christlichen Verband stattgefunden hatte. Auch hatte der Deutsche Holzarbeiter-Verband die Verhandlungen mit den Arbeitgebern gezielt ohne Beteiligung

---

19
Zitiert nach Leo Götte: Der Zentralverband, a.a.O., S. 130.
20
Vgl. Jahrbuch der christlichen Gewerkschaften. 1. Jg. 1908, S. 125.

21
Sozialdemokratische Streiktaktik... Hrsg. vom Christlichen Holzarbeiterverband. Köln 1905, S. 5.

22
Der Zentralverband christlicher Holzarbeiter in den Jahren 1910/11. Köln 1912, S. 127.
23
Ebd., S. 162.
24
Zentralverband christlicher Holzarbeiter Deutschlands. Rechenschaftsbericht der Zahlstelle München für das Jahr 1912. München 1913, S. 8.
25
Zentralverband christlicher Holzarbeiter Deutschlands. Tätigkeitsbericht der Zahlstelle Cöln für das Jahr 1909. Köln 1910, S. 9.

des Christlichen Holzarbeiterverbandes geführt. Die 1700 Zahlstellen-Mitglieder des DHV hatten im Sommer 1905 auf einer Vollversammlung einstimmig für Streik votiert und am 21. August 1905 mit der Arbeitsniederlegung begonnen. Der christliche Verband hatte eine Mitgliederversammlung einberufen, auf der 588 der 600 erschienenen Kollegen sich gegen Streik aussprachen. Daß der DHV den Streik dennoch ausrief, wurde als typisch freigewerkschaftlicher »Terrorismus« gebrandmarkt. Der Christliche Holzarbeiterverband rief daher dazu auf, die Arbeit fortzusetzen und organisierte den Zuzug auswärtiger Holzarbeiter in das Streikgebiet. Der Streik brach daraufhin nach mehrwöchiger Dauer zusammen. Diese Konfrontation hatte zu großer Verbitterung und zahlreichen Handgreiflichkeiten geführt. Wurde der DHV des diktatorischen Oktroys bezichtigt, sah sich der christliche Verband dem Vorwurf des Streikbruchs ausgesetzt[26]. Tatsächlich aber gelang es dem Christlichen Holzarbeiterverband damit, das Recht auf Beteiligung am Streikentscheid und an Tarifverhandlungen zu erkämpfen, wie die rückblickende Bewertung seitens der Kölner Zahlstelle unterstreicht: »Wir haben damals der Freiheit der gesamten christlichen Gewerkschaftsbewegung eine Gasse gebahnt.«[27]

Damit war ein wichtiger Schritt getan, um die Monopolstellung des freigewerkschaftlichen Verbandes zumindest partiell in Frage zu stellen. Dies war auch das Motiv, weshalb der Zentralverband Christlicher Holzarbeiter 1906 begann, in den leistungsstarken Zahlstellen eine Arbeitsvermittlung zu organisieren. Programmatisch hatte man sich zwar für den kommunalen, neutralen Arbeitsnachweis entschieden, doch schien dieses Ziel vorerst nicht erreichbar. Außerdem war offenkundig, daß der Deutsche Holzarbeiter-Verband die Stellenvermittlung mit Erfolg praktizierte und zu agitatorischen Zwecken geschickt zu nutzen verstand.

Mit zunehmender organisatorischer und finanzieller Konsolidierung konnte sich der Zentralverband Christlicher Holzarbeiter auch immobiles Eigentum und Beteiligungen an den Wirtschaftsbetrieben der christlichen Gewerkschaftsbewegung erwerben. Zum 25jährigen Gründungsjubiläum 1924 konnte man den Besitz zweier Häuser in Bonn und Lichtenfels verzeichnen und die Beteiligung an der Deutschen Volksversicherung, der Deutschen Volksbank, der Gesellschaft zur Förderung von Bauproduktivgenossenschaften, der Verlagsgesellschaft »Der Deutsche«, der Gesellschaft christliches Gewerkschaftshaus in Köln, der Genossenschaftlichen Bürstenfabrik Ramberg sowie an mehreren örtlichen Bau- und Wohnungsgenossenschaften in Köln, Nürnberg und München. Darin steckte ein wesentlicher Beitrag zu dem Bemühen der christlichen Gewerkschaftsbewegung, ein eigenständiges Milieu zu prägen. Während die Beteiligungen diesem Zweck auf der materiellen Ebene dienten, sollten die korporativen Mitgliedschaften im »Bund deutscher Bodenreformer« und in der »Gesellschaft für soziale Reform« die Ausbreitung sozialreformistischen Denkens und Handelns fördern.

Frühzeitig nahm der Verband internationale Kontakte auf. Bereits 1902 wurde ein Gegenseitigkeitsvertrag mit dem Christlichen Holzarbeiterverband der Schweiz vereinbart, der u.a. für überwechselnde Mitglieder die Übertragung der Leistungsansprüche unter Anerkennung der früheren Mitgliedsdauer vorsah. Diesem Vertrag traten bis 1914 vier weitere christliche Holzarbeitergewerkschaften aus Österreich, Belgien und den Niederlanden bei. 1920 entwickelte sich daraus die »Internationale Holzarbeitervereinigung«, deren bedeutendste Organisation der deutsche Zentralverband war. Sitz der Christlichen Holzarbeiter-Internationale war Köln. Bis 1927 waren christliche Holzarbeitergewerkschaften Elsaß-Lothringens, Ungarns und der Tschechoslowakei dazugestoßen, so daß die Internationale, meist von Heinrich Kurtscheid präsidiert, neun Mitgliedsorganisationen umfaßte.

Binnen weniger Jahre ist es dem Zentralverband Christlicher Holzarbeiter Deutschlands – soviel läßt sich zusammenfassend sagen – gelungen, sich organisatorisch, programmatisch und finanziell zu festigen. Sicherlich stellte er für den Deutschen Holzarbeiter-Verband nie eine ernste Konkurrenz dar; immerhin wurde er jedoch so stark, daß Tarifverhandlungen und Arbeitskämpfe ohne ihn kaum stattfinden konnten. Zum Verdienst des Zentralverbandes gehört zweifelsfrei sein Beitrag zur Durchsetzung des Tarifvertragsgedankens. Noch wichtiger dürfte die Funktion sein, die Holzarbeiter für den gewerkschaftlichen Gedanken gewonnen zu haben, die sich auf Grund ihrer christlichen Grundhaltung weder von den freien noch von den liberalen Gewerkschaften angesprochen fühlen konnten[28]. Diese Leistung wird auch dadurch nicht geschmälert, daß der Zentralverband Christlicher Holzarbeiter dabei weniger erfolgreich war als andere christliche Einzelgewerkschaften und innerhalb der christlichen Gewerkschaftsbewegung keine herausragende Rolle zu spielen vermochte.

26
Vgl. Sozialdemokratische Streiktaktik... Köln 1905; und vgl. Theodor Leipart: Ein Denkmal dem Christlichen Holzarbeiter-Verband. Stuttgart 1905.

27
Zentralverband christlicher Holzarbeiter Deutschlands. Tätigkeitsbericht der Zahlstelle Cöln für das Jahr 1909. Köln 1910, S. 9.

28
Vgl. Michael Schneider: Die Christlichen Gewerkschaften, S. 361.

KAPITEL II 1893–1918

JOSEF DEUTZ

Adam Stegerwald

* 14. Dezember 1874 in Greussenheim/Franken

1890 ff. Tischlerlehre in Würzburg, Wanderschaft im Rheinland, in Süddeutschland und in der Schweiz

1893 Beitritt in den katholischen Gesellenverein in Günzburg

1896 Beitritt in den Münchener Arbeiterwahlverein der Zentrumspartei und in den Verein Arbeiterschutz

1899 Delegierter auf dem Gründungskongreß christlicher Gewerkschaften in Mainz

1902 Wahl zum Generalsekretär des Gesamtverbandes christlicher Gewerkschaften in Deutschland

1908 Wahl zum internationalen Sekretär christlicher Gewerkschaften

1916 Ernennung zum stellvertretenden Vorsitzenden des Kriegsernährungsamtes

1917 Berufung ins preußische Herrenhaus

1919–1921 Wohlfahrtsminister in der preußischen Regierung

1921 Ministerpräsident von Preußen

1928 Niederlage gegen Ludwig Kaas bei der Wahl zum Vorsitzenden der Zentrumspartei

Januar 1929 Wahl zum Vorsitzenden der Reichstagsfraktion des Zentrums

April 1929 Berufung zum Verkehrsminister der Weimarer Republik, Rücktritt als Generalsekretär des Verbandes christlicher Gewerkschaften und als Vorsitzender des Gewerkschaftsbundes

1930–Mai 1932 Reichsarbeitsminister im Kabinett Brüning

† 3. Dezember 1945 in Würzburg

Adam Stegerwald wurde am 14. Dezember 1874 auf einem Kleinbauernhof in Greussenheim, westlich von Würzburg, geboren. Schon in früher Jugend lernte er Not und Armut kennen. Nicht jedes Jahr konnten die 135 Mark Hypothekenzinsen aufgebracht werden, ohne daß ein Acker verkauft werden mußte. In seinen Erinnerungen schreibt Stegerwald, daß er schon während der Schulzeit viele Arbeiten auf dem Hof verrichten mußte. So wurde in den Monaten September bis November von 12 Uhr nachts bis zwei Uhr morgens gedroschen, denn Geld für die Anschaffung einer Dreschmaschine war nicht vorhanden. Nach einer solchen, in der Scheune verbrachten Nacht ging es morgens um sieben Uhr zur Kirche und dann in die Schule (Kinderarbeit wurde erst 1903 durch Reichsgesetz verboten). In den Wintermonaten war öfter Schmalhans Küchenmeister; nur Brot und Kartoffeln gab es ausreichend.

Nach der Schulzeit kam Adam Stegerwald zu einem Schreinermeister in die Lehre und wurde etwa 13 bis 14 Stunden täglich beschäftigt. Die Unterbringung war häufig primitiv. Zu zweit schliefen die Lehrlinge in einem Bett in der Dachkammer, wo im Winter nicht selten der Schnee durch die Dachritzen auf die Federbetten stäubte. Nach der Lehrzeit ging es auf die »Walz«, die ihn in den süddeutschen Raum und in die Schweiz führte. 1893 wurde er in Günzburg Mitglied des katholischen Gesellenvereins, der ihm »in starkem Maße Lebenswegweiser« wurde. Als er später an seinem Arbeitsplatz in Stuttgart von den sozialdemokratischen Kollegen wegen seiner katholischen Konfession gehänselt wurde, bot ihm der Gesellenverein geistigen Halt. »Ohne ihn wäre ich sicher Mitglied des sozialdemokratischen Holzarbeiterverbandes geworden«, erinnert er sich später.

1899 war Stegerwald Delegierter der Schreinersektion des Münchener Vereins »Arbeiterschutz« für den Gründungskongreß der Christlichen Gewerkschaften in Mainz. Die von ihm mitgebrachte Satzung einer Holzarbeitergewerkschaft fand die Billigung der Mainzer Delegierten, und Stegerwald wurde beauftragt, in München eine Holzarbeitergewerkschaft zu organisieren. Als Vorsitzender dieser Gewerkschaft war es für ihn sehr schwierig, eine Stelle in seinem erlernten Beruf zu finden, »denn in dieser Hinsicht,«, heißt es in seinen Erinnerungen, »waren sich die Scharfmacher unter den Arbeitgebern mehr als einig«. Schließlich wurde er »freigestellt«, das heißt von der Gewerkschaft besoldet. Auf dem Gewerkschaftstag 1902 in München wurde Stegerwald zum Generalsekretär des Gesamtverbandes der Christlichen Gewerkschaften gewählt. Seine Nachfolge im Christlichen Holzarbeiterverband trat Heinrich Kurtscheid an.

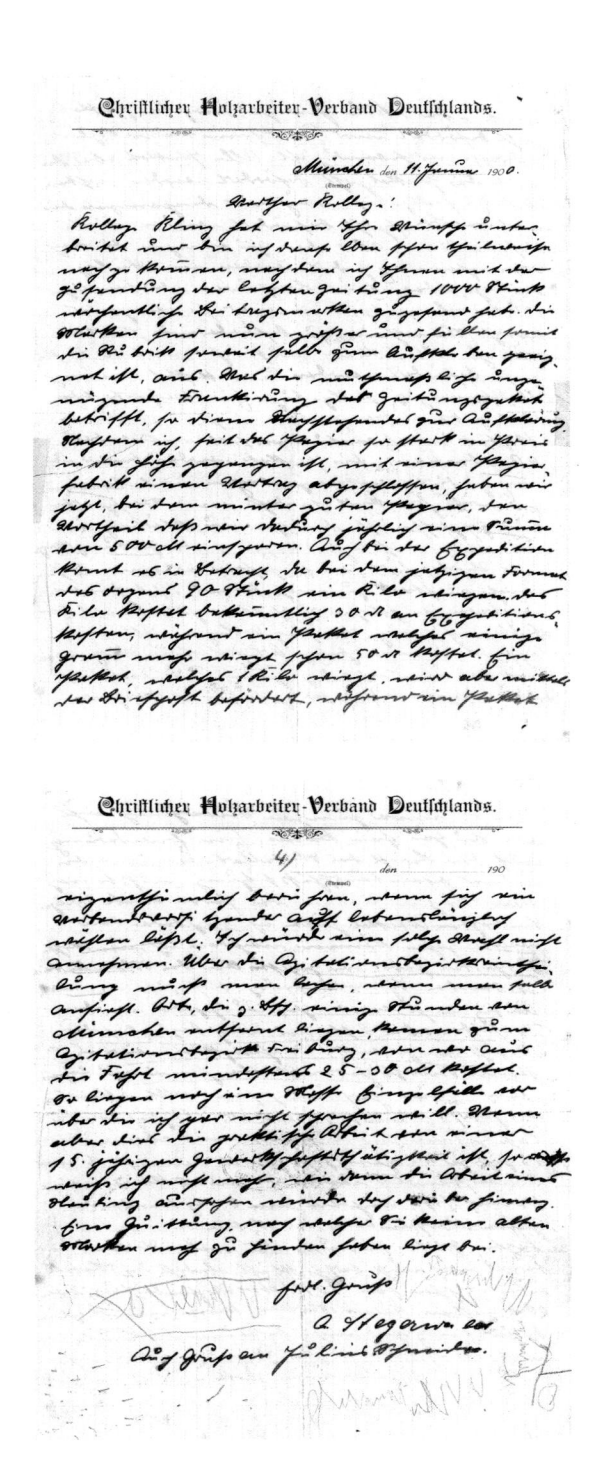

1908 fand in Zürich eine Konferenz christlicher Gewerkschaftsführer aus den europäischen Ländern statt, in denen sich christliche Gewerkschaften gebildet hatten. Die Konferenz wählte Stegerwald zu ihrem ersten internationalen Sekretär. Seine Erklärung in Zürich, man finde sich in Deutschland mit der Grundlage der Christlichen Gewerkschaften als interkonfessioneller und parteipolitisch neutraler Arbeiterorganisation mehr und mehr ab, muß angesichts des Gewerkschaftsstreits im katholischen Lager als voreilig angesehen werden. Die katholischen Arbeitervereine von Berlin hatten bereits auf dem Katholikentag 1900 in Bonn der Empfehlung der christlichen Berufsvereine nur unter der Bedingung zugestimmt, daß das gesamte wirtschaftliche Leben ebenfalls den Lehren der katholischen Kirche unterworfen bleiben solle. Nach Stegerwald drehte es sich dabei um die Frage, ob katholische Arbeiter mit ihren evangelischen Kollegen gemeinschaftliche Organisationen zur Vertretung ihrer wirtschaftlichen Interessen bilden oder ob katholische Arbeiter in konfessionellen Organisationen in engster Anlehnung an die katholische Kirche gewerkschaftliche Aufgaben erfüllen sollten. In einem konfessionell gespaltenen Land wie Deutschland war so etwas schwierig durchzusetzen, ohne die Gegensätze zwischen den Konfessionen erneut aufzureißen und es der liberalen Unternehmerschaft leicht zu machen, Forderungen katholischer Vereinigungen als »ultramontane Mache« abzutun. Die päpstliche Enzyklika »Singulari quadam« von 1912 zur Frage interkonfessioneller christlicher Arbeiternehmerorganisationen verschärfte die Diskussion des ganzen Fragenbereichs erheblich und wurde von der sozialdemokratischen Presse dahin ausgelegt, die Christlichen Gewerkschaften lägen »mit zerschnittenen Sehnen an der Kette Roms«. An eine Beilegung des Streits war trotz aller Erläuterungen der Christlichen Gewerkschaften nicht zu denken. Vorwürfe, Beschuldigungen und haltlose Verleumdungen, die Christlichen Gewerkschaften hätten ein infames Doppelspiel gegenüber Kaiser, Reichskanzler und Öffentlichkeit getrieben und im geheimen den Bischöfen gegenüber auf das Streikrecht verzichtet, veranlaßten den Vorstand des Gesamtverbandes, Beleidigungsklage gegen die Redakteure der betreffenden Zeitungen zu erheben. Die Verhandlung fand im Januar 1913 vor dem Kölner Schwurgericht statt. In einem Rückblick vermerkt Stegerwald, daß die Christlichen Gewerkschaften aus diesem Prozeß glänzend gerechtfertigt hervorgegangen seien.

Die Nachricht vom Kriegsausbruch erreichte Stegerwald auf einer Reise nach Deutsch-Ostafrika. 1916 erfolgte seine Ernennung zum stellvertretenden Vorsitzenden des Kriegsernährungsamtes. 1917 wurde Stegerwald als einziger Arbeitnehmervertreter in das preußische Herrenhaus berufen. Während des Krieges einigten sich die Spitzenverbände der Gewerkschaften über gemeinsame politische und sozialpolitische Forderungen an die Reichsleitung, von denen die Aufhebung des Dreiklassenwahlrechts in Preußen, die Schaffung einer reichsgesetzlichen Regelung des Arbeitsnachweises und die Beseitigung der Bestimmungen der Reichsgewerbeordnung über die Koalitionsfreiheit die wichtigsten waren. 1918 wurde die Zentralarbeitsgemeinschaft zwischen den Führern der Industrie und der Gewerkschaften ins Leben gerufen, die alle Fragen der wirtschaftlichen Demobilmachung regeln sollte.

1919 trat Stegerwald in die preußische Regierung als Wohlfahrtsminister ein. 1921 wurde er für sieben Moante preußischer Ministerpräsident. Stegerwald, der bisher immer mit Nachdruck auf die Notwendigkeit einer politi-

8. Verbandstag des Zentralverbands Christlicher Holzarbeiter in Mainz (Juni/Juli 1914)

Ministerbank im Reichstag (1929) (3. v. l.: Verkehrsminister Stegerwald)

schen Geschlossenheit der gesamten Nation hingewiesen hatte, entwickelte auf dem 10. Kongreß der Christlichen Gewerkschaften in Essen 1920 den Plan zur Bildung einer christlich-nationalen Volkspartei, die als deutsch-demokratisch-christlich-sozialer Zusammenschluß die beginnende parteipolitische Zersplitterung in Deutschland aufhalten sollte. Obwohl die Zentrumspartei allen Staatsbürgern christlicher Religion offenstand, galt sie in der Öffentlichkeit doch als katholische Partei. Nicht alle Angehörigen der Christlichen Gewerkschaften waren für die weitgehenden staatspolitischen Pläne Stegerwalds zu gewinnen. Auch im Zentrum stießen sie auf Ablehnung.

Nach der Überwindung der Inflation begann in Deutschland eine Zeit wirtschaftlicher und politischer Konsolidierung. Damals blieb man blind gegenüber den Gefahren, die sich aus der langfristigen Anlage kurzfristig gewährter Kredite für die deutsche Volkswirtschaft ergeben konnten. Das Festhalten der Siegermächte an den Reparationen verschärfte die innenpolitische Lage Deutschlands erheblich. Auf dem Reichsparteitag der Zentrumspartei 1928 in Köln unterlag Stegerwald bei der Wahl zum Vorsitzenden dem Prälaten Ludwig Kaas (Trier). Auf Stegerwald war nur die geringe Anzahl von 48 Stimmen entfallen, was wohl weitgehend die Quittung der Beamtenvertreter im Vorstand für den heftigen Widerstand der Christlichen Gewerkschaften gegen die Erhöhung der Beamtenbesoldung war. Zur Wahl von Kaas sagte Stegerwald später: »Unpolitisch war es in der gegenwärtigen Stunde [...], wo wir in den nächsten Jahren noch vor schweren wirtschaftlichen und sozialen Spannungen stehen, erstmals in der Geschichte der Zentrumspartei einen katholischen Priester gegen seinen mehrmals erklärten Willen an die Spitze der Partei zu stellen.« Trotz der Gegensätze im Zentrum vermied Stegerwald den offenen Bruch. Seine Bemühungen, der Arbeiterschaft in der Partei zu größerem Einfluß zu verhelfen, scheiterten aber an der Verständnislosigkeit und den Vorurteilen bürgerlicher Kreise.

Im Januar 1929 wurde Stegerwald Vorsitzender der Reichstagsfraktion des Zentrums; im April trat er als Verkehrsminister in das Kabinett Hermann Müller ein. Seine verstärkte politische Inanspruchnahme führte zu einem Wechsel bei den Christlichen Gewerkschaften. An Stegerwalds Stelle wurde Bernhard Otte zum Generalsekretär gewählt; im Vorsitz des Gewerkschaftsbundes löste ihn Heinrich Imbusch ab.

1930 wurde Stegerwald Reichsarbeitsminister im Kabinett Brüning. Mit seinem Namen schien die Gewähr dafür gegeben, daß die Regierung die sozialpolitischen Probleme unter Berücksichtigung der breiten Volksschichten erträglich lösen würde. Aber bald schon nahm das Kabinett einschneidende Kürzungen von Löhnen, Gehältern und Sozialleistungen vor, die eine allgemeine Senkung des Lebensstandards zur Folge hatten. Die Bank für Internationalen Zahlungsausgleich veröffentlichte im August 1931 den Layton-Bericht, der für das gesamte Reparationssystem das Todesurteil sprach. Brüning forderte im Januar 1932 die vollständige Abschaffung der Reparationen. In der Hoffnung, daß er dies auf der Reparationskonferenz in Lausanne durchsetzen könnte, fiel im Reichstag sein berühmtes Wort von den »hundert Metern vor dem Ziel«. Weitere drastische Spar- und Einschränkungsmaßnahmen sollten als »deutsche Visitenkarte« den Beweis für die Unmöglichkeit weiterer Reparationsverpflichtungen erbringen. Der Plan, die verschuldeten Großgüter des Ostens durch ein Siedlungsprogramm zu sanieren, wurde federführend von Stegerwald erarbeitet. Bei der letzten Unterredung mit dem Reichspräsidenten verlangte Brüning eine Erweiterung seiner Vollmachten, um energischer vorgehen zu können. Daraufhin hielt ihm von Hindenburg auf einem bereitgehaltenen Zettel folgende Forderungen entgegen: daß erstens fortan nach rechts regiert werde, daß zweitens Schluß gemacht werde mit der Wirtschaft der Gewerkschaftssekretäre und drittens Schluß gemacht werde mit dem Agrarbolschewismus (womit die Ostsiedlung gemeint war). Brüning sah diese Forderungen als unerfüllbar an und trat mit seinem Kabinett am 30. Mai 1932 zurück.

Damit endete die aktive Tätigkeit Stegerwalds im öffentlichen Leben Deutschlands. Im April 1933 einigten sich Theodor Leipart als Vertreter des ADGB, Jakob Kaiser von den Christlichen Gewerkschaften und Ernst Lemmer für den Verband der Deutschen Gewerkvereine, daß es bei einer Neugründung von Gewerkschaften in Deutschland nur noch Einheitsgewerkschaften geben dürfe.

Stegerwald lebte bis 1943 als Privatmann in Berlin und siedelte dann wegen der immer stärker werdenden Luftangriffe nach Greussenheim über. Obwohl er an den Vorbereitungen zum Attentat auf Hitler nicht beteiligt war, wurde er nach dem 20. Juli 1944 für kurze Zeit inhaftiert. Nach der Eroberung Würzburgs ernannten die Amerikaner ihn zum Regierungspräsidenten von Unterfranken. Dieses Amt übte er bis Dezember 1945 aus. Am 3. Dezember 1945 starb er in Würzburg nach kurzem Krankenlager im 71. Lebensjahr.

Dieses Kapitel basiert im wesentlichen auf der Dissertation von Josef Deutz, Adam Stegerwald, Gewerkschafter – Politiker – Minister 1874–1945. Ein Beitrag zur Geschichte der Christlichen Gewerkschaften in Deutschland und zur politischen Entwicklung in der Weimarer Republik, Bonn 1950.

KAPITEL II 1893–1918

GOTTFRIED CHRISTMANN

Revolution im Harz
Der Lauterberger Stuhlarbeiterstreik

*»Schmale Kost und wenig Geld,
Das ertrage, wem's gefällt, –
Ich – will selbst den Herren machen!«*

Während die Herstellung billigerer Stühle schon lange vor dem Aufkommen der Maschinen zum Metier von »Pfuschern« oder »Bönhasen« vor den Stadttoren gehört hatte, konnte sich nach 1850 im städtischen Wirtschaftsraum lediglich noch die Herstellung »besserer Sitzmöbel« halten. Auf den Berliner Markt zum Beispiel kamen seit 1860 konkurrenzlos die großindustriell gefertigten, billigen Stühle, Sofagestelle und Betten vom Land, besonders aus den sächsischen Kleinstädten Rabenau, Waldheim und Mittweida.

Die Fabrikation eines Stuhles bestand aus vier Grundarbeitsschritten: »1. Anfertigung eines Sitzes, 2. des Vorderbocks (d.h. der beiden Vorderfüße mit den drei zugehörigen Verbindungsbrettchen unterm Sitz), 3. des Hinterbocks mit der Lehne, 4. Zusammensetzen.« Dazu kamen als weitere, ergänzende Arbeitsschritte das Lackieren und Polieren. Da die vier Grundverrichtungen verschieden lange Arbeitszeiten in Anspruch nahmen, war ein rationelles Arbeiten nur arbeitsteilig und vor allem nur mit einer größeren Arbeiterzahl möglich. Selbst ein Fabrikant, der das Zuschneiden des Holzes an eine Lohnschneiderei abgegeben hatte, brauchte im eigenen Haus auf einen Sitzmacher ein bis zwei Vorderbockmacher, drei bis vier Lehnenmacher und ein bis drei Zusammensetzer. Der Fabrikant brauchte also mindestens zehn Arbeiter, um arbeitsteilig produzieren zu können. Die Überlegenheit einer großen Stuhlfabrik gegenüber der handwerklichen Fertigung wurde erdrückend, wenn dort der Einsatz von speziell konstruierten Bohr- und Schlitzmaschinen dazukam, die der »kleine« Meister in keiner Lohnschneiderei finden konnte[1]. Außerdem kam die »großindustrielle« Stuhlfabrikation infolge der Arbeitsteilung mit nur wenigen gelernten und in der Masse unqualifizierten Arbeitern aus. Bestimmte Arbeiten wie die Flechterei der Stuhleinsätze konnten in den Bereich der von Frauen, Kindern und Behinderten betriebenen Heimarbeit ausgelagert werden[2].

Die eigentliche Stuhlindustrie konzentrierte sich zunehmend auf wenige »Hauptsitze« in gebirgigen waldreichen

Hillegeistsche Stuhlfabrik in Lauterberg

Heinrich Hillegeist

1
Paul Voigt, Das Tischlergewerbe in Berlin, a.a.O., S. 425ff.

2
Vgl. Fritz Hellwag, Die Geschichte des deutschen Tischlerhandwerks, a.a.O., S. 9.

Gebieten, zum Beispiel in Rabenau bei Dresden, Münder am Deister, Lauterberg im Harz und in Weinheim an der Bergstraße. Der direkte Zugang zum Rohstoff Holz und zur billigen Wasserkraft war dabei ebenso entscheidend wie der Umstand, daß in solchen Gegenden meist »eine anspruchslose und billige Bevölkerung« als Arbeitskräftereservoir zur Verfügung stand.

Solche Bedingungen waren in Lauterberg und Umgebung in hohem Maße gegeben, nachdem das Berg- und Hüttenwesen seit 1815 einen Niedergang erlebt hatte. Nach der Errichtung einer Zündholzfabrik war hier bereits 1843 die Massenfertigung der kleinen Hölzer aufgenommen worden. Bis zu 100 000 runde Holzbüchsen und 35 Millionen Streichhölzer pro Woche soll der Ausstoß 1847 nach der Errichtung einer weiteren Fabrik in Andreasberg betragen haben. Dann stellte der Unternehmer Deig die Fabrik auf dem Oderfeld auf Möbelfabrikation um, eröffnete Handelsniederlassungen in Paris, London, Amsterdam, Hamburg und Riga und rundete seinen Konzern – für den zeitweilig bis zu 3000 Menschen gearbeitet haben sollen – durch den Kauf einer Sägemühle in Lauterberg ab.

Das Know-how zur Herstellung der Möbel holte F.C. Deig in den Harz, indem er Kunsttischler aus Süddeutschland anwarb. Aus der Oderfelder Fabrik stieg 1863 Gustav Menecke aus und gründete zusammen mit einem Kaufmann eine eigene Stuhlfabrik. Nach diesem Vorbild, dem Zusammengehen von abgeworbenem technischem Know-how und kaufmännischem Kapital und Vertriebswissen, bildeten sich mit dem Zusammenbruch des Deigschen Konzerns in den siebziger Jahren drei und nach dem Anschluß an die Eisenbahn 1884 in den neunziger Jahren vier weitere Fabriken, die im Kern auf die Produktion von Stühlen ausgerichtet waren. Die Kapitaldecke der Unternehmen war teilweise abenteuerlich dünn. Dennoch: Unverzichtbarer Ausweis des Aufstiegs zum Fabrikherrn und in vielen Äußerungen Objekt von Neid war der Erwerb oder Bau einer repräsentativen »Villa«.

Arbeiterleben in Lauterberg

Die Kehrseiten solcher unternehmerischen Traumkarrieren mußten besonders den zuwandernden Handwerkern auffallen. Im Unterschied zum Gros der ortsansässigen Stuhlarbeiter mußten sie mit den bar ausgezahlten Löhnen zurechtkommen. Wer nicht bei Verwandten wohnen konnte oder ein Häuschen besaß, wer nicht mit Hilfe von Frau und Kindern ein eigenes oder gepachtetes Stück Land bearbeiten und das eine oder andere Stück Vieh halten konnte, wer nicht berechtigt war, sein Feuerholz im Wald zu holen, bekam die hohen Mieten und Lebenshaltungskosten des Kurorts Lauterberg sofort unangenehm zu spüren. In vielen Arbeiterfamilien rechnete man zum Auskommen mit dem unregelmäßigen Zubrot, das Frauen, Kinder und alte Leute mit dem Flechten von Stuhleinsätzen in Heimarbeit erwirtschaften konnten. Im Jahr 1900 kamen auf 600 Fabrikarbeiter 300 Heimarbeiterinnen. Zum größten Teil konzentrierte sich die Flechterei auf nur wenige Wochen des Jahres. Ein Einkommen, das zwischen ein und zwei Mark pro Woche lag, war dabei nicht ungewöhnlich.

»Hinein kommt man nach Lauterberg sehr gut, aber schlecht wieder heraus«, warnte die »Holzarbeiter-Zeitung« in der Sprache hochmobiler Gesellen angesichts hoher Locklöhne vor der Gefahr, sich Händlern und Fabrikanten gegenüber zu verschulden. Abgesehen davon, daß die von den Unternehmern inserierten Lohnangaben sich bestenfalls auf einsame Akkordspitzenleistungen bezögen, müsse man in Lauterbergs Stuhlfabriken neben dem gesetzlich verbotenen »Truck-System« auch auf eine Fülle finanzieller Strafen und Bußen in Form von Lohnabzügen achtgeben. Kopfschüttelnd registrierte mancher Geselle den Kasernenhofton, mit dem sogar altgedienten Arbeitern wegen Nichtigkeiten Geldstrafen bis zu einer Mark diktiert werden konnten. Mit dem »Truck-System« kritisierte die »Holzarbeiter-Zeitung« ein spezielles Entlohnungssystem, bei dem ein Teil des Arbeitslohns in Form von Naturalien oder in Form der von den Arbeitern benötigten Produkte und Arbeitsmaterialien wie Spiritus, Lack, Politur, Schellack entrichtet wurde. Sandpapier und Leim mußten die Polierer und Stuhlbauer bei ihren Fabrikanten kaufen. Über Preise, die nach Feststellungen der preußischen Gewerbeaufsicht deutlich über dem am Ort üblichen Handelspreisen lagen, zogen die Fabrikherren ihren Arbeitern den behördlichen Mahnungen trotzend einen Teil der Löhne vor der Auszahlung gleich wieder aus der Tasche. Wer im Akkord arbeitete, mußte für seine Werkzeuge selbst aufkommen, und sogar für das Petroleum und die Lampen am Arbeitsplatz mußten die Fabrikarbeiter auf eigene Rechnung sorgen.

Besonders die niedrigeren Lohngruppen wurden von diesem System hart getroffen. Bei der Firma G. Haltenhoff zum Beispiel verdiente ein Polierer 1896 in 14 Tagen 33,20 Mark, ein anderer Polierer nur 15,83 Mark. Nach den Abzügen blieben dem ersten 27,27, dem zweiten magere 11,85 Mark für einen halben Monat bei durchschnittlich 60 Stunden Arbeitszeit pro Woche. Der letztgenannte Polierer verdiente also aufgerundet 10 Pfennig pro Stunde, während in Berlin selbst der schwächste »Durchschnittsarbeiter« mindestens 40 Pfennig pro Stunde bekam. Bei 14tägigem beziehungsweise dreiwöchentlichem Lohnauszahlungsturnus wurden die weniger Verdienenden unweigerlich durch das Pumpen beim Fabrikherrn und beim Krämer in eine extreme Abhängigkeit getrieben. Als besonders infam empfanden es die Arbeiter, daß die Fabrikanten über das Strafsystem die Anwesenheit und Pünktlichkeit »ihrer« Arbeiter auch dann erzwangen, wenn kurzgearbeitet werden mußte oder gar keine Arbeit vorhanden war. Die Beschäftigtenzahlen, Beweis unternehmerischer Tüchtigkeit nach außen, sollten so künstlich hochgehalten werden[3].

3
Diese Skizze der Lebens- und Arbeitsbedingungen basiert auf der Arbeit G. Christmann, Leipart im Harz – Der Lauterberger Streik 1896, Düsseldorf 1987. Dort finden sich weitere Hinweise zur Quellenlage.

Gewerkschaftliche Organisation und Streik

Der Handlungsspielraum der Stuhlarbeiter war also extrem gering. Bei guter Beschäftigungslage in den Stuhlfabriken konnte der »Deutsche Tischlerverband« am 31. März 1890 eine Zahlstelle mit 130 eingezeichneten Mitgliedern eröffnen. Doch am Ende des gleichen Jahres verdüsterte sich die allgemeine Wirtschaftslage, und bereits im Winter 1891 kam es in den Stuhlfabriken zu Entlassungen und Kurzarbeit. Mit den ersten Entlassungen zerstoben auch die gewerkschaftlichen Organisationsansätze. Offensichtlich waren die Holzarbeiter der Gewerkschaft 1890 beigetreten, weil sie eine Lohnbewegung erwartet hatten. Dieses Verhalten wiederholte sich in den folgenden Jahren. Nur wenn Arbeitskampfmaßnahmen in der Luft hingen wie 1894/95 nach Lohnreduktion bei A. H. Hillegeist, stiegen die Mitgliederzahlen. Wurde in einer Fabrik mit Versprechungen und Drohungen Druck auf die Gewerkschaftsmitglieder ausgeübt, dann zeigte die Zahlstelle ihre Labilität. Als 1895 aus Stuttgart signalisiert wurde, im Harz könnten keine Streiks finanziert werden, solange der Ausstand in Schmölln zu unterstützen sei, sank die Mitgliederzahl prompt von 156 auf 18 ab.

Von einer festen Grundlage gewerkschaftlich geschulter Mitglieder konnte man also nicht ausgehen. Mochte in den Reihen der Fabrikarbeiter auch noch so viel Murren zu hören sein, die Furcht vor dem Unternehmer war stärker. Impulse zu gemeinsamem Handeln mußten von außerhalb der Fabriken kommen. Der Nordhäuser Holzarbeiterfunktionär Max Wicklein wies später nach dem großen Arbeitskampf auf ein weiteres destabilisierendes Moment hin: die Geringschätzung gewerkschaftlicher Aufbauarbeit seitens der »Parteigenossen« wie Fritz Erfurth. Die »Agitation« unter den Arbeitern wurde – ein Zeichen der personellen und ideologischen Schwäche der Gewerkschaften – damals oft von Parteirednern der SPD geleistet. Das Aufrütteln der Arbeiter zu gewerkschaftlichem Kampf um höhere Löhne wurde von diesen lediglich als Mittel zum Zweck gesehen. In der Auseinandersetzung mit dem Unternehmer – so die Sprachregelung – erkenne der unbedarfte Arbeiter seine Klassenlage und werde reif für den politischen Kampf für den Sozialismus. Es fällt schwer, den dürren, abstrakten Automatismus nachzuzeichnen, mit dem so viele der flammenden Reden in diesem Jahrzehnt den nahen »Kladderadatsch« der maroden bürgerlich-kapitalistischen Gesellschaft prophezeiten. Den zähe Aufbauarbeit leistenden Gewerkschaftern waren diese periodisch im Wahlkampf wiederkehrenden verbalen Kraftakte zu weit vom Alltagsgeschehen entfernt, als daß man sich darüber hätte streiten können. Unter Lauterbergs Stuhlarbeitern aber wurde der »kurze Prozeß«, wie sich im Sommer 1896 zeigen sollte, durchaus wörtlich genommen.

Hier lagen Partei- und Gewerkschaftsgeschäfte in den Händen eines Mannes. Der Zigarren- und Bierladeninhaber Fritz Erfurth war 1890 nach Lauterberg gekommen. In seinem Ladenlokal wurde eine deutliche Sprache geredet und manches geregelt. Die großen politischen Zusammenhänge lagen dem leidenschaftlichen, »hitzigen« Mann allerdings mehr als die kleinen bürokratischen Notwendigkeiten, und Holzarbeiter war der Parteimann auch nicht. Ihn fragten die Stuhlarbeiter, was zu tun sei, als die Unternehmer Haltenhoff und Zeidler den Bogen der in allen Betrieben praktizierten Lohndrückerei im Frühjahr 1896 überspannten und damit Empörung unter ihren Arbeitern auslösten. In der »Holzarbeiter-Zeitung« klang die Perspektive einfach und klar: Schließt Euch samt und sonders dem Verband an, und wir werden dann, gestützt auf die Macht der Organisation, eine bessere Lebensstellung zu erringen suchen. Der DHV verfolgte damals noch die Praxis, die meist kurzen Werkstattarbeitskämpfe als Werbemittel zu benutzen. Es wurden Streikende und Ausgesperrte auch nach Ausbruch eines Streiks noch aufgenommen.

Der Streik bei »Haltenhoff und Zeidler« begann am 2. März 1896. In seinem Verlauf stieg die Mitgliederzahl der Zahlstelle bis zu seinem erfolgreichen Abschluß am 30. März von 100 auf 260. Infolge von Unstimmigkeiten auf seiten der Stuhlfabrikanten fühlten sich »Haltenhoff und Zeidler« alleingelassen. Sie unterzeichneten demonstrativ ein Dokument des Streikleiters Erfurth, das in der radikalen Wortwahl und mit seinen etwa 40 Bestimmungen unter der Überschrift »Wir Arbeiter der Firma H & Z verlangen...« als Kapitulationsurkunde gesehen werden mußte, das vom DHV später entschieden mißbilligt wurde und zweifellos die Ringbildung der acht Stuhlfabrikanten beschleunigt hat. Nach dem ersten Streikerfolg schlugen Mitte April in zwei weiteren Stuhlfabriken schwelende Konflikte in Arbeitskämpfe um. Bei »Brune & Weiß« sollten die Arbeiter einen »Revers« unterschreiben, daß sie nicht der Gewerkschaft angehörten. In der Stadt breitete sich das Gerücht aus, Fritz Erfurth organisiere den »Generalstreik«. Die Mitgliederzahl der DHV-Zahlstelle schnellte bis Anfang Mai – als die große Aussperrung begann – auf 400 hoch. Im Juli erreichte sie mit 618 ihren Höchststand. Die Maximalzahl der zur gleichen Zeit Unterstützten wurde mit 524 Ende Juni erreicht. Durch das am 1. Mai öffentlich erklärte Arbeitskampfziel der Unternehmer, Mitglieder des Deutschen Holzarbeiter-Verbandes in ihren Betrieben nicht dulden zu wollen, bekam der Konflikt in Lauterberg für den DHV eine grundsätzliche Bedeutung. Das hieß, daß er den Regelungsmechanismen schnellstmöglicher Kompromißfindung, wie sonst bei lokalen Lohnkämpfen üblich, entzogen war. In einem solchen Fall mußten andere Arbeitskämpfe möglichst unterbunden werden, um alle Finanzkraft des Verbandes auf diesen einen zu konzentrieren.

Die Auseinandersetzung in Lauterberg entwickelte sich in den 23 Wochen bis zum aufsehenerregenden Ende zu einer der längsten und dramatischsten und zum bis dahin teuersten Arbeitskampf der Holzarbeitergewerkschaften. Die Geschichte der großen Lauterberger Aussperrung beschäftigte die Gerichte noch Monate nach dem offiziellen Friedensschluß, und sie lieferte wegen der vielen Gewalttätigkeiten auf beiden Seiten – es wurde geschossen, ein Streikbrecherlokal ging in Flammen auf – 1897 auch vor dem Reichstag Stoff, als dort die berüchtigte »Zuchthausvor-

Technisches Büro der Firma Hillegeist (1894)

Arbeiter der Stuhlfabrik Hillegeist

lage« diskutiert wurde. Unter der Führung Fritz Erfurths sahen sich die Stuhlarbeiter in einem Kampf mit den Fabrikanten, bei dem es ums Ganze gehen sollte. »Die Arbeiter (…) lebten den ganzen Sommer in dem Glauben, daß sie die Fabrikanten »besiegen« würden und dann sie deren Herren wären (…).«[4] Fritz Erfurth wurde von den Fabrikanten so gehaßt, daß sie nicht davor zurückschreckten, ihm per Flugblatt dämonische Züge anzudichten. Die Fabrikanten ließen wissen, daß es Frieden solange nicht geben könne, wie Erfurth in der Stadt lebe.

Falsche Sparsamkeit, mangelnde Erfahrung und Vorstellungskraft und die bisherige Tradition der auf ihre Autonomie achtenden Zahlstellen ließen den Hauptvorstand lange zögern, sich direkt um die Verhältnisse in Lauterberg zu kümmern. Der DHV-Vorsitzende Kloß verschaffte sich von Zeit zu Zeit vor Ort einen Eindruck vom Stand der Dinge. Es war aus Kloß' Sicht nötig, einen Spezialbevollmächtigten mit der Überwachung der Streikleitung in Lauterberg zu beauftragen. Dieser sollte eine ordentliche Kassenführung organisieren, die Auszahlung der Streikunterstützung korrigieren, die Streikenden zur Abreise aus dem Streikgebiet bewegen und mäßigend auf den Streikleiter Erfurth einwirken. Diese Spezialaufgabe übernahm Fritz Woltmann aus Hannover Anfang September. Der DHV war inzwischen an die Grenzen seiner finanziellen Leistungskraft geraten und mußte Anfang Oktober einen Extrabeitrag ausschreiben, sollte die Hauptkasse nicht vollständig »ausbluten«. Das Gespenst des Hungers unter den tapferen Lauterberger Stuhlarbeitern wurde in der HZ und in der sozialdemokratischen Parteipresse beschworen, um die Gelder zum Durchhalten aufzubringen.

Das Ende des Lauterberger Streiks

Anfang Oktober wuchs beim Hauptvorstand in Stuttgart das Unbehagen angesichts der Durchhaltekraft der Unternehmer im fernen Lauterberg. Es waren keinerlei Signale zur Bereinigung eines Konflikts gekommen, unter dessen verheerenden ökonomischen Folgen die gesamte Bevölkerung des Orts doch mittlerweile leiden mußte. Der zweite Vorsitzende Theodor Leipart und der HZ-Redakteur Albert Röske aus Hamburg wurden seitens des DHV zum Ort des Geschehens geschickt. Sie trafen dort am 8. und 9. Oktober ein, ohne sich bei der Streikleitung zu melden. Inkognito sondierten sie die Lage, ließen sich danach vom Streikkomitee ein zusätzliches Mandat geben und nahmen zuerst Kontakt zu den »Prinzipalen« auf. Sie beendeten den Streik am 13. Oktober durch eine Vereinbarung mit den Stuhlfabrikanten. Am gleichen Abend nahm eine Streikversammlung auf Fritz Erfurths und Hermann Beims Empfehlung hin die Bedingungen der Vereinbarung einstimmig an. Innerhalb des DHV und in vielen Parteiversammlungen wurde die Ver-

---

[4] Briefkopierbuch 5 des DHV, Brief T. Leiparts an Albert Röske vom 31.12.1896.

[5] Nds HStA Hannover, Hann. 174 Osterode 1, eigene Sammlung S. 9 Krieg und Frieden im Oberharz.

einbarung als ein »Schandfleck in der Geschichte der Arbeiterbewegung« gewertet, weil die Arbeiter vor Wiedereintritt in die Fabriken das »Revers« unterschreiben mußten, und vor allem, weil der Streikleiter Erfurth binnen 14 Tagen mit seiner Familie – mit ausdrücklicher Zustimmung des DHV – den Harz verlassen mußte. Die Wogen der Erregung gingen so hoch, daß von einigen Stimmen in der SPD-Presse Leiparts Ausschluß aus dem DHV gefordert wurde.

Erst Jahre später, im Vorfeld des zweiten großen Arbeitskampfes in den Lauterberger Stuhlfabriken (1907/08), wurde die »vollständige Niederlage« des Jahres 1896 in der hannoverschen SPD-Zeitung »Volkswille« eingestanden: »Die Fabrikanten waren Sieger auf der ganzen Linie geblieben, und sie haben ihren Sieg voll ausgekostet. (...) Der Austritt aus dem Verbande wurde verlangt, und einzeln, mit der Mütze unter dem Arme mußten unsre Kollegen um Wiedereinstellung bitten. Lohnabzüge über Lohnabzüge drängten einander in den folgenden Jahren. Und die Holzarbeiter Lauterbergs haben alles das jahrelang in Hundedemut ertragen, sich von den Verhältnissen niederdrücken lassen und sich damit die Achtung ihrer Kollegen im Reich verscherzt. Oft, leider nur allzu oft konnte man, wenn von Lauterberg und den dortigen Kollegen die Rede war, ein Lächeln auf dem Gesicht der deutschen Kollegen sehen, ein Lächeln, das alles andre als Hochachtung und Respekt ausdrückte.«[5]

Im Oktober und November 1896 mußte Theodor Leipart die schmale Rechtfertigungsbasis nutzen, die ihm die Stuhlfabrikanten für eine Interpretation des vereinbarten Ergebnisses als »Sieg der Arbeiter« gelassen hatten. Trotz heftiger Angriffe und wütender Verurteilungen seiner Handlungsweise in vielen Versammlungen und Zeitungsartikeln gab Theodor Leipart in der HZ nur einen begrenzten Einblick in seine Motive. Im internen Schriftwechsel jedoch nahm der Angegriffene kein Blatt vor den Mund. In mehreren Briefen rechtfertigte er den Streikabbruch aus den vorgefundenen unglaublichen Verhältnissen heraus, wobei es dem gebildeten Drechsler kaum gelang, seiner Verachtung gegenüber den Lauterberger Stuhlarbeitern Zügel anzulegen: Kläglliches Verhalten und fehlenden Mut warf er den Streikkommissionsmitgliedern vor. So jämmerlich zaghaft sei selbst der einzige Arbeiter gewesen, den man zu den Beratungen mit den Fabrikanten hinzuziehen konnte, daß man diesen unterwegs habe mitziehen und schieben müssen. Den Klagen der Arbeiter über das herrschsüchtige Auftreten der Fabrikanten nach dem Streik habe er in einer Mitgliederversammlung entgegengehalten, »die Arbeiter sollten sich mehr Selbstbewußtsein und Selbstvertrauen, mehr Muth und Energie anschaffen, den Fabrikanten nicht als ihren Herren und Gott, sondern als gleichgeborenen Nebenmenschen ansehen, den Fabrikanten dies Selbstbewußtsein erkennen lassen, dann werde die Behandlung von selbst eine andere werden.« Schon diese stolzen Ermahnungen des ehemaligen Gesellen zeugten von wenig Einfühlungsfähigkeit in die schwierigen Bedingungen einer Fabrikarbeiterexistenz.

Der Bruch mit der Tradition

Die unbedingte Bereitschaft zum kollektiven Verlassen einer Stadt war in der Zunftzeit Grundlage der Verhandlungsmacht der Gesellen gegenüber den Meistern gewesen. Gesellen waren bis weit ins 19. Jahrhundert hinein grundsätzlich unverheiratet. Als nach 1850 der Anteil der Verheirateten immer mehr zunahm, wurde der geschlossene Auszug aus einer Stadt zu einem symbolischen demonstrativen Akt im Vorfeld eines Arbeitskampfes. Brach der Konflikt offen aus, dann war es in der Gesellenschaft aber keine Frage, daß die ledigen Gesellen sofort die Stadt zu verlassen hatten, um die Arbeitskraft zu verknappen und die Streikkasse glaubhaft zu entlasten. Die ausziehenden Gesellen suchten sich in anderen Städten neue Arbeitsplätze.

Ein Kernpunkt der innerverbandlichen Kritik am Hauptvorstand war deshalb, daß in Lauterberg nicht mit mehr Nachdruck die Abreise der ledigen Streikenden durchgesetzt worden sei. In der Tat war es angesichts der traditionellen Streikabwicklung eine Besonderheit, daß die Zahl der Unterstützten im Laufe des Konflikts nicht abnahm, sondern zunahm. Karl Kloß hatte im August schon als wichtigste Aufgabe des Spezialbevollmächtigten angesehen, auf die Leute einzuwirken, »und zwar Verheirathete wie Ledige,«, um diese zur Abreise zu bewegen: »Aber (...) hier muß ruhig vorgegangen werden, in berathender mahnender, nicht in schroff befehlender Form (...). Die Leute sind größthenteils Spezialarbeiter und können wo anders schwer fort. Es sind deshalb schon mehrere, die fort waren, wiedergekommen.« Leipart drückte sich eindeutiger aus, als er dem Ausschuß des DHV das Neuartige an der Situation in Lauterberg klarlegte. Hätte man Zwang ausgeübt und die Unterstützung an die Ledigen eingestellt, dann wäre »die unzweifelhafte Folge (...) gewesen, daß die Ledigen *allesamt in die Fabriken gegangen wären!*« Man müsse »die Streikenden besser kennen gelernt haben mit ihrer stupiden Frechheit, mit welcher sie ein Anrecht auf die Streikunterstützung in alle Ewigkeit« eingefordert hätten, um die Handlungsweise der Vorstandsbeauftragten verstehen zu können. »Die Ausschußmitglieder sollten diese Menschenart nur einmal kennen lernen.« Den ganzen Sommer über habe es mit den Ledigen den größten Ärger gegeben. Arbeitsgelegenheiten habe es genug gegeben, »bei Erdarbeiten etc.«, aber einer habe sich auf den anderen berufen um dazubleiben. Am 9. Oktober habe man die Streikunterstützung an die Ledigen eingestellt und ihnen in separater Versammlung ins Gewissen geredet. Kein einziger sei bereit gewesen, fortzugehen. »Mit solchen Leuten sollte man in Zukunft überhaupt nicht wieder in einen Streik eintreten.«

Als Konsequenz aus den Streikereignissen in Lauterberg beschlossen die Delegierten des DHV-Verbandstages 1898 in Göttingen, daß Streiks in Zukunft von keiner Zahlstelle mehr ohne vorherige Prüfung und Genehmigung des Streikgesuchs durch den Hauptvorstand ausgerufen werden durften.

GEORG GITSCHEL

Die Internationale der Holzarbeiter

Geboren aus Alltagserfordernissen, eingeschränkt durch finanzielle Zwänge – die internationalen Gewerkschaftskontakte vor dem Ersten Weltkrieg

Das jahrhundertealte ungeschriebene Gesetz der »Wanderschaft als zweiter Etappe der Lehre« gab verstärkt seit Ende der achtziger Jahre des 19. Jahrhunderts den Anstoß zur Aufnahme internationaler Beziehungen zwischen den Gewerkschaften. Auf der Suche nach beruflicher, politischer und allgemeiner Weiterbildung, später zunehmend auf der Flucht vor Arbeitslosigkeit, gingen zumeist junge Gesellen auf die »Walz« und überschritten dabei oft Ländergrenzen. Für die ungefestigten Gewerkschaften entstanden hieraus Chancen und Gefahren gleichermaßen. Sie richteten Reiseunterstützungskassen ein, in die ausländische Gewerkschafter in der Hoffnung auf gegenseitige Unterstützung einbezogen wurden. Einerseits dienten die »Reisegroschen« als verdeckte Arbeitslosenunterstützung zur Wahrung des Existenzminimums der Gesellen und als Werbung für die Organisationen. Andererseits sollten die in den Zahlstellen vergebenen Reisezuschüsse, Herbergsplätze und Informationen die Wanderer an die Einrichtungen der Gewerkschaft binden und in Notsituationen Lohndumping und bewußten oder unbewußten Streikbruch verhindern helfen. Vor der Aufnahme offizieller Kontakte waren wandernde Gewerkschafter auch die ersten Emissäre und Berichterstatter über die Arbeits- und Organisationsverhältnisse im Ausland. Die Vereinigung der Drechsler Deutschlands (VDD) und der Deutsche Tischlerverband (DTV) trafen in der Regel bereits bei den mit Elan Anfang der neunziger Jahre angebahnten ersten Kontakten zu österreichischen, schweizerischen und dänischen Vereinen unverbindliche Absprachen über die Gleichbehandlung der Zuwanderer sowie den Informations-, Daten- und Druckschriftenaustausch. Der Deutsche Holzarbeiter-Verband führte diese Kontakte fort und nahm im Verlaufe der neunziger Jahre bilaterale Beziehungen mit ähnlich begrenzten Zielen zu fast allen größeren europäischen Holzarbeitergewerkschaften auf. Um die Jahrhundertwende trat dieser Kontakt durch die wechselseitige Mitarbeit in den Fachblättern, Besuche auf Verbandstagen und feste Vereinbarungen in eine verbindlichere Phase. Den ersten Gegenseitigkeitsvertrag der Branche handelte der DHV mit dem Dänischen Tischlerverband aus, wobei sich der deutsche Vorstand gegen den schwächeren Partner, der einen internationalen Streikunterstützungsverbund anstrebte, durchsetzte. Im Dezember 1900, außerhalb der Hauptwanderungssaison, beschäftigte die deutsche Holzindustrie 15 665 Ausländer, weshalb Theo-

---

Im Text verwandte Abkürzungen

BI Bauarbeiter-Internationale
DHV Deutscher Holzarbeiter-Verband
DTV Deutscher Tischler-Verband
IBBH Internationaler Bund der Bau- und Holzarbeiter
IBS Internationales Berufssekretariat
IGB Internationaler Gewerkschaftsbund
IUH Internationale Union der Holzarbeiter
RGI Revolutionäre Gewerkschaftsinternationale

Brief Theodor Leiparts vom 5. Februar 1892 an ein nach Malmö abgewandertes Mitglied der Vereinigung der Drechsler Deutschlands (VDD)

Hr. I. Wolf, Malmö!
Werter Kollege!
Von einem durchreisenden Kollegen erhielt ich vor einiger Zeit Deine werte Adresse, mit der Aufforderung, ich sollte zu Dir unsere »Fachzeitung für Drechsler« senden. Ich bin dieser Aufforderung bereits vor einigen Tagen nachgekommen und hoffe, daß Du die Zeitung schon erhalten hast. Ich möchte Dich nun hierdurch bitten, mir doch nächstens einmal über die dortigen Verhältnisse etwas Auskunft zu geben. Sehr zu Dank würdest Du mich verpflichten, wenn Du mir hin und wieder vielleicht eine Korrespondenz für die Fachzeitung schreiben würdest, damit die deutschen Kollegen dadurch etwas über die dortigen Zustände informiert würden. Du weißt jedenfalls, von welcher Wichtigkeit die internationale Verständigung der Arbeiter für unsere Bewegung überhaupt ist und auch für die Organisation unserer Berufsgenossen, der Drechsler, ist es von großem Vorteil, wenn wir gegenseitig Verbindung im Ausland haben. Ich würde Dir für Deine Müheleistung gerne, sobald Du es wünschst, unsere Fachzeitung regelmäßig gratis zugehen lassen. Willst Du meinen Wunsch erfüllen? Jedenfalls hoffe ich, daß Du mir zunächst wenigstens einmal schreibst, wie die Lage dort ist. Wieviel Kollegen dort sind?, ob unsere Deutsch sprechen?, ob in Malmö eine Drechslerorganisation ist?, in anderen Städten Schwedens auch?, wie die Arbeitsverhältnisse sind?, Lohn und Arbeitszeit?, ob Ihr Verbindung mit anderen Ländern, Norwegen, Dänemark habt etc., etc.
In Erwartung, daß Du meinem Wunsche, sobald es Dir möglich ist, nachkommen wirst, zeichne
Mit kollegialischem Gruß
Th. Leipart

Quelle: Zentrales Gewerkschaftsarchiv des FDGB, Hist. Abt., Nr. 60, Bl. 405.

dor Leipart Migrationsprobleme in den Mittelpunkt des Abkommens rückte. Die Passagen, die die Finanzhilfen regelten, wirkten eher als Sicherung gegen allzu häufige Beistandsgesuche. In den folgenden Jahren schloß der DHV eine gleichlautende Vereinbarung mit sechs weiteren Verbänden und kaum verändert mit Dritten, so daß ein multilaterales Beziehungsgefüge auf einheitlicher und ausbaufähiger Basis entstand. Diese und die organisatorische Kräftigung der nationalen Verbände bildeten die Voraussetzungen dafür, daß wie zuvor in den meisten anderen Branchen 1904 im zweiten Anlauf die Gründung eines Internationalen Berufssekretariates (IBS) der Holzarbeitergewerkschaften gelang. Bereits 1891 war in Brüssel »im Windschatten der Zweiten Internationale« mit großen, teilweise euphorischen Erwartungen ein Informationssekretariat der Holzarbeiter errichtet worden, an dessen Spitze ab 1893 Karl Kloß, der Vorsitzende des Deutschen Holzarbeiter-Verbandes, stand. Drei Jahre lang versuchte er, Adressen und Rechenschaftsberichte weiterzuverbreiten, Kontakte zu vermitteln und eine internationale statistische Erhebung auf einheitlicher Grundlage zu veröffentlichen. Sie wurde nur zu einem dürftigen Gerüst, da die Entwicklungsunterschiede der Gewerkschaften zu groß waren und den meisten »Feierabendfunktionären« angesichts des Existenzkampfes ihrer jungen Vereine noch die Kraft für den Verwaltungsaufwand internationaler Beziehungen fehlte. Selbst elementarste Verpflichtungen, die nicht kurzfristig organisationsstabilisierend wirkten, überforderten die Vereine. Kloß stellte daraufhin 1896 seine Tätigkeit ein und löste das Sekretariat, verbittert über das Mißverhältnis zwischen Führungseinsatz und sichtbarem Resultat, auf.

Acht Jahre später waren die Ausgangsbedingungen günstiger, so daß die Gründung der Internationalen Union der Holzarbeiter (IUH) in Amsterdam durch Delegierte von 17 Organisationen aus elf Ländern von Bestand war. Leipart wurde als Vertreter der am meisten gefestigten europäischen Holzarbeitergewerkschaft zum nebenamtlichen Sekretär der Union gewählt, ihr Sitz an das Büro des DHV gebunden. Die Mitgliedsbeiträge für jeweils 100 Verbandsangehörige stiegen von 0,50 Mark auf 1,50 Mark 1910, blieben damit jedoch eher symbolische Zuwendungen.

Von Anfang an waren in der Union latente Spannungen zwischen den Vertretern sozialdemokratischer, tradeunionistischer und anarchosyndikalistischer Gewerkschaftskonzeptionen zu verzeichnen. Als Arbeitsgrundlage diente ein vom Vorstand des DHV entworfenes Statut, das ein Minimalprogramm darstellte und nur die schmale gemeinsame Interessenbasis ausschöpfte, um Konflikte und Beschlußuntreue nicht vorzuprogrammieren. Das offizielle Entscheidungsgremium der Internationalen Union der Holzarbeiter bildeten periodisch, im Umfeld der Kongresse der II. Internationale, abgehaltene Funktionärskonferenzen, auf denen zumeist die Sekretäre der Verbände vertreten waren. In der Praxis verfügte der Internationale Sekretär über eine starke, kaum kontrollierte Position. Leiparts Grundsatz beim Aufbau der IUH war, »nur (…) rein praktische Gegenwartsfragen, wofür ein momentanes Bedürfnis vorhanden und ein Erfolg möglich« erschien, zu behandeln. Dabei ging er von der These aus, daß die gedeihliche Zusammenarbeit in einem IBS einerseits ein Mindestmaß an organisatorischer Reife und andererseits nicht zu stark voneinander abweichende Leistungspotentiale und Interessen der Verbände voraussetzte, um für alle Beteiligten ein annähernd ausgeglichenes Verhältnis von Aufwand und Nutzen zu sichern. Folglich bemühte er sich als Sekretär in den Jahren vor dem Ersten Weltkrieg vorrangig um die Stärkung der schwächsten Organisationen, die internationale Angleichung der Vorstellungen von Gewerkschaftsarbeit und die verbindliche Erfüllung der begrenzten Aufgaben der IUH durch alle Mitglieder, bevor diese sich höhere Ziele setzen konnten. Prozesse in den Mitgliedsorganisationen sollten nicht von außen, »treibhausmäßig«, wie Leipart sich ausdrückte, eingeleitet werden. Statt dessen waren eigenständige Entwicklungsansätze zu fördern. Somit beschäftigte sich die Union in ihrer ersten Dekade vorrangig damit, Verbindungen der Gewerkschaften untereinander herzustellen, den Nachrichtenaustausch zu organisieren, Wanderungsbewegungen »im Auge zu behalten«, Zuzug in Kampfgebiete zu verhindern und ausnahmsweise finanzielle Streikunterstützung zu organisieren. Politische Aktivitäten verwarf das Statut ausdrücklich. Damit überschritt die

---

Entwurf Theodor Leiparts für einen Kartellvertrag zwischen dem Deutschen Holzarbeiter-Verband und dem Dänischen Tischlerverband vom Dezember 1900

§ 1 Die Mitglieder beider Verbände werden gegenseitig ohne Eintrittsgeld aufgenommen, sofern sie ihren Pflichten gegenüber dem Verband, dem sie zuletzt angehörten, bis zum Tage ihrer vorschriftsmäßigen Abmeldung nachgekommen sind.

§ 2 Die solchergestalt übergetretenen Mitglieder erwerben mit ihrem Übertritt die gleichen Rechte, welche den übrigen Mitgliedern desselben Verbandes bei gleicher Dauer der Mitgliedschaft zustehen, sofern der Übertritt während der ersten 8 Wochen ihres Aufenthaltes im Lande erfolgt.

§ 3 Die gegenseitige Unterstützung der Mitglieder regelt sich nach den Vorschriften der Statuten beider Verbände. Als Grundsatz für den Bezug von Reiseunterstützung abseiten des ausländischen Verbandes gilt jedoch:
 a) daß das Mitglied eine mindestens 52wöchentliche Mitgliedschaftsdauer nachweisen kann;
 b) daß die Reiseunterstützung mindestens 2 Pf. pro Kilometer mit dem Höchstsatz von 75 Pf. pro Tag beträgt;
 c) daß die innerhalb 12 Monaten an ein Mitglied insgesamt gezahlte Unterstützung den Betrag von 20 Mark nicht übersteigen soll;
 d) daß diese Reiseunterstützung während der ersten 4 Wochen des Aufenthaltes im Lande gezahlt wird, es sei denn, daß das betr. Mitglied vorher zu dem jenseitigen Verband übergetreten ist.

Internationale Union der Holzarbeiter zwar kaum das Pensum der zuvor geschlossenen bilateralen Verträge, jedoch wurde ihr Geltungsbereich durch Beitritte nach und nach auf alle größeren kontinentaleuropäischen Holzarbeitergewerkschaften ausgedehnt. Leipart mußte dieses Programm der »allmählichen und gesunden« Entwicklung auf nationalem und internationalem Gebiet gegen die Wünsche einer anarchosyndikalistischen Minderheit durchsetzen, die die rasche und kostentreibende Erweiterung des Tätigkeitsgebietes der Union anstrebte.

Mehrfach keimte die Diskussion über die Einführung einer aus festen Beiträgen gespeisten Streikkasse und finanzielle Organisations- und Kampfbeihilfen für schwache Gewerkschaften auf, die vor allem den DHV einseitig belastet hätten und deshalb von Leipart unterbunden wurden. Die Hoffnung auf einen gemeinsamen Fonds, die vor allem viele kleinere Verbände hegten, um über die Grenzen hinweg Unterstützungsgelder zusammenzulegen und einander abwechselnde Kampfschwerpunkte bilden zu können, erwies sich als grandiose Illusion. Bis 1914 vergab der DHV zwar etwa 35 kleinere Finanzhilfen ins Ausland, jedoch wurden die Maßstäbe hierfür immer strenger. Zinsgünstige Darlehen überwogen schließlich. Unterstützungen der IUH, deren Haushalt kaum die laufenden Kosten deckte, waren ausgeschlossen. Leipart befürwortete nur einige der Gesuche auf Listensammlungen, die an ihn als Internationalen Sekretär gerichtet wurden, und empfahl der Mehrzahl der Antragsteller, »sich nach der eigenen Decke [zu] strecken« und »nicht über die Verhältnisse [zu] kämpfen«. Feste Vereinbarungen über internationale Solidaritätsleistungen scheiterten an der unterschiedlichen Größe und Finanzkraft der Verbände, konträren Auffassungen über den Wert von Tarifverträgen und abweichenden Streikgenehmigungs- und -führungskompetenzen der Vorstände.

Der Internationale Sekretär führte eine ausgedehnte Korrespondenz in Form von Briefen und Rundschreiben, die sowohl der unmittelbaren Leitungstätigkeit als auch der raschen Übermittlung von Streiknachrichten und Zuzugswarnungen diente. Immer häufiger riefen besonders junge Verbände in Organisations- und Taktikfragen Leipart um Rat an, wodurch er nach und nach zu einer geachteten Konsultationsinstanz wurde. Soweit dieser Schriftverkehr rekonstruierbar ist, fällt auf, daß der Sekretär nahezu ausschließlich die im DHV übliche Praxis als Leitlinie empfahl. Dabei erwies sich, daß Standardprobleme, wie Grenzstreitigkeiten, die Auswirkungen von Unterstützungen und Tarifverträgen auf den Organisationscharakter, der Wert bezahlter Funktionäre für ihre Verbände, Beitrags-, Leistungs- und

---

§ 4 Auch in Fällen von Streiks und Aussperrungen verpflichten sich beide Verbände zu gegenseitiger Unterstützung. Diese Unterstützung soll jedoch nur in außerordentlichen Fällen eintreten, so daß in gewöhnlichen Fällen jeder Verband für die Unterstützung seiner streikenden Mitglieder selbst zu sorgen hat.

§ 5 Derjenige Verband, welcher eine Streikunterstützung beanspruchen will, ist verpflichtet, mindestens 4 Wochen vor Ausbruch des betr. Streiks dem Vorstand des jenseitigen Verbandes über die Ursachen und die zu erwartende Ausdehnung des Streiks Bericht zu erstatten. Bei plötzlich ausbrechenden Streiks und bei Aussperrungen hat der betroffene Verband nachzuweisen, daß er den Ausstand resp. dessen vorzeitigen Ausbruch, nicht durch Außerachtlassung taktischer Rücksichten selbst verschuldet hat.

§ 6 Die Bewilligung der Unterstützung und die Aufbringung der Mittel hierzu ist Sache des einzelnen Verbandes selbst. Jedoch werden nur solche Gesuche berücksichtigt, welche von dem Zentralvorstand des betr. Verbandes ausgehen.

§ 7 Jeder Verband verpflichtet sich ferner zur gegenseitigen regelmäßigen Berichterstattung über die wichtigsten Vorkommnisse im eigenen Verbandsleben, um die internationalen Beziehungen zu fördern und damit einer späteren Erweiterung dieses Kartellvertrages vorzuarbeiten.

Quelle: Zentrales Gewerkschaftsarchiv des FDGB, Hist. Abt., Nr. 82, Bl. 697f.

Durch den Sekretär der IUH vermittelte Unterstützungsbeträge 1907–1914 (in Mark)

Jahr	Anlaß	Gesamtsumme	davon aus Deutschland
1907	Streik der Holzarbeiter in Belgien	2540	2000
1909	Streik der Möbeltischler in Frankreich	3435	1300
1909	Streik der Möbeltischler in Holland	1000	1000
1912	Streik der Möbeltischler in Holland	1327	300
1912	Streik der Möbeltischler in Großbritannien	9088	5650
1913	Streik der Holzarbeiter in Finnland	1500	
1913	Streik der Holzarbeiter in Kroatien	2500	2500
1914	Streik der Sägemühlenarbeiter in Finnland	5000	5000
1914	Streik der Holzarbeiter in Bulgarien	2000	2000
	Beihilfe für Propagandazwecke Italien	300	

Quellen: Protokoll des Fünften Internationalen Holzarbeiterkongresses am 5. und 6. Sept. 1910 in Kopenhagen, S. 7; Woudenberg, C., Die Internationale Union der Holzarbeiter, in: Die internationale Gewerkschaftsbewegung, Amsterdam 1922, Nr. 1, S. 26; Internationale Union, S. 190, 251, 787, 859.

Quotenfragen wiederkehrten. Eine Publikationsform war geboten, die die Erkenntnisse zur Gewerkschaftsarbeit weiterverbreitete und für die Öffentlichkeit zugänglich bewahrte. Als Markt und Archiv des Erfahrungsschatzes der entwickelteren Verbände gab Leipart ab 1904 unter dem Titel »Internationale Union« in unregelmäßiger Folge ein dreisprachiges Korrespondenzblatt heraus, das neben Aufsätzen vor allem Berichte von Verbandstagen, Statistiken zu Arbeits- und Lebensbedingungen und Nachrichten über die Mitgliedsverbände enthielt. Ab 1909 erschien das Organ unter dem Titel »Bulletin der Internationalen Union der Holzarbeiter« viersprachig, da zu den deutschen, englischen und französischen Texten schwedische Übersetzungen hinzukamen. Ursprünglich sah das Konzept vor, originäre Beiträge zu veröffentlichen. Jedoch überforderte diese Verpflichtung viele Vorstände und Fachblattredaktionen, so daß im »Bulletin« stets redaktionell bearbeitete Übernahmen aus Verbandsblättern dominierten. Bis 1914 wurden 60 Ausgaben mit zusammengefaßt 1200 Seiten in einer Auflage von zuletzt 2500 Exemplaren kostenlos an die Mitgliedsverbände der IUH und die überregionalen Arbeiterzeitungen versandt. Das »Bulletin« beanspruchte zwar das Gros des knappen Budgets der Union, erfreute sich jedoch bei Funktionären einer großen Beliebtheit, da sie hier ihre Leitungsprobleme – etwa die finanziellen Voraussetzungen und Folgen der Einführung eines neuen Unterstützungszweiges – praxisnah an Beispielen aus der Branche erörtert vorfanden. Die substantiellsten Beiträge kamen aus Deutschland und Skandinavien.

Die Zwischenbilanz über das von der IUH bei Ausbruch des Ersten Weltkrieges Erreichte fällt, gemessen an den Ausgangsintentionen der internationalen Gewerkschafts-

---

Internationale Holzarbeiterkonferenzen und -kongresse 1891–1933.

15. August	1891, Brüssel
8.– 9. August	1893, Zürich
29. Juli	1896, London
12.–13. August	1904, Amsterdam
15.–16. August	1907, Stuttgart
5.– 6. September	1910, Kopenhagen
8.–10. Dezember	1919, Amsterdam
12.–15. Juni	1922, Wien
20.–22. Juli	1925, Brüssel
25.–28. Juli	1929, Heidelberg
4.– 6. August	1933, Brüssel

Internationale Union der Holzarbeiter: Gründungsstatut 1904 (Auszug)

§ 1 Die Gewerkschaften der Holzarbeiter der verschiedenen Länder vereinigen sich zu einer internationalen Union zu dem Zweck, die gemeinsamen Interessen zu fördern.

§ 2 Insbesondere soll die Aufgabe der Union sein:
a) die Verbindung zwischen den einzelnen Landesorganisationen herzustellen;
b) eine gegenseitige Benachrichtigung und Verständigung über wichtige Fragen herbeizuführen;
c) bei Lohnkämpfen den Zuzug fremder Arbeitskräfte abzuhalten;
d) wenn notwendig und möglich, die finanzielle Unterstützung größerer Streiks und Aussperrungen zu vermitteln;
e) den Abschluß von Kartellverträgen über den gegenseitigen Übertritt und eventuelle Unterstützungen der Mitglieder im Ausland anzuregen und zu unterstützen;
f) im allgemeinen ein solidarisches Zusammenarbeiten der einzelnen Landesorganisationen der Holzarbeiter zu erstreben.

Beitritt:

§ 3 Alle Landesorganisationen der Holzarbeiter, …, können der Union beitreten.

§ 4 Wird aus einem Lande gegen die Aufnahme einer Organisation begründeter Widerspruch erhoben, so kann die Aufnahme verweigert resp. rückgängig gemacht werden.

§ 5 Jede Landesorganisation, welche Mitglied der Union geworden ist, behält ihre volle Selbständigkeit, ausgenommen diejenigen Pflichten, welche gegenwärtiges Statut der Internationalen Union ihr auferlegt.

[…]

bewegung, ernüchternd aus, da die labileren Organisationen Arbeitstempo und -inhalte prägten. Die meisten kontinentaleuropäischen Verbände gewährten IUH-Angehörigen Wanderbeihilfen und nahmen sie gebührenfrei und gleichberechtigt auf. 1912 zahlte der DHV an Ausländer, vorwiegend Österreicher, Schweizer und Dänen, 6214 Mark Reiseunterstützung. Der Informations- und Erfahrungsaustausch verlief routiniert, so daß der Wissensstand über Gewerkschaften des Auslandes größer geworden war. In einigen Fällen hatte die Union Konzentrationsprozesse mit vorangetrieben. Auf den Holzarbeiterkonferenzen lernten sich die Spitzenfunktionäre kennen und knüpften teilweise persönliche Beziehungen.

Organisatorische, ideologische Grabenkämpfe und Stagnation der Nachkriegsjahre

Der weitere Ausbau des IBS, für den im August 1914 die Weichen auf einem Kongreß in Wien gestellt werden sollten, fiel wie dieser dem Ersten Weltkrieg zum Opfer. Alle direkten und weitgehend auch die postalischen Kontakte über die Fronten hinweg rissen ab. Nur unter größten organisatorischen und finanziellen Schwierigkeiten gelang es Leipart, bis 1918 33 Nummern des »Bulletins« zusammenzustellen. Sie enthielten vorwiegend Nachrichten aus dem Einflußbereich der Mittelmächte, da britische und französische Fachblätter nur selten über Amsterdam, Kopenhagen und Zürich nach Berlin gelangten. Nur ebenso zufällig erreichte das »Bulletin« auf diesem Wege Empfänger in den Entente-Staaten.

---

§ 16 Jede Landesorganisation hat nach Schluß jeden Jahres einen Bericht über ihre Mitgliederzahl, Einnahmen und Ausgaben, Zahl und Erfolg der Lohnkämpfe usw. an den Sekretär einzusenden. Letzterer hat zu diesem Zweck entsprechende Formulare auszugeben. Diese Jahresberichte hat der Sekretär in einer Tabelle zusammenzustellen und so zur Kenntnisnahme der Landesorganisationen zu veröffentlichen.

§ 17 Wichtige Vorgänge in einer Landesorganisation, namentlich auch größere Streiks, sind dem Sekretär möglichst sofort anzuzeigen.

§ 18 Die Publikationen des Sekretärs erfolgen in der Regel mittels Zirkulars in deutscher, französischer und englischer Sprache. Ebenso ist die Korrespondenz der Landesorganisationen an den Sekretär möglichst in einer dieser drei Sprachen zu führen.

Quelle: Holzarbeiter-Zeitung, 12. Jg., Nr. 34/1904, S. 282.

Brief von Karl Kloß an F. A. M. Heystee in Amsterdam vom 8. April 1895

Werter Kollege!
[…]
Die Errichtung eines internationalen Verbandes scheint deshalb verfrüht, weil mit Ausnahme weniger Länder, die nationalen Verbände noch sehr wenig erstarkt sind, ja sogar in manchen Ländern solche gar nicht bestehen oder bestehen dürfen, wie solches speziell in Österreich-Ungarn der Fall ist. Ein internationaler Verband sollte doch aber nicht nur dem Namen nach existieren, sondern derselbe sollte auch leistungsfähig sein. Dazu sind aber finanzielle Zuwendungen erforderlich. Wird nun die finanzielle Kraft den nationalen Verbänden entzogen zu Gunsten der internationalen Vereinigung, dann liegt die Befürchtung nahe, daß die Leistungsfähigkeit der nationalen Verbände … noch mehr geschwächt wird. Was nützte aber eine Vereinigung mit dem schönen Beinamen »International«, wenn durch die internationalen Verpflichtungen die Kraft der nationalen Glieder gelähmt wird.
[…]
Wenn Sie mir solches gestatten, möchte ich Sie nun noch warnen, sich allzu großen Illusionen in Bezug auf internationale Verbindung hinzugeben. Es wird diese Verbindung immer nur eine sehr lockere, sich auf allgemeine Gesichtspunkte beschränkende sein. Aber auch in Puncto Unterstützung dürfen Sie auf großen Erfolg nicht rechnen. Die Organsiationen leiden eben alle noch zu sehr an innerer Schwäche, so daß dieselben des inneren Ausbaus nur allzusehr bedürfen.
[…]
Indem ich Ihrem Streik den besten Erfolg wünsche, grüßt Sie bestens Carl Kloß

Quelle: Zentrales Gewerkschaftsarchiv des FDGB, Hist. Abt., Nr. 69, Bl. 306f.

Die Mitglieder der Internationalen Union der Holzarbeiter 1914

1.	Deutscher Holzarbeiter-Verband	193 075
2.	Amalgamated Society of Carpenters and Joiners (Manchester)	86 972
3.	Fédération Nationale des Travailleurs de l'Industrie du Bâtiment	45 207
4.	Verband der Holzarbeiter Österreichs	26 352
5.	National Amalg. Furnishing Trades' Ass. of Great-Britain	15 707
6.	Magyarországi Famunkázog Szövetsége	10 665
7.	Verband der Tapezierer Deutschlands	10 164
8.	Zentralverband der Böttcher Deutschlands	8 632
9.	Svenska Träarbetareförbundet	8 021
10.	Schweizerischer Holzarbeiter-Verband	7 371
11.	Snedkerforbundet i Danmark	6 500
12.	Svenska Sägyärksindustriarbetareförbundet	6 022
13.	Union Centrale des Travailleurs de Bois de Belgique	5 250
14.	Suomen Sahateollisuustyöväen Liitto	5 008
15.	Fédération Nationale de L'Ameublement de France	5 000
16.	Traearbeiderforbundet i Norge	4 600
17.	Federación Nacional Española de Obreros en Madera	4 571
18.	Zentralverband der Glaser Deutschlands	4 415
19.	Zentralverein der Bildhauer Deutschlands	3 716
20.	Zentralverband der Schiffszimmerer Deutschlands	3 555
21.	Verband der Drechsler Österreichs	3 500
22.	Fédération Nationale des Brossiers, Tabletiers, Peignes etc.	2 737
23.	Norsk Sag-, Tomt- og Høvleriarbeiderforbund	2 628
24.	Suomen Puutyöntekiyäin Liitto	2 533
25.	International Union of Timberworkers of America	2 363
26.	Traeindustriarbeiderforbund i Danmark	2 339
27.	Algemeene Nederlandsche Bond van Meubelmakers etc.	2 285
28.	Verband der Holzarbeiter in Kroatien-Slavonien	1 306
29.	Russischer Holzarbeiter-Verband	1 260
30.	Norsk Moebelindustriearbeiderforbund	1 170
31.	Zentralverein der Bildhauer Österreichs	900
32.	Dansk Karetmagerforbund	840
33.	Boedkerforbundet i Danmark	730
34.	Fédération Nationale des Syndicats de l'Industrie du Sciage etc.	670
35.	Holzarbeiterverband für Bosnien und Herzegowina	600
36.	Uniunea Lucratorilor in Lemn si Mobila din Romania	500
37.	Dansk Skibstoemrerforbund	405
38.	Verband der Holzarbeiter in Bulgarien (II)	385
39.	Saves Drvodeljski Radnika	375
40.	Drejerforbundet i Danmark	294
41.	Dansk Boerstenbinderforbund	285
42.	Holzarbeiter-Verband Bulgariens (I)	177
43.	Kurvemagernes Fagforening i Danmark	144
44.	Billedskaerer og Dekorations-Billedhuggernes Forbund i Danmark	143
45.	Perseverance Cabinet Makers' Association, London	110
46.	Luxemburger Holzarbeiter-Verband	110
47.	Forgylderforbundet i Danmark	107
	Zusammen	489 699

Quelle: Almanach 1915, S. 90.

1919 richtete ein niederländischer Mitgliedsverband im Auftrage des Internationalen Sekretärs die erste Nachkriegskonferenz in Amsterdam aus. Nach langer und teilweise kontroverser Debatte wurde Leiparts Rechenschaftsbericht über die letzten Jahre zwar einstimmig akzeptiert, unverkennbar war jedoch der Vertrauensverlust besonders bei belgischen und französischen Delegierten. Vor dem Hintergrund der Kriegsschulddebatte kritisierten sie, daß der Sekretär zu rasch resignierte, die Potenzen der Union für die Friedenserhaltung nicht genutzt und sich zu starr an die Buchstaben des – inzwischen als zu einseitig und unzureichend empfundenen – Statuts geklammert habe. Leipart verzichtete daraufhin auf eine Wiederwahl und schlug Amsterdam als Sitz der Union vor. Ihr neuer Sekretär wurde der Niederländer Corneile Woudenberg. Da sein relativ kleiner Verband die hiermit verbundenen finanziellen und organisatorischen Mehrleistungen nicht tragen konnte, führten der Vorstand des DHV und die Verlagsanstalt des Deutschen Holzarbeiter-Verbandes weiter teilweise unentgeltliche Übersetzungs- und Publikationsarbeiten aus.

Die Mitgliederentwicklung der Internationalen Union der Holzarbeiter 1904–1934.

Datum	Mitgliedsorganisationen	Länder	Gewerkschaftsangehörige
12. 8.1904	17	10	150 000
31.12.1906	26	16	250 714
31.12.1909	37	20	271 149
1. 7.1914	47	25	489 699
8.12.1919	23	11	779 850
1. 1.1922	36	18	856 163
1. 1.1925	37	18	619 750
1. 1.1929	50	26	1 025 299
1. 1.1931	48	26	950 689
1. 1.1932	51	27	895 643
1. 1.1933	53	27	823 182
1. 1.1934	47	23	574 960

Quellen: Protokoll des Vierten Internationalen Holzarbeiterkongresses am 15. und 16. Aug. 1907 in Stuttgart, S. 32; Protokoll des Fünften Internationalen Holzarbeiterkongresses am 5. und 6. Sept. 1910 in Kopenhagen, S. 12; Protokoll der Internationalen Konferenz der Holzarbeiter, abgehalten in Amsterdam am 8., 9. und 10. Dez. 1919, S. 2; Protokoll des Ordentlichen Kongresses der Internationalen Union der Holzarbeiter in Wien, 12. bis 15. Juni 1922, S. 72; Holzarbeiter-Zeitung, 30. Jg., Nr. 23/1922, S. 1; Tätigkeitsbericht über die Jahre 1929–1932, vorgelegt dem VIII. Ordentlichen Internationalen Holzarbeiterkongreß in Brüssel 1933, S. 16. Der Internationale Bund der Bau- und Holzarbeiter in den Jahren 1934 und 1935, Amsterdam 1936, S. 5.

Aufgrund der Kriegserfahrung bestand ein breiter Konsens hinsichtlich organisatorischer Veränderungen, einer Neufassung des Statuts und dabei einer Aufgabenerweiterung der Internationalen Union der Holzarbeiter. Bereits die noch in Amsterdam verabschiedeten Resolutionen verdeutlichten den Willen der Verbände, das bisherige »internationale Fachgremium der Holzbranche« in eine umfassender tätige Arbeiterorganisation umzuwandeln. In einer Grundsatzerklärung bekannte sich die Union zum aktiven Antimilitarismus, zur Beseitigung der kapitalistischen Ausbeutung und zur Sozialisierung der Betriebe. Scharfe Proteste richteten sich gegen die Hungerblockaden über Sowjetrußland und Österreich sowie gegen die andauernde Festsetzung deutscher und österreichischer Kriegsgefangener.

Eine fünfköpfige Arbeitsgruppe legte im Juli 1920 einen Satzungsentwurf vor, der nach einer Umfrage zum provisorischen Statut erhoben wurde. Auffallend war neben der Erweiterung des Tätigkeitsgebietes über reine Gewerkschafts- und Branchenangelegenheiten hinaus auch die Schwächung der Position des Sekretärs. Die Statutenkommission blieb, nun als Exekutivkomitee bezeichnet, erhalten und diente Woudenberg als Beratungs- und Kontrollgremium in allen Fragen von Belang (Aufnahmen, gelegentliche Solidaritätsaufrufe, Beschlußentwürfe).

Ungeachtet ihrer durch Inflation und Wirtschaftskrise weiterhin prekären Finanzlage führte die Union das »Bulletin« fort und vervollkommnete es drucktechnisch und inhaltlich. Die Erweiterung des Interessengebietes der Gewerkschaften, die auch für den Internationalen Gewerkschaftsbund (IGB) und die anderen Internationalen Berufssekretariate (IBS) zutraf, schlug sich im »Bulletin« nun in der Behandlung wirtschaftspolitischer, politischer und sozialer Themen neben dem ursprünglichen Programm nieder. Es erschienen vor allem verstärkt populärwissenschaftliche Aufsätze zum Unfall- und Gesundheitsschutz und zur gewerkschaftlichen Jugendarbeit. Darüber hinaus veröffentlichte das Blatt alle wichtigen Mitteilungen und Resolutionen des Internationalen Gewerkschaftsbundes. Etwa seit Mitte der zwanziger Jahre nahm das »Bulletin« wieder stärker den Charakter einer beruflichen Informationsschrift an. Auch die hehren Postulate des neuen Statutes gerieten angesichts der Mühsal der alltäglichen Gewerkschaftsarbeit bald in Vergessenheit.

Das Verhältnis zwischen dem IGB und den Internationalen Berufssekretariaten wurde enger und geordneter als in den Vorkriegsjahren. Der Bund setzte sich die Abstimmung der branchenübergreifenden Aktivitäten der Sekretariate zur Aufgabe, während diese sich ihren inneren Aufbau und die Zusammenarbeit zwischen den Verbänden des jeweiligen Berufszweiges vorbehielten. Jährlich führten der Vorstand des IGB und die Sekretäre der IBS Konsultationen durch.

Eine hier ständig erörterte Frage war das Verhältnis gegenüber den russischen und den anderen Mitgliedsorganisationen der am 1. Mai 1921 gegründeten Revolutionären Gewerkschaftsinternationale (RGI) und ihren bis 1929 periodisch wiederkehrenden Anträgen auf Aufnahme in die Internationalen Berufssekretariate. Ab 1921/22 bestand in der Internationalen Union der Holzarbeiter eine Minderheit aus von Kommunisten oder linken Sozialisten geführten norwegischen, schweizerischen und britischen Gewerkschaften, die teilweise durch den Allrussischen Holzarbeiterverband finanziell unterstützt wurden, die eine enge Zusammenarbeit mit Mitgliedsorganisationen des RGI befürworteten und deren Aufnahme in die Union immer wieder beantragten. Die Diskussion hierüber prägte alle Holzarbeiterkongresse der zwanziger Jahre. Besonders Woudenberg und Fritz Tarnow, der 1920 gewählte neue Vorsitzende des Deutschen Holzarbeiter-Verbandes, polemisierten wortgewaltig und unter Erinnerung an die Taktik der Kommunistischen Internationale gegen das »Trojanische Pferd«, da sie wahrscheinlich zu Recht befürchteten, daß Doppelmitgliedschaften eine »Zellenbildung«, die Diskreditierung der sozialdemokratischen Funktionäre und letztlich die Spaltung der Internationalen Union der Holzarbeiter nach sich ziehen würden. 1922 verabschiedete der Wiener Holzarbeiterkongreß nach leidenschaftlicher Diskussion mit 59 gegen 11 Stimmen im Beisein russischer, tschechischer und bulgarischer Gäste eine Grundsatzentscheidung über Mitgliedschaftskriterien, die auf den Folgetreffen bestätigt und erweitert wurde und die die RGI-Organisationen und ihre Sympathisanten aus der IUH fernhalten sollte. Die Mitgliedschaft in der Union war demnach an die Zugehörigkeit zu einem mit dem Internationalen Gewerkschaftsbund assoziierten Dachverband gebunden. Sowohl für die alten als auch für die neu aufzunehmenden Gewerkschaften reichte das Bekenntnis zu den Statuten allein nicht mehr aus. Das Exekutivkomitee verlangte allen Organisationen die Erklärung ab, »daß sie der Roten Gewerkschafts-Internationale oder dem Propagandakomitee der Roten Holzarbeiter-Internationale [dem Widerpart zur IUH in der RGI – G. G.] in Moskau oder irgendeinem Komitee, das eventuell zu dem gleichen Zweck gegründet würde, keinerlei Unterstützung leisten werden und mit derartigen Instanzen oder Organisationen keinerlei Beziehungen unterhalten werden«. Auf der Grundlage dieser Entscheidung schloß das Exekutivkomitee im Dezember 1929 jeweils eine finnische, norwegische und britische Gewerkschaft nach mehreren Warnungen und einem Ultimatum aus, da diese sich weigerten, ihre Freundschafts- und Beistandsabkommen mit dem Allrussischen Holzarbeiterverband zu kündigen. Insgesamt sechs Aufnahmeanträge vorwiegend ost- und südosteuropäischer Gewerkschaften wurden abschlägig beschieden. Mehrfach protestierte die Führung der Internationalen Union der Holzarbeiter gegen die Zusammenarbeit der Internationalen Berufssekretariate der Transport- und Metallarbeiter mit sowjetischen Gremien und erwies sich in dieser Frage als Hardliner innerhalb des IGB.

Wirtschaftskrise und Faschismus – beschleunigte Konzentrationsprozesse in der internationalen Gewerkschaftsbewegung

Tarnow, der Woudenberg an der Spitze der Internationalen Union der Holzarbeiter 1929 ablöste, mußte bald eine ernste Organisationskrise konstatieren. Die Wirtschaftsdepression führte besonders in den angeschlossenen deutschen und amerikanischen Gewerkschaften zum Mitgliederschwund von bis zu 40 Prozent und teilweise existenzgefährdenden finanziellen Engpässen. Das Interesse an internationaler Zusammenarbeit nahm ab, mehrere Verbände ließen die Korrespondenz mit dem nach der Wahl Tarnows wieder nach Berlin verlegten Sekretariat abreißen. Noch schwerer für den inneren Zusammenhalt wog, daß sich eine steigende Anzahl der Verbände den mit Geldaufwendungen verbundenen Auflagen des Unionsstatutes zu entziehen suchte. Im Dezember 1931 mußte das Exekutivkomitee die in der Praxis längst zur Makulatur gewordene Verpflichtung zur gegenseitigen Wanderunterstützung in eine Empfehlung umwandeln. Auch die Entbindung von der Pflicht, ausländische Gewerkschafter gleichberechtigt zu übernehmen, konnte nunmehr beantragt werden. Die offizielle Argumentation hierzu, die Reisegroschen hätten ihren Charakter als »Unterstützung arbeitsuchender oder auf beruflicher Wanderschaft befindlicher Kollegen fast vollständig verloren« und wären »dagegen immer mehr zur Finanzierung von Vergnügungsfahrten in Anspruch genommen« worden, spiegelte im Interesse einer Schadensbegrenzung vor der Öffentlichkeit nur eine Teilwahrheit wider.

Vor diesem Hintergrund keimten Diskussionen um eine Fusion mit anderen Internationalen Berufssekretariaten neu auf. Bereits 1919 hatten belgische und französische Unionsmitglieder, die sowohl Arbeiter der Holz- als auch der Baubranche aufnahmen, mit dem Hinweis auf Konzentrationsprozesse in beiden Industrien den Zusammenschluß mit der Bauarbeiter-Internationale (BI) gefordert. Das Exekutivkomitee lehnte dies in einem unter Federführung Leiparts und Tarnows erstellten Gutachten vorerst ab, da die wirtschaftlichen Strukturveränderungen gegenläufige nationale Besonderheiten aufwiesen. Vor allem aber lehnten die DHV-Spitzen internationale Assoziationen ab, da sie Impulse für den einstweilen unerwünschten Zusammenschluß ihres Verbandes mit den Zimmerern und Maurern Deutschlands befürchteten. Das Verhältnis zwischen der Union der Holzarbeiter und der Bauarbeiter-Internationale, an die sich 1925 die Zimmerer-Internationale anschloß und in die auch einige kleinere IUH-Gewerkschaften überwechselten, war eng und führte 1926 zu einem Kartellvertrag über die Unterstützung und Aufnahme von Wanderarbeitern.

Dennoch bewirkten schließlich erst die katastrophalen verwaltungstechnischen, materiellen und psychologischen Folgen der Zerschlagung der deutschen Gewerkschaften durch den Faschismus die Vereinigung. Beide Sekretariate wurden zu diesem Zeitpunkt durch deutsche Verbände und Funktionäre dominiert und hatten ihren Sitz in Berlin, den sie im April 1933 fluchtartig nach Amsterdam verlegen mußten. Dabei gingen die meisten Einrichtungen und das Archiv der Bauarbeiter-Internationale verloren. Nach 29 Jahrgängen mußte das »Bulletin« eingestellt und durch notdürftige maschinenschriftliche Presseberichte ersetzt werden. Die im Mai 1933 notwendige Streichung der deutschen Gewerkschaften aus den Listen beider Internationalen Dachverbände bedeutete den Verlust von zusammen 726 063 oder 43 Prozent der ursprünglich 1 678 902 Mitglieder und des aktivsten Funktionärsstammes. Die faktische Paralyse beider Sekretariate ließ allein die Möglichkeit, diesen »fürchterlichen moralischen und materiellen Schlag (....) durch sofortige Sammlung zu parieren«, um die »Aufgaben, die die geschwächten Internationalen jede für sich kaum mehr bewältigen konnten, im Interesse der Bau- und Holzarbeiter der Welt zu lösen«. Zwei separate Branchenkonferenzen im Juli/August 1933 in Brüssel erklärten ihr prinzipielles Einverständnis mit der Fusion und setzten eine Kommission ein, die deren Bedingungen festlegte. Am 1. April 1934 vereinigten sich beide Sekretariate zum internationalen Bund der Bau- und Holzarbeiter (IBBH).

Holzarbeiter-Publikationen aus verschiedenen Ländern

DIE INTERNATIONALE

Fritz Tarnow spricht beim Reichsjugendtreffen des DHV (1929)

Reichsjugendtreffen des DHV anläßlich des Internationalen Holzarbeiter-Kongresses in Heidelberg (1929)

Kapitel III **1918–1933**

KAPITEL III 1918–1933

Symbolische Darstellung der im Deutschen Holzarbeiter-Verband vertretenen Berufe und deren quantitativen Gewichts

Korbmacher-arbeit

Wagenbauer (um 1920)

Modellschreinerei (um 1930)

Fabrikarbeit

HEINRICH POTTHOFF

Aufschwung, Erfolge und Grenzen in der Weimarer Republik 1918 – 1933

Als in den Novembertagen 1918 die demonstrierenden Massen den Sturz der Monarchien und ihrer Regierungen bewirkten, begann in Deutschland eine neue Epoche. Der Zusammenbruch der monarchischen Staatsordnung unter dem Ansturm der revoltierenden Arbeiter und Soldaten kam für die Gewerkschaften überraschend. Sie hatten auf Kontinuität und Reformen gesetzt und glaubten bis zuletzt nicht an den Sieg der revolutionären Bewegung. Doch nach dem 9. November 1918 begrüßten auch sie »die revolutionäre Umwälzung« und das Ende des Obrigkeitsstaates. In den Räten sahen sie vorübergehende politische Organe der Revolution, die mit der Aufrichtung einer wirklich demokratisch legitimierten Staatsordnung wieder im Orkus der Geschichte verschwinden würden.

Die Räte erwiesen sich jedoch als zählebiger als zuerst gedacht, und bald mußten die Gewerkschaften feststellen, daß Räte und Revolutionsorgane sich auch in ihre ureigenen Tätigkeitsfelder einmischten. Darüber, wie dem am besten zu begegnen sei, gingen die Meinungen auseinander. Sie reichten von scharfer Konfrontation über eine Taktik des Abwiegelns und Abwartens bis zu Ansätzen einer fruchtbaren Integration. Es war Theodor Leipart vom Deutschen Holzarbeiter-Verband, der sich mit Erfolg gegen jede rätefeindliche Kundgebung wandte und statt dessen empfahl, die Gewerkschaften sollten sich durch »praktische Arbeit« als unentbehrlich profilieren und durch eine Aktivierung der Tarifpolitik den Räten den Wind aus den Segeln nehmen[1]. Die Holzarbeiter gingen auf diesem Wege voran. Das hatte gute Gründe. Als soziale Gruppe gehörten die in der Holzindustrie und im Holzgewerbe beschäftigten Arbeiter großenteils zu den Verlierern des Weltkrieges, mit Ausnahme der im Flugzeug-, Kraftwagen- und Schiffsbau Beschäftigten.

Nach dem 9. November 1918 nutzte der Holzarbeiterverband die Chance, die sich durch den revolutionären Umbruch bot. Formalrechtlich galten die bestehenden Tarifverträge bis zur vereinbarten Frist zwar weiter, in der Praxis aber begannen vielerorts Räte bei der Regelung der Löhne und Arbeitsbedingungen mitzumischen, vor allem in der Großindustrie und in den Ballungszentren. Bei einem starren Festklammern an tarifrechtliche Bindungsfristen drohten nicht allein die Gewerkschaften, sondern vor allem die Arbeiter in Klein- und Mittelbetrieben und abseits der Großstädte ins Hintertreffen zu geraten. Der Holzarbeiterverband handelte deshalb im berechtigten Interesse seiner Mitglieder, als er schon kurz nach dem 9. November in Verhandlungen mit den Arbeitgebervertretern eine Aufstockung der Löhne durchzusetzen suchte.

Die im Zuge der Revolution und der demokratischen Republik gewonnenen Freiheiten nutzten alle Richtungsgewerkschaften zu einer Organisationsreform. Doch diese beschränkte sich zunächst weitgehend auf den festeren Zusammenschluß der Einzelverbände unter dem Dach der jeweiligen Bünde. Das System der Richtungsgewerkschaften blieb weiter bestehen. Darin zeigte sich die große Macht der Kontinuität. Bei den Gewerkschaften im Holzgewerbe kam es lediglich zu einer schon lange erörterten Flurbereinigung, als sich am 1. Oktober 1919 der Zentralverband der Bildhauer Deutschlands mit seinen 3183 Mitgliedern dem Holzarbeiter-Verband anschloß[2].

Vor große Integrationsprobleme wurden die Verbände durch den Mitgliederzulauf gestellt, der seit der Revolution die Organisationen fast überflutete. Vor allem Landarbeiter, weibliche Arbeitskräfte, Angestellte und Arbeiter in Staatsbetrieben und der privaten Großindustrie strömten nun den Gewerkschaften zu. Im Vergleich etwa zu den Landarbeiter-, Metallarbeiter-, Bergarbeiter- und Gemeindearbeiterverbänden hielt sich der Mitgliederzuwachs im Bau- und Holzgewerbe jedoch in Grenzen. Der Hauptgrund dafür war, daß die in diesen Branchen tätigen Verbände schon vor dem Weltkrieg vergleichsweise gute Organisationsquoten aufwiesen. Am Jahresende 1918 hatte der Holzarbeiter-Verband mit 168 385 Mitgliedern wieder etwa 85 Prozent des Vorkriegsstandes erreicht. Nur bei einer Minderheit der 1918 verzeichneten Zugänge handelte es sich um Rückmeldungen ehemaliger Verbandskollegen (knapp 40 000), die aus dem Krieg zurückkehrten, bei der Mehrzahl (77 723) dagegen um Erstmitglieder, die überwiegend erst nach Kriegsende und Revolution den Weg in die Gewerkschaft gefunden hatten. 1919 traten dem Verband mehr Mitglieder (215 745) neu bei, als er am Jahresende 1918 Mitglieder hatte; Ende 1919 gehörten von den 361 054 Mitglie-

---

[1] Heinrich Potthoff, Gewerkschaften und Politik zwischen Revolution und Inflation, Düsseldorf 1979, S. 38.

[2] Jahrbuch des Deutschen Holzarbeiter-Verbandes 1919, hrsg. vom Verbandsvorstand, Berlin 1920, S. 205.

KAPITEL III 1918–1933

Mitgliederentwicklung des Holzarbeiter-Verbandes 1918–1932

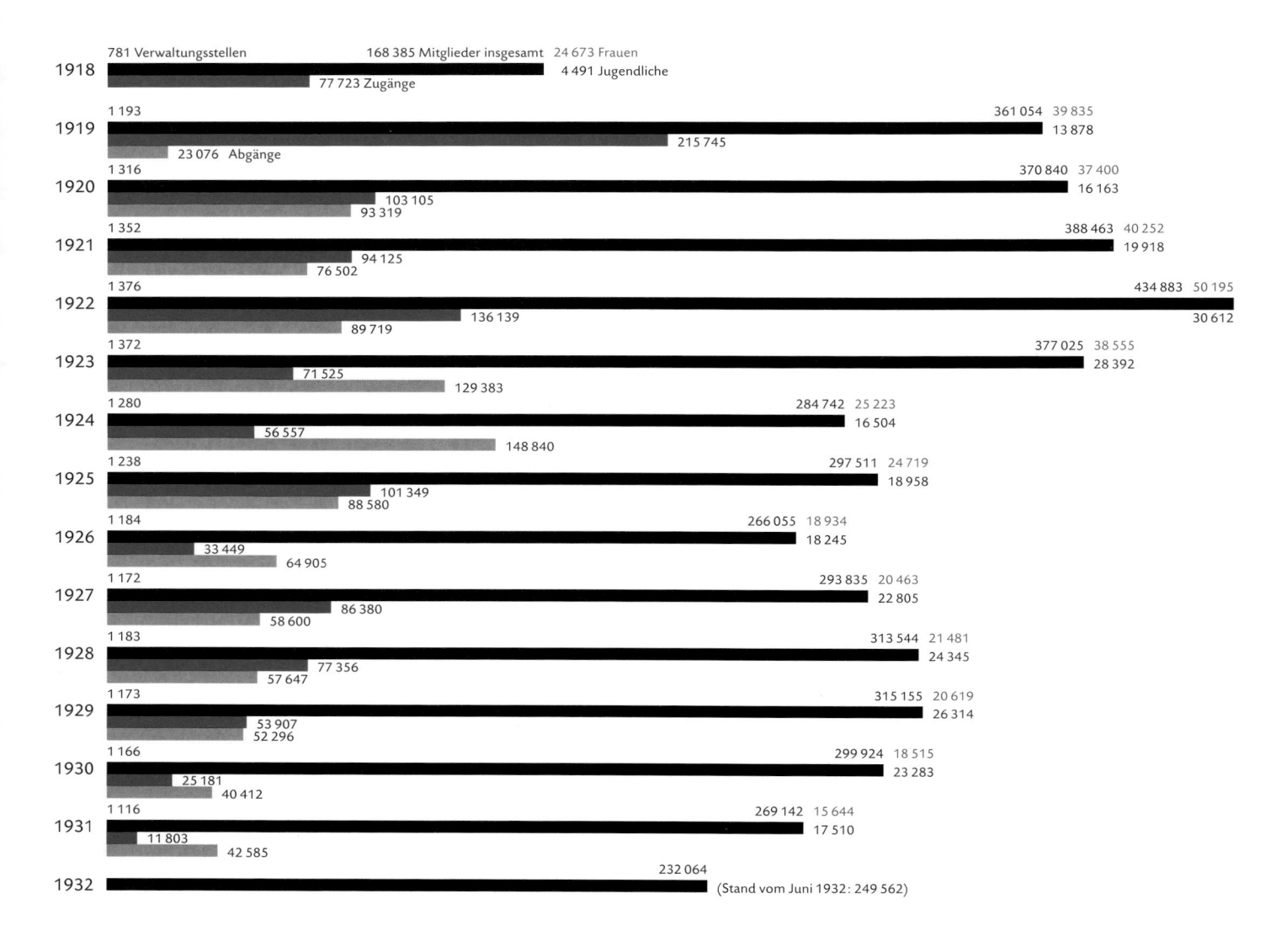

Jahr	Verwaltungsstellen	Zugänge	Abgänge	Mitglieder insgesamt	Frauen	Jugendliche
1918	781	77 723		168 385	24 673	4 491
1919	1 193	215 745	23 076	361 054	39 835	13 878
1920	1 316	103 105	93 319	370 840	37 400	16 163
1921	1 352	94 125	76 502	388 463	40 252	19 918
1922	1 376	136 139	89 719	434 883	50 195	30 612
1923	1 372	71 525	129 383	377 025	38 555	28 392
1924	1 280	56 557	148 840	284 742	25 223	16 504
1925	1 238	101 349	88 580	297 511	24 719	18 958
1926	1 184	33 449	64 905	266 055	18 934	18 245
1927	1 172	86 380	58 600	293 835	20 463	22 805
1928	1 183	77 356	57 647	313 544	21 481	24 345
1929	1 173	53 907	52 296	315 155	20 619	26 314
1930	1 166	25 181	40 412	299 924	18 515	23 283
1931	1 116	11 803	42 585	269 142	15 644	17 510
1932				232 064 (Stand vom Juni 1932: 249 562)		

3
Für 1918 bis 1931 nach den Jahrbüchern des Holzarbeiter-Verbandes 1918–1931. Die Aufstellung im Jahrbuch 1931, S. 133, enthält in der Spalte Jugendliche einen Fehler; die korrekte Zahl wurde aus der Aufstellung auf S. 134f. über die Mitgliederentwicklung 1931 berechnet.

Die Angabe über die Mitgliederzahl für 1932 ist entnommen aus Willy Müller, Das soziale Leben im Neuen Deutschland unter besonderer Berücksichtigung der Deutschen Arbeitsfront, Berlin 1938, S. 30. Ihm standen beschlagnahmte Materialien zur Verfügung.

dern die meisten dem Verband erst seit der Revolution an. Auch bei einer so traditionsreichen und früher schon vergleichsweise gut organisierten Gewerkschaft wie der der Holzarbeiter hatte sich die Basis grundlegend verändert. In den Jahren 1920 bis 1922 stiegen die Mitgliederzahlen noch weiter an und erreichten am Jahresende 1922 mit 434 843 ihren absoluten Höhepunkt während der Weimarer Republik[4].

Auch in der Weimarer Republik gab es – wenn auch auf einem hohen Sockel – noch eine erhebliche Fluktuation. Die Zugänge und Abgänge lagen weit höher, als es dem altersbedingten Eintritt und Ausscheiden entsprach. Selbst in den Jahren bis 1922, in denen die Neumitglieder der Gewerkschaft förmlich zuströmten, verließen, mit Ausnahme des Jahres 1919, auch Zehntausende wieder den Verband. Dies war jedoch nicht konjunkturbedingt, sondern ein Nachklang der revolutionären, unruhigen Umbruchperiode. Nach dem krisenbedingten Exodus von 1923/24 stabilisierte sich der Verband dann auf einer soliden Grundlage mit einem hohen Anteil fester Mitglieder und deutlich verringerter Fluktuation. Nicht weil ihm die Mitglieder verstärkt den Rücken kehrten, sondern weil in der Wirtschaftskrise kaum mehr Neumitglieder eintraten, sackten die Mitgliederzahlen dann seit 1929/30 wieder ab. Das machte sich besonders bei den Jugendlichen bemerkbar. Gerade die neu ins Erwerbsleben Tretenden bekamen Wirtschaftskrisen und Massenarbeitslosigkeit mit am schärfsten zu spüren. Aufs ganze gesehen aber hatte der Holzarbeiter-Verband es besser als andere verstanden, Jugendliche für sich zu gewinnen und sie nach dem Verglimmen des revolutionären Feuers zu halten.

Auch bei den Frauen verzeichnete der Verband zunächst gute Erfolge. Nachdem sich bis zum Jahresende 1918 die Zahl der weiblichen Mitglieder gegenüber 1913 schon vervierfacht hatte, stieg sie bis 1922 noch einmal auf das Doppelte (50 195) an. Sie stellten nun 11,5 Prozent der Mitgliedschaft. Nach 1923 fiel der Frauenanteil wieder kontinuierlich: 1925 lag er bei 8,7 Prozent, 1929 bei 6,5 und Ende 1931 schließlich nur mehr bei 5,8 Prozent. Der Rückgang der Organisationsbereitschaft von Frauen entsprach einer bei fast allen Gewerkschaften zu verzeichnenden Tendenz. Dies ist ein Indiz, daß die männlich dominierten Organisationen den notwendigen Einsatz für die berufstätigen Frauen vermissen ließen[5]. Die Defizite bei der Organisation von Frauen und eine immer noch hohe Fluktuation trübten jedoch nur geringfügig das Bild eines insgesamt erfolgreichen Verbandes.

Auch dem Christlichen Holzarbeiterverband strömten nach der Revolution neue Mitglieder zu. Im Jahre 1918 zählte er schon 12 278 und bis 1922 wuchs er stetig weiter an: 1919 auf 34 170, 1920 auf 36 512, 1921 auf 41 351 und 1922 auf 45 260 Mitglieder. Der 1923 einsetzende Rückgang setzte sich bis 1926 fort: 1923 zählte der Verband noch 28 122 Mitglieder, 1924 28 640, 1925 26 684, 1926 23 215. Nach einer kurzen Phase des Wiederaufschwungs (1927: 27 810, 1928: 30 600, 1929: 31 675) führte die Krise der dreißiger Jahre dann erneut zu einem Mitgliederschwund[6]. Die Entwicklung verlief weitgehend parallel zu der des Holzarbeiter-Verbandes, so daß die Vorkriegsrelationen von etwa 1 zu 9 auch in der Weimarer Republik konstant blieben. An Zahlstellen unterhielt der Zentralverband der christlichen Holzarbeiter Deutschlands im Vergleich zum DHV etwa die Hälfte (1919: 454, 1922: 665, 1925: 506, 1928: 498, 1931: 475). In weit geringerem Maße als seinem übermächtigen freigewerkschaftlichen Konkurrenten gelang es ihm, weibliche Arbeitskräfte für sich zu gewinnen. Der Frauenanteil betrug schon 1919 nur 5,9 Prozent und sackte seit Mitte der zwanziger Jahre noch weit stärker als beim Deutschen Holzarbeiter-Verband ab: 1925 auf 3,9 Prozent und 1931 sogar auf 1,9 Prozent.

Wie bei den Christlichen Gewerkschaften insgesamt hatte der Zentralverband der christlichen Holzarbeiter Deutschlands seinen Schwerpunkt im Gebiet Rheinland-Westfalen. Nur dort spielte er unter seinem langjährigen Vorsitzenden Heinrich Kurtscheid, der seit 1929 auch dem geschäftsführenden Vorstand des Gesamtverbandes der Christlichen Gewerkschaften angehörte, eine gewisse eigenständige Rolle bei Tarifbewegungen und bei Arbeitskämpfen. Erkennbar wurde dabei die Neigung, sich eher als der DHV mit einem Verhandlungsergebnis zufriedenzugeben[7].

Für ein selbständiges Handeln war der Dritte im Bunde, der Hirsch-Dunckersche Gewerkverein der Holzarbeiter, zu schwach. Er kam in der Weimarer Republik kaum über den Vorkriegsstand hinaus. Selbst 1920 zählte er in 163 Ortsvereinen gerade 9124 Mitglieder. Schon im folgenden Jahr sanken die Zahlen auf 8084 ab. In den Jahren 1930 und 1931 waren es mit 7517 beziehungsweise 6498 Mitgliedern weniger als kurz nach der Jahrhundertwende[8]. Auch syndikalistische, unionistische und kommunistische Organisationen

---

4
Jahrbuch 1918 des Deutschen Holzarbeiter-Verbandes, hrsg. vom Verbandsvorstand, Berlin 1919, S. 70; Jahrbuch 1919..., Berlin 1920, S. 113, und Jahrbuch 1931..., Berlin 1932, S. 133.

5
Vgl. Heinrich Potthoff, Freie Gewerkschaften 1918–1933. Der Allgemeine Deutsche Gewerkschaftsbund in der Weimarer Republik, Düsseldorf 1987, S. 48, mit den dort genannten Belegen.

6
Zahlen bei Michael Schneider, Die Christlichen Gewerkschaften 1894–1933, Bonn 1982, S. 769 (für das folgende auch S. 454), sowie (bis 1929) in: Der Zentralverband christlicher Holzarbeiter in den Jahren 1928/29, hrsg. vom Zentralvorstand, S. 30, mit Zahlenangaben über die Zahlstellen.

7
Der Holzarbeiterstreik im rheinisch-westfälischen Industriegebiet beendet, in: Zentralblatt der christlichen Gewerkschaften, Nr. 19 vom 1. 10. 1929, S. 266 f.; ferner Schneider, Christliche Gewerkschaften, S. 621.

8
Angaben nach Almanach des Deutschen Holzarbeiter-Verbandes für das Jahr 1924. Taschen-Kalender für die Verwaltungen und Mitglieder des Verbandes, Berlin o. J., S. 88; Funktionär-Dienst des Deutschen Holzarbeiter-Verbandes, Dez. 1932, C 3, Blatt 3.

Organisationsquoten in den verschiedenen Gewerbearten der Holzindustrie[9]

Gewerbe	Beschäftigte insgesamt	weibliche Beschäftigte	Davon Arbeiter insgesamt (in Prozent) m / w		Von den Beschäftigten insgesamt im DHV (in Prozent) m / w		andere freie Gewerkschaften m / w		unorganisiert und sonstige m / w	
Tischlereien und verwandte	172 182	7 342	95,6	93,4	84,4	75,6	3,8	8,1	11,8	16,3
Bürsten- und Pinselfabriken	7 409	7 056	97,7	97,7	84,7	77,8	4,1	4,3	11,2	17,9
Kamm- und Haarschmuckfabriken	3 005	2 345	88,3	92,4	67,7	77,9	9,3	5,1	23,0	17,0
Knopffabriken	2 887	2 745	92,1	97,0	81,0	84,3	4,8	4,0	14,2	11,7
Korbwarenfabriken	7 315	2 495	93,7	94,3	72,6	62,8	7,1	4,8	20,3	22,4
Piano- und Musikinstrumente	27 461	7 885	78,3	61,8	64,9	48,9	12,0	19,9	23,1	21,2
Sägereien- und Schneidemühlen	64 523	3 843	95,7	96,9	76,8	78,8	12,0	3,3	11,2	17,9
Spielwaren	3 531	3 547	85,5	49,0	78,0	38,1	14,0	49,6	8,0	12,3
Holzbearbeitungsfabriken	13 985	2 718	88,4	86,6	68,7	71,0	11,6	7,9	20,7	21,1
Stellmachereien	4 535	7	87,1	100,0	61,7	28,6	4,7	14,3	23,6	57,1
Wagenfabriken	4 907	140	45,6	73,6	34,5	62,9	21,2	10,0	44,3	27,1
Karosseriebetriebe	3 722	14	46,3	7,1	39,1	7,1	28,1	85,7	32,8	7,2
Stock- und Schirmfabriken	4 002	1 829	93,1	94,6	72,7	63,5	6,1	7,5	22,2	29,0
Vergoldereien	2 721	961	95,9	93,8	81,2	86,1	5,8	8,8	13,0	5,1
Drechslereien	1 018	300	96,3	97,3	87,7	87,0	3,8	1,0	8,5	12,0
Bootsbau, Flußschiffwerften	3 230	19	47,9	10,5	40,6	10,5	37,9	63,2	21,5	26,3
Holzwarenfabriken	3 185	904	83,6	87,7	57,8	64,5	25,5	20,8	21,7	14,7
Schuhleistenfabriken	1 541	50	93,4	100,0	83,6	84,0	3,5	–	12,9	16,0
Diverse[10]	5 594	4 594	80,9	85,0	74,0	76,1	17,3	12,1	8,7	11,8
Insgesamt	337 053	48 794	91,5	84,8	77,7	68,4	7,9	12,1	14,4	19,5

9
Nach Jahrbuch 1920, S. 335, und Berechnungen des Autors.

10
Unter »Diverse« sind je einige Kork-, Holzwoll-, Kisten-, Holzschuh-, Bleistift-, Riemenscheiben- und Stuhlrohrfabriken sowie einige Bildhauereien zusammengefaßt.

spielten, abgesehen von einigen Zentren wie Berlin, Halle oder Bremen, im Holzgewerbe nur ein Schattendasein.

Von den in den drei konkurrierenden Holzarbeiterverbänden Organisierten gehörten in der Weimarer Republik stets um 90 Prozent dem freigewerkschaftlichen Deutschen Holzarbeiter-Verband an. Er war damit zu *der* Gewerkschaft der Holzarbeiter geworden. Das zeigte sich auch bei den 1920 erstmals durchgeführten Betriebsratswahlen und bei allen nachfolgenden. Von den Betriebsräten und Betriebsobmännern im Holzgewerbe entfielen 1920 auf den Deutschen Holzarbeiter-Verband 89 Prozent; 1930 und 1931 sogar 93,8 bzw. 92,1 Prozent. Der Christliche Holzarbeiterverband errang 2,8, 3,9 und 4 Prozent, der Gewerkverein der Holzarbeiter 1930 und 1931 0,5 Prozent, 1931 0,3 Prozent[11]. Während 1920 noch verschiedene andere Organisationen, darunter die freigewerkschaftlichen Verbände der Böttcher und Glaser[12], auf insgesamt 6,8 Prozent kamen, waren dies 1930/31 nur mehr 0,5 beziehungsweise 1,2 Prozent, eine deutliche Abfuhr für Nationalsozialisten und die kommunistische RGO.

Der genaue gewerkschaftliche Organisationsgrad unter den Holzarbeitern ist kaum zuverlässig zu bestimmen. Der Verband selbst nannte für das Jahr 1927, in dem die Mitgliederzahlen für Weimarer Verhältnisse eher niedrig waren, einen Organisationsgrad von 76,5 beziehungsweise 78,9 Prozent[13]. Er bezog sich dabei auf die sogenannten »Organisationsfähigen«. Die Quote ist bezogen auf die Gesamtheit aller Holzarbeiter, zu denen sich in der Berufs- und Gewerbezählung von 1925 700 300 zählten, sicherlich zu hoch[14]. Danach wären 1925 noch 42,5 Prozent, 1927 etwa 42 Prozent und 1922, im Zenit des Mitgliederstandes, circa 62 Prozent im Holzarbeiterverband organisiert gewesen sowie weitere 6 Prozent im Christlichen Holzarbeiterverband.

Die besten Organisationserfolge wurden in den Industriebetrieben erzielt. Nach einer statistischen Erhebung waren 1920 von den 385 847 dort insgesamt beschäftigten Arbeitnehmern, darunter 48 794 Frauen, 349 849 Holzarbeiter und Holzarbeiterinnen organisiert, 84,4 Prozent davon im DHV. Bezogen auf die Gesamtheit der Beschäftigten waren 77,7 Prozent der Männer und 68,4 Prozent der Frauen Mitglied dieser größten Holzarbeitergewerkschaft. Den anderen freigewerkschaftlichen Verbänden gehörten 7,9 Prozent der männlichen und 12,1 Prozent der weiblichen Arbeitskräfte an[15]. Nicht gewerkschaftlich organisiert sowie anderweitig gebunden waren demnach nur 14,4 Prozent der Männer und 19,5 Prozent der Frauen. Den höchsten Organisationsgrad erzielte der Holzarbeiter-Verband in Dresden; unter dem Durchschnitt lagen unter anderem die Gaue Ostpreußen, Stettin und Berlin. Am schwächsten war er im Gau Düsseldorf – 59,3 Prozent bei den Männern, 46,0 Prozent bei den Frauen –, wo die Bastion des christlichen Holzarbeiterverbandes lag. Auch in den Gauen Stuttgart und Erfurt schnitt der Holzarbeiter-Verband bei den Frauen ungewöhnlich schlecht ab. Dort waren es jedoch andere freigewerkschaftliche Verbände, die sich mit großem Erfolg unter den Arbeiterinnen der Spielwaren- beziehungsweise Musikinstrumentenindustrie tummelten.

Zwischen Handwerksorganisation und Industriegewerkschaft

Bei den Wagenfabriken, im Karosseriebau und bei den Boots- und Flußschiffwerften hatte der technische Wandel dazu geführt, daß die Holzarbeiter zu einer Minderheit geworden waren. Daß sich dort der Holzarbeiter-Verband dennoch gut behauptete, war ein Zeugnis für traditionelle Anhänglichkeit und gute Gewerkschaftsarbeit. Auch in den Holzwarenfabriken zeigten sich die Veränderungen in der Produktion. Davon zeugt der hohe Organisationsgrad anderer Gewerkschaften, in denen Nichtholzarbeiter, vor allem Metallarbeiter, organisiert waren. Das galt partiell auch für den Piano- und Musikinstrumentenbau.

Die klassische und vom Umfang her größte Sparte Tischlereien blieb auch während der Weimarer Republik die Hochburg des Verbandes. In der zahlenmäßig nächstgrößeren Gewerbeart, den Sägereien und Schneidemühlen, lag dagegen noch ein ungenutztes Potential. Denn obwohl es sich dabei fast ausnahmslos um Holzarbeiter handelte, waren hier, insbesondere in Ostpreußen und im Gau Stettin, noch andere Gewerkschaftsorganisationen – zumeist die der Bauarbeiter – mit Erfolg aktiv.

In den so verschiedenartigen Gewerbearten, die als Holzbetriebe galten, näherte sich der Verband insgesamt der Funktion einer Industriegewerkschaft an. Fremdkörper, die mehr zur Metallindustrie tendierten, waren Karosseriebetriebe, die Automobilfabriken angegliedert waren, und Bootswerften, auf denen in wachsendem Umfang Flußschiffe aus Metall hergestellt wurden. Auf der anderen Seite gab es eine große Zahl von Holzarbeitern, die in anderen Industrien und Gewerben tätig waren. Nach den Erhebungen von 1920 handelte es sich dabei um insgesamt 71 600 Personen, fast ausschließlich Männer (69 306). Mit Abstand die meisten arbeiteten in der Metallindustrie (im Waggonbau allein 15 491, im Automobilbau 3174, in der Uhrenindustrie 2971, in Nähmaschinenfabriken 2867, in Seeschiffswerften 8048, in der übrigen Metallindustrie 18 845), ein nennenswerter Teil auch im Baugewerbe (5746), im Landmaschi-

---

11
Für 1920 vgl. Jahrbuch 1920, S. 334 f.; für 1930 und 1931 Gewerkschafts-Zeitung Nr. 48 vom 28.11.1931, S. 759, und Potthoff, Freie Gewerkschaften, S. 372 (Tabelle).

12
Der Böttcher-Verband, der 0,5 Prozent enthielt, schloß sich am 1.7.1928 dem Verband der Nahrungs- und Getränkearbeiter an, der Glaserverband, auf den 0,1 Prozent entfielen, trat am 1.1.1923 dem Baugewerkschaftsbund bei.

13
Jahrbuch 1927, S. 101–103; Gewerkschafts-Zeitung Nr. 6 vom 9.2.1929, S. 93.

14
Bei dieser Zählung gaben 700 300 die Berufsbezeichnung »Holzarbeiter« an; für das »Holz- und Schnitzstoffgewerbe« wies die Reichsstatistik 1925 945 357 Beschäftigte für die Betriebe der Holzindustrie, darunter 727 099 Arbeiter aus, eine Zunahme gegenüber der letzten Zählung (1907) von 17,7 Prozent. Vgl. Statistisches Jahrbuch des Deutschen Reiches 1927, S. 85; ferner Potthoff, Freie Gewerkschaften, S. 56; Jahrbuch 1927, S. 341.

15
Nach den Aufstellungen über die 1920 vorgenommene Erhebung im Jahrbuch 1920, S. 334 f.

nenbau (3174) und im Bergbau und in Hüttenwerken (3013). Von diesen in fremden Branchen tätigen Holzarbeitern waren über drei Viertel im Holzarbeiter-Verband organisiert, in der Metallindustrie sogar noch etwas mehr. Nur im Baugewerbe und im Bergbau gehörte ein größerer Prozentsatz (knapp ein Drittel) der Holzarbeiter dem Bau- beziehungsweise Bergarbeiterverband an[16].

Bei einer generellen Umstellung auf ein Industriegewerkschaftssystem, wie es in der Weimarer Republik debattiert und vor allem vom Metallarbeiterverband unter Robert Dißmann propagiert wurde, hätte der Verband also bestenfalls ein Organisationspotential von 36 000 Nicht-Holzarbeitern gewonnen, aber 71 600 Holzarbeiter wären verloren gegangen. Bezogen auf die tatsächlichen Mitgliederzahlen stand einem Gewinn von 32 700 Mitgliedern ein Verlust von rund 54 000, vorrangig an den Metallarbeiterverband, gegenüber. Die Tatsache, daß der Holzarbeiter-Verband selbst eine Art Zwischenform von Industrie- und Berufsgewerkschaft verkörperte, prädestinierte ihn dazu, im Konflikt zwischen den Anhängern des Berufs- und des Industrieverbandsprinzips eine vermittelnde Rolle einzunehmen. Er profilierte sich damit als Beschützer traditioneller Berufsorganisationen und zugleich als aufgeschlossen für eine moderate, nicht mit Gewalt erzwungene Modernisierung gewerkschaftlicher Organisationsstrukturen.

Die Organisationserfolge des Holzarbeiter-Verbandes, der im Unterschied zu anderen Industrieverbänden – wie etwa dem Metallarbeiterverband – die Zugewinne aus der Revolutionsepoche vergleichsweise stabilisieren konnte, bestätigten sein Konzept. Bewältigt wurde der Mitgliederzustrom mit den bisherigen Strukturen und weitgehend auch mit dem gleichen Personalbestand. Allerdings wurde die Anzahl der Verwaltungsstellen, also der untersten Organisationseinheiten, aufgestockt. Von circa 800 vor dem Krieg stieg sie auf gut 1300 in den Jahren 1920 bis 1923 an. Der Großteil der Neugründungen erfolgte in den Gauen Danzig, Stettin, Breslau, Berlin-Brandenburg, Erfurt, Düsseldorf, Nürnberg, München und Stuttgart. In den sächsischen Traditionsgebieten Dresden und Leipzig sowie in Hamburg war die Organisation schon früher ausreichend ausgebaut. Damit bestand ein flächendeckendes Organisationsnetz, das in der Weimarer Republik bis zu deren Ende weitgehend gleich blieb. Veränderungen gab es lediglich bei der 1919 vollzogenen Aufteilung des Gaues Berlin in die Gaue Brandenburg und Berlin, die schon 1921 wieder rückgängig gemacht wurde, und bei der am 1. Januar 1932 vollzogenen Zusammenlegung der Gaue Dresden und Leipzig zu einem Gau Sachsen[17].

Auf dem ersten Verbandstag nach dem Krieg, der vom 15.–21. Juni 1919 in Berlin tagte, trat eine Opposition auf, die besonders die Kriegspolitik kritisierte, für ein Rätesystem plädierte und erst »Sozialismus und dann Demokratie« forderte[18]. Obwohl sich die übergroße Mehrheit hinter den Kurs der Verbandsführung stellte, schwelte der Konflikt mit der Opposition weiter. Nach einem in vielen Gewerkschaften verbreiteten Vorortprinzip stellte die Verwaltungsstelle am Sitz des Verbandes die ehrenamtlichen Beisitzer im Verbandsvorstand. In der Berliner, 1919 zum eigenen Gau erhobenen Verwaltungsstelle aber hatte die Opposition die Oberhand. Die Folge war, daß im Verbandsvorstand vier Oppositionelle saßen. In den Vorstandssitzungen führte das zu vielen Reibungen und zum Teil harten Kontroversen. Symptomatisch für das Hereintragen parteipolitisch aufgeheizter Kontroversen war, daß 1920 die Berliner Zahlstelle sogar einen Antrag auf den Ausschluß Carl Legiens stellte und die vier von Berlin gestellten Beisitzer dafür natürlich auch im Verbandsvorstand stimmten. Es war kein Ruhmesblatt für einige andere Vorstandsmitglieder, daß sie sich zu einem faulen Kompromiß hergaben und nur der energische Einsatz Tarnows dem Vorstand eine peinliche Situation ersparte[19]. Gegen den nach der Spaltung der USPD verbliebenen Kern einer kommunistischen Opposition griff der Verband allerdings 1921 durch. Mit Ausschlüssen und einer Statutenänderung (Wahl der Beisitzer durch den Verbandstag) blockte er die Kommunisten ab[20]. In der einstimmigen Wahl des Verbandsvorsitzenden symbolisierte sich eine breite Solidarität.

Tarnow stand erst seit kurzem an der Spitze des Verbandes. Theodor Leipart, der langjährige Vorsitzende (seit 1908), war im August 1919 ausgeschieden, nachdem er zum Arbeitsminister für Württemberg berufen worden war. Sein zu diesem Zeitpunkt schon schwerkranker Nachfolger Adam Neumann erlag am 27. Januar 1920 einem Herzschlag. Mit Fritz Tarnow, der erst mit Leiparts Fortgang in den Vorstand gekommen war, trat ein junger, dynamischer Mann an die Spitze, der den Verband bis zu dessen Zerschlagung durch das NS-Regime am 2. Mai 1933 führte. Tarnow spielte zusehends auch im Gesamtkonzert der Gewerkschaften eine hervorstechende Rolle. Er bewegte sich dabei in den Fußstapfen seiner großen Amtsvorgänger

---

16
Dazu Jahrbuch 1920, S. 335–337.

17
Jahrbuch 1919, S. 241, Jahrbuch 1921, S. 310, Jahrbuch 1931, S. 115–194.

18
Protokoll des Elften ordentlichen Verbandstages des Deutschen Holzarbeiter-Verbandes, abgehalten zu Berlin vom 15. bis 21. Juni 1919, Berlin 1919, bes. S. 101–150 und 179–187.

19
Vorstandssitzungen vom 3.5.1920 bis 28.2.1921, S. 53 (Sitzung vom 3. Juni 1920), Archiv des Geschichtsprojekts/GHK.

20
Vorstandssitzungen vom 7.3.1921 bis 10.4.1922, ebd. (100. Sitzung am 3. Juni 1921. Gemeinsame Sitzung des Verbandsvorstandes mit der Statutenberatungskommission und der engeren Berlin-Verwaltung); Zwölfter Verbandstag des Deutschen Holzarbeiter-Verbandes, abgehalten zu Hamburg vom 5. bis 11. Juni 1921, Berlin 1921, S. 357–369 und 374–376. Aus marxistisch-leninistischer Sicht vgl. Helga Rentsch, Der Kampf der revolutionären Kräfte in den Freien Gewerkschaften um einheitliche Aktionen der Arbeiterklasse gegen das Monopolkapital seit dem Offenen Brief der VKPD bis zum 11. Gewerkschaftskongreß des ADGB im Juni 1922, Phil. Diss. Leipzig 1969 (Masch.), S. 116ff.

Handwerk und Industrieproduktion

Tischler mit der Rauhbank

Korbmacher

Stellmacher

Werkstatt eines Drechslers (um 1920)

Handwerk und Industrieproduktion

Handwerk und Industrieproduktion

Maschinensaal (nach 1923)

Intarsienkurs für die Holzarbeiterjugend

Holzschnitzschule

Theodor Leipart und Carl Legien, die ja ebenfalls aus der Holzbranche (beide waren Drechsler) stammten. Leipart, der 1921 als Nachfolger des verstorbenen Legien Vorsitzender des Allgemeinen Deutschen Gewerkschaftsbundes wurde, prägte wie kein anderer in der revolutionären Umbruchperiode Kurs und Programmatik der Freien Gewerkschaften. Tarnow gewann über seinen Verband hinaus im Gewerkschaftsbund an Kontur und Gewicht. Als Gegenspieler des Vorsitzenden des Metallarbeiterverbandes und Führers der Gewerkschaftsopposition Robert Dißmann, der die generelle Umstellung auf das Industrieverbandssystem durchzudrücken suchte, profilierte sich Tarnow als ausgleichende Kraft. In den späteren Jahren der Weimarer Republik gehörte Tarnow mit zu den Befürwortern der Wirtschaftsdemokratie und war einer der Initiatoren des Woytinsky-Tarnow-Baade-Plans zur Bekämpfung der Arbeitslosigkeit.

Es war nicht rein zufällig, daß gerade aus den Gewerkschaften des Holzgewerbes Persönlichkeiten hervorgingen, die eine herausragende Rolle in der Gesamtbewegung spielten. Dies lag auch an den spezifischen Bedingungen des Holzgewerbes und der Struktur des Verbandes. Es dominierten zwar die qualifizierten Handwerksberufe, und die meisten gingen einer Tätigkeit in Kleinst- und Kleinbetrieben nach. Daneben aber gab es die, die in größeren Betrieben, etwa der Möbelindustrie, oder als Holzarbeiter im Kraftfahrzeugbau, auf Werften und in der Metallindustrie arbeiteten. Die Holzarbeitergewerkschaften hatten eine Spannbreite wie sonst kein anderer Verband. Die spezifischen handwerklichen Berufstraditionen lebten weiter. Aber im Unterschied zu typischen Berufsverbänden, die wie etwa der Buchdruckerverband auf zünftlerische Abschottung bedacht waren und bei denen branchenverwandte Berufskollegen – Buchbinder und graphische Hilfsarbeiter – ihre eigenen Organisationen hatten, standen die Holzarbeitergewerkschaften den verschiedenen Berufsgruppen und Arbeiterkategorien, vom Fach- bis zum Hilfsarbeiter, der Branche offen. Im Vergleich zum Metallarbeiterverband, in dem nach dem Ersten Weltkrieg die Arbeiterschaft aus den Großbetrieben dominierte, aber spielten im Holzarbeiterverband auch in der Weimarer Republik die handwerklichen Traditionen eine weit größere Rolle.

Der DHV verkörperte eine Art Mischform. Das dokumentierte sich deutlich in der Binnenstruktur. Es gab die regionale Untergliederung in Gaue, also die Bezirke, und in lokale Verwaltungsstellen, in denen jeweils alle Verbandsmitglieder zusammengefaßt waren. Doch neben dieser vertikalen Strukturierung bestand noch die horizontale Gliederungsebene der sogenannten Zentralkommissionen der verschiedenen Berufssparten, der Bürsten- und Pinselmacher, Drechsler, Stock- und Schirmmacher, Korbmacher, Korbarbeiter, Maschinenarbeiter, Schneidermüller und Säger, Musikinstrumentenarbeiter, Parkettleger, Stellmacher, Stuhlarbeiter und der Vergolder. In sich verkörperte der Verband so etwas wie einen Bund verschiedenartiger Branchenorganisationen, der aber durch die unmittelbare Mitgliedschaft und durch funktionsfähige Gemeinschaftseinrichtungen ungleich fester als ein Dachverband gefügt war.

Das Modell des Holzarbeiterverbandes hatte Leipart offenbar vor Augen, als er 1919 den festeren Zusammenschluß der Freien Gewerkschaften zu einem Bund betrieb. Gerade die Erfahrungen aus der eigenen Gewerkschaft befähigten den Holzarbeiterverband und seine führenden Repräsentanten, ihren besonderen Part in der Gesamtgewerkschaftsbewegung zu spielen – als vermittelnder, integrierender Faktor zwischen den Verfechtern verschiedener Organisationsprinzipien und als Motor und gestaltende Kraft für den Gewerkschaftsbund. Die Holzarbeiter standen als Symbol für die gebotene Rücksicht auf gewachsene Traditionen und die notwendige Weiterentwicklung und Modernisierung von Struktur und Tätigkeit der Gewerkschaften, die den Erfordernissen der veränderten Rahmenbedingungen Rechnung trug.

Konjunkturelle Einbrüche der zwanziger Jahre

Wohl die wichtigste Voraussetzung für lohn- und sozialpolitische Erfolge von Gewerkschaften ist das Florieren der Wirtschaft. Doch einen stetigen konjunkturellen Aufschwung hat es in der Weimarer Republik nicht gegeben. Kennzeichnend war vielmehr ein ständiger Wechsel von Erholungstendenzen und schweren einschneidenden Krisen. Nach dem Krieg sackte die Industrieproduktion in Deutschland auf etwa zwei Fünftel des letzten Friedensjahres 1913 ab. Mit dem inflationsgenährten Aufschwung (1920 bis 1922) stiegen die Produktionsziffern zwar wieder auf 80 Prozent an. Das kurze Hoch bewahrte Deutschland vor dem Einbruch der Weltkonjunktur 1920/21 und eröffnete den Gewerkschaften die Chance, sich in der Lohnpolitik zu profilieren und den Arbeitnehmern eine Teilhabe an der Prosperität zu erstreiten. Doch im Zuge der Hyperinflation (ab 1922) und des Ruhrkampfes von 1923, der im Zeichen der Nation gegen die Besatzungsmächte geführt wurde, gerieten Wirtschafts- und Sozialgefüge in eine existentielle Krise. Die Mark fiel ins Bodenlose. Am Tage des Währungsschnitts, dem 21. November 1923, standen schließlich 4,2 Billionen Mark für einen Dollar. Vor allem im besetzten Westen lag die Produktion völlig darnieder.

Nach 1924 setzte dann – ausgehend von einem äußerst niedrigen Niveau – ein 1926 noch einmal von der sogenannten Reinigungskrise unterbrochenes Wachstum ein. 1927 wurde das Vorkriegsniveau der industriellen Produktion erreicht und in den beiden folgenden Jahren übertroffen. Doch selbst diese sogenannten »goldenen« zwanziger Jahre brachten kein auch nur annäherndes Wirtschaftswunder, sondern nur eine kurzzeitige Angleichung an den Vorkriegsstand. Zusammen mit Großbritannien gehörte das Deutschland der Weimarer Republik zu den Ländern, die im Wettlauf mit anderen ungleich stärker expandierenden Industrienationen – wie etwa den USA – deutlich ins Hintertreffen gerieten.

Erschwert wurde die Position der Arbeitnehmerschaft noch durch die ungünstige Situation auf dem Arbeitsmarkt. So vergrößerte sich in den zwanziger und dreißiger Jahren das Arbeitskräftepotential, da nun die ausgesprochen geburtenstarken Vorkriegsjahrgänge ins erwerbsfähige Alter traten. Die nach dem Kriege mit der Demobilisierung drohende Arbeitslosigkeit konnte durch staatliche Hilfsmaßnahmen zwar bis 1922 abgefangen werden, im Zuge der Krise stand aber im Winter 1923/24 und erneut in der Krise 1926 ein Heer von Erwerbslosen auf der Straße. Auch in den nachfolgenden Aufschwungjahren gab es eine vergleichsweise hohe Sockelarbeitslosigkeit, die besonders durch Rationalisierung und nicht ausgelastete Kapazitäten gefördert wurde. Mit der Weltwirtschaftskrise, die in Deutschland besonders hart durchschlug, kam es dann in den dreißiger Jahren zu jener unvorstellbaren Massenarbeitslosigkeit, bei der schließlich über sechseinhalb Millionen Arbeitslose gezählt wurden, nicht gerechnet die offiziell nicht registrierten und das Millionenheer der Kurzarbeiter.

Die Holzwirtschaft hatte unter Krisen- und Konjunktureinbrüchen besonders zu leiden. Nur in den ersten Jahren der Weimarer Republik gab es in etwa einen Zustand der Vollbeschäftigung. Hyperinflation und Ruhrkrise wurden 1923/24 mit einer Arbeitslosenquote von etwa zehn Prozent sogar einigermaßen glimpflich überstanden. Dann aber schlug die sogenannte Reinigungskrise voll durch. Im Jahresdurchschnitt 1926 waren beispielsweise 27,52 Prozent aller Mitglieder des Holzarbeiterverbandes arbeitslos. Besonders hart betroffen waren die sogenannten Diversen (Arbeitslosenquote 55,35 Prozent), die Kammacher (51,16 Prozent), Knopfmacher (45,65 Prozent), Bildhauer (40,14 Prozent) und die Stellmacher (36,03 Prozent). Dagegen blieb die Bleistiftproduktion (9,24 Prozent) weitgehend unberührt, und auch die Pantinenmacher (9,48 Prozent) und Parkettleger (9,92 Prozent) hatten fast alle Arbeit[21].

Auch in den folgenden Jahren hatten die im Holzgewerbe Beschäftigten überdurchschnittlich unter der Arbeitslosigkeit zu leiden, wie der folgende Zahlenvergleich demonstriert:

Monatsdurchschnitt Arbeitslose in Prozent der Mitgliederzahl[21]

Jahr	Gewerkschaften insgesamt	Holzarbeiterverband
1927	9,0	12,3
1928	8,6	11,2
1929	13,3	18,1
1930	22,9	33,2
1931	34,7	50,8

21 Diese und die folgenden Zahlenangaben nach Jahrbuch 1931, S. 192.

KAPITEL III 1918–1933

*Arbeitslose in **Leipzig***
(Februar 1933)

Im Jahr 1932 stieg die Arbeitslosenquote weiter, so daß zwei Drittel der Verbandsmitglieder ohne Arbeit waren. Von der ab 1929 einsetzenden verheerenden Massenarbeitslosigkeit der dreißiger Jahre wurde fast die gesamte Holzwirtschaft besonders hart betroffen. Am schlimmsten sah es bei den Bildhauern, Stockarbeitern und den sogenannten Diversen aus, bei denen schon 1931 im Jahresdurchschnitt über 70 Prozent ohne Arbeit waren. Zwischen 50 und 60 Prozent waren es bei den Tischlern, Maschinenarbeitern, Drechslern, Schiffstischlern, Stellmachern, Parkettlegern, Vergoldern und Knopfmachern. Weniger betroffen waren die Pantinenmacher und Schuhleistenarbeiter, deren Produkte auch in der Zeit der Not gefragt waren, und die Bleistiftarbeiter. Unter dem Durchschnitt lag die Arbeitslosigkeit der weiblichen Mitglieder (1930 25,5 Prozent zu 33,2 Prozent, 1931 32,0 Prozent zu 50,8 Prozent). Das hatte einen einleuchtenden Grund. Sie wurden weit schlechter bezahlt als ihre männlichen Kollegen, die aus Einsparungsgründen von den Unternehmern entlassen wurden. Die ungleiche Entlohnung war ein konstitutiver Bestandteil des Lohnsystems auch in der Weimarer Demokratie.

Neue tarifpolitische Wege:
Der 8-Stunden-Tag und der erste Urlaubsanspruch

Das Tarifvertragssystem gilt als das Herzstück gewerkschaftlicher Arbeit. Es hatte sich im Holzgewerbe stärker als in anderen Wirtschaftszweigen und Branchen schon vor dem November 1918 durchsetzen können. Doch selbst in der Holzwirtschaft war erst ein Bruchteil der Betriebe und Arbeiter in die Tarifgemeinschaft einbezogen. Den wirklichen Durchbruch zu einer kollektiven Regelung der Lohn- und Arbeitsbedingungen brachte erst die Revolution. Mit dem Abschluß der Zentralarbeitsgemeinschaft zwischen den Gewerkschaften und Arbeitgeberverbänden wurden die Gewerkschaften »als berufene Vertretung der Arbeiterschaft anerkannt« und wurde bestimmt, daß die »Arbeitsbedingungen für alle Arbeiter und Arbeiterinnen durch Kollektivvereinbarungen mit den Berufsvereinigungen der Arbeitnehmer festzusetzen« seien[22]. Diese Vereinbarung war auch vom Schutzverband für das deutsche Holzgewerbe und dem Reichsverband der deutschen Klavierindustrie und verwandter Berufe unterzeichnet worden. Die am 23. Dezember 1918 von der Regierung der Volksbeauftragten erlassene »Verordnung über Tarifverträge, Arbeiter- und Angestelltenausschüsse und Schlichtung von Arbeitsstreitigkeiten« ging einen Schritt weiter, indem sie die Möglichkeit schuf, Tarifverträge für rechtsverbindlich erklären zu lassen. Der Holzarbeiter-Verband sah darin die Chance, durch einen Reichstarifvertrag zwischen den maßgebenden Tarifparteien, »rechtsverbindlich erklärt für das gesamte Gebiet des Deutschen Reiches«, mit einem Schlag »bis in die verdecktesten Winkel des Reiches wie in den Betrieben reaktionärer Scharfmacher« einheitliche verbesserte Arbeitsbedingungen durchzusetzen[23].

Insgesamt gab es am Jahresende 1918 noch 884 Tarifverträge (darunter allein 569 für Tischlereien), die für 10 770 Betriebe mit 120 880 beschäftigten Holzarbeitern galten. Fast die Hälfte waren Firmentarifverträge (1918: 47,6 Prozent), während nur etwas mehr als 10 Prozent für größere Orte oder Bezirke galten. Diese fast nicht zu bewältigende Fülle rief nach einer Reform. Da die Arbeitgeber schon vor dem Krieg ein Interesse an einer umfassenderen Regelung durch Reichstarifverträge signalisiert hatten, suchte der Holzarbeiter-Verband nun unter den für ihn günstigen Rahmenbedingungen in der Republik diese Idee in die Tat umzusetzen. Die Verhandlungen darüber begannen im März/April 1919 und zogen sich, begleitet von Streikbewegungen, bis Februar 1920 hin. Seit dem Sommer 1919 hatte sich zudem das Reichsarbeitsministerium als Schlichter eingeschaltet. Ein zentraler Punkt in diesem Reichstarifvertrag war die Ausstattung von Arbeiterausschüssen mit weitreichenden Kompetenzen. Sie sollten »in allen Betriebsangelegenheiten gehört werden, an denen die Arbeiterschaft beteiligt ist oder ein berechtigtes Interesse hat«. Nach der Verabschiedung des Betriebsrätegesetzes mußten diese betrieblichen Mitbestimmungsrechte den weniger weitgehenden des Gesetzes angepaßt werden. Die zweite wichtige Neuregelung betraf das Lehrlingswesen, das die Arbeitgeber bis dahin als ihre uneingeschränkte Domäne betrachtet hatten. Als dritte Komponente kam die Festlegung eines Lohnmanteltarifs hinzu. Der Konflikt wurde schließlich durch einen Schiedsspruch des staatlichen Schlichters beigelegt, der letztlich auch von dem widerstrebenden Arbeitgeber-Schutzverband für das deutsche Holzgewerbe angenommen wurde[24].

Wenn auch 1919 der Reichstarifvertrag für das Holzgewerbe noch in der Schwebe war, so zeichnete sich doch schon in diesem Jahr ein Trend zu umfassenderen Tarifverträgen ab. Der Rückgang um 272 Verträge gegenüber 1918 war auf den Abschluß einer Reihe von Bezirks- und Landestarifverträgen und von Reichstarifverträgen für einzelne Branchen zurückzuführen. 1919 wurden Reichstarife für die Perlmutt-, Galalith-, Steinnuß- und Hornindustrie vereinbart sowie für die Stockindustrie, für die Klavierindustrie und verwandte Berufe, für die Bürsten-, Pinsel- und Bleistiftindustrie; ferner Landestarifverträge für das Holzgewerbe in Rheinland-Westfalen-Lippe, für das Holzgewerbe Schlesisches Gebirge, für das Holzgewerbe im Freistaat Sachsen, für das Holzgewerbe in Württemberg und Hohenzollern, für das Holzgewerbe im Freistaat Baden, für die Parkettleger in Rheinland-Westfalen sowie Bezirks-Sägerta-

---

22
Jahrbuch 1918, S. 11f.

23
Reichs-Gesetzblatt 1918 II, S. 1456ff., Jahrbuch 1919, S. 17; zum folgenden vgl. Jahrbuch 1918, S. 49.

24
»Der Kampf um den Reichstarif«, in Jahrbuch 1919, S. 14–38, und »Ein Jahr Reichstarifbewegung«, in Jahrbuch 1920, S. 32–62.

rife für Süd-Ostpreußen, für die Grafschaft Glatz, für Oberschlesien, für Niederschlesien, für Mecklenburg, für Sachsen, für den Harz, für Thüringen, für Rheinland-Westfalen, für Hessen, für Bayern und für Württemberg und Baden[25]. Dieser Trend setzte sich in den folgenden Jahren fort, so daß die Zahl der Tarifverträge von 386 (1920) auf 219 (1926) sank. Gleichzeitig nahm bei günstiger Konjunktur (bis 1922 und erneut ab 1927) die Zahl der erfaßten Betriebe und Personen zu. Diese Entwicklung kehrte sich in wirtschaftlichen Krisen wieder um.

	Verträge	für Betriebe	mit Personen[26]
1919	612	18 779	289 216
1920	386	22 856	327 554
1921	345	23 535	352 598
1922	300	26 658	420 896
1923	271	23 821	342 475
1924	255	18 012	283 355
1925	250	21 854	313 495
1926	219	20 623	228 430
1927	291	24 983	324 398
1928	320	26 538	335 694
1929	378	25 886	311 156
1930	334	21 915	195 862
1931	314	12 621	99 903

Die weitestgehende Ausdehnung erfuhr das Tarifvertragssystem so im Jahr 1922, als auch die Holzarbeitergewerkschaften den Zenit an Mitgliedern erreichten. Während im Bereich der Großindustrie und im Bergbau der Staat die Tarifpolitik maßgeblich mitbestimmte, indem er als Schlichter eingeschaltet wurde und Tarifsatzungen für verbindlich erklärte, war im Holzgewerbe die Tarifautonomie intakt. Die Tarifparteien nahmen ihre Verantwortung wahr. Das staatliche Schlichtungswesen, wie es nach 1923 in verstärktem Maße um sich griff, lehnte der Holzarbeiterverband ab. Selbst in der einschneidenden Wirtschaftskrise der dreißiger Jahre wollte er die Schlichtung nur als letzte Hilfe beim Abschluß von Tarifverträgen gelten lassen. Es lag ganz auf dieser Linie, daß der Verbandsvorsitzende Fritz Tarnow und sein Vorvorgänger Theodor Leipart, der nun ADGB-Vorsitzender war, ein gemeinsames Vorgehen mit der Unternehmerschaft zur Bekämpfung der Krise ansteuerten. Sie fanden unter den Freien Gewerkschaften dafür jedoch keine Mehrheit – statt auf Autonomie und Kooperation mit den Arbeitgebern setzten die meisten ihrer Vorsitzenden- und Vorstandskollegen auf den Staat als Nothelfer auch in der Tarifpolitik.

Gerade im Sektor der Löhne zeigten sich in Weimar die Unterschiede zwischen den verschiedenen Grundsatzkonzeptionen. Der Deutsche Holzarbeiter-Verband hielt stets am Prinzip der Tarifhoheit und der Festsetzung der Löhne durch Tarifverträge fest, die in eigener Verantwortung abgeschlossen wurden. Durch die Vielzahl der Tarifverträge für einzelne Branchen, Berufsgruppen, Betriebe, Orte und Bezirke und die Flut von Sonderregelungen und Lohnanpassungen war, wie der Holzarbeiter-Verband bekannte, schon 1919 »eine genaue statistische Erfassung der Vertragslöhne« überhaupt nicht mehr möglich[27]. Deutlich wurde aber, daß es ein ungeheures Gefälle besonders zwischen den verschiedenen Orten und Regionen gab. So schwankte am Jahresende 1919 der Stundenlohn bei den Tischlern zwischen 1,60 Mark im westpreußischen Nakel und 3,90 Mark in Koblenz beziehungsweise sogar 4,00 Mark in Berlin. Bei den weiblichen Arbeitskräften reichte die Spannweite von 0,55 Mark in den oberschlesischen Sägereien und 0,75 Mark im Holzdrahtwerk in Bodenmais im Bayerischen Wald bis zu 2,00 Mark beziehungsweise 2,05 Mark im Holzgewerbe von Duisburg und Dresden. Im Schnitt lagen die Tariflöhne der Holzarbeiterinnen bei 45 bis 65 Prozent der Löhne ihrer männlichen Kollegen.

Die in den folgenden Jahren immer schneller galoppierende Inflation führte dazu, daß die Löhne pausenlos dem Geldwertschwund angepaßt werden mußten – 1922 allein 26mal, 1923 sogar 37mal. Um überhaupt noch mit der rasenden Entwicklung einigermaßen mitzukommen, wurde ein sogenannter »Berufsgruppenschlüssel« vereinbart. Bemessungsgrundlage war der Lohn der über 22jährigen Facharbeiter. Hilfsarbeiter erhielten davon (1923) 89 Prozent, Facharbeiterinnen 69 Prozent und Hilfsarbeiterinnen 54 Prozent. Nach einem zusätzlichen »Altersklassenschlüssel« erfolgten bei jüngeren noch weitere Abschläge von circa zehn Prozent (20 bis 22 Jahre), 25 Prozent (18 bis 20) und von sogar bis zu fast 50 Prozent (16 bis 18 Jahre). Die völlige Aushöhlung des Geldwertes in der Hyperinflation von 1923 und die krisenbedingte Verkürzung der Arbeitszeit hatten eine katastrophale Wirkung. Nach den Berechnungen des Holzarbeiterverbandes sank der für den Lebensunterhalt entscheidende reale Wochenarbeitslohn fast kontinuierlich ab: gemessen am »Friedenslohn« von 80 Prozent im Jahre 1922 auf 60 Prozent im Sommer 1923, im September auf 38,6 Prozent und im Oktober 1923 schließlich auf nur mehr 17,5 Prozent[28].

Erst mit der Einführung der neuen wertbeständigen Rentenmark am 21. November 1923 erhielt die tarifvertragliche Lohnregelung wieder eine feste Grundlage. Am Jah-

---

25
Vgl. den Wortlaut im Jahrbuch 1919, S. 308–384.

26
Nach Jahrbuch 1931, S. 95.

27
Jahrbuch 1919, S. 93. Das folgende ist entnommen aus »Tabellarische Übersicht über sämtliche Tarifverträge am Jahresabschluß 1919«, ebd., S. 94–111.

28
Jahrbuch 1922/23, S. 41f. und 45.

AUFSCHWUNG UND GRENZEN

Verbandshaus des DHV in Berlin

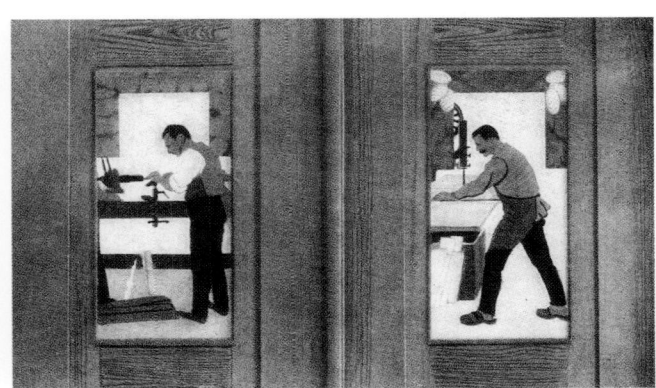

137

KAPITEL III 1918–1933

Vorstandssitzung des DHV am 22. September 1922 von links nach rechts, sitzend:

Dammer (Sekretär),
Schneegaß (stellv. Vorsitzender),
Tarnow (Erster Vorsitzender),
Schleicher (stellv. Vorsitzender),
Jahn (Sekretär),
Lehmann (Kassierer),
Haug (Vors. des Ausschusses),
Lindemann (Beisitzer),
Lemke (Beisitzer);

stehend:
Scheffler (Redakteur),
Kayser (Redakteur),
Leopold (Beisitzer),
Reyseck (Beisitzer),
Dr. Cassau (Volkswirtschaftler),
Brose (Beisitzer),
Hirse (Beisitzer),
Bauer (Beisitzer).

resanfang lag das Lohnniveau der Facharbeiter im Holzgewerbe nominal bei 76,2 Prozent des Friedensstandes, real nach Berechnungen des Holzarbeiterverbandes jedoch nur bei 69,3 Prozent. Durch die Anstrengungen des Verbandes stiegen die Stundenlöhne real zügig an und überschritten zum Jahresende 1925 den Vorkriegsstand. Gleichzeitig bemühte er sich mit Erfolg um eine einheitlichere Lohnlinie und eine Angleichung der zurückgebliebenen Lohngebiete. Von Nutzen war dabei die Einrichtung eines gemeinsamen »Lohnamtes« und »Haupttarifamtes« mit den Arbeitgeberverbänden der Holzindustrie. Mit ihnen schufen sich die Tarifvertragsparteien eigene tarifliche Ausgleichs- und Schlichtungsstellen. Sie vermieden so bewußt ein Einschreiten staatlicher Schlichtungsbehörden und hielten den Grundsatz der Tarifhoheit hoch.

Das System der Strukturierung der Löhne nach Ortsklassen, Altersklassen und Berufsgruppen blieb in Geltung. Nur der »Berufsgruppenschlüssel« wurde ab 1927 weiter differenziert in Facharbeiter (100 Prozent), angelernte Arbeiter (94 Prozent), Hilfsarbeiter (85 Prozent), angelernte Arbeiterinnen (65 Prozent) und Hilfsarbeiterinnen (55 Prozent). Statt einer wenigstens partiellen Anhebung der Löhne der weiblichen Arbeitskräfte war der Bemessungsgrundsatz gegenüber 1924/25 sogar stetig herabgesetzt worden. 1928 lag er nur mehr bei 60 Prozent (angelernte Arbeiterinnen) beziehungsweise 50 Prozent (Hilfsarbeiterinnen)[29]. Hier lag wohl der entscheidende und verständliche Grund, warum der Frauenanteil in den Holzarbeiterverbänden stark sank. Es war die Quittung für eine männerorientierte Lohnpolitik männerdominierter Gewerkschaften.

Im Holzgewerbe lagen die Tariflöhne – verglichen mit anderen Branchen – vergleichsweise hoch. Übertarifliche betriebliche Zuschläge wurden eher selten gezahlt und waren, bezogen auf die Höhe, zumeist nur gering (zwischen 1,6 und 8,3 Prozent). Im Musikinstrumentenbau lagen 1928 die effektiven Zeitlöhne, 1931 auch die Stücklöhne sogar unter den Tariflohnsätzen[30]. In den Branchen, in denen der Staat als Schlichter dominierte, lagen die Tariflöhne dagegen im Schnitt wesentlich niedriger. Tatsächlich wirkte sich das staatliche Schlichtungssystem nicht tariflohntreibend, sondern tariflohnbremsend aus. Gerade in der Chemie, den eisen- und stahlerzeugenden und metallverarbeitenden Industrien war die Lohndrift, also der Unterschied zwischen Tarif- und Effektivlöhnen, besonders hoch. Mit den übertariflichen Zulagen unterliefen die Unternehmer dort die Gewerkschaften mit der Konsequenz, daß diese in den Augen der Arbeitnehmer an Attraktivität verloren.

Im Holzgewerbe erfüllten die gewerkschaftlichen Verbände dagegen ihre eigentliche Aufgabe, sich als die treibende, erfolgreiche und verantwortliche Kraft bei der Lohnfestsetzung zu profilieren. Dadurch hielten ihnen auch die Mitglieder weit stärker als etwa beim Metallarbeiter- und Fabrikarbeiterverband die Treue. Selbst als die Massenarbeitslosigkeit in den dreißiger Jahren voll durchschlug und die Zahl der Beschäftigten im Holzgewerbe so drastisch sank, daß 1931 nur mehr für knappe 100 000 Personen tarifvertragliche Regelungen bestanden, blieben die meisten bei der Stange. Gerade eine Gewerkschaft, die sich stets ihrer tarifpolitischen Verantwortung so bewußt war, traf es besonders hart, daß seit Ende des Jahres 1931 die Präsidialkabinette mit Notverordnungen die Löhne herabsetzten und ein autoritär geprägter Staat tief ins Tarifrecht eingriff und unter Papen im September 1932 die Tarifhoheit außer Kraft setzte[31]. Es war ein eindrucksvolles Zeugnis für die Kraft des gewerkschaftlichen Gedankens unter den Holzarbeitern und ein Beweis für die gute und wirkungsvolle Arbeit des Verbandes auch unter widrigsten Umständen, daß ihm dennoch über 230 000 Mitglieder die Treue hielten.

Das Scheitern der Weimarer Republik hat dazu geführt, daß im geschichtlichen Bewußtsein auch soziale Fortschritte, die in dieser Zeit errungen wurden, in Vergessenheit gerieten. Zwar ist das 1927 verabschiedete Gesetz über Arbeitsvermittlung und Arbeitslosenversicherung einigermaßen bekannt, doch schon weniger, daß mit der Revolution von 1918/19 große sozialpolitische Reformen auf den Weg gebracht wurden. Wohl mit die wichtigste war die Einführung des 8-Stunden-Tages, der später unter den Arbeitnehmern geradezu als *die* Errungenschaft der Novemberrevolution galt. Verankert wurde der 8-Stunden-Tag gleich auf doppelte Art: durch staatliche Verordnungen mit Gesetzeskraft und in dem Abkommen der Zentralarbeitsgemeinschaft zwischen Gewerkschaften und Arbeitgeberverbänden (ZAG). Für die Holzarbeiter brachte die Neuregelung im Durchschnitt eine Verkürzung der wöchentlichen Arbeitszeit, die bisher für die meisten zwischen 51 und 54 Stunden gelegen hatte, um 6,8 Stunden. Am geringsten fiel die Verkürzung in Regionen aus, in denen die Gewerkschaften durch ihre Stärke vorher schon Arbeitszeiterfolge erreicht hatten, am stärksten profitierten die Arbeiter dagegen in früher organisationsschwachen Gebieten. So betrug die Reduzierung im Gau Berlin 4,1 Stunden, im Gau Breslau dagegen 9,7 Stunden. Nicht nur der humane Aspekt, sondern besonders die Tatsache, daß die Arbeitszeitverkürzung nach dem ZAG-Abkommen bei vollem Lohnausgleich erfolgen sollte, zeigt, welcher Fortschritt in dieser revolutionären Umbruchperiode erreicht wurde[32].

Auf einem weiteren Feld erzielten die Holzarbeitergewerkschaften ebenfalls einen entscheidenden Durchbruch. Auch ohne eine gesetzliche Grundlage gelang es ihnen,

---

29
Jahrbuch 1925, S. 47, Jahrbuch 1927, S. 40, Jahrbuch 1928, S. 74.

30
Diese und die folgenden Aussagen stützen sich auf die Lohnerhebungen des Statistischen Reichsamtes, die von 1927 bis 1933 durchgeführt wurden. Aus dem Holzgewerbe wurden die Daten für die Bau- und Möbeltischlerei und für den Musikinstrumentenbau erhoben. Eine Zusammenstellung und Analyse der Ergebnisse bietet Dora Straube, Die Veränderungen von Lohn und Preis nach der Stabilisierung in Deutschland. Jur. Diss. Jena 1935. Angaben ferner in Jahrbuch 1928, S. 47-64, und Jahrbuch 1931, S. 58-75.

31
Almanach 1933 des Deutschen Holzarbeiter-Verbandes, S. 78f.

32
Jahrbuch 1918, S. 45-47 (nach einer vom Verband durchgeführten Erhebung).

KAPITEL III 1918–1933

Verbandshaus des DHV in Berlin hinter Barrikaden (März 1919)

über die Tarifverträge Bestimmungen über bezahlte Ferientage durchzusetzen. Bis 1918 gab es in der gesamten Holzbranche keinen rechtlichen Anspruch auf Ferien. Schon im Jahre 1919 gab es für die 56,5 Prozent tariflich gesicherten Holzarbeiter einen Urlaubsanspruch und ab 1920 dann fast für alle[33]. Sicherlich war die Zahl der Urlaubstage (die Mindestzahl lag im Schnitt bei 3 bis 4, die Höchstzahl bei 6 bis 8 Tagen) noch viel zu gering, um eine wirkliche Erholung von der Arbeit zu gewährleisten. Aber es war eine bahnbrechende Leistung der Gewerkschaften, daß sie, ganz auf sich und ihre Mitglieder gestützt, den Arbeitnehmern nach 1918 das soziale Grundrecht auf Urlaub erkämpften.

Es bedurfte stets eines beharrlichen Ringens und notfalls auch Streiks, um die Ansprüche der Arbeiter wenigstens zum Teil zur Geltung zu bringen. Nach der Revolution zeigten sich in größeren Teilen der Arbeiterschaft, vor allem in den Großbetrieben und den industriellen Ballungsgebieten, heftige Unruhen. Besonders in Berlin, dem Ruhrgebiet und in Mitteldeutschland kam es im ersten Vierteljahr 1919 zu teils heftigen Massenbewegungen. Dennoch blieben die Gewerkschaften ganz überwiegend ihrer alten Linie treu, Streiks nur als die »Ultima ratio« des Arbeits- und Tarifkonflikts zu betrachten. Besonders ausgeprägt war diese traditionelle Vorsicht und Umsicht in den kleingewerblichen und mittelständischen Branchen, so auch im Holzgewerbe. Selbst in dem unruhigen Jahr 1919 vollzogen sich, bezogen auf die Zahl der Beteiligten, fast drei Viertel der Lohnbewegungen »friedlich« ohne Streiks. Bei etwas über einem Viertel kam es zu Streiks. Welche Belastungen das für die Gewerkschaftskassen darstellte, zeigte sich beim Holzarbeiter-Verband, bei dem allein 43,1 Prozent der Ausgaben auf Streikkosten entfielen. Im Jahr 1920, in dem die Arbeitnehmer den Rechtsputsch der Kapp-Lüttwitz-Truppen mit dem Generalstreik abwehrten, ging die Streikquote bei Lohnbewegungen im Holzgewerbe zurück und lag bei nur 12 Prozent[34].

Von 1922 an spitzten sich die sozialen Konflikte dann zu, als die Unternehmer die einsetzende Krise der Hyperinflation zu einer Teilrevision der Arbeitnehmererrungenschaften von 1918/19 zu nutzen suchten. Auch die Arbeitgeber des Holzgewerbes setzten dazu nun in größerem Maße die Aussperrung ein. Die gewerkschaftliche Kasse wurde dadurch schwer belastet. 1924 mußte der Holzarbeiter-Verband 44,7 Prozent und 1925 noch 27,3 Prozent des Beitragsaufkommens an Unterstützung für streikende und ausgesperrte Verbandsmitglieder ausgeben. In den Lohn-, Tarif- und Arbeitskonflikten lag stets die Hauptlast auf dem Holzarbeiter-Verband. Das galt auch für die Zeit, als der Verband selbst schon durch Mitgliederschwund und Arbeitslosigkeit geschwächt war, wie obige Auflistung aus dem Jahr 1931 zeigt[35].

Lohn-, Tarif- und Arbeitskonflikte in den 20er Jahren

Beteiligte	Bewegung ohne Streiks	Angriffsstreiks	Abwehrstreiks	Aussperrungen	Insgesamt	in %
Holzarbeiter-Verband	112 379	–	4 961	10 605	127 945	68,1
Christlicher Holzarbeiterverband	6 387	–	243	539	7 169	3,8
Gewerkverein der Holzarbeiter	658		154	43	855	0,5
Andere Organisationen	5 393	–	501	519	6 413	3,4
Nichtorganisierte	43 121	–	1 198	1 033	45 352	24,2

---

[33] 1920 für 97,2 Prozent, 1921 für 98,1 Prozent, 1922 für 99,6 Prozent, 1923 für 99,9 Prozent und ab 1924 für alle. Vgl. hierfür und zum folgenden die Übersicht in Jahrbuch 1931, S. 98–100.

[34] Vgl. die Übersicht in Jahrbuch 1931, S. 88 und 94.

[35] Für das folgende Jahrbuch 1931, S. 88 f. und 89.

Deutlich wird auch, wie sehr die Arbeitnehmer und ihre Organisationen mit der großen Krise in die Defensive geraten waren. Galt schon 1930 die Mehrheit der Streikbewegungen nur mehr der Abwehr von Verschlechterungen, so war das 1931 ausschließlich der Fall. Selbst die – angesichts der Massenarbeitslosigkeit – verständlich wenigen Streiks richteten sich nur noch gegen weitere Lohnabstriche. Daß der Holzarbeiter-Verband dennoch fast ein Drittel des Beitragsaufkommens für Streikkosten ausgeben mußte, lag zum einen an der gestiegenen Zahl von Aussperrungen, zum anderen an den verminderten Einnahmequellen durch Mitgliederschwund und die rückläufige Beitragshöhe.

Mit der Unterstützung von Streikenden und Ausgesperrten hatten die Gewerkschaften erst die Voraussetzung geschaffen, um Arbeitskämpfe mit verbesserten Erfolgsaussichten durchstehen zu können. Die vorrangig kleingewerblich-mittelständische Struktur im Holzgewerbe und die Vielzahl der Tarifverträge brachten zwar viele Erschwernisse für die Verbandsarbeit mit sich, aber sie hatten auch ihre Vorteile. Denn Arbeitskämpfe von einem Ausmaß wie etwa der süddeutsche Metallkonflikt von 1922 und der Ruhreisenstreit von 1928, in die Hunderttausende verwickelt waren, gingen an die Substanz des zuständigen Metallarbeiterverbandes. Den Holzarbeitern kam dagegen zugute, daß die Arbeitgeberseite bei ihnen nach Branchen, Interessen und Regionen vielfach aufgefächert war, ihre Berufsvertretungen und Unterorganisationen aber unter dem Schutz des überwölbenden Gesamtverbandes standen. Dieser sorgte nicht nur für den nötigen Rückhalt bei Arbeitskämpfen, sondern auch bei vielen anderen Wechselfällen des Lebens.

Reise-, Umzugs- und Gemaßregeltenunterstützung spielten im 20. Jahrhundert bei den Holzarbeitern allerdings nur mehr eine äußerst geringe Rolle. Trotz der sozialpolitischen Fortschritte, die 1918 und danach bei der öffentlichen Arbeitslosen- und Krankenfürsorge erreicht wurden, bildeten diese Ausgaben in der Weimarer Republik neben Streiks und Aussperrungen stets die größten Ausgabeposten. Gerade bei der Arbeitslosigkeit wurde deutlich, wie schwer die Krisen die Arbeiter und ihre Gewerkschaften trafen. 1926 entfielen über drei Viertel der Ausgaben allein auf Arbeitslosenunterstützung. Auch die 1927 eingeführte Arbeitslosenversicherung brachte nur partielle Verbesserungen. 1929 wurden 60,4 Prozent, 1930 75,2 Prozent und 1931 64,4 Prozent aller Ausgaben für die Unterstützung arbeitsloser Verbandskollegen verwandt[36]. Dies lag deutlich über den Sätzen, die im Schnitt von den Gewerkschaften anderer Branchen in diesen Jahren an Unterstützungszahlungen geleistet wurden. Der Holzarbeiter-Verband setzte

Gewerkschaftsfestwagen des DHV (1926) (Frankfurt am Main)

Delegation des DHV bei einer Berliner Gewerkschaftsdemonstration (1926)

36
Nach den absoluten Zahlen im Jahrbuch 1931, S. 88 und 94, vom Autor berechnet. Bei den Freien Gewerkschaften betrugen sie (in Prozent der Gesamtausgaben) 1929 42,8, 1930 51,2 und 1931 61,0 Prozent. Potthoff, Freie Gewerkschaften, S. 375 (Tabelle).

also stärker noch als andere Gewerkschaften seine Ressourcen für die unverschuldet in Not Geratenen ein. Angesichts der Massenarbeitslosigkeit in den meisten Sparten des Holzgewerbes blutete der Verband finanziell immer mehr aus. Es war wohl auch mit diese besonders katastrophale Situation, die dazu führte, daß der Verbandsvorsitzende Tarnow einer der drei Initiatoren des WTB-Plans zur Arbeitsbeschaffung war.

Der Weg in die Defensive

Mit der Errichtung der Weimarer Republik im Gefolge der Revolution schienen sich alte Hoffnungen auf ein Leben in einer parlamentarischen Demokratie zu erfüllen. Koalitionsfreiheit und Gewerkschaften wurden durch die Reichsverfassung ausdrücklich anerkannt, und den Arbeitnehmerorganisationen wichtige Funktionen im Rahmen der politisch-sozialen Ordnung zugewiesen. In Artikel 165 der Verfassung wurden die Grundlagen für eine Wirtschaftsdemokratie festgeschrieben, und unter den Bedingungen der Demokratie entfalteten sich die Gewerkschaften zu ungeahnter Größe. In der Bestimmung und Gestaltung eigener Strukturen, Programme und Zielsetzungen waren sie nun frei.

Doch schon auf den Beginn der Republik fielen auch schwere Schatten. Die Weimarer Demokratie war mit der schweren Hypothek des verlorenen Krieges und des Versailler Friedensvertrages belastet. Auf diesem Boden gediehen die nationale Verletzung, die das innenpolitische Klima der jungen Demokratie vergiftete, sowie ein Drang zur nationalen Einheitsfront und ein problematisches Sündenbockdenken. An den Folgen der Niederlage krankte auch die Wirtschaft. Fast schwerer noch als die Reparationen wog dabei, daß der Zugang zu den Auslandsmärkten erschwert, Kapazitäten nicht ausgelastet, die Eigenkapitaldecke zu dünn und die Zinsen zu hoch waren. Zu leiden hatte darunter das arbeitende Volk.

Die durch die Revolution geweckten Erwartungen auf umfassende Demokratie, sozialen Fortschritt und materiellen Wohlstand gingen nur sehr begrenzt in Erfüllung. Darin lag der tiefere Grund, daß Teile der Arbeiterschaft der neuen parlamentarischen Demokratie reserviert gegenüberstanden. Dieses Potential der Unzufriedenheit bildete vor allem in Krisen den Nährboden für eine radikale Protest- und Fundamentalopposition. Beim Holzarbeiterverband spielte sie – abgesehen von der Verwaltungsstelle Berlin, die kurzzeitig unter den Einfluß der Kommunisten geriet – allerdings keine wirklich gewichtige Rolle. Zum einen tendierten die handwerklich geprägten Holzarbeiter in der Regel kaum zum Radikalismus, zum anderen bemühte sich die Verbandsführung mit Erfolg um eine Integration durch eine Politik, bei der die eigentlichen gewerkschaftlichen Aufgaben stets im Vordergrund standen.

Als 1920 die Gewerkschaften zum Generalstreik gegen den Kapp-Lüttwitz-Putsch aufriefen, standen die Holzarbeiter fest in der Abwehrfront gegen diesen Anschlag auf die demokratische Republik. Doch im Jahrbuch des Holzarbeiter-Verbandes stand dazu kein einziges Wort. Auch als in den dreißiger Jahren mit dem System der Präsidialkabinette die Aushöhlung des parlamentarischen Regierungssystems offenkundig wurde, fand sich dazu in den vom Verbandsvorstand herausgegebenen Jahrbüchern kein Kommentar. Erst auf die Eingriffe der Staatsgewalt in die Tarifhoheit reagierte er mit deutlichen Worten, ohne allerdings das Präsidialsystem Brünings und Papens grundsätzlich zu attackieren.

Sicherlich stand der Holzarbeiter-Verband fest hinter der Weimarer Demokratie. Aber er war alles andere als eine politische Gewerkschaft, sondern der Prototyp einer Gewerkschaft, die sich voll auf das engere gewerkschaftliche Tätigkeitsgebiet konzentrierte, nur das unmittelbare Umfeld von Wirtschaft und Sozialem ins Visier nahm und auf Tarifhoheit und Autonomie baute. Der Verband hatte damit über Jahre guten Erfolg. Unter normalen Umständen war das eine Strategie, die überzeugte und vorbildhaft war. Doch mit der großen Krise der dreißiger Jahre und der Agonie der demokratischen Republik stieß sie an ihre Grenze. Das autoritäre Papen-Kabinett untergrub die Fundamente, und das am 30. Januar 1933 inthronisierte Hitler-Regime spülte sie vollends weg. Dieser Zerschlagung der demokratisch-sozialen Strukturen der Weimarer Republik hatte der Verband nichts entgegenzusetzen außer dem Appell, ihm gerade in den Stunden der Not nun erst recht die Treue zu halten.

UDO ENGBRING-ROMANG

Adam Neumann

Adam Neumann war vom August 1919 bis zu seinem Tod am 27. Januar 1920 Vorsitzender des Deutschen Holzarbeiter-Verbandes. Als »provisorischer« Nachfolger von Leipart an der Spitze des Verbandes hinterließ er für die Öffentlichkeit kaum bleibende Eindrücke. Die Mitteilung über den Wechsel an der Verbandsspitze wurde im »Holzarbeiter« erst etwa einen Monat nach der Entscheidung veröffentlicht. Aber die Frage auf einer Funktionärsversammlung im April 1920 »Wie hätte wohl Neumann entschieden?« deutet an, daß er in seiner Funktion als erfahrenes Mitglied des Verbandsvorstandes – dort war er vor allem mit Tarifpolitik befaßt – weite Anerkennung gefunden hatte. Wer war Neumann, der innerhalb der Funktionäre als bewährter Organisator hervorgetreten war, der aber den Mitgliedern – außer in Hamburg – eher unbekannt gewesen sein dürfte.

In dem kleinen Eifeldorf Rengen wurde Adam Neumann am 21. Januar 1868 geboren[1]. Hier wuchs der begabte Junge auf, der nicht seiner Eltern Wunsch gemäß Lehrer werden wollte, sondern statt dessen eine Försterlehre begann, die er aber wegen eines Kropfleidens nicht beenden konnte. Diese Krankheit ersparte ihm auch den Wehrdienst. Als Siebzehnjähriger begann er dann eine zweite Lehre, als Tischler, die er Ende 1887 abschloß. Danach ging er auf die Walz über Mayen, Köln, Solingen, Düsseldorf, Krefeld, Gießen, Erfurt und Halle nach Hamburg, wo er zum ersten Mal mit gewerkschaftlich organisierten sozialdemokratischen Holzarbeitern in Kontakt kam. Dieser Kontakt brachte ihn dazu, sich innerhalb des 1893 gegründeten Holzarbeiterverbandes als »eifriger, doch als stummer Teilnehmer« zu engagieren.

Erst nach einigen Jahren war Neumann bereit, sich für Tätigkeiten im Verband wählen zu lassen. 1898 nahm er als Delegierter erstmals an einem Verbandstag teil. In der schon zitierten autobiographischen Skizze formulierte er im nachhinein sein sozialpolitisches Credo: »Für alle Kollegen ein besseres Stück Brot, wirtschaftliche Unabhängigkeit, geistige Freiheit, Menschbewußtsein und Menschenglück herbeizuführen.«[3] Nach ersten ehrenamtlichen Tätigkeiten für den Verband begann Neumanns Karriere als Funktionär der Holzarbeitergewerkschaft. Im Alter von fast

1
Siehe zu Herkunft und Ausbildung die autobiographische Skizze:
N. Adam (= Adam Neumann): Aus meinem Leben. In: Holzarbeiter-Jugendblatt Nrn. 2, 3, 4, 5, 6 1913.
2
Ebd., Nr. 6, S. 24.
3
Ebd.

32 Jahren wurde er besoldeter Vorsitzender der Zahlstelle in Hamburg. Anfang 1905 wurde er zum Ersten Bevollmächtigten der dortigen Ortsverwaltung des Deutschen Holzarbeiter-Verbandes gewählt[4]. Sein Aufstieg in der Mitarbeiterhierarchie der Gewerkschaft setzte sich fort, als er im Juni 1906 einstimmig zum Gauvorsteher für Hamburg gewählt wurde[5].

In dieser Funktion machte er sich auf den regelmäßigen Gauvorsteherkonferenzen schnell einen guten Namen, nicht zuletzt auch als Kritiker der Politik des von Leipart geführten Vorstandes, wovon auch die zahlreichen Redebeiträge Neumanns auf den verschiedenen Gauvorsteherkonferenzen zeugen[6].

Schließlich zeigte sich auch der Vorstand an einer Mitarbeit Neumanns in Berlin interessiert, so daß bei der Besetzung der Stelle eines Verbandssekretärs im Jahre 1911 die Entscheidung so lange verzögert wurde, bis Neumann seine persönlichen Angelegenheiten – seinen Scheidungsprozeß – in Hamburg erledigt hatte[7]. Persönlich wie beruflich bedeutete die Anstellung als Verbandssekretär beim Holzarbeiterverband in der Zentrale in Berlin einen Neubeginn[8].

1913 kehre Neumann schließlich in neuer Funktion nach Hamburg zurück. Als Vertreter des Verbandsvorstands hatte er die innerhalb der Gewerkschaft nicht unumstrittene Aufgabe erhalten, die Streiks auf den dortigen Werften, die nicht zuletzt von den Holzarbeitern gegen die allgemeine Beschlußlage fortgeführt wurden, zu beenden.

Generell zeigte sich Neumann mehr an der organisatorischen Festigung des Verbandes und an längerfristiger Besserstellung der Arbeitnehmer interessiert, weniger an kurzfristigen Streikerfolgen oder am Sozialismus radikaler Prägung. Sehr deutlich zeigte sich diese Haltung nach der Novemberrevolution, als er der revolutionären Politik der Arbeiter- und Soldatenräte eine Absage erteilte. »Die Arbeiter- und Soldatenräte könnten wohl hie und da mit den revolutionären Mitteln der Gewalt etwas erzielen, aber Bleibendes könne nur auf der Grundlage der Gewerkschaften aufgebaut werden.«[9]

Die Entscheidung Theodor Leiparts im Sommer 1919, die Ernennung zum württembergischen Arbeitsminister anzunehmen, nachdem seine Politik auf dem Verbandstag zum Teil heftig kritisiert worden war, brachte Neumann an die Spitze des Verbandes. Es war Leipart, der Neumann als seinen Nachfolger vorgeschlagen hatte, allerdings sollte ihm Fritz Tarnow als unmittelbarer Mitarbeiter zugeordnet werden. Neumann bestand darauf, daß Leipart von seinem Amte nur beurlaubt werden sollte, so daß der Verbandsvorsitz von ihm nur sozusagen kommissarisch übernommen wurde. Neumann erkannte anscheinend selbst, daß er dieser Aufgabe gesundheitlich nicht mehr gewachsen war, denn seit Beginn des Jahres 1919 war er kaum noch arbeitsfähig. Seit dem Frühjahr hatte er bereits wegen verschiedener Krankheiten kaum noch an einer Vorstandssitzung teilnehmen können.

Erst in seinen letzten zwei Lebensmonaten nahm er seine eigentliche Funktion wahr und trieb vor allem die Verhandlungen über die Tarifverträge mit dem Schutzverband und der Regierung voran, ohne allerdings zu einem Ergebnis zu gelangen. Während eines Aufenthaltes in Hamburg starb Neumann am 27. Januar 1920, im Alter von 51 Jahren, plötzlich, aber nicht unerwartet, an Herzversagen.

---

[4] Deutscher Holzarbeiter-Verband: Bericht über die Tätigkeit der Verwaltungsstelle Hamburg für das Jahr 1905. Hamburg 1906, S 3.

[5] Protokoll des Verbandsvorstandes, 10. Sitzung am 2. Juli 1906. ZA FDGB, Hist. Abt. A 20.

[6] Protokolle der Gauvorsteherkonferenzen. ZA FDGB, Hist. Abt. A 39.

[7] Protokoll des Verbandsvorstandes, 91. Sitzung am 27. September 1911; 94. Sitzung vom 18. Oktober 1911. ZA FDGB, Hist. Abt. A 28.

[8] Protokoll des Verbandsvorstandes, 96. Sitzung am 1. November 1911. ZA FDGB, Hist. Abt. A 28.

[9] Bericht von der Vorstands-Konferenz am 1. Februar 1919. Vorstandsprotokoll, 198. Sitzung am 3. Februar 1919. ZA FDGB, Hist. Abt. A 34.

RAINER SCHULZE

Fritz Tarnow

* 13. April 1880 in Rehme (bei Bad Oeynhausen), Sohn des Tischlers und engagierten Gewerkschafters Fritz Tarnow und seiner Frau Johanna, geborene Schuck

1886 ff. Volksschule und Tischlerlehre in Hannover, anschließend Wanderschaft

1898 Eintritt in den Deutschen Holzarbeiter-Verband

1903 ff. in Berlin; Besuch von Abendkursen an der Arbeiter-Bildungsschule, Mitarbeit in der SPD

1904 Wahl in den Vorstand der Zahlstelle Berlin des DHV

1906–1915 Mitarbeiter Theodor Leiparts beim DHV-Hauptvorstand in Stuttgart bzw. Berlin, zunächst als »Literarisch-Statistischer Mitarbeiter«, seit 1908 als Leiter des »Literarischen Büros«

1908/09 Besuch der SPD-Parteischule in Berlin

1915–1918 Soldat, Lähmung der rechten Hand als Folge einer Kriegsverwundung

1918 Mitglied des Soldatenrates von Brandenburg/Havel

1919 Wahl in den Vorstand des DHV sowie in das Exekutivkomitee der Internationalen Union der Holzarbeiter

1920–1933 Vorsitzender des DHV

1922–1933 Mitglied des Reichswirtschaftsrates

1928–1933 Mitglied des Reichstags (SPD)

1928–1933 Mitglied des Bundesvorstands des ADGB

1929–1933 Sekretär des Exekutivkomitees (Vorsitzender) der Internationalen Union der Holzarbeiter

2. Mai 1933 Verhaftung durch die Nationalsozialisten

1933–1946 Emigration; zunächst nach Dänemark (Kopenhagen), 1940 nach Schweden (Stockholm)

1935 ff. Mitarbeit beim Aufbau der Auslandsvertretung deutscher Gewerkschaften (ADG)

1936 ADG-Vertreter für Dänemark und Skandinavien

1938 nach dem Tod von Heinrich Schliestedt Wahl zum Vorsitzenden des Länderkomitees der ADG, damit deren Leiter

1941 ff. Mitglied der schwedischen SPD-Gruppe und Mitarbeiter in der schwedischen Landesgruppe deutscher Gewerkschafter

Oktober 1946 Rückkehr nach Deutschland; zunächst nach Hamburg, dann nach Stuttgart

1947–1948 Zonensekretär des Sekretariats der Gewerkschaften der US-Zone in Stuttgart

1947/48 Teilnehmer an der 3. bis 9. Interzonenkonferenz der deutschen Gewerkschaften

1948–1949 Sekretär des (bizonalen) Gewerkschaftsrates in Frankfurt/M., Leitung des Sekretariats Wirtschaft

Oktober 1949 Ruhestand

† 23. Oktober 1951 in Bad Orb

KAPITEL III 1918–1933

Fritz Tarnows Gewerkschaftskarriere erstreckte sich vom Kaiserreich über die Weimarer Republik und die Emigration während des Nationalsozialismus bis in die Besatzungszeit nach dem Zweiten Weltkrieg und die ersten Jahre der Bundesrepublik. Über die engere Fachwelt hinaus ist von Tarnows Wirken allerdings kaum mehr als das vielfach mißverstandene und noch häufiger polemisch entstellte Wort vom »Arzt am Krankenbette des Kapitalismus« in Erinnerung geblieben[1]. Dies ist um so erstaunlicher, als Tarnow einmal als der »Kronprinz« des ADGB hinter Theodor Leipart galt.

Die Anfänge: Der »Wunderknabe«

Fritz Tarnow stammte aus einer Familie, in der aktive gewerkschaftliche Arbeit tägliche Selbstverständlichkeit war und die dafür auch Maßregelungen und wirtschaftliche Not in Kauf nahm. Früh wurde auch der junge Fritz in diese Arbeit miteinbezogen; er selbst erinnerte sich in einem Rückblick, in der Zeit des Sozialistengesetzes als Achtjähriger »nicht wenig überzeugt von meiner eigenen Wichtigkeit« illegale Schriften für den Vater verteilt zu haben[2]. Gleich nach dem Abschluß der Lehre als Tischler schloß sich Fritz Tarnow dem DHV an, und neben seiner Verbandstätigkeit arbeitete er in der Folgezeit unablässig daran, sich einen großen Fundus theoretischen Wissens, vor allem zu volkswirtschaftlichen Fragen, anzueignen.

Bald schon fiel Tarnow als kenntnisreicher und überzeugender Diskussions- und Vortragsredner auf, der zudem Talent zum Schreiben zeigte. Auch der Vorstand des DHV wurde auf den offenbar so talentierten jungen Gewerkschafter aufmerksam, und 1906 holte Theodor Leipart sich ihn als hauptamtlichen Mitarbeiter in die DHV-Zentrale. Tarnow schrieb Aufsätze, Flugblätter, Agitationsschriften und geschichtliche Broschüren und machte sich dadurch in der Holzarbeitergewerkschaft einen guten Namen, ohne zunächst jedoch als Person sehr in den Vordergrund zu treten.

Aufstieg und Bewährung: Der »Vordenker«

Nach dem Ersten Weltkrieg stieg Fritz Tarnow schnell zu einem der profiliertesten Gewerkschafter in Deutschland auf. Seine Bedeutung für die deutsche Gewerkschaftsbewegung beruhte allerdings weniger auf seiner Position als Vorsitzender des DHV als vor allem auf den vielfältigen Anstößen in grundsätzlichen Fragen, die er im ADGB gab. »Ich habe mich immer gern«, so schrieb Tarnow 1948, »mit größeren Problemen beschäftigt, die sich der Arbeiterbewegung in den Weg rollten.«[3] Und dies traf insbesondere auf die Zeit der Weimarer Republik zu.

Anfangs befaßte er sich vor allem mit Organisationsfragen und sprach sich hier für die Beibehaltung des Berufsprinzips als gewerkschaftliches Abgrenzungsmerkmal aus[4]. Er beteiligte sich auch engagiert an den Diskussionen um die Wirtschaftsdemokratie, die er als ein praktikables Konzept ansah, Wirtschaft und Gesellschaft auf dem Weg des traditionellen gewerkschaftlichen Reformismus zu verändern, als »ein Ziel, das auf Erden zu verwirklichen ist«[5], denn, so Tarnows Credo für die praktische gewerkschaftliche Arbeit: »Wir wollen eine bessere Zukunft, aber wir wollen auch schon eine bessere Gegenwart«[6].

Seinen bedeutendsten Beitrag leistete Tarnow jedoch im Bereich der Wirtschafts- und Finanztheorie als erster prominenter Vertreter einer gewerkschaftlichen Kaufkrafttheorie, mit der er den Gewerkschaften volkswirtschaftliche einschließlich konjunkturpolitischer Aufgaben zuwies. Wesentliche Anstöße dazu gab ihm eine mehrwöchige USA-Reise, die er im Herbst 1925 zusammen mit einer Gewerkschaftsdelegation unternahm. Tarnow war beeindruckt vom Stand der Technik und der Arbeitsorganisation sowie von der erreichten Lohnhöhe und forderte daraufhin auch für Deutschland Rationalisierungen in der Industrie verbunden mit einer »Steigerung der Massenkaufkraft«[7], die über eine aktive gewerkschaftliche Lohnpolitik erreicht werden sollte. Sein knappes Fazit lautete: »Das Mittel zur Entfesselung des Massenkonsums ist der Arbeitslohn«[8].

Eine Weiterführung dieser Ideen war der Plan zur Bekämpfung der Arbeitslosigkeit, den Tarnow zusammen mit Wladimir Woytinsky, dem Leiter des Statistischen Büros des ADGB, und Fritz Baade, dem Wirtschafts- und Agrarfachmann der SPD, 1931/32 entwickelte und der nach den Initialen seiner drei Urheber als WTB-Plan bekannt wurde. Es handelte sich im wesentlichen um ein großangelegtes staatliches Arbeitsbeschaffungsprogramm, das ausschließlich auf dem Wege der Kreditschöpfung finanziert werden sollte, um zusätzliche Kaufkraft zu schaffen. Es gelang allerdings nicht, wie von Tarnow erstrebt, die gesamte sozialdemokratische Arbeiterbewegung hinter einem solchen Plan zu vereinen. Während der ADGB ihn auf seinem Berliner Kongreß 1932 übernahm, distanzierte sich die SPD von wesentlichen Teilen. Für Tarnow war es deshalb »eine sehr bittere Genugtuung«, daß die Nationalsozialisten später ihre

---

1
So auch die Überschrift einer Kurzbiographie von Tarnow in Gerhard Beier, Schulter an Schulter, Schritt für Schritt. Lebensläufe deutscher Gewerkschafter, Köln 1983, S. 197–202. Eine seiner Bedeutung gerecht werdende, wissenschaftlich abgesicherte Biographie Fritz Tarnows liegt bis heute nicht vor.

2
Fritz Tarnow, Von Theodor York bis Karl Kloß, Teil IV, in: Holzarbeiter-Zeitung 42 (58), 1950, S. 53.

3
Tarnow an Wegener, 29. Dezember 1948, DGB-Archiv: Nachlaß Tarnow.
4
Fritz Tarnow, Das Organisationsproblem im ADGB, Berlin 1925.
5
Protokoll der Verhandlungen des 12. Kongresses der Gewerkschaften Deutschlands (Breslau 1925), Berlin 1925, S. 231.

6
Protokoll der Verhandlungen des 13. Kongresses der Gewerkschaften Deutschlands (Hamburg 1928), Berlin 1928, S. 211.
7
Amerikareise deutscher Gewerkschaftsführer, Berlin 1926, S. 256.
8
Fritz Tarnow, Warum arm sein?, Berlin 1928, S. 71.

Fritz Tarnow bei einer Rede (1930)

Fritz Tarnow mit Frau (links) bei der Familie Exner in Berlin-Friedrichshagen

»Arbeitsschlacht« nach einer ähnlichen Konzeption, aber mit einem noch weit größeren Finanzrahmen durchführten[9].

Am stärksten blieb Tarnow aber durch sein Referat vor dem SPD-Parteitag in Leipzig am 1. Juni 1931 in Erinnerung, in dem er bereits den Rahmen für ein aktives Krisenbekämpfungsprogramm absteckte. In diesem Zusammenhang fiel das eingangs erwähnte Wort vom »Arzt«, als Tarnow der Arbeiterbewegung »am Krankenlager des Kapitalismus« eine Doppelrolle zuwies: die des Arztes, »der ernsthaft heilen will«, und zugleich die der Erben, »die lieber heute als morgen die ganze Hinterlassenschaft des kapitalistischen Systems in Empfang nehmen wollen«, wobei er erklärend hinzufügte: »Der Patient selbst barmt uns gar nicht so sehr, aber die Massen, die dahinter stehen. Wenn der Patient röchelt, hungern die Massen draußen.« Tarnow setzte sich mit diesem Referat von Rudolf Hilferding und der Theorie des Organisierten Kapitalismus ab; er forderte einen »konstruktiven« Sozialismus, der Tagesarbeit und Ziel miteinander zu verbinden und vor allem in Rechnung zu stellen habe, daß »die organisierte Arbeiterschaft den Sturz des kapitalistischen Systems [will], aber sie will nicht den Zusammenbruch der Wirtschaft. Sie will den Sozialismus als eine Verbesserung ihrer Lage, nicht aber als eine noch weitere Verschlechterung.«[10] Zwar fand Tarnow zunächst die nahezu einstimmige Unterstützung des SPD-Parteitages für sein Referat, doch schon bald erhob sich scharfer Widerspruch gegen seine Thesen, nicht nur von den Kommunisten, die ihn ohnehin stets als »Vertreter kleinbürgerlicher Theorien« und »Paktierer mit dem Unternehmertum« abqualifiziert hatten, sondern auch von Vertretern der SPD-Linken, die ihm vorwarfen, damit endgültig einen Reformismus zu vertreten, der ihn tatsächlich nur noch zum »Arzt am Krankenbett des Kapitalismus« mache.

Emigration: Der »Warteständler«

Am 2. Mai 1933 wurde Tarnow, wie alle führenden Gewerkschafter, von den Nationalsozialisten verhaftet, doch mit heimlicher Hilfe des Berliner Polizeipräsidenten und einiger Freunde kam er bereits nach wenigen Tagen wieder auf freien Fuß und floh sofort aus Deutschland. Nach einigen Zwischenstationen folgte er schließlich einer Einladung dänischer Kollegen, nach Kopenhagen zu kommen, wo er seinen Lebensunterhalt durch Hilfstätigkeiten für die dänischen Gewerkschaften bestreiten konnte und beim Aufbau

---

9
Tarnow an Wegener (Anm. 3).
10
Fritz Tarnow, Kapitalistische Wirtschaftsanarchie und Arbeiterklasse, in: Protokoll des Sozialdemokratischen Parteitags in Leipzig 1931, Berlin 1931, S. 45f.

der Auslandsorganisation der deutschen Gewerkschaften (ADG) mitwirkte, deren Leitung er 1938 übernahm. Auch nach seiner Flucht nach Schweden infolge der deutschen Besetzung Dänemarks erhob er zunächst weiterhin den Anspruch, Leiter der ADG zu sein, was ihm aber insbesondere von der deutschen Gewerkschaftsgruppe in London um Hans Gottfurcht entschieden bestritten wurde. Tarnow stand mit der Verschwörergruppe des 20. Juli 1944 in Kontakt und war als Wirtschaftsminister nach einem geglückten Staatsstreich im Gespräch.

In der Zeit des Exils entwickelte er in zahlreichen Denkschriften Vorschläge zur Behandlung der Probleme der Nachkriegszeit und insbesondere zum Wiederaufbau der deutschen Gewerkschaften. Stark umstritten war seine Konzeption, die Deutsche Arbeitsfront (DAF) nicht zu zerschlagen, sondern zu Gewerkschaften, vereinigt in einem einheitlichen Gewerkschaftsbund, umzuwandeln, um sofort eine große, einheitliche und funktionsfähige Gewerkschaftsbewegung zu haben, die Einfluß auf die Nachkriegsentwicklung nehmen könnte. Trotz entschiedenen Widerspruchs zog Tarnow diese Position erst Anfang 1944 zurück, setzte sich aber auch danach weiterhin für eine starke Einheitsgewerkschaft ein. Kritik gab es auch an der Zusammenarbeit von Sozialdemokraten und Kommunisten innerhalb der gewerkschaftlichen Landesgruppe in Schweden; eine Minderheit der nach Schweden emigrierten Sozialdemokraten sprach in Briefen an die Londoner Gruppe sogar von »kommunistischer Unterwanderung«, während Tarnow, der bis dahin jede Kooperation mit der KPD stets strikt abgelehnt hatte, diese »lose Tuchfühlung« gegenüber Vogel und Gottfurcht ausdrücklich guthieß[11].

Die letzten Jahre: Der »alte Fuchs«

Erst im Oktober 1946 konnte Tarnow nach Deutschland zurückkehren. Es ist nicht ganz klar, ob eher sein Eintreten für die »Zentralisierung«, wie Tarnow selbst vermutete, oder doch eher die dem britischen Geheimdienst bekanntgewordenen Vorwürfe zu enger Beziehungen zu den Kommunisten im schwedischen Exil der Grund für die bewußt betriebene Verzögerung bei der Erteilung einer Einreisegenehmigung war. Der Wiederbeginn der Arbeit in Deutschland gestaltete sich ebenfalls schwierig; dem Rückkehrer wurde schnell deutlich, daß die Widerstände gegen seine Person zumindest in der britischen Besatzungszone erheblich waren. Zwar brachten die Hamburger Gewerkschaften Tarnow gleich nach seiner Ankunft für die Leitung des neuerrichteten Zonensekretariats des DGB der britischen Zone in Vorschlag, aber Hans Böckler fand eine Mehrheit im Zonenvorstand für die Zurückweisung dieses Antrages, wobei er betonte, daß nicht Tarnows Emigrationstätigkeit der

Fritz Tarnow bei einem Vortrag in der DGB-Bundesschule Oberursel/Ts (Mai 1951)

11
Z.B. Tarnow an Hans Vogel, 6. Dez. 1943, DGB-Archiv: Nachlaß Tarnow.

Grund für die Ablehnung sei, sondern vielmehr sein Alter sowie die Absicht zu vermeiden, »der Bewegung Menschen aufzupfropfen, die sich nicht durch die Teilnahme an der jetzigen Aufbauarbeit erneut das Vertrauen in der praktischen Arbeit erworben haben«[12]. Auch die Stimmen, die sich dafür aussprachen, daß Tarnow die Holzarbeitergewerkschaft wieder aufbauen solle, blieben in der Minderheit. Ein neues Wirkungsfeld fand Fritz Tarnow dann schließlich mit Hilfe seines Freundes Markus Schleicher, nunmehr Vorsitzender des Gewerkschaftsbundes Württemberg-Baden, zunächst in der US-zonalen, später in der bizonalen Gewerkschaftsorganisation.

In vielen Vorträgen und Aufsätzen bezog Tarnow auch jetzt wieder Position in grundsätzlichen Fragen. Er bezeichnete es als die zentrale Aufgabe der Gewerkschaften, »die Lebensverhältnisse der Arbeiter zu verbessern«[13], warnte aber davor, sich dabei allein auf den Lohnkampf zu beschränken: »Die Gewerkschaften müssen Einfluß auf alle staatlichen und wirtschaftlichen Vorgänge haben.«[14] Bewußtes Gestalten der Wirtschaft in Richtung Demokratisierung und Selbstverwaltung sowie eine planvolle Lenkung der Produktion waren für ihn wesentliche Aspekte. In den Auseinandersetzungen um die Gestaltung der künftigen Wirtschaftsordnung und die Ausformung der praktischen Wirtschaftspolitik wurde er darüber zeitweilig zu einem gewerkschaftlichen Gegenpart von Ludwig Erhard.

Sehr früh bereits glaubte Tarnow nicht mehr an die Möglichkeit einer gesamtdeutschen Gewerkschaftsorganisation. Die von ihm entworfene »Gewerkschaftliche Prinzipienerklärung« vom Februar 1948 über Rolle und Aufgaben der Gewerkschaften im demokratischen Staatswesen benannte die entscheidenden Bruchstellen zu den Kommunisten. Für FDGB und SED wurde er so rasch zu einem der meistgehaßten westdeutschen Gewerkschafter, und in ihren Angriffen auf ihn zogen sie auch seine Haltung gegenüber den Nationalsozialisten in Frage.

Bei der Gründung des DGB im Oktober 1949 wurde Tarnow nicht in den Bundesvorstand gewählt. Wie er selbst anführte, habe er eine Kandidatur aus Altersgründen abgelehnt[15]. Aber auch im Ruhestand diente er der Gewerkschaftsbewegung weiterhin durch Vorträge, Zeitungsaufsätze sowie einen Lehrauftrag an der gewerkschaftlichen Akademie der Arbeit.

»Ein Sohn des Volkes«

Fritz Tarnow war als Autodidakt zu einem weit über die Gewerkschaftsbewegung hinaus angesehenen Wirtschaftstheoretiker geworden. Er war ein geschickter Rhetoriker, der griffig, häufig auch scharf, formulierte und es verstand, komplizierte Sachverhalte leicht verständlich darzustellen. Seine Positionen waren allerdings selbst in den Gewerkschaften und der SPD oft heftig umstritten; Tarnow war in vielen Punkten, wie sich im Rückblick zeigt, seiner Zeit voraus und sehr viel »moderner« als die Mehrheit seiner Kollegen. Im persönlichen Umgang wurde er aber selbst von seinen Widersachern als zugänglich, kontaktfreudig und einfühlsam geschildert, und er fand auch die Freundschaft von Menschen, die ihm politisch zunächst eher fern standen, wie etwa die Willy Brandts. Entspannung fand er in seinen literarischen und künstlerischen Interessen sowie beim Skatspiel. »Zuhören, lernen und nur reden, wenn Du etwas weißt, und immer das Gute im Menschen vorausschicken«, lautete einer seiner Wahlsprüche. Bei der Trauerfeier für ihn wurde zum Abschluß das Lied »Ein Sohn des Volkes wollt' er sein und bleiben« angestimmt – fast so etwas wie eine Überschrift zu seinem lebenslangen gewerkschaftlichen Engagement für eine umfassende Emanzipation der Arbeiterschaft.

12
Protokoll der Sitzung des DGB-Zonenvorstandes am 29./30. November 1946 in Hamburg, DGB-Archiv: Bestand 11, Nr. 1.
13
Protokoll des 1. Verbandstages der Industrie-Gewerkschaft Holz Hessen am 27. und 28. Juni 1947 in Frankfurt/M., Archiv der ÖTV.

14
Gewerkschaft Holz. Vereinigungsparteitag der Holzarbeiter in der amerikanischen, britischen und französischen Besatzungszone. Protokoll der Verhandlungen am 27. und 28. Mai 1949 in Königswinter am Rhein, o.O., o.J. [Stuttgart 1949], S. 32.
15
Tarnow an Benno Marx, 19. Oktober 1949, DGB-Archiv: Nachlaß Tarnow.

MICHAEL SCHNEIDER

Heinrich Kurtscheid

Heinrich Kurtscheids Lebensweg ist, was Herkunft, Ausbildung und Aufstieg innerhalb der Christlichen Gewerkschaften anlangt, geradezu typisch für die Gründer-Generation der Gewerkschaften. Und »typisch« ist es wohl auch, daß sein Leben so eng mit der Entwicklung von Organisation und Politik »seines« Verbandes verbunden war, daß es kaum davon zu trennen ist. So ist es nicht verwunderlich, daß die Quellen, aus denen ein plastisches Bild der Person Kurtscheids gewonnen werden könnte, überaus selten sind[1]; aber gerade dies zeigt wohl eindringlich das Selbstverständnis der Gewerkschafter der Gründungsjahre, die als biographisch greifbare Personen hinter ihrem Werk zurücktraten.

Heinrich Kurtscheid wurde am 24. September 1872 in Rheinbrohl am Mittelrhein geboren; er wuchs – sein Vater war Fabrikarbeiter – in ärmlichen Verhältnissen auf, besuchte die Volksschule und erlernte dann das Schreinerhandwerk in Linz am Rhein. Als Geselle ging er 1890 auf die Wanderschaft, zunächst nach Königswinter, dann nach Düsseldorf. Hier trat er in den Katholischen Gesellenverein ein, zu dem er auch auf späteren Wanderungen nach Norden, Sachsen und Bayern und auch während seiner Militärzeit, die er von 1892 bis 1894 in Metz und in Saargemünd verbrachte, Kontakt behielt.

Zurück in Düsseldorf, verstärkte Kurtscheid seine Mitarbeit in der katholischen Arbeiterbewegung und engagierte sich in der Schreinerfachabteilung des Gesellenvereins und im Katholischen Arbeiterverein. Mitte der 1890er Jahre wurde hier vor allem die Gewerkschaftsfrage kontrovers diskutiert: »Der Mangel einer wirtschaftlichen Interessenvertretung für die christliche Arbeiterschaft kam mir immer deutlicher zum Bewußtsein«, so berichtete Kurtscheid rückblickend. Dabei war es ihm – und auch das ist »typisch« für die christlichen Gewerkschafter seiner Generation – wegen seiner »religiösen Einstellung […] damals schon klar, daß [er] einer sozialdemokratischen Organisation nicht angehören dürfe«[2]. Bald nach der Gründung des »Gewerkvereins christlicher Bergarbeiter« (1894) gewann auch in Düsseldorf die Idee einer christlichen Gewerkschaftsbewegung aktive Anhänger. Kurtscheid trat 1898 der Düsseldorfer Gruppe des eben in Köln gegründeten »Gewerkvereins christlicher Maurer, Steinmetzen, Stukkateure, Kanal- und

---

1
Heinrich Kurtscheid, Aus meinem Leben, Berlin-Wilmersdorf 1924 (9 Seiten); vgl. auch die knappen Lebensbilder: Bernhard Otte, Heinrich Kurtscheid, in: Ludwig Heyde (Hrsg.), Internationales Handwörterbuch des Gewerkschaftswesens, 1930ff., S.1040; Heinrich Kurtscheid, Vorsitzender von 1903 bis 1933, in: Holzarbeiter Zeitung, September 1968, S.62.
2
H. Kurtscheid, Aus meinem Leben, S. 4.

HEINRICH KURTSCHEID

Hauptgeschäftsstelle des Zentralverbandes Christlicher Holzarbeiter, Büro des Verbandsvorsitzenden (um 1924)

Erdarbeiter sowie aller in Töpfereien, Ziegeleien, Kalkbrennereien usw. beschäftigten Arbeiter« – also einem Christlichen Bauarbeiterverband – bei. Seine Düsseldorfer Kollegen schickten ihn als Delegierten zum 1. Kongreß der Christlichen Gewerkschaften, der Pfingsten 1899 in Mainz ein Grundsatzprogramm verabschiedete: Interkonfessionalität, parteipolitische Unabhängigkeit, partnerschaftliche Zusammenarbeit mit den Unternehmern – das waren die wichtigsten Prinzipien der »Mainzer Leitsätze«, zu denen sich Kurtscheid in den folgenden Jahren eindeutig bekannte.

Am Rande des Mainzer Kongresses bereitete Kurtscheid zusammen mit der Münchener Gruppe von Holzarbeitern um Adam Stegerwald die Gründung des »Christlichen Holzarbeiterverbandes in Deutschland« vor, der am 1. Juli 1899 in München seine Arbeit begann. Erster Vorsitzender dieser bald in »Zentralverband Christlicher Holzarbeiter« umbenannten Gewerkschaft wurde Stegerwald; Kurtscheid übernahm zunächst ehrenamtlich die Geschäftsführung für die Regionen Rheinland und Westfalen. Nachdem er sich mit seinem unermüdlichen Einsatz in der Agitation bewährt hatte, wurde ihm das Verbandssekretariat in Köln übertragen, das am 1. September 1901 eröffnet wurde. Zur Vorbereitung auf seine hauptberufliche Gewerkschaftsarbeit hatte Kurtscheid übrigens den ersten »Volkswirtschaftlichen Kursus« besucht, mit dem der »Volksverein für das ka-

tholische Deutschland« in Mönchengladbach einen Beitrag zur Unterstützung der Christlichen Gewerkschaften leistete. Mit dem Wechsel Stegerwalds an die Spitze des »Gesamtverbandes der christlichen Gewerkschaften« übernahm Kurtscheid – gerade 30 Jahre alt – die Führung des »Zentralverbandes christlicher Holzarbeiter«, dessen Vorstandsverwaltung gleichzeitig – zum 1. Januar 1903 – von München nach Köln umzog. Seitdem wurde Kurtscheid, der bis Juni 1905 auch die Redaktion der Zeitschrift »Der deutsche Holzarbeiter« betreute, immer wieder – für insgesamt gut 30 Jahre – zum Verbandsvorsitzenden gewählt. Sowohl die relative Jugendlichkeit bei Amtsantritt als auch die lange Amtsdauer waren keine Seltenheit bei den Christlichen Gewerkschaften.

Organisationstalent und Engagement verliehen Kurtscheid innerhalb der Christlichen Gewerkschaftsbewegung eine herausragende Stellung, war er doch nicht nur jahrzehntelang Mitglied des Vorstandes, sondern zudem Stellvertretender Vorsitzender des Gesamtverbandes. Außerdem wurde Kurtscheid, der sich bereits seit 1901 für eine die nationalen Grenzen überschreitende Zusammenarbeit der Holzarbeiterverbände eingesetzt hatte, im Jahre 1920 zum Sekretär der Christlichen Internationalen Holzarbeitervereinigung gewählt.

Daß Kurtscheids Hauptaugenmerk – schließlich war er ein Mann der »ersten Stunde« – dem Auf- und Ausbau der gewerkschaftlichen Organisation gehörte, ist gewiß nicht verwunderlich: Steigerung der Mitgliederzahlen, Erhöhung des Beitragsaufkommens, Sicherung einer kontinuierlichen Pressearbeit und Konsolidierung der Verwaltung – das waren vorrangige Aufgaben des ersten Jahrzehnts des 20. Jahrhunderts[3]. Zudem ging es darum, die Anerkennung der Christlichen Gewerkschaften durch die katholische Kirche, die Arbeitgeber und die Freien Gewerkschaften beziehungsweise die Sozialdemokratie zu erreichen. So verteidigte Kurtscheid einerseits im »Gewerkschaftsstreit« gegen integralistisch orientierte Kreise der katholischen Kirche entschieden die Interkonfessionalität der Christlichen Gewerkschaften; und er wehrte sich immer wieder gegen die Gründung ausschließlich katholischer Gewerkschaften. Auf der anderen Seite hatte der Verband Kurtscheids – wie alle Gewerkschaften jener Jahre – darum zu kämpfen, die Arbeitgeber überhaupt an den Verhandlungstisch zu bekommen. Besonders bitter war für Kurtscheid die Erfahrung, daß sich Freie Gewerkschaften und Arbeitgeberverbände oftmals auch ohne Beteiligung der Christlichen Gewerkschaften einigten. Der deshalb zum »Prinzipienkampf« von Köln stilisierte Streit, in dem es 1905 um die Anerkennung des Verhandlungsmandats des Christlichen Holzarbeiterverbandes seitens der Arbeitgeber und der Freien Gewerkschaften ging[4], hat schwer oder gar nicht verheilende Wunden geschlagen. Dies gilt wohl auch für die polemischen, manchmal auch tätlichen Auseinandersetzungen zwischen den Anhängern der Christlichen und der Freien Gewerkschaften, die erst im Ersten Weltkrieg verebbten und in der Nachkriegszeit ganz aufhörten.

Kurtscheid ist kaum durch wegweisende programmatische Reden hervorgetreten; auch die Arena der »großen« parteipolitischen Auseinandersetzungen hat er nicht gesucht. Zwar war er lange Jahre als Stadtverordneter von Köln kommunalpolitisch aktiv; außerdem wurde er in der Weimarer Republik als Arbeitervertreter in den vorläufigen Reichswirtschaftsrat berufen; und schließlich war er 1923 Leiter der Kölner Verbindungsstelle zur Koordinierung des »passiven Widerstandes« gegen die Ruhrbesetzung. Aber Kurtscheid war und blieb – ganz anders als Stegerwald – immer primär Gewerkschafter. Das zeigte sich in »kleinen« Dingen – als er sich zum Beispiel auf dem Dresdner Kongreß 1912 gegen ein »zu exponiertes Eintreten der Christlichen Gewerkschaften für die Konsumvereine« wandte, da er »neue Anfeindungen« seiner Bewegung befürchtete[5]. Das wurde unterstrichen durch sein Engagement für Arbeitsnachweise, die gemeinsam von Arbeitgebern und Gewerkschaften, nicht aber vom Staat unterhalten werden sollten[6]. Und das wurde schließlich deutlich in seinem Eintreten dafür, daß 1929 mit Bernhard Otte und Heinrich Imbusch sowohl an der Spitze des Gesamtverbandes als auch an der des (christlich-nationalen) »Deutschen Gewerkschaftsbundes« Vertreter der »nur-gewerkschaftlichen« Richtung auf Adam Stegerwald folgten[7].

In der Konzentration auf die Belange der Christlichen Gewerkschaften kann man vielleicht auch die Grenzen des politischen Wirkens Kurtscheids erkennen. Freilich verliehen Krieg, Inflation und die Weltwirtschaftskrise allen Fragen der Organisationspolitik einen zentralen Stellenwert, so daß Kurtscheids Fähigkeiten als Organisator von existentieller Bedeutung für seinen Verband blieben und auch stets zur Geltung kamen. Doch um mit den Herausforderungen der Weltwirtschaftskrise, der politischen Auszehrung der Weimarer Republik und dem heraufziehenden Nationalsozialismus fertigzuwerden, brauchte es mehr als die in drei Jahrzehnten gewachsene Erfahrung des inzwischen sechzigjährigen Gewerkschafters. Wohl vor allem die frühen Erlebnisse mit den sozialdemokratischen Konkurrenten ließen Kurtscheid die Chancen einer über die weltanschaulich-parteipolitischen Grenzen hinweggehenden Zusammenarbeit der Richtungsgewerkschaften zur Bekämpfung der wirtschaftlichen, sozialen und politischen Krise überaus skeptisch beurteilen. Daran änderte auch die Gewerkschaftern aller Richtungen nach 1933 gemeinsame Erfahrung von Verfolgung, Unterdrückung und zum Teil auch Widerstand zunächst wenig. So gehörte Kurtscheid nach 1945 zunächst zu denen, die die Gründung der Einheitsgewerkschaften überaus zurückhaltend betrachteten[8]. Erst später änderte er seine Ansicht und trat der Gewerkschaft Holz bei. Am 6. November 1961 starb er – fast 90 Jahre alt.

3
Zentralvorstand des Zentralverbandes christlicher Holzarbeiter (Hrsg.), 1899-1924. Ein Vierteljahrhundert Zentralverband christlicher Holzarbeiter, Köln [1925], S. 3ff.
4
Siehe dazu: Sozialdemokratische Streik-Taktik, insbesondere gegenüber christlichen Gewerkschaften mit vorzugsweiser Berücksichtigung einiger Vorgänge im Kölner Schreinergewerbe, hrsg. vom Christlichen Holzarbeiterverband, Köln 1905;
Ein Denkmal dem Christlichen Holzarbeiterverband. Aus Anlaß seiner Heldentaten im Schreinerstreik in Köln 1905, hrsg. vom Deutschen Holzarbeiter-Verband, Stuttgart 1905.
5
Protokoll der Verhandlungen des VIII. Kongresses der Christlichen Gewerkschaften Deutschlands, abgehalten vom 6. bis 10. Oktober 1912 in Dresden, Köln 1912, S. 305ff.

6
Siehe ebd., S. 201f. Vgl. Gesammelte Entscheidungen der Zentralvorstände über die Auslegung und Anwendung der Tarifverträge im Holzgewerbe, hrsg. von C. Rahardt und Th. Leipart, Berlin 1913, S. 26ff.

7
Michael Schneider, Die Christlichen Gewerkschaften 1894-1933, Bonn 1982, S. 478.
8
Heinrich Kurtscheid, in: Holzarbeiter Zeitung, September 1968, S. 62.

MARTIN NOÉ

Wie die Gewerkschaft bei Steinway Fuß faßte

Das Instrument kennt jeder, die Produzenten kaum jemand. Gefertigt in New York oder, was weniger bekannt ist, in Hamburg, stand und steht der Steinway-Flügel in den meisten Konzertsälen. Noch heute existiert die Hamburger Fabrik, die 1880 als Zweigstelle des New Yorker Mutterhauses in Form einer Familienaktiengesellschaft gegründet wurde, und sie stellt beinahe die gleichen Pianos her wie vor 100 Jahren. Die Steinway-Arbeiter von heute gelten als gut bezahlt, der Betriebsrat ist fest verankert, die Belegschaft beinahe vollständig gewerkschaftlich organisiert: Aus gewerkschaftlicher Sicht ist der Betrieb alles andere als ein Sorgenkind.

Und früher, im Kaiserreich, in der Weimarer Republik? Wie und unter welchen Schwierigkeiten nach patriarchalisch geprägten Anfängen die Arbeiterbewegung dauerhaft Fuß in den Fabrikhallen faßte, erzählt diese Studie[1]: Es ist zugleich ein Bericht über einen kollektiven Lernprozeß der Beschäftigten. Bis 1931, als bei Steinway während der Wirtschaftsdepression die Lichter vorübergehend ausgingen, reicht der Bogen – im Vordergrund steht allerdings die Arbeit des Betriebsrats in der Weimarer Republik, der sich nach der Novemberrevolution konstituierte. Damit das Handeln der Arbeiter verständlich wird, ist eine Skizze ihrer Arbeitswelt aufschlußreich. Zumal die Ergebnisse einer unternehmensgeschichtlichen Studie für das Verständnis größerer historischer Zusammenhänge dann meist zufällig wirken, wenn der betriebliche Hintergrund nicht ausgeleuchtet wird. Dies ist hier um so notwendiger, weil die Klavierarbeiter eine der Forschung weitgehend unbekannte Gruppe sind, die 1925 laut staatlicher Betriebsstättenzählung rund 28 000 Beschäftigte hatte, damals ein Anteil von vier Prozent innerhalb der Holzarbeiter.

[1] Die Studie basiert auf meiner Magisterarbeit »Holzarbeiter bei Steinway und Sons (1924–1930). Ein Beitrag zur Geschichte der Arbeiterbewegung in Hamburg«, Hamburg 1989. Dort finden sich sämtliche Quellen- und Literaturverweise. Ohne das Entgegenkommen und die Unterstützung der Steinway-Belegschaft, des Betriebsrates, aber auch der Geschäftsführung wäre diese Arbeit nicht möglich geworden.

Flügelkämpfe der Anfangsjahre

Im Jahr 1891, rund 200 Arbeiter sind bei Steinway beschäftigt, berichtet der bürgerliche »Hamburger Correspondent« vom jährlich stattfindenden Fest der Steinway-Belegschaft in »Hornhardt's Concert-Garten« und kann erfreut vermelden, »daß Vorgesetzte und Untergebene des Unternehmens in einem cordialen und harmonischen Verhältnis zu einander stehen«. Elf Jahre später richtet ein Redakteur des sozialdemokratischen »Hamburger Echos« mahnende Worte an die Musikinstrumentenarbeiter. »Etliche Kollegen scheinen den Künstlerdünkel nicht abstreifen zu wollen; so geht es auch verschiedenen Kollegen der Firma Steinway und Sohn. Es wäre wirklich an der Zeit, daß auch diese Kollegen mit ihrer Gleichgültigkeit aufhörten. Die Herren glauben aber, sie sitzen im Nest und können sich in der Huld ihres Arbeitgebers sonnen.«

Die Agitation hatte Gründe: 1900 waren in Hamburg laut Polizeiakten nur 126 Musikinstrumentenarbeiter organisiert, wobei Steinway zwar die weitaus größte, aber nur eine von etwa fünf Instrumentenbaufirmen der Hansestadt war – allenfalls ein Drittel der Steinway-Arbeiter war also Mitglied im freigewerkschaftlichen damaligen Deutschen Holzarbeiter-Verband (DHV); andere Gewerkschaften (Hirsch-Dunckersche, Christliche) waren innerhalb der Hamburger Holzarbeiterschaft ohnehin bedeutungslos. Ein Blick auf Löhne und Arbeitszeiten zeigt, daß sich die Steinway-Arbeiter in ihrem »Nest« ganz wohl fühlen durften: Laut zeitgenössischen Gewerkschaftsuntersuchungen hatten die Klavierarbeiter Hamburgs einen durchschnittlichen Wochenverdienst von 30 Reichsmark; damit lagen sie deutlich über dem reichsweiten Durchschnitt ihrer Berufsgruppe (23,74 RM), die wiederum die Lohnskala der Holzarbeiter anführte.

Bei den Arbeitszeiten ergibt sich das gleiche Bild. 1899 wurde bei Steinway die 54-Stunden-Woche eingeführt, während noch 1902 für Holzarbeiter im Reich das statistische Mittel bei 58,3 Wochenstunden lag. Und: Nicht durch Streiks oder gewerkschaftliche Stärke stand man so gut da. Vielmehr zahlte die Firma vergleichsweise gut, um handwerklich versierte Fachkräfte zu bekommen und zu halten. Bis kurz nach der Jahrhundertwende fallen die Steinway-Arbeiter also aus dem herkömmlichen Bild der Sozialhistoriker heraus, wonach sich vor allem gut bezahlte, hoch qualifizierte und schwer ersetzbare, in Großstädten lebende Facharbeiter am bereitwilligsten gewerkschaftlich organisierten[2].

Zwei Gründe sorgten wohl – vor dem Hintergrund einer ohnehin nach 1900 mächtig erstarkenden Arbeiterbewegung – dafür, daß die Steinway-Arbeiter den Weg ins Hamburger Gewerkschaftshaus fanden. Zum einen verlor der

[2] Vgl. etwa Helga Grebing, Arbeiterbewegung. Sozialer Protest und kollektive Interessenvertretung bis 1914, München 1985.

Betrieb seine überschaubare, patriarchalisch geprägte Struktur (Ende 1910 waren 531 Arbeiter bei Steinway beschäftigt, 1898 dagegen nur halb so viele), und zum anderen gelang es dem DHV 1905, bei Steinway einen Tarifvertrag durchzusetzen. In diesem Zusammenhang taucht in den Quellen auch das erste Mal eine betriebliche Interessenvertretung der Steinway-Arbeiter auf (eine Verhandlungskommission). Im November 1909 jedenfalls waren 76 Prozent aller 424 Steinway-Arbeiter freigewerkschaftlich organisiert, weitere zehn Prozent zahlten Beiträge an den liberalen Hirsch-Dunckerschen Gewerkverein oder an den Christlichen Holzarbeiterverband. Für die Auseinandersetzungen, die den Betrieb im nächsten Jahr schütteln sollten, schienen die Arbeiter bestens gerüstet.

Doch es kam anders. Der Arbeitskampf 1910 brach nicht nur die Macht der freigewerkschaftlichen Arbeiterbewegung im Betrieb bis 1918, er führt auch die Problematik konkurrierender, sich gegenseitig bekämpfender Gewerkschaften drastisch vor Augen. Daneben zeigt er das ausgeprägte Berufsbewußtsein der Klavierarbeiter. Was war passiert? Die Ursache des viermonatigen Kampfes lag im Versuch des DHV, das Monopol der Arbeitgeberseite bei der Vermittlung von Arbeitskräften zu brechen. Weil die Arbeitgeber (Arbeitgeberschutzverband für die Holzindustrie und Tischlerinnung) sich weigerten, einen gemeinsamen Arbeitsnachweis zu akzeptieren, sperrte der DHV für seine Mitglieder den Arbeitsnachweis der Tischlerinnung. Steinway besorgte sich daraufhin – die Auftragsbücher waren übervoll – neue Arbeiter über den Hirsch-Dunckerschen Gewerkverein. Als einige Steinway-Arbeiter sich weigerten, diese anzulernen, kam es zu einem ersten Teilausstand und nach zweiwöchigen Verhandlungen zwischen Steinway-Firmenleitung, DHV, Arbeitgeberverband und dem Arbeiterausschuß bei Steinway zu einem Kompromiß: Danach durfte die Firma andere als über den DHV vermittelte Arbeitskräfte einstellen. Im Anhang der Vereinbarung äußerten die Arbeiter die Bitte, Nicht-DHV-Mitglieder möglichst räumlich getrennt zu beschäftigen. Das war ein schwacher Kompromiß. Prompt wurden neue Kollegen eingestellt. Neun Pianobodenmacher weigerten sich, sie anzulernen, und wurden entlassen. In den Hallen und Gängen des Betriebs brodelte es. Als sich dann noch sämtliche Arbeiter in einer Erklärung verpflichten sollten, die ihnen zugestellten Arbeiter anzulernen, lehnte die große Mehrheit (etwa 300) ab. Die Folge war die sofortige Aussperrung: Auftakt einer harten Auseinandersetzung, aus der die Firmenleitung als eindeutige Siegerin hervorging. Vermittlungsversuche lehnte sie ab, und als der Hamburger Arbeitgeberschutzverband den DHV-Arbeitsnachweis anerkannte, trat Steinway aus dem Verband aus und verabschiedete sich damit vom sogenannten »Hamburger Modell«, das als wegweisend für die institutionalisierte Konfliktregelung galt.

Ziel der kompromißlosen Haltung der Unternehmensführung war es, die Macht des DHV im Betrieb zu brechen, auch um endlich die Akkordlöhne drücken zu können. Seit 1909, als eine kurze Geschäftsflaute die Firma traf, hatte die Geschäftsführung dies bereits wiederholt, aber erfolglos versucht. Die harte Gangart während der Auseinandersetzung konnte sich die Firma nur leisten, weil der Gewerkverein im ganzen Reichsgebiet Arbeitskräfte beschaffte, während der DHV den Betrieb für seine Mitglieder sperrte. Dem Gewerkverein gelang es damit, stärkste Kraft im Betrieb zu werden. Zuvor war er bedeutungslos gewesen, und der DHV hatte ihn dies wiederholt spüren lassen, indem er ihn bei Verhandlungen prinzipiell links liegen ließ.

Die Verlierer in diesem Machtkampf waren neben dem DHV die 300 ausgesperrten Arbeiter, die ihre Unterschriften verweigert hatten. Etwa 150 von ihnen ließen sich zum Ende des Arbeitskampfes wieder einstellen, der Rest kam anderswo unter. Zwei Gründe gab es für ihre siegesgewisse Beharrlichkeit. Sie hielten sich dank ihrer Qualifikationen für unersetzlich, und sie waren enttäuscht über den plötzlich eingeschlagenen harten Kurs der Firmenleitung nach Jahrzehnten der weitgehend gütlich ausgetragenen Auseinandersetzungen. Davon zeugen Stellungnahmen der ausgesperrten Arbeiter, die das »Hamburger Echo« regelmäßig veröffentlichte. Noch zehn Wochen nach Beginn der Aussperrung waren sie sich sicher: »Mit den Hirsch-Dunckerschen Musterprodukten ist die Firma nicht imstande, ihren Weltruf aufrecht zu erhalten.« Verbitterung sprach aus solchen Sätzen: »Man machte Leute, die bald ein halbes Menschenalter im Betriebe tätig waren, die Kraft und Gesundheit dort zugesetzt, dieser Elemente [junge Tischler, vom Gewerkverein vermittelt] wegen brotlos.«

Die Arbeitswelt

Die Herstellung eines Flügels oder Pianos ist bei Steinway bis heute weitgehend maschinenunterstützte Handarbeit. Die Rationalisierungsmöglichkeiten sind beschränkt, weil sich am Produkt in den letzten 100 Jahren kaum etwas verändert hat. Die sechs Flügel- und drei Pianofortemodelle, die Steinway-Hamburg 1927 herstellte, sind zum großen Teil noch heute im Angebot. Zu Hoch-Zeiten des Unternehmens in den zwanziger Jahren fertigten etwa 600 Arbeiter rund 2000 bis 2500 Klaviere jährlich, davon waren rund zwei Drittel Flügel. Derzeit produzieren gut 300 Arbeiter zwischen 1500 und 2000 Instrumente.

Der Arbeitsprozeß ist langwierig; die Herstellung eines Klaviers dauert mit Ruhezeiten für das Holz etwa ein Jahr. Die Klavierarbeiter teilen sich dabei in zahlreiche Branchen auf, wie etwa die Rimbieger (sie stellen die Außenwand des Flügels her), die Bodenmacher, Furnierer, Rastenmacher. Innerhalb der einzelnen Branchen wiederum ist die Arbeit stark aufgefächert – die Bodenmacher etwa bewältigen 15 verschiedene Arbeitsgänge. Es muß äußerst exakt gearbeitet werden, weil schon kleinste Fehler den Klang verschlechtern. Auch deshalb ist eine mehrmonatige Anlernzeit die Regel, bis der neu eingestellte Arbeiter vom Zeit- in den Akkordlohn wechselt (die traditionell bei weitem überwiegende Lohnform). Ein Beispiel für die Anforderungen der Arbeit: Ein Vorregulierer, der Mechanik und Klaviatur ins Klavier einpaßt, hat heute eine Akkordvorgabe von 30 Stunden pro Flügel.

Firmenleben

155

Firmenleben

Klavierbau bei Steinway

Rund 80 Prozent der Steinway-Arbeiter waren um 1925 Facharbeiter, meist Tischler oder verwandte Berufe. An- und Ungelernte machten nicht mehr als 20 Prozent der Belegschaft aus. Sie arbeiteten vor allem im Maschinensaal und in der Sägerei, wo das Holz grob zugeschnitten wurde. Auch einige Frauen waren als Hilfsarbeiterinnen beschäftigt. Die Löhne der Facharbeiter lagen innerhalb der Holzbranche an der Spitze. Auch weil eine zehnprozentige Instrumentenmacherzulage auf die Tischler-Tarife gezahlt wurde, erreichten die Steinway-Akkordarbeiter um 1927/28 effektive Stundenlöhne von rund zwei Reichsmark (RM). Zum Vergleich: Der durchschnittliche tarifliche Verdienst der Facharbeiter im Reich lag 1927 bei 96,6 Pfennig[3].

So gut bei Steinway verdient wurde, die Aufstiegschancen im Betrieb waren eher schlecht. 14 Meisterposten gab es im Betrieb und wohl ebenso viele Vorarbeiterstellen. Der Zugang dazu war den gut 400 Facharbeitern in den zwanziger Jahren weitgehend versperrt: Zwischen 1914 und 1930 wurden nur vier Meisterposten neu besetzt.

Kampf um Anerkennung – der Betriebsrat 1924–1930

Der Krieg war vorbei. Die Frauen, die bei Steinway Munitionskisten hergestellt hatten, wurden entlassen. Schon 1919 war die während des Ersten Weltkriegs nicht vorhandene Nachfrage nach Klavieren wieder da, und die Klavierarbeiter strömten in die Werkshallen. Der Betriebsrat konstituierte sich weitgehend aus DHV-Mitgliedern. Auch der Hirsch-Dunckersche Gewerkverein war dabei, ohne daß es jedoch größere Auseinandersetzungen zwischen ihm und dem DHV gegeben hätte. Fortan marschierte man, wie auch reichsweit, meist Seit' an Seit'.

Und noch etwas war neu für die betriebliche Interessenvertretung. Seit dem 18. Januar 1920 gab es das Betriebsrätegesetz (BRG), das die Tradition der Arbeiterausschüsse aufnahm, jedoch ohne die Rätebewegung der Deutschen Revolution 1918/19 politisch gegen Konservative, aber auch gegen die Gewerkschaften und die Sozialdemokratie, die Angst vor starken Betriebsvertretungen hatten, nicht durchgesetzt worden wäre. Allzu viele Rechte räumte dieses Gesetz den Betriebsräten zwar nicht ein, doch gänzlich ausschalten ließen sie sich fortan nicht mehr. Zwei große Hoffnungen konnte es aufgrund seiner beschränkten Reichweite aber nicht erfüllen: weder die linker Kreise der Arbeiterbewegung noch die der idealistisch geprägten Sozialreformer, die sich eine Aufweichung des Gegensatzes zwischen Kapital und Arbeit erhofften. Die Betriebsratsprotokolle von 1924 bis 1930 bei Steinway zeigen, daß sich die Arbeit des jährlich von der Belegschaft neu gewählten, je nach Belegschaftsstärke acht- oder neunköpfigen Betriebsrates auf den Schutz der Arbeitnehmer vor Unternehmerwillkür beschränkte. Die handschriftlich geführten, schwer zu entziffernden Gedächtnisprotokolle, bei denen der Schriftführer seine eigene Meinung oft in unverblümten Worten zum Ausdruck brachte, berichten auf 300 Seiten hauptsächlich vom Verlauf der etwa vierzehntägig stattfindenden Betriebsratssitzungen, gemeinsamen Sitzungen mit der Unternehmensleitung und den Betriebsversammlungen. In allen wirtschaftlichen Fragen, so macht die Lektüre deutlich, blieb die betriebliche Interessenvertretung mangels gesetzlich festgelegter Mitbestimmungsrechte außen vor. Der Betriebsrat war die Stimme der Arbeiter, auch wenn ein Angestelltenvertreter dort Sitz und Stimme hatte. Denn zu Wort meldete er sich nie, und Initiativen des Betriebsrates für die Angestellten gab es nicht. Diese verstanden sich sichtlich eher als getreue »Beamte«, denn als Kontrahenten der Firmenleitung.

Was neben der wichtigen Aufgabe, die Einhaltung der Tarifverträge im Betrieb zu überwachen, blieb, war die konsequente Einforderung der sozialpolitischen Mitwirkungsrechte: Bei Entlassungen, Akkordberechnungen, Überstunden und Kurzarbeit schaltete sich der Betriebsrat ein, und wenn die Firmenleitung ihre Entscheidungen nicht korrekt begründete, lief sie des öfteren auf. Ein gutes Dutzend meist gewonnener Klagen vor Arbeits- und Gewerbegerichten zeugt von der erfolgreichen Arbeit der betrieblichen Interessenvertretung. Weil die Nachfrage nach Steinway-Klavieren während der zwanziger Jahre stark schwankte und damit auch die Anzahl der Mitarbeiter, mußte der Betriebsrat ständig seine Zustimmung zu Entlassungen und Kurzarbeit geben. Er tat dies meist sehr zögernd, schob damit für die Mitarbeiter unliebsame Entscheidungen um ein oder zwei Wochen hinaus, ohne sie jedoch letztlich verhindern zu können – die Schiedsstelle gab in der Regel der Firmenleitung recht.

Durch die Einsprüche zog man sich den Zorn der Geschäftsführung zu, die ohnehin weitgehend auf Konfrontationskurs lag. Die gesetzlich vorgeschriebene Unterrichtung der Arbeitnehmervertreter über den Geschäftsgang oder die Betriebsbilanz etwa erschöpfte sich im Aufzählen von Zahlenkolonnen, wie der Betriebsrat des öfteren beklagte: »Hierauf geht man zur Verlesung der Bilanz, welche schematisch den anderen [in den Vorjahren] gleich kommt, alle Kosten sind gleichlautend wie in den anderen Bilanzen«, ärgert sich der Schriftführer etwa 1930. Prinzipiell galt: Der Betriebsrat mußte sich seine Rechte immer wieder erkämpfen. Besonders hart ging ihn die Firmenleitung in der kurzen Geschäftsflaute 1926 an, als sie notwendige Entlassungen wegen des hinhaltenden Widerstandes des Betriebsrates nur mit (teuren) Verzögerungen durchsetzen konnte. Sie veranlaßte schließlich sogar den Betriebsratsvorsitzenden zum Rücktritt, indem sie ihm die Stunden für die Betriebsratsarbeit drastisch beschnitt, und entließ unter fadenscheinigen Begründungen den Schriftführer, der aber auf Entscheidung des Gewerbegerichts unverzüglich wieder eingestellt werden mußte. Der Schriftführer Max Semmelhaack wirft sich denn auch im Protokoll ganz unverhohlen in die Brust und triumphiert über seinen Widersacher, den In-

---

[3] Dietmar Petzina u. a., Sozialgeschichtliches Arbeitsbuch, Band III. Materialien zur Statistik des Deutschen Reiches 1914–1945, München 1978.

spektor Koch: »Erst durch kräftiges Auftrumpfen von seiten Semmelhaacks [...] konnte derselbe sich [in der Gerichtsverhandlung] gegen alle ungerechten Vorwürfe und Anschuldigungen verteidigen und Inspektor Koch zur Beweisführung zwingen, wozu derselbe nicht in der Lage war.«

Nach dieser Niederlage beendete die Firmenleitung ihre frontalen Angriffe auf den Betriebsrat, erkannte meist dessen gesetzlich verbürgten Rechte an, ohne ihm allerdings je entgegenzukommen. Zwar lassen sich die Gründe für diesen Lernprozeß auf seiten des Arbeitgebers nicht anhand von Selbstaussagen belegen, die Vermutung liegt aber nahe, daß die Haltung der Belegschaft dafür verantwortlich war. Denn immer, wenn der Betriebsrat mit der Firmenleitung harte Auseinandersetzungen hatte, stellten sich die Arbeiter geschlossen hinter ihre Interessenvertretung, und es kam Unruhe im Betrieb auf. Dies läßt sich zum einen am dann nahezu vollzähligen Besuch der Betriebsversammlungen nachweisen, zum anderen an der großen Bereitschaft, die Arbeit der Interessenvertreter mit Geld aus freiwilligen Sammlungen zu unterstützen. Während in ruhigen Jahren der Betriebsrat des öfteren über mangelnde Solidarität seitens der Belegschaft klagte, stand sie, wenn es hart auf hart kam, geschlossen hinter ihm. Das war allerdings nicht immer so gewesen. Noch 1924 klagte der Betriebsratsvorsitzende über eine »pflaumenweiche Belegschaft«, als diese gegen die Order von Gewerkschaft und Betriebsrat beschlossen hatte, länger als acht Stunden täglich zu arbeiten, um den Samstagnachmittag frei zu haben. Nur wenige Wochen später zettelten die Arbeiter einen Teilstreik an, um Lohnerhöhungen durchzusetzen. Dank der großen Nachfrage nach Steinway-Klavieren hatten sie Erfolg, obwohl der DHV den Ausstand nicht unterstützte. Dem Betriebsrat gelang es nur mit einiger Verzögerung, sich an die Spitze der Bewegung zu setzen. 1930 dagegen, die wirtschaftliche Depression hatte Steinway voll getroffen und die Firmenleitung versuchte, die Löhne zu kürzen, organisierten DHV und Betriebsrat einen mehrmonatigen Streik. Die Arbeiterschaft war solidarisch, der Erfolg jedoch blieb wegen der miserablen Wirtschaftslage weitgehend aus. Die Firma konnte den Produktionsausfall gut verkraften, weil ohnehin keine Bestellungen mehr eingingen. Im September 1931 schließlich mußte der Betrieb stillgelegt werden; gegen die vorausgegangenen Massenentlassungen hatte sich der Betriebsrat zuvor erfolglos gestemmt.

Das Jahr 1926 war eine Art Schlüsseldatum in der Arbeit des Betriebsrates. Die Konflikte innerhalb des Betriebsrates, deretwegen zwischen 1924 und 1926 zwei Betriebsratsvorsitzende vorzeitig ihre Posten verließen und in deren Folge ein Kassierer und ein Schriftführer eilends abgewählt wurden, reduzierten sich nach zusätzlichen Angriffen der Firmenleitung. Ihren Grund hatten die Konflikte unter den Arbeitervertretern in unterschiedlichen politischen Haltungen, die sich zwischen rechter SPD und KPD bewegten. Der Vertreter des Gewerkvereins stimmte in aller Regel mit der Mehrheit. Immer wieder versuchten sowohl KPD und SPD, aber auch der DHV, Einfluß auf die Zusammensetzung der Interessenvertretung zu nehmen, wobei aus den Betriebsratsprotokollen nicht hervorgeht, inwieweit ihnen das gelungen ist.

Daß aber zumindest der sozialdemokratisch orientierte DHV seine im Betrieb beherrschende Stellung (rund 70 Prozent aller Arbeiter waren bei ihm organisiert) nicht voll ausnutzen konnte, zeigt sich schon in der Person des langjährigen Betriebsratsvorsitzenden Wilhelm Lodder. Er trat 1929 der Kommunistischen Partei Deutschlands Opposition (KPO), einer Abspaltung der KPD, bei. Lodder wie auch die Mehrheit des Betriebsrates lagen in ihren politischen Äußerungen meist auf der Linie der in Hamburg wie im Reich schwachen linken innergewerkschaftlichen Opposition des DHV. Daß 1929 die KPD-gesteuerte Revolutionäre Gewerkschaftsopposition (RGO) einen Sitz in der Steinway-Arbeitervertretung gewann, deutet zusätzlich darauf hin, daß zumindest ein Teil der Belegschaft wie des Betriebsrates politisch im linken Drittel der Arbeiterbewegung stand. Trotzdem stärkte der DHV dem Betriebsrat in dessen täglicher Arbeit den Rücken.

So war denn der Betriebsrat von 1924 bis 1930 eine gutfunktionierende, sozialpolitisch ausgerichtete Interessenvertretung einer kämpferisch solidarischen Belegschaft, eine Interessenvertretung, die im engen Rahmen des Betriebsrätegesetzes mit aktiver Lohnpolitik durchaus Verbesserungen für die Arbeiter erreichte und, mehr noch, sie vor unternehmerischer Willkür bewahrte. Dabei fanden in diesen sieben Jahren Prozesse statt, die die Stellung des Betriebsrates veränderten: seine Konsolidierung 1927 nach einer Zeit politisch motivierter Binnenkonflikte und dauernden Wechsels der Betriebsratsmitglieder, die Versachlichung des notwendig konträren Verhältnisses zwischen ihm und der Firmenleitung sowie seine Institutionalisierung als die Interessenvertretung einer anfänglich noch eigensinnigen, an ihm vorbei entscheidenden Arbeiterschaft.

MICHAEL LÖSEL

Opfer ihres Berufs: Arbeiterinnen in der Bleistiftindustrie

Am 25. April 1929 ereignet sich in der Lackiererei der Bleistiftfabrik Mars-Staedtler in Nürnberg eine Explosion. Die Katastrophe fordert zwölf Menschenleben. Ein Monteur und elf Poliererinnen, meist junge Frauen, finden in den Flammen den Tod.

»Unser Nürnberg als große Industriestadt braucht zum Leben und Gedeihen den Großbetrieb und dieser Großbetrieb hat sich die Naturkräfte in sinnvoller Weise gefesselt. Aber die Naturkräfte sind nur Gefangene des Menschen, sie benützen jede unscheinbare Gelegenheit, in Freiheit dahinzurasen, unbekümmert um Menschenleben, um Menschenglück und Menschenhoffnungen. [...] Lange Zeit war unser Nürnberg verschont geblieben, aber vorigen Donnerstag ist wieder einmal über uns die große Heimsuchung hereingebrochen und hat uns gezeigt, von welchen Gefahren eigentlich diejenigen umgeben sind, die mit der gefesselten Naturkraft zu unser aller besten zu arbeiten haben, Gefahren, die vielleicht trotz der technischen Fortschritte nie ganz zu bannen sind.«[1] Archaisch verbrämt blitzt in diesen Worten eines Vertreters der Stadt die bittere Einsicht auf, daß das Unglück die fatale Folge einer Entwicklung, ja das offenbar gewordene Restrisiko eines ökonomischen Systems war. Wieder einmal mußte der gefesselten Natur mit einem »Brandopfer« Tribut gezollt werden.

Schlaglichtartig erhellt dieser schwerste Unfall in der Geschichte der Nürnberger Bleistiftindustrie die Produktionsverhältnisse in dieser Branche. Eine eigene Note gibt er aber auch der Geschichte der Industrialisierung, mit der seine eigene untrennbar verwoben ist.

Bis zur Industrialisierung

Nachdem dem Franzosen Jacques Conté 1795 die Entwicklung eines Verfahren gelungen war, das die massenhafte Herstellung von Graphitminen in unterschiedlichen Härtegraden erlaubte, setzte ein Auslese- und Konzentrationsprozeß unter den Bleistiftherstellern ein, aus dem Mitte des 19. Jahrhunderts die Großbetriebe hervorgingen. Zwar führte Paul Staedtler die neue Produktionsweise erst auf Anraten des städtischen Fördervereins der Industrie um 1820 ein[2], doch bestanden zu dieser Zeit bereits wichtige Voraussetzungen für die künftige industrielle Fabrikation. Die arbeitsteilige Produktion hatten die sogenannten »Stümpler« hervorgebracht. Das waren jene Handwerker, die sich bis zur Einführung der Gewerbefreiheit noch vor den Mauern Nürnbergs niederlassen mußten, weil die städtischen Meisterstellen bereits vergeben waren. Extra muros, ohne Meisterrecht, aber auch fern jeder Aufsichtsbehörde, standen ihnen Wege offen, die Stifte günstiger zu produzieren als ihre zünftigen Kollegen. Mietpreise und Arbeitskräfte waren den Lebenshaltungskosten entsprechend billiger. Sie konnten, anders als die Handwerker, beliebig viele Arbeiter beschäftigen und Heimarbeit vergeben. In ihren arbeitsteiligen Betrieben spielten zum ersten Mal Ungelernte, nämlich Frauen und Kinder, als billige Arbeitskräfte eine wichtige Rolle. Auch in der technischen Ausstattung lagen die Stümpler gegenüber den städtischen Handwerkern weit vorn. Sie setzten neue Antriebstechniken, nämlich den Göpel, das war ein pferdebetriebenes Mahlwerk, und wasserbetriebene Mühlen zur Vermahlung des Graphits ein.

1806, nachdem Nürnberg bayerisch geworden war, führte Staatsminister Montgelas das Konzessionssystem ein. Mit der erteilten Bleistiftgerechtigkeit wurden Zünftige und Stümpler gleichgestellt. Dies hatte zunächst ein Anwachsen der Betriebe zur Folge, doch verschaffte sich die rauhe Wirklichkeit schnell Gehör. 1851 waren nur noch vier nunmehr fabrikmäßig betriebene Unternehmen von Bedeutung: Johann Sebastian Staedtler, die Firma von Paul Staedtler und Sohn, die Fabrik von Johann Fröscheis, später Lyra, und das Unternehmen von A.W. Faber in Stein, das der Sohn Lothar Faber seit 1839 stetig zum Erfolg geführt hatte und das damals so viel produzierte wie sämtliche Bleistiftfabriken des Stadtgebiets zusammen[3].

Die Großbetriebe

Der scharfe Konkurrenzkapitalismus der zweiten Jahrhunderthälfte setzte die Tendenz zur Produktionskonzentration in wenigen Großbetrieben ungebrochen fort. Nicht alle alteingesessenen Firmen überdauerten diesen Wettbewerb, und neue Unternehmen wurden gegründet. Richtungsweisend wurde eine neue Generation von Unternehmern, die sich nun selbstbewußt »Fabrikant« nannten, eine moderne, wissenschaftliche Technik als Produktionsbasis nutzten und den Vertrieb selbst in die Hand nahmen. Außer der Mechanisierung handwerklicher Arbeitsschritte und weitgefächerten internationalen Handelsbeziehungen war für den Erfolg jedes einzelnen Unternehmens auch die Kreation eigener Markenartikel von großer Wichtigkeit. »Qualität trotz Massenfertigung« lautete die Devise, und nur wenigen gelang es, mit ihrem Namen Karriere zu machen.

Zu den bedeutendsten Firmen, die sich schließlich über die Jahrhundertwende hinaus behaupten konnten, gehören die Schwan-Bleistiftfabrik, Lyra, vormals Fröscheis, A.W. Faber und Staedtler.

Die Familie der Bleistiftmacher Staedtler selbst schied nach über zweihundertjähriger Tradition gegen Ende des neunzehnten Jahrhunderts aus der Bleistiftproduktion aus.

1
Nürnberger Zeitung, 30. April 1929.
2
Rudolf Käs, Die Marke macht's, in: Räder im Fluß, Hrsg. Centrum Industriekultur, Nürnberg 1986, S.151.

3
Peter Schröder, Die Entwicklung des Nürnberger Großgewerbes 1806-1870, Nürnberg 1971, S.177.

KAPITEL III 1918–1933

Nach 1850 waren noch zwei Firmen unter der Leitung eines Familienangehörigen, nämlich die von Johann Sebastian Staedtler und die kleinere von Wolfgang Staedtler & Co. In den siebziger Jahren mußten sie jedoch verkauft werden. 1886 wurden die Brüder Ludwig und Hans Kreuzer die Alleininhaber von J.S.Staedtler und sanierten das Unternehmen mit straffer Marken- und Qualitätspolitik. Auch konzentrierten sie die Betriebsanlagen auf einen Standort. Die neue Fabrik im Stadtteil Johannis wurde zwischen 1885 und 1900 systematisch erweitert, dennoch zwangen die Räumlichkeiten auch noch nach 1912, als W.Staedtler & Co. der nunmehrigen Mars-Bleistiftfabrik J.S.Staedtler eingegliedert wurde, zu Improvisationen, um die Produktion auf den neuesten technischen Stand bringen zu können. Waren 1905 nur 150 Personen, einschließlich der Heimarbeiter, beschäftigt, so waren es 1912 vor der Eingliederung von W. Staedtler & Co. bereits 271[4].

Kleinbetriebe und die meisten Mittelbetriebe, die noch wie Manufakturen arbeiteten, gingen im Kampf um Marktvorteile unter, sofern sie sich nicht als Zulieferer etablieren konnten oder sich in einer Produktionsgemeinschaft arrangierten. Denn handelte es sich nicht um Sonderanfertigungen, so konnten diese Arbeiten längst effektiver in der Fabrik ausgeführt werden. Anders verhielt es sich mit Tätigkeiten, die als Heimarbeit ausgeübt werden konnten und noch nicht vollständig in den Fabrikbetrieb integriert waren, wie etwa das Schachteln[5], Polieren, Lackieren oder das Verpacken. So konnte sich mit der Exportsteigerung der Bleistiftindustrie von 1910 bis 1914 auch die Zahl der Heimarbeiter noch einmal erhöhen.

Die Arbeiterschaft

Die Zahl der in der Bleistiftbranche Beschäftigten verzehnfachte sich von 1811, als 16 Betriebe existierten und dort 129 Personen arbeiteten, bis 1875 und sollte sich bis zur Jahrhundertwende in acht Großbetrieben und dreizehn Mittelbetrieben noch einmal verdoppeln[6]. Die Arbeiterschaft rekrutierte sich zum weitaus größten Teil aus der ländlichen Bevölkerung des Nürnberger Einzugsgebiets.

Seitdem die Stümpler das Potential der billigen ländlichen Arbeitskräfte genutzt hatten, wirkte sich dies drückend auf die Lohnverhältnisse aller Bleistiftarbeiter aus. Vermehrter Zuzug aus den Vororten und dem Umland in die bayerische Industriemetropole Nürnberg verstärkte in den sechziger Jahren die Tendenz zu Niedriglöhnen, die sich über die Rationalisierungsmaßnahmen des ausgehenden neunzehnten Jahrhunderts fortsetzen konnte. Denn da jeder, der gesunde Glieder hatte, im Betrieb der Bleistiftfabrikation Verwendung finden konnte, herrschte immer ein starkes Überangebot an Arbeitskräften[7].

Zunächst bewirkten die drückenden Lohnverhältnisse, daß die Zahl der Frauen nicht nur unter den Heimarbeiterinnen, sondern auch unter den ungelernten Fabrikarbeiterinnen anstieg. Aber auch wenn das durchschnittliche Einkommen eines männlichen Arbeiters, der keine »leichte« Arbeit ausführte, doppelt so hoch sein konnte wie das einer Frau, so war es dennoch völlig unzureichend für die Ernährung einer Familie[8]. So wurde von den Fabrikarbeitern meist zusätzlich noch Heimarbeit mit nach Hause gebracht, nach zehn- bis elfstündiger Arbeitszeit und einem Arbeitsweg von ein bis zwei Stunden. Mit diesem Nebenverdienst, der die ganze Familie bis spät in die Nacht beschäftigte, versuchte man den schlechten Lohn auszugleichen. Wurde keine Heimarbeit angeboten, mußte die Frau gezwungenermaßen in die Fabrik, waren kleine Kinder vorhanden, mußten sie mitgenommen werden. Jugendliche Arbeiter dagegen waren kaum vertreten, weil sie in dieser Branche weder Aufstiegsperspektiven noch eine geregelte Ausbildung hatten. In diesen katastrophalen Bedingungen mag ein Grund liegen, warum zeitgenössische Beobachter die Heimarbeit für unbedenklich hielten, da sie ihrer Ansicht nach umstandslos neben Haushalt und Kinderbetreuung ausgeübt werden konnte und nicht wie Fabrikarbeit die Arbeiterfamilien zerrüttete[9]. Um aber annähernd den bescheidenen Verdienst einer Fabrikarbeiterin zu erreichen, mußte auch in Heimarbeit elf Stunden gearbeitet werden.

Es ist leicht zu begreifen, daß in den Heimarbeiterfamilien unwürdige soziale Verhältnisse herrschten und die familiären Beziehungen arg strapaziert waren: »Die Frau, die entweder in die Fabrik gehen muß oder zu Hause von früh morgens bis spät abends Bleistifte poliert oder bindet, kann bei der schlechten Bezahlung des Mannes nicht so viel Zeit gewinnen, um alles hübsch rein zu halten. Dazu kommen noch die Kinder, die viel Arbeit machen [...]; da bleibt eben manches im Haushalt liegen. Wenn dann einzelne Männer jahraus jahrein sehen müssen, daß sich das Elend vergrößert anstatt verringert, dann ist es nicht zu verwundern, wenn auch nicht zu billigen, wenn hier und da einer sein Elend beim Glase Bier zu vergessen sucht. Bei der schlechten Ernährung ist sein Körper nicht so widerstandsfähig, und die Folge ist, daß der Arbeiter als betrunken hingestellt wird, während der Fabrikant noch einmal so viel trinken kann, bevor es ihm etwas schadet.«[10]

Der hohe Frauenanteil in der Bleistiftbranche – in den achtziger Jahren bereits ein Drittel aller Beschäftigten –

4
Ernst Hertrich, Die mittelfränkische Bleistiftindustrie, Diss. Erlangen 1921, S.102.
5
Glattreiben der Bleistiftrohlinge, früher mit Schachtelhalmen.
6
Hertrich, a.a.O., S.23.

7
Schröder, a.a.O., S.252.
8
Hertrich, a.a.O., S.108.
9
Eduard Schwanhäusser, Die Nürnberger Bleistiftindustrie von ihren Anfängen bis zur Gegenwart, Greifswald 1893, S.122.

10
Bilder aus der Heimat in der Holzindustrie, hrsg. vom Deutschen Holzarbeiter-Verband, Stuttgart 1906, S.55.

*Lackiererei der Bleistiftfabrik
Mars-Staedtler in Nürnberg
nach der Explosion (April 1929)*

*Denkmal für die Opfer der
Explosionskatastrophe*

rührte aber auch daher, daß nach herrschendem Denken deren »typisch weibliche« Fähigkeiten den Erfordernissen des Marktes entsprachen. Mit der Einführung eines Markennamens setzte sich neben dem Schachteln, der Warenkontrolle und dem Verpacken auch das Polieren und Stempeln als typische Frauenarbeit durch. Denn die Verpackung und das Design der Stifte gewannen an Bedeutung für den Vertrieb. Entsprechend große Sorgfalt mußte auf die Veredlung der Rohbleistifte gelegt werden. Da war die Fingerfertigkeit von Frauenhänden gefragt – und selbstverständlich auch ihr Preis.

Rationalisierung

Neben dem Wahlspruch »Qualität trotz Massenproduktion« galt es seit Beginn fabrikmäßiger Arbeit in der Bleistiftbranche die Produktionskosten zu senken. Die kleineren Betriebe versuchten durch Drückung des Lohnniveaus im Wettbewerb zu bleiben: »Der Kampf des Wettbewerbs führt dazu, durch Herabdrückung der Arbeitslöhne billigere Verkaufspreise zu erzielen ohne zu große Schmälerung des Unternehmensgewinnes; am häufigsten läßt sich dies in den handwerksmäßigen Betrieben wahrnehmen.«[11]

Großindustrielle erreichten die Kostendämpfung durch diverse Rationalisierungen seit Anfang der siebziger Jahre, indem sie ausgelagerte Arbeitsschritte in die Fabrik holten und dort neue Arbeitstechniken und neue Maschinen einführten. Nutenstoßmaschinen und Ausmachmaschinen, die aus den zusammengeklebten, mit Graphitkernen versehenen Brettchen die Rohbleistifte sägten, bedrohten vor allem die Heimindustrie. Auch das zu Hause von Frauen betriebene Schachteln und Polieren wurde maschinisiert, Arbeitsplätze wurden wegrationalisiert.

Bis zum Beginn der siebziger Jahre gab es zwar bereits vereinzelt Poliermaschinen, dennoch wurde bis dahin noch zum überwiegenden Teil zu Hause poliert. Bei »normaler« elfstündiger Arbeitszeit und möglicher Mithilfe der Kinder konnte mehr verdient werden, als eine Fabrikpoliererin bekam. In der Folge wurde der Stücklohn dem Zeitlohn angepaßt und die Vergabe von Heimarbeit stark eingeschränkt. Die Heimarbeiterinnen in Stein wurden 1900 gar nicht mehr ausgelastet. Sie wurden an die Poliermaschinen gedrängt. Deren Technik war in den neunziger Jahren bereits so ausgereift, daß sie die Kosten gegenüber der Heimarbeit um ein Drittel bis um die Hälfte senkten. Die Zahl der Heimarbeiterinnen und -arbeiter sank von 1893 bis 1900 von 427 auf 250, während der prozentuale Anteil der Frauen stetig zunahm: 1885: 40 Prozent, 1907: 48 Prozent, 1925: 55 Prozent[12]. Nach dem Ersten Weltkrieg, während dem dann die Zahl der Frauen mit 1517 die der Männer mit 995 bei weitem übertraf, wurden Frauen verstärkt für Tätigkeiten

---

11
Hertrich, a.a.O., S.109.
12
Holzarbeiter-Zeitung, 13. August 1927.

KAPITEL III 1918–1933

eingesetzt, die vormals Männer übernommen hatten. Bei Staedtler stieg, laut Aussage eines Betriebsrats, ihr Anteil bis 1930 sogar auf circa 75 Prozent.

Arbeiterorganisation

»Durch den Fortschritt der Technik im Maschinenwesen und die dadurch entstandene Spezialisierung der Arbeit war es dem Unternehmertum möglich, billig zu produzieren und so die Herrschaft mit ihren Produkten auf dem Weltmarkt zu erlangen. Nicht zu vergessen dabei ist, daß die Zufriedenheit und Interesselosigkeit der Nürnberger Bleistiftarbeiter zur Verbilligung der Produkte erheblich beigetragen hat. Denn die Nürnberger Bleistiftindustrien machen sich in der schmutzigsten Weise Konkurrenz und wälzen die Kosten auf die Arbeiter ab. [So sind die] Löhne der Bleistiftarbeiter (…) wohl die schlechtesten am Orte.«[13]

Tatsächlich fällt auf, daß sich die Bleistiftarbeiter erst sehr spät organisierten, wenngleich die Vokabeln Zufriedenheit und Interesselosigkeit in der Holzarbeiterzeitung von 1905 als Polemik verstanden werden müssen. Obwohl die Vereinigung der Bleistiftarbeiter, bei nahezu vollständiger Zentralisation im Nürnberger Raum, längst überfällig war, kam bis zum Beginn der 1890er Jahre keine eigene Gruppierung zustande[14]. Ein Grund war der hohe Anteil Ungelernter. Ein Zusammengehörigkeitsgefühl durch eine gemeinsame Lehrzeit oder ein Berufsethos konnte ohne geregelte Ausbildung nicht entstehen. Auch der hohe Frauenanteil machte sich fatal bemerkbar, erfüllten sie doch ihre Rolle – wenn auch notgedrungen – ganz im Sinne der Unternehmen, indem sie ihren Verdienst nur als Zubrot verstanden und ihre Tätigkeit oft nur vorübergehend, bis zur Eheschließung, betreiben wollten. Aber auch die harten Repressionen der Unternehmer, die ihre Macht durchaus patriarchalisch demonstrierten, spielten eine Rolle. Daß deren Drohungen wahr gemacht wurden, läßt sich aus Mitgliederbewegungen im Bleistiftarbeiter-Fachverein ablesen, der sich 1890 schließlich gründete, aber kaum Bedeutung erlangte. Bei dessen Zusammenbruch im Januar 1899 waren in diesem lokalen Fachverein lediglich 96 Männer und zwei Frauen organisiert, von denen der Holzarbeiter-Verband den größten Teil übernehmen konnte. Noch im gleichen Jahr wird von 111 Neuaufnahmen berichtet, doch sind zum Ende des Jahres nurmehr 75 Männer und vier Frauen Mitglieder. Verantwortlich für diese starke Mitgliederbewegung war zweifellos der Ausgang eines Streiks bei der Firma H. C. Kurz. Dort wurden fünfzehn Drechsler und etliche Arbeiter und Arbeiterinnen wegen Arbeitsmangels entlassen, und der daraufhin einsetzende Streik wurde mit Polizeigewalt niedergeschlagen[15]. Die Bleistiftarbeiter organisierten sich aus einer spontanen Stimmung heraus, um die Organisation nach Mißerfolgen wieder zu verlassen.

13
Ebd., 19. August 1905.
14
Schwanhäusser, a.a.O., S. 153.

15
Schriften des Arbeitersekretariats für 1899, Nürnberg 1900, S. 85.

Bleistiftfabrikation in Nürnberg

Die Stimmung konnte an der Scheidelinie zwischen existentieller Not und gesicherter Arbeit aber auch in die andere Richtung ausschlagen. 1905 gelang der Gewerkschaft der entscheidende Durchbruch. Sie konnte eine Wiedereinstellung dreier organisierter Arbeiter bei Staedtler erwirken. Daraufhin schloß sich die ganze Belegschaft mit wenigen Ausnahmen dem Verband an. Ähnliche Wirkung zeigte im Jahr darauf der erfolgreiche sechswöchige Streik wegen Entlassung einer Arbeiterin bei der Schwan-Bleistiftfabrik. Die Arbeiter bei Schwan waren bereits organisiert, aber durch die von Johann Faber, einem Bruder des Fabrikanten in Stein, erzwungene Wiedereinstellung wurden auch die Arbeiter zum Gewerkschaftsbeitritt motiviert. Damit waren 1906 nahezu alle Bleistiftarbeiter der Großindustrie im Nürnberger Raum organisiert, bis auf die Belegschaft von A.W. Faber in Stein, die trotz reger Werbung nicht gewonnen werden konnte.

Lothar Faber übte durch private Maßnahmen und Stiftungen an Kirche und Gemeinde weitreichenden Einfluß auf die lokale Politik und die sozialen Verhältnisse in Stein aus. Der durch den Zuzug ländlicher Arbeiter bedrohlich zur »sozialen Frage« angewachsenen Wohnungsnot begegnete er 1859 mit dem Umbau des sogenannten »Großen Hauses« zu einer Art Arbeiterkaserne mit 18 Wohnungseinheiten. Schon 1894 bestand der Wohnungspark der Firma aus fünfzig Häusern mit 208 Wohnungen. In der Regel waren die Mieter verdiente Arbeiter, deren Firmentreue mit der Zuweisung einer Wohnung belohnt wurde. Fabers Beispiel, mit dem in Aussicht gestellten Wohnraum die Loyalität der Arbeiter zu festigen und sie stärker an den Betrieb zu binden, eiferten andere größere Betriebe im Nürnberger Raum nach. Die Schwan-Bleistiftfabrik etwa brachte in den neunziger Jahren vierzig Familien in Fabrikhäusern unter[16]. Die Gunst der Arbeiterschaft konnten sich die Fabrikherren auch durch die Einrichtung von Kranken- und Unterstützungskassen oder durch eine Arbeitersparkasse erwerben.

Keine andere Nürnberger Firma nahm aber derart unmittelbaren Einfluß auf den privaten Lebensbereich ihrer Arbeiter wie die Bleistiftfabrik in Stein. 1850 machte Lothar Faber deutlich, daß er auch das intellektuelle Wohl seiner Arbeiter, das heißt »deren geistiges Wohl in moralischer und sittlicher Beziehung«, zu fördern gedenke[17]. So eröffnete er in der Folgezeit eine Kinderbewahranstalt, eine Arbeiterbibliothek, betrieb die Gründung eines eigenen Vikariats und den Bau einer Dorfkirche, engagierte sich für den Neubau der Gemeindeschule, richtete einen Konsumverein und eine Fortbildungsschule ein. In dieser dörflichen Lebensgemeinschaft konnte sich, abgeschieden von der Großstadt, ein partiarchalisch strukturiertes Abhängigkeitsverhältnis entwickeln. Vor allem die räumliche Nähe des herrschaftlichen Schlosses und die Gebundenheit an die dörfliche Subkultur ließen dort eine Arbeitergeneration groß werden, die eine Verbandsorganisation nicht locken konnte. Erst die allgemeine Notlage in den Kriegsjahren erschütterte die überkommene Einstellung der Beschäftigten, so daß 1916/1917 zahlreiche Arbeiterinnen und Arbeiter für den Verband gewonnen werden konnten.

An der Mitgliedschaft der Frauen mußte dem Verband besonders gelegen sein, zumal die Kostenlast in der Bleistiftindustrie immer wieder auf die Frauen abgewälzt wurde. Eine »bis ins kleinste durchgeführte Arbeitsteilung in fast allen Abteilungen [der Bleistiftfabrikation, ermöglicht es,] weibliche Arbeitskräfte zum Teil vorzugsweise und sogar ausschließlich zu beschäftigen«, schrieb die Holzarbeiterzeitung 1912, und die künftige Aufgabe umreißend heißt es weiter: »Der Organisation bleibt noch viele, viele Arbeit, will sie einigermaßen erträgliche Verhältnisse für die Arbeiterinnen schaffen. Und sie wird sich dieser Aufgabe mit dem größten Eifer widmen müssen, soll sich der schädliche Einfluß der Frauenarbeit, oder richtiger gesagt, der niedrigen Löhne der Arbeiterinnen auf das Gewerbe nicht noch mehr bemerkbar machen.«[18]

Organisierte Arbeiter in der Bleistiftindustrie im Raum Nürnberg*

	männlich	weiblich
1890	200	–
1898	102	2
1899	96	2
1899**	75	4
1900	33	19
1902	18	6
1903	41	10
1904	93	36
1905	314	261
1906	460	580
1908	402	641
1910	628	1 364
1911	757	1 500
1916	280	1 291
1917	418	1 723
1918	877	1 609

---

16 Schwanhäusser, a.a.O., S.153.
17 Vgl. Christian Koch, Ordnung, gute Arbeit und Lohn, in: Jürgen Franzke (Hrsg.), Das Bleistiftschloß, München 1986.
18 Holzarbeiter-Zeitung, 11. Mai 1912.

* Die Angaben über den (lokalen) Fachverein der Bleistiftarbeiter sind dem jeweiligen Jahresbericht des Arbeitersekretariats Nürnberg entnommen.

** ab 1899 durch Übernahme des Verbandes im DHV organisierte Bleistiftarbeiter; in den Zahlen von 1900 bis einschließlich 1911 sind auch Kamm- und Holzarbeiterinnen eingeschlossen; Zusammenstellung nach Ernst Hertrich, Die mittelfränkische Bleistiftindustrie, Diss. Erlangen 1921

Arbeitsschutz

Weltwirtschaftskrise und Massenarbeitslosigkeit verstellten den Blick auf die Gefahren am Arbeitsplatz. 1928 waren in den Polier- und Beizabteilungen der Bleistiftfabriken – sie waren als besonders gesundheitsgefährdend eingestuft – 83,9 Prozent Frauen beschäftigt[19]. Aufklärung über Gesundheits- und Unfallgefahren tat Not, doch mußten die Arbeiterinnen bei der angespannten Wirtschaftslage den Verlust ihres geringen Verdienstes fürchten, wollten sie ihren Arbeitsplatz in dieser Hinsicht beanstanden. Eher wurden Gesundheitsgefährdungen in Kauf genommen.

Die Sicherheit am Arbeitsplatz wurde zudem durch den Einsatz noch nicht ausgereifter technischer Systeme, insbesondere bei der Erprobung neuer Produktionstechniken und bei der Fertigung von Sonderaufträgen mißachtet, da die Entwicklung einer entsprechenden Präventivtechnik systematisch vernachlässigt wurde. Daran änderte auch die Institution der Fabrikinspektoren wenig, die im allgemeinen nur andernorts längst eingeführte und dem neuesten Standard wenig angepaßte Präventivtechniken empfahlen. »Im allgemeinen«, so der Befund einer Dissertation über die Bleistiftindustrie aus dem Jahre 1921, »sei die Fabrikation nicht besonders gesundheitsgefährdend.«[20]

Diese Einschätzung teilte der Holzarbeiter-Verband nicht. Man war sich der Gefahren durchaus bewußt, insbesondere »bei der Verwendung von giftigen Beiz- und Poliermaterialien und bei dem immer mehr in Aufnahme kommenden Lackspritzverfahren«[21]. Eine entsprechende gesetzliche Verordnung konnte zu diesem Zeitpunkt aber noch nicht erwirkt werden. Dennoch schien die besondere Gefährdung der Poliererinnen auf eine Initiative des Betriebsrats der Firma Staedtler hin ein ernstzunehmendes Thema geworden zu sein. So heißt es im Bericht der Gewerbeaufsichtsbeamten für das Jahr 1927, daß sich die Bleistiftindustrie »hygienisch und arbeitstechnisch grundlegend umgestellt« hat und die Mars-Bleistiftfabrik J.S. Staedtler die »Aufstellung von automatischen Poliermaschinen mit Absaugung und Rückgewinnung der Lösungsmittel« vorgenommen hat[22]. Dazu berichtet ein Zeitzeuge: »Die Gewerbeaufsicht hat immer gesagt, wir bei Staedtler haben den saubersten Betrieb«[23], aber in der Lackiererei, so wird weiter berichtet, »waren umgebaute Poliermaschinen [...] für eine Spezialfertigung.«[24]

Der Unfall

Im Frühjahr 1929 wurde in der Bleistiftindustrie gestreikt. »Da ist es sehr turbulent zugegangen, denn es gab sehr viele Arbeitslose, die versuchten, in den Betrieb reinzukommen. Da hat der Holzarbeiter-Verband angeordnet, daß die anderen Bleistiftfabriken nicht streiken sollten, sondern nur die Firma Staedtler. Streikziel war eine Lohnerhöhung, die ist aber nicht erreicht worden. Wie der Streik rum war, haben wir wochenlang den Mist von den Streikbrechern in Ordnung bringen müssen. (...) Wenn das noch vierzehn Tage gedauert hätte, wäre keine Explosion gewesen, weil der Arbeitsvorgang dann nicht mehr durchgeführt wurde. Die Stifte bekamen da so eine Art Farbschlange herum, das hat man dann auf eine andere Weise leicht bewerkstelligen können.«[25]

Mit dem verwendeten Spritzlack wurden Versuche im Hof der Fabrik angestellt, die die Gefährlichkeit des Stoffes belegten. Empfohlene Atemschutzmasken wurden jedoch nicht getragen. Auch wurden die Arbeiterinnen nicht eingehend über die Explosionsgefahr aufgeklärt, wenngleich die Betriebsleitung Bescheid wußte. Nur drei Wochen vor der Katastrophe erlitt nämlich ein Heizer bei der Verbrennung von Lackresten durch eine Stichflamme tödliche Brandwunden[26].

19
Ebd., 27. Oktober 1928.
20
Hertrich, a.a.O., S. 113.
21
Holzarbeiter-Zeitung, November 1928, S. 380.
22
Ebd., November 1928, S. 405.
23
Interview mit Johann Fellner, Originalaufzeichnung beim Centrum Industriekultur Nürnberg, S. 8.
24
Ebd., S. 9.
25
Ebd.
26
Holzarbeiter-Zeitung, 11. Mai 1929.

DETLEV HEIDEN

Das Möbelbecken – Die Holzindustrie in Ostwestfalen-Lippe

Polsterfabrik im »Möbelbecken«

Gustav Kopka

Seit knapp hundert Jahren bildet das Gebiet zwischen Diemel, Weser und Teutoburger Wald ein bedeutendes Zentrum der Möbelherstellung. 1983 arbeitete hier jeder sechste Beschäftigte der westdeutschen Holzindustrie.

Handwerk oder Fabrik?

Als um die Mitte des 18. Jahrhundertes einige Blomberger Tischler begannen, Möbel über den örtlichen Bedarf hinaus herzustellen, hätte niemand die stürmische Entwicklung vorhersagen können, die die Region 150 Jahre später prägen sollte. 1861 nahm der Herforder Möbelhändler Gustav Kopka mit einer Dampfmaschine von zehn PS, einem Sägewerk, einigen einfachen Holzbearbeitungsmaschinen und bald 40 Arbeitern die Fertigung von billigen Arbeitermöbeln für das Ruhrgebiet auf. Furnierte Luxusmöbel ergänzten nach kurzer Zeit das Programm. Den verbreiteten Vorurteilen gegen Fabrikware begegnete man durch die Orientierung an handwerklichen Qualitätsstandards. Die Firma florierte, installierte 1902 eine Dampfmaschine von 100 PS und führte das Prinzip der Arbeitsteilung ein[1]. Immer mehr Meister und Facharbeiter gründeten eigene Fabriken, die rasch mechanisiert wurden.

Kurz nach der Jahrhundertwende war in Ostwestfalen-Lippe der Durchbruch zu neuen Betriebsformen zu beobachten, die sich weder dem Handwerk noch der Fabrik zuordnen ließen. Der Einsatz motorischer Kraft wie die ersten Ansätze von Arbeitsteilung bedurften der Ergänzung durch qualifizierte Handarbeit. Die unter Anpassungsdruck stehenden Handwerksbetriebe konnten so allmählich in eine fabrikmäßige Fertigung hineinwachsen[2]. Die leistungsfähigsten gingen zur reinen Serienmöbelherstellung über, spezialisierten sich und nutzten moderne Holzbearbeitungsmaschinen. Das Ende handwerklicher Produktion schien schon vor dem Ersten Weltkrieg eingeläutet, und nicht nur in Herford widersetzten sich viele Tischler jetzt der Zugehörigkeit zur Zwangsinnung[3].

1
Gustav Schierholz, Geschichte der Herforder Industrie, Herford 1952, S.103f. Wilhelm Schinkel, Die wirtschaftliche Entwicklung von Stadt und Land Herford, Bünde 1926, S.138f.

2
Ernst Klöcker, Die Entwicklungsbedingungen der deutschen Holzindustrie, Löningen 1928, S. 55f. Friedrich Lenger, Sozialgeschichte der deutschen Handwerker seit 1800, Frankfurt a. M. 1988, S.129ff. und 172ff.

3
Westfälisches Wirtschaftsarchiv, Dortmund (WWA), K13/468.

Das Möbelbecken konnte im Boom der Durchbruchsphase ausgezeichnete Startbedingungen vorweisen: reiche Holzvorkommen, die notwendige Verkehrserschließung des verspätet industrialisierten Fürstentums Lippe durch den Eisenbahnbau und das Aufblühen der Schwerindustrie im Ruhrgebiet. Immer mehr Arbeiter warteten auf einfache, billige Möbel – ein lockender Absatzmarkt rückte in greifbare Nähe. Nur an qualifizierten Arbeitskräften mangelte es zunächst. Das traditionelle Tischlerhandwerk stieß an seine Grenzen, selbst aus Berlin mußten Fachkräfte geworben werden. Doch schon zwischen 1895 und 1907 verzehnfachte sich der Anteil un- und angelernter Arbeiter. Die Unternehmer verfügten von Beginn an über ein Reservoir billiger Arbeitskräfte für die arbeitsintensive Produktion. Sie bevorzugten ländliche Standorte und mieden die Konkurrenz anderer Branchen. Der weit verbreitete landwirtschaftliche Nebenerwerb (zwei von drei Arbeitern an lippischen Holzbearbeitungsmaschinen übten ihn 1925 aus) ließ die überaus kärglichen Löhne erträglicher werden, diente in Krisenzeiten als soziales Ventil und setzte ein Gegengewicht zur unbefriedigenden Industriearbeit. Erst in den zwanziger Jahren wurde die Möbelproduktion auch zur Zufluchtstätte der lippischen Wanderarbeiter – 1907 hatte noch jeder dritte arbeitsfähige Mann das Land verlassen[4].

Industrialisierung und Rationalisierung

Von »höherer Arbeitsfreude« konnte in den zwanziger Jahren nicht mehr die Rede sein. In einer Gewerkschaftsumfrage wurde einhellig das »Antreibsystem« verdammt, und die Bielefelder Gewerbeaufsicht registrierte erschreckende Arbeitsbedingungen: Kleine Tischlereien weigerten sich, die vorgeschriebenen mechanischen Späneabsaugungen zu installieren; ungesicherte Kochgruben für Holzstämme verursachten auf den Höfen von Sperrholzfabriken tödliche Unfälle[5].

In der Umbruchphase des Möbelbeckens verknüpfte sich der Übergang von der handwerklichen zur industriellen Produktionsweise mit dem Ausgreifen der Rationalisierung. »In der Möbelfabrikation besteht fast überall (...) ein Kampf zwischen der althergebrachten handwerksmäßigen Fertigung und der vorwärts strebenden systematischen Serienherstellung unter möglichster Ausnützung aller maschinellen Mittel«, bilanzierte 1925 ein Befürworter der Rationalisierung[6]. Das Möbelbecken war anderen Regionen dabei weit voraus: Hier wurden schon vor der Jahrhundertwende die ersten deutschen Sperrholzplatten produziert, bei denen die Arbeitsdauer vom rohen Stamm zur fertigen Handelsware schließlich auf 45 Minuten schrumpfte[7]. Erst dieser neue Werkstoff glich die für eine schleppende Technisierung mitverantwortlichen Eigenschaften des organischen Rohstoffes aus. Das Holz »arbeitete« nicht mehr, sondern wurde verarbeitet. Und seit den Blomberger Anfängen konzentrierten sich in Ostwestfalen-Lippe nicht nur die besonders fortgeschrittenen Stuhlfabriken, sondern vor allem die Küchenmöbelindustrie. Deren billige und mittlere Preislagen für das Ruhrgebiet waren für Standardisierungen und Serienfabrikation geradezu prädestiniert. Alle Serienfabrikation, die lange auf Kleinserien von eher 50 als 100 Stück beschränkt blieb, und Spezialisierung konnten die handwerklichen Grundlagen der Möbelherstellung auch in der Umbruchphase nicht verdrängen. Eindeutig dominierte der Maschineneinsatz nur die Produktion von Massenware. Bei der Herstellung gediegener Gebrauchsmöbel hielten sich qualifizierte Hand- und Maschinenarbeit lange die Waage, bevor auch hier die Prinzipien der Massenfertigung die Oberhand gewannen. Nur bei Luxusmöbeln stand bei der Ausführung von Ornamenten wie beim Zusammenfügen der fein gegliederten Teile noch unangefochten die Handarbeit im Vordergrund.

Klein- und Großbetriebe gab es für alle Möbelqualitäten, doch zunehmend setzten sich die Vorteile rationeller Arbeitsteilung durch. 1929 arbeitete in Ostwestfalen-Lippe bereits über die Hälfte der Beschäftigten in Betrieben mit mehr als 50 Personen. Die durchschnittliche Beschäftigtenzahl war in der lippischen Möbelherstellung 1933 dreimal so hoch wie im Deutschen Reich; die Betriebe waren zudem weiter mechanisiert. Nur noch jeder fünfte arbeitete in einem Betrieb der Holzindustrie mit weniger als sechs Beschäftigten, im Reichsdurchschnitt jeder zweite. Und 1937/38 lag selbst in solchen Betrieben der Serienmöbelproduktion, die weiter als »handwerklich« galten, die Beschäftigtenzahl nur noch selten unter 10, oft zwischen 50 und 100 – eine dem Handwerk zugeordnete Wiedenbrücker Möbelfabrik brachte es sogar auf 270 Beschäftigte.

Der gesamtwirtschaftliche Rationalisierungsschub der Jahre 1924–29, der technische und arbeitsorganisatorische Neuerungen verband, hatte nur in einigen Bereichen der Holzindustrie eine vollständige Umstellung auf die Fließfertigung nach sich gezogen. Über ein Werk im Bielefelder Raum, das Wäscheklammern und Mausefallen herstellte, wurde 1927 berichtet: »Die Maschinen sind vervollkommnet und zum Teil mit mechanischen Zuführungen und rotierenden Tischen versehen.« Bei konstanter Arbeiterzahl stieg die Arbeitsleistung um 20 bis 100 Prozent[8]. Der Möbelherstellung blieben demgegenüber klare Grenzen gesetzt; der Geschmack mußte zunächst den technischen Möglichkeiten angepaßt werden.

4
Hans Hüls, Das Lipperland als Ausgangsgebiet saisonaler Arbeiterwanderungen in den ersten Jahrzehnten des 20. Jahrhunderts, in: Lippische Mitteilungen 40 (1971), S. 5–76.
Peter Steinbach, Anfänge der Industrialisierung im Fürstentum Lippe, in: Frühindustrialisierung in Schleswig-Holstein, anderen norddeutschen Ländern und Dänemark, hg. von Jürgen Brockstedt, Neumünster 1983, S. 315–343.

5
Nordrhein-Westfälisches Staatsarchiv Detmold (StD), D3 Bielefeld/34. Jahrbuch des DHV 1929, S. 31ff.
6
Robert Lippmann, Die Möbelfabrikation, Jena 1925, S. 7.

7
Robert Lippmann, Die gesamte Holzbearbeitung in Fabrikbetrieben und Handwerksstätten, Jena 1922, S. 360ff.
8
StD, D3 Bielefeld/34.

Maschinenmöbel und moderner Geschmack

Die industrielle Serienfertigung drang nicht allein infolge technischer Innovationsprozesse oder ökonomischer Konzentrationstendenzen in die Domäne des traditionellen Handwerks ein. Die notwendige Voraussetzung einer um 1900 einsetzenden und erst in den sechziger Jahren vorläufig abgeschlossenen Umwälzung bildeten Wandlungen des Geschmacks und Designkonzepte, die sich sowohl aus neuen Bedürfnissen wie aus der Anpassung an industrielle Zwänge ergaben. Ästhetische Innovationen im Umfeld von Werkbund und Bauhaus schufen wesentliche Rahmenbedingungen für die Industrialisierung der Möbelproduktion. Die Chancen der Rationalisierung erhöhten sich mit Geschmacksvereinheitlichungen wie mit dem drängenden Bedarf nach Gebrauchsgegenständen ohne entbehrliche Verzierungen[9]. In den modernen Designvorstellungen breitete sich seit der Jahrhundertwende eine vereinfachte, sachliche und schlichte Formensprache aus. Zweckmäßigkeit im Sinne von Funktions- und Maschinengerechtheit löste verschwenderisches Ornament und historische Formen ab. Unter dem Motto »Einfachheit für alle« wurde 1906 ein Maschinenmöbelprogramm konzipiert; zwei Jahre später vorgestellte kastenartige Typenmöbel ermöglichten die beliebige Kombination und Reihung der Grundelemente. Schon vor 1914 tauchten unter der Bezeichnung »schlichter Hausrat« komplette Einrichtungen für Arbeiterwohnungen auf. Der weißgestrichene Küchenschrank mit geradlinigem Aufbau, dessen Oberschrank mit Glastüren sich über einem offenen Fach erhob, avancierte zum prägenden Ausstattungsstück proletarischer und kleinbürgerlicher Küchen. Im Möbelbecken als dem Zentrum der deutschen Küchenproduktion wurden die reformerischen Designkonzepte fast wie selbstverständlich rezipiert und integriert. Wenngleich sich auch hier viele Betriebe auf traditionelle historisierende Gestaltungsweisen spezialisierten, ging die Modernisierung der Produktion doch mit einer solchen der Formgebung einher. Die ästhetischen Konzeptionen der Avantgarde und erste zaghafte Wandlungen im Massengeschmack legten das Fundament für die Entwicklung der kommenden Jahrzehnte. Industrieller Fertigung angemessene Formen und Normen erfreuten sich zunehmender Beliebtheit.

Weltwirtschaftskrise und Rüstungswirtschaft

Die Weltwirtschaftskrise führte den Arbeitern im Möbelbecken mit Massenarbeitslosigkeit, Lohnabbau und Tariflosigkeit die Abhängigkeit der Möbelindustrie von allgemeiner Konjunktur wie privatem Verbrauch schmerzhaft vor Augen. Fabrikschließungen in den Wochen nach Weihnachten wurden zur bitteren Selbstverständlichkeit. Und als auf dem Höhepunkt der Bankenkrise von 1931 die Inflationsängste der Sparer mit einer »Welle der Kauflust« eine mehrmonatige Zwischenkonjunktur auslösten, zeigte sich der geringe Arbeitskräftebedarf der rationalisierten Möbelfabriken. Pausenlose Überstunden bei gleichzeitiger hoher Arbeitslosigkeit bestimmten das Bild. Die Firmenzusammenbrüche häuften sich, zugleich entstanden zahlreiche neue Kleinbetriebe, die nicht nur die Löhne drückten, sondern auch alle Arbeitszeitbestimmungen mißachteten und eingesessene Unternehmen über die »unerträgliche Schleuderkonkurrenz« klagen ließen[10].

Die Nationalsozialisten rückten angesichts anhaltender Arbeitslosigkeit die angeblich »unorganische Aufblähung« des Wirtschaftszweiges in den Vordergrund. Sie verlangten eine Einschränkung der Lehrlingszahlen und griffen Doppelverdiener wie jede sonstige »Desorganisation des Arbeitsmarktes« an – und meinten damit Frauenarbeit und industriellen Haupterwerb der landwirtschaftlichen Bevölkerung. Eine Konjunkturbelebung durch Ehestandsdarlehen erwies sich als Fehlschlag, Neueinstellungen erfolgten nicht. Schon Anfang 1934 sank in Detmold nach Sperrung der Darlehen die Arbeitszeit wieder auf 30 Wochenstunden; bereits Monate vorher hatten die Küchenmöbelfabrikanten Skepsis und Enttäuschung geäußert. Die Konsumgüterindustrie rückte ins zweite Glied; neue Perspektiven eröffneten sich nur den Sperrholzwerken, die Anfang 1934 bereits intensiv mit dem Luftfahrtministerium verhandelten.

Die Arbeiter standen dem nationalsozialistischen Regime nicht zuletzt angesichts der unausgestandenen Krise eher zurückhaltend gegenüber: Bei den Vertrauensratswahlen des Jahres 1935 stimmten im Kreis Detmold in den Betrieben der Holzindustrie mit über 100 Beschäftigten nur 46 bis 78 Prozent der vorgelegten Liste zu; der Anteil der »Nein«-Stimmen lag zwischen 7 und 45 Prozent. Einige frühere Zentren der Arbeiterbewegung erwiesen sich als Hochburgen der Verweigerung; in Blomberg artikulierte sich offene Verärgerung über den noch immer ausstehenden Tarif für die Stuhl- und Sperrholzindustrie. Die Unzufriedenheit in den Betrieben konzentrierte sich auch in den folgenden Jahren auf materielle Fragen. Als die Löhne gegenüber metallverarbeitenden Rüstungsbetrieben zurückblieben und der Lohnabstand zwischen gelernten und ungelernten Arbeitern wuchs, spitzte sich die Lage zu. Ge-

---

[9]
Zum folgenden: Joachim Petsch, Eigenheim und gute Stube. Zur Geschichte des bürgerlichen Wohnens, Köln 1989, S. 120ff. und 156ff. Hans M. Wingler, Das Bauhaus. 1919–1933 (Weimar, Dessau, Berlin), Bramsche 1962.

[10]
Der folgende Abschnitt stützt sich vor allem auf Akten aus dem Staatsarchiv Detmold.

KAPITEL III 1918–1933

Serienfertigung

Furnierherstellung

ringe Arbeitsleistung, Abwanderungsbestrebungen und verdeckte Lohnerhöhungen auch in der Holzindustrie waren die Folgen.

In den Vorkriegsjahren differenzierte sich die Lage der Holzindustrie: Die Sperrholzfabriken schienen dank immer neuer Rüstungsaufträge zu prosperieren, litten jedoch unter gravierenden Rohstoffproblemen, die insgesamt einen Kapazitätsabbau bedingten. Dagegen sah sich die Möbelindustrie weiter deutlichen Konjunkturschwankungen ausgesetzt. Nur der Absatz von Luxusprodukten gestaltete sich problemlos; bei den Erzeugnissen für den Massenkonsum zeichneten sich dagegen Sättigungstendenzen ab. Insgesamt blieb die Nachfrage zwar lebhaft, doch immer häufiger wanderten jetzt die raren Fachkräfte in die Metallindustrie ab. Als nach dem deutschen Überfall auf Polen 1939 die Transportkapazitäten fehlten, arbeiteten die zivilen Betriebe der Holzindustrie kurz, während die Produktion der mit Heeresaufträgen versehenen Unternehmen ausgedehnt wurde. Die Beteiligung am Flugzeugbau, die Fertigung von Munitionskisten wie von Wehrmachtsmöbel oder Baracken und später die Reparatur von Bombenschäden genossen höchste Priorität. Die Möbelfabriken bemühten sich immer krampfhafter um Rüstungsaufträge, um Stilllegungen oder Arbeitskräfteentzug zu entgehen. Das Rüstungskommando forderte angesichts des erheblichen Bedarfs der metallverarbeitenden Industrie eine noch schärfere Drosselung der zivilen Fertigung und planmäßige Auskämmaktionen, denen vor 1944 jedoch nur Teilerfolge beschieden waren. Gerade größere Firmen lavierten sich geschickt durch die Kriegsjahre. Das Spannungsfeld von Kriegs- und Konsumgüterproduktion, bei der es auch um einen nicht einzuschränkenden elementaren Bedarf ging, bot dazu einige Freiräume.

Kriegswirtschaftliche Rationalisierung und normierter Geschmack

Die Zwänge der Rüstungs- und Kriegswirtschaft brachten dem Möbelbecken einen bedeutsamen zweiten Rationalisierungsschub. Die Massenproduktion erforderte Großbetriebe, und mit intensivierter Rüstungsproduktion wurde das Prinzip der Auftragsstreuung aufgegeben. Entgegen allen Konzentrationstendenzen sicherten sich die handwerklichen Betriebe jedoch einige Nischen und blieben als Zulieferer und Unterstützer unentbehrlich. Technologische Innovationen wurden in den Kriegsjahren zunächst durch die ungenügende Rohstofflage veranlaßt. Angesichts der wachsenden Bedeutung des immer knapperen Holzes setzte sich zum Beispiel die künstliche Trocknung endgültig und selbst in den systematisch geschulten Handwerksbetrieben durch[11]. Auf jede überflüssige Lagerung konnte so verzichtet werden. Holzeinsparung hieß – trotz des radikalen Kahlschlags der Wälder – das Gebot der Stunde, und die Holzab-

---
11
Reichskuratorium für Wirtschaftlichkeit. Nachrichten 7 (1933)–18 (1944).

fälle (1938 immerhin ein Viertel des Rohholzes) warteten auf ihre Nutzung. Im Möbelbecken experimentierte man erfolgreich mit Faserplatten und Preßhölzern, und ebnete so dem Durchbruch der Spanplatte den Weg. Die Autarkie erforderte neben der Entwicklung neuer Leimstoffe und -verfahren auch den schwierigen Verzicht auf Tropenhölzer. Als die lippische Landesregierung im September 1933 »Nur deutsches Holz!« verordnete, sahen Möbelfabrikanten wie Sperrholzimporteure ihre Interessen bedroht und argumentierten, ein Verzicht auf Importhölzer verlange, die Bevölkerung (darunter gerade die Bezieher von Ehestandsdarlehen) »zu einer anderen Geschmacksrichtung zu erziehen«, da der herrschende Stil und die entsprechende Formgebung der Möbel kaum mit Buchensperrholz befriedigt werden könnten.

Kriegswirtschaftlich motivierte Rationalisierung umfaßte nicht nur eine Arbeitskräfte und Soldaten freisetzende Arbeitsorganisation und die optimale Ausnutzung des Werkstoffes, sondern auch den Ausbau der Mechanisierung und den Versuch einer Standardisierung der Produkte. Während Geschmacksfragen zunächst den Produzenten überlassen blieben, zeichnete sich schon 1936 bei den »Siedlermöbeln« ein rigiderer Trend ab: Mit klaren Vorgaben für die Oberflächenbehandlung wurden auch die polierten Ausführungen des Möbelbeckens untersagt. Das Reichsheimstättenwerk der Deutschen Arbeitsfront (DAF) griff mit dem Typ der »Siedlermöbel« die reformorientierte Tradition der zwanziger Jahre wieder auf und propagierte ein funktionalistisches, maschinengerechtes Design. Die Normierung setzte sich fort, statt Mode verkündeten die Nazis die Unwandelbarkeit der Formgebung. Und obwohl die ästhetische Umerziehung 1945 ihren Abschluß fand, wiesen Typisierung und Großserienfertigung die Perspektive auch für die Nachkriegszeit. Der zweite Rationalisierungsschub setzte einige Spannungen frei: Anfang 1941 berichtete die DAF Lippe, eine neue Anordnung über die serienmäßige Möbelherstellung habe »in verschiedenen hiesigen Möbelfabriken Staub aufgewirbelt«. Die Arbeiter waren verärgert über die Neufestsetzung der Akkordsätze, aber »auch die Betriebsführer führten teilweise die Anordnung nur ungern durch«. Noch im gleichen Jahr wurde die Serienfertigung mit weiteren Auflagen versehen. Die Betriebe mußten ihre Produktion grundlegend umstellen, einfache Massenware setzte sich durch.

Auf dem Weg zur Fertigungsstraße

In der Nachkriegszeit wurde die Produktion im Möbelbecken rasch wieder aufgenommen: Handwerksbetriebe behoben Bombenschäden, Serienmöbelproduzenten verschafften sich die überlebensnotwendigen Aufträge der britischen Besatzungsmacht und belieferten den Ruhrbergbau. Sonstige zivile Produktion war zunächst nur auf dem

Polsterei

Gestellmontage

12
Die folgenden Ausführungen beruhen auf Lageberichten im Staatsarchiv Detmold und im Westfälischen Wirtschaftsarchiv.

KAPITEL III 1918–1933

Kompensationswege möglich, und nur zögernd kam ein Programm für den Flüchtlingsbedarf in Gang[12]. Nicht zuletzt mangels Rohstoffen und wegen der noch nicht erfolgten Umstellung auf eine zivile Produktion konnten oft nur einfachste Möbel produziert werden. Aber der Nachholbedarf war so enorm, daß die Form keine Rolle spielte. Lieferbarkeit und Erschwinglichkeit gaben angesichts der Hortungen vor und der rasant steigenden Preise nach der Währungsreform den Ausschlag.

Im Regierungsbezirk Detmold arbeitete 1950 jeder zehnte der in der westdeutschen Holzverarbeitung Beschäftigten. Die Betriebsgrößen waren überdurchschnittlich, die durchschnittliche Beschäftigtenzahl lag mit elf doppelt so hoch wie in der Holzverarbeitung der übrigen Bundesrepublik. Das Möbelbecken profitierte jetzt davon, daß sich in den zwanziger Jahren der quantitative Boom mit einem ausgeprägten qualitativen Wandel verschränkt hatte. Das in dieser prägenden Phase erreichte arbeitsorganisatorische und technologische Niveau hatte in der Kriegswirtschaft noch erhöht werden können. Die Region Ostwestfalen-Lippe ging mit einem gehörigen Vorsprung in die entscheidende Runde.

In den frühen fünfziger Jahren erhöhte sich mit der allmählichen Schaffung neuen Wohnraums und mit erstem Wohlstand der Absatz erneut. Allmählich änderten und klärten sich die Geschmacksrichtungen. Die Formgebung blieb ambivalent: Klare und einfache Linien knüpften an die Traditionen der Weimarer Moderne an, doch sie repräsentierten wie der Nierentisch und das schräge Design nur einen Ausschnitt der fünfziger Jahre. Der Gelsenkirchener Barock mit all seinem Schwulst, mit Wohnzimmern aus wuchtigen Sesseln und klotzigen Tischen, war »einfach nicht umzubringen«. Immerhin setzte sich angesichts deutlich kleinerer Wohnungen bald (zunächst für die Küche) die Idee der Anbaumöbel durch. Diese knüpften oft an reformerische Konzepte an – so an die Reformküchen der späten zwanziger Jahre, die im Möbelbecken auch unter nationalsozialistischer Herrschaft gefertigt worden waren – unterlagen aber auch der Gefahr von Primitivlösungen: »Man kann nicht einfach »furnierte Kisten« nebeneinander stellen.«[13] Vollständige Zimmereinrichtungen, bis in die dreißiger Jahre eine Spezialität der ostwestfälisch-lippischen Möbelindustrie, wurden jetzt von Einzelmöbeln, die individuellere Wohnungseinrichtungen erlaubten, verdrängt.

Obwohl das Traumwohnzimmer des Wirtschaftswunders oft noch historisierende Versatzstücke wie nostalgische Handwerksromantik konservierte, schufen langsame Wandlungen des Massengeschmacks und veränderte Wohnbedingungen eine entscheidende Voraussetzung für den Abschluß der Mechanisierung. Die außergewöhnliche Nachfragesituation begünstigte in den Jahren nach der Währungsreform die Beschränkung auf wenige Großserien und erlaubte die Entwicklung einer Fließfertigung, die an die ersten Erfahrungen in der Kriegsproduktion anknüpfte.

Den wesentlichen technologischen Innovationsschub brachte seit den späten vierziger Jahren die schnelle Durchsetzung der Spanplatte. Jetzt stand endlich ein Werkstoff zur Verfügung, der sich auch maschinell völlig frei gestalten ließ. Die Massenproduktion aller Arten von Plattenwerkstoffen wie die Furnier-, Leim- und Preßtechnik wurden rasch weiterentwickelt. Neuerungen bei den Holzbearbeitungsmaschinen ergänzten sich zwischen 1953/54 und 1965 mit einer entsprechenden Umorgansiation der Produktion. Die Möbelbranche nahm endgültig Abschied von handwerklichen Traditionen[14]. Der Produktionsprozeß wurde weiter mechanisiert, die teilautomatisierte Fließfertigung brachte eine noch differenziertere Arbeitsteilung mit sich. Fertigungsstraßen und arbeitsteilige Montage setzten sich durch. Im Möbelbecken markiert diese Dekade nach dem Durchbruch um die Jahrhundertwende, dem Umbruch in den zwanziger Jahren sowie den kriegswirtschaftlichen Innovationen den vierten und endgültigen Wendepunkt.

Absaugvorrichtung

13
Holzarbeiter-Zeitung, 1.3.1956.

14
Zu diesem Prozeß ausführlich: Gaby Lütgering, Die Möbelindustrie, Bielefeld 1985 (= Universität Bielefeld. Forschungsprojekt 3150, Projektpapier Nr. 15).

Kapitel IV **1933–1945**

*Das Osnabrücker
Gewerkschaftshaus
am 11. März 1933
mit Hakenkreuz-Fahne*

GUNTHER MAI

Arbeiter ohne Gewerkschaften
Verfolgung und Widerstand 1933–1945

Das Ende der Gewerkschaften 1933

Am 2. Mai 1933, pünktlich um 10 Uhr, besetzte die SA im gesamten Reich die Gewerkschaftshäuser. Funktionäre wurden verhaftet, teilweise mißhandelt, Akten beschlagnahmt. Die Geschäftsführung übernahmen Funktionäre der NS-Betriebszellen-Organisation (NSBO). »Bei uns Holzarbeitern«, berichtete der Redakteur der Holzarbeiter-Zeitung (HZ), Michael Kayser, »ist die Aktion mit besonderer Rigorosität durchgeführt worden. Tarnow und ich wurden verhaftet und auf eine SA-Wache gebracht«, wohin auch die Spitzen des ADGB, darunter Theodor Leipart und Wilhelm Leuschner, bereits gebracht worden waren. Auf der SA-Wache wurden sie 24 Stunden festgehalten, dann »unter starker SA-Eskorte in die Wache des Polizeipräsidiums überführt. Für Leipart, den ich stützte, war das mit seinem gebrochenen Bein und Herzbeschwerden eine fürchterliche Strapaze (…). Wegen Überfüllung kamen wir am nächsten Tag nach Plötzensee. Nach zehn Tagen wurden wir entlassen.«[1]

Daß die freie Gewerkschaftsbewegung am 2. Mai 1933 ihr Ende fand, ist nur bedingt richtig. Einmal blieben die freigewerkschaftlichen Verbände formal weiter bestehen, z. T. bis Anfang Juli weitergeführt von den alten Angestellten, allerdings unter Kontrolle der Deutschen Arbeitsfront (DAF). Vor allem aber war die Freiheit der Gewerkschaften seit Anfang März, seit den Reichstagswahlen, doppelt beschränkt; zum einen durch die Nationalsozialisten, zum anderen durch Ratlosigkeit und schleichende Selbstentmachtung.

Nach der »Machtergreifung« am 30. Januar 1933 durch die Nationalsozialisten hatte der Deutsche Holzarbeiter-Verband (DHV) die Politik des ADGB mitgetragen: durch Trennung von der SPD, durch Verzicht auf »politische« Betätigung und durch einen »Burgfrieden« mit den neuen Machthabern den Gewerkschaften das Überleben zu sichern. Dahinter stand die Erwartung, das Hitler-Regime werde bald zusammenbrechen. Für diese Zeit sollte der Arbeiterbewegung, wie unter dem Sozialistengesetz, in schützenden Nischen das Fortbestehen ermöglicht werden: »Nach Hitler, wir!«, das war Hoffnung und Ziel.

Die Nationalsozialisten waren jedoch entschlossen, den »Fehler« Bismarcks nicht zu wiederholen. Sie wagten aber zunächst nicht, den Gewerkschaften den offenen Kampf anzusagen. Sie warteten auf »Provokationen«, um im Namen der »Ordnung« zurückschlagen zu können. Erste Gelegenheit bot der Reichstagsbrand, der zu Verbot und Verfolgung der KPD am 28. Februar genutzt wurde. Doch der ebenso befürchtete wie erhoffte Generalstreik blieb aus. Nach den Reichstagswahlen vom 6. März, bei denen NSDAP und Konservative die absolute Mehrheit verfehlten, besetzten – spontan – lokale SA- und NSBO-Einheiten über 100 Gewerkschaftshäuser im ganzen Reich.

Bei diesen Aktionen wurden Funktionäre mißhandelt, Akten und Kassen beschlagnahmt. Wenn eine Fortführung der Geschäfte gestattet wurde, dann nur nach Abgabe einer Erklärung, keine politische »Wühlarbeit« zu leisten, und unter der Aufsicht von NS-Wachen. Die Angestellten der Gewerkschaften konnten sich nicht mehr frei bewegen. Der Vorsitzende des DHV in Bochum Gerhard Vake hatte seine von der SA überwachte Privatwohnung seit dem 10. März gemieden, wurde aber am 5. April gefaßt. Nach der Vernehmung wurde er mißhandelt und anschließend in die Ruhr geworfen; mit Mühe konnte er sich retten und ein Krankenhaus aufsuchen, wo er zahlreiche Kollegen aus anderen Verbänden in ähnlicher Situation vorfand[2]. In Bayern und Sachsen wurden einige besetzte Häuser wieder freigegeben; aber in Plauen mußte der DHV sein 50jähriges Bestehen am 24. März im besetzten Gewerkschaftshaus feiern. Es gelte, so wiegelte die HZ am 25. März ab, »einer Panikstimmung in der Arbeiterschaft entgegenzuwirken«, um Provokationen zu vermeiden. Die Besetzung der Gewerkschaftshäuser sei »meist nach kurzer Dauer wieder rückgängig gemacht worden. Die dadurch bewirkte zeitweilige Störung der Gewerkschaftsarbeit muß von den Kollegen durch verdoppelten Eifer wettgemacht werden.« Trotz der Drohung der NSBO, die am 1. April die Besetzung der Gewerkschaftshäuser »in allen großen Städten« angekündigt hatte, kam auf der nationalen Ebene eine Einigung von Sozialdemokraten und Kommunisten nicht mehr zustande, »obwohl wir in der Gewerkschaft ja praktisch miteinander arbeiteten«: Das waren »Arbeiter wie wir (…); aber wir kamen eben mit ih-

---

[1] Wilhelm Keil, Erlebnisse eines Sozialdemokraten, Bd. 2, Stuttgart 1948, S. 614f.

[2] Bundesarchiv (BA), R 58/80, Bl. 62f.

KAPITEL IV 1933–1945

rer Gesamtkonzeption nicht klar«. Die sozialdemokratisch-gewerkschaftliche »Eiserne Front« in Braunschweig wollte sich im Gebäude der Ortskrankenkasse lieber mit dem national-konservativen Stahlhelm zusammentun als dieses mit den Kommunisten gegen die Nationalsozialisten verteidigen[3].

Das Abwarten zahlte sich nicht aus, weil damit nur der innere Verfall begünstigt wurde. Je stärker sich die Nationalsozialisten etablieren konnten, um so größer wurde die Versuchung für Opportunisten und Verzweifelte, durch ihr Überlaufen zur NSDAP, gar durch Denunziationen Ämter, Posten oder Arbeit zu erhalten. Die HZ mußte sich eingestehen, daß der DHV nicht frei von »Konjunkturrittern« war; so im bayrischen Rosenheim, wo »zwei ehemalige führende Funktionäre (...) sich gleich beim Umsturz zur NSBO bekannten und heute Führer dieser Gruppe sind«[4].

Der Erfolg des Terrors gegen Personen und Institutionen der Freien Gewerkschaften, der außer papierenen Protesten bei Hindenburg und Hitler keinen ernsthaften Widerstand provozierte, ermutigte die Nationalsozialisten, weitere Maßnahmen auf »gesetzlichem« Wege zu ergreifen. In Preußen wurden demokratisch gewählte Betriebsräte durch Verordnung abgesetzt. Am 4. April wurde der NS-Arbeitnehmerverband, die NSBO, durch Reichsgesetz als Gewerkschaft anerkannt, nachdem ihr bislang die Tariffähigkeit versagt worden war. Auf diese Weise wurde die Stellung der NSBO in den Betrieben gestärkt, die 1931 bei den Betriebsratswahlen aufgrund organisatorischer Schwäche nicht über Achtungserfolge hinausgekommen, aber bei den einigermaßen freien Wahlen vom März 1933 im Ruhrbergbau zur stärksten Einzelorganisation aufgestiegen war. Vor allem ließ die starke Stellung der NSBO bei den »uniformierten« Arbeitern im öffentlichen Dienst, bei der Energieversorgung, im Verkehrssektor die Nationalsozialisten glauben (und die Freien Gewerkschaften befürchten), daß durch die Kontrolle dieser strategisch wichtigen Positionen ein Generalstreik von links unmöglich geworden sei. Und da trotz der »Drohung des Hitler-Kabinetts« kein »Massensturm« in die Freien Gewerkschaften erfolgte, der einer Aufforderung zum Widerstand gleichgekommen wäre, wurden die Gewerkschaften endgültig durch den Wahlerfolg der NSDAP am 5. März verunsichert, der dieser eine demokratische Legitimation zu verleihen schien.

Die Freien Gewerkschaften haben die »gesetzliche« Zermürbungstaktik als Ängstlichkeit der neuen Machthaber mißdeutet. Vielleicht haben sie sie auch mißverstehen wollen – die immer wiederkehrende Betonung der eigenen

Besetzung des Hauses des Zentralverbandes der Angestellten (ZdA) in Hamburg durch die SA am 2. Mai 1933

3
Stefan Bajohr, Vom bitteren Los der kleinen Leute. Protokolle über den Alltag Braunschweiger Arbeiterinnen und Arbeiter 1900 bis 1933, Köln 1984, S. 221 ff.

4
Deutschland-Berichte der Sozialdemokratischen Partei Deutschlands (Sopade), Nachdr. Frankfurt/M. 1980, Jg. 1934, S. 134.

VERFOLGUNG UND WIDERSTAND

Kundgebung auf dem Adolf-Hitler-Platz (Theaterplatz) in Dresden am 1. Mai 1933

Maiumzug mit Hermann Göring (2. Reihe mitte), 1934

Gesetzestreue läßt dies vermuten. Sie hatten die Hoffnung, neben einer NS-Gewerkschaft überleben zu können, und erwarteten, daß die widersprüchlichen Interessen innerhalb der NS-Bewegung diese zwingen würden, die Folgen von Massenarbeitslosigkeit und Krise letztlich doch wieder allein auf die Arbeiter abzuwälzen. Um diese zu schützen, bedürfe es starker Gewerkschaften, die um jeden Preis erhalten bleiben mußten. Da die NSDAP »die gesamte Staatsmacht in Händen hat und das ganze Staatsleben nach ihrem Willen gestaltet«, so rechtfertigte die HZ den Kurs des DHV, bedeute es »keine Aufgabe seiner selbst und keine verächtliche Gesinnungslumperei, wenn man die gegebenen Tatsachen anerkennt und unter Beachtung der geltenden Gesetze seine Rechte wahrnimmt und seine Pflichten als Staatsbürger in loyaler Weise zu erfüllen trachtet. (...) Aufgabe der Gewerkschaften ist es von jeher gewesen, unter den jeweils gegebenen Verhältnissen die wirtschaftlichen Interessen der Arbeiter wahrzunehmen und ihre soziale Lage zu verbessern.« Wenn jetzt nicht mehr die Wirtschaft die Politik, sondern umgekehrt die Politik das Wirtschaftsleben bestimme, dann »entfallen für die Gewerkschaften die Voraussetzungen für eine politische Betätigung. Wenn die Gewerkschaften unter peinlicher Wahrung ihrer Selbständigkeit, die sie oft genug betont haben, auch jede Verbindung mit einer politischen Partei aufgeben, so ist das eine logische Folge aus der Änderung der politischen Verhältnisse.« Unter Bezugnahme auf Äußerungen verschiedener »NS-Größen«, die sich für einen »deutschen Sozialismus«, für soziale Anerkennung des »Menschen der Arbeit« und gegen Ausbeutung oder Lohnabbau ausgesprochen hatten, äußerte die HZ am 22. April die Erwartung, daß »die Staatsgewalt nicht einseitig für die Unternehmer [eingesetzt]« werde, daß »Gewerkschaften, die bewußt und planmäßig die Interessen der Arbeiter wahrnehmen, nicht entbehrlich« sein würden.

Dieser Illusion entsprang, einem Beschluß des ADGB vom 19. April 1933 folgend, der Aufruf an die Mitglieder, sich an den Maifeiern des neuen Regimes zu beteiligen. Wenn es auch zweifellos nicht allen Strömungen in der NSDAP »mit dem Sozialismus wirklich Ernst ist«, so sei das kein Grund, »uns von einer Feier fernzuhalten, die gerade soziale Aufgaben und sozialistische Ziele unterstreichen soll«, für die die freie Arbeiterbewegung seit 1890 gekämpft habe. »Die Gewerkschaften verleugnen mit der Beteiligung an dieser Feier ihre Vergangenheit ebensowenig wie mit dem Bekenntnis zur Nation. (...) Wenn der nationale Festtag der Arbeit die Einheit der Begriffe »national« und »sozial« symbolisch verkörpern und ein Ansporn zur sozialen Umgestaltung sein soll, dann brauchen die Gewerkschaften am allerwenigsten umzulernen, um sich zu *diesem* Maigedanken zu bekennen.«

Damit saßen die Gewerkschaften in der Falle. Denn auf Betreiben von Goebbels und Ley hatte Hitler am 16. April den Vorschlag gebilligt, die Gewerkschaften am 2. Mai zu zerschlagen. Ernsthaften Widerstand erwarteten sie nicht mehr. Durch ihre Zermürbungs- und Legalitätstaktik hatten die Nationalsozialisten erreicht, daß die Gewerkschaften sich schrittweise zurückgezogen, gar ihr historisches Bündnis mit der SPD aufgekündigt hatten, daß sie tagtäglich ihren Mitgliedern die Macht- und Hilflosigkeit demonstrieren mußten; zuletzt hatten sie selbst noch die »sozialistischen« Elemente des Nationalsozialismus betont und damit die jahrelang eingehämmerte Gewißheit über den Klassencharakter der NSDAP infolge ihres Bündnisses mit der Industrie und den »reaktionären Kräften« erschüttert. Sie opferten, um die Organisationen für die Zeit »nach Hitler« zu erhalten, Glaubensgrundsätze und Machtpositionen, erleichterten so – wider Willen – nach der »Machtübertragung« an Hitler dessen »Machtergreifung« gegen seine bisherigen Bündnispartner. Sicher: Vor 1933 konnte niemand die tatsächliche Dimension der Menschenverachtung und der Brutalität des »Dritten Reiches« erahnen; und schwer wog die Entscheidung, durch einen Generalstreik einen blutigen Bürgerkrieg auszulösen. Doch die Selbstverleugnung, der Verzicht auf Widerstand, der trotzige Hinweis auf die in der Geschichte überstandenen Verfolgungen erreichten ein Ausmaß, das mehr als nur Illusion und Selbsttäuschung war. Nicht die Niederlage als solche war vernichtend, sondern die Art und Weise, in der sie hingenommen wurde.

Die Gleichschaltung der Gewerkschaften in der Deutschen Arbeitsfront

Nach seiner Gleichschaltung wurde der DHV zunächst von Max Tietböhl kommissarisch verwaltet, seit 1931 Gaubetriebszellenleiter der NSBO in Pommern und 1936 Leiter der Reichsbetriebsgemeinschaft Holz. Ihm folgte im Juni Paul Harpe, seit 1922 in der NSDAP und Mitglied des Preußischen Landtags, als neuer Verbandsleiter nach. Um die Mitglieder der Freien Gewerkschaften für sich zu gewinnen, behielt die NSBO zunächst die alten Namen ADGB und DHV bei. Ihrer Parole, »kein Staat gegen die Arbeiter«, entsprach die Forderung, auch im »neuen Staat« müßten Gewerkschaften erhalten bleiben, um die Rechte der Arbeiter zu schützen und auszubauen[5]. Das war mehr als nur Propaganda und wurde von den Unternehmern wie vom Wirtschaftsflügel der NSDAP so ernst genommen, daß diese nun nach den Freien Gewerkschaften auch die NSBO durch die DAF zu entmachten suchten.

Allerdings galt das Angebot zur Zusammenarbeit nicht für die alten Gewerkschaftsfunktionäre. Verbandsleiter Harpe bestellte am 30. Mai 1933 Fritz Tarnow, Michael Kayser und Fritz Heinemann, damit diese sich wegen angeblicher Verschwendung von Verbandsgeldern verantworteten. Solche Anschuldigungen gehörten zu einer »Werbe«-Kampagne, in der Hoffnung, daß »die treuesten Anhänger dieser »Führer« die tiefsten Verächter dieser Feiglinge sein werden«[6]. Doch vergeblich, denn nachzuweisen war nichts.

Aber da die Beschuldigten sich nicht öffentlich wehren konnten, trug das zur Verunsicherung der alten Mitglieder bei, auch wenn gelegentlich die Nationalsozialisten auf Verbandsversammlungen die Haltlosigkeit ihrer Vorwürfe nachträglich zugaben. Doch die erhofften Massenübertritte zur NSBO und DAF blieben aus. Ebenso scheiterte der Versuch der DAF, international als legitime Nachfolgerin der Freien Gewerkschaften anerkannt zu werden. Nachdem sich Leuschner durch »mutiges Schweigen« geweigert hatte, Ley und der DAF Legitimation bei der Internationalen Arbeitskonferenz in Genf zu verschaffen[7], endeten im Juli 1933 alle Versuche, den Schein zu wahren. Eigentum, Verwaltung und Ansprüche der Gewerkschaften gingen aus der »Treuhandschaft« offiziell in den Besitz der DAF über.

Damit wurden auch die letzten freigewerkschaftlichen Funktionäre ihrer Ämter enthoben. Soweit nicht am 2. Mai »beurlaubt« oder »mit Rücksicht auf die beabsichtigte Umstellung der Verwaltung der Gewerkschaften« gekündigt, waren diese z. T. weiterbeschäftigt worden, um die NSBO-Bevollmächtigten einzuarbeiten. Die fristlose Kündigung wurde mit angeblicher »Staats- und Wirtschaftsfeindlichkeit« oder »Betrug und Untreue« begründet. Daß jede Abfindung verweigert wurde, gab den weit über 100 Betroffenen die Chance, über ihren gemeinsamen Bevollmächtigten Fritz Bakowsky vor dem Arbeitsgericht Berlin »wegen Einhaltung der Kündigungsschutz-Klausel« zu klagen, Gehaltsansprüche und Beitragszahlungen zur Unterstützungsvereinigung für Gewerkschaftsangestellte in Höhe von zumeist mehreren tausend Mark geltend zu machen. Ihre Briefe an Bakowsky dokumentieren mehr Hoffnung auf Gerechtigkeit als zorniges Beharren, mehr die Not des Überlebens als den Willen zum politischen Widerstand[8].

Nach der Klageerhebung waren 1933 in einem zentral gelenkten Verfahren einmalige »Abfindungen« von 100 RM gezahlt und dafür, meist unter Androhung der Einweisung in ein Konzentrationslager, Verzichtserklärungen abgepreßt worden. Trotz der Bedrohung und trotz ihrer Notlage waren nur einzelne bereit, sich zu unterwerfen. Er habe, so beteuerte einer, »[seine] Vaterlandszugehörigkeit stets hoch über [seine] frühere Parteizugehörigkeit gestellt« und hoffe, »es möge der jetzigen nationalen Regierung unter der Führung Adolf Hitlers gelingen, das deutsche Volk, dem ich mich ebenfalls mit meinem letzten Blutstropfen verbunden fühle, zu Arbeit, Wohlstand, Glück und Freiheit zu führen«. Der neue Gauvorstand reagierte mit Verachtung und drohte, »der Schritt von ihrer jetzigen Gemütlichkeit und dem Konzentrationslager (...) ist nicht groß«.

Die ehemaligen Gewerkschaftsangestellten erhielten ihre Klagen nicht nur aus Prinzip aufrecht; sie brauchten Geld zum täglichen Überleben. Die meisten waren lange Jahre für den DHV tätig gewesen, oft bereits vor 1914, wa-

---

5
Deutscher Holzarbeiter, Nrn. 18, 20, 22, 24, 25 (Mai–Juni 1933).

6
Deutscher Holzarbeiter, Nr. 23, 10.6.1933.

7
Annedore Leber, Das Gewissen steht auf, Berlin-Frankfurt/M. 1959, S. 97.

8
Nachlaß Bakowsky, Akte 1 und 2, Archiv GHK.

VERFOLGUNG UND WIDERSTAND

ren teilweise über 60 Jahre. Fast alle hatten am Ersten Weltkrieg teilgenommen, viele waren kriegsbeschädigt. Da sie als gemaßregelte Gewerkschafter keine Arbeit fanden, lebten sie von der Hilfe ihrer Kinder, von wöchentlich 4,10 RM Arbeitslosen- oder gar Krisenunterstützung. Erst der Arbeitskräftemangel seit Kriegsbeginn bot die Chance zu Gelegenheitsarbeiten; andere versuchten sich als Selbständige oder arbeiteten im Außendienst von Versicherungen. Ehemalige Spitzenfunktionäre wie Theodor Leipart oder Michael Kayser erhielten wegen »Förderung des Marxismus« nicht einmal eine Abfindung. Leipart lebte von den Zinsen einer Entschädigung für einen Unfallschaden; Kayser bezog eine dürftige Sozialrente.

Die Holzindustrie: Arbeitsbeschaffung und Kriegsvorbereitung

Um das wirtschaftliche Überleben kämpften auch die rund 600 000 Personen, die 1933 im Holz- und Schnitzgewerbe beschäftigt waren, mehr noch die Arbeitslosen. Größte Einzelbranche war die Möbelindustrie, die die Hälfte aller Holzarbeiter beschäftigte; demgegenüber fielen die Stellmacherei (1933: 65 000), die Holzwarenindustrie (41 000) und die Verpackungsmittelherstellung (31 000) deutlich ab. Trotz des steigenden Einsatzes von An- und Ungelernten blieb der Anteil der Frauen gering und lag bei knapp 9 Prozent. Bis 1939 hatte sich die Zahl der Beschäftigten wieder auf 960 000 erhöht[9].

Die Branche war noch stark handwerklich und kleinbetrieblich, in Teilen auch hausgewerblich geprägt. Im Handwerk lag der Anteil der Gesellen und Facharbeiter mit ca. 80 Prozent besonders hoch. In den Industriebetrieben lag der Anteil der Gelernten mit etwa einem Drittel deutlich niedriger.

Die Nationalsozialisten hatten das Glück, daß sich die Konjunktur seit der Mitte des Jahres 1933 belebte. Im Mai wurden erstmals wieder mehr Arbeiter in der Holzindustrie neu eingestellt als entlassen. Hatten im Mai 1932 61 Prozent der Betriebe schlechten und nur 10 Prozent guten Geschäftsgang gemeldet, so waren es zwei Jahre später 4 bzw. 80 Prozent. Die Möbelbranche, besonders mittelständische Tischlereien und Handwerksbetriebe, erfuhren durch die staatliche Nachfrage, wie Wohnungsbau- oder Bauernsiedlungsprogramme, rasche Belebung. Die Reichspost bestellte 300 000 Büromöbel, das Winterhilfswerk 200 000 Holzlöffel für einen »Eintopf-Sonntag«[10]. Die Ehestandsdarlehen, die zugleich das »Doppelverdienertum« durch Verdrängung

SA-Terror

Das Dresdener Gewerkschaftshaus als SA-Kaserne (1933)

9
Statistik des Deutschen Reiches, Bd. 402, S. 238ff., 476ff.; Bd. 466, S. 54ff.; Bd. 453, S. 2/95-105; Bd. 556, S.1/6-7, 1/41-44, 1/120-126, 1/179-180, 2/80, 2/110-117.
10
Deutscher Holzarbeiter, verschiedene Nummern 1933.

der Frauen vom Arbeitsmarkt bekämpfen sollten, wirkten sich in der Möbelindustrie so erfolgreich aus, daß die Gewerkschaft Holz 1949 der Branche erneut derartige Maßnahmen empfahl[11].

Ein weiteres Element der »Konjunkturpolitik« waren Kostensenkungen für die Unternehmen. Im Interesse steigender Beschäftigung wurde von denen, die in Arbeit standen, Lohnabbau gefordert. Seit der Manteltarifvertrag 1931 abgelaufen war, hatte sich die Zahl der Bezirkstarifverträge bis Ende 1932 auf 13 halbiert; bis zum 31. März 1933 liefen weitere zehn Tarifverträge aus. Obwohl die Arbeitgeber in zwei Bezirken die Kündigung zurückzogen, wurden die Löhne durch staatlichen Schiedsspruch weiter abgesenkt. Sofern sich dagegen Widerstand regte, wurde er durch Streikbrecher von Stahlhelm oder SA gewalttätig beendet.

In der Weltwirtschaftskrise, die Anfang 1933 ihren Tiefpunkt durchschritt, hatte die Zahl der Betriebe nur um 2 Prozent abgenommen, die Zahl der Beschäftigten aber um 38 Prozent. Trotz der Krise hatte die Ausstattung mit Maschinen noch um 31 Prozent zugenommen. Das verschärfte die Massenarbeitslosigkeit zusätzlich, auch bei den Gelernten. 1933 waren 70 Prozent der DHV-Mitglieder arbeitslos, 10 Prozent arbeiteten kurz; in den anderen Gewerkschaftsverbänden lag die Arbeitslosigkeit dagegen bei 44 Prozent[12]. Um mehr Menschen zu beschäftigen, wurde jetzt die Anschaffung neuer Maschinen an behördliche Genehmigung gebunden, die Arbeitszeit auf 40 Stunden pro Woche gekürzt, die bevorzugte Einstellung von Arbeitslosen bei staatlichen Programmen vorgeschrieben.

Diese Maßnahmen der Regierung bewirkten, daß in der Holzindustrie im Sommer 1933 nur noch die Hälfte, 1934 ein Viertel der Berufszugehörigen arbeitslos war. Die holzverarbeitende Industrie konnte den Auslastungsgrad ihrer Kapazitäten von 45 Prozent 1933 auf 70 Prozent, die Möbelbranche auf 85 Prozent 1937 ausweiten. Insgesamt blieb aber die Beschäftigungslage bis 1936 schwankend; Entlassungen und Kurzarbeit waren an der Tagesordnung. 1936 machten sich erste Anzeichen der Stagnation im Holzgewerbe bemerkbar, obwohl das Stocken der privaten Nachfrage nach Möbeln längst durch den Bedarf »der Wehrmacht, des Arbeitsdienstes, anderer Dienststellen und Ämter in Sonderabteilungen« ausgeglichen wurde[13].

Das änderte sich schlagartig mit dem Vierjahresplan und dem Übergang zur Rüstungswirtschaft. Im Holzgewerbe, nur bedingt rüstungswichtig, wurde die Produktion durch Preis-, Mengen- und Quotenfestsetzung durchgreifend reglementiert und begrenzt; seit Mai 1936 war die Neuerrichtung holzverarbeitender Betriebe genehmigungspflichtig. Hauptengpaß war der Holzmangel. Da sich der Anteil des

---

11
Vorstands- und Geschäftsführer-Besprechung, Herford (21.5.1949), Archiv GHK.

12
Deutscher Holzarbeiter, Nr. 10, 11.3.1933, S. 56f.

13
Bundesarchiv (BA), R 13/IX, Nr. 19 (14.11.1938).

Importholzes – auch durch eine »Holzsparpropaganda« – nicht unter ein Viertel des Verbrauchs drücken ließ, wurde der inländische Holzeinschlag um 50 Prozent ausgeweitet, über die Grenze zum Raubbau hinaus. 1938 verschaffte die Ausbeutung des Sudetenlandes und Österreichs zwar dem deutschen Wald Entlastung, die Situation auf dem Holzmarkt änderte sich jedoch nicht. Angesichts »zeitweiliger Verknappungserscheinungen« mußte die Industrie verstärkt auf Ersatzstoffe ausweichen. Produktionsabfälle, bislang als Brennholz billig abgegeben, wurden jetzt zu Faserplatten oder Sperrholz mit hoher Druck- und Reißfestigkeit verarbeitet, die selbst in der Flugzeugproduktion Verwendung fanden. Bedrohlicher war seit 1937 der Mangel an Beschlägen, der die gesamte Produktion in Mitleidenschaft zu ziehen drohte. Die betriebswirtschaftliche Lage blieb wegen der schwierigen Rohstoffversorgung gespannt, so daß die Bildung von Kartellen offen empfohlen und seit 1937 zunehmend eine zentrale Bewirtschaftung eingeführt wurde[14].

Seit 1938 kam der Arbeitskräftemangel hinzu. Die Rüstungskonjunktur, der »Westwall«-Bau, bald auch erste Mobilmachungsvorbereitungen zogen die Arbeitskräfte in die besser entlohnten Branchen ab. Der Facharbeitermangel konnte nur durch intensive Rationalisierung, durch Maschineneinsatz und Produktionsvereinfachung bekämpft werden. Der gute Geschäftsgang hatte es der Industrie seit 1936 erlaubt, in den größeren Betrieben der Bautischlerei und der Möbelherstellung vor allem, durch entsprechende Investitionen die Arbeit akkordfähig zu machen. Insgesamt konnte aber die Arbeitsproduktivität, die 1935 ihren Höhepunkt erreicht hatte, infolge des Rohstoff- und Facharbeitermangels nicht weiter gesteigert werden[15].

Standardisierung und Rationalisierung sollten die Engpässe in der Möbelindustrie überwinden. 1933 war der Ruf nach »einfachen, aber schönen« Möbeln damit begründet worden, daß »Einfachheit, Billigkeit (...) Zweckmäßigkeit und Schönheit« bei entsprechender Behandlung und Gestaltung auch mit deutschem Holz erreicht werden könnten[16]. Eine Fachkommission entwickelte einheitliche Qualitätsnormen, ohne »überspitzte Güteansprüche«, die »mit der heutigen Rohstofflage nicht in Einklang zu bringen« waren. 1938 war das Ziel die maschinengerechte Serienfertigung. »Modische und verschnörkelte« Möbel seien zu ersetzen durch »eine andere zweckentsprechende, aber auch schöne Möbelform«. Die Möbelindustrie entwarf ein »material- und werkgerechtes«, also maschinengerechtes Modell; dann folgte die Geschmacksbildung beim Verbraucher durch »kulturelle Lenkung«: »Wenn wir erkennen, daß die modische Einstellung unserer deutschen Forstwirtschaft

---

14
Deutschland-Berichte Sopade, Jg. 1937, S. 69; Jg. 1939, S. 618, 847. Deutscher Holz-Anzeiger, 16. und 18.1., 4. 4., 9. 5., 28.11., 3. und 5.12.1936.

15
Deutscher Holz-Anzeiger, 13. 7.1937.
16
Deutscher Holzarbeiter, Nr. 37, 16. 9.1933, S. 227.

schadet, muß die Einstellung durch Aufklärung des kaufenden Publikums beeinflußt werden.«[17] Die neuen »deutschen« Möbel wurden von der Reichskammer für bildende Künste »empfohlen«, die DAF verlieh ein »Gütezeichen »Deutscher Hausrat««, ebenso das Tischlerhandwerk. Die Holzindustrie begab sich in eine auch wirtschaftliche Abhängigkeit von der Zusammenarbeit mit NSDAP und DAF, die ihr in konjunkturell schwierigen Zeiten und im Krieg nicht weiterhelfen sollte, die die Betriebe aber wieder ein Stück mehr der politischen Einflußnahme und Kontrolle von außen öffnete.

Arbeitsbedingungen

Nachdem die Deutsche Arbeitsfront ihren Auftrag erfüllt hatte, zunächst die Freien Gewerkschaften zu übernehmen und dann die NSBO zu zähmen, stand sie ohne Aufgaben da. Auf Betreiben der Unternehmer war sie 1934 im »Gesetz zur Ordnung der nationalen Arbeit« aus der Lohn- und Sozialpolitik weitgehend verdrängt worden. Die Arbeitsbedingungen setzten die »Treuhänder der Arbeit« fest, die dem Reichsarbeitsministerium unterstanden und zumeist arbeitgeberfreundlich eingestellt waren. Je besser die Konjunktur sich entwickelte, je knapper die Arbeitskräfte wurden, desto mehr drohten Lohn- und Preisstopp in Gefahr zu geraten. Die Arbeiter, obwohl ihrer kollektiven Organe beraubt, konnten ihre Chance auf dem Arbeitsmarkt wahrnehmen, sich durch Betriebs- oder Branchenwechsel höhere Löhne verschaffen und am Arbeitsplatz selbstbewußter auftreten. Es entstand eine anhaltende Unruhe in den Betrieben, die selten politisch war, ein gleichgerichtetes, aber kein organisiertes Handeln. Doch sie wurde vom Regime als eine doppelte Bedrohung empfunden: Einmal beeinträchtigten Lohnsteigerungen die Aufrüstung, indem sie die Nachfrage nach Konsumgütern steigerten, zum anderen mochten Lohnbewegungen in kollektive Aktionen umschlagen – zumal sogar die DAF vereinzelt die Belegschaften zu energischeren Lohnforderungen gegenüber den Arbeitgebern aufgestachelt hatte[18].

Darin sah die DAF ihre Chance. Wenn es ihr gelang, die Arbeiterschaft ruhig zu stellen und ihre Leistung zu steigern, dann konnte sie sich im Geflecht der staatlichen und Parteidienststellen ihre Beteiligung an der Macht sichern. Sie wurde zum wichtigsten Verfechter der modernen »Arbeitswissenschaft«: Durch den abgestimmten Einsatz von technischer Rationalisierung, Arbeitsorganisation und »Menschenführung«, durch Aufwertung der Handarbeit und des Arbeiters (»Arbeit ehrt«), durch Appell an den Berufsstolz (»deutsche Wertarbeit«) sollte die »Arbeitsfreude« gehoben und die klassenkämpferische »Werks-

Lehrlings-Holzwerkstatt in der Waggon- und Maschinenfabrik Bautzen

Geigenbauer (1938)

17
BA, R 13/IX, Nr.19 (14.11.1938).
Deutscher Holz-Anzeiger, 29.5.1937.
18
BA, R 41/22 und 22a.

fremdheit« überwunden werden. Das eigentliche Ziel war die Leistungssteigerung: das »Arbeiten-Müssen« durch ein »Arbeiten-Wollen« zu ersetzen, »schlummernde Leistungsreserven« zu wecken. Aber nicht durch höhere Löhne, sondern durch Propaganda, im buchstäblichen Sinne durch »Kraft durch Freude«[19].

Zur Förderung dieser Maßnahmen, die die DAF gegen erhebliche Widerstände der Arbeitgeber durchsetzen mußte, wurden Wettbewerbe veranstaltet, zunächst »Schönheit der Arbeit«, dann »Leistungskampf der Betriebe« genannt: Freundliche Ausgestaltung der Arbeitsräume, bessere Beleuchtung und Belüftung, Unfallschutz, sanitäre Anlagen, Sozialräume, Betriebssport, aber auch das Betriebsklima gehörten zu den Bewertungsmaßstäben. In der Möbelindustrie erhielt 1938 nur ein Betrieb den begehrten Titel eines »nationalsozialistischen Musterbetriebes«, der verkaufsfördernd war und die Türen zu den staatlichen und Parteidienststellen öffnete; anderen wurde das Gaudiplom verliehen. In ähnlichem Stil organisierte die DAF eine Qualifizierungsoffensive, um den Facharbeitermangel zu mindern, den »Berufswettkampf«[20].

Diese spektakulären Aktionen erreichten bestenfalls die Großindustrie, die die erforderlichen Investitionen aufbringen konnte. In den Handwerks- und mittelständischen Betrieben änderte sich wenig, vieles blieb nur Fassade. Zwar konnten sich die Arbeitgeber den Forderungen der DAF nicht ganz entziehen, doch waren sie weder bereit, sich das etwas kosten zu lassen, noch ihren Herr-im-Hause-Standpunkt zugunsten der geforderten »Betriebsgemeinschaft« aufzugeben. In den kleinsten Betrieben waren regelmäßig 54 Stunden zu arbeiten, auch in Schichtarbeit, bei 19 Mark wöchentlich; dazu kamen »Deputate in Form von Holz, Spänen und Licht. Urlaub wurde bis jetzt nicht gewährt«. Entlassungen oder Kurzarbeit bei Versorgungsengpässen und vorübergehender Stillegung waren ebenso an der Tagesordnung wie untertarifliche Entlohnung. In manchen Betrieben wurden bei schlechtem Geschäftsgang weder Invalidenmarken geklebt noch die Arbeiter bei der Krankenkasse angemeldet. Auch wenn sich DAF-Kontrolleure erregten: »Diese Bude gehört zugesperrt (...) Das Finanzamt wäre scharf zu machen, dass Lohnbuchkontrollen durchgeführt werden. Die Gewerbeaufsicht müßte nachsehen und die Berufsgenossenschaft einschreiten. Der Treuhänder hätte Strafantrag zu stellen. (...) In solchen Quetschen kann der Kommunismus gezüchtet werden.«[21] Abhilfe war gleichwohl aus »übergeordneten Rücksichten« selten zu schaffen, da Produktivität um jeden Preis gefragt war.

Soweit die DAF-Aktionen Verbesserungen erbrachten, kamen sie objektiv dem einzelnen Arbeiter zugute, ohne daß dieser – seit der Zerschlagung der Gewerkschaften dem propagandistischen Druck des Regimes oft ebenso hilflos ausgesetzt wie der Isolation durch allgemeines Mißtrauen und Denunziationsfurcht – immer zu erkennen vermochte, daß nicht Humanisierung der Arbeit, sondern gesteigerte Ausbeutung im Hinblick auf die Kriegsvorbereitung beabsichtigt war. Nach zwanzig Jahren der seit 1914 andauernden allgemeinen Wirtschafts- und persönlichen Existenzkrise hatten 1933 viele Arbeiter, so mußte die Exil-SPD bitter feststellen, dem Versprechen der Nationalsozialisten, »Arbeit und Brot« zu schaffen, als letzter Hoffnung nachgegeben. Der konjunkturelle Aufschwung, der nur zum Teil ihren Arbeitsbeschaffungsmaßnahmen und ihrer Konjunkturpolitik zu danken war, die durch steigende Rüstungsproduktion »garantierte« Arbeitsplatzsicherheit, die propagandistische Aufwertung der Handarbeit schufen Verunsicherung, besonders die Reise- und die anderen »unpolitischen« Freizeit-Angebote der NS-Gemeinschaft »Kraft durch Freude«: War – trotz des Terrors von SA und Gestapo, trotz der Aushöhlung der Privatsphäre in Familie, Betrieb und Nachbarschaft – an Hitler, am Nationalsozialismus, an der DAF nicht doch etwas Gutes? Allein dieser Zweifel verschaffte dem Regime Stabilität, solange es Erfolge aufweisen konnte, in der Wirtschaft, in der Außenpolitik. »Große Teile der Arbeiterschaft haben geglaubt«, so sah es die enttäuschte Exil-SPD, »durch die Hinnahme des Systems Freiheit gegen Sicherheit eintauschen zu können.«[22]

Einkommen und Lebenshaltung

Der Lohnstopp schrieb die Tariflöhne auf dem extrem niedrigen Stand von 1932/33 fest; doch das bedeutete nicht, daß auch die Einkommen auf dem Niveau verblieben. Die neuen Machthaber bemühten sich, als Produktionsanreiz für die Industrie und zur Finanzierung der Aufrüstung Löhne und Preise einzufrieren. Doch ließ sich das auf Dauer nicht durchhalten, zumal seit die Vollbeschäftigung erreicht war, auch wenn die Löhne nicht in dem Maße stiegen, wie es der Produktivitätszuwachs gestattet hätte.

Nach Jahren der Arbeitslosigkeit und der Kurzarbeit bewirkte allein die Ausdehnung der Arbeitszeit auf 48 bis 50 Wochenstunden bis 1938/39 Einkommenssteigerungen von bis zu 20 Prozent. In der Serienmöbelindustrie Berlin-Brandenburgs entfielen 1933 durchschnittlich 195 Arbeitstage auf einen Arbeiter, 1937 bereits 281; die Zahl der Arbeitstage und die Gesamtlohnsumme wuchsen besonders stark von 1936 auf 1937, nämlich um 21 bzw. 24 Prozent. In den Sägewerken stiegen die Stundenlöhne von 1936 bis 1944 um 17 Prozent, die Wochenlöhne um 39 Prozent[23]. Hinzu kamen versteckte Lohnzulagen, als der Markt für Arbeitskräfte knapp wurde. Im Zeitraum von Dezember 1935

19
Deutscher Holz-Anzeiger, 17. 4., 26. 8. und 28. 8. 1937.
20
BA R 13/IX, Nr. 19 (14.11.1938).

21
BA, NS 5/I, Nr. 159 (DAF Regensburg).

22
Deutschland-Berichte Sopade, Jg. 1936, S. 149, 156f.; Jg. 1937, S. 321f. Ian Kershaw, Der Hitler-Mythos. Volksmeinung und Propaganda im Dritten Reich, Stuttgart 1980.

23
Deutschland-Berichte Sopade, Jg. 1940, S. 133, 153. BA, R 13/IX, Nr. 19 (14.11.1938).

bis September 1937 steigerten Leistungszulagen, Überstundenzuschläge, Prämien, Weihnachtsgeld oder 1936 sogar eine »Osterzulage« die Stundenverdienste durchschnittlich um 3,5 Prozent, die Wochenverdienste um 6,3 Prozent. Bei Facharbeitern lagen die Verdienstzuwächse noch höher[24]. Nachdem 1932 der Tiefpunkt der Realstundenlöhne mit 88,5 Prozent von 1928 erreicht worden war, stiegen bis 1936 die Löhne wieder auf Vorkrisenniveau. Und das lag über dem Stand von 1913 oder der frühen Weimarer Republik; der Höhepunkt der Reallohnentwicklung wurde 1941 mit 115 Prozent von 1928 bzw. 1936 erzielt. Während des Krieges wurden nominal weitere Einkommenssteigerungen erreicht. In der Sägeindustrie lagen die Stundenverdienste im März 1944 um 40 Prozent über denen von 1933, in der Bautischlerei und Möbelindustrie um 42 Prozent, die Wochenverdienste in der Sägeindustrie um 40 Prozent, in der Möbelbranche sogar um 61 Prozent; letzteres war die vierthöchste Steigerungsrate in der gesamten Industrie[25].

Das ermöglichte keine Wohlstandsentwicklung wie in den fünfziger Jahren, aber es reichte – gemessen an den Maßstäben von Inflation und Weltwirtschaftskrise – für das »kleine Glück«, für Konsumgüter, ja das Volkswagen-Sparen, für kleine Sparguthaben. Zumal die erhöhte Nachfrage nach Arbeitskräften auch Frauen und Jugendliche wieder in erheblichem Maße zum Familieneinkommen beisteuern ließ. Die Orientierung auf den Konsum begünstigte den Rückzug in den unpolitischen Freiraum des Privatlebens, die dem einzelnen das Überleben ermöglichte und das System stabilisierte.

1934 waren 34 Tarifordnungen für Handwerk und Industrie sowie sechs für Heimarbeit im Holzgewerbe erlassen worden: bis hin zur Stockfabrikation, der Holzspielzeugherstellung, der Pinsel- und Bürstenindustrie, der Produktion von Schuhleisten usw. Darin wurde neben der 48stündigen Arbeitszeit festgelegt: Ortsklassen, Lohnstaffelung, Akkordregelung, Zuschläge für Überstunden, Nachtarbeit oder auswärtige Montage, vor allem der 6–12tägige Tarif-Urlaub, der nach Betriebszugehörigkeit, Arbeitsdauer und Alter gestaffelt wurde[26]. Während 1934 im Holzgewerbe die Stundenlöhne der Facharbeiter leicht über dem Durchschnitt von 17 Gewerben lagen, rutschten die Angelernten und Hilfsarbeiter durch Lohnsenkungen bis 1937 unter diesen ab. Der durchschnittliche Stundenlohn für Facharbeiter in der Holzindustrie lag 1935 bei 0,795 RM. Die Ecklöhne wichen aber regional stark ab: In Ostpreußen wurden 0,78 RM für Facharbeiter in der Ortsklasse I gezahlt, in Westfalen 0,80 RM, in Sachsen 0,92 RM. In Berlin oder Hamburg lagen die Löhne um bis zu 20 Prozent über denen in Königsberg oder Breslau. Die Akkordsätze waren so einzurichten, daß die Effektivlöhne 120 Prozent der Ecklöhne erreichten. In der Sägeindustrie verdienten Facharbeiter nur 0,58 RM pro Stunde, im Akkord bis zu 0,70 RM, weil diese Betriebe zu drei Vierteln in ländlichen Gebieten lagen. »Vielfach ist es so, dass die Arbeiter Kleingütler sind, die zu ihrem Lebensunterhalt noch zusätzliche Verdienstmöglichkeit haben müssen. Im Arbeitsplatz sehen diese nur eine ebenso üble wie notwendige Begleiterscheinung (…) Es ist keine Minute Zeit zu verlieren, um aus dem Betrieb zu kommen, denn daheim geht die eigentliche Arbeit erst los.«[27]

In einer zweiten Welle von 66 Tarifordnungen wurde 1936 die Urlaubsregelung verbessert; der Urlaub durfte nun nicht mehr »durch Geld oder anderweitige Entschädigung abgegolten werden«. Unbemerkt gingen damit Bemühungen einher, eine leistungsbezogene »ökonomische Spaltung« der Arbeiterschaft zu erreichen, um die kollektive Solidarität durch materielle Konkurrenz aufzubrechen. Gezielt wurden die Spannen zwischen den einzelnen Fachgruppen wie zwischen den Facharbeitern und den anderen Lohngruppen weiter ausgebaut. Deutlicher als 1934 wurde das »Leistungsprinzip« festgeschrieben. Die Ecklöhne waren als »Mindestlöhne« in Zeiten schlechter Konjunktur anzusehen, aber angesichts der verbesserten Geschäftslage »sollten« sie bei »überdurchschnittlicher« Leistung überschritten werden. Obwohl die Lohnsteigerungsraten in der Holzindustrie von 1933 bis 1939 selbst über denen der Metallindustrie lagen, blieb das reale Lohnniveau deutlich hinter dem der Rüstungsbranchen zurück. Die kleinbetriebliche Struktur und die schwierige Rohstofflage ließen in der Holzindustrie die lohnwerten Zusatzleistungen besonders schlecht ausfallen. Ebenso beschränkten sich in der Holzbranche die (freiwilligen) Sozialleistungen oder Maßnahmen im Rahmen von »Kraft durch Freude« selbst bei den Aktiengesellschaften auf eine kleine Minderheit; jedenfalls waren es weniger, als Dividende ausschütteten.

Kriegswirtschaft

Da die Holzindustrie nur teilweise zu den rüstungswichtigen Branchen gehörte, war sie bei Kriegsbeginn von erheblichen Eingriffen betroffen[28]. Durch immer neue »Auskämmaktionen« verlor sie große Teile ihrer Beschäftigten, vor allem die Qualifizierten, die in rüstungswichtigere Bereiche »umgesetzt« wurden. Ausgekämmt wurden im Rahmen des sogenannten »Maschinenausgleichs« vor allem Handwerksbetriebe, die im Interesse der Großbetriebe auch die geringen Rohstoffvorräte, schließlich gar die Produktionsstätten selbst verlieren konnten. Insgesamt blieb die Zahl der Stillegungen relativ gering, weil die Kleinbetriebe für die Herstellung von Ersatzprodukten, z. B. Holzsohlen, oder für Reparaturen bei Bombenschäden gebraucht wurden. Mit Beginn des Rußland-Feldzuges stiegen

---

24
Reichs-Arbeitsblatt, 1938/II, Nr. 6, 69.
25
Deutscher Holz-Anzeiger, 4.4.1946.

26
Reichsarbeitsblatt, 1934 und 1936, Teil VI: Tarifordnungen. W. G. Hofmann, Das Wachstum der deutschen Wirtschaft seit der Mitte des 19. Jahrhunderts, Berlin 1965, S. 461, 470f. Tilla Siegel, Leistung und Lohn in der nationalsozialistischen »Ordnung der Arbeit«, Opladen 1989, S. 128, 204f., 286.

27
BA, NS 5/I, 159.

28
BA-MA, RW 20-5, RW 20-7, RW 21-7, RW 21-47.

die Überlebenschancen auch der unrentablen und kleineren Betriebe, die »voll mit Russen ausgelastet« werden mußten, unter Anleitung deutscher Vorarbeiter. Neben der Einführung des Drei-Schicht-Rhythmus wurde auch für die Deutschen die Arbeitszeit ausgedehnt; Facharbeiter erreichten bis 1942 eine durchschnittliche Arbeitszeit von 52, Hilfsarbeiter von 49 Stunden[29].

Obwohl die Heeresproduktion (Munitionskisten, Unterkunftsgeräte) Vorrang hatte, lief die zivile Produktion während des gesamten Krieges weiter. Im März 1940 erzielte die Möbelindustrie noch 75 Prozent der Friedensproduktion, aber der Rohstoffmangel führte im gleichen Jahr zu ersten Betriebsstillegungen. In Baden und im Elsaß arbeiteten 1943 erheblich mehr Beschäftigte für die zivile als für die Rüstungsproduktion, darunter ein Sechstel Frauen. Noch Ende 1944 wurden Klaviere hergestellt, angeblich für den Export. Durch zentrale »Herstellungsanweisungen« wurden Arbeitskräfte-Einsatz, Produktionsgang und Rohstoffverwertung rationalisiert, durch Standardisierung die Produktion vereinfacht und die Typenvielfalt reduziert. So wurde die Sargindustrie von 70 bis 80 Modellen auf zwei Standardmodelle eingeschränkt; pro Betrieb nur ein Modell. Bei Möbeln durften nur noch Produkte »allereinfachster Art« aus Nadelschnittholz hergestellt werden, zunehmend für Ausgebombte und bald die ersten Flüchtlinge aus dem Osten. Die Herstellung von Büromöbeln wurde völlig verboten. Dafür kamen völlig neue Produkte ins Programm, »Kindergasschutzbettchen« oder Kästen für die Volksgasmaske. Bald sank die Qualität, da Leim, Schrauben und Beschläge, Farbe und Imprägnierung fehlten.

Nur Teile der Möbelindustrie und ihrer Zulieferbetriebe vermochten sich auf Rüstungsaufträge umzustellen, vor allem in der Flugzeugproduktion. Das bedurfte der Entwicklung neuer Werkstoffe, die den Belastungen gewachsen waren: »Kreuz- und Querverleimung« bei »verdichtetem« Sperrholz für die »spanlose Verformung«, »Kunstharzpreßholz« für Flugzeugkörper, »Holzschalenbauweise« für Leitwerke. Mit steigendem Einsatz in der Rüstungsproduktion wurde Holz zu einem der wichtigsten Rohstoffe, der in den Transportplanungen der Reichsbahn seit 1943 noch vor Nahrungsmitteln und Kohle rangierte. Doch infolge des Mangels an Waldarbeitern und Gespannen konnten im Oktober 1943 27 Mio Festmeter Holz zwar eingeschlagen, aber trotz einer »Sonderaktion« nicht zu den Verladestationen abgefahren werden. Mit der Zunahme der Bombenangriffe stockte der Bahntransport, wurden Holzlager durch Druckwirkung verformt, sofern sie nicht verbrannten. Die Versorgungslage wurde immer kritischer, bis 1944 sogar die Produktion für das Jäger-Programm der Luftwaffe unterbrochen werden mußte.

Eine der Folgen des Rohstoffmangels war, daß die Holzindustrie 1944 in der Prioritätenliste für die Zuteilung von Arbeitskräften abgestuft wurde. Im November 1944 wurde das »Kriegsauflagenprogramm« bei Möbeln gestoppt, dann zur Abwicklung alter Aufträge noch einmal eingeschränkt freigegeben. Im Februar 1945 war an ein geordnetes Arbeiten nicht mehr zu denken, auch nicht im Rahmen des »Führernotprogramms« für Marine und Luftwaffe. Kohle und Strom fielen aus, Holztransporte kamen nicht mehr durch, die Arbeiter wurden zum Heeresdienst oder in Vorzugsbetriebe abgezogen. Während die einen noch für den Krieg produzieren mußten, begann hinter den Linien der Alliierten bereits der Neuaufbau.

Widerstand

Im organisierten Widerstand waren die Holzarbeiter mit bekannten Führungspersönlichkeiten vertreten. Es waren die Jüngeren wie Wilhelm Leuschner oder Ernst Schneppenhorst, auf die Initiative und Führung übergingen. Über sie bestand der Kontakt zur Verschwörung des 20. Juli, deren Scheitern sie beide mit dem Leben bezahlten; ebenso zu den Freunden im Exil. Tarnow, der seit 1938 die »Auslandsvertretung der Deutschen Gewerkschaften« als Stützpunkt der »zentralen Leitung des illegalen Kampfes« im Exil leitete, war als Wirtschaftsminister vorgesehen[30]. Sein Nachfolger in der Reichsgruppe Holz hatte Markus Schleicher (oder Richard Timm) werden sollen, der sonst offenbar kaum im Widerstand engagiert war, aber einer der Neugründer der Gewerkschaften im Südwesten wurde[31].

Dagegen war Theodor Leipart, der letzte Vorsitzende des ADGB, zu alt, zu krank, auch zu bekannt, um sich aktiv zu beteiligen. Ebenso hielt Wilhelm Keil, gelernter Drechsler und eine der Führungspersönlichkeiten der SPD in Kaiserreich und Weimarer Republik, sich fern; Widerstand schien ihm sinnlos. Die Deutschen könnten sich aus dem »Zuchthausstaat (...) auf absehbare Zeit aus eigener Kraft« nicht befreien. »Sollen wir uns seine Zertrümmerung aber durch eine neue Kriegsniederlage wünschen? Wir sind zufrieden, daß wir in diesem Dilemma keine eigene Entscheidung zu treffen haben. Einig sind wir auch in unserer Auffassung von dem Versagen des demokratisch-parlamentarischen Spiels in der Weimarer Zeit«. Vom Scheitern der eigenen Lebensleistung enttäuscht, im Alter müde geworden, bestand keine Zukunftsperspektive, die Hoffnung und Mut, die Willen zum Widerstand erzeugte[32].

Insgesamt blieb der aktive Widerstand gleichwohl gering. Dafür sorgte nicht nur die ständige Überwachung der früheren Aktivisten durch die Gestapo. Der Riß zwischen Nationalsozialisten und Antifaschisten ging quer durch Familien, Wohnviertel und Belegschaften, so daß eine enge

---

29
Siegel, Leistung und Lohn, S. 302.

30
Mit dem Gesicht nach Deutschland. Eine Dokumentation über die sozialdemokratische Emigration. Aus dem Nachlaß von Friedrich Stampfer, hrsg. von Erich Matthias, bearbeitet von Werner Link, Düsseldorf 1968, S. 395ff.

31
Gerhard Beier, Die illegale Reichsleitung der Gewerkschaften, in: Richard Löwenthal, Patrick von zur Mühlen (Hg.), Widerstand und Verweigerung in Deutschland 1933 bis 1945, Berlin-Bonn 1982, S. 44.

32
Keil, Erlebnisse, Bd. 2, S. 507, 530, 564.

soziale Kontrolle gegeben war, wie die vielen Denunziationen belegen. Das alte Arbeitermilieu, das sich bereits vor 1933 zunehmend aufgelöst hatte, garantierte keine bedingungslose Solidarität mehr. Angst und Anpassung, Erfolge und Erniedrigung, Überzeugung und Überleben, Verführung und Verweigerung; diese Mischung von Ablehnung bis Zustimmung bestimmte den Alltag der Mehrheit, verunsicherte, hemmte, korrumpierte. Der Zweifel, weniger die Verzweiflung, verhinderte Widerstand.

Doch bezahlten auch Holzarbeiter für oft mehr symbolische als erfolgreiche Widerstandsaktionen mit langer Haft, mit KZ und auch mit ihrem Leben, darunter der bekannte Sportler Werner Seelenbinder[33]. Verfolgte wurden ins Ausland geschmuggelt, Informationen über die Zustände im Reich wie in den Betrieben an ausländische Kollegen weitergegeben, Kontakte unter den alten Kollegen im Reich erhalten oder hergestellt, gelegentlich Flugblätter gedruckt oder Parolen an Hauswände gemalt. In Mannheim waren unter den rund 1000 verhafteten, in Gefängnis und KZ einsitzenden, zum Teil hingerichteten Mitgliedern des Widerstands mindestens 40 Holzarbeiter, mehrheitlich Kommunisten[34]. Im Antifaschistischen Ausschuß Braunschweig, 1945 von Kommunisten, Linkssozialisten, Sozialdemokraten und Gewerkschaftern gebildet, hatte sich nur ein Prozent der Mitglieder an Widerstandsaktivitäten beteiligt[35].

Streiks wie in anderen Branchen, meist nur von wenigen Stunden Dauer, sind für die Holzindustrie nicht belegt. In auffälligem Maße waren es ausländische Zwangsarbeiter und Kriegsgefangene, die den Kriegseinsatz zu sabotieren versuchten, »sobald in ausländischen Sendern über die militärischen Operationen für Deutschland ungünstige Nachrichten gebracht wurden«[36]. Die deutschen Arbeiter verweigerten eher Überstunden, »bummelten« oder machten einfach »blau«. Diese Form der Arbeitsverweigerung war teilweise Folge der niedrigen Löhne, Boykott der zuschlagfreien »Göring-Schichten« oder sonstigen »Spenden«-Aktionen, im Krieg zunehmend Reaktion auf physische Überforderung. Zwar war die Abwehr übertriebener Zumutungen recht häufig, doch die Exil-SPD deutete dies als »Ermüdungserscheinungen«, »die mit Sabotage und passiver Resistenz gar nichts zu tun haben brauchen und doch der Wirtschaftspolitik des Regimes sehr gefährlich werden können«[37]. Unternehmer und Behörden reagierten gleichwohl aufgeregt: mit Disziplinierung durch öffentlichen Tadel auf Betriebsappellen und am Schwarzen Brett, mit Maßregelungen durch die Treuhänder der Arbeit oder die »Ehrengerichte« der DAF, aber auch mit Gestapo und Anklage wegen »Heimtücke« seitens der politischen Justiz. Diese politische Bewertung durch das Regime, das seine Kriegs- und Rüstungspläne gefährdet sah, darf nicht darüber hinwegtäuschen, daß die Arbeitsverweigerungen mehrheitlich ein ungeordnetes Massenhandeln waren, das unpolitischen, ja »privaten« Charakter hatte, weil eine organisierende Instanz fehlte. Widerspruch war noch kein Widerstand. Eine der spektakulärsten Widerstandshandlungen, der Anschlag auf Hitler am 8. November 1939, dem dieser nur knapp entging, war allerdings das Werk eines unpolitischen Einzelgängers, des Tischlergesellen Georg Elser.

Exil und Planungen für den Neuaufbau

Bereits vor 1933 war angesichts des Ansturms des Nationalsozialismus die Bildung einer Einheitsgewerkschaft diskutiert worden. Angesichts der bevorstehenden Niederlage Deutschlands stellte sich 1944/45 die Frage um so drängender, welche Konsequenzen für die künftige gewerkschaftliche Arbeit zu ziehen seien: zum einen, ob Einheitsgewerkschaft oder Richtungsgewerkschaften, zum anderen, ob Industrie- oder Zentralgewerkschaft.

Tarnow entwickelte im Exil die Vorstellung, für den Wiederaufbau die organisatorische Struktur der Deutschen Arbeitsfront zu erhalten: als Zentralgewerkschaft mit Zwangsmitgliedschaft, wobei die Mitgliedsbeiträge über die Lohnbüros automatisch abgezogen werden sollten. Vor 1939 hatte Tarnow eine Zusammenarbeit mit den Kommunisten strikt abgelehnt, »die gegen die Hitlerdiktatur kämpfen, um eine andere Diktatur aufzurichten«, diese Bedenken aber unter dem Eindruck der Kooperation in Widerstand und Exil zugunsten einer »sozialistisch-demokratischen Einheitspartei« (vorübergehend) zurückgestellt. Die Übernahme von Struktur und Vermögen der DAF entsprach dem Einheitsgedanken ebenso wie seine Befürwortung eines »unpolitischen«, d.h. parteipolitisch neutralen Zentralismus[38].

Tarnow stand mit derartigen Plänen nicht allein. Nach der Wiedergründung einer Holzarbeitergewerkschaft in Herford beschloß eine »Funktionärsversammlung von Kollegen aus den Betrieben« im Frühjahr 1945, »daß die Beiträge in der Höhe der bisher gezahlten Beiträge der Arbeitsfront an den Wohlfahrtsausschuß überführt werden«[39]. Der Württembergische Gewerkschaftsbund, unter der Führung von Markus Schleicher (dem Vorsitzenden des württembergischen DHV vor 1933), forderte am 15. Mai 1945 die Beitragspflicht für »alle bisher in der Deutschen

---

[33] HZ, 9. September 1968, S. 45–47.
[34] Widerstand gegen den Nationalsozialismus in Mannheim, hrsg. von Erich Matthias und Hermann Weber, Mannheim 1984, S. 469ff.
[35] Albrecht Lein, Antifaschistische Aktion 1945. Die »Stunde Null« in Braunschweig, Göttingen 1978, S. 247ff.
[36] BA-MA, RW 21-47/1 (2.2.1943).
[37] Deutschland-Berichte Sopade, Jg. 1939, S. 733.
[38] Mit dem Gesicht nach Deutschland, S. 397. Tarnows Vorbehalte gegenüber den Kommunisten brachen nach dem Krieg wieder auf; ebda., S. 576, 591, 647f. Helmut Müssener, Exil in Schweden. Politische und kulturelle Emigration nach 1933, München 1974, S. 102f., 122ff., 130ff., 156, 166, 198f., 427f., 446f., 452.
[39] Herforder Akten, Archiv GHK.

VERFOLGUNG UND WIDERSTAND

Bombardierte Fabrik in Bielefeld

Ausgebombte Menschen in Essen (März 1945)

Arbeitsfront zusammengefaßten Arbeitnehmer« und Einziehung durch die Betriebsleitungen[40]. In Darmstadt wurde solches bis zum Juli 1945 auch praktiziert[41].

Diese Maßnahmen wurden 1945 von den Umständen diktiert, wollte die Arbeiterbewegung – da sie aus dem Exil schlechtere Startbedingungen haben würde – ihren Einfluß geltend machen. »Das Tempo der Wiederherstellung der Bewegung wird von allergrößter Bedeutung für die Rolle sein«, beschrieb Tarnow das Hauptmotiv aller dieser Ansätze, »die von der Arbeiterklasse beim Neuaufbau des Staates gespielt werden kann«. Da das Vermögen der DAF, das zum größten Teil aus dem 1933 beschlagnahmten Besitz der Gewerkschaften und Genossenschaften stammte, zunächst von den Siegermächten nicht zurückgegeben wurde, da angesichts der zu erwartenden Lebensverhältnisse die Arbeiterschaft nicht das Einkommen hatte, um freiwillig Beiträge zu zahlen, mußte der Neuaufbau anders finanziert werden. Ein Motiv bei Markus Schleicher war, über eine autoritär organisierte Neugründung nicht nur eine effiziente Gewerkschaftsarbeit überhaupt wieder in Gang zu bringen, sondern zugleich auch den kommunistischen Einfluß in den Betrieben zu begrenzen. Andere wollten Zwangsbeiträge aller Arbeiter über die Lohnbüros einziehen und zusätzlich Beiträge von den eigentlichen Mitgliedern erheben; wieder andere die Tarifverträge nur für die Gewerkschaftsmitglieder gültig sein lassen, um Organisationszwang zu erzeugen[42].

Die Westmächte duldeten derartige Neuansätze jedoch nicht, da sie aus Gründen der Entnazifizierung, der Dezentralisierung wie der Demokratisierung Deutschlands längst die Auflösung aller NS-Organisationen, einschließlich der DAF, beschlossen hatten. Bereits gegen Ende des Krieges standen die Debatten um die Neuordnung auch im Zeichen des beginnenden Machtkampfes zwischen Sozialdemokraten und Kommunisten, deren Differenzen in der gemeinsamen Erfahrung von Verfolgung, Gefängnis und Konzentrationslager oft nur überdeckt worden waren. Mit der Rückkehr der Funktionäre aus dem Exil oder der »inneren Emigration« brachen die Fronten rasch wieder in ihrer alten Unversöhnlichkeit auf.

40
Christfried Seifert, Entstehung und Entwicklung des Gewerkschaftsbundes Württemberg-Baden bis zur Gründung des DGB 1945–1949, Marburg 1980, S. 31, 407.

41
Anne Weiß-Hartmann, Der Freie Gewerkschaftsbund Hessen 1945–1949, Marburg 1977, S. 63f., 81–97.

42
Zwischen Befreiung und Besatzung. Analysen des US-Geheimdienstes über Positionen und Strukturen deutscher Politik 1945, hrsg. von Ulrich Borsdorf und Lutz Niethammer, Wuppertal 1976, S. 66. Michael Fichter, Besatzungsmacht und Gewerkschaften. Zur Entwicklung und Anwendung der US-Gewerkschaftspolitik in Deutschland 1944–1948, Opladen 1982, S. 157–162.

HENRYK SKRZYPCZAK

Funktionäre im Widerstand

Berliner Norden, 1933, ein später Oktobertag. Der Mann hinter dem Schaufenster des kleinen Lebensmittelgeschäftes starrte gedankenverloren. So wie der Laden sich anließ, würde es schwer sein, auf einen grünen Zweig zu gelangen. Und als ob es nicht schon genug der Probleme gab, stand man auch den Amsterdamern im Wort. Dabei war es gerade erst fünf Monate her, daß sich mit dem Ende der »Schutzhaft« unmißverständlich die Auflage verbunden hatte, von Politik ein für alle Male die Finger zu lassen. Aber dann war auf der Suche nach einer zentralen Kontaktperson der IGB-Generalsekretär Walter Schevenels in Berlin aufgekreuzt und ausgerechnet auf ihn, auf Hermann Schlimme, als Ansprechpartner verfallen. Ganz so verwunderlich war das allerdings nicht.

Auf der ADGB-Führungsetage erprobt, ohne der Öffentlichkeit ein Begriff zu sein, erweckte Schlimme keineswegs den Eindruck, daß er mit seinen 50 Jahren fast schon zum alten Eisen gehörte. Wie sein Lebensweg erkennen ließ, neigte er außerdem nicht gerade dazu, vor Schwierigkeiten schnell zu kapitulieren. Als die Entwicklung hin zur maschinellen Großproduktion auch von ihm ihren Tribut einforderte, hatte der gelernte Drechsler sich tagsüber als Hilfs- und Transportarbeiter durchgeschlagen, während er sich abends zum Buchhalter qualifizierte, so daß er schon bald die Stellung eines Kontoristen einnehmen konnte. Seit 1911 Bezirkssekretär des Transportarbeiterverbands, bewährte er sich nach seiner Rückkehr aus dem Krieg erneut in dieser Funktion, bis die Gewerkschaft ihn zum Studium an die Staatliche Fachschule für Wirtschaft und Verwaltung in Berlin entsandte. 1923 holte Theodor Leipart ihn sich als engeren Mitarbeiter ins ADGB-Bundesbüro und stellte damit eine der entscheidenden Weichen, über die Schlimme 1931 als gewählter Sekretär in den Vorstand gelangte. Für seine illegale Aufgabe schien er Schevenels aber auch deshalb bestens qualifiziert, weil er sich für die Dauer des neuen Regimes als Kleinhändler weiterzuhelfen gedachte.

Soweit es um Tarnung ging, war der Laden in der Prinzenallee mit all seinem Drum und Dran tatsächlich ideal. Ein gewesener »Bonze«, der sich am frühen Morgen zum Gemüseeinkauf in die Zentralmarkthalle begab, ein Sohn, der das Obst herankarrte, während die Tochter hinter der Kasse stand, die Frau Heringe einlegte und sogar der Jüngste darauf bedacht war, sich nützlich zu erweisen – eine solche Familienidylle konnte doch wohl kaum Argwohn erregen. Was war zum Beispiel so auffällig daran, daß jetzt ein besser gekleideter Herr den Laden betrat, daß man ins Gespräch mit ihm kam und ihn schließlich ohne jede Geheimnistuerei zu einer Tasse Kaffee ins Wohnzimmer bat? Und wenn dieser Herr nun zufällig Lothar Erdmann hieß und bis vor kurzem ebenfalls zum Kreis der engeren Mitarbeiter Leiparts gehörte: Noch war es ja wohl erlaubt, mit einem Kollegen, der ebenfalls neu Tritt fassen mußte, über eine »veränderte Welt« und über »veränderte Lebensaspekte« zu reden. Solange derlei nicht unter Strafe gestellt war, hatte man sich mehr wegen des Umsatzes als wegen der Gestapo Sorgen zu machen.

Keine drei Wochen nach der Unterredung Schlimmes mit Erdmann erhielt in Kopenhagen ein gewisser Frederek – Fritz Tarnow – Kollegenbesuch. Karl Hanschen, Jahrgang 1889, ursprünglich Tischler, von 1921 bis zu seiner Entlassung durch die Nationalsozialisten Leiter der Verlagsanstalt des Deutschen Holzarbeiter-Verbandes, unterrichtete Tarnow über einen recht verheißungsvoll klingenden Plan. Zusammen mit dem fünf Jahre älteren Hermann Scheffler – einst ebenfalls Tischler, später im DHV neben Michael Kayser Redakteur des Verbandsorgans – gedachte Hanschen einen »Reise-Büchervertrieb« für Fachliteratur auf die Beine zu stellen. Als Hauptzweck des Unternehmens, bei dem vielleicht »auch noch eine kleine Existenz für einige abfallen« würde, schwebte den Initiatoren vor, »auf unauffällige Art in die Betriebe und an die Kollegen heranzukommen und die Horchlöffel auszustrecken«, anders gesagt: »ein Netz von Vertrauensleuten« zu schaffen, »mit denen

Hermann Schlimme

Hermann Scheffler

eine Berichterstattung organisiert werden« könnte. Wie Hanschen versicherte, war die Anlaufphase des Projekts, dessen Schwachstelle »natürlich die Finanzierung« war, in drei Bezirken bereits realisiert.

Während »Frederek« diese Informationen weitergab, war im Konzentrationslager Börgermoor einer der Neuzugänge gerade dabei, sich in die Sonderbedingungen einer Arrestbaracke einzugewöhnen. Gefängniszellen, die kannte er schon. Die erste von ihnen hatte er vor einem halben Jahr in Plötzensee mit Fritz Tarnow geteilt. Auch mit Zuchthauszellen war er inzwischen hinreichend vertraut. Hier in Börgermoor aber, wo Himmlers SS das Sagen hatte, machte man sich besser auf Überraschungen gefaßt. Doch was da immer auf einen zukommen würde: Zuzuschreiben hatte man es einzig und allein sich selbst. Wäre man auf die Angebote Robert Leys, des hochmögenden Herrn der »Deutschen Arbeitsfront«, eingegangen, dann säße man jetzt nicht auf blanker Pritsche in Isolierzelle 5 – ohne Strohsack, ohne Decke, ohne Rauch- und Schreibzeug und wie zum Ausgleich dafür mit dem striktesten Sprechverbot. Man hätte nur dem Drängen dieses Dr. Ley nachgeben und auf der Konferenz des Internationalen Arbeitsamtes in Genf das Mandat als einer der stimmführenden deutschen Repräsentanten öffentlich an ihn abtreten müssen, um jetzt seine Huld zu genießen. Daß man den Lockungen ebenso wie den Drohungen widerstand, war im Grunde selbstverständlich gewesen. Zur Gesinnungslumperei fehlte einem jedes Talent, und außerdem hatte, wer Wilhelm Leuschner hieß, schließlich einen Ruf zu verlieren. Glaubwürdigkeit – sie nicht zuletzt war es, der er den Aufstieg vom Holzbildhauer zu führenden Positionen verdankte: mit knapp 38 Jahren hessischer Innenminister, fünf Jahre später in den ADGB-Bundesvorstand gewählt. Und da sollte man sich mit einem Male auf Charakter-Artistik verlegen? Was er sich – kroch er nicht zu Kreuze – noch alles einhandeln würde, Wilhelm Leuschner wußte es nicht. In einem nur war er sich ziemlich gewiß: Er würde »in jeder Situation Haltung bewahren«.

Draußen im Lande verheizten derweilen, unablässig um spektakuläre Aktionen bemüht, die Kommunisten ihre besten personellen Reserven. Der Gefahr, es ihnen gleichzutun, war Schlimme durch seine operativen Ausgangsbedingungen enthoben. Bislang nicht viel mehr als eine Kopfgeburt ohne Unterbau, konnte seine »Reichsleitung« der geplanten neuen Gewerkschaftsarmee vorerst nur über den äußerst bescheidenen Ansatz eines Stammkaders verfügen. Gelähmt von der »Angst vor dem Konzentrationslager« und dazu noch häufig vom Kampf gegen die »Freiheit des Verhungerns« erschöpft, verharrte das alte Funktionärskorps größtenteils in Passivität. Den Anstoß zu einem wenigstens begrenzten Wandel der Lage gaben ungewollt die Nationalsozialisten. Hatten sie sich 1933 bei der Entlassung von Gewerkschaftsangestellten hemmungslos über Rechtsvorschriften hinweggesetzt, so begannen sie im Februar 1934 mit Vergleichsangeboten einen Rückzieher zu machen. Sie brachten damit eine Prozeßlawine in Gang, die es einer Reihe ehemaliger Verbandsfunktionäre – so bei den Holzarbeitern Fritz Bakowsky und Scheffler – erlaubte, unter dem Schirm der Gerichtsbarkeit in reichsweitem Maßstab mit früheren Kollegen Kontakt aufzunehmen. Die hierbei erteilten Vertretungsvollmachten waren eine unangreifbare Legitimation, die das Arbeitsgericht in Berlin partiell zur Drehscheibe des engeren Kreises und zum Einstieg in eine exklusive Nachrichtenbörse umfunktionierte. Wer sich über dieses von der Geheimen Staatspolizei gerade noch geduldete Vorfeld eines für das Regime bedrohlichen Widerstandes hinauswagte, bewegte sich auf vermintem Gelände. Hermann Schlimme meinte, das Risiko eingehen zu müssen, und wurde auch in einer politischen Gruppe aktiv. Als sie im Januar 1937 aufflog, begann es für Scheffler und Hanschen ebenfalls ungemütlich zu werden. Für die Tatsache, daß Schlimme von Scheffler im vergangenen Oktober als Verlagsvertreter eingestellt worden war, bot sich immerhin noch eine harmlose Erklärung an. Nachdem der Kollege sein Lebensmittelgeschäft hatte aufgeben müssen, war es geradezu eine Ehrenpflicht, den erwerbslosen Familienvater von der Straße zu holen. Falls die Gestapo dann aber nachhakte, stieß sie garantiert auf das eine oder andere Detail, aus dem sie einem mit Sicherheit einen Strick zu drehen vermochte.

Da gab es etwa Schefflers Verbindung zu Jan van Achterbergh, dem Sekretär der Bau- und Holzarbeiterinternationale in Amsterdam. Schwerer noch würde der Kontakt zu Heinrich Schliestedt in die Waagschale fallen, der im tschechischen Komotau als Leiter der Auslandsvertretung der deutschen Gewerkschaften fungierte. Mit ihm waren Scheffler in den Niederlanden und Hanschen in der Tschechoslowakei zusammengetroffen. Eine weitere Spur ließ sich von Schlimme zu Margarete Traeder, der Lebensgefährtin Schliestedts, verfolgen. Durch Hanschen bei Scheffler eingeführt, hatte der sie ausgerechnet an Cäsar Thierfelder »weitergereicht«, der jetzt gemeinsam mit Schlimme hochgegangen war. Für eine Anklage wegen Vorbereitung zum Hochverrat reichte das allemal, doch sollten noch zweieinhalb Jahre vergehen, bis die Gestapo das konspirative Nest in der Berliner Geisbergstraße aufstöbern konnte.

Hatte sich der Einsatz gelohnt? Wenn die Antwort ein-

Ernst Schneppenhorst

zig vom Zeiger der Erfolgsskala abhing, waren all die Opfer des »anderen Deutschlands« bislang vergeblich gewesen. Das »Dritte Reich« hatte sich stabilisiert, der Mann an seiner Spitze feierte Jahr für Jahr neue Triumphe. Vor der Gefahr, sich hierdurch blenden zu lassen, war einer wie Richard Timm schon durch die Wurzeln gefeit, die ihn von frühauf mit der sozialistischen Sache verbanden. Noch nicht 15 Jahre alt, hatte sich der angehende Tischler bereits dem Verein der Lehrlinge und jugendlichen Arbeiter Berlins angeschlossen. 1913 war er in die Zentralstelle für die arbeitende Jugend Deutschlands aufgerückt und nach dem Kriegseinsatz Vorsitzender des Vereins Arbeiterjugend Groß-Berlins geworden. Von 1922 bis zum März 1930 Jugendsekretär im Hauptvorstand des DHV, oblag ihm sodann die Verwaltungsleitung der ADGB-Bundesschule in Bernau. Die Zerschlagung der Gewerkschaften hatte auch für ihn neben dem politischen einen sozialen Absturz zur Folge. Bevor er 1935 Betriebsleiter einer Gebäudereinigungsfirma wurde, vervollkommnete er sich in der Kunstfertigkeit, mit 19,50 Reichsmark »Stütze« die Woche eine vierköpfige Familie über Wasser zu halten. Mehr noch vielleicht als die Dürftigkeit seiner Existenz machte Timm die Instinktlosigkeit zu schaffen, mit der auswärtige Mächte und ihre politische Prominenz dem Diktator begegneten, und das Verhalten breiter Teile der Arbeiterschaft war gleichfalls nicht dazu angetan, den Hoffnungen auf seinen baldigen Sturz einen realistischen Anschein zu geben. Solange dem Mann aus Braunau noch tosende Ovationen dankten, wenn er, »der erste Arbeiter des Reiches«, »zu seinen Arbeitskameraden« sprach, mußte man die offene Auflehnung gegen das Hitler-Regime wohl oder übel vertagen.

Nicht anders als Timm war auch Leuschner gegenüber der Zumutung immun, sich mit dem unzureichenden Potential gewerkschaftlichen Widerstands »in irgendwelche Abenteuer« zu stürzen. »Zu rebellieren«, beschrieb er kurz vor Ausbruch des Krieges die Lage, »wäre genauso Selbstmord, als wenn Gefangene sich gegen ihre schwerbewaffneten Aufseher erheben würden.« Mit dieser Erkenntnis verband sich alles andere als Resignation. Seit seiner Entlassung aus der Lagerhaft im Juni 1934 war Leuschner unablässig bemüht, abgerissene Verbindungsfäden zu knüpfen und im richtungsübergreifenden Disput bis weit in das konservative Lager hinein dem Zusammenwirken der regimefeindlichen Kräfte einen breiteren und effektiveren Rahmen zu geben. Der Gedanke einer führenden, zumindest aber auslösenden Rolle der Arbeiterschaft im Kampf gegen die Diktatur fand in ihm allerdings keinen Verfechter. Neben seiner realistischen Einschätzung der Kräfteverhältnisse war es die Furcht vor einer neuen Dolchstoßlegende, die ihn zunächst davon abhielt, dem unvermeidlichen Bankrott Hitlers vorgreifen zu wollen. Seine Überlegungen kreisten um die »Stunde danach«, in der er mit dem organisatorischen Kern einer auch konzeptionell erneuerten Gewerkschaftsbewegung bereitzustehen gedachte.

Erst das Ausmaß der sich abzeichnenden Kriegskatastrophe leitete bei ihm jenen Prozeß rascher Umorientierung

Wilhelm Leuschner (1915)

FUNKTIONÄRE IM WIDERSTAND

Wilhelm Leuschner mit seiner Enkeltochter im Garten des Hauses von Theodor Leipart in Berlin 1941

ein, der mit Leuschners Übergang in die Reihen der Verschwörer auch eine Intensivierung seiner Aktivitäten bewirkte. Sein Bewegungsspielraum als Chef eines rüstungswirtschaftlichen Fabrikationsunternehmens kam ihm dabei ebenso wie die Tatsache zustatten, daß er über eine handverlesene Schar enger Mitarbeiter verfügte. Einer von ihnen, der 1881 geborene Ernst Schneppenhorst – als gelernter Schreiner 1906 bis 1918 in Nürnberg Geschäftsführer des DHV–, war nach dem Ersten Weltkrieg bayerischer Staatsminister für militärische Angelegenheiten gewesen. Um die Jahresmitte 1944 schienen die Verschwörer endlich vor dem Erfolg zu stehen. Richard Timm, der nach dem geplanten Attentat gegen Hitler das gewerkschaftliche Bezirkssekretariat Berlin übernehmen sollte, erhielt von Leuschner den zur äußersten Bereitschaft verpflichtenden Wink über einen schon bald zu erwartenden umstürzenden Wandel der Lage.

Als der Aufstand des Gewissens gescheitert war, standen sich Leuschner und Timm im September bei einem nächtlichen Verhör zum letzten Mal gegenüber. An dem Mann, der zum Vizekanzler, zum Reichskanzler und sogar zum Reichspräsidenten ausersehen worden war, hatten die Folterschergen grausam Rache genommen. Das Urteil des Volksgerichtshofes über ihn lautete auf Tod durch den Strang. Sein Kampfgefährte Ernst Schneppenhorst wurde noch kurz vor dem endgültigen Zusammenbruch des Regimes von Gestaposchergen erschossen. Richard Timm überlebte. Auch Schlimme, Hanschen und Scheffler kamen davon. Das Vermächtnis, das sie verpflichten sollte, hatte Wilhelm Leuschner am Vorabend seines Todes in die Worte gefaßt: »Morgen werde ich gehängt, schafft die Einheit.«

Quellen und Literatur:
Aufzeichnung Lothar Erdmanns unter dem 20. Oktober 1933, DGB-Archiv Düsseldorf.
Fritz Zimmermann, Mitbegründer des FDGB. Hermann Schlimme, in: Beiträge zur Geschichte der Arbeiterbewegung 29, 1987, S. 378–390.
Schreiben Tarnows unter dem Pseudonym C. Frederek vom 8. November 1933, Nachlaß Fritz Tarnow, DGB-Archiv Düsseldorf (die im Text verwandten Zitate zur Funktionärssituation wurden diesem Brief entnommen).
Vorstand des Vereins Arbeiterpresse (Hg.), Handbuch des Vereins Arbeiterpresse, Vierte Folge 1927, Berlin o. J. (1927).
Bestand Reichsfeststellungsbehörde, R 18 Anh., Bd. 10383, Karl Hanschen, Bundesarchiv Koblenz.
Joachim G. Leithäuser, Wilhelm Leuschner. Ein Leben für die Republik, Köln 1962.
Horst Duhnke, Die KPD von 1933 bis 1945, Köln 1972.
Gerhard Beier, Die illegale Reichsleitung der Gewerkschaften 1933–1945, Köln 1981.

Nachlaß Bakowsky, Schreiben des Liquidators der »Unterstützungs-Vereinigung« vom 1. Februar 1934, Archiv des Geschichtsprojekts/GHK. Vgl. auch sonst den Nachlaß Bakowsky sowie den Bestand Reichsfeststellungsbehörde.
Zu Hermann Scheffler: Bestand Reichsfeststellungsbehörde, a.a.O., Bd. 10361, Strafsache Traeder, Richard Barth, Bührig, Scheffler.
Walther G. Oschilewski, Ein Mann im Strom der Zeit. Richard Timm, Berlin u. Bonn 1975.
Antworten und Mitteilungen Richard Timms an Henryk Skrzypczak seit 1963, unveröffentlichte Dokumente im Privatarchiv des Autors.
Festakt im Sportpalast. Einweihung des Neubaues der Reichskanzlei, in: Völkischer Beobachter 52, Norddeutsche Ausgabe, 10. Januar 1939; Timm hatte an der Veranstaltung teilgenommen.
Zu Schneppenhorst hier: Reichstags-Handbuch, IX. Wahlperiode 1933, Berlin 1933.
Hans-Adolf Jacobsen (Hg.), Spiegelbild einer Verschwörung. Die Opposition gegen Hitler und der Staatsstreich vom 20. Juli 1944 in der SD-Berichterstattung, Stuttgart 1984.

HENRYK SKRZYPCZAK

Michael Kayser*

Ein Mann raschen und klaren Denkens, der durch seine Formulierungsgabe bestach; ein Mitstreiter, dem die Idee, für die er kämpfte, ans Herz gewachsen war – »persönliche Vorteile irgendwelcher Art suchte er nicht«–, so erlebte der Drechsler Wilhelm Keil den jungen Schreinerkollegen. Geboren 1869 in der Provinz Posen, erzogen im Waisenhaus, trat Kayser 1888 dem Deutschen Tischlerverband bei. Seinen Fähigkeiten ebenso wie dem Ansehen, das er sich im Kollegenkreise erwarb, verdankte er 1899 die Berufung zum DHV-Sekretär. Für die Dauer von nahezu dreißig Jahren war ihm sodann seit 1905 die Redaktion des Verbandsorgans anvertraut.

Als einer der profiliertesten Gewerkschaftsjournalisten wurde Kayser am 2. Mai 1933 gemeinsam mit Fritz Tarnow festgesetzt. Nach fristloser Kündigung und erneuter Festnahme – weil er es wagte, Arbeitslosenunterstützung beantragen zu wollen –, bedachten die Nationalsozialisten ihn mit einer Aufmerksamkeit besonderer Art. Angeführt von einer Musikkapelle, zog eine Kolonne von über 1000 Mann vor sein Haus. Kayser »mußte auf den Balkon treten, Sprechchöre traten in Aktion, dann hielt jemand eine Rede«, die »gespickt mit Beschimpfungen« war. Tenor der Hetze: Er solle nur die Stirn haben, »noch Ansprüche an den Verband zu stellen«. – Politisch verfemt, zählte er bald auch zu den aus rassischen Gründen Verfolgten. Einen Entschädigungsantrag Kaysers lehnte die Reichsfeststellungsbehörde 1942 mit der Begründung ab: »Der Antragsteller steht als Nichtarier außerhalb der deutschen Volksgemeinschaft, eine Ablehnung seines Antrags bedeutet daher nach allgemeinem Rechtsempfinden keine Unbilligkeit.« Wohl nur die Tatsache, daß er in sogenannter Mischehe gelebt hatte und die ihr entstammenden Kinder als nichtjüdisch galten, bewahrte ihn vor der Deportation in das Vernichtungslager. Zunehmend vereinsamt und resigniert, ist Kayser am 12. Januar 1944 gestorben.

* Quellen:
Wilhelm Keil, Erlebnisse eines Sozialdemokraten, 2 Bde., Stuttgart 1947. Nachlaß Wilhelm Keil, Nr. 27, II. Korrespondenz, 2. Korrespondenz mit Einzelpersonen, Michael Kayser, Archiv der sozialen Demokratie; Bestand Reichsfeststellungsbehörde, R 18 Anh., Bd. 10198, Bundesarchiv Koblenz.

STEPHAN HEGGER

Georg Elser

Das Fenster des Konstanzer Erziehungsheims, vor dem die beiden Zöllner Posten bezogen hatten, um die unmittelbar hinter dem Grundstück verlaufende grüne Grenze zur Schweiz zu beobachten, stand an diesem Abend weit offen. Es war der 8. November 1939, der Tag der Traditionsfeiern der »Marschierer von 1923«, dem ersten, damals noch gescheiterten Versuch Hitlers, politische Macht an sich zu reißen. Deutlich drang durch das offene Fenster die Übertragung der Hitler-Rede aus dem Münchener Bürgerbräukeller in den Garten. Und es war diese Rede, die nicht nur die beiden Zöllner anzog, sondern auch einen Flüchtling, der genau an dieser Stelle im Schutz der Dunkelheit illegal die Grenze zur Schweiz überqueren wollte, und ihn für einen kurzen Augenblick unvorsichtig werden ließ. Daß dieser Flüchtling, der Schreiner Georg Elser, zuvor eine Bombe gelegt hatte, konnten die beiden Zöllner zu diesem Zeitpunkt noch nicht ahnen. Und so maßen sie auch den in Elsers Taschen gefundenen Teilen eines Aufschlagzünders und der noch unbeschriebenen Postkarte des Bürgerbräukellers zunächst keine Bedeutung bei, als sie ihn nur wenig später als vermeintlichen Wehrflüchtling der nahegelegenen Grenzpolizei übergaben.

Erst um 21.20 Uhr, mehr als eine halbe Stunde nach Elsers Verhaftung, legte die Bombe den Bürgerbräukeller in Schutt und Asche. Doch das Attentat mißlang. Hitler, Göring und Goebbels, die Elser hatte töten wollen, entgingen dem Anschlag. Bereits um 21.07 Uhr, früher als in den vorangegangenen Jahren, hatte Hitler seine Rede beendet und kurz darauf den Saal verlassen, um einen im Münchener Hauptbahnhof wartenden Sonderzug nach Berlin zu erreichen. Zehn Minuten zu früh für die bereits Tage zuvor von Elser eingestellte Bombe.

Bis in die Nachkriegszeit hinein hat der frühe Aufbruch Hitlers die Gerüchte um die Hintergründe des Münchener Attentats genährt. Während die Nationalsozialisten ihn propagandistisch als Zeichen für die »Vorsehung« nutzten, die Hitler vor dem sicheren Tod bewahrt habe, sahen Regimegegner hierin ein Indiz für die Verwicklung der Gestapo in das Attentat. Erst in den siebziger Jahren konnten die Mitarbeiter des Münchner Instituts für Zeitgeschichte Anton Hoch und Lothar Gruchmann die Alleintäterschaft Elsers belegen[1].

Georg Elser handelte, weil er erkannt hatte, daß sich seit 1933 die Situation der Arbeiter verschlechtert hatte, daß die Arbeiterschaft im Nationalsozialismus »unter einem gewissen Zwang stand« und »durch die HJ nicht mehr Herr ihrer eigenen Kinder« war und weil er bereits während der Sudetenkrise im Herbst 1938 zu der Schlußfolgerung gelangt war, daß Deutschland nach dem Münchener Abkommen »auch anderen Ländern gegenüber noch weitere Forderungen stellen und sich andere Länder einverleiben wird und daß deshalb ein Krieg unvermeidlich« sei[2]. Georg Elser, der keine Bücher und nur selten Zeitungen las, der »weder ideologisch geschult noch an politischen Diskussionen interessiert war« und dessen Ablehnung des Nationalsozialismus selbst für die nähere Umgebung »nur aus gelegentlichen Bemerkungen« und dadurch erkennbar war, »daß er bei Aufmärschen die Hakenkreuzfahne nicht grüßen wollte«[3], hatte sich zu dem Attentat entschlossen, weil er keine andere Möglichkeit sah, den für ihn drohend heraufziehenden Krieg zu verhindern. Doch im Gegensatz zu den Offizieren des »20. Juli« blieb ihm, dem »Attentäter aus dem Volk«, eine offizielle Würdigung lange versagt[4].

Georg Elser wurde am 4. Januar 1903 in Hermaringen, in der schwäbischen Ostalb, geboren. Schon früh lernte Elser, dessen Eltern sich im benachbarten Königsbronn nur mühsam mit einem kleinen landwirtschaftlichen Betrieb und mit Holzhandel über Wasser halten konnten, die soziale Not der Weimarer Republik kennen. Mit vierzehn Jahren verließ er die Volksschule und machte eine Schreinerlehre. Er wurde Bester seines Ausbildungsjahrgangs. Mehrfach wechselte er in den folgenden Jahren auf der Suche nach besseren Verdienstmöglichkeiten und als Folge von Arbeitsmangel seine Stelle.

Georg Elser, der sich selbst als »Kunstschreiner« bezeichnete, war ein Einzelgänger, ein versessener Tüftler und Bastler mit einem »starken Geltungsdrang« in bezug auf seine handwerklichen Fähigkeiten[5]. Im Frühjahr 1925 verließ er, um den beengten Verhältnissen in Königsbronn und dem immer mehr dem Alkohol verfallenden Vater zu entgehen, schließlich seine engere Heimat und zog an den Bodensee[6]. Er wurde Mitglied im Holzarbeiterverband und 1928/29 auf Anraten eines Arbeitskollegen auch im Rotfrontkämpferbund, trat aber nirgendwo aktiv in Erscheinung und besuchte auch nur selten politische Veranstaltungen. Georg Elser, der sich für Politik nicht interessierte, sobald sie seinen Alltagsrahmen verließ, wählte 1933 die KPD,

---

[1] Eine neuere Wiedergabe der beiden erstmals 1969 bzw. 1970 erschienenen Beiträge findet sich in: Anton Hoch / Lothar Gruchmann, Georg Elser: Der Anschlag auf den Bürgerbräukeller 1939, Frankfurt/M. 1980.

[2] Siehe Anton Hoch, Das Attentat auf Hitler im Münchener Bürgerbräukeller 1939, in Hoch/Gruchmann, a.a.O., S 22f.

[3] Lothar Gruchmann, Die Vernehmung des Attentäters, in Hoch/Gruchmann, a.a.O., S. 51.

[4] Zur fehlenden Würdigung Elsers bis in die jüngste Zeit hinein siehe Georg-Elser-Arbeitskreis Heidenheim (Hrsg.), Georg Elser. Gegen Hitler – gegen den Krieg!, Heidenheim 1989 (Eigenverlag).

[5] Vgl. Gruchmann, a.a.O., S. 51.

[6] Zu den sozialen Verhältnissen in Elsers Elternhaus siehe Helmut Ortner, Der Einzelgänger. Georg Elser – Der Mann, der Hitler töten wollte, Hamburg 1989, S. 85ff., hier besonders S. 95.

KAPITEL IV 1933–1945

Zerstörter Saal des Bürgerbräukellers in München

Georg Elser

während der Weimarer Republik die zweitstärkste Partei in seiner Heimatstadt Königsbronn, weil er sich von ihr eine Verbesserung der Lage der Arbeiter versprach[7].

Wegen erneuter Arbeitslosigkeit und um seiner Mutter in den beengten sozialen Verhältnissen zu helfen, kehrte Elser schließlich im August 1932 nach Königsbronn zurück. Längst war der Kontakt zu Mathilde, mit der er einen Sohn hatte, abgebrochen, und auch in Königsbronn hatte Elser keine Freunde mehr[8]. Problematisch war die Rückkehr in die soziale Not, die ausweglose Situation im Elternhaus und die eigene Arbeitslosigkeit. Erst im Dezember 1936 fand Elser wieder eine langfristige Anstellung als Hilfsarbeiter in einer Armaturenfabrik. Georg Elser, dessen Leben aus Arbeit bestand, mußte erleben, wie sein handwerkliches Können immer mehr durch die industrielle Serienfertigung verdrängt wurde[9].

Im Herbst 1938, während der Sudetenkrise, faßte er schließlich den Entschluß zum Attentat. Elser reiste nach München. Nur auf seine handwerklichen Fähigkeiten angewiesen, beschloß er, einen der Pfeiler des Bürgerbräukellers, in dem alljährlich die Traditionsfeiern der »Alten Kämpfer« stattfanden, auszuhöhlen und mit Sprengstoff zu präparieren. Ein Jahr brauchte er für seinen Plan. Mehrfach wechselte er in den folgenden Monaten seine Arbeitsstelle, um sich mit dem nötigen Sprengstoff zu versorgen und die erforderlichen Sprengkenntnisse anzueignen. Im August 1939 zog er schließlich ganz nach München. In mehr als dreißig Nächten stemmte er auf dem Boden kniend hinter einer getarnten Tür in der Holzverkleidung eine Sprengkammer in eine der Säulen. In der Nacht vom 5. zum 6. November 1939 deponierte er hier die von ihm selbst entwickelte »Höllenmaschine« und stellte die Explosionszeit auf 21.20 Uhr.

Georg Elser wurde im April 1945, nur wenige Tage vor der Befreiung des Lagers durch amerikanische Truppen, auf Anweisung des Geheimen Staatspolizeiamtes im Konzentrationslager Dachau ermordet. Bereits Ende 1939 hatten ihn die Nationalsozialisten als Sonderhäftling nach Sachsenhausen gebracht und von hier aus mit anderen prominenten Gefangenen um die Jahreswende 1944/45 nach Dachau verschleppt. Nach einem siegreichen Kriegsende sollte er als Kronzeuge für ein Tribunal gegen den britischen Geheimdienst präsentiert werden.

7
Zum Verhältnis Georg Elsers zur KPD und zu seinem Wahlverhalten siehe den Bericht über die Vernehmung Elsers bei Hoch/Gruchmann, a.a.O., S. 21 und S. 51.

8
Außerhalb des Königsbronner Musikvereins, in dem Elser Mitglied war, hatte er nur zu Eugen Rau, einem langjährigen Jugendfreund, regelmäßig Kontakt; sein Lohn über 24 Reichsmark/Woche wurde für ausstehende Alimentenzahlungen gepfändet.

9
Siehe Ortner, a.a.O., S. 121.

Kapitel V **1945–1966**

Leben in den vierziger und fünfziger Jahren

HELGA GREBING

Wiederaufbau, Restauration, »Wirtschaftswunder« 1945–1966*

Nach dem Zusammenbruch des nationalsozialistischen Deutschlands: Holzarbeiter organisieren sich

»Gewerkschaft Holz« – ein klarer einfacher Name für die gewerkschaftliche Interessenvertretung der Holzarbeiter, der fast vergessen machen könnte, daß es »den« Holzarbeiter gar nicht gibt. Die Holzarbeiter, die sich in den vierziger und fünfziger Jahren der Gewerkschaft Holz anschlossen, kamen aus ganz unterschiedlichen holzbe- und -verarbeitenden Produktionsstätten:

1. Betriebe zur Herstellung von Holzmöbeln.
2. Musikinstrumentenherstellung.
3. Betriebe zur Herstellung von Holzbauten und Bauteilen aus Holz (Holzhäuser, Baracken, Türen, Fenster, Holzgehäuse, Särge).
4. Handwerks- und Industriebetriebe zur Herstellung von Korbwaren, Bürsten, Besen und Pinseln, Drechslereien unter anderem zur Herstellung von Füllfederhaltern und Bleistiften, dazu Bildhauer, Holzschnitzer, Tapezierer.
5. Sägewerke und verwandte Betriebe (einschließlich Zigarrenkistenherstellung).
6. Stellmacherbetriebe.
7. Holzbiegereien (Stöcke, Schirme).
8. Korbwarenherstellung.
9. Betriebe zur Herstellung von Holzwerkzeugen, Holzwaren und Holzspielwaren.
10. Herstellung von Kunstharzpreßholz.

Viele Tätigkeiten wurden noch in Heimarbeit ausgeübt: im Korbmachergewerbe, im Holz- und Schnittstoffgewerbe, unter den Instrumentenmachern, im Pinsel-, Bürsten- und Besenmachergewerbe, bei den Herstellern von Rosenkränzen und Gebetsketten und beim Aufnähen von Knöpfen aus Holz auf Karten…

Man kann sich vorstellen, daß sich aus allen diesen Produktionsstätten 1945 Holzarbeiter zusammenfanden, um mit der Organisationsarbeit zu beginnen. Und tatsächlich gab es bereits seit Juni 1945 in Hamburg einen »Deutschen Holzarbeiterverband«, im Dezember 1945 eine »Fachgruppe Holzgewerbe der Freien Gewerkschaften« in Frankfurt am Main; im Mai 1946 tagte in Hannover die erste Konferenz der »Wirtschaftsgruppe Holzindustrie der Allgemeinen Gewerkschaft in Niedersachsen«. Im Juli 1946 wurde der »Industrieverband Holz der Rheinprovinz« gegründet, und ungefähr zur gleichen Zeit entstand die Bezirksorganisation Ostwestfalen-Lippe, hielt die »IG Holz Nordwürttemberg-Baden« ihren ersten Verbandstag ab. Bereits seit Februar 1947 gab es in der Britischen Besatzungszone intensive Anstrengungen, untereinander eine engere organisatorische Verbindung einzugehen. Vom 9. bis 11. April 1947 konnte dann in Herford der erste ordentliche Verbandstag der Gewerkschaft Holz innerhalb der Britischen Zone stattfinden; Vorsitzender wurde Werner Putze aus Elmshorn (Jg. 1896).

Initiatoren dieser Bemühungen um organisatorische Zusammenschlüsse waren jene Männer, die dann in der weiteren Geschichte des Verbandes nach 1945 eine Zeitlang auf allen Ebenen eine herausragende Rolle einnehmen soll-

---

* Dieser Beitrag beruht im wesentlichen auf den im Archiv des Geschichtsprojektes GHK gesammelten Materialien: insbesondere auf den (ungedruckten) Protokollen der Konferenzen und Verbandstage 1947–1949 (s. Chronik), den (gedruckten) Protokollen der Gewerkschaftstage zwischen 1951 und 1966, den Protokollen der Sitzungen des Hauptvorstandes und des Beirates, den Nachlässen Markus Schleicher und Franz Valentiner, den Wirtschafts- und Tätigkeitsberichten der Gewerkschaft Holz, der Holzarbeiter-Zeitung und der Funktionärszeitschrift »Der Mitarbeiter«. Quellenangaben werden im folgenden nur bei Zitaten und referierenden Wiedergaben gemacht.

Werner Putze, geboren am 8. Dezember 1896 in Gera. Volksschule, Tischlerlehre, nach Beendigung der Lehre 1915 zum Kriegsdienst eingezogen. Fünfjährige Gefangenschaft in Rußland, bei der Rückkehr nach Deutschland Umzug zunächst nach Hamburg, dann nach Elmshorn. Zwischen 1926 und 1933 mehrfach arbeitslos. Während dieses Zeitraums ehrenamtlicher Vorsitzender der DHV-Zahlstelle in Elmshorn sowie von 1927 bis 1930 Vorsitzender des SPD-Ortsvereins. Nach Kriegsende Organisation der ersten Bezirkskonferenz des DHV in Elmshorn im November 1946. Im April 1947 Wahl zum ersten Vorsitzenden der Holzarbeitergewerkschaft in der britischen Besatzungszone. Werner Putze starb im September 1948.

KAPITEL V 1945–1966

ten – als Bezirks- und Verwaltungsstellenleiter in den großen Städten, als Verbandsvorsitzende und aktive Politiker: in Hamburg bzw. Elmshorn Ernst Schröder, Werner Putze und Franz Valentiner, in Hannover Anton Storch und Karl Hölzer, in Frankfurt am Main Otto Mischner und Anton Sabel, in Mannheim Ernst Barth und Heinrich Wittkamp, für Ostwestfalen-Lippe Hermann Thielicke, in Düsseldorf Johann L'habitant und Ernst Sichelschmidt.

Heiß diskutiert war unter ihnen, wie in allen Gründungsinitiativen, das organisatorische Grundprinzip. Grundsätzlich sprach viel für das einheitsgewerkschaftliche Organisationsprinzip; aber angesichts der Haltung der Militärregierungen und des Weltgewerkschaftsbundes erschien der Böcklersche »goldene Mittelweg«, also der Aufbau der Industrie- bzw. Einzelgewerkschaften mit eigener Finanzhoheit, realistischer. In Niedersachsen gab es bis 1947, in Bayern sogar bis 1949 hinhaltendes Widerstreben, diesen Weg einzuschlagen. Unumstritten dagegen war die Notwendigkeit des zonalen Zusammenschlusses, nachdem die Unternehmer immer anmaßender, die Demontagen immer unerträglicher wurden und im Westen bis 1947 kaum Betriebsvereinbarungen zur Sicherung weitgehender Rechte der Betriebsräte für die wirtschaftliche, personelle und soziale Mitbestimmung zustande gekommen waren. Ebenfalls größere Schwierigkeiten bereitete es, das Industrieverbandsprinzip zu akzeptieren, dessen Vorteile man zwar einsah, das aber den Organisationsbereich der Holzarbeiter so beschnitt, daß die Holzarbeitergewerkschaft aus den Werften, Waggon- und Maschinenbaugroßbetrieben verdrängt und auf Mittel-, Klein- und Kleinstbetriebe beschränkt wurde.

Szenen vom 1. Außerordentlichen Verbandstag der »Bayerischen Landesgewerkschaft Holz« in München (Feb./März 1947)

Ernst Schröder, geboren am 24. September 1907 in Hamburg. Volksschule, Tischlerlehre. 1925 Eintritt in den DHV. 1927 Eintritt in die SPD. Nach dem Kriegsende 1945 Mitarbeit beim Wiederaufbau der Gewerkschaften. Seit 1947 hauptamtlich bei der Gewerkschaft Holz. 1948 Wahl zum Bevollmächtigten und Vorsitzenden in Hamburg. 1960 bis zur Pensionierung 1973 Bezirksleiter in Nordmark. Ernst Schröder starb im Dezember 1988.

Otto Mischner, geboren am 30. September 1888 in Groß-Radisch (Sachsen). Volksschule, Schreinerlehre, Fachschule, Akademie der Arbeit. 1906 Eintritt in den DHV. Wahl zum Vertrauensmann. 1907 wegen eines Streiks in Dresden Wanderung nach Frankfurt/Main. 1908 Eintritt in die SPD. 1918 Wahl zum Schriftführer der DHV-Ortsverwaltung in Frankfurt/Main. Seit 1922 hauptamtliche Tätigkeit beim DHV, von 1930 bis 1933 als Vorsteher des Gaus Frankfurt. 1945 Entlassung aus der Kriegsgefangenschaft. Wahl zum Landesvorsitzenden Hessen/Rheinland-Pfalz, danach bis September 1955 Bezirksleiter der Gewerkschaft Holz. Otto Mischner starb am 2. Februar 1982.

Diese Betriebsstruktur hatte zur Folge, daß die Organisierungsarbeit mit einem besonders hohen Aufwand an Zeit, Arbeit und Geld verbunden war. So blieb für viele die heimliche Liebe die zentralistische Einheitsgewerkschaft, gegliedert in Berufssparten.

Bereits im September 1947 konnte das erste Zusammentreffen auf bizonaler Ebene stattfinden, und ihm folgte am 23. und 24. Oktober 1947 in Erfurt die erste Interzonenkonferenz, die die Bildung eines Arbeitsausschusses beschloß. Diese Intensivierung der Vereinigungsarbeit fand ihre Grenzen an den unterschiedlichen Auffassungen der Militärregierungen. Gegenüber der zentralistischen Einheitsgewerkschaft in der SBZ und dem zonalen Bund in der britischen Besatzungszone waren der zentralen Organisierung in der amerikanischen und in der französischen Besatzungszone enge Grenzen gesetzt. So entstand zwischen beiden Zonen lediglich eine Verbindung der gewerkschaftlichen Zonensekretariate von Stuttgart und Baden-Baden. Auf der zweiten Interzonenkonferenz am 11./12. Februar 1948 in Detmold wurde der Beschluß gefaßt, auf der vorgesehenen 3. Interzonenkonferenz einen gemeinsamen Zentralausschuß zu wählen. Zu dieser dritten Konferenz kam es jedoch nicht mehr, weil die Spitze des FDGB in der SBZ/DDR bereits von den Direktiven der politischen Führung der SED abhängig war. Für die Holzarbeiter war dies ein besonders schmerzhafter Prozeß, weil vor 1933 die mitgliederstärksten Teile des alten DHV in Mitteldeutschland gelegen hatten und infolgedessen nach 1945 die westlichen Holzarbeiter zu dieser mitgliederstärksten Zone und dem dort wirksamen Organisationsprinzip eine starke Affinität entwickelten, die sich auch auf den Interzonenkonferenzen bemerkbar machte.

Daraufhin folgte Anfang August 1948 eine Zusammenkunft auf trizonaler Ebene mit dem Ziel, die Vereinigung der Holzarbeiterverbände in den drei westlichen Zonen vorzubereiten. Eine erste Drei-Zonen-Konferenz fand im Januar 1949 statt; sie diente der Festlegung des künftigen Hauptsitzes (Hamburg oder Frankfurt am Main standen zunächst zur Auswahl, im August 1950 erhielt Düsseldorf den Zuschlag), der Zusammensetzung der Leitung sowie der besseren Koordination in Tariffragen. Im Februar hielten die Landesvorsitzenden eine Sitzung zur Vorbereitung des Vereinigungsverbandstages ab, und am 27. und 28. Mai 1949 vereinigten sich in Königswinter im Adam-Stegerwald-Haus die IG Holz der britischen Zone mit Sitz in Hamburg, die Landesverbände Hessen/Frankfurt, Bayern/München, Württemberg/Stuttgart, Württemberg-Hohenzollern/Reutlingen, Südbaden/Freiburg i.B., Rheinland-Pfalz/Neustadt-Hardt zu einer Zentralgewerkschaft der Holzarbeiter mit 175 745 Mitgliedern. Vorsitzender wurde Markus Schleicher, der seit 1909 hauptberuflich für die Holzarbeitergewerkschaft tätig war, zuerst als Leiter der Verwaltungsstelle Stuttgart, dann als Stellvertretender Vorsitzender des DHV und nunmehr als Vorsitzender des Württembergischen Gewerkschaftsbundes; 2. Vorsitzender wurde Franz Valentiner (Jg. 1896), seit 1921 ehrenamtlich im Holzarbeiterverband tätig und seit September 1948 nach dem Tod von Werner Putze Vorsitzender der IG Holz der britischen Zone.

Mit der Wahl von Markus Schleicher zum ersten Vorsit-

Markus Schleicher, geboren am 25. April 1884 in Mögglingen. Dorfschule, Schreinerlehre, Wanderschaft. 1901 Eintritt in den DHV. 1904 Vorstandsmitglied der Ortsverwaltung Wilhelmshaven. 1908 Vorsitzender der Verwaltungsstelle Bremerhaven. 1909 besoldeter Vorsitzender der Verwaltungsstelle Stuttgart. 1920 zunächst Vorstandssekretär beim DHV-Hauptvorstand für Tarifpolitik, dann stellvertretender Vorsitzender des DHV. 1933 für kurze Zeit in Haft. Terroranschläge gegen sein Haus in Berlin, Rückzug in den Schwarzwald. Übernahme einer leitenden Stellung in einem holzgewerblichen Betrieb in Stuttgart. 1945 maßgebliche Beteiligung am Wiederaufbau der Gewerkschaften. 1946 Vorsitzender des Gewerkschaftsbundes in Württemberg-Baden. Mitglied des Stuttgarter SPD-Parteivorstands. Geschäftsführender Vorsitzender des gewerkschaftlichen Zonenausschusses der amerikanischen Besatzungszone. Mitglied der vorläufigen Volksvertretung in Württemberg-Baden. 1947 Mitglied des Gewerkschaftsrates der Bi-Zone. 1949 bis 1951 Vorsitzender der Gewerkschaft Holz sowie von 1950 bis 1951 des Landesverbandes Württemberg-Baden des DGB. Markus Schleicher starb am 11. März 1951.

zenden hatten sich die Süddeutschen, für die Schleicher und Fritz Tarnow als »graue Führungsriege im Hintergrund« gewirkt hatten, gegenüber den Kollegen der britischen Zone durchgesetzt. Schleicher war als hervorragender Lohn- und Tarifpolitiker keine schlechte Wahl für einen geachteten Wortführer, wie ihn der neue Verband brauchte; und er repräsentierte die besten Seiten der Kontinuität aus den Zeiten vor 1933. Aber er galt eben auch als »älterer Kollege der südlichen Zonen«, dem nicht mehr alle zutrauten, in die Diskussion jenen Geist hineinzutragen, »der identisch ist mit der Stimmung und Meinung der Kollegen in den Betrieben«[1].

Organisatorische Konsolidierung nach der Vereinigung 1949

Der Organisationsaufbau der Gewerkschaft Holz von unten nach oben war weitgehend identisch mit dem bezirklichen Organisationsaufbau des DGB bzw. wurde ihm angeglichen: örtliche Verwaltungsstellen mit einer Mitgliederzahl zwischen 10 und 9000 (1949), die Bezirke Nordmark, Niedersachsen, Ostwestfalen-Lippe, Nordrhein-Westfalen, Hessen-Rheinland-Pfalz, Baden-Württemberg, Nordbayern, Südbayern sowie die Verwaltungsstellen Berlin (seit 1951) und Saarland (seit 1956) und die Bundesebene. Parallel dazu waren ehrenamtliche Funktionäre in den Betrieben als Verbindungsglieder zwischen den Mitgliedern und den örtlichen Verbandsleitungen tätig. Auf der örtlichen Ebene existierten Frauengruppen und Jugendausschüsse. Auf der Ebene der Bezirke wurden Geschäftsstellen eingerichtet, die eine oder mehrere Verwaltungsstellen umfaßten und von einem hauptamtlichen Geschäftsführer geleitet wurden. Das Fundament bildeten weiterhin die vielen kleinen Verwaltungsstellen mit ihren ehrenamtlichen Funktionären.

Mitgliederzahlen der Holzarbeiterverbände in den vier Zonen*

Britische Zone — 78 800
Amerikanische Zone — 66 300
Französische Zone — 16 600
Sowjetische Zone — 202 500

insgesamt 364 200

* Stand 1.10.1948, ohne die abgetretenen Gebiete im Osten sowie FDGB und UGO Groß-Berlin.

Franz Valentiner, geboren am 7. November 1896 in Bad Reichenhall. Volksschule, Schuhmacherlehre. 1913 Eintritt in die SPD, 1914 in den DHV. 1921 Wahl zum Betriebsratsvorsitzenden in einem Hamburger Industriebetrieb. Während der Weimarer Republik Vorstandsmitglied der DHV-Ortsverwaltung Hamburg und Vertreter des DHV im ADGB-Ortsausschuß von Groß-Hamburg. 1936 bis 1938 Gefängnis und Konzentrationslager wegen »Hoch- und Landesverrats«, »Betrug und Urkundenfälschung«. Nach der Haftentlassung Arbeit als Auslieferer einer Speditionsfirma. Von 1939 bis 1945 Soldat. Nach Kriegsende 1945 Wahl zum Vorsitzenden der Ortsverwaltung Hamburg der Holzarbeitergewerkschaft. 1947 Wahl zum ehrenamtlichen Hauptvorstandsmitglied, im April des gleichen Jahres zunächst zum 2. Vorsitzenden und im September 1948 nach dem Tod von Werner Putze zum 1. Vorsitzenden der IG Holz der britischen Besatzungszone. 1949 Wahl zum 2. Vorsitzenden der Gewerkschaft Holz, 1951 zu deren 1. Vorsitzenden. 1952 Mitglied der Regional-Exekutive europäischer Organisationen des »Internationalen Bundes Freier Gewerkschaften«. 1953 Rücktritt vom Amt des Vorsitzenden der Gewerkschaft Holz. 1954 bis zur Erreichung der Altersgrenze Tätigkeit für den »Großhamburgischen Bestattungsverein«. Franz Valentiner starb am 24. November 1972 in Hamburg.

---

[1] Protokoll über die Vorstands-Sitzung (der IG Holz der britischen Zone) am 2.2.1949.

WIEDERAUFBAU

Die Exekutive der Gewerkschaft Holz bestand aus dem Hauptvorstand sowie dem ebenfalls vom Gewerkschaftstag gewählten Beirat, dem Hauptausschuß und der Revisions-Kommission. Zum geschäftsführenden Hauptvorstand gehörten der 1. Vorsitzende, seine beiden Stellvertreter und der Hauptkassierer. Höchste Instanz war der Verbands- bzw. Gewerkschaftstag, der bis 1957 alle zwei, danach alle drei Jahre (von 1969 an alle vier Jahre) stattfand.

Allgemein entwickelte sich nach 1949 die Gesamtstruktur der oft unterschiedlichen Bezirke kontinuierlich entsprechend der vorgegebenen industriellen Struktur der jeweiligen Region. Das Ziel der Verbandsleitung war ein organisatorischer wie gebietsmäßiger Ausgleich. Schwierigkeiten ergaben sich allerdings in Bayern, in den Bezirken Nord- und Südbayern; hier lagen Gebiete, die schon immer organisatorisch schlecht erfaßbar waren, wie der Coburger Raum, wo vor allem Korbmacher beschäftigt waren; außerdem war die Arbeitslosenrate in diesen Gebieten extrem hoch. So erwies sich der Aufbau von Ortsverwaltungen nach dem Vereinigungsverbandstag als schwierig.

Obwohl in der Struktur ähnlich, entwickelte sich der Bezirk Württemberg-Baden durch eine schnelle Anpassung an die bundesweite Linie effizienter; der Organisationsaufbau wurde durch die vorausgegangene innerzonale Verknüpfung von Stuttgart und Baden-Baden erleichtert. In Hessen und in den westlichen Bezirken Norddeutschlands gab es kaum Schwierigkeiten beim Übergang zu einer bundesweiten Organisation; das galt auch für Niedersachsen, obwohl hier erst einmal die »Allgemeine Gewerkschaft« industrieverbandlich umstrukturiert werden mußte. Ein Problembereich war dagegen auch der Bezirk Nordmark, ein einerseits organisatorisch schwer zu erfassendes ländliches Gebiet, andererseits aber mit Hamburg die größte Ortsverwaltung.

Eine wesentliche Neuerung war die Wahl der Bezirksleiter, die vom Hauptvorstand berufen und auf dem nächsten Bezirkstag zu bestätigen waren. Dennoch blieben auch die Jahre nach dem organisatorischen Neuanfang die Zeit der großen »Landesfürsten«, die teilweise wie zum Beispiel Karl Hölzer in Hannover und Hermann Thielicke in Herford bis weit in die sechziger Jahre ihren Bezirk »regierten«; jeden-

Organisationsplan der Gewerkschaft Holz

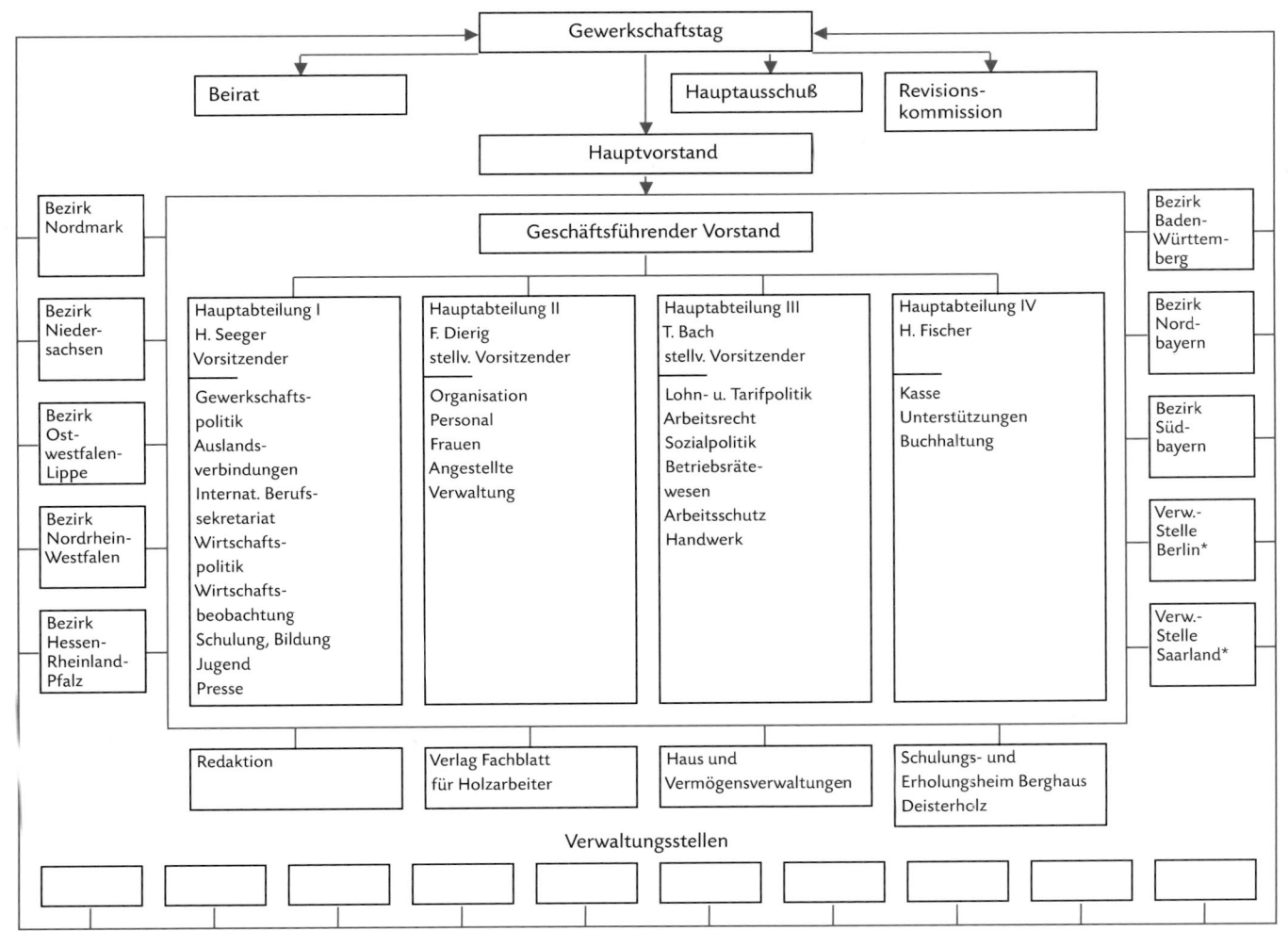

Quelle: Almanach (Taschenkalender). Für Mitglieder der Gewerkschaft Holz, 1957, 38. Jg. Hrsg. Hauptvorstand GH-Düsseldorf, S. 136.

* Die Verwaltungsstellen Berlin und Saarland haben im Hinblick auf ihren politischen Status eine Sonderstellung.

falls fand der Generationswechsel im Funktionärskörper durchgreifend erst in den sechziger Jahren statt. Teilweise belasteten die Schwierigkeiten bei der Rekrutierung von Funktionären den kontinuierlichen Neuaufbau. Besonders negativ wirkte sich das Ausbildungsdefizit bei den Kassierern aus, so daß man eigentlich überall zuerst auf »gute alte Funktionäre« zurückgriff. Nachteilig auf die Konsolidierung einer schlagkräftigen Organisierung wirkten sich auch die dauernden Abgrenzungsprobleme aus. Das Ziel einer Anbindung der Gewerkschaft Holz an die IG Bau, wie in anderen Ländern üblich, gelang für die Bundesrepublik nicht. Dazu traten bedingt durch das Industrieverbandsprinzip viele kompetente Gewerkschafter zur IG Metall über, worüber ganz besonders Klage geführt wurde. So wanderten ganze Branchenbereiche ab, wie etwa die Tischlereien der Metall-, Chemie- und Waggonbaubetriebe. Immer wieder wurde die Solidarität der anderen Industriegewerkschaften eingefordert, nachdem man fast ein Drittel durch die neue industriegewerkschaftliche Form verloren hatte. Holzarbeiter seien – so wurde argumentiert – in ihrer Vorstellungswelt »ein bißchen anders« als Metall- oder Textilarbeiter: »Aber auf dieses bißchen anders kommt es meistens an, wenn man die Kollegen für echte gewerkschaftliche Arbeit gewinnen will.«[2]

Eine wichtige Funktion bei der Stabilisierung der Mitgliedschaft und der Vertrauenswerbung nach innen wie außen hatte die »Holzarbeiter-Zeitung«, die seit 1950 wieder erschien und zunehmend den Charakter eines anspruchsvollen Magazins annahm. Wichtige Medien der Gewerkschaft waren auch das Funktionärsorgan »Der Mitarbeiter« (seit 1954), das »Fachblatt für Holzarbeiter« und die Jugendzeitschrift »Drei von der Hobelbank« bzw. seit 1958 die »freundschaft«. Zusammen mit den Protokollen der Gewerkschaftstage und den Wirtschafts- und Tätigkeitsberichten sowie – nicht zu vergessen – dem Taschenkalender als Nachfolger des früheren DHV-Almanachs war dies ein stattliches Orientierungsangebot.

Die zunächst von Teilen der Gewerkschaft nur widerwillig mitvollzogene Verlegung des Hauptsitzes von Hamburg nach Düsseldorf erwies sich wegen der Nähe zum DGB-Bundesvorstand als gute Entscheidung, zumal man 1954 ins eigene Haus in der Sonnenstraße einziehen konnte, in dem noch lange Zeit so manches an den nüchternen Charme der fünfziger Jahre erinnerte. Im April 1955 beschloß der Vorstand, eine Schulungs- und Erholungsstätte für 50 Menschen am Rande des Deister in Bad Münder zu bauen: in der größten Verwaltungsstelle in Norddeutschland, dicht benachbart dem Möbelzentrum Herford und den großen Stuhlfabriken im Deistergebiet – die richtige Lage für ein Haus der Holzarbeiter, für das das Holz ein wesentlicher Baustoff sein sollte.

Nicht nur diese Vorhaben machen deutlich, daß die Finanzlage der Gewerkschaft, wie man so sagt, gesund war: Bereits im Jahre 1950 hatte die Gewerkschaft Holz Einnah-

Franz Valentiner, Markus Schleicher, Fritz Tarnow (v. l. n. r.)

Karl Hölzer, geboren am 6. Januar 1901 in Hannover. Volksschule, Lehre als Möbeltischler. 1919 Eintritt in den DHV. Wahl zum Werkstattdelegierten. 1925 bis 1929 Mitglied der KPD. 1933/1934 mehrmalige Verhaftung. 1935 Verurteilung wegen »Vorbereitung zum Hochverrat« zu einem Jahr und neun Monaten Gefängnis. Strafdivision 999. 1943 bis 1945 Organisation Todt. Nach dem Kriegsende Mitarbeit beim Aufbau der »Allgemeinen Gewerkschaft Niedersachsens«. 1946 Wahl zum Geschäftsführer und Vorsitzenden der Ortsverwaltung Hannover. 1947 Wahl zum Geschäftsführer und Vorsitzenden der »Wirtschaftsgruppe Holz« der Allgemeinen Gewerkschaft Niedersachsens. 1949 bis zur Pensionierung 1965 Bezirksleiter der Gewerkschaft Holz in Niedersachsen.

Hermann Thielicke, geboren am 1. Juli 1907 in Ellwürden. Volksschule, Tischlerlehre in Wilhelmshaven. 1923 Eintritt in den DHV. 1929 durch Arbeitslosigkeit erzwungene Wanderung von Wilhelmshaven nach Herford. 1942 bis 1945 Soldat. Nach der Entlassung aus der Kriegsgefangenschaft Mitarbeit beim Wiederaufbau der Gewerkschaften. 1946 Bezirkssekretär, 1947 bis 1969 Bezirksleiter der Gewerkschaft Holz für den Bezirk Ostwestfalen-Lippe. Hermann Thielicke starb im November 1989.

2
Heinz Seeger, Protokoll des 3. Verbandstages 4.-8.9.1955 in Kassel, S. 171.

men in Höhe von vier Millionen DM; die Ausgaben beliefen sich auf drei Millionen DM, so daß ein Plus von einer Million DM bestand. Die Beitragsleistungen stiegen in den folgenden Jahren nur sehr schleppend und nicht proportional zu den Lohn- und Gehaltserhöhungen. Auch in der Gewerkschaft Holz gab es das traurige Kapitel der mangelnden Beitragsehrlichkeit. Aufs Ganze gesehen verstand es der Vorstand, hierin unterstützt vom Gewerkschaftstag, aufkommende Probleme durch entsprechende Gegenmaßnahmen rechtzeitig zu lösen und so die Finanzen der Gewerkschaft zu ordnen.

Schon vor dem Zusammenschluß hatten die Holzarbeiter gleich nach Kriegsende versucht, wieder Anschluß an den »Internationalen Bund der Bau- und Holzarbeiter« (IBBH), der 1946 weltweit 1,24 Millionen Mitglieder hatte, zu finden. So nahm Werner Putze als Vorsitzender der IG Holz der britischen Zone bereits an der ersten Nachkriegskonferenz des IBBH 1947 in Stockholm teil. Wie alle deutschen Gewerkschafter mußten auch die Holzarbeiter-Gewerkschafter die Erfahrung machen, daß sie als Deutsche nicht problemlos akzeptiert wurden.

Nimmt man alles zusammen, so bestätigt sich der Eindruck, daß die Gewerkschaft Holz in den fünfziger Jahren zu einer konsolidierten Organisation geworden war, die übrigens 1951 mit 211770 Mitgliedern ihren Höchststand in der Nachkriegszeit erreichte. Doch das Bild täuscht in einer Beziehung erheblich: Die Gewerkschaft hatte mit ihren Vorsitzenden nur scheinbar Glück.

Im Mai 1951 starb Markus Schleicher (Jg.1884), der die in ihn gesetzten Erwartungen allein schon durch die räumliche Distanz zwischen Stuttgart und Düsseldorf kaum zu erfüllen vermochte – bei seiner Wahl hatte er selbst davor gewarnt, von ihm zu verlangen, »daß ich praktisch nochmals in die ungeheure Arbeit eines Lohnbewegungsonkels einsteige. Das muß der jüngere Vorstandskollege machen«[3]. Auf dem Gewerkschaftstag im Juni 1951 – es war der erste ordentliche – rückte denn auch Franz Valentiner (Jg.1896), in offener Wahl einstimmig gewählt, als erster Vorsitzender nach. Valentiners unsicher bis autoritär wirkender Führungsstil, seine organisatorische Ineffizienz, aber auch seine politischen Auffassungen – er war seit 1913 SPD-Mitglied und verdächtigte andere Meinungen schnell der Linksabweichung – bildeten zunehmend Anlaß zur Kritik. Zwar wurde er im April 1953 vom Beirat nochmals nominiert, aber der Druck der »Landesfürsten« war so entschieden, daß Valentiner sich entschließen mußte, »aus der Erkenntnis heraus, daß vielleicht kräftigere und impulsivere Kräfte sich entwickelt haben, (...) nicht mehr als erster Vorsitzender zu kandidieren«[4].

Vorgeschlagen wurde Heinz Seeger (Jg.1907) und auf dem Gewerkschaftstag im Juni 1953 in Hamburg per Akklamation bei einer Stimmenthaltung gewählt. Seeger, Redakteur der Holzarbeiter-Zeitung seit März 1951, hatte sich inzwischen als neuer Hoffnungsträger profiliert: eloquent, rhetorisch glänzend mit einem Schuß klassenkämpferischen Populismus, politisch entschieden links und auch machtbewußt. Ständig gab er als Vorsitzender in der Holzarbeiter-Zeitung die Parole aus und blieb auch als Vorsitzender der Chefredakteur der Zeitung; Peter Riemer (Jg.1928), seit 1953 in der Redaktion tätig, übernahm offiziell erst im September 1957 Seegers Aufgabe. Aber auch Seegers Führungsstil stieß alsbald auf Widerspruch; die zunehmend deutlicher werdende neutralistisch-DDR-freundliche Zuspitzung seiner politischen Positionen wurde nicht mehr ungeteilt akzeptiert: Sowohl bei antistalinistischen Linken wie Karl Hölzer (Jg.1901) als auch erst recht bei den Christlich-Sozialen wie zum Beispiel Heinrich Wittkamp (Jg.1903) und nicht zuletzt bei der sozialdemokratischen Mitte wuchs die Distanz zum Vorsitzenden. Dieser räumte faktisch das für ihn immer schwieriger werdende Feld des Organisationsapparates, indem er seiner Neigung zu Weltreisen zu auffällig nachgab. Und so mußte der einst mit viel Vorschußlorbeeren bedachte Seeger im Dezember 1958 weichen. Bis zum nächsten Gewerkschaftstag im Jahre 1960 übernahm der bisherige 2.Vorsitzende Gerhard Vater (Jg.1924) provisorisch das Ruder, unterstützt von einem der am längsten amtierenden Spitzenfunktionäre, dem Bezirksleiter der Nordmark, Ernst Schröder (Jg.1907).

Heinrich Wittkamp, geboren am 3. März 1903 in Schwelm. Volksschule, Lehre als Möbelschreiner, Wanderschaft. 1920 Eintritt in den Zentralverband der Christlichen Holzarbeiter Deutschlands (ZcHD). 1927 Besuch der Akademie der Arbeit in Frankfurt/Main. 1928 Wahl zum Bezirksleiter des ZcHD in Mannheim-Rheinpfalz-Saarland. 1933 Entlassung aus dem ZcHD. Arbeit als Vertreter. 1940 Einberufung zur Polizei. 1945 Rückkehr aus englischer Kriegsgefangenschaft. Eintritt in die CDU. 1946 Wahl in den Mannheimer Stadtrat. Seit September 1945 Angestellter der Gewerkschaft Holz, zunächst als Geschäftsführer in Mannheim, seit 1953 als Bezirksgeschäftsstellenleiter in Neustadt. Nach Konflikten um die Gründung christlicher Gewerkschaften 1960 Beendigung des Arbeitsverhältnisses bei der Gewerkschaft Holz. 1961 Ernennung zum Geschäftsführer der CDU in Mannheim. Heinrich Wittkamp starb am 1. November 1987.

3
(Gedrucktes) Protokoll des Vereinigungsverbandstages der Holzarbeiter in der amerikanischen, britischen und französischen Besatzungszone am 27. und 28. Mai 1949 in Königswinter, S. 56.

4
Protokoll der Vorstands- und Beiratssitzung am 10./11.4.1953 in Düsseldorf; Protokoll des 2. Gewerkschaftstages 21.–26.6.1953 in Hamburg, S. 391.

*Schulungs- und Erhohlungsstätte
der Gewerkschaft Holz
in Bad Münder a. Deister*

Festveranstaltung

Straßenumzug

Mitgliedschaft in den fünfziger Jahren

Die Mitgliederzahlen[5] pendelten sich bis zum Ende der fünfziger Jahre auf dem Niveau von circa 180 000 Mitgliedern ein, bis sie auf der Wende zu den sechziger Jahren dramatisch abfielen. Die Hauptmasse der Mitglieder stellten vor allem die in der Bauschreinerei und in der Sägeindustrie tätigen Tischler, 1951 zum Beispiel mit 60 Prozent. Das Organisationsgebiet bestand 1956/57 aus 90 000 Handwerks- und Industriebetrieben; nur 6,2 Prozent der Betriebe hatten mehr als zehn Beschäftigte. Obwohl also die Struktur des Organisationsgebietes mehr Arbeit und Anstrengung erforderte als bei manchen anderen Gewerkschaften, war der Organisationsgrad beträchtlich; so gab es zum Beispiel 1951 etwa 550 000 Beschäftigte im Organisationsbereich; von ihnen waren 211 770 organisiert, was einem Organisationsgrad von 37 Prozent entsprach.

Die im Süden und Norden liegenden Bezirke mit meist kleineren Betrieben entwickelten sich stetig; ökonomisch besser strukturierte Bezirke mit einer größeren Bevölkerungsdichte wiesen dagegen einen proportional schlechteren Organisationsgrad auf und bedurften intensiverer Bearbeitung durch qualifizierte Funktionäre. Deren Arbeit war wegen der großen regionalen Ausdehnung und der Vielzahl der Betriebe im jeweiligen Organisationsgebiet äußerst vielfältig. So bearbeitete zum Beispiel der Geschäftsführer der Verwaltungsstelle in Osterode Anfang der sechziger Jahre das gesamte Harzgebiet. Das bedeutete in der Praxis, daß er nicht nur Interessenvertreter der Mitglieder in Konfliktfällen war, die sich aus dem Arbeitsverhältnis ergaben, sondern zugleich eine Art Sozialanwalt, der im Zivilrecht beschlagen sein mußte, gelegentlich ehelichen Frieden zu stiften hatte, die örtlichen Grundstückspreise kennen mußte, über die Möglichkeiten der Lehre und Ausbildung der Kinder informiert zu sein hatte, aber auch die Bestimmungen der Bausparkasse kennen mußte...

Auch in der Gewerkschaft Holz waren die Frauen und die Jugendlichen Problemgruppen, obwohl nicht übersehen werden darf, daß der Anteil der Frauen an der Mitgliedschaft keineswegs stagnierte: 1951 stellten sie 7,9 Prozent, 1959 sogar 8,5 Prozent der Mitglieder. Zunehmend traten Frauen auch als Delegierte bei den Gewerkschaftstagen auf, wenngleich immer noch in verschwindend geringer Anzahl, übrigens meist aus der Nürnberger Bleistiftindustrie und der Hamburger Füllfederhalterfabrikation. Typische Frauenarbeitsbereiche waren überdies Tischler(hilfs)arbeiten, Spielsachen bemalen und zusammenbauen, Endkontrolle der Produkte.

Die Schwierigkeiten bei der Organisierung der Frauen hingen eindeutig mit ihrer Doppel- und Dreifachbelastung

---
[5] Siehe die Tabelle im Anhang.

(vor allem bei Schichtarbeit) zusammen, die selten Spielräume für gewerkschaftliche Arbeit ließ. So waren Frauen in herausgehobener gewerkschaftlicher Position eher die Ausnahme wie zum Beispiel Liesel Heneka aus Bruchsal – mit 18 geheiratet, 2 Kinder, der Mann Drucker –, die bei der Endabnahme der Bordwände für LKWs beschäftigt war, in einem Betrieb, wo 15 Frauen neben 300 Männern standen, und die mit der drittgrößten Stimmenzahl in den Betriebsrat gewählt worden war. Oder Agathe Köster, seit 1948 organisiert und Betriebsobfrau in einem Betrieb, der Holzhenkel für Elektrogeräte, Griffe für Bügeleisen, Elektrokocher und Lötkolben herstellte...[6]

Mehr noch als gegenüber den Frauen bestanden in der tragenden Funktionärsschicht gegenüber den Jugendlichen deutliche Unsicherheiten. Als 1951 bei einem Mitgliederanteil der Jugendlichen unter 21 Jahren von 16 Prozent überlegt wurde, ob Gastdelegationen zum Gewerkschaftstag nach dem Schlüssel »aus jedem Bezirk ein Jugendleiter« zugelassen werden sollten, reagierte die überwiegende Mehrheit im Vorstand ablehnend: Die Jugend habe sie »in gewisser Weise« enttäuscht, man habe von ihr »wenig Nutzen« gehabt, die Jungen sollten auf eigenen Tagungen »unter sich« bleiben, würden sie am Gewerkschaftstag teilnehmen, »glauben sie, Kleinarbeit nicht mehr nötig zu haben«, am besten sei es, sie würden sich als Delegierte wählen lassen[7]. Man hatte offensichtlich lange Zeit kein Konzept, wie man bei abnehmendem Mitgliedsanteil (1959 nur noch 12,8 Prozent) mit jungen Gewerkschaftern, die überhaupt erst für die Organisationsarbeit besonders in Arbeitsrecht, Sozialpolitik und Volkswirtschaft geschult werden mußten, umgehen sollte. Dabei waren die Jugendgruppen in den fünfziger und sechziger Jahren teilweise politisch recht aktiv, und ihre Vertreter verstanden es, durchaus selbstbewußt zu artikulieren, was sie wollten, wie der Bezirksjugendleiter Horst Morich aus Lauterberg (Jg.1934), der auf dem Gewerkschaftstag 1957 bündig erklärte: »Die Jugend (...) will (...) in Frieden in einem vereinigten Deutschland leben und arbeiten für einen Staat, der für die Jugendlichen etwas tut.«[8]

Lohnpolitik und Streiks

Die westdeutsche Holzwirtschaft befand sich in den ersten Nachkriegsjahren in einer andauernden, von nur kurzen konjunkturellen Aufschwüngen unterbrochenen Instabilität und war, bedingt durch den vorausgegangenen Raubbau, auf verstärkten Import, meist von Schnittholz, angewiesen, worunter besonders die Sägewerkbranche zu leiden hatte. Daran änderte zunächst auch nichts, daß wegen der Wiederaufbauarbeiten, vor allem im Wohnungssektor, ein großer Holzbedarf nachgefragt wurde. Doch war die

Maifeier in Hamburg-Bergedorf (1952)

6
Vgl. den Bericht »Frauen, die mit beiden Beinen im Leben stehen«, in: Holzarbeiter-Zeitung (künftig: HZ) Nr. 3, 1965.

7
Protokoll der Vorstands- und Beiratssitzung am 30./31.3.1951.

8
Protokoll des 4. Verbandstages 1.–5.9.1957 in Nürnberg, S.139.

KAPITEL V 1945–1966

Delegation der Gewerkschaft Holz beim DGB-Bundeskongreß in Berlin 1952 (1. Reihe v. l. n. r.: Hugo Kiefat, Louis Möckel, Karl Hölzer, Franz Valentiner, Wilhelm Schumann, Heinz Seeger, Theo Bach; 2. Reihe v. l. n. r.: Hilar Hertkorn, Hans Leonhard, Hans Fischer, Willi Hermanns, Bernhard Frilling, Franz Dierig, Jakob Soltau, Ernst Schroeder, Hermann Thielicke, Otto Mischner)

Heinz Seeger mit Anton Storch (1955)

holzverarbeitende Industrie in den fünfziger Jahren in einem besonderen Maße von der Massenkaufkraft abhängig, und zwar von der im Inland erzeugten, da der Möbelexport sehr gering war.

Hinzu kamen Rationalisierung und Automatisierung, die auch in der Holzindustrie seit Mitte der fünfziger Jahre einsetzten. Die Folge war eine enorme Steigerung der Arbeitsproduktivität. Während man zum Beispiel noch 1950 zum Tauchen von 1000 Bügeleisengriffen 3 Tage brauchte und der Stundenlohn 0,66 DM betrug, wurden 15 Jahre später 3000 Stück an einem Tag fertig, und der Stundenlohn lag nunmehr bei 3,51 DM. Mit einer verminderten Belegschaft wurde ganz generell ein Vielfaches von dem hergestellt, was 10 Jahre zuvor als Tages- oder Monatsproduktion den Betrieb verließ. Die Automatisierungsvorgänge führten auch zu strukturellen Änderungen in der Zusammensetzung der Arbeitnehmerschaft: Während früher ein Betrieb zu 70 bis 80 Prozent mit Arbeitskräften aus den Handwerksberufen besetzt war, kam er Mitte der fünfziger Jahre mit 10 bis 20 Prozent aus.

Als Folge der instabilen Lage der Holzwirtschaft entstand in den Grenzland- und Zonengrenzbezirken eine durchgehende strukturelle Arbeitslosigkeit; als ausgesprochene Notstandsgebiete galten: der Bayerische Wald, das Fichtelgebirge und der Schwarzwald. Zu den Folgen der Instabilität gehörte auch das Nachhinken der Holzarbeiter bei der Entwicklung der Löhne. 1957 betrug der Durchschnittslohn in der holzbearbeitenden und in der Sägeindustrie 1,78 DM, in der holzverarbeitenden Industrie 1,96 DM, der Durchschnittslohn eines Industriearbeiters lag dagegen bei 2,29 DM.

Die Produktivität der Arbeit war zwar gestiegen und die Arbeitsintensität gesteigert worden, die Löhne jedoch hatten nicht Schritt gehalten mit der Leistungssteigerung der menschlichen Arbeit. Dies war neben den anderen bereits erwähnten Faktoren Ausdruck der Tatsache, daß die Gewerkschaft Holz einer aggressiven Unternehmerpolitik ausgesetzt war, die systematisch an dem vorhandenen Lohngefüge rüttelte. So wurde unter Wortführerschaft des Vorsitzenden Heinz Seeger die Forderung nach aktiver und expansiver Lohnpolitik zu einem Leitmotiv der gewerkschaftlichen Arbeit. Ging es zunächst darum zu verhindern, daß die Kosten des verlorenen Krieges allein auf die Schultern der breiten Massen abgewälzt wurden, kam es seit Mitte der fünfziger Jahre darauf an, im Rahmen der kapitalistischen Unternehmerwirtschaft darum zu kämpfen, durch Lohnerhöhungen die Arbeitsverhältnisse günstiger zu gestalten, was konkret hieß, die Mantel- und Lohntarife nach den Grundsätzen eines leistungsgerechten Anteils der Arbeitnehmer am Wirtschaftsertrag zu reformieren.

Gemessen an den Ausgangsbedingungen war die Lohnpolitik der Gewerkschaft Holz relativ erfolgreich. So stiegen die Tariflöhne von 1948 bis 1963 im Durchschnitt um etwa 200 Prozent und damit mehr als bei den meisten anderen Gewerkschaften. In dieses Konzept integriert war eine Politik der konsequenten Arbeitszeitverkürzung. So bestanden 1957 180 Verträge für circa 90 Prozent der in der Holzindu-

WIEDERAUFBAU

Ab Montag, den 19. Juli 1954, morgens 7 Uhr:

STREIK
im Schreinerhandwerk!

Arbeitskollegen!

Nach Beschluß der überwältigenden Mehrheit legen die Schreiner in den Handwerksbetrieben die Arbeit nieder. Meldet Euch sofort bei der örtlichen Streikleitung! Nur bei persönlichem Einsatz jedes einzelnen hat unsere Aktion Erfolg! Die Parole lautet:

Höher mit dem zurückgebliebenen Tariflohn!

Gewerkschaftskollegen aus anderen Berufen!

Helft mit und duldet auf Baustellen und in Werkstätten keine Streikbrecher!

Zuständige Streikleitung — Die Bezirksleitung der Gewerkschaft Holz

Telefon 30361

Holzarbeiter-Zeitung
für die Arbeiter und Angestellten in der Gewerkschaft Holz

45. (61.) Jahrgang — Düsseldorf, 1. August 1954 — Nummer 15

Schreinerstreik in Hessen!

Streik der Säge- und Hobelarbeiter bei der Firma Brögmann in Papenburg (1956)

Schreinerstreik in Hessen (1954)

KAPITEL V 1945–1966

strie beschäftigten Arbeitnehmer, in denen die 45-Stunden-Woche als Einstieg in die 40-Stunden-Woche festgelegt wurde. Auch gelang es der Gewerkschaft Holz als erster Organisation überhaupt, ein – wenn auch kleines – Urlaubsgeld durchzusetzen (2,- DM pro Tag).

Bis 1948 wurden Arbeitskämpfe nach teilweise kontroversen Debatten von der Verbandsleitung abgelehnt. Aber seit Anfang 1949 wurden in den Bezirken Ostwestfalen-Lippe, Hamburg/Schleswig-Holstein, Niedersachsen und in den beiden bayerischen Bezirken Streikaktionen überwiegend erfolgreich, wenn auch manchmal nur als Abwehr lohn- und tarifpolitischer Verschlechterungen, durchgeführt. Keine oder nur ganz geringe Erfolge gab es dagegen wegen der schlechten Konjunktur in der Bürsten- und Pinselindustrie und bei den Korbmachern.

Erst in den fünfziger Jahren konnten zwei größere Streiks von überregionaler Bedeutung durchgeführt werden: Vom 19. bis 29. Juli 1954 streikten in Hessen 1181 Tischler und erreichten mit einer Lohnerhöhung von 0,17 DM die höchste Lohnaufbesserung der Gewerkschaft Holz seit 1946. Der größte Streik der Nachkriegszeit im Organisationsgebiet der Gewerkschaft wurde zwischen dem 27. Februar und dem 19. März 1956 im Bezirk Ostwestfalen-Lippe geführt: Über 10000 Kollegen aus der holzverarbeitenden Industrie waren an ihm beteiligt. Der Bezirk Ostwestfalen-Lippe, in dem jeder 10. Beschäftigte der westdeutschen Holzindustrie arbeitete und Mitte 1956 (nach dem Streik) 59 Prozent der beschäftigten Holzarbeiter organisiert waren, hatte wiederholt eine Vorreiterrolle übernommen und war auch diesmal wieder als Schrittmacher für einen Durchbruch in der aktiven Lohnpolitik gedacht. Der Streik wurde als ein klarer Erfolg interpretiert: Die Ortsklassenungleichheit wurde abgeschafft, eine Lohnerhöhung von 0,18 DM je Stunde durchgesetzt und auch in der Akkordfrage eine Vereinbarung erzielt. Das hatte, wie der Vorstand auf dem Gewerkschaftstag 1957 mit einigem Stolz berichten konnte, »der Gewerkschaft bei den Unternehmern wieder den notwendigen Respekt eingebracht« und ihnen gezeigt, »daß die Gewerkschaft Holz durchaus in der Lage und willens ist, mehr zu tun, als nur hartnäckig und energisch zu verhandeln«. Außerdem hatte es die Kollegen »wieder mit dem Selbstbewußtsein erfüllt, mit dem Vertrauen auf die eigene Kraft«[9].

Neben diesen großen Arbeitskämpfen gab es in den fünfziger Jahren eine Menge kleinerer Auseinandersetzungen, an denen Polsterer, Parkettleger, Sägewerksarbeiter, Musikinstrumentenhersteller, Pinselhersteller, Modellbauer und natürlich immer wieder Tischler beteiligt waren. Sie sind deshalb erwähnenswert, weil in einigen Berufen Streiks unter besonders ungünstigen Bedingungen geführt werden mußten, so waren zum Beispiel die Parkettleger auf vielen schlecht kontrollierbaren Arbeitsstellen tätig, und in der Pinselbranche waren Streiks ohnehin äußerst selten.

Haus des Hauptvorstandes in Düsseldorf

9
Heinz Seeger, ebenda, S.106f.

Einheitsgewerkschaft oder was sonst?

Auch die Holzgewerkschafter leiteten ihre organisatorische Stärke und Handlungsfähigkeit von der Überwindung der Richtungs- und Schaffung der Einheitsgewerkschaft ab. Doch war von Anfang an umstritten und blieb es bis in die sechziger Jahre, was die mit dem Prinzip der Einheitsgewerkschaft verknüpfte parteipolitische Neutralität und Unabhängigkeit in der Praxis zu bedeuten hatte. Einigermaßen leicht war es noch, sich darüber zu verständigen, daß die »parteipolitische Neutralität« zwar unbedingt notwendig und damit selbstverständlich wäre, aber nicht zur Folge haben könnte, daß sich die Gewerkschaften überhaupt nicht mehr zu politischen Grundfragen äußern dürften. Aus der Sicht des (zumindest laut-)starken christlichen Flügels in der Gewerkschaft Holz und um ihn herum (Sabel, Storch) hatte jedoch die Gewerkschaft Holz, zumindest aber ihre Führung oder noch deutlicher: ihr Vorsitzender, eine starke linke Schlagseite.

Solche Vorwürfe parierte die Verbandsleitung mit der Bekräftigung des grundsätzlichen Standpunktes, daß sich die Gewerkschaften von allen weltanschaulichen Vorurteilen befreit hätten, und mit dem deutlichen Bekenntnis zur »unbedingten Neutralität und Toleranz«: »In der Gewerkschaft Holz ist bisher die parteipolitische und weltanschauliche Neutralität gewahrt worden. Jedes Mitglied hat das Recht, sich im Rahmen der Satzungen vollkommen frei bewegen zu können. Die Bildung von Fraktionen wird daher entschieden abgelehnt«, so lautete der Beschluß des Hauptvorstandes vom 14. September 1953[10]. Die dauernde Drohung mit der Gründung von christlichen Gewerkschaften erschien der Führung der Gewerkschaft Holz deshalb als der Versuch, »die Gewerkschaften parteipolitisch zu neutralisieren«, unter dem Deckmantel des Christentums Machtpolitik betreiben zu wollen, gewollt oder ungewollt die Unternehmerpolitik zu stärken und mit der Schwächung der Gewerkschaften zugleich die Demokratie zu gefährden.

Der immer wieder von einer keineswegs einflußlosen Minderheit in Gang gesetzten Diskussion über die Gründung christlicher Gewerkschaften setzte der Vorsitzende die Auffassung entgegen, daß es vielmehr um eine Prüfung gehe, »ob das Ordnungsbild der beiden Richtungen übereinstimmt, und wenn ja, dann ist es unbedeutend, wer es vertritt, wichtig bleibt dann nur, daß es mit Entschiedenheit und Fähigkeit vertreten wird«. In der Holzarbeiter-Zeitung gab es 1955 über diesen Punkt eine intensive Auseinandersetzung, in der auch Sozialisten deutlich machten, daß sie in der Einheitsgewerkschaft ebenfalls um Kompromisse ringen müßten und die Stoßrichtung der einheitsgewerkschaftskritischen katholischen Christen aus politischen Gründen vor allem jene Gewerkschafter treffen sollte, de-

---

[10] Protokoll der Vorstandssitzung am 14.9.1953; der Beschluß wurde vom Beirat am 1.10.1953 bestätigt.

nen man eine »marxistisch-sozialistische Konfession« vorwerfe wie Agartz, Brenner, Kummernuß und nicht zuletzt Seeger[11].

Es überwog jedoch das Bekenntnis zur Einheit, dem auch exponierte christliche Gewerkschafter ausdrücklich folgen mochten. Denn trotz einiger Vorbehalte und Klagen über die im übrigen durchaus gegebene Benachteiligung bei der Besetzung verantwortungsvoller gewerkschaftlicher Positionen schlossen sich Heinrich Wittkamp, der Geschäftsführer der Verwaltungsstelle Mannheim, und Gustav Maurer, der ehemalige Bezirksleiter des Christlichen Bau-, Holz- und Malerverbandes im Saargebiet, der Auffassung an, daß man sich in den Grundfragen angenähert habe und keine unüberbrückbaren Gegensätze mehr bestünden, so daß 90 Prozent der christlichen Gewerkschafter in der Einheitsgewerkschaft heimisch geworden seien und an Spaltung nicht dächten. Denn nur eine starke Einheitsgewerkschaft könne den Kampf für die Rechte der Arbeitnehmer erfolgreich führen.

Gesellschaftspolitische Grundsatzfragen und (tages-)politische Praxis

Die Zustimmung zur Einheitsgewerkschaft war nicht losgelöst von der Aufgabenstellung der Gewerkschaften zu betrachten. Für die Funktionäre der Gewerkschaft Holz, die wie Schleicher und Valentiner noch stark von der traditionellen Arbeitsteilung zwischen Gewerkschaften und Parteien geprägt waren, mußte »der gewerkschaftliche Tageskampf«, »die notwendige Gegenwartsarbeit« auf die gewerkschaftliche »Uraufgabe« der Regelung der Lohn- und Arbeitsbedingungen konzentriert bleiben. Diese Vorgabe fand nun nach 1945 nicht mehr uneingeschränkt Zustimmung: Die Gewerkschaften galten nun im Bewußtsein auch vieler vornehmlich jüngerer Holzarbeiter als ein sozialer Kampfverband mit gesellschaftlichen Gestaltungszielen.

Nach dieser Auffassung hatten sich die Gewerkschaften ganz eindeutig als »wesentliche Träger der sozialen und wirtschaftlichen Neugestaltung« zu begreifen. Das Ziel sollte es sein – gleich ob man nun eine sozialistische Umgestaltung der Gesellschaft anstrebte oder den Vorstellungen der Christen über soziale Gerechtigkeit folgte –, die »individuell-kapitalistische Wirtschaftsordnung« zu überwinden und eine Neuordnung der gesellschaftlichen Verhältnisse durchzusetzen, deren Zeichen die weitestgehende Mitbestimmung bei der Lenkung und Planung der Wirtschaft oder mit anderen Worten: die Demokratisierung der Wirtschaft sein sollte.

Die Frage war allerdings, woher die Gewerkschaften das Recht nahmen, ihre Ziele mit dem Charakter, ein besonderer Verband im demokratischen Staat und damit dessen Hüter zu sein, zu legitimieren. Die Gewerkschaften, so befand Seeger, seien der stärkste Pfeiler der Demokratie und hätten durch ihre Geschichte bewiesen, daß sie »das politische Gewissen in der Demokratie« seien, bereit und verpflichtet, »unsere Staatsform zu schützen«. So werde der Bestand der Demokratie in Deutschland mit den Gewerkschaften »stehen und fallen«. Mit Demokratie konnte aber, gemessen an den gewerkschaftlichen Zielsetzungen, nicht nur die als einzig mögliche Staatsform anerkannte »formale« (parlamentarische) Demokratie gemeint sein, sondern ergänzend und über sie hinausweisend die soziale Demokratie.

Im Ernstfall bedeutete dies, »daß in einer bestimmten politischen Situation die Gewerkschaften auch über das Parlament hinweg das sichern müssen, was für sie Lebensinhalt ist, nämlich die Demokratie, die Freiheit und die Menschenwürde eines jeden Staatsbürgers«. Die angesprochenen Konfliktzonen zeichneten sich für die Gewerkschaft in den fünfziger Jahren bereits deutlich ab: die Ummünzung wirtschaftlicher Macht in politische, die Bedrohung des sozialen Rechtsstaates und der wachsende Einfluß ehemaliger Nationalsozialisten in rechtsstaatlichen Institutionen[12].

Obwohl (oder gerade weil?) in herausgehobener Weise die Geschichte als Berufungsinstanz für die besondere Stellung der Gewerkschaften im demokratischen Staat in Anspruch genommen wurde, war die Bereitschaft, sich mit der eigenen Geschichte auch kritisch auseinanderzusetzen, verblüffend gering, jedenfalls bei den älteren Funktionärskollegen, die, wie Valentiner 1949, am besten »wieder dort anfangen« wollten, »wo wir 1933 aussetzen mußten«. Noch 1963 hat der Vorsitzende Gerhard Vater (Jg. 1924) die historische Lage wie folgt auf einen Nenner zu bringen versucht: »Dann fiel im Jahre 1933 das Dunkel der Nacht über Deutschland.«[13] Doch waren solche mystifizierenden Bilder inzwischen selten, wie eine 1959/60 in der Holzarbeiter-Zeitung lebhaft geführte Diskussion zeigt, die durch eine Rezension von Dieter Schneider, dem früheren Bezirksjugendleiter in Niedersachsen, ausgelöst wurde. Nun wurde

---

11
Vgl. zur Diskussion über die Gewerkschaftseinheit die Beiträge von Gustav Maurer, Horst Kynast, Fritz Tewes, Heinrich Wittkamp, Franz Rogosch, Jan Bücking und Otto Kempe in der Holzarbeiter-Zeitung vom 15.3., 1.5., 15.6., 15.7.1955 sowie den Beitrag von Heinz Seeger »Unsere Stärke ist die Einheit« in: ebenda v. 15.5.1955, das Referat Seegers auf der Beiratssitzung am 20.7.1955 sowie die Diskussion auf dem Gewerkschaftstag 1955 (4.–8.9.) in Kassel, an der sich Seeger, Bruno Eisenburger (der spätere Bezirksleiter Nordrhein-Westfalen) und Wittkamp beteiligten. Zu Wittkamp siehe auch seine Autobiographie, Achtzig Jahre Bürger im 20. Jahrhundert. Erinnerungen aus christlich-sozialer Sicht, Mannheim 1986. Wittkamp schied 1960 aus der hauptamtlichen Tätigkeit für seine Gewerkschaft aus und übernahm die Geschäftsführung des Kreisverbandes der CDU in Mannheim.

12
Vgl. die Reden von Heinz Seeger auf dem Gewerkschaftstag 1953 (Protokoll S.158ff.) und auf dem Gewerkschaftstag 1955 (Protokoll S.162ff.)

13
So Valentiner auf dem Vereinigungsverbandstag 1949, Protokoll (vgl. S. 38, Anm. 3) und Vater auf dem 6. Gewerkschaftstag 1.–6.9.1963 in Bremen, Protokoll S.16.

kritisch die Haltung verprofessionalisierter Funktionäre durchleuchtet und auch nicht mehr übersehen, daß »wir aber auch nicht unsere Enttäuschung als einfache Arbeiter verschweigen [dürfen], die wir bei der Machtübernahme im Verhalten einiger unserer Kollegen erleben mußten«. Deutlich hatte ein Wechsel der Orientierungsmuster stattgefunden, und nur noch ein paar alte, unbeweglich gewordene, wenngleich ehrwürdige Veteranen wie Louis Möckel (Jg. 1884) aus Nürnberg, ehemals Bezirksleiter in Nordbayern, mochten in der fundierten Kritik nichts anderes als einen Fall von Verunglimpfung sehen. Aber immerhin hat damals auch einer der alten »Landesfürsten«, Ernst Schröder, sein Erstaunen darüber ausgedrückt, daß der DGB dem Autor des rezensierten Buches (der ein anerkannter Wissenschaftler war) »nicht auf die Finger geklopft« habe[14].

So wenig es den Holzgewerkschaftern aufgrund ihrer prinzipiellen Einstellung zur Demokratie Probleme aufgab, immer wieder unmißverständlich deutlich auf die rechtsradikalen Bestrebungen und ihre Gefahren hinzuweisen, um so schwerer taten sie sich bei der Einordnung des stalinistisch verformten Kommunismus. Zweifellos war es ein Ausdruck politischer Courage, dem oberflächlichen Antikommunismus der fünfziger Jahre gegenzusteuern und auf den wahren Kern der Problematik hinzuweisen, wie dies Seeger tat: »Die Gewerkschaften fürchten die Kommunisten nicht. Sie werden die demokratischen Einrichtungen zu schützen wissen und auch die demokratische Ordnung in den Gewerkschaften nicht in die Hände von Menschen gelangen lassen, die ihre Befehle von außen bekommen. Darüber hinaus aber wissen die Gewerkschaften, daß der Bestand unserer Demokratie eng verknüpft ist mit ihrem sozialen Inhalt und daß die bestehenden gesellschaftlichen und politischen Verhältnisse von einer fortschrittlichen, den arbeitenden Menschen tatsächliche politische und wirtschaftliche Freiheit gewährenden Ordnung abgelöst werden müssen.«[15] Aber war es Blauäugigkeit oder gar eine klammheimliche Affinität, jedenfalls Unfähigkeit kaum, die verhinderten, daß die Führung der Gewerkschaft Holz offensichtlich nicht nachdrücklich genug nach außen verdeutlichen konnte, daß der politisch motivierte Wunsch nach Wiedervereinigung und die Auseinandersetzung mit dem vulgären Antikommunismus nicht aus-, sondern gerade einschloß, daß man ein entschiedener Gegner der bürokratisch-terroristischen Version des Kommunismus war. Jedenfalls erscheint das Lamentieren in der Holzarbeiter-Zeitung darüber, daß man sich der besonderen Beliebtheit bei den politischen Heckenschützen erfreue, im nachhinein als keine ausreichende Antwort[16].

Die Intention, eine eigenständige linke Position zu beziehen, drückte sich auch in der Distanzierung von der Entwicklung der SPD zur Volkspartei aus. Man bemängelte an der SPD, daß ihr das Zielbewußtsein fehle, was dazu führe, daß weder das Vertrauen der Arbeitnehmer in die Partei gestärkt werde noch neue Schichten gewonnen werden könnten. Man empfahl der SPD eine eindeutigere Orientierung auf die Demokratisierung der Wirtschaft und die Überführung der Grundstoffindustrien in Gemeineigentum. Der endlich erzielte Sieg der Reformer mit der Verabschiedung des Godesberger Programms im Jahre 1959 ließ zumindest Peter Riemer in der Holzarbeiter-Zeitung kalt: Die SPD habe sich dem Trend angepaßt, die Gewerkschaften dagegen hätten keinen Anlaß, vom Münchener Grundsatzprogramm Abstand zu nehmen[17]. Aber der Zug der Gewerkschaften fuhr eben nur – wie wir heute wissen – etwas langsamer zum gleichen Ziel: 1963 hatten auch sie ein trendangepaßtes Grundsatzprogramm.

Entsprechend ihrem Bemühen um eine eigenständige linke, oft links von der SPD angesiedelte Position hat die Gewerkschaft Holz häufig engagiert und in Übereinstimmung mit den großen linken Gewerkschaften zu konkreten politischen Fragen Stellung bezogen. In der zutreffenden Ansicht, daß es bei der Verabschiedung des Betriebsverfassungsgesetzes 1952 nicht einfach um ein Gesetz ging, sondern »um das zukünftige Verhältnis zwischen Kapital und Arbeit« beziehungsweise darum, »die nicht mehr unserer Zeit entsprechenden Machtbefugnisse des Unternehmertums zu brechen«, wurde im Mai 1952 auf einer Bezirksleiterversammlung beschlossen, alle Maßnahmen des DGB-Bundesvorstandes zu unterstützen, »um die Verabschiedung des Betriebsverfassungsgesetzes in der jetzigen Form zu verhindern«[18]. Die Bezirksleiter sollten, je nach regionaler Situation, diesem Ziel angemessene Aktionen planen und gegebenenfalls durchführen. Zu den zentralen Maßnahmen gehörte eine Sondernummer der Holzarbeiter-Zeitung. Wie bekannt, kam es zu keinen umfassenden effektiven gewerkschaftlichen Aktionen, und die Gewerkschaften bestanden – wie sie es selbst sehen – »die Kraftprobe« mit der versammelten Macht von Bundestagsmehrheit, Bundesregierung und Unternehmertum nicht. Und obwohl es sich bei diesem Versagen im wesentlichen um

---

14
Es handelte sich um das Buch von Wolfgang Hirsch-Weber, Gewerkschaften in der Politik, Köln/Opladen 1959. Die Rezension von Dieter Schneider erschien in der HZ Nr. 9, 1959. Die Stellungnahme von Louis Möckel wurde ebenda Nr. 12 veröffentlicht. An der Diskussion in den Nummern 1 und 2, 1960, beteiligten sich: F. Andreas, H. Kynast, R. Heise, J. Bücking, F. Schuster, F. Rogosch. – Die Bemerkung über die Enttäuschung der einfachen Arbeiter stammt von Paul Wiegandt (Protokoll des 5. Gewerkschaftstages 4.–8. 9. 1960 in Berlin, S. 204); Ernst Schröders Bemerkung ebenda S. 201.

15
Heinz Seeger, Verdächtige »Hüter der Demokratie«, in HZ Nr. 3, 1956.

16
Peter Riemer, Sie wissen nicht, was sie tun, in: HZ Nr. 1, 1958.

17
Heinz Seeger, Welchen Weg soll die SPD nun gehen, in: Der Mitarbeiter, Dez. 1957; Peter Riemer, Guten Tag, lieber Leser!, in: HZ Nr. 12, 1959.

18
Vgl. die Niederschrift über die außerordentliche Bezirksleiterbesprechung am 15. 5. 1952 in Düsseldorf.

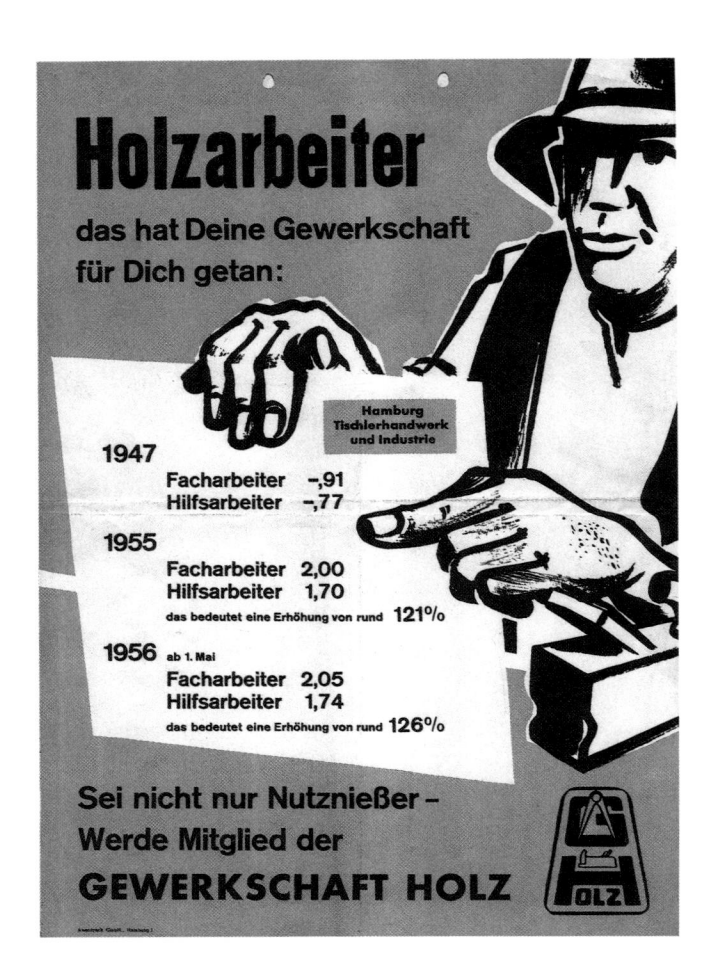

eine Führungsschwäche gehandelt hatte, die zu Handlungsunfähigkeit führte, hat die Holzarbeiter-Zeitung, beziehungsweise hat Seeger selbst die Haltung der DGB-Führung mit dem Argument gerechtfertigt, daß dem DGB schwerlich daraus ein Vorwurf gemacht werden könnte, »daß er, um Gefahren für die junge Demokratie zu vermeiden, auf einen Generalstreik zur Durchsetzung seiner Forderungen verzichtete«[19].

Alle Kraft sollte nun auf die Bundestagswahlen im September 1953 konzentriert werden: Der DGB forderte die Wähler zur Entscheidung »für einen besseren Bundestag« auf, der die Interessen der arbeitenden Menschen zu seinem obersten Ziel machen würde. Die Arbeitnehmer fühlten sich um die Honorierung ihrer Vorleistungen für den Wiederaufbau geprellt, deshalb kam es nach Ansicht der Holzarbeiter-Zeitung darauf an, zu »wählen, aber richtig zu wählen«[20]. Diese Aufforderung rief unter konservativen Politikern eine beträchtliche Unruhe hervor und hat zum ersten Mal die Gegner der Einheitsgewerkschaft auf den Plan gerufen. Aber auch später hat die Gewerkschaft Holz auf dem prinzipiellen Standpunkt beharrt, daß die politische Willensbildung in den demokratisch verfaßten Organisationen (der Gewerkschaften) »als wesentlicher Bestandteil der Demokratie«, die sich nicht im Parlamentarismus erschöpfen könne, zu gelten habe[21]. So war es völlig unumstritten, daß die Gewerkschaft Holz auf ihrem Gewerkschaftstag 1957 eine Resolution verabschiedete, in der sie sich für Abrüstung, für das Verbot von Atomwaffen und gegen die Wiedereinführung der Wehrpflicht aussprach und sich in dieser Einstellung bis in die sechziger Jahre treu blieb.

Ein besonderes Gewicht erhielt die Argumentation gegen die Wiederaufrüstung durch ihre Verknüpfung mit der Forderung nach Wiedervereinigung (»in Frieden und Freiheit«), die als Voraussetzung für eine friedliche Entwicklung und politische Entspannung in Europa angesehen wurde. Der Wiedervereinigung aber stand die militärische Wiederaufrüstung im Wege. Da die Hoffnung auf Wiedervereinigung immer geringer geworden sei, könne nur – so war die Argumentation – durch eine »soziale Aufrüstung« der Lebensstandard verbessert und die Wiedervereinigung in beiden Teilen Deutschlands durch eine breite Volksbewegung gefördert werden, anstatt durch eine militärische Aufrüstung die Spannung in der Welt zu verstärken[22].

19
Se(eger), Alle Räder stehen still, in: HZ Nr.12, 1952.
20
Se(eger), Wählen – aber richtig wählen, in: HZ Nr.17, 1953; ders., Wirbel um den Wahlaufruf des DGB, in: ebenda Nr.16, 1953; ders., Wählt einen besseren Bundestag!, in: ebenda Nr.15, 1953.

21
Seeger, Recht auf Wiedervereinigung, in: HZ Nr. 3, 1955; die Reden von Seeger, Ernst Schröder und Karl Hölzer auf dem Gewerkschaftstag 1955, Protokoll S.162ff., 197f., 204ff.
22
Vgl. die Resolution 3 im Protokoll des Gewerkschaftstages 1957, S. 21f.; dazu die Reden Seegers S.128ff., 154ff. und die Diskussionsbeiträge von Hölzer S.136f. und S.156, von Schröder S.148. In eine ähnliche Richtung liefen schon die Diskussionen auf dem Gewerkschaftstag 1955.

WIEDERAUFBAU

*DGB-Kundgebung zur
Bundestagswahl 1953, Essen*

211

KAPITEL V 1945–1966

Mandatsprüfungskommission auf dem Gewerkschaftstag 1955 in Kassel

Die Delegation aus dem Bezirk Nordmark

Verbandstag der Gewerkschaft Holz in Hamburg (1953), Fahrt nach Cuxhaven

Solche Überlegungen, wie sie in der Resolution 3 des Gewerkschaftstages 1957 ihren Niederschlag fanden, brachten die Gewerkschaft Holz dem Anschein nach in die Nähe neutralistischer, gegenüber den Entwicklungen in der DDR unkritischer Wunschvorstellungen, zumal die Abgrenzungen vom Stalinismus jeweils recht verhalten ausfielen. So wurde auf dem Gewerkschaftstag zunächst ein Zusatzantrag zur Resolution 3 mit der Mehrheit von drei Stimmen angenommen, wonach Kontakt mit der Gewerkschaft Bau-Holz der DDR aufzunehmen sei; erst am zweiten Tag wurde dieser Beschluß bei namentlicher Abstimmung mit 87 gegen 34 Stimmen revidiert[23]. Es waren nur vereinzelte Stimmen, die wie Bruno Eisenburger, Bezirksleiter in Düsseldorf, und Karl Fubel, Bezirksstellenleiter in Berlin, sehr engagiert mahnten, den 17. Juni 1953 nicht so schnell zu vergessen und sich doch zu fragen, mit wem man denn eigentlich verhandeln wolle, da doch das elementare Grundrecht – der Streik – in der DDR nicht garantiert sei[24].

In diesen Jahren blieb jedenfalls das Bedürfnis, »Kontakte mit den Menschen in der DDR aufzunehmen«, stark und zugleich umstritten. Seit August 1961 erschienen im »Mitarbeiter« in der Rubrik »Jenseits der Zonengrenze« (seit 1970 »DDR – hier und heute«) Berichte, die dazu beitrugen, der bundesrepublikanischen Öffentlichkeit ein differenziertes Bild von der Entwicklung in der DDR zu vermitteln.

Der schwierige Einstieg in die sechziger Jahre

Heinz Seegers Rücktritt Mitte Dezember 1958, über den die offiziellen Stellungnahmen, ja selbst die ungedruckten Protokolle lakonisch zur Tagesordnung überzugehen bestrebt waren (ohne Preisgabe der Gründe), war für die Gewerkschaft Holz ein schwer zu verwindender Schlag. Man hatte sich von jemandem befreit, der sich zuletzt als allzu selbst- und machtbewußt vom inneren Führungskreis abgehoben hatte und der in seiner Selbstüberzeugtheit versäumt hatte, den linken Flügel zu stabilisieren – wie sonst ist die Aussage des zwar recht eigenwilligen, aber unverdrossen links(-sozialistisch) eingestellten Karl Hölzer zu verstehen, die im Protokoll der Beiratssitzung vom 7./8. Januar 1959 vermerkt ist: »Kollege Hölzer sagt, er sitzt seit Jahren Seeger an der Kehle, um ihn aus dem Vorstand zu beseitigen.«[25] Das war die eine Seite, die andere war, daß man mit Seeger auch jemanden losgeworden war, der sich als fähig gezeigt hatte, auf der Höhe der politischen Diskussionen der Zeit das kleine Holzarbeiterschiff in der Strömung der großen (Gewerkschafts-)Tanker ganz gut auf Kurs zu halten.

Als Gerhard Vater auf dem Gewerkschaftstag 1960 mit 36 Jahren zum Vorsitzenden der Gewerkschaft Holz gewählt (und 1963 sowie 1966 bestätigt) wurde und mit Kurt Georgi (Jg. 1920) ein nur um einige Jahre Älterer in den Vorstand gewählt wurde, war dies zweifellos der Ausdruck einer Konsolidierung, die zugleich mit einem deutlichen Generationssprung verknüpft war. Doch konnte die personelle Innovation das fast existenzbedrohende Problem des Mitgliederrückgangs nicht überdecken: von 1957 bis 1960 hatte die Gewerkschaft einen Schwund von über 20000 Mitgliedern zu verzeichnen. Diese Tendenz wurde in den Jahren 1965 und 1966 allerdings leicht abgebremst, 1967 setzte aber eine erneute Talfahrt ein.

Diese Entwicklung war sicher nicht, wie Vertreter des Unternehmerstandpunktes es gerne gesehen hätten, auf den »Linksdrall bei der Holzarbeiter-Zeitung« zurückzuführen, sondern hatte andere Gründe: Die Effektivlöhne lagen in der Zeit der Vollbeschäftigung weit über den Tariflöhnen, so daß kein Anreiz für eine Mitgliedschaft in den Gewerkschaften bestand; die Vollbeschäftigung und die Automatisierung bzw. Rationalisierung veränderten selbst in der noch zu einem beachtlichen Teil auf Handarbeit angewiesenen Holzwirtschaft die Struktur der Beschäftigten und erweiterten den Kreis der Problemgruppen für eine gewerkschaftliche Organisierung: Berufswechsler aus dem landwirtschaftlichen Bereich, Frauen, Gastarbeiter, Angestellte. Hinzu kam eine ständig abnehmende Zahl von Beschäftigten in der nicht zu den Wachstumsbranchen gehörenden Holzwirtschaft, die sich überdies auch von der Materialverwertung und -verarbeitung her in einem Wandlungsprozeß (hin zum Kunststoff) befand – beides wirkte sich negativ auf die Gewinnung neuer und auf die Bindung alter Mitglieder aus.

Nach einer Feststellung des für Organisationsfragen zuständigen Vorstandsmitgliedes Kurt Georgi auf dem Gewerkschaftstag 1963 hatte die Gewerkschaft Holz seit 1946 500000 Mitglieder aufgenommen und ungefähr 350000 wieder verloren, »zu einem nennenswerten Teil an andere Gewerkschaften«. Natürlich gab es auch echte Austritte und vor allem Verluste durch die Einstellung der Beitragszahlung. Ein weiteres Moment zur Erklärung des Mitgliederschwundes war der Rückgang der jugendlichen Mitglieder, zunächst bedingt durch die geburtenschwachen Jahrgänge, dann zunehmend durch den »immer geringer werdenden Wunsch der Jugendlichen, einen Holzberuf zu erlernen«[26].

23
Protokoll S. 180, 184f.; vgl. hierzu auch den biographischen Artikel über Seeger von Peter Riemer, S. 224f.
24
Protokoll S. 143f. und S. 146.
25
Differenzen, wenn nicht eine Art Dauerstreit, gab es zwischen beiden seit 1955, obwohl sie in vielen politischen Grundsatzfragen übereinstimmten.

26
Zur Diskussion um die Mitgliederverluste vgl. pr (= Peter Riemer), Wir haben keine Zeit mehr, in: HZ Nr. 4, 1960; Kurt Georgi auf dem Gewerkschaftstag 1963, Protokoll S. 118ff.; Geschäftsbericht der Abteilung Jugend beim Hauptvorstand der GH Juni 1966.

Was war zu tun? Neben organisatorischen Maßnahmen wie Verbesserung der Beitragszahlung und verstärkter gewerkschaftlicher Bearbeitung von »unterentwickelten« Gebieten (zum Beispiel in der Eifel und in Niederbayern) stand die vage Hoffnung, es könnte eines Tages doch noch gelingen, »daß unsere Tarifverträge tatsächlich nur den Organisierten zugute kommen«. Auch wollte man das für eine Organisierung »entscheidende persönliche Verhältnis zwischen dem Funktionär, der die Organisation verkörperte, und dem Jugendlichen«, der als Mitglied gewonnen werden sollte, verbessern. Überhaupt stand eine Wendung zu betriebsnaher Arbeit durch den Einsatz betrieblicher Vertrauensleute an. Schließlich rang sich die Gewerkschaft Holz auf dem Gewerkschaftstag 1966 zu einer neuen, den strukturellen Wandel der Branche aufnehmenden Namenserweiterung durch: Bei einer namentlichen Abstimmung entschieden sich 61 Delegierte für, 59 gegen »Gewerkschaft Holz und Kunststoff« – es war gewiß für viele ein Abschied von der – wenn auch nicht immer als gut empfundenen – alten Zeit.

Alte Probleme im neuen Gewand

Eine ganze Reihe der alten Probleme bestanden allerdings weiter. Da gab es immer noch die Tendenzen zur »Gewerkschaftsspalterei«, wie Georgi sich forsch ausdrückte, Leute, die diese »mit dem Mantel eines angeblichen christlichen Missionsauftrages zuzuhängen« versuchten, im Grunde aber »Verrat an der Arbeiterbewegung« übten. Für die Gewerkschaft Holz sollte deshalb gelten: »Kein Mitglied (...) darf auf einer Spalterliste irgendeiner gegnerischen Organisation zur Betriebsratswahl kandidieren.«[27] Genau betrachtet hatten jedoch »die Christlichen« in der Holzarbeitergewerkschaft kaum noch einen nennenswerten Einfluß; dafür gab es eine neue Spezies Kollege: die nicht einflußlosen »SPD-Christen« (wie Bruno Eisenburger), die in allen Grundfragen der Gesellschafts- und Wirtschaftspolitik aus ihrer christlichen Überzeugung kein Hehl machten[28].

Anlaß genug gab es auch, das erfolgreiche Konzept »expansive Lohnpolitik« weiter zu verfolgen, denn »uns als Gewerkschafter«, so sagte Vorsitzender Vater in fast angelsächsischem Stil, »interessieren die Löhne als Kostenfaktor überhaupt nicht (...) Viel wichtiger ist für uns als Arbeitnehmer der Lohn als Einkommen gesehen, das heißt, was wir wöchentlich oder monatlich netto in unserer Lohntüte nach Hause bringen oder ausgeben können.«[29] Wieder war es selbstverständlich, daß die Gewerkschaft Holz in gebotener Schärfe gegen den Rechtsradikalismus Stellung bezog und sich gegen die atomare Aufrüstung wandte, und genauso tat sie sich noch immer etwas schwer, die positive Stellungnahme zur Wiedervereinigung mit einer klaren Absage an die SED-Herrschaft in der DDR zu verbinden. Besonders die Holzarbeiter-Zeitung war in diesem Zusammenhang ein Gegenstand alternativer Betrachtung mit katalytischen Funktionen: Für die einen wurde der Redakteur bedenklicherweise »immer und immer wieder von der sogenannten DDR-Presse gelobt«, von den anderen wie zum Beispiel von den christlichen Kollegen in Weeze und Kevelaer, wurde er dagegen aufgefordert: »Peter Riemer: Mache weiter so!«[30] Tatsächlich wurde der Schulterschluß zum DGB spätestens auf dem Gewerkschaftstag 1963 vollzogen, als die Gewerkschaft Holz unter klarem Bezug auf die Menschenrechtsverletzungen in der DDR und durch die SED (der von der Stasi verschleppte Linkssozialist Heinz Brandt wurde ausdrücklich erwähnt) bekräftigte, »parteipolitisch unabhängig« zu sein und »die politische und weltanschauliche Meinung ihrer Mitglieder« zu achten, »sofern sie nicht Verbrechen gegen die Menschlichkeit bejaht und nicht gegen den Bestand demokratischer Gewerkschaften gerichtet ist«[31].

Eine neue Realität, an der sich alte Grundsätze messen lassen mußten, stellte die Notstandsgesetzgebung dar, die seit 1958 einen beträchtlichen Teil der innenpolitischen Diskussion ausfüllte und auf den Gewerkschaftstagen seit 1960 auch die Gewerkschaft Holz beschäftigte. Die jeweiligen Gesetzesvorlagen wurden von Mal zu Mal eindeutig abgelehnt mit Begründungen, die eine Position zwischen IG Metall und DGB-Bundesvorstand markierten mit der leicht ansteigenden Tendenz, zu »vernünftigen Lösungen« zu gelangen. Dem entsprach, daß eigentlich nur die Holzarbeiter-Zeitung und einige Geschäftsführer eine herausgehobene Aktivität in Sachen Notstandsgesetzgebung zeigten.

Gesellschaftlicher Wandel und grundsätzliche Orientierungen

Dennoch gab gerade die Diskussion über die Notstandsgesetzgebung wiederholt Anlaß, die eigenen Positionen zu überprüfen und teilweise neu zu bestimmen. Es ging im wesentlichen um die Befestigung der Auffassung, daß die Gewerkschaften ein besonderer Verband mit einer besonderen Stellung im demokratischen Staat waren. Nun, zu Beginn der sechziger Jahre, wurde nicht mehr nur mit der historischen Tradition der Arbeiterbewegung argumentiert, sondern auch mit der Bedeutung der Gewerkschaften für den seit 1945 aufgebauten Sozialstaat, durch den sie als bessere Sachwalter der Demokratie ausgewiesen waren als ihre Gegner.

27
(r-r), die ersten Schritte im neuen Jahr, in: Der Mitarbeiter, Januar 1959.
28
Vgl. das Porträt der GH, in: Sozialwissenschaftliche Vereinigung e.V. (Hrsg.), Arbeitshefte/Sonderheft »Das Jahr 1963 der deutschen Gewerkschaften«, Februar 1964.

29
Protokoll des Gewerkschaftstages 1963, S. 73f.

30
Josef Schotten, Meschede, u. Walter Kortin, Krefeld, auf dem Gewerkschaftstag 1963, Protokoll S. 306, 307.
31
Protokoll S. 502.

Daraus ergab sich die Notwendigkeit, die Definition der Funktionen der Gewerkschaften in Staat, Wirtschaft und Gesellschaft zu überprüfen: Wenn die Gewerkschaften sich mit keiner Partei identifizierten und auch kein Parteiersatz sein wollten, sich aber auch nicht darauf beschränken konnten, ausschließlich über das Parlament ihre Interessen in die politische Willensbildung einzubringen, dann mußten sie eine eigenständige und unabhängige Gewerkschaftspolitik formulieren und öffentlich vertreten. Aus diesem Selbstverständnis heraus konnten sie deshalb nicht bloß »Ordnungsfaktor« im demokratischen Staat sein, sondern hatten auch Gestaltungsaufgaben, »die die Entwicklung nach Kräften in die Richtung einer besseren, menschenwürdigeren Gesellschaft« lenken sollten, wahrzunehmen. Diese damals breit diskutierte und auch im Publikationsorgan der Gewerkschaft Holz vertretene Auffassung fand nicht uneingeschränkte Zustimmung; vielmehr erhielt Georg Leber, damals Vorsitzender der IG Bau, Steine, Erden, auch in der Gewerkschaft Holz Beifall für seine Auffassungen von den Ordnungsfunktionen der Gewerkschaften und von der »Sozialpartnerschaft« zwischen Arbeitnehmern und Unternehmern[32].

Die Doppelrolle, die die Gewerkschaften übernehmen wollten, setzte voraus, daß sie gewisse Verkrustungen ihrer Binnenstruktur korrigieren mußten. Dies zeigt eine Diskussion in der Gewerkschaft Holz, die – durch einen kritischen Artikel in der Holzarbeiter-Zeitung ausgelöst – über die »Managerhaftigkeit« und »Basisabgehobenheit der Funktionäre« geführt wurde. Die Replik von Bezirksleiter Bruno Eisenburger auf die HZ war zwar überspitzt, aber sie saß: »Die bisherigen Leistungen der Gewerkschaften, getragen von ihren Funktionären, ganz gleich, ob ehren- oder hauptamtlich, können doch wohl nicht als ein Ergebnis eines »Verschönerungsvereins oder einer sozialen Reparaturkolonne« bezeichnet werden.«[33]

Es war nicht zu verkennen, daß die (vor allem wegen ihres engagierten Verbandsblatts so fundierte) linke Position der Gewerkschaft Holz zusehends unter den Druck der Tatsachen des sozialen Wandels geriet. Da war man froh, daß das Grundsatzprogramm des DGB 1963 mit der Herausstellung der Bedeutung des Gemeineigentums und der vorrangigen Plazierung der Mitbestimmung Identifizierungsmöglichkeiten ließ. Wenig anfangen dagegen ließ sich mit der SPD, der der wackere Linkssozialist Karl Hölzer schon 1962 bescheinigt hatte, daß sie nicht mehr in der Lage sei, »heute die Dinge grundsätzlich zu ändern«. 1966 – vor der Großen Koalition – ließen deren Einstellungen noch nicht einmal den Rest einer Illusion zu: Die SPD war keine Arbeiterpartei mehr, und sie befand sich »auf einem anderen Weg« als die Gewerkschaften; denn da gab es bereits politische Kräfte in der Bundesrepublik (genannt wurden die Katholische Arbeiterbewegung und die Christliche Arbeiterjugend), »die in ihren Forderungen zur Mitbestimmung schon weit über das hinausgehen, was die SPD heute für gegeben hält«[34].

Eine kleine tapfere Gewerkschaft auf dem Weg ins Abseits der Sektiererei? So hätten es die Gegner der Gewerkschaft Holz und Kunststoff in den sechziger Jahren gerne gehabt. Im Gegenteil: In der täglichen Arbeit gewöhnt, mit äußerst genauem Maß die Materie Holz und ihr nachgeschaffene Kunstprodukte zu bearbeiten, gleich dem unermüdlichen Bohren dicker Bretter, hat sich die Gewerkschaft vielmehr immer wieder den Realitäten gestellt – ohne jeweils ihre Träume ganz zu vergessen, wie die Resolution des Gewerkschaftstages 1966 zeigt, in der es hieß: »Seit mehr als 20 Jahren ist unser Volk geteilt. Die Politik der Bundesregierung hat es bisher nicht vermocht, auch nur Ansätze einer realistischen Wiedervereinigungspolitik aufzuzeigen. Für die Arbeitnehmer in beiden Teilen Deutschlands ist daher die Initiative der SPD eine Hoffnung. Von den bisherigen Aktionen, den Passierscheingesprächen und dem Redneraustausch zwischen SPD und SED sind keine Wunder zu erwarten. Sie können aber Anfang eines Weges sein, an dessen Ende eines Tages wieder ein einiges, soziales, freiheitliches Deutschland stehen kann, in dem die Arbeitnehmerschaft den ihr gebührenden Platz einnimmt.«[35]

32
Diskussion in der HZ: Walter Fabian, Wer vom Ziel nichts weiß, Nr. 9, 1963; Jürgen Seifert, Neutral, unabhängig oder was sonst, Nr. 5, 1964.

33
Anlaß für die Diskussion in der HZ war der Artikel von Alfred Horné, Diplomaten und Krakeeler, Nr. 9, 1963; die Erwiderung von Eisenburger wurde in Nr.10, 1963, abgedruckt, vgl. auch Eisenburgers Rede auf dem Gewerkschaftstag 1963, Protokoll S.135ff. und 298f.

34
Peter Riemer, Auf einem anderen Weg, in: HZ Nr. 7, 1966.

35
Protokoll des 7. Gewerkschaftstages 28.8.–2.9.1966 in München.

Wohnkultur

Wohnkultur

KAPITEL V 1945–1966

WOLFGANG MEINICKE

Zur Geschichte der Holzarbeitergewerkschaft in der sowjetischen Besatzungszone

Die schwierigen Anfänge

Als sich in den späten Nachmittagsstunden des 10. Juli 1945 eine Reihe von ehemaligen Funktionären des Deutschen Holzarbeiter-Verbandes im Berliner Stadtbezirk Friedrichshain versammelten, saßen unter ihnen nicht wenige, denen die Schwierigkeiten eines Neuaufbaus in Deutschland unlösbar schienen. Zu Beginn dieser ersten Zusammenkunft hielt Kollege Dröske, ein Vertreter der Berliner Holzarbeiter, das einleitende Referat über dringend zu lösende Aufgaben bei der Neukonstituierung des Holzarbeiter-Verbandes. In einer erregten Diskussion setzte sich keine einheitliche Auffassung über den künftigen Verband der Beschäftigten im Holzgewerbe durch, insbesondere nicht in der Frage der Wiedergründung als Verband oder als Industriegewerkschaft. Es wurde jedoch eine Bezirksverbandsleitung gewählt, deren Vorsitz Arthur Lehmann übernahm. Als Verbandslokal, das zugleich Anlaufpunkt aller weiteren Aktivitäten werden sollte, bestimmte man die Gaststätte in der Boxhagener Straße 16.

So wie hier in Berlin entstanden in jenen Tagen und Wochen in vielen Orten der sowjetischen Besatzungszone Koordinationsausschüsse zur Wiederingangsetzung gewerkschaftlicher Arbeit. In den meisten Fällen fanden sich alte Gewerkschafter in dem Willen zusammen, einen Neuanfang zu wagen und dabei an die Traditionen gewerkschaftlicher Arbeit anzuknüpfen.

Auf einer weiteren Zusammenkunft der Berliner Vertreter am 19. Juli 1945 beschlossen die Anwesenden, einen vorbereitenden Organisationsausschuß für die gesamte Stadt zu bilden. Ihm gehörten Otto Fröhlich (KPD), Fritz Heinemann (SPD), Otto Henning (KPD), Paul Kalz (SPD), Bruno Lieske (KPD) und Richard Timm (SPD) an. Für den früheren Verband christlicher Holzarbeiter trat Albert Lehmann dem Ausschuß bei[1]. Die Zusammensetzung war unter dem Gesichtspunkt der personellen Kontinuität hochkarätig und entsprach im großen und ganzen den politischen Kräfteverhältnissen innerhalb der Arbeiterbewegung, wie sie im Großraum Berlin am Ende der Weimarer Republik geherrscht hatten. Die Weichen waren auf einen Aufbau im Sinn der Einheitsgewerkschaft gestellt, der richtungsgewerkschaftliche Streit der Vergangenheit schien gebannt. Unter anderem mittels einer Kampagne gegen den höchsten Repräsentanten des ehemaligen DHV, den früheren Hauptvorstandssekretär Fritz Heinemann, versuchte 1946 die KPD-Presse erfolgreich die Gewichte zugunsten der Kommunisten zu beeinflussen. Anläßlich der ersten Delegiertenkonferenz der »IG Holz Groß Berlin« am 5. Juli 1946 wurde der Altkommunist Bruno Lieske zum Vorsitzenden des geschäftsführenden Vorstands gewählt. Fritz Heinemann wurde zwar noch ganz knapp in den erweiterten Vorstand gewählt, Richard Timm, ehemaliger DHV-Jugendsekretär, Leitungsmitglied der ADGB-Bundesschule in Bernau, Mitarbeiter Wilhelm Leuschners im Widerstand und wie Heinemann »maßgebend« am Aufbau beteiligt, kam dagegen nicht einmal mehr in dieses – relativ einflußlose – Gremium. Als im Herbst 1947 die Bestätigung des Vorstandes der »IG Holz Groß Berlin« anstand, setzte dieser die Wahlen bis 1948 aus und bestätigte sich selbst im Amt. In Berlin stand am Ende der politischen Auseinandersetzungen, der Verdrängung nicht SED-konformer Funktionäre, unter den Holzarbeitern 1948 die Konstituierung eines Holzarbeiterverbandes für die drei Westsektoren der Stadt im Rahmen der Unabhängigen Gewerkschafts-Opposition (UGO).

Vorerst – im Sommer 1945 – begann eine Zeit angestrengter Tätigkeit ohne erkennbar vordergründige parteipolitische Absichten. Viele Gewerkschafter waren tags und oft auch nachts unterwegs, um ihnen bekannte Kollegen für die Mitarbeit zu gewinnen. Dabei mußten sie oft erfahren, daß der Krieg auch in ihren Reihen schmerzliche Lücken hinterlassen hatte. Unter großen Mühen und mit sehr viel organisatorischem Geschick gelang es, bereits für den 24. August 1945 eine Art ersten »Verbandstag« der Berliner Holzarbeiter zu organisieren. An diesem Tag fand die 1. Tagung der Bezirksverbandsleitungen Berlins im großen Sitzungssaal des Bundeshauses der Gewerkschaften statt. Da nur vereinzelt Abgesandte aus der sowjetischen Besatzungszone teilnahmen, konnte an eine Gesamtkonstituierung innerhalb der sowjetischen Zone noch nicht gedacht werden.

Richard Timm wandte sich in seinen einleitenden Ausführungen besonders der Situation im Berliner Holzgewerbe und dem Wiederaufbau der Wirtschaft zu. In Berlin waren vor dem Krieg über 30 000 Personen im Holzgewerbe beschäftigt gewesen. Bis zum November 1945 betrug ihre Zahl erst wieder knapp 5000[2]. In weiteren Beiträgen wurden Probleme der Lohn- und Tarifpolitik sowie Jugend- und Frauenfragen im Holzgewerbe angesprochen, ohne daß bereits feste Konturen zukünftiger gewerkschaftlicher Arbeit erkennbar geworden wären. Solche Zusammenkünfte dienten, wie auch die Aufrufe der Landesverbände Anfang August deutlich werden ließen[3], in erster Linie der

---

[1] Vgl. Zentrales Gewerkschaftsarchiv des FDGB, Bundesvorstand (im folgenden: ZGA, FDGB, Buvo), Nr. 224.

[2] ZGA, FDGB, Nr. 210/186.

[3] Gewerkschaftlicher Neubeginn, Dokumente 1945/46, Berlin o. J., S. 198ff.

Eisen- und Hüttenwerke, Thale/Harz (um 1952)

1. Zonenkonferenz der IG Holz, Gotha (Juni 1946)

Selbstverständigung über die unmittelbar zu lösenden Aufgaben, um möglichst schnell eine schlagkräftige Gewerkschaftsorganisation aufzubauen und um weitgehend einheitliche Auffassungen über den weiteren Weg zu erreichen.

Ein Problem, das in der folgenden Zeit große Schwierigkeiten bereitete, betraf die Erfassung der Beschäftigten im Holzgewerbe. Da die Produktion in den unterschiedlichen Bereichen wie Möbel, Fenster und Sperrholz bis Ende November des Jahres nur schleppend in Gang kam, fehlte zunächst die Möglichkeit, den einzelnen Arbeiter im Betrieb anzusprechen. Dadurch entstand die Situation, daß die Leitung des Holzarbeiterverbandes bereits weitgehend aufgebaut war, die Mitglieder aber erst über einen längeren Zeitraum langsam erfaßt werden konnten.

In den Betrieben mangelte es an Maschinen und Rohstoffen[4]. Verschärft wurde die Situation durch die beginnenden Demontagen, die das Holzgewerbe nicht verschonten. Weiterhin herrschte großer Mangel an Zugpferden, was den Abtransport des Holzes zu den Sägewerken erschwerte[5]. Das verknappte wiederum das Angebot an Rohhölzern. Der Vorrat der einzelnen Handwerksbetriebe war in der Regel während des Krieges längst aufgebraucht worden. Man begann langsam mit der Produktion von kleineren Gebrauchsgütern, viele Betriebe hielten sich nur mit Reparaturarbeiten am Leben. Damit blieb der Beschäftigungsgrad gering. Trotzdem unternahmen die einzelnen Landesleitungen alles, so schnell wie möglich den Mitgliederbestand zu erhöhen und funktionstüchtige Organisationsstrukturen aufzubauen. Das gelang bis Mitte des Jahres 1946 in allen Teilen der sowjetischen Besatzungszone in dem Rahmen und in dem Maße, in dem die KPD und die sowjetische Besatzungsmacht den Politisierungsprozeß großer Teile der Gesellschaft in ihrem Sinne vorantrieben. Darauf ist es wahrscheinlich auch zurückzuführen, daß die IG Holz zum Beispiel in Thüringen bereits im Juni 1946 mit 26 000 Mitgliedern den Höchststand des DHV aus der Zeit vor 1933 um 20 Prozent überschritten hatte.

Die Konstituierung der IG Holz auf Zonenebene

Am 11. und 12. Juni 1946 fand im Gothaer Gewerkschaftshaus die 1. Zonenkonferenz der IG Holz statt. Über die unmittelbar zu lösenden Aufgaben sprach nicht ein Vertreter der Holzarbeiter, sondern Willi Albrecht vom FDGB-Bundesvorstand. Er forderte alle Kollegen auf, sich aktiv an der Entnazifizierung der Betriebsleitungen wie überhaupt an der Vernichtung der Überreste des Faschismus zu beteiligen. Darüber hinaus erhob er eine Forderung, die den scharfen Protest der CDU hervorrief. Die Gewerkschaften sollten sich stark in den kommunalen Beiräten, den Ernäh-

---

4
ZGA, FDGB, Nr. 210/186.

5
ZGA, FDGB, Nr. 311/1.

rungs- und Wohnungsbeiräten und den Landesversammlungen der einzelnen Landesverwaltungen engagieren[6]. Bereits zu diesem Zeitpunkt versuchte der unter dem Kommando der SED agierende FDGB, die Einzelgewerkschaften in die allgemeinen politischen Auseinandersetzungen hineinzuziehen und sie neben den Parteien CDU und LDPD als eine weitere Partei zu etablieren. Das rief den Widerspruch dieser Parteien, aber auch den einzelner Gewerkschaften hervor. Beide Parteien zeigten keinerlei Bereitschaft, den Gewerkschaften den Rang einer politischen Partei zuzubilligen. Im Selbstverständnis des Bundesvorstandes des FDGB dagegen hatte sich, initiiert und getragen von der KPD/SED, eine an der Rolle der sowjetischen Gewerkschaften orientierte Auffassung von den Inhalten und Zielen der Mitgestaltung der zukünftigen Gesellschaft durchgesetzt. Die weitgehende Einbeziehung der Gewerkschaften in die Politik sollte den Führungs- und Herrschaftsanspruch der SED stabilisieren und legitimieren helfen. Tatsächlich wurden die Gewerkschaften bis 1948 in der SBZ nach und nach zum bloßen Erfüllungsgehilfen einer allein herrschenden Partei degradiert und dementsprechend stalinistische Strukturen in den Gewerkschaften durchgesetzt. Die Gewerkschaften verloren ihre Eigenständigkeit und wurden zum »Transmissionsriemen« der SED. Mit dem Anspruch, den politischen Parteien gleichgestellt zu werden, hatte der FDGB die traditionellen Grundlagen gewerkschaftlicher Tätigkeit verlassen. Den neuen Zielen folgten die Einzelgewerkschaften anfangs nur zögernd und unter dem Druck der Leitung des FDGB. Hinzu kam, daß innerhalb einzelner Gewerkschaften die CDU bis 1948 über starke Positionen verfügte. Das verschärfte die Auseinandersetzungen innerhalb der Gewerkschaften, da diese nicht sofort bereit waren, auf den Kurs der SED einzuschwenken. Doch diese setzte sich, gestützt auf die Besatzungsmacht, über die zum Teil erheblichen Widerstände hinweg.

Auch in der IG Holz bestanden anfänglich verschiedene Auffassungen über die Frage der gesellschaftlichen Aufgabe der Gewerkschaften. Der auf der 1. Zonenkonferenz zum Vorsitzenden gewählte Max Wachtel[7] sprach auf der Zusammenkunft des Zentralvorstandes am 15. Juli 1945 das Verhältnis zum Dachverband gleich zu Beginn seiner Ausführungen an: »Der FDGB hat die einzelnen IG'en [Industriegewerkschaften] geschaffen, die somit selbständige Träger der Arbeit sein müssen. Der FDGB selbst ist nicht die reine Fachorganisation, sondern eine zusammengefaßte zentralisierte Organisation mit ihren Gliederungen, welche die einzelnen IG'en trotz der selbständigen Arbeit mit organisierten und zentralisierten Grundsätzen anleitet.«[8] Die Betonung der eigenen Selbständigkeit blieb der Versuch, sich gegen eine strenge Reglementierung und übermäßige Zentralisation zu wehren, wenngleich die weitgehende Anerkennung einer zentralisierten Führung bei Max Wachtel bereits mitschwingt. Die Wahl des Kommunisten Wachtel zum Vorsitzenden der IG Holz im Juni 1946 stellte im Unterschied zum anfänglich sensibleren Vorgehen in Berlin den politischen Stellenwert der KPD in der alten Holzarbeiterbewegung dieser Länder auf den Kopf. Max Wachtel, in Kreisen des ehemaligen DHV unbekannt, war zudem auch in der kommunistischen Hierarchie ganz unten angesiedelt, verdankte seine Position dem »Geist von Buchenwald« und den Nützlichkeitserwägungen der KPD. Er war somit ein eher schwach legitimierter Vorsitzender. So ist es nicht verwunderlich, daß die IG Holz bereits 1947 den Bundesvorstand des FDGB als zentrales Führungsorgan anerkannte und sich weitgehend den dort gefaßten Beschlüssen unterordnete. Sie gehörte zu den ersten Industriegewerkschaften, die diesen Schritt vollzogen. Die Auseinandersetzungen über die Frage der strengen Zentralisation gingen quer durch die Einzelgewerkschaften und wurden später oft durch Interventionen zugunsten der übermächtigen FDGB-Zentrale entschieden.

Die IG Holz konnte sich in ihrer weiteren Entwicklung auf eine ständig wachsende Mitgliedschaft stützen. Anfang Juni 1946 betrug der Mitgliederbestand 108 384 (Sachsen hatte 40 000, Thüringen 26 382, die Provinz Sachsen-Anhalt 19 000, Brandenburg 8502, Mecklenburg 6500 und Berlin 8000 Mitglieder)[9]. Er stieg bis Ende des Jahres auf 168 819 an[10]. Der Organisationsgrad lag in der sowjetischen Besatzungszone deutlich höher als in den anderen Zonen. Die Mitgliederzahlen der Holzarbeitergewerkschaften betrugen im November 1947[11]:

Besatzungszone	Beschäftigte	Organisierte in absoluten Zahlen	in Prozent
Amerikanische Zone	103 000	52 000	50,4
Britische Zone	130 000	60 000	46,1
Französische Zone	35 000	14 000	40,0
Sowjetische Zone	190 000	165 000	86,8
Großberlin	26 000	14 000	53,8

---

6 Ebenda.

7 Ebenda; zum Stellvertreter wurde Walter Kampfrath (Leipzig), in den Vorstand wurden Alfred Schneider, Willi Schröder (beide Berlin), Erich Korber (Frankfurt/O), Kurt Bohne (Suhl), Lisbeth Everding (Halle) und Erich Franke gewählt.

8 Ebenda.

9 Ebenda.

10 ZGA, FDGB, Buvo, Nr. 0687. Davon waren 140 079 männliche und 28 740 weibliche Beschäftigte.

11 ZGA, FDGB, Nr. 200/698/3394.

Diese Zahlenverhältnisse knüpften in etwa an die regionale Mitgliederverteilung des ehemaligen DHV an. Wenngleich die Arbeitsmöglichkeiten und überragenden Organisationserfolge in der sowjetischen Besatzungszone von den mit schwierigen Auflagen der westlichen Besatzungsmächte belasteten dortigen Funktionären vielfach beneidet und bewundert wurden, konnten die Holzarbeitervertreter der sowjetischen Zone den Gesamtführungsanspruch in einer überzonal vereinigten IG Holz bestenfalls andeuten. Offen geäußert wurde er lediglich FDGB-intern. Nach den Ereignissen in der »IG Holz Groß Berlin« und der Zwangsvereinigung der SPD mit der KPD hatte ein solcher Führungsanspruch schon zum Zeitpunkt der ersten Interzonenkonferenz der Holzarbeiter im Oktober 1947 in Erfurt keine realistische Grundlage mehr. Mit ihrem enormen Organisationsgrad schuf sich die IG Holz jedoch günstige Ausgangspositionen in den Auseinandersetzungen um Verbesserungen der Löhne und der Arbeitsbedingungen im Holzgewerbe. Sie griff gravierende Unterschiede im Lohngefüge der Betriebe in den einzelnen Ländern und Provinzen der sowjetischen Besatzungszone auf und nutzte alle gewerkschaftlichen Mittel, um bestehende Ungerechtigkeiten zugunsten der Werktätigen auszugleichen. Harte Auseinandersetzungen gab es um die Festlegung der Stundenlöhne, die zwischen 0,30 RM und 1,50 RM lagen. Durch die Abschlüsse zusätzlicher Betriebsvereinbarungen, die differenzierte Schmutz- und Leistungszulagen beinhalteten, konnten die größten Mängel im Lohngefüge nach und nach beseitigt werden.

Das Thema Frauenarbeit in der IG Holz

Die IG Holz wandte sich neben Lohn- und Tariffragen sehr stark den Problemen einer aktiven Frauen- und Jugendarbeit zu. So organisierte sie im Januar 1947 eine Frauentagung mit Vertreterinnen aus allen Ländern und Provinzen der sowjetischen Besatzungszone. Die Leiterin der Hauptabteilung Frauen beim Zentralvorstand Neßler erläuterte den arbeitsmarktpolitischen Hintergrund der verstärkten Bemühungen um die Frauen: »Die durch den Hitlerkrieg entstandenen Lücken sind nicht allein mit den vorhandenen Arbeitskräften auszufüllen, und es ergibt sich daraus die Forderung nach intensiver Einschaltung der Frauen in das Wirtschaftsleben.«[12] Aus einem neuen Selbstbewußtsein leiteten die Frauen eine ganze Reihe von Forderungen ab, für deren Realisierung sie in der Praxis eintraten. Der Befehl 253 der sowjetischen Militäradministration für Deutschland (SMAD) vom 17. August 1946, der gleichen Lohn für gleiche Arbeit garantierte, stellte eine wichtige flankierende Maßnahme bei den Bemühungen um die Gleichberechtigung von Männern und Frauen dar. Daß sich dieser Befehl jedoch nicht ohne Schwierigkeiten umsetzen ließ, erlebten eine Vielzahl von Frauen im tagtäglichen Arbeitsprozeß. Insofern blieb eines der Arbeitsziele der Hauptabteilung Frauen, die Betriebsrätinnen darin zu bestärken, daß sie sich für dieses Ziel einsetzten.

Die Hauptabteilung Frauen entwickelte ein System von Schulungsmaßnahmen und Kontrollen in den Betrieben, um Verstöße aufzudecken und gleiches Recht für alle durchzusetzen. Sehr oft standen den Frauen dabei nicht nur der Betriebsleiter oder Besitzer des Betriebes, sondern auch die überheblichen Vorurteile ihrer männlichen Kollegen entgegen[13]. Doch auch auf die traditionelle Frauenrolle bezogene praktische Dinge versuchten die einzelnen Frauenkommissionen zu verbessern. Dazu zählten die Errichtung von Kinderstuben, Nähstuben und Waschanstalten in den Betrieben, die die Möglichkeiten der Frauenarbeit erweitern und erleichtern sollten. In Fragen der Neubewertung der Normen und des Akkordes stellte sich die IG Holz trotz des Entstehens erster »Volkseigener Betriebe« weitestgehend auf die Seite der Werktätigen. Trotz vielfältiger Maßnahmen bis hin zu Streiks konnte jedoch in den vierziger Jahren ein Großteil der Forderungen noch nicht für alle Frauen durchgesetzt werden[14].

Diese ungelösten Fragen standen zwar auch im Mittelpunkt der 2. Zentralen Delegiertenkonferenz der IG Holz der sowjetischen Zone, die am 21. und 22. Oktober 1947 in Erfurt stattfand. Die politisch bedeutsame Konsequenz der Zusammenkunft war aber, daß ein weiterer Schritt in Richtung der Unterordnung unter den FDGB getan wurde. In einer Entschließung zur Organisationsfrage bezeichnete die Konferenz die Einzelgewerkschaft ausdrücklich als ein Glied des Dachverbandes[15]. Sie erkannte die dort gefaßten Beschlüsse als verbindlich für die eigene Arbeit an und wurde zum Ausführungsorgan des zentralistisch ausgerichteten Gewerkschaftsbundes.

12
ZGA, FDGB, Nr. 210/1648.

13
Ebenda.

14
Ebenda.

15
ZGA, FDGB, Nr. 311/2.

Auf dieser Konferenz machten die Delegierten auch auf ein anderes Problem aufmerksam, das unmittelbar mit den Demontagen und Reparationen durch die Sowjetunion zusammenhing: Viele von ihnen sahen für die Zukunft ihre Arbeitsplätze gefährdet. Neben der Dezimierung der Wälder durch den Krieg würde der unverminderte Holzeinschlag, allein für 1947 waren 69 Millionen Festmeter geplant, zu einer untragbaren Belastung der Holzwirtschaft führen. Bei gleichbleibender Intensität würde der einschlagfähige Holzvorrat nur noch bis zu sechs Jahre reichen. Hier stellte sich die IG Holz gegen Maßnahmen der sowjetischen Besatzungsmacht und erhob im Interesse ihrer Mitglieder und der Gesellschaft insgesamt Forderungen, die die Lebensumwelt auch der folgenden Generationen beeinflußten. Sich gegen Maßnahmen der Besatzungsmacht zu stellen, blieb für die IG Holz allerdings die Ausnahme.

Der Befehl 234 der SMAD und die politische Einbindung der IG Holz

Einheitliche Auffassungen bestanden in den einzelnen Gewerkschaften über den Befehl 234 der SMAD vom 9. Oktober 1947, der unter der Losung »Mehr produzieren – gerechter verteilen – besser leben« stand und materielle Vergünstigungen für die Arbeiter in den Großbetrieben brachte. Viele von ihnen erhielten ein warmes Mittagessen und Sonderzuteilungen an Bekleidung und begehrten Industriewaren. Im direkten Zusammenhang damit begann – als Kehrseite der Medaille – eine breit angelegte Kampagne, um die Mitglieder der Gewerkschaften gegen den Marshall-Plan einzunehmen. In einem Aktionsprogramm des Zentralvorstandes der IG Holz zum Befehl 234 hieß es dazu: »Mit Hilfe von Auslandskrediten, wie sie der Marshall-Plan vorsieht, wäre es ein Leichtes, den Warenhunger zu überbrücken, aber diese Art der Ankurbelung der Wirtschaft würde nur eine vorübergehende Lösung bedeuten und die arbeitende Bevölkerung nachher in eine neue Krise hineinstürzen, die letzten Endes wieder nur durch einen neuen Krieg gelöst werden könnte.«[16]

Mit solchen und ähnlichen politischen Aussagen sollte eine Auseinandersetzung über die Frage verhindert werden, ob eine Beteiligung am Marshall-Plan oder dessen Ablehnung sinnvoll sei. Der Vorstand der IG Holz präsentierte im November 1947 ein Aktionsprogramm, mit dem sie sich zum ersten Mal in ihrer neuen Qualität als Staatsgewerkschaft zeigte. Das Programm kannte nur ein Ziel: die Steigerung der Produktion in den einzelnen Betrieben. Dies sollte vor allen Dingen über Patenschaften, Kontrollen in den Betrieben, Diskussion über Fragen der Verbesserung der Arbeitsmoral sowie über den Wettbewerb erreicht werden. Daneben sahen die Beschlüsse verschiedene Sanktionen vor.

16
Ebenda, Nr. 311/5.
17
ZGA, FDGB, Nr. 311/5.

Trümmerbeseitigung

Möbelproduktion

Küchenfertigung

Neben finanziellen Einbußen und Arbeitseinweisungen durch die Arbeitsämter sollte aber die moralische Seite des Arbeitens für eine neue Gesellschaft besonders hervorgehoben werden. Im Punkt 7 des Beschlusses heißt es: »Zwecks Hebung der Arbeitsmoral besteht die Notwendigkeit, durch Aufklärung im Betrieb die Arbeiter zu überzeugen, daß wir heute eine andere höhere Phase des Klassenkampfes erreicht haben. Durch ihre gesteigerte Aktivität nehmen sie ihr Geschick in ihre Hände und tragen ihren Teil dazu bei zur Überwindung der Not. Im Betriebs- resp. Ortsmaßstabe sind Schiedsgerichte einzurichten. Aufgabe dieser Schiedsgerichte ist es, unbelehrbare Bummelanten zu verurteilen. Verfehlungen und Urteile sind am »Schwarzen Brett« bekanntzugeben.«[17] Damit wurde deutlich, daß auch die IG Holz einen entscheidenden Schritt zu den »neuen Inhalten« gewerkschaftlicher Arbeit vollzogen hatte. Waren es anfänglich vor allen Dingen Lohn-, Tarif- und Sozialfragen, die im Mittelpunkt der Tätigkeit standen, versuchte die Gewerkschaft ab 1947 verstärkt Einfluß auf Fragen der Erhöhung der Arbeitsmoral, der Arbeitsintensität, also betriebswirtschaftlicher Belange zu nehmen. Es standen nicht mehr die klassischen Aufgaben der Gewerkschaft und ihre Forderungen nach höheren Tarifen, Sozialausgleich und besserem Arbeits- und Unfallschutz im Mittelpunkt, sondern es ging mehr und mehr um die Mitwirkung bei der Gestaltung der allgemeinen wirtschaftlichen und gesellschaftlichen Entwicklungen. Der Schritt von der Interessenvertretung der Mitglieder zum Mitträger und Legitimationsorgan der gesellschaftlichen Veränderungsprozesse war damit an der Jahreswende 1947 weitgehend vollzogen.

Dem wirkten zu diesem Zeitpunkt als noch nicht gezügelte Kraft vor allen Dingen die Betriebsräte entgegen. Sie wurden im Jahre 1948 ausgeschaltet, weil sie als Bedrohung des neuen Grundkonzepts gewerkschaftlicher Arbeit gesehen wurden. Noch Anfang des Jahres versuchten die einzelnen Gewerkschaften, auch die IG Holz, die Betriebsräte über die Bildung von Betriebsräteabteilungen fest in die Arbeit einzubinden[18]. Diesen sollten entsprechende Richtlinien vorgegeben werden, nach denen die weitere Arbeit unter direktem Einfluß und unter Kommandogewalt des FDGB zu leisten sei. Dagegen gab es von seiten der Betriebsräte starken Widerstand. Die »Lösung« dieses Problems bestand im Jahre 1948 in der Auflösung der Betriebsräte und in der Übernahme der gesamten Gewerkschaftsarbeit durch die Einzelgewerkschaften.

Die Fusion der IG Holz mit der IG Bau

Für die IG Holz wurde nach 1948 die Lösung einer Frage immer dringlicher. Die Streitigkeiten der IG Holz über die Abgrenzung der einzelgewerkschaftlichen Organisationsbereiche – die auch unmittelbar nach dem Krieg schon debattiert worden waren – spitzten sich Ende 1948/Anfang 1949 immer weiter zu. Der Versuch von seiten des FDGB-Bundesvorstandes, Schlichtungskommissionen einzusetzen, mißlang fast vollständig. Eine »Lösung« deutete sich erst im Zuge der Reorganisation der gesamten Gewerkschaftsbewegung und der damit verbundenen weiteren Zentralisation an. In diesem Zusammenhang verstärkte sich die Kritik an der Arbeitsweise der IG Holz seitens des Vorstandes. Sowohl der Vorstand als auch der Vorsitzende der IG Holz Max Wachtel seien nicht in der Lage, die Gewerkschaft zu führen[19]. Diese Kritik ermöglichte es der IG Bau, ihre Vorstellungen von künftiger gewerkschaftlicher Arbeit durchzusetzen. Die Fusion zwischen beiden Industriegewerkschaften nahm im Jahre 1949 klarere Konturen an und wurde im Jahre 1950 endgültig verwirklicht. Am 16. März des Jahres wurden die IG Holz mit ca. 200 000 und die IG Bau mit ca. 400 000 Mitgliedern zur IG Bau/Holz vereint. Die IG Holz beendete damit ihr Wirken als selbständige Gewerkschaft[20]. Max Wachtel, der sich der Fusion entgegengestellt hatte, fiel in Ungnade und wurde erst als Rentner Ende der fünfziger Jahre rehabilitiert. Somit blieb die IG Holz in der sowjetischen Besatzungszone und in der DDR als (relativ) selbständige Einzelgewerkschaft nur eine Episode der Nachkriegsgeschichte.

18
Ebenda, Nr. 200/698/3394.

19
Ebenda, Nr. 210, 1481.

20
Der Holzarbeiter, Zeitung der IG Holz, März/April 1950.

KAPITEL V 1945–1966

PETER RIEMER

Heinz Seeger

Heinz Seeger war von 1953 bis 1958 Vorsitzender der Gewerkschaft Holz. Trotz der Kürze seiner »Amtszeit« hat er wesentliche gewerkschaftspolitische Akzente gesetzt und den politischen Weg dieser Organisation für die nächsten Jahrzehnte vorgezeichnet.

Geboren wurde Heinz Seeger am 14. November 1907 in Osnabrück. Als uneheliches Kind, als »lebendiges Abbild der Sünde«, wurde er von den einer apostolischen Sekte angehörenden Großeltern mit wenig Liebe großgezogen. Das sollte sein späteres Leben prägen.

Er lernte den Beruf des Stellmachers, ging mit 20 Jahren von Osnabrück nach Berlin und arbeitete bei Orenstein & Koppel (O & K) in Spandau als Karosseriebauer. Seit seiner Lehre Mitglied des Deutschen Holzarbeiter-Verbandes, wurde er in Berlin aktiv: als Vertrauensmann und Abteilungskassierer.

Seine politische Heimat fand er zunächst in der KPD, er arbeitete in der Betriebsorganisation bei O & K mit und machte seine ersten schriftstellerischen Gehversuche, als er in der Werkzeitung über betriebliche Mißstände berichtete. 1928 wurde Heinz Seeger arbeitslos, betätigte sich in der aufgezwungenen »Freizeit« politisch, unter anderem als Organisationsleiter in der Jugendabteilung des Rotfrontkämpfer-Bundes.

1928 gab es dann den »Riesenstunk« in der KPD. Heinz Seeger tendierte dabei zur Brandler-Thalheimer-Gruppe und verlor, nachdem er bei einer Parteikontrolle sein Mitgliedsbuch nicht zurückbekam, den organisatorischen Rückhalt. Seine Gesinnung gab er nicht auf, er war im Vorstand der (kommunistisch orientierten) Organisation der Arbeitslosen aktiv und machte sich in Berlin bekannt – auch bei den politischen Gegnern.

Als die Nazis in Deutschland an die Macht kamen, wurde Heinz Seeger am 3. März 1933 ins Konzentrationslager Börnecke bei Nauen verschleppt. Drangsalierungen, Prügel und Demütigungen bestimmten dort sein Dasein. Auch nach seiner Entlassung aus dem KZ wurde er weiter verfolgt: Wegen seiner politischen Einstellung, die er nie verleugnet hat, bekam er keine Arbeit. Mit Beginn des Krieges wurde er eingezogen.

Nach der Zerschlagung des Faschismus ging Heinz Seeger 1945 zurück nach Osnabrück. Er wollte zusammen mit anderen Demokraten, mit den aus Konzentrationslagern, Emigration und Gefangenschaft Heimgekehrten die Gewerkschaften neu aufbauen und die Gesellschaft verändern – immer mit den Leitbildern, die seit seiner Jugend für ihn bestimmend waren. Heinz Seeger, inzwischen Mitglied der Sozialdemokratischen Partei, wurde Parteisekretär und ab 1947 Gewerkschaftssekretär in Bad Münder. Dort zog er auch in den Stadtrat und den Kreistag ein.

1951 wurde Heinz Seeger Redakteur der »Holzarbeiter-Zeitung« als Nachfolger von Hermann Scheffler, der schon vor 1933 dabei war. In der neuen Funktion wurde er mit seinen Beiträgen zur politischen und sozialen Situation einem breiteren Kreis von Kollegen bekannt – über die Grenzen der Gewerkschaft Holz hinaus.

Auf dem 2. Ordentlichen Gewerkschaftstag 1953 in Hamburg wurde Heinz Seeger erster Vorsitzender. Mit einem brillanten Referat machte er den Weg frei für seine Kandidatur und wurde Nachfolger von Franz Valentiner: »Die Jungen wollten etwas Neues.« Unter den Jüngeren war weithin eine linke Tendenz verbreitet, die Ernst machen wollte mit der Veränderung der Gesellschaftsordnung in der Bundesrepublik. Aber es war auch die Zeit des Kalten Krieges, die bis in die Gewerkschaften hinein zu Anpassungsversuchen und Reformismustendenzen führte. Es ging um die Fragen der Wiederbewaffnung und der atomaren Aufrüstung – Themen, die politische Bewegungen auslösten. Heinz Seeger hat dabei immer deutlich seine Meinung gesagt, was ihm, auch in den Gewerkschaften, keineswegs nur Freunde einbrachte.

In zahlreichen Artikeln der Holzarbeiter-Zeitung, bei unzähligen Reden vor Gewerkschaftern, bei vielen Diskussionen in gewerkschaftlichen Gremien hat er seinen Standpunkt vertreten. Und der war von seinen Erfahrungen geprägt, die sich nicht nur auf die Zeit der Weimarer Republik und des Faschismus beschränkten, sondern auch die Entwicklung der jungen Bundesrepublik einbezogen mit ihrer Hinwendung zu konservativen Wertvorstellungen, dem Wiedererstarken wirtschaftlicher Machtzusammenballungen, reaktionärer Strömungen und der antikommunistischen Hysterie.

Maßgebend aber war, was Heinz Seeger für die Gewerkschaft Holz tat. Aus einem Verband, der sich fast ausschließlich um Lohnabschlüsse und Arbeitsrechtsstreitigkeiten kümmerte, entwickelte sich unter seiner Leitung die Organisation zu einer Gewerkschaft, die den Anspruch erhob, die Entwicklung der Gesellschaft mitzugestalten, die sich gegen alle Versuche, demokratische Tendenzen zu unterdrücken und den sozialen Fortschritt aufzuhalten, wehrte und die im Chor der übrigen Gewerkschaften laut ihre Stimme erhob und beachtet wurde. Die Organisation wurde gestrafft, die Kolleginnen und Kollegen wurden zu eigenem Engagement motiviert. Neben der eindeutigen Politisierung der Holzarbeiter-Zeitung wurde für Betriebsräte und Vertrauensleute die Funktionärszeitschrift »Der Mitarbeiter« herausgegeben, ein Blatt, das politische, gesellschaftliche und wirtschaftliche Hintergründe aufzeigte. Die Jugend hatte die »freundschaft«, eine Zeitschrift, die sich neben Jugend- und Freizeitthemen auch um die berufliche Fortbildung kümmerte. Auch der traditionelle »Almanach« (des früheren Deutschen Holzarbeiter-Verbandes) erschien wieder.

Der gewerkschaftlichen Bildungsarbeit widmete Heinz Seeger einen beachtlichen Teil seiner Arbeit. Auf seine Initiative hin entstand 1956 in Bad Münder das »Berghaus Deisterholz«, ein Schulungs- und Erholungsheim. Während in den Wintermonaten Betriebsräte und Funktionäre geschult wurden, diente das Haus im Sommer als Ferienunterkunft.

Innerhalb der Gewerkschaft Holz wurden diese Veränderungen akzeptiert – führten sie doch dazu, die Organisation zu stärken und sie – über ihre zahlenmäßige Größe hinaus – als politische Kraft zu festigen. Dennoch gab es gelegentlich auch Rückschläge. So beim 4. Ordentlichen Gewerkschaftstag 1957 in Nürnberg, als der Beschluß, Kontakte zur IG Bau/Holz des FDGB aufzunehmen, auf politischen Druck von außen zurückgenommen werden mußte. Auch Spannungen innerhalb der Organisation blieben nicht aus. Sie hatten ihren Grund unter anderem darin, daß der Vorsitzende und eine Reihe von Bezirksleitern dem gleichen »Gewerkschaftsjahrgang« – dem Geburtsjahr 1907 – angehörten. Dabei kam es oft zu Diskussionen über den »richtigen Weg« und über Fragen der Autorität. Heinz Seeger kommentiert dies heute: »Ich war eigentlich mein Leben lang ein bißchen allein.«

Im Dezember 1958 ist Heinz Seeger aus privaten Gründen zurückgetreten. Seine Verbindung zur Gewerkschaft wurde abrupt unterbrochen, später wurde er auch aus der SPD ausgeschlossen. Er widmete sich journalistischen Aufgaben und wurde Mitherausgeber der Zeitschrift »Nachrichten«. Heute ist Heinz Seeger wieder Mitglied seiner Gewerkschaft.

Gewiß, er war Zeit seines Lebens ein unbequemer Mann, in seiner Gewerkschaft und in der Politik. Aber Menschen wie er bewegen letzten Endes mehr als diejenigen, die sich den rasch wechselnden Tendenzen in Politik und Gesellschaft anpassen. Für Heinz Seeger aber bleibt das Eintreten für die Demokratie – und das gilt nicht nur für seine Zeit mit den Gewerkschaften, das gilt ebenso für die Republik, in der wir leben – ein wichtiges, ja wahrscheinlich das entscheidende Element seines Lebens.

HANS-GEORG THÖNGES

»Sitz der Verbandsrebellion« oder Spiegel der Gewerkschaft?

120 Jahre Holzarbeiterpresse

Am 2. Juli 1993 jährt sich zum einhundertsten Mal das Gründungsdatum der zu den bedeutendsten Gewerkschaftsblättern zählenden »Holzarbeiter-Zeitung« (HZ). Die 1893 gegründete HZ war das wichtigste Produkt eines umfangreichen Pressewesens, mit dem den Holzarbeitern der verschiedenen Berufe und unterschiedlicher gewerkschaftlicher Herkunft eine berufliche und organisatorische Selbstverständigung gelang.

Vom Zirkular zur Zeitung

Das Pressewesen der Holzarbeiter hatte seinen Ursprung in sogenannten »Zirkulären«. Diese wurden erstmals 1870 nach Bedarf zur Verbreitung von Aufrufen, Mitteilungen aus dem Organisationsleben oder für die Veröffentlichung der Kassenabschlüsse hergestellt und entwickelten sich mit der Zeit zu den für die ersten gewerkschaftlichen Zusammenschlüsse so förderlichen periodischen Correspondenzblättern. Unter dem Titel »Gewerkverein der Holzarbeiter. (Internationale Genossenschaft) Circulair-Correspondenz des Directoriums an die Gewerksgenossen« erschien im Februar 1870 erstmals ein solches Correspondenzblatt, Herausgeber waren Theodor Yorck und Eduard Prey. Mit diesem parteiunabhängigen Blatt hatte sich Yorck gegen Bedenken aus den eigenen Reihen durchzusetzen vermocht. Die zweimal monatlich in 5200 Exemplaren erscheinende Zeitschrift »Union« war für Yorck der wichtigste Schritt in seinem Bestreben nach Schaffung einer Gewerkschaftsunion. Doch erst nach seinem Tod am 1. Januar 1875 konnte sich das Blatt im Untertitel auch wirklich an die »verbündeten Gewerkschaften« wenden.

Im Jahr nach der politischen Einigung in Gotha 1875 löste das Tischlerbundorgan »Bund« für 30 Ausgaben die »Union« ab. Dies trug dem nunmehr erfolgten Zusammenschluß von zwei sozialdemokratischen Holzarbeiterorganisationen zum »Bund der Tischler« Rechnung. Die Leitung dieser wieder als Fachvereinsblatt angesehenen Zeitschrift[1] übernahm der ehemalige Vorsitzende der Holzarbeitergewerkschaft, der Klaviertischler Bruno Moje. Noch bevor der »Bund der Tischler« 1878 dem Sozialistengesetz zum Opfer

---

[1] L. Machtan, Streiks und Aussperrungen im Deutschen Kaiserreich. Eine sozialgeschichtliche Dokumentation für die Jahre 1871 bis 1875, in: IWK, Beiheft 9 (1984), Berlin, S. 19, Anm. 43.

fiel, war dessen Zeitung zugunsten des Zimmererorgans »Pionier« aufgegeben worden. Die Zentralkrankenkasse der Tischler durfte 1878 bestehen bleiben. Dieser verdankte die von der Hamburger Polizeibehörde im Januar 1879 konzedierte »Neue Tischler-Zeitung« (NTZ) ihr Entstehen und Überleben. Die NTZ blieb auch später juristisch und finanziell unabhängig von den Tischlergewerkschaften. Die Hamburger Polizei drohte den Redakteuren Reinhard Meyer und Wilhelm Gramm mit einem sofortigen Zeitungsverbot, »falls auch nur eine Zeile darin stände, die so aussah wie die »gemeingefährlichen Bestrebungen der Sozialdemokratie« «[2]. Entsprechend unverfänglich wurde der Inhalt des Blattes mit fachtechnischen oder gewerbegeschichtlichen Abhandlungen ausgestaltet. Dennoch war die NTZ neben den Zusammenkünften der Krankenkasse das wichtigste Bindeglied zwischen den Berufsangehörigen und schuf zugleich eine Grundlage für den 1883 errichteten Zentralverband der Vereine der Tischler (Schreiner). Der 1887 gegründete »Deutsche Tischler-Verband« erklärte die NTZ zu seinem offiziellen Publikationsorgan. In diesem Jahr konnten sich die Kritiker der Zeitschrift mit der Forderung nach einer kämpferischen Redaktionslinie durchsetzen. Der neue Redakteur Richard Müller gab der NTZ besonders mit der Propagierung der Arbeitsruhe am 1. Mai ein über die Reihen der Tischler hinauswirkendes kämpferisches Profil. Er bezahlte seinen aggressiven Stil mit Gefängnisstrafen. Behördlichen Maßregelungen zum Trotz stieg die Auflage bis 1889 auf 10 000 Exemplare, nach der obligatorischen Einführung 1890 erhöhte sie sich dann nochmals um das Doppelte.

Geduldet – überwacht – zensiert

Auf offizielle Anfragen teilte die politische Abteilung der Hamburger Polizei regelmäßig mit, die HZ sei ein sozialdemokratisches Organ. Zuallererst jedoch war sie ein Gewerkschaftsblatt, dessen »vornehmste Aufgabe« darin bestand, »die Leitung des Verbandes zu stützen, die Bestrebungen des Verbandes zu fördern, den Kollegen des Verbandes im besonderen und der Arbeiterklasse im allgemeinen zu dienen«[3]. Mit der Übernahme der gesamten Ausstattung der NTZ wurde sie am 2. Juli 1893 zu deren direkter Nachfolgerin, vertrat aber seit der Gründung des Deutschen Holzarbeiter-Verbandes auch die Interessen der Stellmacher, Drechsler, der Bürsten- und Pinselmacher. Die Drechsler und Stellmacher hatten bei der Verschmelzung ihrer Verbände zum DHV ihre eigenen Fachorgane eingestellt. Ein Schritt, dem sich die Vergolder im Oktober 1906 und die Bildhauer erst 1919 anschlossen.

In der Frage der Anstellung des neuen Redakteurs Albert Röske kam es 1893 zu einem Machtkampf zwischen

---

2
HZ 39/1904, S. 321.
3
Redaktionsprogramm der HZ vom 2. Juli 1893.

der Preßkommission, die sich nicht nur als »Formkörperschaft« betrachten wollte, und dem DHV-Vorstand. Aufgrund der in den achtziger Jahren zugewachsenen Kompetenzen wollte die als Eigentümerin der HZ geltende Preßkommission in Fragen des Personals und der Verlagsgeschäfte unabhängig vom Vorstand entscheiden[4]. Zum Eklat kam es nach dem Wechsel des Redakteurs Wilhelm Pfannkuch zum SPD-Vorstand, als die Kommission keinen der aus Stuttgart vorgeschlagenen Kandidaten akzeptieren wollte. Entschieden trat die Preßkommission für ihren eigenen Kandidaten ein, den als hochintelligent und eigenwillig beschriebenen Expedienten Albert Röske. Die Preßkommission setzte sich durch. Röske, der zwischen 1896 und 1903 der Generalkommission angehörte, wurde zu einem der bekanntesten freigewerkschaftlichen Redakteure. Er gab dem Verbandsblatt der Holzarbeiter in den Auseinandersetzungen mit den Arbeitgebern, bei der Klärung innerorganisatorischer Fragen, aber auch in den Auseinandersetzungen zwischen den Gewerkschaften Profil.

Die dabei verfochtene Unabhängigkeit und die räumliche Trennung von Redaktion und Vorstand führten zu wachsenden Schwierigkeiten. Wiederholt forderte der Verbandsvorstand auf den Verbandstagen die Verlegung der Redaktion von Hamburg nach Stuttgart. Theodor Leipart beklagte 1902 vor den Delegierten, daß der Vorstand in zahlreichen Fällen für Anschauungen der Redaktion verantwortlich gemacht worden sei, die er selbst nicht teilen konnte, und warnte nachdrücklich davor, die Zeitung »als selbständige Institution« neben dem Verband oder gar als »Stätte der Verbandsrevolte« einzurichten[5]. Der Kritik Leiparts hielt Röske leidenschaftlich entgegen, die HZ müsse »unbeeinflußt vom Vorstand den Mitgliedern in solchen Fällen zur Seite stehen (...), in denen es sich um die Taktik, die Maßnahmen des Vorstandes handelt«. Dabei habe sie zwar Verbandsbeschlüsse zu befolgen, doch müsse der Redakteur auch das Recht zu einer vom Vorstand abweichenden Meinung haben[6]. Konsequenterweise trat Röske – mit ihm auch der Expedient Heinrich Stubbe – von seinem Posten zurück, als der 1904 nun doch gefaßte Beschluß zur Verlegung des Blattes nach Stuttgart mit Jahresbeginn 1905 ausgeführt wurde. Mit der Verlegung des Redaktionssitzes hatte sich der Zentralvorstand durchgesetzt. Die Preßkommission wurde mehr und mehr zur bloßen Beschwerdeinstanz. Jedoch nicht ihre relative Bedeutungslosigkeit, sondern die Tatsache, daß sie unter die Kontrolle der kommunistischen Verbandsopposition geraten war, führte 1925 zu ihrer Abschaffung.

4
HZ 1/1930, S. 2.

5
Protokoll des Vierten ordentlichen Verbandstages (künftig: VT) des Deutschen Holzarbeiter-Verbandes (künftig: DHV). Abgehalten zu Mainz vom 4. bis 10. Mai 1902, Stuttgart 1902, S. 132f.

6
A.a.O., S. 135.

Die Redakteure der behördlicherseits überwachten HZ mußten bei der Zusammenstellung der zur Veröffentlichung geeigneten Einsendungen aus den Zahlstellen überaus vorsichtig verfahren. Die Korrespondenzen waren aber das wichtigste Selbstdarstellungs- und Agitationsmittel der aktiven Funktionäre an der Basis. Eine Überprüfung dieser Berichte auf ihren juristisch abgesicherten Wahrheitsgehalt war der Redaktion nicht möglich. Die Folge waren zahlreiche gerichtliche Verfahren gegen Redakteure[7]. Die Preßkommission reagierte gereizt: Die »Kollegen sind es, die Prozesse durch ihre unwahren Berichte verursachen und hernach, wenn sie dafür eintreten sollen, nicht zu finden sind.«[8] Bei der Einschätzung einer solchen Kritik nach innen ist allerdings die arbeiterfeindliche, unangreifbare Position der Justiz des Wilhelminischen Staates in Rechnung zu stellen.

Nach dem unfreiwilligen Ausscheiden Röskes, der 1904 ein sozialdemokratisches Mandat für die Hamburger Bürgerschaft errang, übernahm der bereits seit 1. September 1900 der HZ-Redaktion angehörende Tischler Ernst Deinhardt die Leitung des Verbandsblattes. Deinhardt griff mit empirisch fundierten Artikeln auf der Seite der sozialdemokratischen Zeitschriften in die Auseinandersetzungen zwischen SPD und Generalkommission ein. Nach Deinhardts frühem Tod trat 1909 Michael Kayser an die Stelle des leitenden Redakteurs. Als er 1933 dem Druck der Nationalsozialisten weichen mußte, konnte er auf 28 Arbeitsjahre in der Redaktion zurückblicken.

Dem gemeinsamen Umzug von Redaktion und Vorstand nach Berlin (1908) folgte 1913 der Bezug des Holzarbeiterverbandshauses, dem eine modern eingerichtete Druckerei angeschlossen war. Die Verlagsanstalt des DHV übernahm den Druck der vor Kriegsausbruch wöchentlich in 193 000 Exemplaren hergestellten HZ und stand auch für Lohnaufträge anderer Gewerkschaften zur Verfügung.

Neben der freigewerkschaftlichen HZ erschien nach der Gründung des »Zentralverbandes der christlichen Holzarbeiter Deutschlands« am 14. Oktober 1899 die erste Nummer des Organs »Der deutsche Holzarbeiter«. Das »Zentralorgan für alle Gebiete der Holzbearbeitungsbranche, obligatorische Zeitschrift des christlichen Holzarbeiterverbandes« konnte sich an rund 800 Mitglieder wenden. Ab Januar 1900 gelang es, das Blatt vierzehntägig, nach Ablauf eines weiteren halben Jahres wöchentlich herauszugeben. Anfangs versah der Zentralvorsitzende Adam Stegerwald die Redaktion des zunächst in München, später in Köln verlegten »Holzarbeiter« im Nebenamt. Erst als 1904 eine Auflage von 7500 Exemplaren erreicht wurde, trat mit Carl Jan-

---

[7]
HZ 48/1896 und 29/1900.

[8]
Protokoll des 4. VT des DHV, S. 112. Vgl. auch Protokoll des sechsten ordentlichen VT des DHV. Abgehalten zu Köln a. Rh. vom 20. bis 26. Mai 1906, Stuttgart 1906, S. 156.

sen ein hauptamtlicher Redakteur seinen Dienst an. Jansen wechselte 1920 in die Redaktion des Zentralblatts der Christlichen Gewerkschaften[9].

Weltanschauliche Differenzen sind die hervorstechenden Trennungsmerkmale in der Berichterstattung beider Blätter vor dem Ersten Weltkrieg. Die von christlicher Seite wiederholt angemahnte gewerkschaftliche Neutralität wollte die Redaktion der HZ nicht in der Weise interpretiert sehen, daß sich die Zeitschrift jeglicher politischen Stellungnahme zu enthalten habe.

Der liberale »Gewerkverein der Deutschen Tischler (Schreiner) und verwandten Berufsgenossen« bezog zwischen 1869 und 1894 den »Gewerkverein« des Hirsch-Dunckerschen Gesamtverbands als offizielles Mitteilungsblatt. Um Fachartikel und Korrespondenzen aus den Ortsvereinen erweitert, erschien seit Januar 1890 ein in Zeitungsformat gedrucktes »Protokoll« des Gewerkvereinsvorstands dreimal monatlich für alle Mitglieder. Es löste die früher für die Ortsvereinsvorstände versandten Vorstandsprotokolle ab. Die 9. Generalversammlung des Gewerkvereins vom Mai 1984 beschloß, daß ab Juli 1894 ein selbständiges Gewerkvereinsorgan mit dem Titel »Die Eiche« dreimal monatlich erscheinen solle. »Die Eiche« wurde seit November 1895 von Rudolf Bahlke, dem Vorsitzenden des Generalrates der Gewerkvereine, wöchentlich herausgegeben. Nach der Verlegung nach Ulm übernahm 1914 Fritz Varnholt die Redaktion. »Die Eiche« hatte 1930 eine Auflage von lediglich 4300 Exemplaren, war also das Mauerblümchen unter den Holzarbeiterzeitungen geblieben.

Die Woge der nationalen Begeisterung bei Ausbruch des Ersten Weltkriegs erreichte auch die HZ. Doch der anfängliche Glaube an die Worte des Kaisers, der keine Parteien, nur noch Deutsche kennen wollte, wich unter dem Druck staatlicher Zensurreglementierung und der Fortdauer des Völkermordens sehr bald nüchternen Bestandsaufnahmen. Trotzdem häuften sich Beschwerden von oppositioneller Seite über die Haltung der HZ, die sich an der Unterstützung der regierungsamtlichen Durchhaltepolitik, dem Eintreten der Redaktion für die Kriegsanleihe oder an ihren Stellungnahmen zum Streit innerhalb der Sozialdemokratischen Partei entzündeten. Die Publikationsfreiräume der vom Militärdienst keineswegs freigestellten Gewerkschaftsredakteure wurden von den Kritikern überschätzt. Da Regierung und Militärbehörden vom Nutzen der Gewerkschaftspresse für die Kriegspolitik des Reiches offenkundig überzeugt waren, gestatteten sie ihr Weitererscheinen, erwarteten aber dafür ein entsprechendes Wohlverhalten der Redakteure.

Augenfälligstes Merkmal der im Ersten Weltkrieg beginnenden Funktionswandlung der Holzarbeiterpresse war die drastische Verminderung des Korrespondenzteils der HZ. Das kriegsbedingte teilweise Erlöschen des lokalen

---

[9] Der Holzarbeiter 40/1929, S.159.

Organisationslebens war hierfür hauptsächlich verantwortlich. Schließlich zwang die kriegsbedingte Veränderung des Arbeitsmarkts zu einer Ergänzung des Verbandsorgans durch ein seit Mai 1914 vierteljährlich erscheinendes Jugendblatt des DHV und ein »Holzarbeiter-Frauenblatt«. Letzteres sollte der Aufrechterhaltung einer Verbindung mit den Frauen einberufener Mitglieder dienen, stieß aber nur auf wenig Resonanz. Erfolgreicher wandte sich die in vier Kriegsnummern in 100 000 bis 120 000 Exemplaren aufgelegte »Feldpost-Zeitung« direkt an die »Verbandskollegen in den Schützengräben«[10].

Zwischen Stabilität und Krise

Mit den seit 1916 eingerichteten Kriegsausschüssen vollzog sich bereits ein gewisser Wandel in der Haltung des Staates und auch einiger Unternehmer gegenüber den Gewerkschaften. Die volle Anerkennung als wirtschaftliche Interessenvertretungen der Arbeitnehmer und damit als akzeptierte Verhandlungspartner der Arbeitgeber wurde erst nach dem Sturz der Monarchie in der Weimarer Republik erreicht. Dies blieb nicht ohne Rückwirkung auf Inhalt und Erscheinungsbild der Gewerkschaftspresse. Übergreifende politische Themen behandelte die HZ seither häufiger, über Lohnbewegungen wurde jedoch nur noch berichtet, wenn sie von überregionalem Interesse waren. Auch gewannen jetzt Fragen der Holzwirtschaft, denen sich vornehmlich Hermann Scheffler widmete, im Verbandsorgan an Gewicht. Scheffler wurde 1920 Nachfolger des Bildhauers Paul Duponts, der aus Altersgründen die HZ-Redaktion nach kurzer Amtszeit wieder verließ, jedoch die Redaktionsgeschäfte des Frauen- und Jugendblattes weiterführte[11].

Der gewaltige Mitgliederzustrom seit 1918/19 erhöhte die Distanz der Leser zu ihrem Organ. An der Schreibweise der HZ entzündete sich die Kritik an der Politik des DHV. Mit scharfen Angriffen auf die Tendenz des Verbandsblatts während des Krieges forderte die Verbandsopposition 1919 sogar die Entlassung des Chefredakteurs Michael Kayser. Allerdings hatte hier wie auch auf den folgenden Verbandstagen die überwiegend kommunistische Opposition keine Chance, eine Mehrheit für die Verurteilung der Redaktion wegen »einseitiger«, gemeint war sozialdemokratischer, Schreibweise zu finden.

Das seit Mitte der zwanziger Jahre aufblühende Pressewesen der Weimarer Republik übte einen erheblichen Anpassungsdruck auf die Gewerkschaftspresse aus. In der seit Oktober 1926 einsetzenden Debatte machten sich die Holzarbeiter Kayser und Scheffler zu Wortführern der Reformer. Sie lockerten das Erscheinungsbild ihres Blattes durch vierspaltigen Umbruch, Balken, fette mehrspaltige Überschriften, Bildschmuck und Karikaturen auf und belebten den Inhalt durch eine Seite »Unterhaltung/Wissen«[12]. Ihren Aussagen zufolge hatten diese Veränderungen einen großen Einfluß auf die Lektürebereitschaft von Frauen und auf die durch den Mitgliederrückgang seit der Inflation erneut an Bedeutung gewinnende Funktion der HZ als Werbemittel.

Auch im Zentralverband der christlichen Holzarbeiter wurde der Wandel im Blätterwald rechtzeitig erkannt. Seit 1928/29 wurde der auf besserem Papier gedruckte »Holzarbeiter« illustriert und das Satzbild durch oft zweispaltige Anordnung der Schlagzeilen abwechslungsreicher gestaltet. Bernhard Deutz, Nachfolger des als Direktor des Kölner Versicherungsamtes ausgeschiedenen Redakteurs Julius Scheuble, vermutete, daß der »Holzarbeiter« durch diese Verbesserungen »eine stärkere Beachtung gefunden hat«[13].

In der Reihe der fachtechnischen Zeitschriften nahm das seit 1906 vom DHV herausgegebene und jetzt von Wilhelm Schliebener und Franz Kißner redigierte »Fachblatt für Holzarbeiter«[14] einen herausragenden Platz ein. Daneben erschienen noch »Mitteilungen« der großen Ortsverwaltungen. Von den Berliner Mitteilungen, die in der dortigen Verwaltungsstelle pikanterweise wöchentlich zusammen mit der HZ ausgegeben wurden, hatte sich Michael Kayser wiederholt zu distanzieren. Seiner Ansicht nach wurde versucht, sie »zu einem Kampforgan mit politischem Anstrich zu machen«[15]. Tatsächlich hatte das Blatt in scharfen Worten die Haltung der HZ im Krieg und ihr Eintreten für die Zentralarbeitsgemeinschaft mit dem Unternehmertum angegriffen[16].

Angesichts der antirepublikanischen Agitation gegen Ende der Weimarer Republik und der Wahlergebnisse vom September 1930 gab es kaum eine Ausgabe der HZ, in der nicht Ideologie, Zielsetzung und Mitgliederstruktur der NSDAP analysiert und der braune Straßenterror gebrandmarkt worden wären. Unter der Überschrift »Gegen den drohenden Faschismus« kündigte die HZ vom 20. Dezember 1930 vorausschauend an: »Wenn sie einmal an der Macht sitzen, über die Machtmittel des Staats verfügen, dann verlassen sie den Platz nicht mehr freiwillig. Dann errichten sie die faschistische Diktatur (...).«

10
Vgl. hierzu den Beschluß des 11. VT des DHV, in: Protokoll des elften ordentlichen VT des DHV. Abgehalten zu Berlin vom 15. bis 21. Juni 1919, Berlin 1919, S. 23.

11
Protokoll des zwölften ordentlichen VT des DHV. Abgehalten zu Hamburg vom 5. bis 11. Juni 1921, Berlin 1921, S. 144f.

12
HZ 46/1927, S. 364.
13
Der Zentralverband christlicher Holzarbeiter in den Jahren 1928/29, hrsg. v. Zentralvorstand, o. O., o. J., S. 88.
14
Gegründet 1906, ab 1. März 1934 erschien die Zeitschrift unter dem Titel Fachblatt für Holzarbeiten.

15
HZ 2/1928, S. 12.
16
»Mitteilungen der Verwaltung an die Mitglieder des Deutschen Holzarbeiter-Verbandes in Berlin« 24/1919.

Diese Vorhersagen trafen mit Hitlers Machtantritt ein. Die Redakteure der HZ klammerten sich wie die Gewerkschaftsführung an die Hoffnung, auch ein nationalsozialistisches Regime könne auf die Fortexistenz von Gewerkschaften nicht verzichten[17]. Die staatliche Proklamation des 1. Mai zum »Tag der nationalen Arbeit« schien sogar die Erfüllung einer seit langer Zeit umkämpften Forderung zu verheißen. Der 2. Mai ließ jedoch alle zuvor schon geäußerten Befürchtungen zur Gewißheit werden.

Ein bewaffneter SA-Trupp drang in die Druckerei des DHV ein und erzwang die Drucklegung eigener, für die HZ bestimmter Manuskripte. Da ein Teil der regulären Auflage schon ausgeliefert war, erreichten Anfang Mai 1933 zwei unterschiedliche Zeitungen die Mitglieder des DHV. Wenige Wochen nach dem gewaltsamen Zugriff der Nationalsozialistischen Betriebsorganisation (NSBO) meldete das seit 17. Juni 1933 unter dem Titel »Der Deutsche Holzarbeiter« weitergeführte Organ auch die Unterdrückung der christlichen Holzarbeiterzeitung. Der christliche Zentralverband der Holzarbeiter wurde dem von der NSBO geführten DHV angegliedert. Mit der Wiedereinführung des Korrespondenzteils und dem verstärkten Einsatz von Illustrationen wurden von der nationalsozialistischen Redaktion zwei Lockmittel für »abtrünnig« gewordene Leser geschaffen. »Der Deutsche Holzarbeiter« erschien als Foto-Illustrierte, die den »Führer« und das »NS-Reich« glorifizierte.

Von der Zeitung zum Magazin

Die zentrale Vereinigung von Ländergewerkschaften vollzog sich nach dem Zusammenbruch der nationalsozialistischen Herrschaft 1945 in den Besatzungszonen auf unterschiedliche Art. »Der Holzarbeiter« hieß 1946 das erste »Mitteilungsblatt« der Industriegewerkschaft Holz der Rheinprovinz. Es wurde von dem christlichen Holzarbeiter Oswald Seifert in Bonn herausgegeben und 1947 als Organ der IG Holz der britischen Besatzungszone von deren Hamburger Hauptvorstand übernommen. Im gleichen Jahr erschienen im Machtbereich der sowjetischen Militäradministration zwei weitere Zeitungen mit dem Titel »Der Holzarbeiter«, eine für Groß-Berlin und eine für die Besatzungszone. Nach dem Vereinigungsverbandstag der Holzarbeiter in der westlichen Trizone im Mai 1949 in Königswinter erschien im Januar 1950 erstmals wieder die »Holzarbeiter-Zeitung« (HZ). Mit Hermann Scheffler als Redakteur, der sich am 7. Januar 1950 in der HZ mit einer Rückblende auf die Ereignisse des 2. Mai 1933 und mit Leitlinien für sein neues »altes« Amt zurückmeldete, wurde die Kontinuitätslinie zwischen dem alten DHV und der Einheitsgewerkschaft Holz auch personell unterstrichen. Die Aufmachung der HZ unterschied sich gegenüber der von vor 1933 nicht wesentlich. Die Redaktion des 12- bzw. 16seitigen Blatts erfolgte von Stuttgart aus, wo auch der Vorsitzende Markus Schleicher amtierte, während der Rest des Hauptvorstandes seinen Sitz in Hamburg hatte. Auf Hermann Scheffler, der am 11. März 1951 starb, folgte aus den Reihen des Funktionärsnachwuchses Heinz Seeger als Redakteur, der Geschäftsführer von Bad Münder. Im Juni 1953 wurde Seeger auf dem Gewerkschaftstag in Hamburg zum Vorsitzenden der Gewerkschaft Holz gewählt. An seiner Stelle trat Peter Riemer in die Schriftleitung der HZ ein, zeichnete aber erst seit September 1957 als Redakteur verantwortlich.

Ihre Vorreiterrolle bei der Reformierung der Gewerkschaftspresse meldeten die Holzarbeiter auf dem Nürnberger Gewerkschaftstag (1957) erneut an. Erstmals wurde beschlossen, eine Gewerkschaftszeitung auf Magazinformat umzustellen. Vom Rotationsdruck ging man 1958 zum Offsetverfahren und zweifarbigen Druck über, und auch der Zeitungsinhalt wurde umgestaltet. Neben Politik und Wirtschaftspolitik sollten (Bild-)Reportagen, Fachartikel und Geschichten »die Zeitung interessant machen«[18]. In dieser Phase wurde zudem versucht, einzelne Zielgruppen in intensiverer Weise durch zusätzliche Zeitschriften mit Informationen zu versorgen. Zu nennen ist hier »Der Mitarbeiter«, der 1954 Nachfolger der bescheidenen »Mitteilungen des Hauptvorstandes« wurde. Als Funktionärsorgan wandte er sich unter großem Zuspruch an Betriebsräte und Vertrauensleute, bis er Ende 1972 aufgrund der finanziellen Situation der GHK eingestellt werden mußte. Man ging bei dieser Entscheidung auch davon aus, daß künftig das DGB-Organ »Die Quelle« zur Information der Funktionäre ausreichen müsse. Dem Rückgang der Lehrlingszahlen in der Holzwirtschaft als »eine[r] nicht wegzudiskutierende[n] Tatsache«[19] fiel Ende 1961 die seit Januar 1958 als Nachfolgerin der »Drei von der Hobelbank« herausgegebene fachlich orientierte Jugendzeitschrift »freundschaft« zum Opfer. Die Beschäftigung mit Jugendfragen verlagerte sich danach kurzzeitig auf eine »Seite für junge Holzarbeiter« in die HZ zurück. Im 48. Jahrgang mußte das »Fachblatt für Holzarbeiten« dem Strukturwandel in der Holzwirtschaft nachgeben und sein Erscheinen ebenfalls einstellen. Trotz seines in der Fachwelt zurückgewonnenen Rufes reichte der Abonnentenkreis zur Weiterfinanzierung des Blattes nicht aus. Der Wirtschafts- und Tätigkeitsbericht der Gewerkschaft Holz für die Jahre 1957 bis 1959 deutete dies als »Zeichen der Zeit«[20].

Des öfteren wurde in der HZ über die Aufgaben der Gewerkschaftspresse und den Erwartungshorizont der Leser

---

17
HZ 14–16/1933.

18
Redaktionsbericht H. Seeger, in: Vierter ordentlicher Gewerkschaftstag vom 1. September bis 5. September 1957 in Nürnberg, Hrsg. v. Hauptvorstand der Gewerkschaft Holz Düsseldorf, Düsseldorf o. J., S. 397.

19
Wirtschafts- und Tätigkeitsbericht der Gewerkschaft Holz [künftig: WTB der GH] 1960–62, Düsseldorf 1962, S. 377.

20
WTB der GH 1957–59, Düsseldorf 1959, S. 316.

diskutiert. Am heftigsten entzündeten sich diese Debatten, insbesondere seit den siebziger Jahren, an der Frage, ob und in welcher Weise das Verbandsorgan zu politischen Themen Stellung nehmen dürfe. Auffallend war, daß die HZ von den Mitgliedern am schärfsten kritisiert wurde, die auch den politisch engagierten Kurs der Redaktion nicht teilten. Den Kritikern gegenüber verteidigte die Redaktion ihre Position mit dem Hinweis, daß die gesellschaftliche Funktion der Gewerkschaftspresse auch darin bestehe, ein Gegengewicht zur privat organisierten Presse zu bilden. Die Darstellung politischer Positionen, die im veröffentlichten Meinungsspektrum unterrepräsentiert sind, zählt daher ebenso zu den Aufgaben der HZ wie ihre heute mehr denn je bedeutsame Bindegliedfunktion zwischen Mitgliedern und Gewerkschaft. Die HZ beabsichtigte jedoch nie, zu bundesdeutschen Tageszeitungen in Konkurrenz zu treten. Hierzu reichten die Kapazitäten einer anfangs vierzehntägig, seit 1958 bei gleichzeitiger Vergrößerung des Umfangs nur noch monatlich erscheinenden Zeitschrift nicht aus. Die HZ-Redaktion verfolgte indessen die Entwicklungen in der Medienlandschaft stets mit großer Aufmerksamkeit. Denn nur durch rechtzeitiges Aufgreifen neuer Entwicklungen, wie zum Beispiel veränderter Lesegewohnheiten, konnte das zeitweilig nachlassende Interesse der Mitglieder an der eigenen Gewerkschaftszeitung erneut belebt und die angesichts rückläufiger oder stagnierender Mitgliederzahlen notwendige Werbefunktion der HZ erhalten bleiben.

Der Mitte der zwanziger Jahre entwickelte Gedanke einer kontinuierlichen Reform der Gewerkschaftspresse wurde zuletzt Ende der siebziger Jahre noch einmal grundsätzlich aufgegriffen. In Zusammenarbeit mit der Hochschule für Gestaltung in Bremen erhielt die HZ zum Jahresbeginn 1980 ihr heutiges Aussehen, dessen auffälligste Momente die übersichtliche Gliederung des Zeitungsinhalts, die größere Schrift, der Übergang zu gefälligeren Schrifttypen (von der Helvetica zur Times) und die neue Art der Farbgebung sind. Inhaltlich fielen besonders die frühzeitigen Bemühungen der Redaktion um Wege zu einem vernunftbetonten Umgang mit der DDR und die deutlichen Positionen zur Wiederbewaffnung und Notstandsgesetzgebung auf. Auch die beharrliche Beobachtung des rechtsextremistischen Randes der bundesrepublikanischen Gesellschaft und die kontinuierliche, Anfang der siebziger Jahre konfliktbeladene Pflege der historischen Traditionen der Holzarbeiter sind hervorzuheben.

In zahlreichen Beispielen ließe sich die Wirksamkeit der HZ nachweisen. Nicht immer können die Erfolge einer Verbandszeitung so unmittelbar meßbar sein wie 1974 nach der Aufforderung »Kollegen, verteidigt Eure Akkorde«[21] oder nach einem Beitrag des damaligen Organisationssekretärs und heutigen HZ-Redakteurs Klaus Brands zur Auslegung des Betriebsverfassungsgesetzes[22]. Zweifellos wurde dieser

---
21
HZ 9/1974 und HZ 10/1974, S. 3.
22
HZ 4/1975, S.17 und HZ 5/1975, S. 30.

Aspekt in der innergewerkschaftlichen Diskussion um Kosten und Nutzen der HZ nicht immer ausreichend gewürdigt. Öffentlichkeitsarbeit stellt aber angesichts eines expandierenden, zunehmend privatrechtlich geleiteten Massenmedienmarkts ständig höhere Anforderungen an die Fähigkeit, gewerkschaftliche Positionen und damit verknüpfte politische Forderungen ins öffentliche Bewußtsein zu bringen. In diesem Sinn fungierte die HZ-Redaktion immer wieder auch als Pressestelle und trat bei Bedarf über einen eigenen »Holzarbeiter-Pressedienst« an Rundfunkstationen, Nachrichtenagenturen und die bedeutendsten Tages- und Wirtschaftszeitungen heran.

Unter insgesamt schwieriger werdenden Bedingungen wird jedoch die HZ als weiterhin wichtigstes Sprachrohr der Holzarbeiter versuchen müssen, gleichzeitig identitätsstiftend und in Richtung der neuen ostdeutschen Mitglieder integrierend zu wirken sowie ihren Platz in der bundesdeutschen Presselandschaft zu behaupten.

KAPITEL V 1945–1966

WOLFGANG MEINICKE

Heimarbeit in der mitteldeutschen Spielwarenindustrie 1900–1949

Weltbekannte Markenzeichen

In der zweiten Hälfte des 19. Jahrhunderts kristallisierten sich im mitteldeutschen Raum, vorrangig im sächsischen Erzgebirge, einzelne Zentren der Holz- und Spielwarenherstellung heraus[1]. So für die Bürstenindustrie in Schönheide und für die Musikinstrumentenherstellung im Vogtland in Klingenthal, wo ein Zentrum des Mundharmonikabaus lag, die Geigenindustrie war in Markneukirchen konzentriert. Dörfer wie Olbernhau, Neuhausen, Seiffen, Heidelberg, Steinhübel, Einsiedel, Flöha und Eppendorf waren berühmt für ihre Spielsachen[2]. Daneben trat das Sonneberger Gebiet durch die Anfertigung von Puppen- und Holzspielzeug im besonderen Maße hervor. Dort fertigten viele Heimarbeiter Puppen aus Porzellan, Wachs, Stoff, Leder und anderen Materialien. Hier entstanden auch einige Neuerungen wie Puppen mit Kugelgelenken und Schlafaugen, die zu den Weltneuheiten in der damaligen Zeit zählten. Metallspielzeug, das sich langsam den Spielzeugmarkt nicht nur in Deutschland eroberte, wurde hier nicht hergestellt. Das weltbekannte Markenzeichen dieser Gegend blieb das Holz.

Die Heimarbeiter im Sonneberger Gebiet im 18. und 19. Jahrhundert

Obwohl sich in Deutschland im 19. Jahrhundert immer mehr der Großbetrieb durchsetzte, blieb fast die gesamte Spielwarenherstellung im mitteldeutschen Raum auf der Grundlage der Heimarbeit bestehen[3]. Tendenzen zur fabrikmäßigen Herstellung der Spielwaren setzten sich hier kaum durch, größere Fabriken entstanden nicht. Lediglich als Sammelstellen von Teilprodukten und für die Fertigstellung der einzelnen Spielwaren gab es Großwerkstätten, in denen die Arbeiter das Spielzeug zugleich für den Versand herrichteten. Bereits im 17. Jahrhundert waren die Herstellung von Spielwaren und der Handel mit ihnen auseinandergefallen. Das wirkte sich über die Jahrhunderte negativ auf die Arbeits- und Lebensbedingungen der Heimarbeiter aus. Sie hatten nur einen geringen Anteil an den Verkaufserlösen, die mit ihren Produkten in aller Welt erzielt wurden.

Mit der Ausbreitung des Handels und der Herstellung immer neuen Holzspielzeugs nahm die Anzahl der Arbeitskräfte in der Spielwarenherstellung zu. Immer mehr Bewohner kleiner Dörfer waren mangels Arbeitsmöglichkeiten außerhalb der Landwirtschaft zur Heimarbeit gezwungen. Oft gerieten ganze Dörfer in Abhängigkeit von Zentren der Spielwarenherstellung. Einen dieser Mittelpunkte bildete die Kleinstadt Sonneberg, in die über 30 Dörfer der Umgebung Teile von Spielzeug oder bearbeitete Einzelteile lieferten. Das Spielzeug durchwanderte dabei oft mehrere Bearbeitungsorte, bevor es in Sonneberg endgültig Gestalt annahm. So fertigten Heimarbeiter in Judenbach Pelztiere, in Steinach und Neufang Perücken, in Rauenstein wurden Puppenkörper gestopft und Puppenschuhe hergestellt. In Hämmern und Steinach schnitzten die Heimarbeiter Schiffchen und Heinersdorf war ein sogenanntes Drückerdorf, in dem Puppenköpfe und -körper aus Papiermaché hergestellt wurden.

Um 1800 waren im Sonneberger Gebiet bereits zwischen 1000 und 1400 Personen mit der Spielwarenherstellung beschäftigt. Einhundert Jahre später hatte sich diese Zahl auf etwa 9000 erhöht. Der weitaus größte Teil der Beschäftigten arbeitete in Heimarbeit und ordnete sich selbst dem Berufsstand des Hausgewerbetreibenden zu. In dieser Zeit hatte die thüringische Spielzeugindustrie einen Anteil von ca. 50 Prozent an der deutschen Spielzeugherstellung.

Die Lebenssituation der Heimarbeiter

Die Verdienstmöglichkeiten der Heimarbeiter blieben durch die weitgehende Abhängigkeit von Händlern gering. Obwohl sich im Zeitraum von 1870 bis 1900 die absoluten Einkommen im Sonneberger Gebiet um durchschnittlich 5 bis 10 Prozent erhöht hatten, stiegen die Realeinkommen durch die Steigerung der Rohstoff- und Lebensmittelpreise kaum an. Im Jahre 1903 verfügten von den 11459 in der Steuerrolle erfaßten Personen 39,5 Prozent über ein jährliches Einkommen, das unter 600 Mark lag. 30 Prozent kamen auf ein Einkommen zwischen 600 und 700 Mark. Nur einige wenige, meist Händler, lagen in Einkommensgruppen zwischen 9000 und 33 000 Mark jährlich. Die Heimarbeiter in den Dörfern waren in der Regel auf mehrere Einkommensquellen entweder in der kargen Landwirtschaft oder in anderen Erwerbszweigen angewiesen. Der Wochenverdienst einer fünfköpfigen Heimarbeiterfamilie lag um 1900 bei einer täglichen Arbeitszeit von 12 Stunden bei etwa 15

---

[1] Die Heimarbeit in der Holzindustrie. Zur Heimarbeitsausstellung in Berlin vom 28. April bis 15. Mai 1925, hrsg. vom Vorstand des Deutschen Holzarbeiter-Verbandes, o. O. (Berlin), o. J.
[2] Bilder aus der Heimarbeit in der Holzindustrie, Stuttgart 1906.
[3] Vgl. Brunhilde Meyfarth, Die Sonneberger Spielzeugmacher, Zu den Arbeits- und Lebensbedingungen der Sonneberger Spielzeugmacher Ende des 19. und Anfang des 20. Jahrhunderts, Sonneberg 1981, S. 8ff.

HEIMARBEIT

Heimarbeit in Thüringen in den zwanziger Jahren

KAPITEL V 1945–1966

Arbeiter an der Durchtretmaschine

Perlmutterknopfarbeiter in Thüringen

Holzschnitzmeister in Seiffen/Erzgeb.

Erzgebirgischer Spielzeugschnitzer

Spielwarenhersteller aus dem Erzgebirge an der Drehbank

Mark. Das Existenzminimum lag in Deutschland zu dieser Zeit bei 31,10 Mark. Die Heimarbeiter versuchten das Familienbudget durch ständige Erhöhung der Arbeitszeiten und nicht zuletzt durch die Mitarbeit ihrer Kinder aufzubessern[4].

Erschwert wurde die Lebenssituation der Heimarbeiter dadurch, daß es keine Vollbeschäftigung gab, die nur für etwa sechs Monate im Jahr angenommen werden kann. In den Zeiten der Vollbeschäftigung stieg die Arbeitszeit dann allerdings drastisch an und betrug zeitweilig zwischen 70 und 100 Stunden in der Woche. Doch nicht nur die Arbeitsbedingungen belasteten das tagtägliche Leben und damit besonders den Gesundheitszustand der Heimarbeiter[5], auch die Wohnbedingungen waren vielfach katastrophal. In einer unvorstellbaren räumlichen Enge spielten sich sowohl das tägliche Leben als auch die Arbeit selbst ab[6]. Im Jahre 1907 kamen in Sonneberg auf ein Haus im Durchschnitt drei Familien mit umgerechnet 14 Personen. Immerhin besaß etwa ein Drittel der Spielzeugmacher ein eigenes – allerdings oft hypothekenbelastetes – Häuschen.

Erste Versuche des gewerkschaftlichen Zusammenschlusses

Ende des 19. Jahrhunderts gab es erste Versuche, durch den genossenschaftlichen Zusammenschluß zur Verbesserung der Lebens- und Arbeitssituation zu gelangen. Doch alle Ansätze blieben in den Kinderschuhen stecken. Lediglich einzelne Gewerke schlossen sich lose zusammen. Im Jahre 1904 endete auch der Versuch, eine Gewerkschaft der »Sonneberger Heimarbeiter« zu gründen, mit einem Fehlschlag. Vier Jahre später entstanden in dieser Gegend die ersten Arbeiterbildungsvereine, und 1916 trat ein Teil der Spielwarenhersteller (Drücker) dem Fabrikarbeiterverband bei. Auf Grund der fehlenden Organisation und des sehr losen Zusammenhalts unter den Heimarbeitern konnten einheitliche Tarife für die Spielzeugmacher nicht durchgesetzt werden[7]. Vertreter des »Deutschen Holzarbeiter-Verbandes« versuchten immer wieder, gerade die Heimarbeiter gezielt anzusprechen und sie für den gewerkschaftlichen Zusammenschluß zu gewinnen, wobei sie den Lohn zur Kernfrage des Heimarbeiterschutzes erhoben. Sie forderten die Heimarbeiter dazu auf, zusammen mit den Fabrikarbeitern um höhere Löhne zu kämpfen. Doch gerade eine Solidarisierung mit den Fabrikarbeitern widersprach der Selbsteinschätzung der Heimarbeiter, die sich trotz ihrer geringeren Einkommen gegenüber vielen Fabrikarbeitern als hochspezialisierte selbständige Handwerker betrachteten. Sie sahen sich nicht als Arbeiter und waren nicht bereit, in die Gewerkschaft einzutreten. Eine differenzierte Arbeit wurde den Gewerkschaftsfunktionären erst mit dem Heimarbeiterlohngesetz vom 27. Juni 1923 möglich. Einzelne Funktionäre des DHV versuchten nun, die Schaffung von Fachausschüssen auch in der Spielwarenindustrie voranzutreiben. Diese hatten das Recht, Mindestentgelte für die Heimarbeiter festzulegen, wenn in den Bezirken offenbar unzulängliche Löhne gezahlt wurden. Paragraph 25 des Gesetzes schränkte dieses Recht allerdings dahingehend ein, daß bei der Beschlußfassung die gleiche Zahl von Unternehmer- und Arbeitervertretern beteiligt sein mußte. Das kam in der Praxis einem direkten Veto durch die Unternehmer gleich. Der Verband forderte deshalb auch, diese Situation zugunsten der Arbeitervertreter zu verändern, was allerdings nicht gelang. Es fehlte die Unterstützung der Funktionäre durch die Heimarbeiter selbst. Direkte Kampfmaßnahmen der Heimarbeiter sind im Sonneberger Gebiet nur vereinzelt festzustellen. Im Jahre 1913 kam es zu Streiks unter denjenigen Spielzeugarbeitern im Sonneberger Gebiet, die in den kleineren Fabriken arbeiteten. Die in Heimarbeit tätigen Spielzeugmacher beteiligten sich jedoch nicht daran, so daß jegliche Solidarisierung fehlte.

Veränderungen in den zwanziger und dreißiger Jahren

Auch in der streikbewegten Zeit nach dem Ersten Weltkrieg fanden unter den Heimarbeitern der Spielwarenindustrie im Thüringer Raum Arbeitskämpfe kaum Resonanz, obwohl die Monopolstellung für bestimmte Arten von Holzspielzeug mit dem Ersten Weltkrieg verloren gegangen war und sich ihre Lebenssituation dramatisch verschlechtert hatte. Existenzangst überlagerte jetzt oftmals den Willen zum gemeinschaftlichen Handeln. Erst 1925 gab es einen nennenswerten Streik, an dem sich aber wieder fast ausschließlich die Fabrikarbeiter beteiligten[8].

Mit Beginn der zwanziger Jahre dieses Jahrhunderts kam es zu Veränderungen beim Absatz der Spielwaren. Andere Produkte verdrängten das Holzspielzeug. Daneben verstärkte sich der Druck ausländischer, vor allem amerikanischer Niederlassungen, die sich in den Aufkauf direkt einschalteten. Die größten unter ihnen waren Woolworth & Co., Kreske und Butler Brothers. Die Konkurrenz der Handelsfirmen konnten die Heimarbeiter nicht für sich

---

4
Gudrun Volk, Studie zur Lebensweise der Kinder der Spielzeugmacher im Kreis Sonneberg zwischen 1900 und 1914, in: ...erkenne deine Macht, Aufsätze zur Geschichte der Arbeiterbewegung in Südthüringen, Meiningen 1977, S. 26ff.
5
Meyfahrt, ebenda, S. 34ff. Die Kindersterblichkeit lag zum Ende des 19. Jahrhunderts bei 30 Prozent, etwa die Hälfte der männlichen Jugendlichen aus dem Sonneberger Gebiet wurde wegen schwächlicher Konstitution vom Militärdienst zurückgestellt.

6
Otto Aus der Au, Die Heimarbeit und der heutige Stand ihrer Regelung, Diss., Universität Bern, 1926, S.111ff.
7
Gottfried Brandel (Bearb.), Die Heimarbeit in der Spielwaren-, Karneval- und Blumenindustrie innerhalb des Organisationsgebietes des Verbandes der Fabrikarbeiter Deutschlands, o. O. (Sonneberg), 1925.

8
Die Geschichte unseres Werdens und Wachsens, Spielzeugmacher im revolutionären Aufbruch, o. O., o. J., S.14f.

nutzen. Die Abgabepreise blieben niedrig. Den Gewinn steckte weiterhin der Großeinkäufer ein. Um 1930 betrug der gesamte Spielwarenumsatz der amerikanischen Häuser 16 Millionen Reichsmark, das entsprach etwa 15 Prozent des deutschen Spielzeugexportes. In den zwanziger Jahren sanken die Preise für Spielwaren auf dem Weltmarkt, und ein großer Teil der Aufnahmeländer erhöhte die Einfuhrzölle. In den USA stiegen diese zwischen 1914 und 1929 von 35 auf 70 Prozent. In Japan erhöhte sich dieser Anteil im gleichen Zeitraum von 50 auf 100 Prozent. Das erschwerte die Absatzchancen für deutsches Spielzeug und hatte wiederum negative Rückwirkungen auf die Heimarbeiter.

Viele Heimarbeiter versuchten dem auf ihre Art zu begegnen: Im Jahre 1925 arbeiteten sie in der mitteldeutschen Spielwarenindustrie zwischen 12 und 15 Stunden täglich für Stundenlöhne zwischen 6 und 30 Pfennig. Die Arbeiter in den wenigen Spielwarenfabriken bekamen demgegenüber immerhin etwa 65 Pfennig. Die Wochenlöhne reichten aber auch bei ihnen kaum, um den nötigsten Bedarf an Lebensmitteln, Kleidung und Mieten zu decken.

Im Zeitraum von Mitte bis Ende der zwanziger Jahre kam es zu einem kurzzeitigen Aufschwung in der Spielwarenherstellung. Der Export erreichte im Jahre 1928 mit 116 Millionen Reichsmark einen Höchststand vor dem Zweiten Weltkrieg. In dieser Zeit ging die Zahl der Arbeitslosen zurück. Sie stieg jedoch dann mit der Weltwirtschaftskrise wieder drastisch an.

Auf dem Höhepunkt dieser Krise konnten auch die Heimarbeiter dem wirtschaftlichen Druck kaum mehr standhalten. Endstation waren für viele Heimarbeiterfamilien die städtischen Exmittenten- und Notwohnungen. Die SPD-Zeitung »Thüringer Volksfreund« veröffentlichte Ende 1931 Eindrücke, die Mitglieder des Bauausschusses nach einer Besichtigung städtischer Elendsquartiere an die Öffentlichkeit bringen wollten: »Was sich hier überall den Blicken bot, ist proletarisches Elend und Arbeitsnot im wahrsten Sinne des Wortes. Bis zu acht und neun Personen sind manchmal in ein oder zwei Zimmern zusammengepfercht. Fast in jeder Familie sind die erwerbsfähigen Familienmitglieder ohne Arbeit, seit vielen Wochen, Monaten, ja Jahren. Eltern wie Kinder sind eher dürftig gekleidet: zerrissene Oberkleider, zerrissene oder gar keine Unterwäsche, zum Teil barfuß, zum Teil sind die Füße in alte zerrissene Strümpfe oder sockenähnliche Lumpen gehüllt.«[9]

In den Jahren 1933 und 1934 gab es eine Reihe von Versuchen, die Spielwarenproduktion wiederzubeleben. In beiden Jahren fanden große Spielzeugausstellungen in Berlin statt. Das bereits 1901 gegründete Spielzeugmuseum wurde erweitert und am 14. Mai 1938 wiedereröffnet. Das Gesetz über die Heimarbeit aus dem Jahre 1934 brachte jedoch keine grundsätzliche Verbesserung der Arbeitsverhältnisse. Immer wieder versuchten die Unternehmen, bestehende Stücklöhne und Heimarbeitertariflohnsätze durch gesondert abgeschlossene Betriebsvereinbarungen zu umgehen. Damit blieben in allen Zweigen der holzverarbeitenden Heimindustrie niedrige Löhne bestehen.

Eine Analyse aus dem Jahre 1935 zeigt, daß bei 36 Prozent der Heimarbeiter der Wochenverdienst noch immer nicht ausreichte, um den Erwerb der unbedingt lebensnotwendigen Dinge zu sichern. Nur etwa 30 Prozent von ihnen erreichten mit dem Verdienst ein Einkommen, mit dem sie die lebensnotwendigen Güter anschaffen konnten. Nur 12 Prozent hatten einen »ausreichenden« Verdienst und knappe 7 Prozent verdienten »gut«. Dennoch ging die Arbeitslosigkeit, wie in vielen anderen Bereichen, auch hier zurück. Verantwortlich dafür war allerdings weniger die Ausweitung der Spielzeugherstellung. Besonders die Rüstungsindustrie nahm auch ehemalige Spielzeugmacher auf, da diese großes handwerkliches Geschick mitbrachten. Sie erhielten Arbeit in der Feinmechanik und der Bekleidungsindustrie. Die Herstellung von Uniformteilen, später auch BDM- und HJ-Kleidung, siedelte sich im Sonneberger Gebiet an.

Mit dem Ausbruch des Zweiten Weltkrieges kam es innerhalb kürzester Zeit zur Umstellung aller Betriebe mit mehr als 50 Beschäftigten auf die Kriegsproduktion; kleinere Betriebe mußten oft schließen. Der größte Teil der Heimarbeiter wurde in der Kriegsindustrie dienstverpflichtet. Am 19. Mai 1943 erging durch den Landrat des Kreises Sonneberg ein Verbot der Herstellung von Spielwaren und Christbaumschmuck aller Art. Davon waren sowohl die Industrie- und Handwerksbetriebe, die Verleger, Hausgewerbetreibenden, Heimarbeiter als auch die Kleingewerbetreibenden betroffen. Danach durfte für das Inland überhaupt nicht mehr und für das Ausland nur noch mit einer entsprechenden Ausnahmegenehmigung produziert werden. Das war das vorläufige Ende für die Spielwarenindustrie im mitteldeutschen Raum. Für viele Heimarbeiter begann damit eine neue Erfahrung, nämlich die zeitweilige Fabrikarbeit.

Die Heimarbeit nach dem Zweiten Weltkrieg

Nach Beendigung des Zweiten Weltkrieges nahmen die Spielzeugmacher und Musikinstrumentenbauer ihre Arbeit erneut auf. In den Familien- und kleinen Handwerksbetrieben blieben sie wieder unter sich, die Mehrzahl war auch im Jahre 1945 Heimarbeiter. Die Arbeitslosigkeit schnellte in dieser Zeit erneut hoch. Im Oktober des Jahres lag sie bei über 5000 Personen. Nach und nach gelang es, die Herstellung erster Waren in Gang zu setzen, immer wieder unterbrochen wegen Rohstoff- und Materialknappheit. Hier wirkte nach, daß während des Krieges die Bestände weitgehend verbraucht und nicht erneuert worden waren. Es war die Zeit des großen Improvisierens. Die Judenbacher Spielzeughersteller zum Beispiel fertigten aus Pappmaché Puppen, aus Stoffresten die Kleidung dazu, anschließend bemalten sie die Puppen mit Farbe. Insgesamt reichte die Palette von kleinen zerbrechlichen Pferden über Hunde und andere Tierarten bis zu Ostereiern und Pappherzen.

9
Thüringer Volksfreund, 14.12.1931.

Nach dem 30. Juni 1945, dem Volksentscheid in Sachsen über die Enteignung der Nazi- und Kriegsverbrecher, wurden in allen Ländern und Provinzen der sowjetischen Besatzungszone entsprechende Gesetze zur Enteignung erlassen, die auch auf Betriebe der ehemaligen Spielwarenherstellung angewandt wurden. Eine Reihe von ihnen war nach Auffassung der neuen Verwaltungen in die mittelbare oder unmittelbare Kriegsproduktion einbezogen gewesen. Die Gesetze wurden, ganz im Sinne des Kampfes der Kommunisten gegen Kapitalismus und Faschismus, bewußt sehr eng ausgelegt. Es reichte beispielsweise, daß ein Schokoladenbetrieb seine Produkte für die Wehrmacht hergestellt oder andere Betriebe Uniformteile oder Socken für die Soldaten gefertigt hatten, um unter die Enteignungsbestimmungen zu fallen. So entstanden aus den ehemaligen Spielzeugfabriken Cuno und Otto Dressel sowie anderen kleineren Betrieben die »Volkseigenen Betriebe Sonneberger Industriewerke«, aus der Spielwarenfirma Carl Kochniß die »VEB Masken- und Spielwarenfabrik Sonneberg«. Die Produktion begann allerdings nicht mit Spielzeug. Aus den vorhandenen Restbeständen fertigten die Arbeiter Schürzen, Hausschuhe, Einkaufstaschen und Topflappen.

Doch noch 1946 nahmen die »Sonneberger Industriewerke« die Produktion von Holzspielzeug, Christbaumschmuck und anderen Waren wieder auf. Trotz VEBs blieben bis 1948 die alten Strukturen im wesentlichen bestehen. Die Verleger übernahmen wieder den Handel, die Heimarbeiter fertigten die einzelnen Produkte und erweiterten nach und nach die Palette des Angebotes. In diesem Fall nutzte man die bekannten früheren Strukturen, um die Spielwarenherstellung wieder in Gang zu setzen. Das schien nach den Zerstörungen, die der Zweite Weltkrieg mit sich brachte, der einzig gangbare Weg zu sein. Es bestand dadurch keine Notwendigkeit, Werks- und Fabrikgebäude im größeren Ausmaß zu errichten. Der Material- und Rohstoffmangel diktierte die Beibehaltung der Heimarbeit.

Im Jahre 1946 erarbeiteten im Sonneberger Gebiet etwa 12 000 Menschen in den unterschiedlichsten Branchen der Spielwarenherstellung einen Umsatz von 6,2 Millionen Reichsmark. Die Löhne blieben auch nach 1945 in der Heimarbeit gering. Der Durchschnittsstundenlohn lag 1947 zwischen 35 und 50 Pfennig[10]. Da Kinderarbeit verboten war und die Einhaltung der gesetzlichen Bestimmungen kontrolliert wurde, gingen die Einkommen der Heimarbeiter im Vergleich zur Vorkriegszeit sogar noch zurück. Da nutzte es nur wenig, daß die »Industriegewerkschaft Holz« den Ferienanspruch und die Feiertagsbezahlung sowie bessere Stücklöhne durchsetzen konnte.

Einen wirklich tiefen Einschnitt in die Struktur dieses Gewerbes bildete erst die Schaffung von Einkaufs- und Liefergenossenschaften im Jahre 1948. Obwohl auch diese Genossenschaften nicht aus dem Bestreben der Heimarbeiter resultierten, gelang es ihnen nach und nach, Verbesserungen für den einzelnen durchzusetzen. Die Genossenschaften übernahmen die Beschaffung von Rohstoffen, Hilfsmaterialien, Maschinen, Werkzeugen und anderer Hilfsmittel sowie den Verkauf der Produkte. Damit gelang es den neuen staatlichen Organen, die Vormachtstellung der Händler zu brechen und die Heimindustrie nach und nach in größeren Werkstätten zu konzentrieren. Diese Maßnahmen leiteten den Rückgang der Heimindustrie ein, die sich in den folgenden Jahren fortsetzte und an Bedeutung abnahm. Erst in den letzten Jahren der DDR gab es im Rahmen der Kulturpflege Förderungsmaßnahmen, die alten kunsthandwerklichen, auf der Grundlage der Heimarbeit entstandenen Traditionen zu bewahren und zu pflegen.

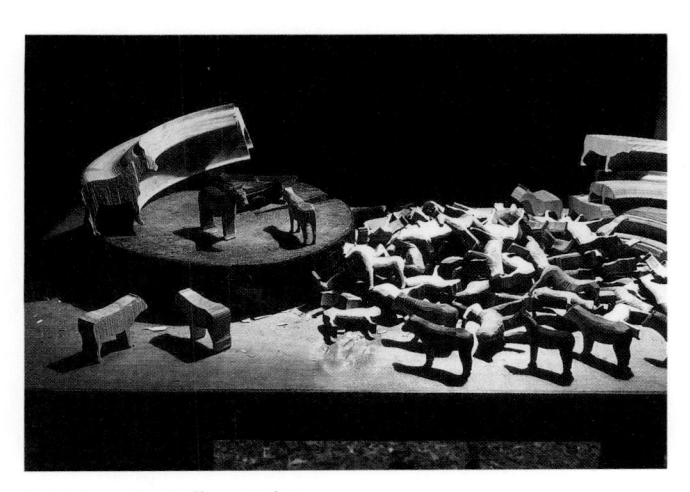

Entstehung der Seiffener Holztiere

---

[10] Zentralarchiv des FDGB, Nr. 1648.

WOLFGANG SCHÄFER

Betriebs- und Gewerkschaftsarbeit in der industriellen Provinz am Beispiel der Ilse-Möbelwerke (Uslar)*

KARL ILSE
begeht am 11. April 1957 sein 50jähriges Berufsjubiläum

»Als ich nach Uslar kam, wurde mir vom Hauptvorstand gesagt: »Karl Ilse ist der König von Uslar. Du hast innerhalb kürzester Zeit Vize-König zu werden.««

Als Heinrich Volk 1955 Gewerkschaftssekretär im abgelegenen Solling-Städtchen Uslar wurde, erlebten die hier ansässigen Ilse-Möbelwerke eine bisher nicht gekannte Blütezeit. Auf dem Höhepunkt seines Schaffens stand auch Karl Ilse, der Chef des »größten Kleinmöbelherstellers Europas«. Gegen diesen Unternehmer-Patriarchen hatten die betrieblichen Interessenvertreter der Belegschaft lange Zeit einen schweren Stand. Die Schwierigkeiten, die Betriebsrats- und Gewerkschaftsarbeit in mittelständischen Betrieben der industriellen Provinz in den Jahren 1945 bis 1970 entgegenstanden, sollen im folgenden am Beispiel der Ilse-Werke aufgezeigt werden.

Die Geschichte der Ilse-Möbelwerke

In der waldreichen Mittelgebirgsregion des oberen Wesertals entstanden gegen Ende des 19. Jahrhunderts aus kleinen Handwerksbetrieben zahlreiche Möbelfabriken. Das Uslarer Ilse-Werk wurde 1890 als Drechslerei gegründet und entwickelte sich in den folgenden Jahrzehnten zu einem kleinen Industrieunternehmen, in dem um 1920 etwa 100 Beschäftigte Bücherbords, Serviertische sowie Noten- und Kleiderständer herstellten. In den zwanziger Jahren konnte sich der Familienbetrieb beträchtlich vergrößern und exportierte seine Kleinmöbel auch in die meisten westeuropäischen Länder.

Während der dreißiger Jahre bauten die Ilse-Werke ihre Produktionskapazitäten weiter aus. Nach der »Arisierung« des ebenfalls in Uslar ansässigen renommierten jüdischen Möbelunternehmens Eichmann & Neugarten beschäftigten sie 1938 1200 Arbeiter und Angestellte und waren zum mit Abstand größten Industrieunternehmen der Region Uslar-Solling aufgestiegen. Während des Zweiten Weltkrie-

---

*
Der Beitrag basiert auf einer Auswertung der Tageszeitungen »Volksblatt« (1920–1933) und »Sollinger Nachrichten« (1950–1965), der Werkszeitung »Ilse Post« sowie Gesprächen (10) mit Ilse-Arbeitern, Interviews (2) mit früheren Geschäftsführern der GHK und einem Ilse-Geschäftsführer.

ges stellten die Ilse-Werke vor allem Munitionskästen für die Rüstungsindustrie her. Zu dieser Zeit ersetzten ca. 450 ausländische Kriegsgefangene die zum Kriegsdienst eingezogenen deutschen Arbeiter.

Die Eigner des Familienunternehmens propagierten nach 1933 mit großem Aufwand die Ideologie der »NS-Betriebsgemeinschaft«. Im »Leistungskampf der deutschen Betriebe« erhielten sie 1936 den Titel »Nationalsozialistischer Musterbetrieb«. Bereits aus den zwanziger Jahren datieren erste Ansätze einer betrieblichen Sozialpolitik, die vor allem im Bau von Werkswohnungen zum Ausdruck kam. 1938 gründeten die Firmenbesitzer zudem am Nordrand der Stadt das soziale Renommierprojekt Ilse-Siedlung.

Da die Firma im Krieg nicht zerstört wurde und über große Holzlager verfügte, konnte sie bereits wenige Wochen nach dem Ende des Zweiten Weltkrieges die Produktion wieder aufnehmen. In den fünfziger und sechziger Jahren erlebten die Ilse-Werke ihre Blütezeit. Der »größte Kleinmöbelhersteller Europas« – so die Eigenwerbung –, der, ohne die zahlreichen Heimarbeiter einzubeziehen, um 1958 ca. 2500 Arbeitnehmer beschäftigte, machte sich jetzt einen Namen als großzügiger »Mäzen des kulturellen und sportlichen Lebens der Stadt. Aus Uslar wurde die »Stadt der Ilse-Möbel«.

In den sechziger Jahren trat die dritte Ilse-Generation an die Spitze des Unternehmens. In dieser Zeit erweiterte die Firma ihr Produktionsprogramm. Neben Einzelmöbeln stellte sie jetzt auch Möbeleinrichtungen für Hotels und Ferienanlagen, Saunakabinen sowie Spezialsperrhölzer für Fahrzeugbau und Lärmschutzanlagen her. Mißmanagement und ein verändertes Käuferverhalten auf dem Möbelmarkt ließen das Unternehmen in die roten Zahlen rutschen und führten zur Entlassung des Großteils der Belegschaft.

1982 schied der Enkel des Firmengründers aus der Unternehmensleitung aus. Nach mehreren Eignerwechseln meldeten die Ilse-Werke im Herbst 1990 Konkurs an. Im Nachfolgebetrieb arbeiten gegenwärtig noch 300 Beschäftigte, die vor allem Holz-Metall-Tische herstellen.

Die Tradition des betrieblichen Soziallebens

Die Ilse-Möbelwerke hatten bei der Arbeiterschaft der Region lange Zeit keinen sehr guten Ruf. Denn in dieser »Knochenmühle« mußten die Beschäftigten ihr Brot bei vergleichsweise miserablen Arbeitsbedingungen verdienen; eine kollektive Vertretung ihrer Interessen entwickelten die Ilse-Beschäftigten erst nach 1945.

Die Arbeitszeit der Belegschaft wurde bei »Ilse« vor dem Zweiten Weltkrieg vor allem nach unternehmerischen Interessen gestaltet. In keinem anderen Betrieb des Uslarer Raumes wurden derartig viele Überstunden geleistet wie in diesem Kleinmöbelwerk. Vor allem in den Monaten vor Weihnachten, während der sogenannten Saison, war eine tägliche Arbeitszeit von 10 bis 12 Stunden nicht selten. Auf die überlange Arbeitszeit waren während der zwanziger Jahre zahlreiche Unfälle zurückzuführen. So konnte man am 3. Januar 1927 in der sozialdemokratischen Tageszeitung Südniedersachsens, dem Göttinger »Volksblatt«, lesen: »In der Kleinmöbelfabrik Ilse und Co. sind Unfälle an der Tagesordnung."

Die Arbeiter des Unternehmens waren nicht nur beträchtlichen Belastungen am Arbeitsplatz ausgesetzt, sondern mußten auch zu Löhnen arbeiten, die oft unter den geltenden Tarifverträgen lagen; Überstundenzuschläge kannte man bei Ilse lange nicht.

Das Betriebsklima des in den zwanziger Jahren expandierenden Unternehmens wurde einerseits durch einige Meister geprägt, die eine quasi militärische Disziplin von ihren Untergebenen verlangten. Der 1905 geborene Tischler Wilhelm Henne erinnert sich: »Bei Ilse war alles stramm organisiert und auf Akkord aufgebaut. Da war nicht viel zu machen. Die Meister, die waren wie die Unteroffiziere beim Barras. Die fühlten sich als die großen Herrn und sie haben sehr viel Schikane durchgeführt. Waren viele Kollegen, die hätten dem Meister am liebsten den Hammer hinterher geworfen.«

In einem scheinbaren Gegensatz zum oft rücksichtslosen Vorgehen mancher Meister stand andererseits das Herrschaftsverhalten der Unternehmensleitung. Im Familienunternehmen Ilse pflegten die Eigentümer-Unternehmer lange Zeit einen patriarchalischen Herrschaftsstil, der eine enge Verflechtung von Betrieb und Eigentümern betonte und das Unternehmen als große »Betriebsfamilie« verstand. »Sie haben sich immer arbeitnehmerfreundlich gezeigt. Dusselig sind die nie gewesen. Die haben von der Optik her immer was getan. Die Ilse persönlich kannten, die Älteren, die warn alle per Du mit ihm. Er selber hat den Leuten nie was gesagt. Das ließ er die Meister machen.« (Ehemaliger Arbeiter im Sperrholzwerk)

Die Firma Ilse praktizierte schon frühzeitig eine betriebliche Sozialpolitik. Wer besondere Probleme hatte, der konnte durchaus damit rechnen, beim »Alten« ein offenes Ohr zu finden. Vor allem der bereits in den zwanziger Jahren begonnene Bau von Werkswohnungen half vielen Beschäftigten aus der Wohnungsnot. In den Genuß von Fürsorgemaßnahmen kamen freilich nur diejenigen Arbeitnehmer, die sich der Herrschaftsgewalt der Unternehmensleitung uneingeschränkt unterwarfen. Arbeiter, die gegen den »Herr-im-Hause«-Standpunkt des Unternehmers aufbegehrten, mußten mit ihrer Entlassung rechnen. Dies galt vor allem für engagierte Gewerkschafter: »(...) die Brutalität, mit welcher die Arbeitgeber hier vorgehen, hält manchen tüchtigen Kollegen von der Arbeit für die Organisation zurück. Hier gilt das Wort: Wer nicht pariert, der fliegt.«[1]

Die Uslarer Holzarbeiter waren spätestens seit dem Beginn der zwanziger Jahre in ihrer großen Mehrheit Sozialdemokraten. Sie bauten während der Zeit der Weimarer Republik eine relativ stabile Parteiorganisation und eine weit verzweigte, sozialdemokratisch geprägte Arbeiterkul-

---
1
Volksblatt 26.10.1926.

tur in der Kleinstadt Uslar und in einigen der umliegenden Arbeiterdörfer auf. Konnte sich diese ländlich-kleinstädtische Arbeiterbewegung in den Wohnorten einrichten, so vermochte sie sich in den Industriebetrieben – und hier vor allem bei Ilse – kaum zu verankern.

Die Wirkung des Deutschen Holzarbeiter-Verbandes in Uslar nahm zwar nach dem Ersten Weltkrieg einen gewissen Aufschwung, und die Gewerkschaft organisierte für einige Jahre die Mehrheit der in der Holzindustrie beschäftigten Arbeitnehmer aus dem Umkreis. Nach der Inflationskrise des Jahres 1923 geriet sie jedoch in eine Existenzkrise, von der sie sich nur schwer erholte. So heißt es im Jahrbuch des Holzarbeiter-Verbandes für das Jahr 1927: »Ein besonderes Sorgenkind war für uns von jeher die Oberweser-Gegend mit ihrer ausgedehnten Holzindustrie. Von den 2500 in diesem Gebiet beschäftigten Holzarbeitern waren am Jahresschluß nicht viel mehr als 35 Prozent organisiert.«[2] Am 1. Januar 1928 trat die Zahlstelle Uslar dem Bezirk Oberweser bei. Vor allem dem Wirken des seit 1929 in Uslar ansässigen Bezirksleiters Ernst Stitz hatte es der Holzarbeiter-Verband zu verdanken, daß sich die Organisation in Uslar stabilisierte und die Mitgliederzahlen bis 1933 wieder anstiegen. Während der gesamten Zeit der Weimarer Republik hatte die Gewerkschaft nur einen sehr geringen Einfluß auf den betrieblichen Alltag in den Ilse-Werken zu nehmen vermocht.

Ähnlich wie der 1919 gegründete Betriebsrat der Firma spielte der »Verband« allenfalls eine Schattenrolle. Immer wieder wurden in den zwanziger Jahren auf den Versammlungen der Uslarer Zahlstelle des Holzarbeiter-Verbandes die »Mißstände« bei den Ilse-Möbelwerken kritisiert: »Jedoch an der Lauheit der Kollegen, besonders des Betriebsrats, scheiterte auch die kleinste Forderung.«[3]

Während des »Dritten Reiches« konnte die Unternehmensleitung ihre Machtstellung ausbauen. Dabei darf ihre Unterstützung des NS-Regimes nicht darüber hinwegtäuschen, daß das betriebliche Sozialleben – wie schon in den Jahrzehnten vorher – weiterhin vor allem durch die Eigentümer-Familie geprägt wurde. Politische Säuberungsaktionen fanden in den Ilse-Werken nicht statt. Ilse-Veteranen wie der 1991 verstorbene August Schönitz erinnern sich, daß die engagierten Sozialdemokraten der Belegschaft nicht verfolgt wurden. Ein bekannter SPD-Aktivist aus Göttingen konnte sogar Jahre bei Ilse »untertauchen«. Nach Auskunft von Karlgeorg Ilse ermöglichte die Firmenleitung mehreren jüdischen Vertretern des Unternehmens die Flucht ins westliche Ausland.

Belegschaft der Ilse-Drechslerei (1902)

Ilse-Belegschaft (1926) Mitte: Gründer Georg Ilse mit seinen Söhnen Karl und Walther

Ilse-Belegschaft (1950)

2
Jahrbuch des Deutschen Holzarbeiter-Verbandes 1927, Gau Hannover, S. 248.
3
Deutscher Holzarbeiter-Verband, Protokollbuch für die Zahlstelle Uslar, S. 12.

Die Nachkriegsbelegschaft

In den ersten zehn Jahren nach dem Zweiten Weltkrieg standen die Erfüllung materieller Bedürfnisse und der Kampf um einen sicheren Arbeitsplatz im Mittelpunkt der betrieblichen Interessen der Ilse-Belegschaft. Der Betriebsrats- und Gewerkschaftsarbeit kam in diesen Jahren nur eine nachgeordnete Bedeutung im betrieblichen Alltagsleben zu. Der Zusammenbruch des »Dritten Reiches« bedeutete für die Ilse-Belegschaft zunächst eine Zäsur.

Die Firma nahm bereits im Sommer 1945 die Produktion wieder auf. Der einst so schneidige Wehrwirtschaftsführer Karl Ilse suchte jetzt die Zusammenarbeit mit den alten Sozialdemokraten in der Belegschaft. Uslars Altbürgermeister August Schönitz, der lange Zeit als Werkmeister bei Ilse beschäftigt war, erinnert sich: »Wir haben uns mit zehn Kollegen zusammengesetzt und haben schon 1945 einen Betriebsrat gebildet, der später auch in Wahlen bestätigt wurde. Karl Klemme wurde erster Vorsitzender, ich zweiter. Wir sind dann zu Karl Ilse rein und haben gesagt: »Wir sind der neue Betriebsrat.« Da hat er erstmal geschluckt. »Ja«, hat er dann gesagt, »ich bin damit einverstanden. Ich hab' mir auch schon gesagt, wir müssen wieder einen Betriebsrat haben.« Wir haben dann auch ganz gut mit Ilse zusammengearbeitet. Bevor er für ein Jahr aus dem Betrieb ausschied, hat er uns gesagt, sein Betrieb solle eine Stiftung werden, wie die Zeiss-Werke. Da hatte er sich sogar die Statuten kommen lassen.«

Die Betriebsräte der ersten Stunde waren vor allem bestrebt, den Betrieb zu erhalten. Um eine zeitweilig drohende Demontage von Werksanlagen zu verhindern, schraubten sie beispielsweise alte Hersteller-Schilder an dringend benötigte Maschinen und versuchten sogar, den SPD-Vorsitzenden Kurt Schumacher als Anwalt ihrer Interessen zu gewinnen. Eine Demontage der Ilse-Werke fand nicht statt. Karl Ilse mußte die Leitung seines Unternehmens einige Monate einem Treuhänder überlassen, kehrte dann aber an die Firmenspitze zurück. Seine früheren Pläne, die Belegschaft am Unternehmen zu beteiligen, vergaß er schnell.

Bedingt durch die Ansiedlung von Flüchtlingen und Vertriebenen aus den früheren deutschen Ostprovinzen hatten sich in den ersten Nachkriegsjahren die Einwohnerzahlen in der Region Uslar nahezu verdoppelt. Diese Entwicklung hatte eine Massenarbeitslosigkeit zur Folge, die bis weit in die fünfziger Jahre hinein anhielt. Bei dem enormen Arbeitskräfteüberhang konnten sich die Ilse-Werke ihre Arbeitnehmer auswählen. Dabei spielten Klientelstrukturen, die Rekrutierung von Arbeitern durch bereits im Betrieb beschäftigte Belegschaftsangehörige, eine außerordentlich große Rolle. Zwei frühere Ilse-Arbeiter, die 1949 in dieser Firma anfingen, erinnern sich:

»Beziehungen mußteste haben, sonst kamste nicht rein. In Uslar war damals die Arbeitslosigkeit so hoch, vor allem im Sommer. Als ich aus der Gefangenschaft kam, habe ich bei Ilse als Hilfsarbeiter angefangen. Aber den Job hab' ich so einfach nicht gekriegt. Ich spielte Handball im Tor, und beim VFB Uslar suchten sie damals einen Torwart für Fußball. Ich bin durch den Sport bei Ilse reingekommen. Mußte beim VFB Uslar Fußball spielen, mußte mich verpflichten.« (Ehemaliger Arbeiter im Sperrholzwerk)

»Wenn ich da keine Fürsprache gehabt hätte von einem Verwandten meiner Frau, wäre ich da nicht hingekommen. 49 hab' ich ausgelernt als Elektriker. 14 Tage hab' ich gestempelt. Und dann bin ich nach Uslar, nach Ilse. Als Hilfsarbeiter. War natürlich Knochenarbeit. Mußtest ganz schön ran. Na, zu der Zeit warste ja noch jung. Da hat das nicht soviel ausgemacht.« (Ehemaliger Versandleiter)

Arbeit in den Ilse-Möbelwerken bedeutete spätestens Ende der vierziger Jahre wieder Unterordnung unter eine Firmenleitung, welche ganz nach ihrem Belieben die Arbeitszeit verkürzte und verlängerte und immer wieder die Vorgabezeiten der Akkordlöhner zu ihren Gunsten manipulierte. »Wenn damals einer nicht spurte, der ging raus. Da standen zehn andere vor der Tür. Haben die dir auch ins Gesicht gesagt. Zu der Zeit mußte man sich fügen. Was wollteste machen? Wo wollteste hin?« (Ehemaliger Versandleiter)

Mit einer Personalpolitik des »Heuerns und Feuerns« verstand es die Unternehmensleitung oftmals, die Belegschaftsangehörigen gegeneinander auszuspielen. So konnten sich während der »Saison« mit zeitlicher Begrenzung eingestellte Arbeitnehmer durch gute Arbeitsleistungen für einen Dauerarbeitsplatz qualifizieren. Andererseits drohte Stammarbeitern, die während des Jahres verhaltensauffällig geworden waren, nach Weihnachten die Kündigung. »Jeder Arbeiter wurde bereits seit einem Jahr zensiert, was auch öffentlich durch Anschlag bekanntgegeben wurde, wobei immer wieder darauf hingewiesen wurde, daß dies die Hauptgrundlage bei den Entlassungen sein werde. Dabei wurde erreicht, daß die Arbeiter alles hinnehmen und auf eine Inanspruchnahme ihrer Rechte verzichten.«[4]

Die Karriere des Firmenchefs Ilse stand in den Nachkriegsjahren im Zenit. Er galt in dieser Zeit als der ungekrönte »König von Uslar«, der in einer schloßartigen Villa am Rande der Stadt residierte.

Der 1893 geborene Karl Ilse hatte von der Pike auf Tischler gelernt und war 1919 in den väterlichen Betrieb eingetreten. Der sehr selbstbewußt auftretende Handwerksmeister war der Motor des stetigen Aufstiegs der Ilse-Möbelwerke und legte auch einmal selber mit Hand an, wenn »Not am Mann« war. »Der Mann war ein Patriarch. Er fühlte sich wie ein Dorfadeliger, wie ein Gutsherr. Er hatte das Wort. Er war mit den alten Leuten, die schon lange im Betrieb waren, per Du. Weil er gern populär war, machte er gern Reden, war in den Vereinen hier, im Sportverein.« (Ehemaliger Arbeiter im Sperrholzwerk)

4
Die Wahrheit, 10.12.1949.

KAPITEL V 1945–1966

Ilse-Tischlerei (um 1940)

Antik-Poliererei (um 1940)

Fertigmacherei (um 1940)

Karl Ilse zur Seite stand sein Bruder Walther, der im Betrieb für die Finanzen zuständig war und sich in der Stadt gern als Sponsor der Vereine hervortat. Den jeweiligen politischen Machtverhältnissen paßte sich Karl Ilse stets geschmeidig an. So wurde aus dem Nationalsozialisten und Wehrwirtschaftsführer nach 1945 der Demokrat, der in allen politischen Parteien Uslars »seine Leute« sitzen hatte. Gegen den scheinbar übermächtigen Firmenchef wagte auch die Gewerkschaft selten aufzubegehren. Zwar waren die meisten Arbeiter gewerkschaftlich organisiert, dies hatte jedoch keine Konsequenzen für ihr Verhalten. »Als ich 49 anfing, bin ich gleich in die Gewerkschaft. Das war damals Usus. Du unterschriebst gleich bei der Einstellung einen Revers, daß du Mitglied wurdest. Du wurdest nicht gefragt, und das Geld wurde gleich vom Lohn einbehalten.« (Ehemaliger Arbeiter im Sperrholzwerk)

Auch die Betriebsräte ließen sich in den ersten Nachkriegsjahren noch stark von Ilse gängeln. Ein zentrales Problem der Betriebsratsarbeit bestand zudem darin, daß alle vier Ilse-Werke eigene Interessenvertretungsorgane wählten, die sich nur selten auf ein gemeinsames Vorgehen gegen den Unternehmer verständigen konnten. So stellte Gewerkschaftssekretär Fuhrmann am 25. Februar 1954 in einer Vorstandssitzung der Uslarer Verwaltungsstelle der Gewerkschaft Holz entnervt fest: »Was in den letzten Monaten in Betriebsratssitzungen, Besprechungen mit der Betriebs- und Geschäftsleitung an Ausspielungen gegenseitig vorgekommen ist, muß aufhören. In den Sitzungen mit den Herren muß der eine den anderen unterstützen.«[5]

Der manchmal verbindlich auftretende, manchmal auch »brutale Unternehmer« (Heinrich Volk) konnte sich vor allem auf die älteren Stammarbeiter stützen. Die »alten Ilsulaner« waren mit Karl Ilse in der Kleinstadt Uslar großgeworden. Sie kannten den »König von Uslar« von der Schulbank und von der Theke. Viele von ihnen waren in der Ilse-Siedlung günstig zu einem Eigenheim gekommen; andere wohnten in einer vergleichsweise billigen und komfortablen Ilse-Wohnung.

Mit der explosionsartigen Vergrößerung der Werke – bereits 1950/51 waren ca. 2000 Arbeitnehmer bei Ilse beschäftigt – kamen freilich viele Arbeiter und Angestellte in den Betrieb, die über keinerlei persönliche Beziehungen zur Ilse-Familie verfügten und denen die gewachsenen betrieblichen Strukturen fremd waren. Vor allem junge Arbeiter, die wegen der Kriegs- und Nachkriegswirren keine berufliche Ausbildung genossen hatten und sich möglichst schnell eine Existenz aufbauen wollten, fügten sich nur schwer in die von der Firmenspitze propagierte »Betriebsgemeinschaft« ein. Diese »Arbeitskameraden« besaßen ausgeprägte Lohninteressen und wollten sich die bei Ilse übliche Akkordschneiderei nicht ohne weiteres gefallen lassen.

5
Protokollbuch des Vorstandes der Ortsverwaltung Uslar der Gewerkschaft Holz, S. 26.

Die Wohlstandsbelegschaft

Vor dem Hintergrund eines scheinbar stetigen Aufschwungs der Ilse-Werke und eines Generationswandels innerhalb der Belegschaft und der Firmenleitung gewannen Mitte der fünfziger Jahre Gewerkschaft und Betriebsrat an Einfluß; infolge dieses Wandels kam auch dem vor Ort wirkenden Gewerkschaftssekretär eine große Bedeutung zu.

Etwa seit 1955 dominierten in der Ilse-Belegschaft mehr und mehr die Angehörigen der Kriegs- und Nachkriegsgeneration. Diese Arbeiter kamen ihren Vorgesetzten zwar insofern entgegen, als sie in der Regel zu einem Mehrverdienst durch Überstunden bereit waren. Ihre Fixierung auf Lohnfragen hatte freilich auch die Konsequenz, daß sie – im Gegensatz zu ihren vergleichsweise bescheidenen älteren Kolleginnen und Kollegen – explizite Lohnforderungen an die Unternehmensleitung stellten.

»Also die Sicherheit des Arbeitsplatzes hat in den Jahren keiner angezweifelt. Ilse war die große Firma, die nach oben ging. Die Möbel waren gefragt. Wenn ich das mit heute vergleich' dann hatten wir damals eine Kampfstimmung: Wir wollten unsern Anteil haben. Ilse war groß, Ilse machte Geld. Ilse stellte Häuser hin. Es war Geld da. Die bauten Villen wie den Sonnenhof. Karl Ilse hatte auch eine Villa in Baden-Baden. Das war ja alles bekannt. In den Jahren hatten wir ziemlich hohe Lohnforderungen. Hat Ilse auch gezahlt. Selbst K. G. Ilse sagte in den Jahren: Langt mal ordentlich zu!« (Tischler, seit 1953 im Werk beschäftigt)

In dem 1950 in Betrieb genommenen Sperrholz-Werk waren die »Jungen« überrepräsentiert. Nicht zufällig begann im »Werk III« der Wandel der Betriebsrats- und Gewerkschaftsarbeit im Ilse-Imperium. Helmut Kassau, der spätere Geschäftsführer der Uslarer Verwaltungsstelle, der 1955 erstmals in den Betriebsrat des Sperrholzwerks gewählt wurde, erinnert sich an die Anfänge seiner Tätigkeit als Interessenvertreter: »Bei Ilse wurden die Akkorde geändert, wie es die Geschäftsleitung wollte. Wir haben eine Akkordkommission installiert. Wir haben die Refa-Scheine gemacht. Wir haben neben dem Refa-Mann gestanden und haben auch die Zeit gestoppt. Ohne unsere Zustimmung lief dann kein Akkord mehr. Das hat sich in den anderen Betrieben rumgesprochen, daß wir die Akkorde festhielten.«

Die jungen Leute vom Sperrholzwerk gaben nicht nur der Betriebsratsarbeit in den Ilse-Werken Impulse, sondern engagierten sich auch in der Gewerkschaft. Da der Vorstand der örtlichen Verwaltungsstelle in Mitglieder-Versammlungen gewählt wurde und sie bei diesen Treffen zumeist sehr stark vertreten waren, stellten sie zeitweilig die Mehrheit in diesem Gremium. Auf diese jungen, an einer offensiven betrieblichen und gewerkschaftlichen Interessenvertretungspolitik orientierten Arbeiter konnte sich Heinrich Volk stützen, der im Frühjahr 1955 Geschäftsführer der Gewerkschaft Holz in Uslar wurde. »Heinrich Volk, haste von dem noch nichts gehört?! Der war gut. Mein lieber Mann, das war'n Kerl! Der hat die Gewerkschaft im Betrieb richtig aufgebaut. Der hat morgens um Fünfe mit Flugblättern vorm Tor gestanden.« (Ehemaliger Versandarbeiter)

Volk war damals 45 Jahre alt. Der gelernte Tischler hatte von 1947 bis 1955 als Sekretär für die Bezirksverwaltung Gießen seiner Gewerkschaft gearbeitet. Neben seiner Tätigkeit als hauptberuflicher Gewerkschaftsfunktionär war Volk in Gießen auch als Wortführer der Kommunistischen Partei hervorgetreten, was einige Male die Kritik innergewerkschaftlicher Widersacher provoziert hatte. In Uslar konnte sich Volk binnen weniger Jahre als Wortführer der Arbeiterschaft etablieren. In zahlreichen Prozessen vertrat er Gewerkschaftsmitglieder mit Erfolg vor Gerichten. In Betriebsversammlungen legte er sich mit dem Ilse-Clan an, und auf den Maifeiern Uslars trat er als brillanter Redner hervor. Auch in der SPD machte Volk schnell Karriere und wurde zum Stadtrat und stellvertretenden Bürgermeister von Uslar gewählt. Gleich in seinem ersten Jahr als Uslarer Geschäftsführer konnte sich Volk in einem Arbeitskampf profilieren, der bundesweite Bedeutung hatte.

Wie Millionen anderer ländlicher Arbeitnehmer waren auch die Uslarer Holzarbeiter über die sogenannten Ortsklassen in den Tarifverträgen empört, nach denen sie weniger verdienten als die Beschäftigten städtischer (Ortsklasse II) und großstädtischer Betriebe (Ortsklasse I). Volk hatte sich auf dem Gewerkschaftstag 1955 für eine Abschaffung der Ortsklassen eingesetzt. Er sah dies als eine zentrale Frage gewerkschaftlicher Politik an. Im Oktober 1955 setzte die von ihm betreute »Sollinger Holzwarenfabrik« in Uslar in einem vierzehntägigen Streik durch, daß sie von der Ortsklasse III in die Ortklasse II »versetzt« wurden. Auf dem Hintergrund dieses Arbeitskampfes gelang es der Gewerkschaft Holz, auch bei den Ilse-Möbelwerken eine Betriebsvereinbarung zu erzwingen, die eine Entlohnung nach Ortsklasse II beinhaltete. Heinrich Volk berichtet: »Wir haben dann auch mit Ilse verhandelt. Vergess' ich nie. Wir waren in seinem Konferenzzimmer, da guckte man in den Hof rein. Da hatten wir schon zwei Stunden verhandelt. Da hab' ich gesagt: »Herr Ilse, gehn Sie mal ans Fenster. Da stehn ihre Betriebsräte Gewehr bei Fuß. Wenn wir um Zwölf nicht fertig sind, dann läuft ein Viertel nach Zwölf nichts mehr.« Da sagte Karl Ilse: »Herr Volk, ich beuge mich der Gewalt.««

Nach dem großen Erfolg in der Auseinandersetzung über die Ortsklassen erlebte die Gewerkschaft in Uslar einen Aufschwung. Dies wurde vor allem am 1. Mai deutlich, der in Uslar als großes politisches Volksfest begangen wurde, auf dem prominente Redner – oft handelte es sich um Vertreter des linken SPD- oder Gewerkschaftsflügels – zu allgemeinpolitischen Fragen wie zum Beispiel »Kampf dem Atomtod!« Stellung nahmen. Auch die Betriebsratsarbeit in den Ilse-Werken machte in der zweiten Hälfte der fünfziger Jahre eine Veränderung durch. Mit Unterstützung der Gewerkschaft traten die nachgerückten jüngeren Belegschaftsvertreter ihren Vorgesetzten immer selbstbewußter entgegen. So setzten sie erstmalig Betriebsversammlungen durch, auf denen nicht Karl Ilse, sondern sie selbst das Heft in die Hand nahmen. Zudem begann für die meisten Betriebsräte eine regelmäßige Schulungs- und Qualifizierungsarbeit, die eine zunehmende Professionalisierung der Vertretungsarbeit ermöglichte.

In diesen Jahren ging die Macht der Uslarer Unternehmer-Patriarchen mehr und mehr zurück. Als Karl Ilse Mitte der sechziger Jahre aus der Firmenleitung ausschied, hatte die Belegschaft beträchtlich an sozialem Zusammenhalt und Selbstbewußtsein gewonnen. Die jungen Ilses bemühten sich im großen und ganzen um einen vergleichsweise sachlichen Herrschaftsstil. Dies gilt vor allem für Karlgeorg Ilse, der von 1965 bis 1982 an der Spitze des Unternehmens stand und eine Kooperation mit Betriebsrat und Gewerkschaft anstrebte. »Mit Karlgeorg konnte man schon reden. Man konnte sich mit ihm auseinandersetzen und auch einigen. Also nicht Friede-Freundschaft-Eierkuchen, sondern ein normales Verhältnis.«

Als Heinrich Volk 1962 Uslar verließ, wurde der langjährige Ilse-Arbeiter und -Betriebsrat Helmut Kassau sein Nachfolger als Geschäftsführer der Gewerkschaft. Kassau hatte als Betriebsrat Volk unterstützt und setzte dessen Bestrebungen insofern fort, als er zusammen mit den Uslarer Betriebsräten erfolgreich in den Tarifkommissionen für eine generelle Abschaffung der Ortsklassen eintrat. Dies brachte für die Arbeiter und Angestellten des ländlichen Raumes beträchtliche Lohn- und Gehaltszuwächse mit sich. In seiner Beratungs- und Betreuungsarbeit »vor Ort« standen für ihn jedoch weniger Probleme der politischen Großwetterlage, sondern eher die alltägliche Praxis des Betriebsrats im Vordergrund. Diese Tätigkeit hat bei den Ilse-Werken Früchte getragen. Denn als in den siebziger und achtziger Jahren das Firmenimperium wie ein Kartenhaus zusammenbrach, bewährten sich die Betriebsräte als kompetente und konsequente Interessenvertreter der Belegschaft.

Kapitel VI **1966 bis heute**

Sägewerk

Sägewerk

Industrielle Holzverarbeitung

Industrielle Holzverarbeitung

Handarbeit

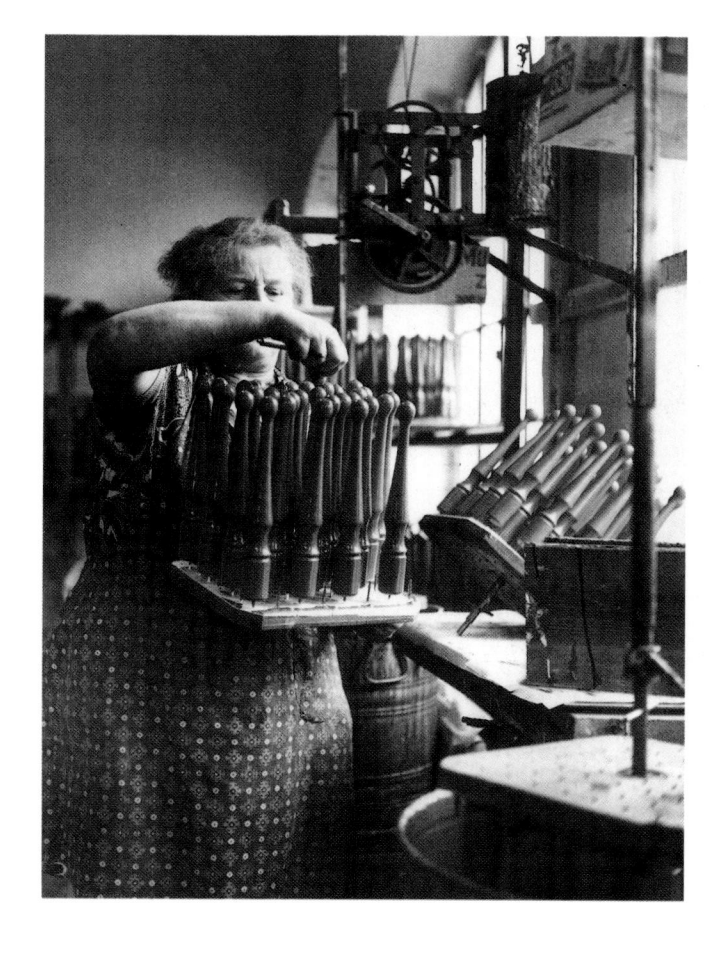

Handarbeit

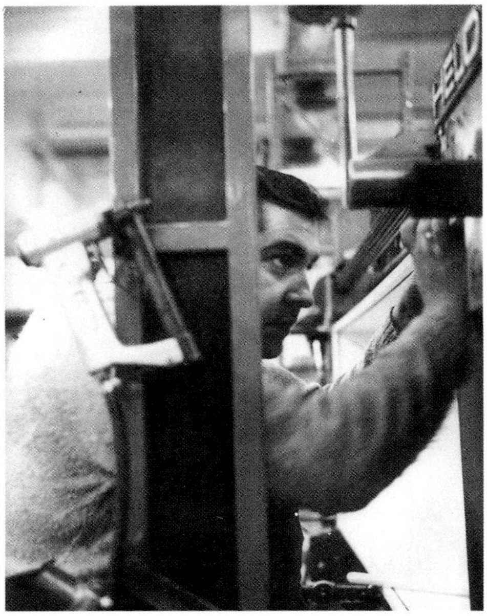

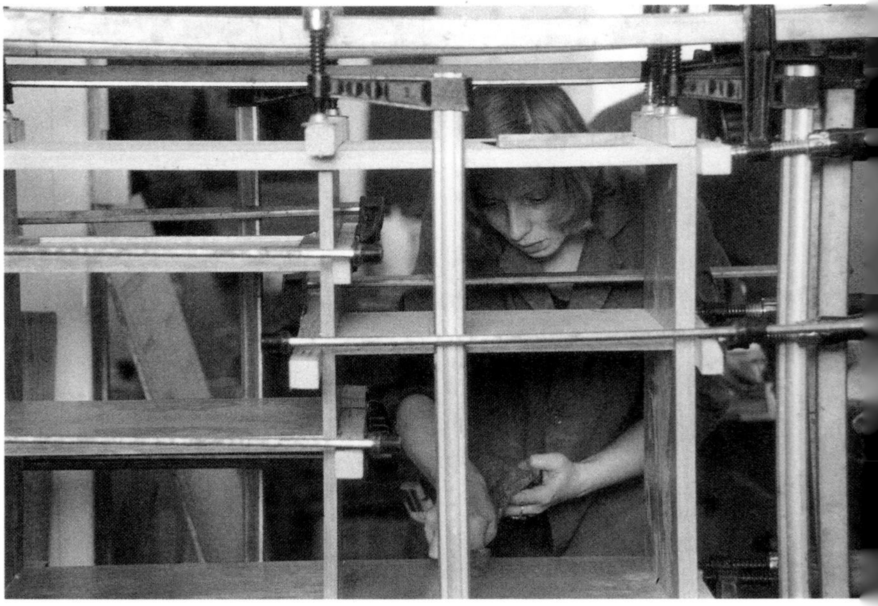

HANS-OTTO HEMMER

Erfolge und Gefährdungen der Gewerkschaft Holz und Kunststoff von 1966 bis heute*

Der neue Name – Zur Gewerkschafts- und Wirtschaftsstruktur

»Das Problem, das jetzt zur Entscheidung steht, (…) ist (…) eine Existenzfrage.« So zugespitzt wie dieses Votum des Stuttgarter Bezirksleiters Adolf Wörner waren viele Äußerungen in der Debatte um die Namensänderung der Gewerkschaft Holz beim 7. Ordentlichen Gewerkschaftstag 1966 in München. Der Bezirkstag Südbayern hatte eine Umbenennung in »Gewerkschaft Holz und Kunststoffe« beantragt.

»Mir gefällt einfach dieser Name nicht. Holz und Kunststoff beißen sich.« »Es nützt uns (…) nichts, wenn wir den Namen ändern.« »Es ist ein neues Emblem, das unsere Mitglieder kalt läßt«, – so die Gegner der Namensänderung. »Wir haben eine ganze Reihe von Arbeitgeberverbänden, die schon hinter Holzverarbeitung auch das Wörtchen Kunststoff gesetzt haben.« »Wir haben schon in erheblichem Maße in unserem Organisationsbereich in unseren Tarifverträgen mit Kunststoff zu tun.« »Gegen diese technische Entwicklung können wir uns einfach nicht stemmen, weil sonst die Entwicklung über uns hinweggeht«, so oder ähnlich äußerten sich die Befürworter eines neuen Namens[1].

Das Kongreßpräsidium hatte Mühe, die Abstimmung ordnungsgemäß abzuwickeln, schließlich entschieden sich in namentlicher Abstimmung 59 Delegierte gegen und 61 Delegierte für die Namensänderung.

Vom 1. Januar 1967 an hieß die altehrwürdige Holzarbeitergewerkschaft »Gewerkschaft Holz und Kunststoff«, abgekürzt: GHK. Die bewegte Kongreßdebatte eröffnet Einblicke in das Innenleben der Organisation: Traditionalisten – »Wenn wir uns umtaufen, wir werden immer die Gewerkschaft Holz bleiben« – argumentierten gegen Modernisierer – »Überall ist die Verarbeitung von Kunststoffen im Vormarsch, und das werden wir nicht aufhalten«. Einig war man sich, daß der gewerkschaftliche Besitzstand gewahrt werden müsse und man gegenüber anderen Gewerkschaften im DGB nicht ins Hintertreffen geraten dürfe.

Bei dieser Auseinandersetzung ging es keineswegs in erster Linie um persönliche Vorlieben, dahinter stand vielmehr eine strukturelle Entwicklung, die die Holzarbeitergewerkschaft besonders betraf, sie schwer traf und mit deren Bewältigung sie sich schwertat. Der stellvertretende Vorsitzende Kurt Georgi hatte in seinem Bericht vor dem Kongreß über die Organisationsarbeit ausgeführt, daß die »Mitgliederstatistik (…) einen ständigen Aderlaß« erfahren, die »Organisationsarbeit gar manche schmerzliche Durststrecke« zurückzulegen gehabt habe. Georgi führte das auf die kontinuierlich zurückgehenden Beschäftigtenzahlen in der Holzindustrie zurück.

Was lag näher, als dieser bedrohlichen Tendenz mit einer zeitgemäßen Anpassung des Organisationsbereichs zu begegnen? Die kunststoffverarbeitende Industrie expandierte gerade in den sechziger Jahren enorm, und ihre Zukunftsaussichten schienen rosig.

Allerdings war das Gefüge der Gewerkschaften im Deutschen Gewerkschaftsbund seit Anfang der fünfziger Jahre ohne große Spielräume, wachten die 16 Gewerkschaften argwöhnisch über ihre Organisationsgrenzen. Kleinere Streitigkeiten ließen sich meist ohne großes Aufsehen beilegen, aber markante Ausweitungen des Organisationsgebietes (wie es 1960 etwa bei der IG Bergbau mit der Erweiterung zur IG Bergbau und Energie geschehen war) riefen betroffene wie nichtbetroffene Schwestergewerkschaften ebenso auf den Plan wie den Dachverband, der die Satzung zu hüten hatte. So überbrachte der Vertreter des Geschäftsführenden Bundesvorstands des DGB, Günter Stephan, dem Holzarbeiterkongreß 1966 »größte Bedenken (…) gegen eine Namensänderung«, weil das zu Mißverständnissen, Spannungen, ja sogar Konkurrenzen innerhalb des DGB führen könne[2].

Hier wird eine markante Schwäche der insgesamt modernen und – gerade auch im internationalen Vergleich – funktionstüchtigen Gewerkschaftsstruktur der Bundesrepublik erkennbar: Sie reagiert zu unflexibel und zu langsam auf weitreichende ökonomische Wandlungsprozesse. Während die Verlagerung des Schwergewichts der ökonomi-

---

*
Dieser Beitrag fußt im wesentlichen auf Materialien des Geschichtsprojekts der GHK, auf ungedrucktem Aktenmaterial aus verschiedenen Tätigkeitsbereichen, auf den Protokollen der Gewerkschaftstage zwischen 1966 und 1990, auf den Wirtschafts- und Tätigkeitsberichten der GHK, der »Holzarbeiter-Zeitung« sowie der Funktionärszeitschrift »Der Mitarbeiter«. Auf Quellenangaben im einzelnen wird weitgehend – außer bei Zitaten – verzichtet.

1
Zitate aus: Protokoll 7. Ordentlicher Gewerkschaftstag Holz, 28. August bis 2. September 1966 in München, Düsseldorf 1967, S. 301ff.

2
Protokoll Gewerkschaftstag 1966, S. 302.

schen Bedeutung sowie der Beschäftigung seit den sechziger Jahren vom sekundären auf den tertiären Sektor rapide voranschreitet, verharren die gewerkschaftlichen Organisationsstrukturen und die Zusammensetzung der Mitgliedschaften auf dem Stand der fünfziger Jahre. Schon während des Kongresses der Gewerkschaft Holz 1966 in München war angeklungen, daß es womöglich noch weitergehender organisatorischer Veränderungen bedürfe, als ein Delegierter über einen DGB mit »Fachkommissionen, die Tarifverträge abschließen«[3], nachdachte.

Die GHK spielte in den folgenden Jahren eine aktive Rolle in der Diskussion um eine DGB-Reform. Im Dezember 1966 war im Nachrichtenmagazin »Der Spiegel« zu lesen, daß der in München mit großer Mehrheit wiedergewählte junge Vorsitzende der Gewerkschaft Holz, Gerhard Vater, eine Gruppe von Gewerkschaftsvorsitzenden (darunter der IG-Metall-Vorsitzende Otto Brenner und der Vorsitzende der IG Chemie, Wilhelm Gefeller) »anführe«, die den Dachverband gründlich reorganisieren und zu einem bloßen Verwaltungsapparat umformen wollten[4]. Beim 8. Gewerkschaftstag der GHK 1969 in Dortmund stand das Thema DGB-Reform erneut auf der Tagesordnung. Auf die Frage eines Delegierten eingehend bedauerte Vater, daß offenbar jeder etwas anderes unter DGB-Reform verstehe: »Der Bogen spannt sich (...) von der einheitlichen Unterstützungsregelung (...) hin bis zur Finanzhoheit des Deutschen Gewerkschaftsbundes.«[5] Vaters Stellvertreter Kurt Georgi forderte zwar – unter großem Beifall – eine tiefergehende Reform, die über eine »schlichte Satzungsänderung« hinausgehe[6], und ein Delegierter ging sogar so weit zu fragen, ob es nicht angezeigt wäre, die Gewerkschaften, »die zum Teil in einem Schrumpfungsprozeß sind«, so zusammenzulegen, daß drei Gruppen entstünden: Öffentlicher Dienst, Industrie und Handwerk, Dienstleistungen[7]. Aber die weitere Reformdiskussion im DGB erbrachte dann tatsächlich nicht mehr als eine eher marginale Satzungsänderung. Gerhard Vater hatte recht behalten, als er prophezeite, daß alle weitergehenden Änderungsabsichten sich nicht würden verwirklichen lassen: Weder die »wilden Streiks« vom Herbst 1969 noch die Struktur- und Mitgliederprobleme hatten die anhaltende Schubkraft für eine Reform des DGB entfalten können, die diesen Namen verdient hätte. Es wurden weder die regionalen und lokalen organisatorischen Strukturen von DGB und Gewerkschaften nachhaltig geändert noch neue Organisationsabgrenzungen und -zuschnitte ernsthaft erwogen.

Auch die Namensänderung der Gewerkschaft Holz hatte kaum den gewünschten Effekt: Der im Grunde seit Beginn der fünfziger Jahre kaum je unterbrochene Mitgliederrückgang setzte sich weiter fort. Erst 1970 wurde – mit weniger als 130000 Mitgliedern – der Tiefststand (1951: 211075 Mitglieder) erreicht. Als Gründe für diesen Mitgliederschwund wurden offiziell immer wieder die rückläufigen Beschäftigtenzahlen im Organisationsbereich sowie die wirtschaftliche Rezession genannt. Daneben wurden Schwächen bei der Selbstdarstellung der Gewerkschaft, in der Werbung und der Öffentlichkeitsarbeit eingeräumt.

In der Tat ist die Beschäftigtenzahl in der Holzbe- und -verarbeitung seit Beginn der sechziger Jahre bis Mitte der siebziger Jahre fast kontinuierlich rückläufig gewesen – der jährliche Rückgang lag zwischen 6,3 (1975) und 0,7 Prozent (1968). Lediglich zwei Jahre brachten eine positive Entwicklung: 1971 (1 Prozent) und 1973 (1,2 Prozent), während für 1972 ein Gleichstand verzeichnet wurde. Die industrielle Nettoproduktion von holzbearbeitender wie -verarbeitender Industrie wuchs von Mitte der sechziger Jahre bis 1973, es folgten zwei Jahre mit negativen Vorzeichen, dann setzte wieder Wachstum bis zum Ende der siebziger Jahre ein. Die achtziger Jahre brachten einen weiteren Rückgang der Beschäftigtenzahlen in der holzbearbeitenden Industrie, dessen gewichtigste Gründe im rückläufigen Absatz sowie in Rationalisierungsmaßnahmen lagen. Da die Organisationsbereiche unterschiedlich betroffen waren, kann hier nur ein schematisches und vereinfachendes Bild wiedergegeben werden: Die Holzbearbeitung florierte aufgrund steigender Nachfrage in den sechziger und siebziger Jahren. Die Umsätze expandierten, und es wurde kräftig investiert. 1980 brach die Nachfrage abrupt ab, zahlreiche Betriebe wurden stillgelegt, die Umsatzeinbußen ließen sich nicht durch Exporte ausgleichen.

Auch für die Holzverarbeitung waren die sechziger und siebziger Jahre eine Zeit starker Expansion. Um so härter wurde sie von dem Produktionsrückgang betroffen, der zu Beginn der achtziger Jahre einsetzte und bis 1986 anhielt. Auch hier gingen die Investitionen spürbar zurück.

Die Beschäftigungsstruktur von Holzbe- und -verarbeitung ist bis heute »traditionell« geblieben: Männliche Facharbeiter und qualifiziert angelernte Arbeiter beherrschen das Bild; die Zahl der Angestellten ist vergleichsweise gering; die Zahl der Frauen, insbesondere in der Holzbearbeitung, ebenfalls. Zwar wandelten sich in den achtziger Jahren – nicht zuletzt wegen des verstärkten Einsatzes von Mikroelektronik im Produktionsbereich – die technisch-organisatorischen Strukturen insbesondere der Möbelindustrie erheblich, dennoch dominieren nach wie vor Tischler und Holzfacharbeiter das Bild. Allerdings zeichnete sich zu Beginn der achtziger Jahre ab, daß traditionelle Qualifikationen auch in der Holzindustrie an Bedeutung verlieren und sich neue Anforderungen an Kenntnisse und Fertigkeiten, auch an Flexibilität, stellen würden: »Einerseits dürfte es zu-

---

3
Protokoll Gewerkschaftstag 1966, S. 316.
4
Der Spiegel 52/1966, S. 26.
5
Protokoll 8. Ordentlicher Gewerkschaftstag der Gewerkschaft Holz und Kunststoff, 2. bis 8. November 1969 in Dortmund, Düsseldorf 1970, S. 89.
6
Protokoll Gewerkschaftstag 1969, S. 100.
7
Protokoll Gewerkschaftstag 1969, S. 113.

künftig eine kleine Gruppe hochqualifizierter Arbeitskräfte in der Fertigung und im Reparaturbereich geben, andererseits werde der überwiegende Teil der Arbeitnehmer anspruchslose und monotone Überwachungs- und Hilfstätigkeiten nach genauen Vorgaben ausführen.«[8]

Bei aller Modernisierung und Rationalisierung, insbesondere in den achtziger Jahren, sind Holzbe- und -verarbeitung gering konzentrierte Bereiche der bundesdeutschen Wirtschaft geblieben: In der Holzbearbeitung überwiegt die kleinbetriebliche Struktur (durchschnittliche Betriebsgröße 1988: 23 Arbeitnehmer), die meisten Unternehmen umfassen lediglich einen Betrieb. Ausnahmen wie etwa in Ostwestfalen-Lippe, wo wesentlich größere Betriebe zu finden sind, können nichts an diesem Gesamtbefund ändern[9]. In der Holzverarbeitung lag die durchschnittliche Beschäftigtenzahl 1987 bei 87 Arbeitnehmern; auch hier bestehen weitaus die meisten (mehr als 90 Prozent) Unternehmen aus einem Betrieb – diese Branche weist den geringsten Konzentrationsgrad überhaupt auf. Der Beschäftigungsrückgang der achtziger Jahre in den maßgeblichen Branchen der Holzwirtschaft ist also in erster Linie weder auf Konzentrations- noch auf Rationalisierungsmaßnahmen zurückzuführen, sondern auf eine strukturelle Krise und den starken Absatzrückgang[10]. Der – unter diesen Umständen – umsichtige Versuch der Gewerkschaft Holz, ihr Rekrutierungsfeld um »Kunststoff« zu erweitern, ist offensichtlich ohne die erwünschten Folgen geblieben: Der kunststoffverarbeitenden Industrie wird zweimal – in den Geschäftsberichten 1969 bis 1972 und 1973 bis 1976 – ein eigenes Kapitel gewidmet, das sich aber mehr mit allgemeinen ökonomischen Problemen beschäftigt. Ein neues Mitgliederreservoir konnte offenbar nicht definitiv erschlossen werden.

Womöglich hat die Konsolidierung der Mitgliederzahl zu Beginn der siebziger Jahre und der dann einsetzende Mitgliederzuwachs die Suche nach neuen Rekrutierungsfeldern als nicht mehr ganz so dringlich erscheinen lassen. Diese Mitgliederentwicklung korrespondierte nicht eindeutig mit der ökonomischen Entwicklung – in fünf Jahren dieses Jahrzehnts war die Beschäftigungsentwicklung in der Holzindustrie wiederum rückläufig. Die Stabilisierung der Mitgliederzahlen dürfte auch bei der GHK nicht unwesentlich auf die Eindämmung der Fluktuation mittels Bankein-

zugs der Beiträge zurückzuführen sein, wie am Beispiel anderer DGB-Gewerkschaften nachgewiesen wurde[11]. Auch bei der GHK stieg die Zahl der Mitglieder, deren Beiträge von Bankkonten abgebucht wurden, seit 1973 (ca. 18 Prozent) sprunghaft an (1976: ca. 53 Prozent), und im Geschäftsbericht 1973 bis 1976 heißt es, daß man »einen bis dahin nicht gekannten Kassierungsgrad von 92,75 Prozent aller Mitglieder« erreicht habe[12].

So bedeutsam die Art der Beitragszahlung für die Stabilisierung der Mitgliedszahlen auch sein mag, die Steigerungsraten der siebziger Jahre vermag sie nicht hinreichend zu erklären. Die Erklärungsansätze der Gewerkschaft selbst sind eher spärlich – es wird auf Werbeaktionen, auf Betriebsräte- und Vertrauensleutearbeit verwiesen, ohne daß deren Ertrag immer recht faßbar wird. Und auch die Begründung von Kurt Georgi auf dem Gewerkschaftstag in Leverkusen 1977, wonach »durch unsere Schulungen (…) das Klassenbewußtsein des deutschen Arbeitnehmers zunehmend stärker und ausgeprägter geworden«[13] sei, klingt wenig überzeugend.

Plausibler ist die These, »daß den Gewerkschaften überdurchschnittlich viele Mitglieder zuströmen (…), wenn im ökonomischen und politischen Raum günstige Voraussetzungen existieren, um gewerkschaftliche Ziele durchzusetzen.«[14] Jedenfalls läßt sich ein solcher Zusammenhang für die entsprechenden Phasen der Nachkriegsentwicklung, also auch die Zeit der sozialliberalen Koalition in Bonn, nachweisen.

Uns wird nichts geschenkt – GHK und Politik

Im Gegensatz zu einigen anderen Gewerkschaften hatte die Zusammenarbeit mit der CDU/CSU-geführten Bundesregierung für die Politik der Holzarbeitergewerkschaft nach 1945 nie eine besondere Rolle gespielt. Gewerkschaftsführung und maßgebliche Funktionäre hielten die Regierungspolitik eher für strukturell gewerkschaftsfeindlich. Insbesondere Bundeskanzler Erhard und seine christlich-liberalen Regierungen wurden etwa in der Holzarbeiter-Zeitung heftig attackiert – wegen »trauter Gemeinsamkeit« zwischen Regierung und Arbeitgebern, weil »Bundesregierung und Unternehmer Hand in Hand arbeiten«[15]. Und die immerhin vom Vorsitzenden der IG Metall in der Funktio-

---

8
Joachim Soyez, Modernisierung der Produktionstechnik und soziale Differenzierung in der Holzwirtschaft, in: Ludger Pries/Rudi Schmidt/Rainer Trinczek (Hrsg.), Trends betrieblicher Produktionsmodernisierung. Chancen und Risiken für Industriearbeit. Expertenberichte aus sieben Branchen, Opladen 1989, S. 391–437, S. 431.
9
Siehe Soyez, Modernisierung, S. 394f.

10
Siehe dazu: Volker Döhl/Dieter Sauer, Zur Entwicklung von Markt, Technik und Arbeit in der Möbelindustrie. Eine Stellungnahme, in: Pries/Schmidt/Trinczek (Hrsg.), Trends, S. 438–485, hier S. 443.

11
Wolfgang Streeck, Gewerkschaftliche Organisationsprobleme in der sozialstaatlichen Demokratie, Königstein/Ts. 1981.
12
Wirtschafts- und Tätigkeitsbericht GHK 1973–76, Düsseldorf 1977, S. 500.
13
Protokoll 10. Ordentlicher Gewerkschaftstag der Gewerkschaft Holz und Kunststoff, 3. bis 7. Oktober 1977 in Leverkusen, Düsseldorf 1978, S.109.

14
Klaus Armingeon, Gewerkschaften in der Bundesrepublik Deutschland 1950–1985: Mitglieder, Organisation und Außenbeziehungen, in: Politische Vierteljahresschrift (PVS), 28. Jg. (1987), S. 7–34, S. 8f.
15
Peter Riemer, Guten Tag, lieber Leser und Unerwünschte Wahrheiten, in: Holzarbeiter-Zeitung 2/1966, S. 3.

närszeitschrift der Holzarbeiter vorsichtig gerechtfertigte »Gesprächsbereitschaft« der Gewerkschaften[16], die zu ihrer Teilnahme an einer Runde über die wirtschaftliche Lage bei Bundeskanzler Erhard Anfang Dezember 1965 geführt hatte, wurde kurz darauf in der Holzarbeiter-Zeitung von deren Chefredakteur deutlich problematisiert. Auch im Hinblick auf mögliche politische Alternativen sind gewisse Schwankungen unverkennbar: Während im »Mitarbeiter« schon im Oktober 1965 – angesichts der sich abzeichnenden inneren Spannungen in der CDU/CSU-FDP-Koalition, die die Bundestagswahlen im September 1965 gewonnen hatte – davon die Rede war, »daß die schwiegen Aufgaben der künftigen deutschen Politik nur mit einer starken, nicht aber mit einer »Angstregierung« zu meistern sind«, und ein Regierungseintritt der SPD vorausgesagt wurde[17], wurde in einer dreiteiligen Serie »Volksparteien – Volksgewerkschaft?« in der »Holzarbeiter-Zeitung« nachdrücklich vor einer »großen Koalition« gewarnt. Der Autor erkannte darin eine Gefahr für die Demokratie, beurteilte die Wandlung der SPD zur »Volkspartei« überaus skeptisch, erinnerte an die Wankelmütigkeit in der Notstandsfrage und ermahnte die Gewerkschaften, sie seien »die gewichtigsten Entscheidungshelfer, ob die Demokratie sich durch neue oppositionelle Alternativen und durch ein Veto gegen alle autoritären Vollmachten, die sich nicht mit dem Grundgesetz vertragen, ungeschmälert zu behaupten vermag«[18].

Auch nachdem die Große Koalition Ende 1966 installiert war, blieb die Presse der Holzarbeitergewerkschaft skeptisch: »Die von manchem Kollegen mit dem Eintritt der SPD erhoffte gesellschaftspolitische Aufwertung der Gewerkschaften hat nicht stattgefunden«, konstatierte Peter Riemer bereits im Januar 1967[19], und im Dezember 1967 hieß es, viele Arbeitnehmer fühlten sich von der Regierungspolitik, insbesondere der SPD, im Stich gelassen[20]. Kein Wunder, daß die GHK zu den Gewerkschaften gehörte, die sich kritisch mit der SPD auseinandersetzten und sich insbesondere an deren stellvertretendem Vorsitzenden, dem »Zuchtmeister« der Partei und maßgeblichen Befürworter der Großen Koalition, Herbert Wehner, rieben. Die so beharrlich bekämpfte Notstandsgesetzgebung, die – wenn auch in modifizierter Form – von der Großen Koalition verabschiedet wurde, bot dafür ebenso weiteren Anlaß wie die Konzertierte Aktion, deren Wirksamkeit und Nutzen immer wieder in Frage gestellt wurden.

Dazu kontrastiert in gewisser Weise die Einschätzung, die der GHK-Vorsitzende Vater dem Kongreß eine Woche

Willy Brandt beim GHK-Gewerkschaftstag in Lübeck (1981)

Vertreter der GHK beim DGB-Bundeskongreß in Hamburg, Mai 1986 (Mitte: Peter Riemer, rechts: Horst Morich)

16
Otto Brenner, Keine Wunder erwarten!, in: Der Mitarbeiter 1/1966, S.1.
17
Der Gewinner unterlag, in: Der Mitarbeiter 10/1965, S. 3.
18
Friedhelm Baukloh, Volksparteien – Volksgewerkschaft?, in: Holzarbeiter-Zeitung 3-4-5/1966, Zitat: 5/66, S.13.

19
Peter Riemer, Neue Wege nicht gefragt, in: Der Mitarbeiter 1/1967, S. 2.
20
Alfred Horné, Der kleine Mann und die große Koalition, in: Der Mitarbeiter 12/1967, S. 7.

nach der Bildung der ersten sozialliberalen Bundesregierung im November 1969 in Dortmund vortrug: Der Sozialdemokrat Professor Karl Schiller, der bereits der Großen Koalition angehört hatte, sei »der erste deutsche Wirtschaftsminister der Nachkriegszeit, der eine zielbewußte Wirtschaftspolitik betreibt«[21]. Auch die Konzertierte Aktion charakterisierte er nicht nur negativ. Und die Delegierten des Kongresses bejubelten wenig später die Rede Karl Schillers zur Stabilitätspolitik. Vier Jahre später, beim Kongreß in Freiburg 1973, schien die heftige Zuneigung abgekühlt zu sein: Gerhard Vater äußerte sich durchweg kritisch zur Wirtschaftspolitik der Regierung und konstatierte beim sozialdemokratischen Finanzminister Helmut Schmidt »eine Reizbarkeit, (…) die uns nicht gefällt«[22]. »Grundsätzliche Bedenken« meldete er nunmehr »gegen Form und Praxis der Konzertierten Aktion« an[23].

1977, beim Kongreß in Leverkusen, widmete sich Vater der Regierungspolitik gar nicht mehr ausdrücklich, allerdings ging er mit Bundeskanzler Helmut Schmidt wegen dessen Aufforderung an die Arbeitnehmer, mobiler im Arbeitsleben zu sein, ins Gericht. In seiner Rede beim Gewerkschaftstag 1981 in Lübeck-Travemünde rechnete der Nachfolger Vaters, Kurt Georgi, mit der dahinsiechenden sozialliberalen Koalition ab, deren frühere Verdienste um die Entspannungs- und Reformpolitik er zwar würdigte, die aber ihren gemeinsamen Weg nun nicht dadurch verlängern solle, »daß sie ihre sozial-, gesellschafts- und außenpolitischen Erfolge schrittweise reduziert oder gar Stück um Stück wieder zerstört«[24]. Das hörte sich schon recht dramatisch an, und dennoch stellte der Nachfolger Georgis, Horst Morich, beim Gewerkschaftstag in Leverkusen 1985 fest, daß »seit unserem Gewerkschaftstag vor vier Jahren in Travemünde… unsere gewerkschaftliche Arbeit erheblich schwieriger geworden« sei. Die christlich-liberale Bundesregierung betreibe »permanente Sozialdemontage«, sei vollkommen inkompetent bei der Bekämpfung der Arbeitslosigkeit und versuche, mittels der Novellierung des Paragraphen 116 Arbeitsförderungsgesetz die gewerkschaftliche Substanz anzugreifen und die Tarifautonomie zu zerstören[25].

Die Presse der GHK hatte der sozialliberalen Koalition von Anfang an reserviert gegenübergestanden, auch wenn sie gelegentlich die Sozialpolitik von Bundesarbeitsminister Walter Arendt positiv bilanzierte. In der Endphase der Regierung Schmidt/Genscher wurde die SPD wegen einer Politik, die Arbeitnehmern nicht mehr zu erklären sei, hart angegriffen. Peter Riemer meinte, die Gewerkschaften

GHK-Delegation in Moskau

Gespräch von GHK-Vertretern bei Bundesarbeitsminister Walter Arendt

---

21
Protokoll Gewerkschaftstag 1969, S. 59.
22
Protokoll 9. Ordentlicher Gewerkschaftstag der Gewerkschaft Holz und Kunststoff, 3. bis 9. September 1973 in Freiburg, Düsseldorf 1974, S. 82.
23
Protokoll Gewerkschaftstag 1973, S. 80.
24
Protokoll 11. Ordentlicher Gewerkschaftstag der Gewerkschaft Holz und Kunststoff, 4. bis 10. Oktober 1981 in Lübeck-Travemünde, Düsseldorf 1982, S. 55.
25
Protokoll 12. Ordentlicher Gewerkschaftstag der Gewerkschaft Holz und Kunststoff, 27. Oktober bis 2. November 1985 in Leverkusen, Düsseldorf 1986, S. 52ff.

müßten sich überlegen, »ob ein bedingungsloses Festhalten an der Partei ihnen letzten Endes nicht selbst schadet«. Und er prophezeite, die SPD werde sich, wenn sie ihre Politik nicht gründlich ändere, »sehr schnell in dem Elfenbeinturm der 30 Prozent« wiederfinden[26].

Nach vollzogener »Wende« und Bestätigung der christlich-liberalen Koalition bei der Bundestagswahl im März 1983 wurden die politischen Absichten von Kohl, Strauß und Lambsdorff mit den Worten »Lohnkürzungen« und »Sozialabbau« gekennzeichnet, eine Politik für die »die Wähler (…) den Blanko-Scheck« gegeben hätten. Viele davon würden sich noch wundern – »wir können daran nichts ändern«[27]. Diese Grundsatzposition zur »arbeitnehmerfeindlichen« Politik der CDU/CSU-FDP-Koalition wurde in den achtziger Jahren durch vielfältige Kritik an Einzelmaßnahmen ergänzt.

Sieht man von einer kurzen Phase zu Beginn der sozialliberalen Koalition ab, hat die GHK die Politik aller Bundesregierungen in den sechziger, siebziger und achtziger Jahren kritisch begleitet. Es scheint dabei auch keine allzu großen Differenzen in der Beurteilung zwischen Gewerkschaftsführung, Funktionären und Mitgliedschaft gegeben zu haben – jedenfalls lassen sie sich dem veröffentlichten Material nicht entnehmen. Dem liegt wohl eine Einsicht zugrunde, die Günter Arndt beim Gewerkschaftstag 1977 so formulierte: »Uns Gewerkschaften hat noch keine Regierung (…) je etwas geschenkt.«[28]

Im Prinzip kämpferisch

Die Gewerkschaft Holz und Kunststoff blieb in den sechziger, siebziger und achtziger Jahren eine kämpferische Gewerkschaft: Sie führte von 1966 bis 1988 rund 40 Streiks. Dabei gab es neben spektakulären und exemplarischen Arbeitskämpfen auch viele kleinere – was angesichts der heterogenen und kleinbetrieblich geprägten Wirtschaftszweige nicht verwundert. Der Streik in der saarländischen Holzindustrie im Juni 1966 für einen neuen Manteltarifvertrag und eine Urlaubskasse dauerte zwar nur zwei Tage, hatte aber dramatische Aspekte: Das Arbeitsgericht Saarbrücken entschied, die Gewerkschaft habe die Friedenspflicht verletzt, so daß der Streik abgebrochen werden mußte. Vorher kam es allerdings zu erbitterten Rempeleien zwischen Streikposten, Polizei und Unternehmervertretern.

Der sogenannte MTV-Streik im Januar 1974 war der größte, den die GHK seit den sechziger Jahren geführt hat – über 7000 Arbeitnehmer in ganz Nordwestdeutschland waren beteiligt. Es ging um einen neuen Manteltarifvertrag,

Streik im niedersächsischen und bremischen Fahrzeug- und Karosseriehandwerk, Oktober 1980

Kundgebung der IG Metall in Dortmund gegen die Aussperrung, Dezember 1978

26
Peter Riemer, Ende offen, in: Holzarbeiter-Zeitung 9/1982, S. 9f.
27
Peter Riemer, Erst kommen die Unternehmer, in: Holzarbeiter-Zeitung 4/1983, S. 9.
28
Protokoll Gewerkschaftstag 1977, S. 93.

ERFOLGE UND GEFÄHRDUNGEN

*Protestmarsch nach Bonn,
Mai 1984*

*DGB-Protestkundgebung gegen
den § 116 AFG,
Düsseldorf, Februar 1986*

*Streik in einem Holzwerk in Hörden
(Kreis Osterode), Januar 1988*

insbesondere um zusätzliche Urlaubstage und mehr Urlaubsgeld. Nachdem die Arbeitgeber den Spruch des Schlichters abgelehnt hatten, entschieden sich die Arbeitnehmer in der Urabstimmung für Streik. Er dauerte sechs Tage und endete mit einem Erfolg für die Gewerkschaft.

Ein ganz besonderer Arbeitskampf war der Streik von 1200 Tischlern im November 1975 in Hamburg, Bremen und Schleswig-Holstein. Dort kämpften die Gesellen nämlich nicht für mehr Lohn, sondern – sozusagen stellvertretend – auch für bessere Ausbildungsvergütungen für Lehrlinge. Der erfolgreiche Streik dauerte sieben Tage, und der Streikführer, der Bezirksleiter von Schleswig-Holstein/Hamburg, Horst Morich, hatte guten Grund, »die Solidarität von Gesellen und Auszubildenden, Arbeitern und Angestellten, ehrenamtlichen und hauptamtlichen Kollegen«[29] zu loben. Ältere Gewerkschafter erinnerte dieser Kampf an den Tischlerstreik in Breslau von 1930, bei dem die Gesellen 13 Wochen lang für ein besseres »Kostgeld« der Lehrlinge gestreikt hatten. Um höhere Löhne ging es beim Streik in der Holzindustrie, dem Schreiner- und Glaserhandwerk in Baden-Württemberg im Januar 1982. Wiederum hatten die Arbeitgeber einen Schlichtungsspruch abgelehnt, so daß die GHK zum Streik aufrief. 4600 Holzarbeiter streikten sieben Tage und waren – trotz schlechter wirtschaftlicher Lage und Kurzarbeit – erfolgreich.

Vom 5. Oktober 1988 bis zum 30. Januar 1989 dauerte der längste Arbeitskampf in der Geschichte der Bundesrepublik Deutschland. Er wurde von Beschäftigten der Firma AMO Mackensen in Hörden (Harz) geführt, die den Hersteller von Türen und Tischlerplatten dazu bewegen wollten, branchenübliche Arbeitsbedingungen einzuführen und Tarifverträge abzuschließen. Trotz bundesweiter Solidarität gelang es erst nach 117 Tagen und unter Vermittlung des niedersächsischen Ministerpräsidenten Ernst Albrecht, zu einer Einigung zu gelangen. Der Streik hatte sich zu einem prinzipiellen Konflikt um gewerkschaftliche Betätigung im Betrieb ausgeweitet. Immerhin konnte ein Firmentarifvertrag abgeschlossen werden.

Die »kleine« Gewerkschaft Holz und Kunststoff – sie nimmt unter den 16 Gewerkschaften des DGB »nur« den 12. Rang ein – konnte keine Vorreiterrolle bei Arbeitskämpfen einnehmen, aber sie hat sich auch nie in die Rolle eines »Trittbrettfahrers« begeben. Sie hat sowohl mit den beispielhaft genannten als auch mit vielen anderen, oft kleinen Streiks immer ihre Kampfbereitschaft und -stärke bewiesen. Angesichts ihres außerordentlich vielfältigen Organisationsbereiches – mit wenigen großen Industriebetrieben, vielen mittleren und sehr vielen handwerklichen Klein- und Kleinstunternehmen –, angesichts sehr unterschiedlicher Branchen und Regionen mit stark voneinander abweichendem Lohnniveau sind diese Fähigkeiten für eine Gewerkschaft unverzichtbar, wenn sie eine wirksame und erfolgreiche Tarifpolitik machen will.

Nicht nur um Lohn allein

In den Wirtschafts- und Tätigkeitsberichten, die die Gewerkschaft jeweils zu ihren Kongressen vorlegt, werden die Ergebnisse der Tarifpolitik seit 1969 kontinuierlich als »positiv« charakterisiert. Lediglich im Bericht für die Jahre 1966 bis 1968 ist von Erschwernissen der Tarifpolitik die Rede, welche die wirtschaftliche Rezession mit sich gebracht habe. Die erreichten Lohn- und Gehaltserhöhungen lagen in den siebziger Jahren zwischen 5,66 Prozent (1979) und 11,5 Prozent (1974), in den achtziger Jahren zwischen 2,8 Prozent (1985) und 7,65 Prozent jährlich. Mit diesen Lohn- und Gehaltsabschlüssen lag die Gewerkschaft Holz und Kunststoff insgesamt durchaus günstig in der Reihe der DGB-Gewerkschaften. Gelegentlich gelangen ihr sogar besonders bemerkenswerte Erfolge: So konnte sie im Jahr 1982 mit 4,7 Prozent Lohnerhöhung einen besseren Tarifabschluß erreichen als die traditionelle »Tarifführergewerkschaft« IG Metall (4,2 Prozent)[30].

Angesichts der heterogenen Struktur ihres Organisationsbereichs und des großen Anteils von Handwerksbetrieben sind diese lohnpolitischen Erfolge der »kleinen« Gewerkschaft Holz und Kunststoff durchaus bemerkenswert. Sie sind sicher ganz wesentlich auf eine hohe Kampfmoral und -bereitschaft zurückzuführen, deren Ernsthaftigkeit sich in den zahlreichen – oft kleinen und begrenzten – Arbeitskämpfen ausdrückt. Die Struktur ihres Organisationsbereichs trägt wesentlich mit dazu bei, daß die GHK fast ausschließlich regionale Tarifverträge abschließt: in den Jahren von 1973 bis 1977 zum Beispiel eine Gesamtzahl von 1372 Verträgen. Sie gelten etwa für: die Sägeindustrie, das Tischler- und Schreinerhandwerk, die Sperrholz- und Spanplattenindustrie, die Bleistiftindustrie, das Bodenlegerhandwerk, das Böttcher- und Küferhandwerk, die Bürsten- und Pinselindustrie, das Glaserhandwerk, die Kistenindustrie, die Knopfindustrie, das Korbmacherhandwerk, das Modellbauerhandwerk, den Möbelfachhandel, das Parkettlegerhandwerk, die Polstermöbel- und Matratzenindustrie, das Raumausstatterhandwerk, die Schuhleistenindustrie, das Stellmacher- und Karosseriebauerhandwerk.

Die Gewerkschaft Holz und Kunststoff gehört zu den DGB-Gewerkschaften, die in den sechziger, siebziger und achtziger Jahren die Verkürzung der Wochenarbeitszeit auf ihre Fahnen geschrieben haben. Bis 1968 hatte die GHK in fast allen Branchen die 40- beziehungsweise 41-Stunden-Woche durchgesetzt, 1970 folgte die Sägeindustrie, bis 1973 das Tischlerhandwerk. »An eine Herabsetzung der wöchentlichen Arbeitszeit unter 40 Stunden ist zum gegenwärtigen Zeitpunkt nicht gedacht«, hieß es im Wirtschafts- und Tätigkeitsbericht 1966–68 – und so brachten die siebziger Jahre in der Arbeitszeitverkürzung nur wenig Bewegung. Zu Beginn der achtziger Jahre wurde das Ziel der 35-

---

29
Unsere Kraft ist die Solidarität, in: Holzarbeiter-Zeitung 12/1975, S. 9.

30
Siehe dazu Walther Müller-Jentsch, Gewerkschaften 1982/83. Eine Bilanz, in: Kritisches Gewerkschaftsjahrbuch 1983–1985, Berlin 1986, S. 145ff.

ERFOLGE UND GEFÄHRDUNGEN

*Waldsterben im Erzgebirge
(1991)*

*Brandrodung im Amazonasgebiet
(1992)*

Stunden-Woche ins Auge gefaßt, das am Anfang des folgenden Jahrzehnts fast erreicht war: Wie in vielen anderen Bereichen auch – und insbesondere nach dem von IG Metall und IG Druck und Papier 1984 schwer erkämpften Modell – wurde ein Stufenplan zur Erreichung der 35-Stunden-Woche vereinbart. Die konkrete »Umsetzung« der Arbeitszeitverkürzung oblag – ähnlich wie bei anderen Gewerkschaften auch – vielfach den Betriebsräten. Sie sahen sich oft mit »Flexibilisierungskonzepten« der Arbeitgeberseite konfrontiert, die wegen ihrer unabsehbaren Folgen nicht in die gewerkschaftliche Programmatik paßten. Allerdings stellte sich bald heraus, daß Flexibilisierungsformen wie etwa das Job-Sharing sich nicht nur mit den Interessen der Belegschaften vereinbaren ließen, sondern sogar von ihnen selbst angeregt und gefordert wurden, so daß ihnen die Betriebsräte und schließlich auch die Gewerkschaft nicht ihre Zustimmung versagen konnten.

Die Gewerkschaft Holz und Kunststoff hat – neben der Lohn- und Arbeitszeitpolitik – auf vielen anderen Feldern eine aktive Tarifpolitik betrieben. So wurde der Urlaubsanspruch von durchschnittlich 16 Tagen Mitte der sechziger Jahre auf 30 Tage Ende der achtziger Jahre gesteigert; das zusätzliche Urlaubsgeld, von der Gewerkschaft Holz Anfang der sechziger Jahre als erster Gewerkschaft erstritten (damals: 2 DM), stieg je nach Branche auf 50 bis 60 Prozent des Monatslohns. In den sechziger, siebziger und achtziger Jahren gelang es auch, das 13. Monatseinkommen und die vermögenswirksamen Leistungen kontinuierlich zu erhöhen. Der Tarifpolitik, der es in erster Linie um höhere Einkommen und kürzere Arbeitszeiten geht, gehörte auch in diesen Jahren das Hauptaugenmerk der GHK. Aber spätestens seit der zweiten Hälfte der siebziger Jahre weitete sich der Blick, wurden betriebliche Probleme aufgegriffen und neuartige Gestaltungsaufgaben in Angriff genommen. Und in den späten achtziger und zu Beginn der neunziger Jahre rücken neue Fragen ins Blickfeld, die mit der globalen Gefährdung des Rohstoffs Holz, mit den umweltgeschädigten Wäldern und bedrohten Urwäldern zusammenhängen. Beim Kongreß 1977 in Leverkusen mahnte der Delegierte Walter Nickel, »die menschengerechte Arbeitsgestaltung« in die Tarifpolitik einzuschließen: »Wollen wir künftig Staub, Lärm und sonstige Einflüsse bezahlen, oder wollen wir Dinge bezahlt bekommen, die es verhindern, daß wir zum Beispiel bei der Lärmbekämpfung Schutzwatte tragen müssen. Hier müssen neue Gedankengänge aufgezeigt werden, die sich letztlich in den Tarifverträgen niederschlagen.«[31] Der Delegierte Diethelm Pruwe wies darauf hin, daß – unter maßgeblicher Beteiligung des Tarifsekretärs beim Hauptvorstand, Peeter Raane – in Zusammenarbeit mit dem Bundesforschungsministerium in einem holzverarbeitenden Betrieb in Niedersachsen bereits ein Projekt zur »Humanisierung der Arbeitswelt« angelaufen sei, dessen

---

31
Protokoll Gewerkschaftstag 1977,
S. 173.

KAPITEL VI 1966 BIS HEUTE

Zielvorstellungen er folgendermaßen beschrieb: »Weg von den starren Bändern, den Mitarbeitern eine größere Arbeitsbreite geben, größere Pufferzonen schaffen, damit keiner mehr an den Zeittakt eines Bandes gebunden ist.«[32] Außerdem gehe es um die Qualifizierung angelernter Arbeiter und um bezahlte Erholungszeiten. Im Dezember 1978 wurde ein vom Bundesministerium für Forschung und Technologie im Rahmen des »Aktionsprogramms Forschung zur Humanisierung des Arbeitslebens« gefördertes »Umsetzungsprojekt« beim Vorstand der GHK eingerichtet: »Qualifizierung von Arbeitnehmern und Arbeitnehmervertretern zur Humanisierung des Arbeitslebens im Bereich der Gewerkschaft Holz und Kunststoff«. Das Projekt wurde als eigenständige »Abteilung Humanisierung« in dem für Tarifpolitik zuständigen Vorstandsbereich angesiedelt und läuft – mit unterschiedlichen Akzentuierungen im Zeitverlauf – auch zu Beginn der neunziger Jahre noch. Die Abteilung erfüllt insbesondere Schulungs- und Informationsaufgaben, hat inzwischen zahllose Seminare für Betriebsräte, Konferenzen und Tagungen mit Fachleuten und Wissenschaftlern abgehalten, hat Lehr- und Lernunterlagen sowie Modelllehrgänge entwickelt, hat Betriebsräte und Vertrauensleute beraten. Nicht zuletzt aus diesem Projekt heraus entwickelt wurde das 1980 begonnene »Branchenprojekt Tischlerhandwerk«, das »erste HdA-Forschungsprojekt für einen ganzen Handwerkszweig in der Bundesrepublik«[33]. Die Tatsache, daß an diesem staatlich geförderten Projekt die Spitzenverbände der Arbeitgeber im Tischlerhandwerk paritätisch beteiligt sind, hat in der traditionell klassenkämpferisch gestimmten GHK offensichtlich Irritationen ausgelöst. Allerdings haben Zielrichtung und Ergebnisse der Projektarbeit wohl im Laufe der Zeit für Beruhigung gesorgt. Forschungsziele des Projekts sind: die menschengerechte Arbeitsgestaltung auch in Klein- und Kleinstbetrieben; die langfristige Sicherung hochqualifizierter Arbeitskräfte; die Beseitigung gesundheitsgefährdender Einflüsse aus der Arbeitsumgebung; die Erhaltung und Steigerung der Wettbewerbsfähigkeit durch moderne und menschenwürdige Arbeitsplätze. Lösungsansätze für diese Ziele werden im Rahmen einzelner Betriebsprojekte gesucht.

Nicht zuletzt die Humanisierungsprojekte haben das gewerkschaftliche Augenmerk auf Tatbestände gerichtet, die von der gewerkschaftlichen Politik lange als marginal betrachtet worden sind und entsprechend stiefmütterlich behandelt wurden: Gesundheitsgefährdungen am Arbeitsplatz. Der Lärm ist eine der großen Belastungen für fast alle Arbeitnehmer in der Holzbranche, »seit Jahren ist Lärmschwerhörigkeit Berufskrankheit Nummer 1«[34]. Dennoch wurden bei der Lärmminderung – obwohl technisch mög-

Mai-Kundgebung in Hamburg, 1987

Protestveranstaltung der GHK-Jugend, 1983

Demonstration der IG Metall zur Erinnerung an den 8. Mai 1945, Frankfurt/M. 1989

32
Protokoll Gewerkschaftstag 1977, S.191.
33
Wirtschafts- und Tätigkeitsbericht GHK 1981–1984, Düsseldorf 1984, S. 220.

34
Wirtschafts- und Tätigkeitsbericht GHK 1977–1980, Düsseldorf 1981, S. 438.

lich – in der Praxis kaum Fortschritte erzielt. Liegt es daran, daß bei vielen Arbeitnehmern und Gewerkschaften immer noch die Neigung besteht, sich mögliche gesundheitliche Beeinträchtigungen durch finanzielle Leistungen »abkaufen« zu lassen? Die unübersehbar wachsende Umweltverschmutzung und die damit einhergehenden Belastungen der Natur und der Menschen haben auch dazu geführt, daß lange Zeit als unproblematisch und ungefährlich geltende Werkstoffe, daß Kombinationen verschiedener Arbeitsstoffe, aber auch Arbeitsumgebungen und -methoden genauer unter die Lupe genommen wurden. Dabei stellte sich heraus, daß auch der natürliche Werkstoff Holz es in sich hat: Epidemiologische Studien lassen vermuten, daß Holzstäube, insbesondere die von Eiche und Buche, bei der Entstehung bestimmter Krebserkrankungen, vor allem der Nase, mitwirken. Wahrscheinlich ist auch, daß der zunehmende Einsatz von Chemikalien in der Holzverarbeitung und die Kombination aus Stäuben, Lösemitteln, Holzschutzmitteln, Kunststoffen usw. für Erkrankungen – von der Allergie bis zum Krebs – mitverantwortlich sind. Die GHK hat sich dieser Problematik frühzeitig angenommen und darauf hingewiesen, hier ticke »eine Zeitbombe«, die entschärft werden müsse[35]. Immerhin wurden 1987 Richtwerte festgesetzt, gewisse Krebserkrankungen wurden als entschädigungspflichtige Berufskrankheiten anerkannt, und die Berufsgenossenschaft ergriff erste präventive Maßnahmen (Absauganlagen, Vorsorgeuntersuchungen usw.). Im Hinblick auf präventiven Arbeitsschutz und auf sorgfältige arbeitsmedizinische Beobachtung und Betreuung bleibt aber für die Gewerkschaften insgesamt noch viel zu tun. Neben dem »Umweltschutz am Arbeitsplatz« sind in den späten achtziger Jahren und zu Beginn der neunziger Jahre die Probleme und Folgen globaler Umweltzerstörungen mehr und mehr in das Blickfeld der Politik der GHK geraten: Es wurde klar, daß weder die dramatisch voranschreitende Vernichtung der Regenwälder noch die zunehmenden Schädigungen des heimischen Baumbestandes Mitglieder und Politik der »zuständigen« Gewerkschaft unberührt lassen können. In einer Tagung »Zukunft der Wälder und des Werkstoffes Holz« im November 1989 in Bad Kissingen diskutierten die Gewerkschaften Holz und Kunststoff sowie Gartenbau, Land- und Forstwirtschaft mit Fachleuten, Verbandsvertretern, aber auch Gewerkschaftern aus den besonders betroffenen Regionen zentrale Aspekte von Waldsterben und Regenwaldvernichtung. Dabei stellte sich heraus, daß es gerade in den Industriegesellschaften eingreifender Maßnahmen bedarf, wenn das globale Ökosystem als Lebensgrundlage der Menschheit vor dem Kollaps gerettet werden soll: radikale Umstellung der Verbrauchergewohnheiten in den Industrienationen, der Energiepolitik,

Delegierte der GHK bei der DGB-Bundesfrauenkonferenz in Osnabrück, Juni/Juli 1989

Im Arbeitsamt Friesoythe (1985)

35
Wirtschafts- und Tätigkeitsbericht
1981–1984, S. 224.

Landreformen in der Dritten Welt, ökologische Entwicklungspolitik. Horst Morich nannte in seinem Schlußwort zwei Sofortmaßnahmen als »zwingende Konsequenz«: den ökologisch vertretbaren Umgang mit öffentlichem Waldbesitz und ein Ende des Raubbaus an den tropischen Regenwäldern[36]. So richtig diese Schlußfolgerungen sind, so bedeutsam wird es sein, sie an die Gewerkschaftsmitglieder zu vermitteln – nicht nur den Zusammenhang mit ihrer Arbeit und ihren Interessen herzustellen, sondern auch die möglicherweise negativen Konsequenzen, etwa den Verlust des Arbeitsplatzes, nicht auszublenden. Auch hier erwachsen den Gewerkschaften neue Funktionen, werden sie vor Herausforderungen gestellt.

Das Herz der Organisation – Apparat, Funktionäre, Delegierte

Eine wichtige Rolle bei der Umsetzung gewerkschaftlicher Beschlüsse, beim »Transport« gewerkschaftlicher Politik spielt der »Apparat«, das Personal der Gewerkschaften, insbesondere die Funktionäre. Die Gesamtzahl der bei der GHK Beschäftigten ist von der Mitte der sechziger Jahre bis zum Beginn der neunziger Jahre recht konstant geblieben: 1968 hatte die GHK insgesamt 168 Mitarbeiterinnen und Mitarbeiter, 1988 waren es 180. Innerhalb der Gesamtzahl ergaben sich allerdings doch bemerkenswerte Verschiebungen: War das Verhältnis zwischen männlichen und weiblichen Angestellten 1968 fast ausgeglichen (86 Männer/82 Frauen), so überwog 1988 die Zahl der Frauen eindeutig (77 Männer/103 Frauen). Gründe dafür waren wohl die Ausweitung der Bürotätigkeiten und eine Zunahme der Teilzeitarbeitsplätze. Dagegen erhöhte sich die Zahl der beim Hauptvorstand Beschäftigten nur geringfügig von 32 (1968) auf 43 (1988). Das ist ein Indiz für das von der Holzarbeitergewerkschaft seit jeher gepflegte Gewicht ihrer regionalen und lokalen Repräsentanten. Auch im Falle der GHK bestätigt sich die Beobachtung, daß es in der jüngsten Vergangenheit bei den deutschen Gewerkschaften keinen Bürokratisierungsschub gegeben hat[37]: Wie schon in den fünfziger Jahren kommt auf ca. 1000 Mitglieder etwa ein hauptamtlicher Gewerkschaftsfunktionär. Wenn es in diesem Bereich eine Entwicklung gegeben hat, dann liegt sie in den personell verstärkten Sekretariaten der Gewerkschaftsbüros.

Bemerkenswert sind auch Kontinuität und geringe Fluktuation in den Führungsgremien der GHK. So gehörten dem vierköpfigen »Geschäftsführenden Hauptvorstand« in den 25 Jahren von 1966 bis 1991 insgesamt nur 11 Personen – ausschließlich Männer – an: Vorsitzende waren Gerhard Vater (geb. 1924, gest. 1982) und Kurt Georgi (geb. 1920), seit Oktober 1981 ist Horst Morich (geb. 1934) Vorsitzender. Stellvertretende Vorsitzende waren Kurt Georgi, Karlheinz Schwark (geb. 1923), Horst Morich, Willi Schulze (geb. 1931), seit 1981 ist Peter Riemer (geb. 1928) stellvertretender Vorsitzender, seit 1990 Wolfgang Rhode (geb. 1951). Hauptkassierer waren Anton Grzonka (geb. 1913, gest. 1980), Bruno Eisenburger (geb. 1913, gest. 1971) und Anton Nindl (geb. 1940), seit 1989 ist Peeter Raane (geb. 1941) für die Finanzen der GHK zuständig. Fast alle diese Männer sind entweder gelernte Tischler oder Schreiner – mit den Ausnahmen Anton Nindl, der Spitzendreher gelernt hat, und den beiden jüngsten Vorstandsmitgliedern, von denen der eine Sozialpädagoge (Rhode), der andere studierter Ökonom (Raane) ist.

In der Holzarbeitergewerkschaft der Nachkriegszeit hat es sich fast schon zur Tradition entwickelt, daß sich zumindest die Mitglieder des Geschäftsführenden Vorstands mit parteipolitischen Aktivitäten eher zurückhalten. So befindet sich unter ihnen in der betrachteten Zeitspanne weder ein Landes- oder Bundesparlamentarier, noch nahm einer von ihnen ein herausgehobenes Mandat in der SPD ein, der sie alle – bis auf eine Ausnahme – angehör(t)en. Das mag an einem ausgeprägten Verständnis gewerkschaftlicher Unabhängigkeit liegen oder auch an dem Bedürfnis, sich von einer als zu »rechts« eingeschätzten SPD deutlich abzuheben.

Es war ein – auch öffentlich beachteter – spektakulärer Vorgang, als 1988 mit Peeter Raane ein eingeschriebenes Mitglied der DKP zum Hauptkassierer der GHK gewählt wurde. Die Delegierten des außerordentlichen Kongresses folgten damit nicht der Empfehlung des Beirats, der den Leiter der Bezirksstelle Saarland, den Sozialdemokraten Herbert Deister, vorgeschlagen hatte. Sie nahmen sich auch nicht die Mahnung des GHK-Vorsitzenden Horst Morich zu Herzen, »für die weitere Entwicklung unserer Gewerkschaft Holz und Kunststoff unsere Mehrheitsfähigkeit (...) nicht durch extreme Personalentscheidungen (zu) gefährden«[38]. Raane, der zu den gewerkschaftspolitischen Grundsätzen und Praktiken seiner Partei (die sich kaum zwei Jahre später sichtbar als bedingungslos abhängige Filiale der SED entpuppte) und deren Vereinbarkeit mit den Prinzipien der Einheitsgewerkschaft beim Gewerkschaftstag nicht befragt wurde, erhielt mehr als 70 Prozent der Stimmen (der Kandidat des Beirats nicht einmal 30 Prozent) und wurde damit seit den frühen fünfziger Jahren das erste kommunistische Mitglied im geschäftsführenden Vorstand einer DGB-Gewerkschaft.

Kontinuität und Stabilität zeigen sich auch bei den weiteren Führungsgremien: dem Hauptvorstand (11 Mitglieder einschließlich Geschäftsführender Hauptvorstand) und dem Gewerkschaftsbeirat (33 Mitglieder einschließ-

---

36
Protokoll der Fachtagung »Zukunft der Wälder und des Werkstoffes Holz«, Düsseldorf o. J. (1990), S.188.

37
So auch Armingeon, Gewerkschaften, S.17ff.

38
Protokoll 2. Außerordentlicher Gewerkschaftstag der Gewerkschaft Holz und Kunststoff, 20. Februar 1988 in Koblenz, Düsseldorf 1988, S. 27.

ERFOLGE UND GEFÄHRDUNGEN

Heinrich Amter †

Horst Kynast

Karlheinz Schwark

Friedrich Dast

Heinz Kassau

Heinz Cassing

Fritz Zeilinger

Fritz Henneking

Peeter Raane

KAPITEL VI 1966 BIS HEUTE

Hans Kuchem

Bernhard Berger †

Hubert Ganz

Gerhard Bohmeyer

Christel Beslmeisl

Willi Schulze

lich HV). Eine Momentaufnahme der beiden Gremien im November 1977 zeigt folgendes Bild: Von den damals 30 gewählten Mitgliedern waren 16 Schreiner bzw. Tischler, 9 weitere hatten einen handwerklichen Beruf erlernt. Lediglich ein Mitglied übte eine Angestelltentätigkeit (kaufmännischer Angestellter) aus, während die einzige Frau in diesem Gremium Arbeiterin war.

Sowohl im Hauptvorstand als auch im Beirat gibt es bemerkenswerte personelle Kontinuitäten: Alfred Bräu, Schreiner und Betriebsratsvorsitzender aus Nordbayern, gehört dem Hauptvorstand seit 1969 an; Heinrich Boege, Tischler und Betriebsratsvorsitzender aus Scheswig-Holstein, war von 1969 bis 1985 Mitglied des Gremiums; Günter Arndt, kaufmännischer Angestellter aus Hessen, von 1969 bis 1981 und Heinz Cassing, Maler und Betriebsratsvorsitzender aus Ostwestfalen-Lippe, von 1977 bis 1989. Bei den Bezirksleitern – der wichtigen und einflußreichen mittleren Funktionärsinstanz –, die qua Amt dem Beirat angehören, herrscht ebenfalls personelle Stabilität vor: Männer wie Fritz Zeilinger (Bezirksleiter Nordbayern), Fritz Henneking (Bezirksleiter Ostwestfalen-Lippe) sowie dessen Nachfolger Gerd Bohmeyer, Horst Kynast (Bezirksleiter Hessen/Rheinland-Pfalz), Friedrich Dast (Bezirksleiter Baden-Württemberg), Bernhard Berger (Bezirksleiter Nordrhein-Westfalen), Hubert Ganz (Bezirksleiter Südbayern) und Jürgen Zühlsdorf (Bezirksleiter Schleswig-Holstein/Hamburg) gehörten und gehören dem Beirat viele Jahre, zum Teil Jahrzehnte an.

Betrachtet man die Delegiertenlisten der Gewerkschaftstage seit 1966 etwas genauer, stellt man allerdings fest, daß etwa seit dem Beginn der achtziger Jahre sich in der stabilen Ordnung der so festgefügten Organisation GHK doch tiefgreifende Änderungen abzeichnen. Bis zum Gewerkschaftstag 1973 in Freiburg stellten die Tischler und Schreiner das weitaus größte Kontingent unter den Delegierten (1966: ca. 50 Prozent, 1969 und 1973: ca. 44 Prozent). Von da an sank die Zahl der diesen »Kernhandwerken« angehörenden Delegierten bis auf 21 Prozent (1989). Zugleich stieg die Zahl der Delegierten, die als Berufsbezeichnung »Angestellte(r)« angeben, von 2,5 Prozent (1966) auf ca. 25 Prozent (1989). Mag sich unter diesen »Angestellten« auch der eine oder andere gelernte Tischler oder Schreiner befinden, der in ein »Angestelltenverhältnis« übernommen wurde, so bleibt die Tendenz doch ungebrochen. Auch an der altehrwürdigen Handwerker- und Facharbeitergewerkschaft GHK geht der Trend zur Dienstleistungsgesellschaft nicht vorüber – auch wenn der Angestelltenanteil in der Mitgliedschaft bei dieser Gewerkschaft nach wie vor vergleichsweise gering ist. Nimmt man einen anderen Indikator für den sozialen Wandel in der Gesellschaft und bei den Gewerkschaften in Augenschein, den Frauenanteil, erkennt man bei der GHK eine eher schleppende Entwicklung: In den sechziger und siebziger Jahren waren nie mehr als 8 Frauen Kongreßdelegierte, was etwa einem Anteil von 5 Prozent entsprach. Seitdem ist die Zahl steigend und erreichte 1989 mit 26 weiblichen Delegierten gut 17 Prozent.

Problemfelder – Gemeinwirtschaft, Europa, Ostdeutschland

Die sechziger, siebziger und achtziger Jahre waren keine »Jahrzehnte der Gewerkschaften«. Aber es war auch keine Zeit, in der die deutsche Gewerkschaftsbewegung harte Rückschläge hätte einstecken müssen. Allerdings sind in dieser Zeit viele Warnzeichen aufgeleuchtet, die den Weg in das nächste Jahrtausend nicht unbedingt erhellen: Idee und Praxis der Gemeinwirtschaft sind an inneren und personellen Unzulänglichkeiten gescheitert – damit ist eine programmatische und finanzielle Säule der sozialdemokratischen Arbeiterbewegung zusammengebrochen; die Zusammensetzung der gewerkschaftlichen Mitgliedschaft weicht gravierend von jener der Arbeitnehmerschaft insgesamt ab: Es fehlt den Gewerkschaften an Angestellten, Frauen, Jugendlichen; das bewährte korporatistische Modell der (zumindest partiellen) Zusammenarbeit von Regierung, Arbeitgebern und Gewerkschaften ist zwar nicht aufgekündigt worden, wird aber durch eine gleichzeitige konfrontative Politik der christlich-liberalen Regierung Kohl/Genscher gegenüber den Gewerkschaften auf eine harte Probe gestellt.

Insgesamt waren es drei große Problemkomplexe, die die GHK – wie die übrigen Gewerkschaften im DGB auch – in den achtziger Jahren neben der laufenden Politik zusätzlich zu bewältigen hatte: die Gemeinwirtschaft, die europäische Integration und die Einbeziehung der ehemaligen DDR.

Gemeinwirtschaft

Obwohl die GHK mit offiziellen Stellungnahmen und Äußerungen zum 1982 vom »Spiegel« aufgedeckten »Fall Neue Heimat« und zum daran anschließenden Niedergang der gewerkschaftlichen Gemeinwirtschaft äußerst zurückhaltend war (der Tätigkeitsbericht für die Jahre 1981 bis 1984 enthält zum Beispiel keinerlei Hinweis), traf sie diese Entwicklung besonders hart, weil sie in erheblichem Maße u. a. an der Neuen Heimat Städtebau (NHS), die 1982 »saniert« werden mußte, finanziell beteiligt war. Aufgrund der Größenordnung dieses Engagements hätte sie rund 16 Millionen DM zu dieser Sanierung beitragen müssen. Die Entscheidung der zuständigen Gremien der GHK, »sich auf der Basis des Mitgliederanteils der GHK im Deutschen Gewerkschaftsbund an dem Sanierungsverfahren bei der NHS mit 7,5 Mio. DM zu beteiligen«[39], wurde gegenüber dem DGB und den übrigen Gewerkschaften mit der Versicherung versehen, es handele sich dabei nicht um »eine unsolidarische Haltung gegenüber unseren Bruderorganisationen«. Die GHK betonte fortan, daß sie »keine weiteren Sanierungszu-

---

[39] Rundschreiben Horst Morich vom 13.12.1982.

schüsse« leisten werde⁴⁰. Als 1986 das Thema »Gemeinwirtschaft« aufgrund des verunglückten Verkaufs der Neuen Heimat für den symbolischen Betrag von 1 DM an Horst Schiesser, einen bis dahin unbekannten Unternehmer, erneut auf der Tagesordnung stand und die desolate Lage des Gewerkschaftsunternehmens insgesamt offenkundig wurde, beschloß der Beirat der GHK am 21. November 1986, »daß die Gewerkschaften des DGB die gewerkschaftlichen gemeinwirtschaftlichen Unternehmen aufgeben«, also »einen schnellen und endgültigen Ausstieg aus der Gemeinwirtschaft« vollziehen. Und beim Gewerkschaftstag 1989 bekräftigte der Hauptkassierer in seinem Geschäftsbericht: »Wir wollen ohne jedes Wenn und Aber den Ausstieg aus dieser Gemeinwirtschaft, und zwar lieber heute als morgen! Wir sind nicht bereit, uns mit unseren Beiträgen oder mit unserem Vermögen in Zukunft an irgendwelchem Sanierungsbedarf von gemeinwirtschaftlichen Unternehmen zu beteiligen. Wir wollen mit der teilweise abenteuerlichen Geschäftspolitik nichts zu tun haben. Wir brauchen für unsere gewerkschaftliche Arbeit keine Wirtschaftsunternehmen. Wir brauchen unser Geld selber.«⁴¹ Die Delegierten applaudierten und stimmten später einem Antrag zu, der den Verkauf sämtlicher gemeinwirtschaftlicher Unternehmen (bis auf wenige Ausnahmen) und die anschließende Auflösung der Holding-Gesellschaft »Beteiligungsgesellschaft für Gemeinwirtschaft AG« (BGAG) vorsieht. Zu diesem Antrag gab es keine Wortmeldung, auch die erwähnten Äußerungen des Hauptkassierers führten nicht zu Diskussionen. Schon beim Gewerkschaftstag 1985 war das Thema »Gemeinwirtschaft« von den Delegierten mit Schweigen übergangen worden. So gab und gibt es zwar eine eindeutige »Beschlußlage« auf diesem Feld, eine breite »Aufarbeitung« dieses für die Gewerkschaften so schmerzlichen Themas läßt sich allerdings nicht registrieren.

Europa

Die GHK legt traditionell großen Wert auf die Pflege internationaler Beziehungen. Sie ist seit jeher Mitglied im »Internationalen Bund der Bau- und Holzarbeiter« (IBBH), dem 1989 134 Gewerkschaften aus 59 Ländern mit mehr als 3 Millionen Mitgliedern angehörten. Auf europäischer Ebene gehört die GHK der »Europäischen Föderation der Bau- und Holzarbeiter« (EFBH) an. Bis 1974 hatte es lediglich einen gemeinsamen freiwilligen Ausschuß der Bau- und Holzarbeiter in der EWG gegeben, und die daraus hervorgegangene EFBH war 1984 vom Europäischen Gewerkschaftsbund (EGB) als Unterausschuß anerkannt worden. Die EFBH mißt dem europäischen Binnenmarkt für die Holzwirtschaft wie für die Gewerkschaften große Bedeutung bei und hat 1987 ein »Aktionsprogramm für die Holz- und Möbelwirtschaft in der EG« verabschiedet. Darin geht es nicht nur um die – generell begrüßte – Modernisierung der Holzwirtschaft, sondern auch um die Beteiligungs- und Mitbestimmungsrechte von Arbeitnehmern und Gewerkschaften, um die Kontrolle des technischen Wandels, um Arbeitszeitverkürzung, um Arbeitssicherheit, Gesundheits- und Umweltschutz. Im November 1990 wurde bei einer Europa-Konferenz des IBBH in Berlin damit begonnen, die internationale Arbeit auf den verschiedenen Ebenen zu verzahnen. IBBH, EFBH und die »Nordische Föderation der Bau- und Holzarbeiter« (NFBH) vereinbarten einen intensiveren Informations- und Erfahrungsaustausch, regelmäßige gemeinsame Konferenzen, Seminare und Sitzungen und faßten gemeinsame Aktionen und Kampagnen ins Auge.

Ort und Zeitpunkt dieser Europa-Konferenz kamen nicht von ungefähr: Ein Jahr nachdem die Berliner Mauer gefallen war, standen Entwicklungen und Perspektiven der Gewerkschaften in Mittel- und Osteuropa auf der Tagesordnung. Es waren Vertreter von Gewerkschaften aus Bulgarien, der Tschechoslowakei, aus Ungarn, Polen und Rumänien anwesend. Die Darstellung der Lage in den verschiedenen Ländern läßt zwar erkennen, daß die Bau- und Holzarbeiter überall eine zahlenmäßig starke Arbeitnehmergruppe ausmachen, daß die jeweiligen Gewerkschaften sich jedoch in sehr unterschiedlichen Entwicklungsphasen befinden. Die Länder Osteuropas eint jedenfalls eine mehr oder minder miserable ökonomische Situation – was Arbeitslosigkeit, Not und Elend für viele Arbeitnehmer mit sich bringt. Deshalb forderte die Konferenz wirksame wirtschaftliche Eingriffe, soziale Reformen, eine Stärkung von Demokratie, aber auch die solidarische Unterstützung der freien demokratischen Gewerkschaften des Westens.

Ostdeutschland

Noch drängender als die Probleme der osteuropäischen Länder, die aufgrund der Perestroika-Politik Gorbatschows Freiheit und Unabhängigkeit gewinnen konnten, aber noch eine ökonomische Durststrecke unabsehbaren Ausmaßes vor sich haben, sind die mit der Wiedervereinigung verbundenen innerdeutschen Probleme.

Die Wiedervereinigung überraschte die Gewerkschaften der Bundesrepublik ebenso wie die politischen Parteien und andere gesellschaftliche Gruppen – zumal sie, auch darin mit den meisten anderen Verbänden und Organisationen vergleichbar, den Kräften der Opposition in der ehemaligen DDR kaum nennenswerte Beachtung geschenkt hatten. (»Auch die westdeutschen Gewerkschaften werden sich nicht davor drücken können, ihre Haltung gegenüber der demokratischen Opposition in der Zeit vor der Wende selbstkritisch zu überprüfen.« Der Jurist Rolf Henrich aus Eisenhüttenstadt brachte die Haltung der Gewerkschaften

---

40
Geschäftsbericht Morich, in: Protokoll Gewerkschaftstag 1985, S. 61f.

41
Geschäftsbericht Raane, in: Protokoll 13. Ordentlicher Gewerkschaftstag der Gewerkschaft Holz und Kunststoff, 8. bis 13. Oktober 1989 in Würzburg. Düsseldorf 1990, S. 155.

ERFOLGE UND GEFÄHRDUNGEN

Ost-Berlin (1990)

Im Land Brandenburg (1992)

auf den Punkt, als er dem DGB vorwarf, »zu lange mit Tisch am Tisch gesessen zu haben«[42].)

Wie die meisten anderen Gewerkschaften im DGB hat die GHK die Ostpolitik der Großen Koalition und später insbesondere die der sozialliberalen Regierung flankierend unterstützt. Im August 1968 reiste eine hochrangige GHK-Delegation in die UdSSR; bereits im Juni 1968 – also kurz vor der Besetzung der ČSSR durch Truppen des Warschauer Pakts – hatte man die Tschechoslowakei besucht. Zur Begründung dieses bemerkenswerten Wechsels in der Politik gegenüber Organisationen der kommunistischen Staaten heißt es im Tätigkeitsbericht 1966 bis 1968: »Im Laufe der letzten Jahre hat der Spannungszustand zwischen den Machtblöcken sich ... spürbar verringert. Die Initiative der Großen Koalition in der Ostpolitik erleichterte auch den Gewerkschaften den Entschluß, Kontakte aufzunehmen. Heute weiß jeder, daß dieser Schritt gut und nützlich gewesen ist. Kontakte bedeuten nämlich nicht, wie uns öfters unterstellt wird, blinde Verbrüderungsszenen uns fremder politischer und gewerkschaftlicher Vorstellungen – Kontakte bedeuten zunächst gar nichts anderes als miteinander reden, einander kennenlernen und Vorurteile abzubauen.« In den späten sechziger und zu Beginn der siebziger Jahre verstärkte die GHK ihre Kontakte zu den entsprechenden Gewerkschaftsorganisationen des Ostblocks systematisch. 1973 reiste dann eine erste Delegation der GHK in die DDR; 1974 fand der Gegenbesuch statt; 1976 gab es eine weitere Reise in die DDR; 1978 kam erneut eine Delegation aus der DDR. Als Zielsetzung der Begegnungen galt die »Herstellung normaler, gleichberechtigter Beziehungen, wie sie zwischen unabhängigen Gewerkschaften üblich sind«[43]. Seit 1976 finden sich in den Geschäftsberichten nur noch äußerst knappe Hinweise auf die Beziehungen zur DDR. Im Geschäftsbericht 1985–1988 werden sie summarisch unter der Rubrik »Besuche bei unseren Bruder-/Schwestergewerkschaften« sowie »Gegenbesuche« abgehandelt. Das läßt darauf schließen, daß sich Routine und Selbstverständlichkeit eingestellt hatten, die zweifellos auch von einer langanhaltenden »Stabilität« und Unveränderbarkeit des gewerkschaftlichen und gesellschaftlichen Ist-Zustands in der DDR ausgingen und wohl eine gewisse Vertrautheit mit den Gesprächspartnern in der DDR hatten aufkommen lassen. Zweifellos hat es weder bei der GHK noch bei anderen Gewerkschaften oder beim DGB Konzepte für jene Gewerkschaftseinheit gegeben, die sich mit dem Fall der

---

42
Zit. nach: Peter Seideneck, Die soziale Einheit gestalten. Über die Schwierigkeiten des Aufbaus gesamtdeutscher Gewerkschaften, in: Aus Politik und Zeitgeschichte. Beilage zur Wochenzeitung Das Parlament, B 13/91 vom 22.3.1991, S. 3–11, hier S. 5.
43
Wirtschafts- und Tätigkeitsbericht 1973–1976, S. 163.

Mauer und der Wiedervereinigung als historische Notwendigkeit erwies.

In der DDR war die Industriegewerkschaft Bau-Holz die zweitstärkste Organisation innerhalb des FDGB. Da diese Konstellation nicht der in der Bundesrepublik entsprach, in der die Gewerkschaft Holz und Kunststoff und die Industriegewerkschaft Bau-Steine-Erden eigenständig sind, entschloß man sich zur Trennung der IG Bau-Holz in die Sektionen Bau und Holz. Im Januar/Februar 1990 wurde in Ost-Berlin ein »Holzbüro« eingerichtet, das in Zusammenarbeit mit GHK-Informationsbüros Betriebe und Mitglieder erfassen sollte. Ein anderer denkbarer Weg – die Fusion der westdeutschen Gewerkschaften analog der östlichen Organisationsform – wurde bestenfalls vorübergehend erwogen und angesichts des zeitlichen Drucks schnell fallengelassen. Bereits im November 1990 löste sich die IG Bau-Holz auf. Kurz darauf beschloß ein außerordentlicher Gewerkschaftstag der GHK in Gelsenkirchen die Ausdehnung des Organisationsgebiets auf die ehemalige DDR. Es wurden drei neue Bezirke – Berlin/Brandenburg/Sachsen-Anhalt, Thüringen, Sachsen – mit insgesamt 18 Geschäftsstellen eingerichtet; die Geschäftsstellen Ribnitz-Damgarten, Lübeck-Schwerin und Neubrandenburg wurden dem »alten« Bezirk Norddeutschland zugeordnet.

Das Dilemma der gewerkschaftlichen Personalpolitik in der ehemaligen DDR ist zutreffend beschrieben worden: Die meisten Funktionäre des ehemaligen FDGB und seiner Gewerkschaften sind diskreditiert; westliche Funktionäre sind mit Mentalitäten, Arbeits- und Lebensbedingungen nicht vertraut, außerdem finden sich zu wenige, die bereit wären, für längere Zeit in die ostdeutschen Länder zu gehen[44]. Die GHK hat die Problematik dahingehend gelöst, daß die neuen Bezirksleiterpositionen mit Sekretären aus dem Westen, die Geschäftsstellen weitestgehend mit Personal aus dem Osten besetzt wurden. Und für die Zentrale der GHK wurden zwei Sekretäre aus dem ehemaligen Zentralvorstand der IG Bau-Holz eingestellt. Auf diese Weise soll versucht werden, Elemente der Kontinuität und des Neuanfangs so miteinander zu verbinden, daß die Organisation stabil bleibt und die Legitimation gegenüber den Mitgliedern nicht Schaden leidet. Die Personalpolitik bleibt ein schwieriges Feld: »Am Ende werden Menschen in gewerkschaftlichen Funktionen sein, die von den Mitgliedern legitimiert sind. In der Zeit bis dahin (...) muß die gewerkschaftliche Personalpolitik behutsam und vorsichtig geführt werden, denn gravierende Fehler in der Personalpolitik können den Vertrauensvorschuß, den die Menschen in den neuen Bundesländern den für sie neuen Gewerkschaften entgegenbringen, schnell wieder abbauen.«[45]

Wie geht es weiter?

In das letzte Jahrzehnt des 20. Jahrhunderts geht die GHK als eine relativ kleine, stabile und traditionsbewußte Organisation, die über geordnete Finanzen und einen gefestigten Apparat verfügt. Angesichts dieser vorherrschenden Solidarität und Seriosität muß der GHK um die Zukunft nicht bange sein. Aber es sollen auch ein paar Fragen aufgeworfen werden, deren Beantwortung vielleicht dazu beitragen kann, daß den Herausforderungen der Zukunft besser begegnet werden kann: Worauf sind die – trotz aller Erfolge im einzelnen – nach wie vor ungenügenden Organisationsgrade von Jugendlichen und Frauen, insbesondere aber von Angestellten (7,5 Prozent) zurückzuführen? Gehen sie auch darauf zurück, daß die Funktionäre, einschließlich der Betriebsräte, aufgrund anderer Sozialisation und Wertsysteme, nicht den richtigen Zugang zu diesen »Mitgliederreserven« finden? Eine andere zentrale Frage richtet sich auf die Zuständigkeitssegmente der Gewerkschaften im DGB, die seit 1949 weitestgehend unverändert geblieben sind. Entsprechen sie noch den industriellen, den ökonomischen Strukturen insgesamt in einer Dienstleistungsgesellschaft? Und gewährleisten sie eine optimale gewerkschaftliche Interessenvertretung? Schließlich ist nach den Politikfeldern und -formen zu fragen: Zweifellos haben Tarif- und Sozialpolitik nichts von ihrer Bedeutung eingebüßt. Und auch das altbewährte gewerkschaftliche Prinzip, kollektive und vereinheitlichende Regelungen anzustreben, ist nicht hinfällig. Aber muß die gewerkschaftliche Politik nicht gleichzeitig jene unübersehbaren Tendenzen zur Individualisierung aller Lebens- und Arbeitsbereiche einbeziehen, etwa indem die Tarifpolitik verstärkt Rahmenbedingungen schafft, die betrieblich oder gar individuell ausgefüllt werden können? Und müßten nicht die gewerkschaftlichen Kommunikationsformen – von der lokalen Mitgliederversammlung bis hin zum Gewerkschaftstag – so angepaßt, geändert, erneuert werden, daß davon mehr Anreiz und Anregung ausgingen – insbesondere auch für potentielle Mitglieder?[46] Schließlich: Wie kann verhindert werden, daß Ostdeutschland zur Industriebrache wird und Hoffnungslosigkeit, Apathie und Rechtsextremismus wachsen läßt?

Vielleicht lassen sich einige dieser Probleme im Rahmen bewährter Strukturen und mit herkömmlichen organisatorischen Mitteln lösen; vielleicht verlangen manche aber auch nach bisher unerwogenen mutigen Konzepten, die vor radikalen Eingriffen in eine große hundertjährige gewerkschaftliche Tradition nicht zurückschrecken.

44
Seideneck, Einheit, S. 9.
45
Seideneck, Einheit, S. 11.

46
Siehe zu diesen Fragen: Gewerkschaftliche Monatshefte 6/91 (Schwerpunktthema: Gewerkschaften – Strukturen und Organisation) und 1/92 (Schwerpunktthema: Strukturdebatte).

Serienfertigung

DIETER SCHUSTER

Gerhard Vater

*8. Mai 1924 in Dortmund; Schreinerlehre

1942–1945 Soldat, anschließend Kriegsgefangenschaft

Januar 1947 Eintritt in die Gewerkschaft Holz; Wahl zum stellvertretenden Vorsitzenden der Ortsverwaltung Dortmund

1949–1957 hauptamtlicher Geschäftsführer der Verwaltungsstelle Dortmund

1957 Wahl zum stellvertretenden Vorsitzenden der Gewerkschaft Holz

1960 Wahl zum Vorsitzenden der Gewerkschaft Holz

Seit 1963 Mitglied in Leitungsgremien des Internationalen Bundes der Bau- und Holzarbeiter sowie der Europäischen Föderation der Bau- und Holzarbeiter

1977–1982 Mitglied des Geschäftsführenden Bundesvorstandes des DGB

† 28. Dezember 1982

Gerhard Vater, der Nachfolger Heinz Seegers im Amt des GHK-Vorsitzenden, verkörpert die »junge Generation« von Gewerkschaftsfunktionären, die seit den fünfziger Jahren nach und nach Führungsfunktionen von jenen Gewerkschaftern übernahmen, die während der Weimarer Republik politisch und gewerkschaftlich geprägt worden waren.

Gerhard Vater wurde am 8. Mai 1924 als Sohn einer Arbeiterfamilie in Dortmund geboren. Seine Familie war während der Weltwirtschaftskrise von Arbeitslosigkeit betroffen, so daß ihm soziale Probleme von Kindesbeinen an vertraut waren. Nach der Volksschule begann er eine Tischlerlehre, die er 1941 als einer der Besten seines Jahrgangs mit der Gesellenprüfung abschloß. Der Krieg unterbrach seine weitere berufliche Entwicklung. Das Kriegserlebnis war für ihn – wie für viele Männer seines Alters – prägend: Er wird wegen Tapferkeit zum Offizier befördert – darauf ist er stets stolz gewesen. Bei Kriegsende geriet Vater kurze Zeit in amerikanische Gefangenschaft.

Als die Gewerkschaft Holz in Dortmund ihre Verwaltungsstelle einrichtete, wurde Gerhard Vater Mitglied der Gewerkschaft. 1946, erst 22 Jahre alt, wurde er Betriebsratsvorsitzender einer großen Baufirma in Dortmund. Seine ehrenamtliche Tätigkeit und sein aktiver Einsatz für seine Kolleginnen und Kollegen verschafften ihm Anerkennung. Er wurde Mitglied des Gesellenprüfungsausschusses der Tischlerinnung, arbeitete ehrenamtlich als Schriftführer und Kassierer in der Dortmunder Verwaltungsstelle seiner Gewerkschaft mit und wurde am 1. Juli 1949 zu deren hauptamtlichem Geschäftsführer berufen. In dieser Funktion sammelte er erste tarifpolitische Erfahrungen.

Sein Aufstieg setzte sich fort: 1957 wählten – auf Vorschlag von Heinz Seeger – die Delegierten des 4. Gewerkschaftstages in Nürnberg Vater einstimmig zum stellvertretenden Vorsitzenden der Gewerkschaft Holz. Er war damals gerade 33 Jahre alt. Auch in dieser Funktion bewährte er sich, so daß der Beirat nach dem (nicht ganz freiwilligen) Rücktritt Seegers Gerhard Vater 1958 zum kommissarischen Vorsitzenden wählte. Auf dem 5. Ordentlichen Gewerkschaftskongreß 1960 in Berlin wurde er mit 100 gegen 12 Stimmen zum Vorsitzenden gewählt. Er war damit der jüngste Vorsitzende einer Gewerkschaft im DGB. Vater blieb bis 1977 in dieser Funktion und wurde immer wieder mit deutlichen Mehrheiten in seinem Amt bestätigt.

Zweifellos sind rasche personelle Wechsel in den Vorständen deutscher Gewerkschaften die Ausnahme. Aber eine Amtszeit von 17 beziehungsweise 19 Jahren ist dennoch ungewöhnlich.

Die Gewerkschaft Holz – seit 1966 Holz und Kunststoff – galt seit dem Vorsitz von Heinz Seeger als »linke«, politisch profilierte Gewerkschaft. Gerhard Vater war zweifellos kein »Linker«, auch wenn er sich möglicherweise selbst so einordnete. Er war überzeugter Gewerkschafter und Sozialdemokrat, der sich an den Grundwerten soziale Gerechtigkeit, Frieden und Freiheit orientierte und ideologischen Höhenflügen abhold war. Er pflegte seine Auffassungen vielmehr an den Meinungen seiner Dortmunder »Kumpels« zu überprüfen. Wie hätte der Arbeiter vom Borsigplatz entschieden, wie hätte er die Lage eingeschätzt? Diese »Basisbindung« und die Beschlüsse gewerkschaftlicher Kongresse und sozialdemokratischer Parteitage waren Richtschnur seines Denkens und Handelns.

Es war die Stärke Gerhard Vaters, die sicher einen Gutteil seines Erfolges und seiner Beständigkeit begründete, daß er sich nicht einem traditionellen »Flügel« zuordnen ließ und so als Mann der »linken Mitte« die politischen Spektren seiner Gewerkschaft bündelte und zusammenhielt. Wenn er auch kein mitreißender Redner war, erlangte er aufgrund seiner selbstbewußten, beharrlichen, manchmal auch sturen, vor allem aber geradlinig-direkten Art immer wieder die Zustimmung der Mitglieder. In der politischen Auseinandersetzung zog er den Säbel dem Degen vor. Das trug sicher dazu bei, daß ihm manche Delegierte (ca. 10 Prozent) ihre Stimme versagten. Vielleicht hat der eine oder andere auch eine gewisse Diskrepanz zwischen dem traditionellen Bild des entsagungsvollen Funktionärs und dem lebensfrohen, die materiellen Annehmlichkeiten des Lebens nicht verschmähenden Vorsitzenden gesehen. Das ändert nichts daran, daß Vater seine Gewerkschaft und die Gewerkschaftsbewegung insgesamt nach 1945 entscheidend und positiv mitgeprägt hat.

Sucht man nach besonderen Schwerpunkten der gewerkschaftlichen Arbeit Vaters, ist in erster Linie sein intensives Engagement für die »Vorsorgekasse des deutschen Holzgewerbes« zu nennen. Es handelte sich um den Versuch, die gewerkschaftlich organisierten Arbeitnehmer gegenüber den sogenannten Trittbrettfahrern, also solchen Arbeitnehmern, die gewerkschaftliche Erfolge genießen, ohne Gewerkschaftsmitglied zu sein, materiell besser zu stellen. Der Versuch, mittels dieser Kasse – die Arbeitgeber sollten zwei Prozent der Bruttolohnsumme einzahlen – vor allem die Gesundheitsversorgung von Gewerkschaftsmitgliedern zu fördern, scheiterte trotz eines Streiks schließlich am Widerstand von Unternehmern und Gerichten.

Gerhard Vater hat wesentlich das internationale Ansehen seiner Gewerkschaft gestärkt: Ab 1963 arbeitete er maßgeblich in den Leitungsgremien des Internationalen Bundes der Bau- und Holzarbeiter mit und war dann Vorstandsmitglied der Europäischen Föderation der Bau- und Holzarbeiter in der EG.

Sein Name bleibt auch mit dem ersten Abkommen über ausländische Arbeitnehmer verbunden. Es war sein Verdienst, daß am 9. Juni 1969 zwischen der »Gewerkschaft der Industrie- und Bergarbeiter Jugoslawiens« und der »Gewerkschaft Holz und Kunststoff« ein Abkommen abgeschlossen wurde, in dem vereinbart wurde, daß die Mitglieder der jugoslawischen Gewerkschaft den gleichen sozial- und arbeitstarifrechtlichen Schutz in der Bundesrepublik Deutschland genießen wie deutsche Arbeitnehmer.

Gerhard Vater war als Vorsitzender einer der kleineren, aber doch einflußreichen Gewerkschaften stets loyal gegenüber dem DGB. Sein Wort hatte im Kreis der Gewerkschaftsvorsitzenden Gewicht; sein Einfluß im DGB-Bundesvorstand war nicht gering. Seit 1963 war Vater Vorsitzender der Haushaltskommission des DGB-Bundesvorstandes – sicher eines der wichtigsten Gremien des DGB. Es war deshalb folgerichtig, daß er 1977 als Nachfolger von Alfons Lappas in den Geschäftsführenden Bundesvorstand des DGB gewählt wurde und dort die Verantwortung für den gesamten Finanzbereich übernahm.

Gerhard Vater übte auch diese neue, durchaus schwierige Funktion erfolgreich aus. Auf dem 12. Ordentlichen Bundeskongreß des DGB 1982 in Hamburg erhielt er von allen neun Mitgliedern des Geschäftsführenden Bundesvorstandes die meisten Stimmen. Die Delegierten wußten, daß der privat sehr sparsame Gerhard Vater mit den ihm anvertrauten Gewerkschaftsgeldern sorgfältig umging. Die schwere Krise der gewerkschaftlichen Gemeinwirtschaft hat er nur noch in ihren Anfängen erlebt. Am 28. Dezember 1982 ist Gerhard Vater überraschend gestorben. In seiner Trauerrede würdigte der DGB-Vorsitzende Ernst Breit Gerhard Vater: »Wann immer es erforderlich war, hat sich Gerhard Vater mit allem Nachdruck für die gewerkschaftlichen Interessen eingesetzt. Seine Aufgaben haben es ihm oft abverlangt, daß er in der Sache mitunter unbequem und hart sein mußte. Daß er seine Kontrahenten dennoch immer wieder versöhnlich zu stimmen vermochte, lag an seiner Art, im harten Meinungsstreit auf Sachlichkeit und ruhigen Ausgleich hinzuwirken.«

DIETER SCHUSTER

Kurt Georgi

*17. Februar 1920 in Kaiserslautern; Tischlerlehre

Nach der Entlassung aus der Wehrmacht 1945 bis 1951 erneut Arbeit als Tischler

1949 Eintritt in die Gewerkschaft Holz

1951–1953 Geschäftsführer der Verwaltungsstelle Worms

1953 Wechsel zur Hauptverwaltung in Düsseldorf; Leiter der Rechtsstelle

1960 Wahl zum stellvertretenden Vorsitzenden der Gewerkschaft Holz

1977 Wahl zum Vorsitzenden der Gewerkschaft Holz und Kunststoff

seit 1981 im Ruhestand

Das Wissen um die schrecklichen Folgen der Naziherrschaft und um das Scheitern der Weimarer Republik – das waren wesentliche Beweggründe für die politische und gewerkschaftliche Arbeit Kurt Georgis.

Kurt Georgi wurde am 17. Februar 1920 in Kaiserslautern geboren, wo sein Vater ein Uhrengeschäft führte. Dessen früher Tod und die dadurch notwendige Aufgabe des Geschäftes zwangen den Sohn, einen Beruf zu erlernen. Seine Lehre als Schreiner mit Kost und Logis schloß er mit der Gesellenprüfung ab. Sein weiterer Berufsweg wurde durch den Krieg unterbrochen. Nach kurzer amerikanischer und französischer Gefangenschaft setzte Kurt Georgi seine berufliche Laufbahn in einer Fenster- und Türenfabrik in Ludwigshafen fort. Er engagierte sich dort gewerkschaftlich und politisch und unterstützte intensiv die Forderung nach einer gesellschaftlichen und politischen Neuordnung Nachkriegsdeutschlands. Die Spaltung des Landes, der Beginn des Kalten Krieges, die Währungsreform, die Bildung der Bundesrepublik und der Deutschen Demokratischen Republik, vor allem die Restaurierung der alten Besitzverhältnisse liefen seinen Vorstellungen entgegen und bestärkten ihn in seinem entschiedenen Engagement für politische und gesellschaftliche Alternativen.

Nachdem der Alliierte Kontrollrat und die Besatzungsmächte 1946 die Bildung von Betriebsräten zugelassen hatten, wurde Kurt Georgi von seinen Kollegen in den Betriebsrat gewählt. Bald wurde seine Arbeit über den Betrieb hinaus bekannt, und Georgi wurde im Herbst 1949 zum ehrenamtlichen Vorsitzenden der Verwaltungsstelle Worms der Holzarbeiter-Gewerkschaft berufen, die zu dieser Zeit etwa 500 Mitglieder in Klein- und Mittelbetrieben hatte. Im Sommer 1951 begann er seine hauptamtliche Karriere. Er wurde Geschäftsführer der Verwaltungsstelle Worms. 1953, er hatte durch einige Arbeitsgerichtsprozesse auf sich aufmerksam gemacht, berief ihn der Hauptvorstand nach Düsseldorf. Er übernahm die Rechtsabteilung und erstritt eine Reihe wichtiger Arbeitsgerichtsentscheidungen, so einen Prozeß zur Gleichstellung der Frau, der schließlich in eine Grundsatzentscheidung des Bundesverfassungsgerichtes einmündete, das eine unterschiedliche Behandlung von Frauen und Männern bei der Lohngestaltung untersagte. Mit diesen Aktivitäten und mit zahlreichen Bildungsveranstaltungen erwarb er sich innerhalb der Organisation Respekt und Anerkennung.

Auf dem 5. Ordentlichen Gewerkschaftstag wurde Kurt Georgi 1960 als stellvertretender Vorsitzender in den Hauptvorstand gewählt. Obwohl er kein Mann der Verwaltung war, übernahm er den Zuständigkeitsbereich »Organisation«. In dieser Funktion war er unter anderem verantwortlich für die erste Beitragsreform sowie für die Einführung der EDV. Kurt Georgi war zweifellos ein Mann »der Basis«. In der unmittelbaren betrieblichen Arbeit, auf Versammlungen und Bildungsveranstaltungen fühlte er sich besonders wohl.

Der Öffentlichkeit wurde er eher durch sein politisches Engagement bekannt. Für Kurt Georgi können Gewerkschaften nicht neutral sein, wenn es um Interessen der

Arbeitnehmer geht. Gewerkschaften sind für ihn immer auch Gegenmacht, zumindest da, wo es um Verteilungsfragen, um die Auseinandersetzung zwischen Kapital und Arbeit geht. Er war deshalb ein leidenschaftlicher Gegner der Notstandsgesetze, er trat entschieden gegen den Rechtsradikalismus auf und setzte sich für eine Justizreform ein. So forderte er etwa eine Liberalisierung des Demonstrationsrechts. Bei diesem Engagement nahm er nicht immer Rücksicht auf jede Einzelheit gewerkschaftlicher und sozialdemokratischer Beschlüsse. Besonders in der Notstandsfrage führte er heftige Kontroversen mit der SPD. Der Vorsitzende der GHK, Gerhard Vater, hat ihm in diesen Situationen immer Rückendeckung gegeben. Denn trotz unterschiedlicher Herkunft und Temperamente entwickelte sich zwischen beiden in den über 17 Jahren gemeinsamer gewerkschaftlicher Arbeit eine enge Freundschaft.

Kurt Georgi lehnte das Mitbestimmungsgesetz von 1976 ab, weil es die gewerkschaftliche Forderung nach Parität nicht erfüllte. Schwierigkeiten mit der sozialliberalen Regierungskoalition nahm er dabei in Kauf und schloß eine Zusammenarbeit in dieser Sache mit Teilen der CDU nicht aus. Als überzeugter Gewerkschafter und Sozialdemokrat hatte er aber auch keine Berührungsängste gegenüber kommunistischen Gewerkschaftern. »Bei uns wird Gewerkschaftsarbeit gemacht, und nur die zählt. Wenn jemand versucht, Parteipolitik reinzubringen, wehren wir uns dagegen«, erklärte er 1981 in einem Gespräch mit der »Welt der Arbeit«.

Nach dem Wechsel Gerhard Vaters zum DGB kandidierte Kurt Georgi für das Amt des Vorsitzenden der GHK. Gegen ihn stellte sich Horst Morich zur Wahl. Von den 122 Delegierten des 10. Ordentlichen Gewerkschaftstages im Oktober 1977 stimmten 73 für Kurt Georgi, 49 für Horst Morich.

Kurt Georgi hat immer bedauert, daß die »kleineren« Gewerkschaften in der Öffentlichkeit neben den »großen« zu wenig Resonanz finden. Das zeigt sich besonders deutlich in der Tarifpolitik. So gehört die Gewerkschaft Holz und Kunststoff sicher zu den streikfreudigsten Gewerkschaften. Doch dies wird in der Öffentlichkeit – sicher auch bedingt durch die mittelständische Struktur der Holzindustrie und durch die sich daraus ergebende Kleinräumigkeit vieler Streiks – ebensowenig registriert wie das tarifpolitische Neuland, das gerade die »kleineren« Gewerkschaften vor den »großen« betreten haben, etwa bei der Verdienstsicherung und dem Kündigungsschutz älterer Arbeitnehmer oder gemeinsamen Tarifen für Arbeiter und Angestellte.

Kurt Georgi war vier Jahre Vorsitzender seiner Gewerkschaft. Bei seinem Abschied konnte er mit berechtigtem Stolz feststellen, daß es der Gewerkschaft in diesen Jahren gelungen war, überdurchschnittliche Lohntarifabschlüsse zu erreichen, vor allem aber auch die Mitgliederzahl beträchtlich zu erhöhen, nämlich um 15 Prozent – und das, obwohl die Zahl der Beschäftigten sich in der Holzindustrie in dieser Zeit kaum verändert hatte.

Kurt Georgi ist ein politisch engagierter Gewerkschafter. Er gehörte immer zu den ersten, die ihre Stimme erhoben, wenn sie politische Gefahren im Verzuge sahen, so auch bei den Auseinandersetzungen um die Wiederaufrüstung, die atomare Bewaffnung der Bundeswehr, die Notstandsgesetzgebung und am Ende seiner aktiven Gewerkschaftsarbeit noch einmal mit Nachdruck gegen den beginnenden Sozialabbau durch die sozialliberale Bundesregierung.

KAPITEL VI 1966 BIS HEUTE

STEPHAN HEGGER

Auf den Spuren eines Gewerkschaftssekretärs im Bayerischen Wald

Als ich ihn zum erstenmal sehe, kündigt Wilhelm Dürr gerade telefonisch bei der Firma Aulfes seinen Besuch für den nächsten Morgen an. Was er denn in der Firma wolle, fragt am anderen Ende ein sichtlich erregter Betriebsleiter. Schließlich, so fügt er hinzu, gebe es bei ihm noch keinen Betriebsrat, und daß die Gewerkschaft jetzt sogar innerhalb des Firmengeländes auftreten wolle, brauche er sich schon von Rechts wegen nicht gefallen zu lassen. Wilhelm Dürr wartet, bis sich der andere abreagiert hat, bevor er nachfragt, ob inzwischen die Vorschläge für die geplante Betriebsratswahl aushängen. Der Betriebsleiter fühlt sich von dem vermeintlichen Vorwurf, er würde versuchen, die Wahlen zu unterlaufen, provoziert. Verhindern kann er den Besuch diesmal trotzdem nicht, weil er weiß, daß das Recht dabei nicht auf seiner Seite steht. Am Ende hat Wilhelm Dürr sein Ziel erreicht, morgen wird er keine Schwierigkeiten mehr haben, das Betriebsgelände zu betreten. Dann soll es bei dem Treffen mit dem Wahlvorstand nicht nur um die Vorbereitung der Betriebsratswahl, sondern auch um das gemeinsame Auftreten gegenüber der Geschäftsleitung gehen, die das Zweigwerk in Neukirchen schließen und die Produktion ins 40 Kilometer entfernte Cham verlagern will. Es geht um 80 Arbeitsplätze, die der strukturschwachen Region für immer verloren zu gehen drohen.

Wilhelm Dürr ist Geschäftsführer der Gewerkschaft Holz und Kunststoff in Straubing. Sechzehn Städte und Kreise gehören zu seinem Einzugsgebiet, von Schwandorf im Norden bis hinunter nach Passau, von Landshut im Westen bis an die Grenze zur Tschechoslowakei. Ein Gebiet fast von der Größe Schleswig-Holsteins, aber mit nur 1,5 Millionen Einwohnern, eine strukturschwache Region, in der in manchen Orten die Arbeitslosigkeit im Winter nicht selten über 20 Prozent liegt.

Daß Wilhelm Dürr überhaupt Gewerkschaftssekretär geworden ist, hat er einer Kündigung zu verdanken – seiner eigenen. Damals, Ende der sechziger Jahre, hatte er direkt nach der Bundeswehr eine Stelle als Betriebsmechaniker in einem Fertighausunternehmen gefunden. Zu der Zeit hatte auch in der Holzindustrie längst die 40-Stunden-Woche Einzug gehalten, »nur bei uns«, erinnert sich Wilhelm Dürr an seine ersten Schritte zur Gewerkschaft, »wurden noch immer 45 Stunden gearbeitet«. Das weckt den Widerstand des 21jährigen. Ihm will es nicht in den Kopf, daß auch nach dem »Bund« noch immer Befehl und Gehorsam herrschen sollen. Er wendet sich an den Betriebsrat, und als hier die erhoffte Unterstützung ausbleibt, kandidiert er schließlich selbst und wird gewählt. Wilhelm Dürr ist entschlossen, die

Arbeitszeitverkürzung durchzusetzen, und als die Firma dennoch hart bleibt, eskaliert die Situation: Nach acht Stunden Arbeit verläßt er den Betrieb, und diesmal geht alles ganz schnell, noch vor dem Werkstor erreicht ihn die mündliche Kündigung. Am nächsten Morgen kommt Wilhelm Dürr trotzdem wieder, um erneut seine Arbeitskraft anzubieten. »Das«, sagt er heute, »hatten wir doch schließlich so auf den Gewerkschaftsseminaren gelernt.« Am Ende muß die Firma nachgeben. Die Kündigung wird widerrufen, und die 40-Stunden-Woche war durchgesetzt. Von da an scheint sein Weg vorgezeichnet. Wilhelm Dürr wird freigestellter Betriebsrat, und als acht Jahre später der Geschäftsführer der GHK in Straubing einen Nachfolger sucht, hängt er seinen Beruf als Werkzeugmacher endgültig an den Nagel.

»Gewerkschaften«, sagt er fast entschuldigend, nachdem er den Hörer wieder auf die Gabel gelegt hat, »haben für viele hier noch immer etwas Exotisches«. Für Wilhelm Dürr gehören die Schwierigkeiten, ein Betriebsgelände betreten zu können, zum Berufsalltag. Manchmal muß er sogar erst vor Gericht eine Einstweilige Verfügung erwirken, bevor er einzelne Gewerkschaftsmitglieder an ihrem Arbeitsplatz aufsuchen oder sich mit dem Betriebsrat auf dem Firmengelände treffen kann. Wilhelm Dürr wirbt um das Vertrauen der Betriebsräte, als Gewerkschaftssekretär ist er auf die Zusammenarbeit mit ihnen angewiesen. Eine Arbeit, die Zeit braucht – hier, wo die meisten Betriebe weniger als 100 Beschäftigte haben, wo die wenigen Industriebetriebe weit über das Land verstreut liegen und wo selbst in Firmen mit gut funktionierenden Betriebsräten der Organisationsgrad oft noch unter 20 Prozent liegt. Zwei Tage werde ich ihn bei seiner Arbeit begleiten.

Wilhelm Dürr drängt zur Eile. Er hat noch einen Termin bei Völkl, und in einer halben Stunde ist dort Schichtende. Drei milde Winter haben den Skihersteller in Schwierigkeiten gebracht. Der Absatz ist schon seit Monaten erschreckend gering, und seit einem halben Jahr wird kurzgearbeitet, jetzt geht es um die Verlängerung. Die Betriebsratsvorsitzende ist unsicher, wie sie sich verhalten soll, und hat bei der Gewerkschaft um Rat gefragt. Für Wilhelm Dürr sind solche Betriebsbesuche wichtig, zu oft hat er schon erlebt, daß die Gewerkschaft erst gerufen wird, wenn schon längst nichts mehr zu machen ist. Im Betriebsratsbüro warten diesmal dennoch keine guten Nachrichten auf ihn: 20 000 Skier hat die Bundeswehr in den letzten Tagen bestellt, zu wenig für eine positive Wende. Die Verlängerung der Kurzarbeit scheint unausweichlich, nur für die vermögenswirksamen Leistungen findet Wilhelm Dürr noch einen Ausweg. Der Betriebsrat soll versuchen, seine Zustimmung zur erneuten Kurzarbeit von der Weiterzahlung der Sparprämie durch den Arbeitgeber abhängig zu machen. Daß das nicht viel ist, wissen alle, »aber wenn mit dem geringeren Kurzarbeitergeld auch noch die Vermögensbildung wegfällt«, wirft Wilhelm Dürr in die Diskussion ein, »trifft das den einzelnen schon«. Er will dem Betriebsrat Mut machen. 65 Prozent der Mitarbeiter bei Völkl sind organisiert, mit über 400 Gewerkschaftsmitgliedern ist das mehr als in jedem anderen Betrieb der Geschäftsstelle, und trotzdem sind dem

Betriebsrat und der Gewerkschaft die Hände gebunden. Wenn auch in diesem Jahr der Winter wieder ausfällt, werden Entlassungen bei Völkl wohl unvermeidlich sein. Der Betriebsrat wird versuchen, zumindest noch eine Abfindung herauszuholen, aber er wird den Entlassungen zustimmen, um wenigstens noch einen Teil der Arbeitsplätze zu erhalten. Keine leichte Situation, »schon jetzt«, berichtet der Betriebsratsvorsitzende, »verlassen viele von sich aus den Betrieb, vor allem die Jüngeren, die noch leicht woanders eine Arbeit finden«.

Zurück in der Geschäftsstelle, werden wir schon von Stefan Rückert erwartet. Zwei Jahre liegt seine Einstellung bei der GHK zurück, bis dahin hat Wilhelm Dürr die Geschäftsstelle allein betreut, unterstützt nur von zwei Schreibkräften. »Auf Dauer«, sagt Wilhelm Dürr, »war das einfach nicht mehr zu machen«, nicht bei der Entfernung zwischen den weit verstreut liegenden Betrieben im Bayerischen Wald, nicht wenn die Kontakte zu den Betriebsräten intensiviert und neue Mitglieder gewonnen werden sollen. Trotzdem hat es lange gedauert, für Straubing einen zweiten Sekretär durchzusetzen – die Erwartungen des Bezirks an sprunghaft steigende Mitgliederzahlen sind jetzt entsprechend hoch, bundesweit gibt es dafür sogar eine Art Wettbewerb, eine eigene »Bundesliga«: Ein Prozent neue Mitglieder soll jede Geschäftsstelle pro Jahr werben, das hat zumindest der letzte Gewerkschaftstag beschlossen. Für Wilhelm Dürr ist das schlicht unfair. Straubing lag zwar bisher immer auf einem der vorderen Plätze, doch für andere Geschäftsstellen mit weniger Mitgliedern, aber größeren Betrieben sei das eben viel einfacher. Erfolg will der Gewerkschafter lieber langfristig messen. Er weiß, daß oft viele Monate und etliche Betriebsbesuche nötig sind, bis sich ein erstes vorsichtiges Vertrauensverhältnis zwischen den Betriebsräten und der Gewerkschaft entwickelt, und manchmal ist selbst dann nichts zu bewegen.

Morgen werden wir zu dritt auf Tour gehen. Und während die beiden Gewerkschaftssekretäre noch einmal die Route für den nächsten Tag besprechen, müssen zwischendurch noch die letzten Vorbereitungen für die Betriebsräteschulung am Wochenende getroffen werden. Als wir uns schließlich trennen, ist es schon Abend. Die 40-Stunden-Woche, die Wilhelm Dürr einst zur Gewerkschaft gebracht hat, scheint wieder in weite Ferne gerückt.

Am nächsten Morgen geht bei Aulfes tatsächlich alles glatt, ohne Schwierigkeiten können wir uns mit dem Wahlvorstand treffen. Fast die gesamte Belegschaft hat inzwischen den Aufruf für die Betriebsratswahl unterschrieben. Auf den ersten Blick erscheint die Situation paradox: Jahrelang haben sich bei Aulfes nicht genügend Mitarbeiter gefunden, um einen Betriebsrat wählen zu können, und jetzt wollen die meisten sogar selbst kandidieren. Für Wilhelm Dürr ist die Situation allerdings weniger überraschend, er hat den Beschäftigten sogar zur Kandidatur geraten, um über den vorübergehenden Kündigungsschutz für Betriebsratskandidaten die Schließung des Zweigwerks zu verhindern, zumindest so lange, bis ein Betriebsrat gewählt worden ist, der die Geschäftsleitung zu Verhandlungen

GEWERKSCHAFTSSEKRETÄR IN BAYERN

über einen Sozialplan zwingen kann. Endgültig verhindern kann er die Schließung damit aber nicht mehr. Wilhelm Dürr weiß, daß er wieder einmal zu spät gekommen ist. Schon vor Jahren, lange bevor die Firma erste Verlagerungspläne entwickelt hat, hätte es bei Aulfes einen Betriebsrat geben müssen, vielleicht hätte es dann eine Chance gegeben, das Zweigwerk zu erhalten. Trotzdem wird er kämpfen: 80 Prozent der Beschäftigten bei Aulfes sind Frauen, die meisten arbeiten Teilzeit, ihr Stundenlohn beträgt 8,20 DM. Das Angebot der Geschäftsführung von Ersatzarbeitsplätzen im 40 Kilometer entfernten Cham ist für sie völlig wertlos. Mit der Betriebsschließung droht ihnen die Arbeitslosigkeit, den Älteren wahrscheinlich für immer – sie wollen zumindest eine Abfindung.

Ob sich dafür am Ende auch für die Gewerkschaft der ganze Aufwand lohnt? 50 neue Mitglieder, schätzt Wilhelm Dürr, als wir wieder draußen sind, wird die Gewerkschaft durch die Auseinandersetzungen bei Aulfes in den nächsten Wochen bekommen. Aber spätestens in zwei Jahren, wenn der Betrieb längst geschlossen ist und der größte Teil noch immer keine neue Arbeit gefunden hat, werden die meisten die Gewerkschaft schon wieder verlassen haben. Und dennoch, »ohne Gewerkschaft würde es hier noch nicht einmal einen Sozialplan geben«. Wilhelm Dürr will versuchen, die Auseinandersetzung um den Erhalt der Arbeitsplätze bei Aulfes in die Öffentlichkeit zu tragen, »vielleicht«, so hofft er, »merken dann die Leute hier, daß man die Gewerkschaft doch irgendwie braucht«. Und dann erzählt er, während wir schon längst wieder zum nächsten Betriebsbesuch unterwegs sind, von Betrieben, die noch immer keinen Betriebsrat haben, obwohl sie das wegen ihrer Größe längst müßten. Im Bayerischen Wald sind das die meisten. Wenn es in diesen Firmen brenzlig wird, stellen sich die beiden Gewerkschafter auch schon mal vors Tor und verteilen Flugblätter. Sie suchen Arbeitnehmer, die bereit sind, einen Betriebsrat zu gründen. Eine Arbeit, die viel Überzeugungskraft verlangt, weil die meisten Sanktionen des Betriebs fürchten.

Als wir die Werkshalle von OTM betreten, grüßen die meisten kurz herüber. Über 50 Prozent der Beschäftigten sind hier organisiert, für sie sind die beiden Gewerkschafter vertraute Gesichter. Die Auftragslage der kleinen Möbelfabrik in Furth im Wald ist gut, der Betriebsrat hat sogar Mehrarbeit vereinbart. Für die Gewerkschaften sind Überstunden ein heißes Eisen, weil sie Neueinstellungen verhindern. Auf Anraten der GHK hat der Betriebsrat seine Zustimmung deshalb vom Abschluß einer Betriebsvereinbarung abhängig gemacht; Mehrarbeit ist danach nur zulässig, wenn die zusätzlichen Stunden später wieder abgefeiert und Überstundenzuschläge gezahlt werden. Wilhelm Dürr ist mit dem Ergebnis sichtlich zufrieden, es ist besser als die entsprechende Vereinbarung mit einem anderen Zweigwerk von OTM, in dem die Zuschläge einfach wegfallen. Die enge Zusammenarbeit zwischen Gewerkschaft und Betriebsrat vor der Vereinbarung der Überstundenregelung hat sich gelohnt. Der Gewerkschaftssekretär will sie als Anlaß nutzen, um endlich bei OTM auch einen Gesamtbetriebsrat zu gründen, der verhindern könnte, daß die Mitarbeiter der fünf Zweigwerke der Möbelfabrik weiter gegeneinander ausgespielt werden. Aber das geht eben nicht ohne die Betriebsräte, nach dem Betriebsverfassungsgesetz muß die Initiative hierzu sogar vom größten Betrieb ausgehen, und da hat die GHK bisher »keinen Fuß drin«.

Keine zehn Minuten später sind wir wieder auf der Straße. Nur noch wenige Kilometer von der tschechischen Grenze entfernt, ist die Besiedlung hier noch dünner. Kleine saubere Dörfer liegen am Straßenrand, eine Ferienlandschaft mit Postkartenidylle, aber ohne Arbeitsplätze. »Früher wurden hier Rosenkränze und Heiligenfiguren in Heimarbeit hergestellt – ohne Tarifvertrag und zu Hungerlöhnen, die so niedrig lagen, daß selbst die Bayerische Staatsregierung sich eingeschaltet hat. Heute werden die Rosenkränze in Taiwan produziert, und die meisten Männer arbeiten die Woche über auf den U-Bahn-Baustellen in München oder Nürnberg.« Eine Form des sozialen Elends, die nicht nur ganze Familien auseinanderreißt, sondern auch Arbeitslosenraten im Winter steil nach oben schnellen läßt. Politisch profitieren von dieser Situation nicht die Gewerkschaften, sondern rechte Splittergruppen wie die Republikaner. Daß ausgerechnet hier, wo kaum Ausländer leben, deren fremdenfeindliche Parolen auf starken Rückhalt treffen, ist für Wilhelm Dürr mehr als ein Warnsignal.

Von Sozialpartnerschaft hält Wilhelm Dürr eigentlich nichts. Bei unserem nächsten Zwischenstopp, der Firma Roßberg in Lam, schaut er trotzdem vor dem Besuch beim Betriebsrat kurz beim Juniorchef rein. Das Unternehmen für Holzspielzeug hat seine Fühler ausgestreckt; mit dem ehemaligen Hauptkonkurrenten, einer Spielzeugfabrik in Thüringen, ist sogar eine Kooperation geplant. Für die Arbeitsplätze bei Roßberg wird das vorerst keine Konsequenzen haben, die Produktion ist ausgelastet, wegen des Weihnachtsgeschäfts werden zur Zeit sogar Überstunden gemacht. Für Wilhelm Dürr ist diese Information dennoch wichtig, weil Betriebsräte und Gewerkschaften ohne frühzeitige und umfassende Informationen überhaupt keine Chance haben, rechtzeitig auf Veränderungen im Betrieb zu reagieren und Mitbestimmungsrechte auch zu nutzen. Wie wichtig das sein kann, zeigt schon kurz darauf das Treffen mit dem Betriebsratsvorsitzenden: Die Arbeitszeit bei Roßberg soll wegen der starken Nachfrage weiter ausgeweitet werden. Noch fehlen dem Betriebsrat genaue Informationen, aber für ihn ist schon jetzt mit der Einführung der zusätzlichen Samstagsschicht die Schmerzgrenze erreicht. Er fordert Neueinstellungen statt weiterer Überstunden, aber bei 11,- Mark Stundenlohn kann die Firma niemanden finden. Auch Wilhelm Dürr hat keine Patentlösung: Er rät dem Betriebsrat, erst einmal zu einer Betriebsversammlung einzuladen, damit zunächst der genaue Umfang der geplanten Mehrarbeit festgestellt werden kann und die Überstunden nicht weiter schleichend ausgeweitet werden. Bei der Vorbereitung will er helfen, aber die Initiative dazu soll vom Betriebsrat ausgehen.

Nicht immer klappt die Zusammenarbeit so reibungslos. Zu den Problemfällen der Geschäftsstelle gehört auch die

Firma Atex. Mit 640 Beschäftigten ist der Spanplatten- und Paneelenbetrieb immerhin einer der größten im Bereich der Straubinger GHK, und trotzdem haben es die beiden Gewerkschafter diesmal vorgezogen, ihren Besuch im Betriebsratsbüro vorher lieber nicht anzukündigen. Es geht um zwei konkrete Probleme, bei denen mehrere Gewerkschaftmitglieder bei der GHK um Unterstützung gebeten haben: um einen fehlenden Rauchabzug in einem Arbeitsraum mit hoher Staubentwicklung und um die Stapler der Firma, die seit der Verlegung der Reparaturwerkstatt 600 Meter über öffentliche Straßen fahren müssen, auch wenn sie nicht verkehrtüchtig sind. Zwei Alltagsprobleme, wie sie in vielen Betrieben vorkommen, und auf die der Betriebsrat reagieren muß, nach dem Gesetz ist er dazu sogar verpflichtet. Im Betriebsratsbüro treffen wir schließlich einen der beiden freigestellten Betriebsräte, und diesmal nehmen sich die beiden Gewerkschaftssekretäre viel Zeit. Am Ende ist klar, daß der Betriebsrat zumindest wegen der Stapler einen Brief an die Geschäftsführung schreiben wird.

Was für einen Eindruck ich von dem Betriebrat habe, will Wilhelm Dürr wissen, als wir wieder draußen sind. Die Untätigkeit macht ihn ärgerlich. Zwei freigestellte Betriebsräte, rechnet er vor, gibt es bei Atex. Bei der GHK muß damit die gesamte Geschäftsstelle organisiert werden, und trotzdem unternimmt der Betriebsrat von sich aus nichts. »Ein Betriebsrat«, bringt Wilhelm Dürr den Vorwurf auf den Punkt, »muß seine Rechte auch wahrnehmen, sonst hat er keine.« Als Gewerkschaftssekretär ist er auf die Zusammenarbeit mit den Betriebsräten angewiesen. Und wenn deren Arbeit nicht funktioniert, fällt das in der Regel auch auf die Gewerkschaft negativ zurück, auch wenn ihr Einfluß auf dessen Arbeit oft nur gering ist: Bei Atex hat die GHK bei der letzten Betriebsratswahl sogar eine eigene Kandidatenliste vorgelegt. Geändert hat sich dadurch aber letztlich fast nichts, weil plötzlich nahezu der gesamte alte Betriebsrat in die Gewerkschaft eingetreten ist und die GHK nur zwei ihrer Wunschkandidaten durchbringen konnte. Für Wilhelm Dürr ist das dennoch kein Grund zu resignieren. Er will die Neuen unterstützen und hofft bei der nächsten Wahl auf ein besseres Ergebnis, aber solange bei Atex nur fünf Prozent der Mitarbeiter organisiert sind, ist das schwierig.

Daß die Gewerkschaft auch in größeren Betrieben manchmal einen schweren Stand hat, liegt allerdings meistens nicht am Betriebsrat, sondern am Management. »Die Kollegen sind sauer, weil wir die Ungarn nicht rausbringen«, gibt der Betriebsratsvorsitzende der Firma Knauss die momentane Stimmung wieder. Trotz guter Betriebsarbeit gehört die Wohnwagenfabrik in Jandelsbrunn mit nur 16 Prozent Gewerkschaftsmitgliedern ebenfalls zu den Problembetrieben – für die beiden Gewerkschafter ist es der letzte Betriebsbesuch an diesem Tag. Aufgeheizt ist die Stimmung im Werk wegen 35 Ungarn, die seit einigen Wochen in einer separaten Halle Untergestelle für Wohnwagen montieren. 1200 Mark nehmen sie dafür mit nach Hause, ausbezahlt über eine ungarische Firma, die offiziell als Subunternehmer bei Knauss arbeitet. Für den Betriebsrat ist das nur ein Scheinvertrag, der dazu dienen soll, die Mitbestimmungsrechte bei der Einstellung zu umgehen und die Löhne zu drücken. Er ist deshalb vors Arbeitsgericht gezogen, unterlag jedoch. Seitdem ist das Vertrauen der Beschäftigten in den Betriebsrat stark gesunken, viele fürchten, daß ihnen die Ungarn auf Dauer die »Arbeitsplätze wegnehmen«. Für Wilhelm Dürr sind die Verträge schlicht »Ausbeutung«, aber er kann auch die Angst der Arbeiter verstehen – trotz der ausländerfeindlichen Töne. Für ihn geht es auch nicht darum, wer bei Knauss beschäftigt wird, sondern zu welchen Bedingungen. Er unterstützt den Betriebsrat, um zu verhindern, daß durch Subunternehmer Tarifverträge unterlaufen werden. Inzwischen ist bereits eine zweite Klage anhängig, diesmal mit Aussicht auf Erfolg.

»380« steht auf dem Tageskilometerzähler, als wir schließlich wieder in Straubing sind, für die beiden Gewerkschafter war es ein normaler Arbeitstag. Viel Zeit für Privates bleibt da nicht. Zu Hause, das ist für Wilhelm Dürr nicht nur seine Frau und seine inzwischen 19jährige Tochter, sondern auch noch das Bürgermeisteramt in Painting. Nur zögerlich erzählt er von seinem Ehrenamt und daß er in diesem Jahr in dem 1900-Seelen-Dorf mit über 70 Prozent der Stimmen wiedergewählt worden ist (trotz SPD-Parteibuch). Die Zeit für das Bürgermeisteramt muß sich Wilhelm Dürr abknapsen. Morgens fährt er dann auch schon mal früh vor dem ersten Termin bei der Baustelle für den neuen Abwasserkanal vorbei, oder er schreibt einen Brief an die Bundespost, um zu erfahren, wann der Markt verkabelt wird, obwohl er selbst vom Kabelanschluß nichts hält. Daß ihm diese Arbeit trotz der Belastung Spaß macht, steht ihm dabei ins Gesicht geschrieben, daß er am Anfang deswegen mit der GHK Krach bekommen hat, erzählt er aber nicht. Es hat ihn enttäuscht, weil sein politisches Engagement eigentlich auch für die Gewerkschaften wichtig sein müßte.

Wie lange er seine Arbeit als Geschäftsführer noch machen will? Die Antwort fällt ihm nicht leicht. Angebote anderer Gewerkschaften, bei denen die Betriebe größer sind und er zumindest nicht mehr so viel fahren müßte, hat er schon gehabt – geblieben ist er trotzdem. »Hier«, sagt er, »bin ich wenigstens mein eigener Chef.« Und erst nach einer Pause erzählt er dann, wie er Stefan Rückert, als dieser sich als neuer Sekretär in Straubing beworben hat, erst einmal einige Wochen mit auf Tour genommen hat. »Du mußt«, so hat er ihm damals gesagt, »genau wissen, was da auf dich zukommt.«

Gespräch: Tradition – Eine Flamme am Leben halten

Fortschritt als Bedrohung und Verheißung

Helga Grebing: Wie fühlt Ihr Euch, wenn Ihr mit der hundert Jahre alten Tradition der Holzarbeitergewerkschaften im Rücken Eure eigene Position seht? Spielen Geschichte und Tradition überhaupt eine Rolle für Eure eigene Arbeit?

Helga Vogt: Bei mir im Betrieb, es ist ein handwerkliches Industrieunternehmen, spielt die Tradition keine Rolle mehr. Da ist alles auf Vertrieb programmiert, und auch ich als Betriebsrätin und als Funktionärin bei der GHK mache mir eher Gedanken, wie wir als Gewerkschafter mit dem Fortschritt umgehen können. Ich habe das Gefühl, daß wir oft ein bißchen unbeweglich sind, zum Beispiel was die neuen Technologien angeht.

Horst Morich: Ich will es in einem Satz zusammenfassen: In Bad Lauterberg, meinem Heimatort, ist über dem Eingang eines alten Betriebes in einen dicken Balken geschnitzt: »Laßt uns am Alten, so es gut ist, halten, aber auf dem alten Grunde Neues bauen, jede Stunde.« Dies ist ein Satz, der mir gefällt, weil wir ohne den Einsatz und den Kampfeswillen unserer Vorgänger in der gewerkschaftlichen Arbeit nicht die heutigen Voraussetzungen für die Weiterentwicklung von Arbeitnehmerrechten und sozialer Sicherheit hätten. Insofern stehen wir zur langen und demokratischen Tradition unserer Geschichte. Wir haben aus unserer Geschichte, aus den Erfolgen, aber auch aus den Niederlagen gelernt.

Peter Riemer: Ich möchte daran anschließen. Die Gewerkschaft Holz und Kunststoff, das sagt schon der Name, ist Tradition und Fortschritt. Tradition bedeutet für uns nicht, um ein altes Sprichwort zu gebrauchen, Asche zu bewahren, sondern eine Flamme am Leben zu halten. Wir stehen auf den Schultern unserer Vorgänger. Das, was wir erreicht haben, war nur möglich, weil vor uns Männer und Frauen da waren, die die Idee der Gewerkschaftsbewegung, speziell die Idee des Holzarbeiterverbandes, vorangetragen haben. Fortschritt bedeutet für uns, in die Zukunft zu schauen, neue Wege zu gehen, wohl wissend, daß wir nicht alles auf Anhieb erreichen werden, aber daß am Ende jene Fortentwicklung steht, der wir uns als Gewerkschafter verschrieben haben.

Helga Vogt: Was den technologischen Fortschritt anbelangt, hat im Hinblick auf betriebliche Notwendigkeiten die Zentrale nicht immer schnell genug reagiert, etwa mit Tarifverträgen, mit Qualifizierungsmaßnahmen in den einzelnen Branchen, so daß wir an der Basis die Möglichkeit hätten, Folgen mit Tarifverträgen zu regeln oder Betriebsvereinbarungen abzuschließen, wonach die Arbeitnehmer entsprechend geschult werden müssen, so daß zum Beispiel die Abgruppierungsmöglichkeiten nicht so schnell greifen oder Arbeitslosigkeit verhindert oder zumindest hinausgezögert werden könnte.

Jürgen Kädtler: Fortschritt als Bedrohung und als Verheißung gleichzeitig, das habe ich aus den Antworten herausgehört. Die Lücke, die sich dazwischen auftun kann, wird oft mit dem Argument geschlossen, daß dafür gesorgt werden müsse, daß technologisch bedingter Fortschritt durch gewerkschaftliche Interessenvertretung auch zum sozialen Fortschritt werde. Nun hat der Versuch, dies mit Hilfe von Arbeitszeitverkürzung zu erreichen, nicht allzu weit geführt und außerdem mit Komplexen wie Arbeitszeitflexibilisierung, Entkoppelung von Arbeits- und Betriebszeiten, freies Wochenende und so weiter Probleme angestoßen, für die keine befriedigenden Lösungen gefunden sind. Was läßt sich daran betrieblich verändern?

Horst Morich: Wir haben uns als Gewerkschaft dem Fortschritt, insbesondere der technologischen Entwicklung in unseren Branchen, gestellt. Wohl wissend – auch das haben wir aus der Geschichte gelernt –, daß Maschinenstürmerei den arbeitenden Menschen keine Vorteile bringt, sondern daß es darauf ankommt, mit gewerkschaftlichen Mitteln dafür zu sorgen, daß die Arbeitnehmer angemessen an der Produktivitätsentwicklung beteiligt werden. Wir haben mehrere – auch in Unternehmer- und Wissenschaftskreisen beachtete – Fachtagungen durchgeführt, die sich mit den technologischen Veränderungen in der Holzwirtschaft beschäftigen. Deren Ergebnisse wurden von uns in praktische Politik umgesetzt. So hat zum Beispiel die GHK lange vor

Helga Grebing

anderen Gewerkschaften mit dem »Holzmechaniker« ein zukunftsweisendes Berufsbild entscheidend mitentwickelt, das heute im Rahmen der dualen Ausbildung allen betrieblichen Erfordernissen entspricht. Weitergehende Qualifikationsmaßnahmen werden zukünftig auch in Tarifverträgen zu regeln sein.

In unseren wichtigsten Branchen, wie zum Beispiel in der Möbelindustrie, stehen wir heute vor dem letzten Schritt zur 35-Stunden-Woche. Flexible Arbeitszeitregelungen sind in unseren Branchen nicht das große Problem. Mit der Verkürzung der wöchentlichen Arbeitszeit haben wir in unserem Wirtschaftszweig Arbeitsplätze gesichert und geschaffen. Das läßt sich unterm Strich eindeutig belegen. Die Entwicklung der Holzwirtschaft wäre gerade in den achtziger Jahren, in denen neben der technologischen Entwicklung massive konjunkturelle Einbrüche zu verzeichnen waren, ohne das Instrument der verkürzten Wochenarbeitszeit für die Beschäftigten wesentlich schlechter verlaufen.

Jürgen Kädtler: Das erwähnte Flexibilisierungsproblem ist zwar von den Unternehmen aufgebracht worden, findet aber bei vielen Beschäftigten Anklang. Beruht das nur auf »irregeleitetem Bewußtsein«, oder gibt es auf der betrieblichen Ebene auch berechtigte Gründe dafür, diesen Forderungen bei einer Neuorientierung der bislang aus guten Gründen standardisierenden tariflichen Arbeitszeitpolitik Rechnung zu tragen?

Helga Vogt: Mit Einführung der 38,5-Stunden-Woche taucht plötzlich die Frage auf: Wie kann Mehrproduktion bewältigt werden, wenn – aus Platzgründen – nicht mehr Leute eingestellt werden können? In dem Betrieb, aus dem ich komme, wurde eine Abendschicht eingeführt, so daß Hausfrauen die Möglichkeit hatten, weiterhin arbeiten zu gehen. Aus der Belegschaft, von den beschäftigten Frauen selbst, kamen die Fragen nach Job-Sharing. Job-Sharing ist ein Wort, das bei uns in der Organisation einen eher negativen Klang hatte. Nun sind Frauen, die bei uns ganztags berufstätig waren, schwanger wurden, Kinder bekamen, mit dem Wunsch nach Job-Sharing an die Geschäftsleitung herangetreten. Der Betriebsrat war zunächst nicht unbedingt begeistert davon, aber die Kolleginnen wollten es eben. Und die Geschäftsleitung hat mitgemacht. Inzwischen ist es so, daß sich zwei Kolleginnen, die vorher ganztags beschäftigt waren, einen Arbeitsplatz teilen: Die eine schafft eine Woche vormittags, die andere nachmittags. Der Arbeitsvertrag ist in Zusammenarbeit mit dem Betriebsrat so gestaltet worden, daß, wenn eine Kollegin ausfällt, die andere bis zu vier Wochen den ganzen Tag anwesend sein muß. Innerhalb dieser vier Wochen muß dann aber eine Lösung gefunden werden, eine Ersatzperson gestellt werden.

Gestaltung der Arbeit an das Management delegiert?

Egon Endres: Es hat mich überrascht, daß in zwei Großbetrieben, einem wichtigen Unternehmen im Kunststoffbereich und einem gewerkschaftlich gut organisierten Küchenmöbelhersteller, die Arbeitsorganisation in einer sehr technikbestimmten Weise verläuft. Nicht nur dort habe ich den Eindruck gewonnen, es würden nicht alle Möglichkeiten ausgeschöpft, um Arbeitsprozesse zu mehr Qualifikation einerseits und besseren Arbeitsbedingungen andererseits zu nutzen und Reaktionen auf Rationalisierung selbst in die Hand zu nehmen. Hat die GHK diesen Bereich an das Management delegiert?

Helga Vogt: Wir sind nicht in der Lage, wirksam gegenzuhalten, wenn der Unternehmer den Laden total umkrempeln will. Da kann uns auch die Organisation, die Hauptverwaltung, kaum helfen. Und als Betriebsräte sind wir oftmals nicht in der Lage, bei solchen Entscheidungen alles Notwendige für die Mitarbeiter zu tun, auch weil wir dafür nicht hinreichend geschult sind.

Peter Riemer: Ich wende mich gegen die unterschwellige Behauptung, daß überall anders die Arbeitsorganisation dem Management von den Betriebsräten abgenommen worden sei und es allein bei den Holzarbeitern genau andersherum wäre. Das stimmt einfach nicht. Die Arbeitsorganisation in den Betrieben wird generell vom Management bestimmt und nicht von den Betriebsräten. Es macht natürlich einen Unterschied, ob es sich um einen Industriebetrieb mit 20 000 oder ein mittelständisches Unternehmen mit 150 Beschäftigten handelt. Unter 20 000 Beschäftigten in einem Automobilwerk befinden sich natürlich auch 100 gewerkschaftlich organisierte Ingenieure. Die können in solchen Angelegenheiten anders agieren als der einzige Holzingenieur, den es im relativ kleinen Management der Unternehmensführung bei uns gibt. Das ist eindeutig ein Mann der Unternehmensleitung, und der wird sich auch

Horst Morich

vom Betriebsrat nicht durch größere Sachkompetenz von seinen Vorstellungen abbringen lassen. Ich halte die Ansicht für abwegig, daß es möglich wäre, die Arbeitsorganisation von Betriebsräten und Gewerkschaften bestimmen zu lassen. Das geschieht ja auch in großen Betrieben nicht. Man mag es als Manko der Gewerkschaften ansehen, daß sie in der Regel reagieren, aber sie können nicht von sich aus die bestimmende Kraft sein, wenn es darum geht, den Betrieb zu organisieren.

Egon Endres: Der Strukturwandel wird immer »vernetzter«, die technisch-organisatorischen Konzepte sind so verzahnt angelegt und haben auf einer computervernetzten Ebene so weitreichende Konsequenzen, daß, wenn nicht bereits in der frühen Einführungsphase Einfluß ausgeübt wird, sich die Konsequenzen kaum mehr ausbügeln lassen. Ich sehe ein, daß das kein spezifisches Problem der Gewerkschaft Holz und Kunststoff ist, aber ist es nicht doch auch ein Problem für sie?

Horst Morich: Wir wollen nicht die Rolle der Unternehmer übernehmen, das ist einfach nicht unsere Aufgabe. Insofern haben wir auch nichts an das Management delegiert. Die Geschichte unserer gewerkschaftlichen Arbeit war immer eine Geschichte des Kampfes, des Abverlangens und des Durchsetzens und nicht der Übertragung von Aufgaben an Management oder an Unternehmer. Die Stärke der Organisation und ihr Einfluß auf Arbeitspolitik, Arbeitsabläufe wachsen mit der Solidarität – nach unserem alten Leitgedanken »Nur gemeinsam sind wir stark.«

Politik auf dem Marktplatz der Sensationen?

Helga Grebing: Fühlt sich die GHK herausgefordert, zu bestimmten Themen in der Öffentlichkeit Stellung zu nehmen, etwa zum Abholzen des Regenwaldes, zu spezifischen Problemlagen der Frauen, die in verschiedenen Branchen der Holzindustrie beschäftigt sind? Sind das Herausforderungen für Gewerkschafter, oder sollten sie sich eher bedeckt oder zurückhaltend verhalten? Ist vielleicht sogar die Stunde gekommen, aus einer gewissen Zurückhaltung in bestimmten Fragen herauszutreten und das gewerkschaftliche Gewicht, wie groß oder wie klein es immer sein mag, in die Waagschale zu werfen?

Peter Riemer: Wir sehen die Gewerkschaftsarbeit in erster Linie als Sacharbeit, als Arbeit für die Mitglieder an. Wir treten nicht auf dem Marktplatz der Sensationen auf, wir wollen konkrete Verbesserungen erreichen. Das interessiert die Öffentlichkeit meist nicht besonders. Eine alte journalistische Erfahrungstatsache besagt, daß die Meldung »Hund beißt Mann« vollkommen uninteressant ist, aber über die Information, daß der Mann einen Hund gebissen habe, intensiv berichtet wird. Unter diesen Umständen kann man sachbezogene Arbeit nur schwer vermitteln. Natürlich spielt auch die Größe einer Gewerkschaft eine Rolle. Es ist eben interessanter, wenn 200 000 Metallarbeiter streiken als wenn 1000 Holzarbeiter vier Wochen lang streiken. Es ist durchaus nicht Unvermögen oder Zurückhaltung der Gewerkschaft Holz und Kunststoff, sondern eben auch die Zurückhaltung bei denen, die Meinung machen. Leider findet ja in weiten Bereichen des öffentlichen Lebens die Arbeitswelt überhaupt nicht statt – außer, wenn es irgendwo Klamauk gibt.

Jürgen Kädtler: Ist es aber nicht so, daß in vielen Fällen sich Menschen mit zentralen Themen auf den Marktplatz der Sensationen begeben müssen? So haben bestimmte Leute, die die Entwicklung des Waldes untersucht haben, sich eben nicht mehr darauf beschränkt, Gutachten für irgendwelche Bürokratien zu schreiben, sondern sind mit dem, was sie herausgefunden hatten, in die Presse, an die Öffentlichkeit gegangen. Sie haben damit zum Beispiel den Staat, die Gewerkschaften dazu genötigt, sich mit dem Thema zu beschäftigen. Warum geht das eigentlich nicht auch andersherum? Denn eines der größten ökologischen Probleme in dieser Gesellschaft spielt sich ja nicht über Fabrikschornsteinen oder im Regenwald, sondern in den Betrieben, in der konkreten Arbeitsumwelt ab. Es werden inzwischen hohe Zahlen von Krankheits- und Todesfällen genannt, die man in irgendeiner Form auf Arbeitsumweltbedingungen zurückzuführen hat. Woran liegt es eigentlich, daß die Gewerkschaften sich offenbar vergleichsweise schwer tun, diese Thematik, sozusagen ihr ureigenes Umweltproblem in den Betrieben, der Öffentlichkeit zu verdeutlichen und aufzudrängen?

Peter Riemer: Der Bereich der Arbeitswelt ist, wie gesagt, für die Öffentlichkeit vergleichsweise uninteressant. Die Tatsache etwa, daß Holzstäube gesundheitsschädlich sind, ja sogar Krebs, besonders der Nase, hervorrufen können, ist für die Öffentlichkeit kaum von Interesse. Es geht ja nicht um 100 000 Tote. Daneben gibt es natürlich viele Einzelfälle, die uns durchaus bekannt sind. Aber die Betriebe legen großen Wert darauf, daß solche Dinge nicht an die Öffentlich-

Helga Vogt
Egon Endres

keit dringen, was ihnen mittels wirtschaftlicher Pressionen auf die örtliche Presse auch oft gelingt. Wir bemühen uns, mit unseren eigenen Zeitungen – etwa der Holzarbeiter-Zeitung – solche Probleme der Öffentlichkeit zu vermitteln, aber wir stoßen da manchmal an sehr starre Grenzen.

Horst Morich: Es wurde die Problematik der Regenwälder in den Feuchttropen angesprochen. Ein globales ökologisches Problem, das uns alle fordert. Die Ursachen der Tropenwaldvernichtung sind sehr komplex und vielschichtig. Unsachgemäßer raubbauartiger Einschlag von Hölzern wird von uns aufs schärfste verurteilt, spielt aber global gesehen beim Rückgang der Wälder nur eine untergeordnete Rolle. Wir können die Waldvernichtung in den Tropen sicherlich nicht mit den Mitteln der Holzwirtschaft allein stoppen. Aber wir wollen gemeinsam mit den Umweltschutzverbänden unseren speziellen Beitrag dazu liefern. Die GHK war es, die im internationalen Bereich der Bau- und Holzarbeiter den entscheidenden Anstoß dafür gegeben hat, daß mittlerweile vom Internationalen Bund der Bau- und Holzarbeiter (IBBH) ein umfangreicher Tropenwald-Aktionsplan zur Rettung der Wälder vorliegt. Arbeitsplätze und Einkommen der Menschen, die mit der Ernte, Transport und Verarbeitung tropischer Hölzer beschäftigt sind, können nur gesichert werden, wenn diese Wälder als Rohstoffquelle voll erhalten bleiben. Dazu zählen für uns zwei Schwerpunkte. Erstens die Ausweisung großflächiger Gebiete, die für jegliche kommerzielle Nutzung gesperrt sind, um intakte Ökosysteme zu erhalten. Zweitens der Nachweis, daß tropische Hölzer aus naturverträglich nachhaltig bewirtschafteten Wäldern stammen. In diesem Sinne werden wir auch in Zukunft die enge Zusammenarbeit mit den Umweltschutzgruppen in unserem Land suchen.

Den typischen GHK-Funktionär gibt es nicht

Helga Grebing: Zur Frage nach der zukünftigen Arbeitsperspektive der Gewerkschaft Holz und Kunststoff: Wie sieht der typische GHK-Funktionär in den neunziger Jahren oder, was vielleicht noch wichtiger ist, im Jahre 2000 und darüber hinaus eigentlich aus? Und wie sehen die GHK-Funktionäre selber, die Hauptverantwortlichen, die Zukunft der Gewerkschaften, des DGB und ihre eigene Rolle im »Konzert« der gesellschaftlichen Mächte?

Horst Morich: Darauf gibt es viele Antworten. Ein Klischee des zukünftigen Gewerkschaftsfunktionärs sehe ich nicht. Wer sich den Aufgaben der Zeit stellt, wer den Blick nach vorne richtet, aktuell handelt und auch weiß, wie die Geschichte der Holzarbeiterbewegung, der Gewerkschaftsbewegung bis heute verlaufen ist, der wird auch in Zukunft eine gute Grundlage für gewerkschaftliche Arbeit haben.

Jürgen Kädtler: Ich wüßte es gerne doch etwas genauer und möchte deshalb einen Stein ins Wasser werfen. Es gibt bei einzelnen Gewerkschaften ein Reformmodell, das sehr stark auf den Fachsekretär setzt. Angesichts wachsender Komplexität wollen sie weg vom Prinzip des gewerkschaftlichen Allround-Funktionärs vor Ort und statten die Verwaltungsstellen mit Fachsekretären aus. Die Verwaltungsstelle soll sozusagen eine Servicestation sein, die angesprochen werden kann, wenn es etwa im Betrieb Probleme gibt. Dann können die entsprechenden Fachleute von der Verwaltungsstelle eingeschaltet werden. Ist das auch ein Modell für die GHK?

Peter Riemer: Wir haben in den alten Bundesländern 44 Geschäftsstellen, die, bis auf eine Ausnahme, mit je einem Mann beziehungsweise einer Frau besetzt sind. Wir haben teilweise Organisationsbereiche, die ganze Regierungsbezirke umfassen. Unser Geschäftsführer in Reutlingen beispielsweise muß bis zum Bodensee fahren. Ein Kollege in Niederbayern hat einen Bereich zu betreuen, der größer ist als das Saarland. Angesichts solcher Dimensionen können wir nicht noch größere Einheiten schaffen, um dort Fachsekretäre einsetzen zu können, die nach Bedarf tätig werden. Wir gehen einen anderen Weg: Unsere Sekretäre sind sozusagen Betriebsberater, die den Kollegen raten, wie die Dinge laufen könnten. Wir stützen uns daneben auf die technologischen Beratungsstellen des DGB, mit denen wir eng zusammenarbeiten, die uns helfen, weil wir es uns nicht leisten können, ein halbes Dutzend Ingenieure einzustellen. Im Handwerksbereich, und das ist auch wichtig, haben wir zusammen mit den Unternehmern eine Innovationsstelle geschaffen, die versucht, die Fragen zunächst an Modellbeispielen abzuklären, um sie dann in den Betrieben umsetzen zu können. Es geht immerhin um 35 000 Betriebe. Es ist ausgeschlossen, daß wir jeden Betrieb individuell betreuen. In Wiesbaden und Düsseldorf sind drei Kollegen mit dieser Arbeit beschäftigt. Das ist für eine Gewerkschaft unserer Größenordnung viel; wir können nicht von den Idealvorstellungen großer Gewerkschaften ausgehen.

Dann zur Frage des typischen GHK-Funktionärs. Sind es die Geschäftsführer oder unsere 12 000 Vertrauensleute, der Betriebsratsvorsitzende der Klavierfabrik Stein-

Horst Morich (l.)
Jürgen Kädtler

way & Sons oder der türkische Hilfsarbeiter im Sägewerk? Nein, es gibt keinen typischen Gewerkschaftsfunktionär: 1,67 m groß, evangelisch, verheiratet, 2 Kinder, Volksschule. Typisch für unsere Funktionäre ist, daß sie die Ideen der Gewerkschaftsbewegung vertreten und für ihre Kolleginnen und Kollegen eintreten. Das sind die entscheidenden Merkmale für den Funktionär.

Neue Kollektivität und Individualität – Ein Widerspruch?

Egon Endres: Gewerkschaftsfunktionäre müssen eine immense Arbeitsleistung erbringen – davon habe ich mich selbst überzeugt. Studien für den Metallbereich haben ergeben, daß die 60-Stunden-Woche mit Büroarbeiten, Betriebsbegehungen und Sitzungen die Regel ist. Ich fürchte, daß dabei die inhaltliche Arbeit, zum Beispiel das Überdenken von Arbeitssituationen im Betrieb, Überlegungen zur menschenfreundlicheren Gestaltung von Arbeit und Technologie, zu kurz kommen könnten. Gibt es eigentlich Ansätze, normale Gewerkschaftsmitglieder oder auch Nichtmitglieder über Arbeitskreise oder andere Organisationsformen, die womöglich quer zur Gewerkschaftsorganisation liegen, in derartige Fragen einzubeziehen?

Helga Vogt: Solche Ansätze gibt es, aber es ist sehr schwer, sie dauerhaft am Leben zu halten. Man kann zum Beispiel versuchen, im Vertrauensleutekörper etwas zu erreichen. So haben wir einen Arbeitskreis zum Thema »Einführung neuer Technologien« gegründet. Man setzt sich dann einige Male abends zusammen, aber dann ist es vielen Kolleginnen und Kollegen zeitlich nicht mehr möglich mitzumachen. Dahinter stehen so viele private Dinge. Die Hauptlast fällt also immer wieder auf den Betriebsrat zurück. Ich bin der Meinung, daß man die Leute während der Arbeitszeit schulen müßte, über Möglichkeiten zur Gestaltung von Arbeitsplätzen informieren müßte.

Jürgen Kädtler: Es gibt ja durchaus den Ansatz, Arbeitszeitverkürzungen eben nicht mehr als Vermehrung von Freizeit zu fordern, sondern als Möglichkeit zur Verbesserung von Qualifikation, das heißt, die Leute sollen sich im Betrieb weiterbilden können. Ist das eine für die GHK akzeptable Vorstellung?

Peter Riemer: Das wird für die weitere Zukunft ein Schwerpunkt der Arbeit werden. Darüber wird man diskutieren und nach Wegen suchen müssen, wie man diese Frage im Rahmen der Tarifpolitik berücksichtigen kann.

Egon Endres: Würde die GHK sich hinter Konzepte stellen, die qualitätszirkelorientiert sind? Qualitätszirkelkonzepte werden ja auch von Gewerkschaftern mittlerweile akzeptiert, die sie als einen Hebel der Mitarbeiterbeteiligung nutzen wollen.

Peter Riemer: Das Problem hat sich in unserem Bereich in dieser Form noch gar nicht gestellt. Es gibt sehr große Unterschiede in den Auffassungen, ob so etwas den Arbeitnehmern nützt oder nicht. Bei uns herrscht nicht die Tendenz, alles von oben her bestimmen zu wollen. Was für die Tarifpolitik gilt, gilt für andere Bereiche der Gewerkschaftspolitik ebenfalls. Es gibt in den Geschäftsstellen sehr unterschiedliche Aktivitäten. In Coburg beispielsweise besteht ein Arbeitskreis »Arbeitsstudien«, der sich das ganze Winterhalbjahr mit Arbeitsstudien und allen damit zusammenhängenden Fragen beschäftigt. In Dortmund gibt es einen Angestelltenzirkel, der sich mit solchen Fragen beschäftigt. Ähnliches gibt es anderswo auch, weil wir uns verstärkt um die Angestellten kümmern. So vielfältig die Themen sind, so unterschiedlich sind die Diskussions- und Arbeitsformen innerhalb einer Gewerkschaft wie der GHK. Wir bieten nicht Patentlösungen von oben her an.

Hans-Otto Hemmer: Was bedeutet eigentlich »Gewerkschaft« in einem Betrieb konkret? Was macht für die Kolleginnen und Kollegen dort Gewerkschaft aus? Ist es die Organisation, die für die Tarifgestaltung, für Arbeitsbedingungen zuständig ist? Ist sie darüber hinaus etwas, worin und womit man sich solidarisch fühlt? Ist sie so etwas wie »Heimat«?

Helga Vogt: Für die meisten Beschäftigten, die Gewerkschaftsmitglied sind, ist der tarifpolitische Hintergrund, also das Aushandeln von Löhnen und Gehältern, das Entscheidende. Für uns Betriebsratsmitglieder und die Vertrauensleute ist es ein bißchen mehr. Für mich zum Beispiel ist die Gewerkschaft auch Anlaufstelle, wenn ich Probleme mit arbeitsrechtlichen Fragen, mit Sozialrecht habe, in denen ich mich sachkundig machen kann. Im Betrieb allgemein gilt die Gewerkschaft als eine Einrichtung, die dasein muß.

Peter Riemer (r.)
Hans-Otto Hemmer

Egon Endres: Es gibt ja das böse Wort vom »ADAC für Arbeitnehmer« als Gewerkschaftsdefinition. Gehen die Ansprüche an Gewerkschaftsarbeit auch in Zukunft über eine ADAC-, also eine Versicherungs- und Dienstleistungsfunktion hinaus? An welchen Stellen gehen sie darüber hinaus, und an welchen Stellen könnte auch etwas im Rückblick verlorengegangen sein?

Horst Morich: Gegen die, wie Sie es nennen, ADAC-Funktion ist ja im Prinzip nichts einzuwenden. Die Beschäftigten in den Betrieben erwarten von uns täglich konkrete Hilfe. Es ist unser Ziel, daß sich unsere Mitglieder im Arbeitsprozeß in jeder Hinsicht sicher fühlen sollen. Löhne, Arbeitsbedingungen, betriebliche Probleme – das sind doch die Felder, auf denen Gewerkschaften Erfolge erzielen müssen. Sie müssen Antworten geben können auf Fragen, die in den Betrieben entstehen. Sie müssen in Konfliktsituationen fähig sein, auch den Weg des Arbeitskampfes zu gehen, wenn die Arbeitgeber sich weigern, einen Tarifvertrag abzuschließen. Doch das heißt nicht, daß wir uns aus dem politischen Umfeld abmelden können und dürfen. Im Gegenteil. Ohne die Gewerkschaften als wichtiges demokratisches Korrektiv in dieser Gesellschaft wäre vieles sicherlich rückschrittlicher gelaufen. Gewerkschaften haben immer auch einen politischen Auftrag. Sie sind elementarer Bestandteil eines demokratischen Staates.

Hans-Otto Hemmer: Die GHK hat in der Reformdiskussion des DGB immer eine aktive Rolle gespielt. Diese Diskussion ist in jüngster Zeit wieder aufgeflammt – nicht zuletzt deshalb, weil einige Gewerkschaften bei anderen zu »räubern« versuchen, das heißt ihnen Organisationsbereiche abspenstig machen wollen. Wäre dem nicht ein geordneter Reformprozeß vorzuziehen, bei dem die Gewerkschaften entscheiden, ob kleinere Organisationseinheiten günstiger sind oder ob sie – analog zum Konzentrationsprozeß in der Wirtschaft – größere Einheiten schaffen müßten?

Horst Morich: Man muß für diese Fragen offen sein, sich damit auseinandersetzen. Ich gebe allerdings zu bedenken, daß uns die Berufsbezogenheit stark gemacht hat. Sie preiszugeben halte ich für außerordentlich gefährlich und abträglich für die weitere Entwicklung unserer Gewerkschaftsarbeit. Eine ganz wichtige Frage ist aber, was über das hinaus, was unabdingbar jede Organisation für sich selbst regeln muß, gemeinsam getan werden kann. An dieser Diskussion wollen wir uns aktiv beteiligen.

Jürgen Kädtler: Die Zahl derjenigen, die ein Leben lang in einem Beruf bleiben, nimmt ab. Es wird immer mehr Menschen geben, die zwar ihr Leben lang abhängige Arbeitnehmer sein müssen, aber innerhalb dieser Zuordnung im Rahmen des Strukturwandels häufig beruflich wechseln. Müßte diese Erscheinung nicht im Rahmen des DGB aufgefangen und bearbeitet werden, damit nicht das herauskommt, was einmal mit der Formel umschrieben wurde: »Jeder für sich, keiner für alle?«

Horst Morich: Ich meine, daß die gewachsenen und so gewollten Organisationszuständigkeiten im Prinzip erstmal gut sind. Für organisatorische »Raubzüge« haben die Mitglieder kein Verständnis. Alle Organisationen nehmen Schaden, wenn man anfängt, sich öffentlich darüber zu streiten, zu wem welche Mitglieder »gehören«. Das ist eine Sache, die dadurch weiter verschlimmert wird, daß zunehmend Unternehmer nach Gutdünken entscheiden wollen, welchem Arbeitgeberverband sie angehören möchten, um daraus auch Rückwirkungen auf die Zuständigkeit der Gewerkschaften ableiten zu können. Ich sehe es als außerordentlich wichtig an, daß wir uns im DGB über die Organisationsabgrenzungen schnell Klarheit schaffen, damit wir unsere Kräfte nicht an der falschen Stelle vergeuden.

Die Teilnehmer am Gespräch sind:

Dr. Egon Endres, geboren 1960, wiss. Mitarbeiter an der Technischen Universität Hamburg-Harburg;

Prof. Dr. Helga Grebing, geboren 1930, Geschäftsführende Leiterin des Instituts zur Erforschung der europäischen Arbeiterbewegung an der Ruhr-Universität Bochum;

Hans-Otto Hemmer, geboren 1946, Chefredakteur der »Gewerkschaftlichen Monatshefte«, Düsseldorf;

Dr. Jürgen Kädtler, geboren 1950, wiss. Mitarbeiter eines Forschungsprojekts über betriebliche Interessenvertretung in der DDR an der Universität Göttingen;

Horst Morich, geboren 1934, Vorsitzender der Gewerkschaft Holz und Kunststoff, Düsseldorf;

Peter Riemer, geboren 1928, stellvertretender Vorsitzender der Gewerkschaft Holz und Kunststoff, Düsseldorf;

Helga Vogt, geboren 1961, Industriekauffrau, Mitglied des Betriebsrats der Fa. Rolf Benz.

Anhang

ANHANG

Chronik der organisierten Holzarbeiter

1868

26. 9.   Allgemeiner Arbeiter-Kongreß in Berlin. Gründung des »Gewerkvereins deutscher Holzarbeiter«.

1869

25. 5.   1. Generalversammlung des Gewerkvereins in Kassel. Gründung einer Krankenkasse. Bestätigung von Theodor Yorck als Präsident und von Oscar Lehder als Vizepräsident.

April   Gründung des Hirsch-Dunckerschen »Gewerkvereins der deutschen Tischler (Schreiner) und verwandten Berufsgenossen«.

3. 9.   Abspaltung des »Gewerkverein der Holzarbeiter« (Yorck) vom »Gewerkverein deutscher Holzarbeiter« (Lehder).

1870

16. 4.   Holzarbeiterkongreß in Mainz.

17./19. 4.   Generalversammlung des Yorckschen Gewerkvereins in Mainz. Gründung der »(Internationalen) Gewerkschaft der Holzarbeiter«.

1. 7.   Auflösung des »Gewerkvereins deutscher Holzarbeiter« in den lassalleanischen Arbeiterunterstützungsverband (ADASV).

1870/71   Deutsch-Französischer Krieg.

1871   Gründung des Deutschen Reichs.

1872

15. 6.   Erster allgemeiner Gewerkschafts-Kongreß in Erfurt.

18. 6.   3. Generalversammlung der »Gewerkschaft der Holzarbeiter« in Erfurt. Tischlerstreik in Berlin.

6. 10.   1. Allgemeiner Tischler-Kongreß, Berlin.

9. 10.   Gründung des »Allgemeinen Tischler-(Schreiner-)Vereins«. Wahl von Wilhelm Schweckendiek zum Vorsitzenden.

1873

13. 4.   1. Generalversammlung des Allgemeinen Tischler-(Schreiner-)Vereins in Hamburg.

4. 10.   Holzarbeiter-Kongreß in Nürnberg.

6. 10.   4. Generalversammlung der »Gewerkschaft der Holzarbeiter« in Nürnberg.

1874

15. 1.   Erste Nummer der »Union« in Hamburg.

15. 5.   2. Generalversammlung des »Allgemeinen Tischler-(Schreiner-)Vereins« in Frankfurt.

11. 10.   5. Generalversammlung der »Gewerkschaft der Holzarbeiter« in Hannover.

1875

1. 1.   Tod Theodor Yorcks.

28. 5.   Allgemeine Gewerkschafts-Konferenz in Gotha.

13. 6.   3. Generalversammlung des »Allgemeinen Tischler-(Schreiner-)Vereins« in Berlin. Bestätigung von Ferdinand Weidemann als Vorsitzender.

25. 7.   6. Generalversammlung der »Gewerkschaft der Holzarbeiter« in Leipzig. Wahl von Bruno Moje zum Vorsitzenden.

1876

24. 6.   7. Generalversammlung der »Gewerkschaft der Holzarbeiter« in Frankfurt.

25. 6.   Allgemeiner Tischler-Kongreß (Einigungs-Kongreß) in Frankfurt.

26. 6.   Kongreßbeschluß: Gründung des Tischlerbundes.

8. 10.   Erste außerordentliche Generalversammlung der »Gewerkschaft der Holzarbeiter« in Dresden: Die »Gewerkschaft« besteht weiter. Wahl von J. Peters zu ihrem Vorsitzenden.

14. 12.   Spruch eines SDAP-Schiedsgerichtes im Streit der Holzarbeiter.

1877

1. 4.   1. Generalversammlung des »Bundes der Tischler und verwandten Berufsgenossen Deutschlands« in Hamburg; endgültige Einigung nach Einführung der Reiseunterstützung.

13. 12.   Stellmacher-Kongreß in Leipzig.

1878

24. 2.   Allgemeine Gewerkschafts-Konferenz in Gotha.

23. 6.   2. Generalversammlung des Bundes der Tischler in Dresden.

21. 10.   Inkrafttreten des Sozialistengesetzes, Auflösung des Tischlerbundes.

1879

1. 1.   Erste Nummer der Neuen Tischler-Zeitung in Hamburg. Wilhelm Gramm wird Vorsitzender der Tischlerkankenkasse.

1880

9. 5.   Gründung des Fachvereins der Tischler in Berlin.

9. 8.   Großer Tischlerstreik in Berlin.

9. 11.   Gründung des Fachvereins der Tischler in Stuttgart.

1883

7. 7.   Schreiner-Aussperrung in Stuttgart.

7. 10.   Tischler-Konferenz in Frankfurt: Gründung einer neuen Zentralorganisation.

27. 12.   Tischler-Kongreß in Mainz: Gründung des »Verbandes von Vereinen der Tischler (Schreiner) Deutschlands«.

CHRONIK DER ORGANISIERTEN HOLZARBEITER

1884
9.11.	Bürstenmacher-Kongreß, Leipzig. Gründung der Unterstützungs-Vereinigung der Bürsten- und Pinselmacher.

1885
24. 5.	Gründung der Vereinigung deutscher Stellmacher in Magdeburg.
29. 6.	1. Verbandstag der Vereine der Tischler in Offenbach.

1886
26. 4.	1. Generalversammlung der Vereine der Stellmacher in Berlin.
27.12.	2. Verbandstag der »Vereine der Tischler« in Gotha.
28.12.	Tischlerkongreß in Gotha.
31.12.	Gründung des Tischler-Verbandes und der Zentralstreikkommission. Wahl von Karl Kloß zum Vorsitzenden beider Einrichtungen.

1887
1. 4.	Der »Deutsche Tischler-Verband« nimmt seine Arbeit auf. 1. Nummer der Fachzeitung für Drechsler, Hamburg.
15. 7.	1. Nummer der Wagenbauer-Zeitung, Hamburg.
28. 8.	Drechsler-Kongreß in Naumburg.
29. 8.	Gründung der Vereinigung der Drechsler Deutschlands. Wahl von Carl Legien zum Vorsitzenden.
26.12.	Außerordentlicher Verbandstag des Tischlerverbandes in Stuttgart.

1888
26.12.	Tischler-Kongreß in Braunschweig.
27.12.	1. Generalversammlung der Drechsler, Magdeburg.
28.12.	3. Verbandstag der Tischler in Braunschweig. August Bohne und Ernst Widmann werden als Verbandsbeamte bestätigt.

1890
1. 5.	Erste Feier des 1. Mai. Massenaussperrung in Hamburg.
30. 9.	Aufhebung des Sozialistengesetzes.
16.11.	Gewerkschafts-Konferenz in Berlin, Einsetzung der »Generalkommission der Gewerkschaften Deutschlands«. Carl Legien wird Vorsitzender.
27.12.	Tischler-Kongreß in Hannover.
30.12.	4. Verbandstag der Tischler in Hamburg. Einführung eines Zeitungsobligatoriums.

1891
30. 3.	Generalversammlung der Drechsler in Halle. Wahl von Theodor Leipart zum Nachfolger Legiens.
17. 5.	Gründung des Zentralverbandes der Bürstenmacher in Apolda.
15. 8.	Internationaler Holzarbeiter-Kongreß, Brüssel.

1892
14.–18. 3.	1. Gewerkschafts-Kongreß in Halberstadt.
16. 3.	Holzarbeiterspezialkongreß in Halberstadt.

1893
3. 4.	5. Verbandstag der Tischler und 3. Generalversammlung der Drechsler in Kassel.
4. 4.	Holzarbeiter-Kongreß, Kassel.
6. 4.	Gründung des »Deutschen Holzarbeiter Verbandes« (DHV). Wahl von Karl Kloß zum Vorsitzenden und von Theodor Leipart zum stellvertretenden Vorsitzenden.
1. 7.	Beginn der Tätigkeit des DHV.
10. 8.	Internationaler Holzarbeiter-Kongreß in Zürich.

1895
15. 4.	1. Verbandstag des DHV in Erfurt.

1898
11. 4.	2. Verbandstag des DHV in Göttingen. Einführung der Gaueinteilung, Änderung des Streikreglements.

1899
Mai	1. Kongreß der christlichen Gewerkschaften.
1. 7.	Gründung des »Zentralverbandes der christlichen Holzarbeiter Deutschlands« (ZcHD). Wahl von Adam Stegerwald zum Vorsitzenden und von Heinrich Kurtscheid zum stellvertretenden Vorsitzenden.

1900
16. 4.	3.Verbandstag des DHV in Nürnberg.

1901
4. 5.	4. Verbandstag des DHV in Mainz.

1904
1. 4.	Inkrafttreten der Arbeitslosen-Unterstützung des DHV.
8. 5.	5. Verbandstag des DHV in Leipzig.
12. 8.	Internationaler Holzarbeiter-Kongreß, Amsterdam. Gründung der Internationalen Union der Holzarbeiter, Wahl von Karl Kloß zum Vorsitzenden.

1905
1.1.	Übersiedlung der »Holzarbeiter-Zeitung« von Hamburg nach Stuttgart.
21. 6.	Schreinerstreik in Köln: »Kölner Prinzipienkampf« zwischen ZcHD und DHV um Beteiligung am Tarifgeschehen.
1.11.	Übertritt der Schiffszimmerer zum DHV.

1906
20. 5.	6. Verbandstag des DHV in Köln.

1907
12.1.	Große Aussperrung in Berlin und in anderen Orten.
24. 4.	Erste Zentrale Lohnverhandlung mit dem Vorstand des Arbeits-Schutzverbandes, Berlin.
1. 7.	Inkrafttreten der Kranken-Unterstützung des DHV.
15. 8.	Internationaler Holzarbeiter-Kongreß in Stuttgart.

1908

- 11. 2.   Kloß stirbt in Hamburg.
- 24. 5.   7. DHV-Verbandstag in Stettin. Wahl von Theodor Leipart zum Vorsitzenden.
- 17. 9.   Übersiedlung des DHV-Vorstandes und der »Holzarbeiter-Zeitung« von Stuttgart nach Berlin.

1909

- 29.10.   Gründung der Verlagsanstalt des DHV.

1910

- 19. 6.   8. Verbandstag des DHV in München.

1912

- 23. 6.   9. Verbandstag des DHV in Berlin.

1913

- 23. 6.   Einzug des DHV in das eigene Verbandshaus. Streik auf den Werften.
- 13. 8.   Tod August Bebels.

1914

- 24. 5.   10. Verbandstag des DHV in Dresden.
- 1. 8.   Kriegserklärung des Deutschen Reichs an Rußland und an Frankreich (3. 8.). Beginn des Ersten Weltkriegs.
- 3. 8.   Beschluß des DHV-Vorstandes über eine teilweise Außerkraftsetzung des Statuts.

1915

- 4. 7.   Wiedereinführung aller statuarischen Unterstützungen im DHV.

1916

- 10. 4.   Konferenz mit dem Arbeitgeber-Schutzverband über Arbeitsbeschaffung, Lehrlingswesen und Arbeitsnachweis.

1918

- 9.11.   Ausrufung der deutschen Republik. Bildung von Arbeiter- und Soldatenräten.
- 15.11.   Vereinbarung der Gewerkschaften mit den Unternehmerverbänden über die Einführung des Achtstundentags (23.11. gesetzliche Einführung) und die Gründung einer »Zentralen Arbeitsgemeinschaft« (ZAG).
- 16.11.   Gründung des Tarifamts für die Holzindustrie.

1919

- 15. 6.   11. Verbandstag des DHV in Berlin. Kritik an der Kriegspolitik des Vorstandes.
- 30. 6.   Gründungskongreß des ADGB in Nürnberg.
- 28. 7.   Internationaler Gewerkschafts-Kongreß in Amsterdam.
- 1. 9.   Rücktritt Leiparts vom Vorsitz des DHV. Adam Neumann tritt an seine Stelle.
- 1.10.   Übertritt der Bildhauer zum DHV. Paul Dupont wird Redakteur des »Fachblattes«.
- 8.12.   Internationaler Holzarbeiter-Kongreß in Amsterdam.

1920

- 27.1.   Adam Neumann stirbt.
- 3. 2.   Inkrafttreten des Reichstarifs für das Holzgewerbe.
- 13. 3.   Militärputsch in Berlin (Kapp-Putsch). Die Gewerkschaften proklamieren den Generalstreik für ganz Deutschland (20. 3. Aufhebung).
- 25. 4.   Außerordentlicher Verbandstag des DHV in Berlin. Wahl von Fritz Tarnow zum DHV-Vorsitzenden.
- 5.10.   1. gewerkschaftlicher Betriebsrätekongreß.
- 26.12.   Tod Legiens.

1921

- 19.1.   Wahl von Theodor Leipart zum Vorsitzenden des ADGB.
- 5. 6.   12. Verbandstag des DHV in Hamburg.

1923

- 31. 3.   Ausschreibung obligatorischer Extrabeiträge.
- 17. 6.   13. Verbandstag des DHV in Kassel.
- 27.10.   Vorübergehende Außerkraftsetzung der sozialen Unterstützungen des DHV.

1924

- 16. 2.   Kürzung der Streikunterstützung des DHV.

1925

- 15. 6.   Der DHV-Vorstand erhebt wegen der großen Aussperrung obligatorische Extrabeiträge.
- 16. 8.   14. Verbandstag des DHV in Stuttgart.
- 13.10.   Inkrafttreten des Zentralen Lohnamts und des Haupttarifamts der deutschen Holzindustrie.

1927

- 12. 6.   15. Verbandstag des DHV in Frankfurt/M.
- 4. 9.   1. Jugendleiter-Konferenz des DHV in Berlin.
- 1.10.   Trennung zwischen Haupt- und Lokalkassenbeitrag.

1928

- 28. 7.   DHV-Urabstimmung ergibt eine Mehrheit für die Beibehaltung der Invalidenunterstützung.

1929

- 25. 7.   Internationaler Holzarbeiter-Kongreß in Heidelberg.
- 22. 9.   Verbandstag des DHV in Bremen.

1931

- 8.12.   Regierung Brüning bestimmt durch Notverordnung den Abbau aller Tariflöhne ab 1.1.1932 auf den Stand vom 10.1.1927.
- 28.12.   DHV-Verbandsvorstand beschließt Kürzung der Invalidenunterstützung und des Sterbegeldes auf die Hälfte und aller anderen Unterstützungen auf ein Drittel der bisherigen Sätze.

1932

- 13. 4. Außerordentlicher ADGB-Kongreß in Berlin.
- 3. 6. Hindenburg beruft das Kabinett von Papen.
- 7. 6. Erneute Kürzung der Untersützungen im DHV. Krankenunterstützung kommt nicht mehr zur Auszahlung.
- 1. 7. ADGB veröffentlicht Richtlinien für den Umbau der Wirtschaft.

1933

- 20. 1. Adolf Hitler wird Reichskanzler, Straßenterror der SA gegen die Gewerkschaften.
- 1. 5. Gemeinsame Maidemonstrationen von ADGB und NS-Formationen.
- 2. 5. Reichsweit koordinierter Überfall der SA auf die Gewerkschaftshäuser. Besetzung des DHV-Verbandshauses, Verhaftung von Tarnow, Kayser u. a. Mitarbeitern der DHV-Hauptverwaltung bedeutet das Ende der Holzarbeitergewerkschaften.
Max Tietböhl (NSBO), dann Paul Harpe (DAF) sind Leiter des NS-»DHV«: Entlassung sämtlicher DHV-Beamten bis Ende August 1933. Zwangsanschluß des ZcHD an den NS-»DHV«.
Fritz Tarnow geht nach kurzer Haft ins Exil.

1934

Umwandlung des NS-DHV in die »Reichsbetriebsgemeinschaft Holz« der DAF.

1935/36

5-Jahresplan zur Aufrüstung bringt die Holzarbeiter tariflich (Treuhänder der Arbeit) aufs Abstellgleis. Eine große Verhaftungswelle der Gestapo bricht den organisierten Widerstand der Arbeiterbewegung in Deutschland bis zum Kriegsbeginn.

1939

- 1. 9. Überfall auf Polen, Beginn des Zweiten Weltkrieges.
- 8. 9. Attentat des Schreinergesellen Georg Elser auf Hitler (und die NS-Führung) im Münchner Bürgerbräukeller.

1944

- 20. 7. Attentatsversuch des Kreisauer Kreises auf Hitler.

1945

- 8. 5. Militärische Kapitulation Deutschlands.
- 10. 6. Zulassung von Parteien und Gewerkschaften in der sowjetischen Besatzungszone.
- 20. 6. Gründung des »Deutschen Holzarbeiter-Verbandes« für Hamburg.
- August/September Zulassung von Parteien und Gewerkschaften in den Westzonen.
- 9. 12. Gründerversammlung der »Fachgruppe Holzgewerbe« der »Freien Gewerkschaft« in Frankfurt/M.

1946

- 9./11. 2. Gründung des »Freien Deutschen Gewerkschaftsbundes« (FDGB).
- 6. 7. Erster Bezirksverbandstag des »Industrieverbandes Holz der Rheinprovinz« in Düsseldorf.
- 11./12. 6. Wahl des Zentralvorstands der »IG Holz« der sowjetischen Zone in Gotha. Wahl von Max Wachtel zum 1. Vorsitzenden.
- 20./21. 7. Erster Verbandstag des »Industrieverbandes Holz Nord-Württemberg-Baden« in Stuttgart-Wangen.
- Oktober Gründung des Bezirksverbandes Ostwestfalen-Lippe.

1947

- Januar Bezirkskonferenz in Elsmhorn. Wahl der Delegierten für den am 9.–11. April in Herford geplanten Verbandstag.
- 20./21. 2. Konferenz in Hannover. Zweck ist die Vereinigung der Bezirke zu einer einheitlichen »IG Holz« in der Britischen Besatzungszone.
- 28. 2./1. 3. 1. Verbandstag der »Bayerischen Landesgewerkschaft Holz« in München.
- 9.–11. 4. 1. ordentlicher Verbandstag der »IG Holz« für die britische Zone in Herford. Vorsitzender wird Werner Putze aus Elmshorn.
- 22.–25. 4. Gründungskongreß des Deutschen Gewerkschaftsbundes (DGB) für die britische Zone in Bielefeld mit Hans Böckler als erstem Vorsitzenden.
- 13. 5. Erste Hauptvorstandssitzung der »IG Holz« der britischen Zone in Hamburg.
- 27./28. 7. Erste Landesversammlung der Abteilung Holzgewerkschaft des FDGB für Groß-Hessen.
- 30. 9. Erstes Zusammentreffen der Holzarbeiter auf bizonaler Ebene in Frankfurt/M.
- 23./24. 10. 1. Interzonenkonferenz in Erfurt. Diskussion über die Vereinigung der Holzarbeitergewerkschaften aller vier Zonen und Bildung eines Arbeitsausschusses.

1948

- 11./12. 2. 2. Interzonenkonferenz der Holzarbeiter in Detmold.
- 21. 6. Währungsreform in den Westzonen.
- 25. 6. Gründung des oppositionellen Holzarbeiterverbands Groß-Berlin.
- 6. 8. Sitzung der Holzarbeitergewerkschaften auf trizonaler Ebene in Frankfurt/M.

1949

- 20. 2. Landesvorsitzenden-Besprechung in Königswinter. Vorbereitungen zum Vereinigungsverbandstag.
- 23. 5. Verkündigung des Grundgesetzes für die Bundesrepublik Deutschland.
- 27./28. 5. Vereinigungsverbandstag der Holzarbeitergewerkschaften der drei Westzonen in Königswinter. Gründung der Gewerkschaft Holz (GH). Wahl von Markus Schleicher zum ersten Vorsitzenden.
- 7. 10. Gründung der Deutschen Demokratischen Republik.
- 12.–14. 10. Gründungskongreß des DGB für die Westzonen in München mit 16 Einzelgewerkschaften und zirka fünf Millionen Mitgliedern.

ANHANG

1950

12.–14. 8. Verschmelzung der IG-Holz der DDR mit der IG-Bau (IG Bau-Holz).
Wiederaufnahme der Herausgabe der »Holzarbeiter-Zeitung« als Zentralorgan der Gewerkschaft Holz.

1. 7. Der Holzarbeiterverband Groß-Berlin (Teil der UGO) integriert sich in die Gewerkschaft Holz.

1951

11.–13. 6. Erster ordentlicher Gewerkschaftstag der GH in Stuttgart.
Wahl von Franz Valentiner zum Nachfolger für den am 11. Mai verstorbenen Vorsitzenden der Gewerkschaft Holz, Markus Schleicher.
Tod von Fritz Tarnow und Hermann Scheffler.
Beitritt der Gewerkschaft Holz zum Internationalen Bund der Bau- und Holzarbeiter (IBBH).

1952

11.10. Verabschiedung des Betriebsverfassungsgesetzes.
Streik von 4000 Holzarbeitern in Ostwestfalen-Lippe.

1953

21.–26. 6. Zweiter Ordentlicher Gewerkschaftstag der GH in Hamburg. Wahl von Heinz Seeger zum ersten Vorsitzenden.

1954

Herausgabe der Zeitschrift »Der Mitarbeiter« als Funktionärsorgan der Holzarbeitergewerkschafter (bis 1972).
Verlegung der Hauptverwaltung der Gewerkschaft Holz von Hamburg nach Düsseldorf.

19.–29. 7. Streik in Hessen. 1181 Tischler erreichen die höchste Lohnsteigerung (17, 16 u. 15 Pf) seit 1946.

1955

Mai Verkündigung des Aktionsprogrammes des DGB.

4.–8. 9. Dritter Ordentlicher Gewerkschaftstag der GH in Kassel. Die Forderung nach höheren Löhnen wird noch einmal bekräftigt.

1956

Eröffnung der Bildungs- und Erholungsstätte der GH in Bad Münder.

27. 2.–19. 3. Größter Streik der Nachkriegszeit der Gewerkschaft Holz. In Ostwestfalen-Lippe streiken mehr als 10 000 Arbeitnehmer der holzverarbeitenden Industrie.
Verkürzung der wöchentlichen Arbeitszeit von 48 auf 45 Stunden ab 1956.

1957

1.1. Eingliederung des Saargebietes in die Bundesrepublik.

1.–5. 9. Vierter Ordentlicher Gewerkschaftstag der GH in Nürnberg. Resolutionen für Abrüstung, das Verbot von Atomwaffen und die Wiedereinführung der Wehrpflicht, gegen Wiederaufrüstung und für Wiedervereinigung beider deutscher Staaten.

1959

Tarifliche Durchsetzung des bundesweit ersten Urlaubsgeldes in Hamburg von 2 DM pro Urlaubstag.

1960

4.–8. 9. Fünfter Ordentlicher Gewerkschaftstag der GH in Berlin. Wahl Gerhard Vaters zum ersten Vorsitzenden.

1963

November Außerordentlicher Bundeskongreß des DGB in Düsseldorf, Verabschiedung des neuen Grundsatzprogrammes.

1.–6. 9. Sechster Ordentlicher Gewerkschaftstag der GH in Bremen.

1966

28. 8.–2. 9. Siebter Ordentlicher Gewerkschaftstag der GH in München. Umbenennung der Organisation in »Gewerkschaft Holz und Kunststoff« (GHK).
Große Koalition von SPD und CDU/CSU.

1969

2.–8.11. Achter Ordentlicher Gewerkschaftstag der GHK in Dortmund.
Sozialliberale Koalition von SPD und FDP. Wahl Gustav Heinemanns zum Bundespräsidenten und Willy Brandts zum Bundeskanzler.

1970

GHK bundesweit einzige Gewerkschaft mit bezahltem Bildungsurlaub.

21.12. Erste tarifvertragliche Festschreibung der vollen Höhe des dritten Vermögensbildungsgesetzes ohne Selbstbeteiligung.

1972

Neukonzipierung der Bildungsarbeit infolge des neuen Betriebsverfassungsgesetzes.

1973

2./3. 5. Spontane Warnstreiks in neun Betrieben in Krefeld, Essen und Mönchengladbach (300 Tischler) zur Durchsetzung der stufenweisen Einführung eines 13. Monatsgehaltes im Tischlerhandwerk.

3.–9. 9. Neunter Ordentlicher Gewerkschaftstag der GHK in Freiburg. Beschluß eines tarifpolitischen Aktionsprogramms. Satzungsänderung zur Einführung der »dynamischen Beitragsregelung«.

1974

MTV-Streik von 7000 Arbeitern und Angestellten in der holzverarbeitenden Industrie und des Tischlerhandwerks in Nordrhein-Westfalen, Niedersachsen, Bremen, Schleswig-Holstein und Hamburg.

1976

12.–20.11. Streik in Hamburg, Bremen und Schleswig-Holstein. Mehr als 1200 Tischler kämpfen um neue Lohntarifverträge.
Schwerpunktaktion »GHK-Vertrauensleute stärken die Organisation«. 1977 kann die GHK 10 982 Vertrauensleute aufweisen.

1977

3.–8.10. Zehnter Ordentlicher Gewerkschaftstag der GHK in Leverkusen. Wahl von Kurt Georgi zum ersten Vorsitzenden.

1978

Betriebsratswahlen 1978: 80 Prozent der gewählten Betriebsratsmitglieder sind in der GHK organisisert.

1979

GHK-Werbeaktion »Rein in die Gewerkschaft. Damit's nicht rückwärts geht«. Mitgliederaufschwung seit Herbst 1978: 23 000 neue Mitglieder.

1980

März/April Sechswöchiger Streik in Berlin beim Modellbauerhandwerk. Anhebung des Facharbeiterlohnes von 13,30 DM auf 14,15 DM.
Oktober Dreieinhalbwöchiger Streik im Karosseriebauerhandwerk in Niedersachsen/Bremen. Der Streikerfolg bringt 7,1 Prozent Lohnerhöhung.

1981

4.–10.10. Elfter Ordentlicher Gewerkschaftstag der GHK in Lübeck-Travemünde.
Forderungen nach der 35-Stunden-Woche. Wahl von Horst Morich zum ersten Vorsitzenden.

1982

1.10. Das von der CDU/CSU eingebrachte Mißtrauensvotum gegen Bundeskanzler Schmidt hat Erfolg. Beginn der christlich-liberalen Koalition.

1983

17. 9. Erster Außerordentlicher Gewerkschaftstag der GHK in Gelsenkirchen.
Mai Dritte Fachtagung der GHK zum Thema »Technischer und organisatorischer Wandel in der Holzwirtschaft« in Gelsenkirchen.

1985

27.10.–2.11. Zwölfter Ordentlicher Gewerkschaftstag der GHK in Leverkusen.

1988

20. 2. Zweiter Außerordentlicher Gewerkschaftstag der GHK in Koblenz.
April Erste Tarifvereinbarung über die 36-Stunden-Woche innerhalb des DGB. In der Bleistiftindustrie in Bayern soll diese ab dem 1. April 1993 gelten.

1989

8.–13.10. Dreizehnter Ordentlicher Gewerkschaftstag der GHK in Würzburg.
Resolutionen gegen Wochenendarbeit, Rechtsradikalismus und die Zerstörung tropischer Regenwälder.

1990

10./11. 2. Außerordentlicher Gewerkschaftskongreß der IG Bau-Holz. Wahl eines neuen Vorstands und Beschluß einer neuen Satzung.
18. 2. Abschluß eines Kooperationsabkommens mit der neu gegründeten IG Bau-Holz der DDR.
22. 9. Auflösung der IG Bau-Holz.
3.10. Wiedervereinigung beider deutscher Staaten.
6.10. Dritter Außerordentlicher Gewerkschaftstag der GHK in Gelsenkirchen.
Der Organisationsbereich der GHK wird in den fünf neuen Bundesländern um vier Bezirke erweitert:
1. Berlin/Brandenburg, Sachsen-Anhalt;
2. Thüringen; 3. Sachsen und 4. Norddeutschland (Schleswig-Holstein, Hamburg und Mecklenburg-Vorpommern).
1.11. Einheitliche Gewerkschaft Holz und Kunststoff für Gesamtdeutschland.

ANHANG

Geschäftsführende Vorstände der Gewerkschaft Holz und Kunststoff seit 1949

Gründungsverbandstag, Königswinter 1949

Erster Vorsitzender	Markus Schleicher
Stellvertretender Vorsitzender (HA* Organisation)	Franz Valentiner
Sekretär (HA Tarif)	Theodor Bach
Hauptkassierer	Wilhelm Schumann

Erster Ordentlicher Gewerkschaftstag, Stuttgart 1951

Erster Vorsitzender	Franz Valentiner
Stellvertretender Vorsitzender (HA Organisation)	Franz Dierig
Stellvertretender Vorsitzender (HA Tarif)	Theodor Bach
Hauptkassierer	Wilhelm Schumann

Zweiter Ordentlicher Gewerkschaftstag, Hamburg 1953

Erster Vorsitzender	Heinz Seeger
Stellvertretender Vorsitzender (HA Organisation)	Franz Dierig
Stellvertretender Vorsitzender (HA Tarif)	Theodor Bach
Hauptkassierer	Hans Fischer

Dritter Ordentlicher Gewerkschaftstag, Kassel 1955

Erster Vorsitzender	Heinz Seeger
Stellvertretender Vorsitzender (HA Organisation)	Franz Dierig
Stellvertretender Vorsitzender (HA Tarif)	Theodor Bach
Hauptkassierer	Hans Fischer

Vierter Ordentlicher Gewerkschaftstag, Nürnberg 1957

Erster Vorsitzender	Heinz Seeger[1]
Stellvertretender Vorsitzender (HA Tarif)	Theodor Bach
Stellvertretender Vorsitzender (HA Organisation)	Gerhard Vater
Hauptkassierer	Hans Fischer

Fünfter Ordentlicher Gewerkschaftstag, Berlin 1960

Erster Vorsitzender	Gerhard Vater
Stellvertretender Vorsitzender (HA Tarif)	Theodor Bach
Stellvertretender Vorsitzender (HA Organisation)	Kurt Georgi
Hauptkassierer	Hans Fischer

Sechster Ordentlicher Gewerkschaftstag, Bremen 1963

Erster Vorsitzender	Gerhard Vater
Stellvertretender Vorsitzender (HA Tarif)	Theodor Bach[2]
Stellvertretender Vorsitzender (HA Organisation)	Kurt Georgi
Hauptkassierer	Hans Fischer

Siebter Ordentlicher Gewerkschaftstag, München 1966

Erster Vorsitzender	Gerhard Vater
Stellvertretender Vorsitzender (HA Organisation)	Kurt Georgi
Stellvertretender Vorsitzender (HA Tarif)	Karlheinz Schwark
Hauptkassierer	Anton Grzonka

Achter Ordentlicher Gewerkschaftstag, Dortmund 1969

Erster Vorsitzender	Gerhard Vater
Stellvertretender Vorsitzender (HA Organisation)	Kurt Georgi
Stellvertretender Vorsitzender (HA Tarif)	Karlheinz Schwark
Hauptkassierer	Anton Grzonka

Neunter Ordentlicher Gewerkschaftstag, Freiburg 1973

Erster Vorsitzender	Gerhard Vater
Stellvertretender Vorsitzender (HA Organisation)	Kurt Georgi
Stellvertretender Vorsitzender (HA Tarif)	Karlheinz Schwark
Hauptkassierer	Bruno Eisenburger[3]

Zehnter Ordentlicher Gewerkschaftstag, Leverkusen 1977

Erster Vorsitzender	Kurt Georgi
Stellvertretender Vorsitzender (HA Tarif)	Karlheinz Schwark
Stellvertretender Vorsitzender (HA Organisation)	Horst Morich
Hauptkassierer	Anton Nindl

Elfter Ordentlicher Gewerkschaftstag, Lübeck-Travemünde 1981

Erster Vorsitzender	Horst Morich
Stellvertretender Vorsitzender (HA Tarif)	Karlheinz Schwark
Stellvertretender Vorsitzender (HA Organisation)	Peter Riemer
Hauptkassierer	Anton Nindl

GESCHÄFTSFÜHRENDE VORSTÄNDE

Erster Außerordentlicher Gewerkschaftstag, Gelsenkirchen 1983

Erster Vorsitzender	Horst Morich
Stellvertretender Vorsitzender (HA Organisation)	Peter Riemer
Stellvertretender Vorsitzender (HA Tarif)	Willi Schulze
Hauptkassierer	Anton Nindl

Zwölfter Ordentlicher Gewerkschaftstag, Leverkusen 1985

Erster Vorsitzender	Horst Morich
Stellvertretender Vorsitzender (HA Organisation)	Peter Riemer
Stellvertretender Vorsitzender (HA Tarif)	Willi Schulze
Hauptkassierer	Anton Nindl

Zweiter Außerordentlicher Gewerkschaftstag, Koblenz 1988

Erster Vorsitzender	Horst Morich
Stellvertretender Vorsitzender (HA Organisation)	Peter Riemer
Stellvertretender Vorsitzender (HA Tarif)	Willi Schulze
Hauptkassierer	Peeter Raane

Dreizehnter Ordentlicher Gewerkschaftstag, Würzburg 1989

Erster Vorsitzender	Horst Morich
Stellvertretender Vorsitzender (HA Organisation)	Peter Riemer
Stellvertretender Vorsitzender (HA Tarif)	Willi Schulze
Hauptkassierer	Peeter Raane

Dritter Außerordentlicher Gewerkschaftstag, Gelsenkirchen 1990

Erster Vorsitzender	Horst Morich
Stellvertretender Vorsitzender (HA Organisation)	Peter Riemer
Stellvertretender Vorsitzender (HA Tarif)	Wolfgang Rhode
Hauptkassierer	Peeter Raane

---

* HA = Hauptabteilung
[1] Von 1958–1960 amtierte Gerhard Vater kommissarisch.
[2] Theodor Bach schied 1965 aus.
[3] Bruno Eisenburger war 1971 nach dem Tode Grzonkas gewählt worden.

Mitglieder-, Beitrags- und Verwaltungsstellenentwicklung des Deutschen Holzarbeiter-Verbandes 1893–1931

	Verwaltungs-stellen	Mitglieder	Gesamteinnahmen in Mark		Beiträge	Extra-beiträge	Gesamtausgaben in Mark	
				pro Mitglied				pro Mitglied
1893	356	23 774	113 933		77 424	6 478	81 258	
1894	410	26 144	194 771	7,45	181 289	20 671	181 461	6,94
1895	449	29 115	205 499	7,41	194 652	30 704	179 269	6,46
1896	476	37 816	321 669	8,32	297 203	44 048	345 015	8,93
1897	465	42 576	377 928	9,25	366 672	40 674	303 534	7,43
1898	496	50 961	472 217	9,64	434 363	21 581	398 205	8,13
1899	538	67 656	643 173	10,28	566 390	34 615	588 136	9,40
1900	568	70 630	1 108 955	15,00	758 030	122 629	1 230 739	16,64
1901	591	67 341	831 265	11,83	774 632	3 593	628 368	8,94
1902	607	70 851	977 440	13,89	790 444	79 155	796 138	11,31
1903	629	83 662	1 263 415	15,85	1 183 230	900	951 006	11,93
1904	660	105 386	1 813 515	18,68	1 579 307	131 731	1 633 238	16,82
1905	714	130 141	2 170 271	18,10	2 029 860	37 301	2 074 601	17,30
1906	767	151 717	2 983 362	20,37	2 829 858	5 667	2 888 790	19,73
1907	787	147 492	4 837 045	32,35	3 309 362	1 391 887	4 424 313	29,59
1908	811	144 259	3 371 261	23,03	3 216 853	29 353	3 274 011	22,37
1909	825	151 827	3 442 310	23,11	3 259 335	47 755	3 372 712	22,64
1910	844	165 042	4 626 791	29,14	3 883 008	593 379	3 686 894	23,22
1911	874	182 750	4 948 666	27,98	4 681 519	128 102	4 703 845	26,60
1912	877	196 810	5 473 560	28,41	5 107 282	99 945	3 894 165	20,21
1913	880	193 075	5 636 153	28,84	4 959 317	352 725	5 167 538	26,44
1914	860	115 039	5 572 457	35,41	3 753 058	498 224	6 989 656	44,42
1915	806	69 415	2 915 540	34,98	2 082 923	195 681	2 166 672	26,00
1916	773	68 249	2 254 175	32,85	1 782 309	59 260	1 692 075	24,66
1917	765	90 237	2 639 994	33,23	2 031 008	28 018	1 894 144	23,84
1918	781	168 385	4 914 133	45,49	4 432 660	1 084	3 408 433	31,51
1919	1 193	361 054	14 723 278	51,67	14 289 539	3 736	14 028 471	49,23
1920	1 316	370 840	45 332 391	119,49	36 283 383	8 267 310	36 876 568	97,20
1921	1 352	388 463	60 643 824	161,63	59 746 106		52 745 168	140,58
1922	1 376	434 843	664 379 482	1 595,29	660 712 692		315 908 813	758,55
1923	1 372	377 025						
1924	1 280	284 742	4 372 056	13,53	5 275 408	233 332	3 155 659	9,76
1925	1 238	297 511	7 463 713	24,88	8 789 820	334 594	6 316 586	21,06
1926	1 184	266 055	5 764 360	20,51	7 320 626	4 162	6 966 365	24,79
1927	1 172	293 835	8 186 024	29,42	9 597 342		3 952 565	14,22
1928	1 183	313 544	10 847 933	35,37	9 889 446		7 521 248	24,53
1929	1 173	315 155	11 428 767	36,21	9 329 419		8 479 847	23,83
1930	1 166	299 924	9 283 088	30,05	7 246 040		10 212 873	33,07
1931	1 116	269 142	5 652 777	19,78	4 286 293		10 105 214	35,71

DHV Almanach 1933, Berlin 1932, S. 76 f

ANHANG

			Unterstützungen aus der Hauptkasse in Mark						
Streik	Maß-regelung	Arbeits-lose	Kranke	Reise	Umzug	Sterbefall	Invaliden und Notfall	Zusammen pro Mitglied
4 574	485			16 837		850		
15 392	2 009			45 478		1 618		2,58
79 230	2 515			34 252	576	1 670		4,40
159 126	2 025			19 163	1 754	1 415		5,86
107 223	1 979			19 679	2 270	2 465		3,35
143 292	2 985			19 501	2 873	3 662		3,65
229 651	3 560			23 729	4 737	5 857		4,37
686 517	7 580			35 885	7 947	10 400		10,23
45 342	19 893			40 845	11 833	15 278		2,01
122 684	27 812			36 570	12 267	14 406	633	3,15
269 499	21 614			32 962	14 553	18 306	3 032	4,64
732 281	21 654	110 702		69 158	18 070	31 207	4 525	10,21
760 896	30 301	250 360		92 672	26 706	21 107	5 775	10,13
1 267 260	41 043	325 719		110 071	35 683	33 961	6 595	12,56
2 250 297	32 802	476 103	175 833	118 545	36 761	43 407	6 195	21,17
273 428	53 063	933 606	599 312	143 395	36 833	47 182	8 784	14,45
574 150	41 830	727 002	565 346	114 858	40 193	51 072	8 903	14,35
905 337	39 384	666 000	579 314	104 389	42 028	51 782	9 720	15,20
1 763 854	55 838	596 989	656 888	101 047	46 043	63 124	9 503	18,75
563 727	52 616	843 760	734 138	118 412	47 610	65 610	12 690	12,63
990 487	90 815	1 295 512	884 452	146 173	52 290	74 518	17 713	18,31
453 418	62 243	3 419 307	651 765	87 648	32 034	53 402	12 377	30,43
1 302	1 214	610 027	195 622	17 069	11 692	45 411	5 252	10,69
14 622	1 509	98 640	327 017	8 017	11 571	68 413	5 295	7,86
39 361	1 893	42 849	363 536	3 260	11 931	12 063	5 205	7,06
74 532	2 418	385 334	656 154	5 189	12 219	109 053	6 195	11,62
4 517 301	20 728	2 280 967	871 859	13 409	44 507	129 773	6 503	27,62
11 897 492	61 702	6 759 685	1 713 671	46 927	33 798	186 620	12 416	55,56
24 572 947	69 696	3 343 290	2 462 045	53 589	39 174	189 184	22 284	82,27
71 056 321	98 919	1 597 633	2 852 986	97 002	37 086	312 296	25 016	
2 241 604	3 547							7,91
2 515 089	7 895	1 553 261	506 541	30 103	10 269	77 664	18 294	15,78
340 978	14 786	4 414 274	647 482	27 287	7 778	94 843	8 652	19,83
638 060	9 629	879 065	606 287	24 621	11 431	106 978	13 397	8,28
2 363 926	9 662	2 338 905	885 072	55 220	19 996	124 317	16 175	19,02
1 248 320	12 655	3 751 604	969 981	41 537	17 911	137 271	315 812	20,62
756 037	19 832	5 254 464	733 653	30 505	17 253	131 398	1 240 200	27,25
1 892 948	10 571	4 707 017	480 754	18 738	13 539	136 177	909 528	28,67

ANHANG

Mitgliederzahlen des Deutschen Holzarbeiter-Verbandes 1893–1931

Jahr	Mitglieder	Verwaltungsstellen
1893	23 774	356
1894	26 144	410
1895	29 115	449
1896	37 816	476
1897	42 576	465
1898	50 961	496
1899	67 656	538
1900	70 630	568
1901	67 341	591
1902	70 851	607
1903	83 662	629
1904	105 386	660
1905	130 141	714
1906	151 717	767
1907	147 492	787
1908	144 259	811
1909	151 827	825
1910	165 042	844
1911	182 750	874
1912	196 810	877
1913	193 075	880
1914	115 039	860
1915	69 415	806
1916	68 249	773
1917	90 237	765
1918	168 385	781
1919	361 054	1 193
1920	370 840	1 316
1921	388 463	1 352
1922	434 843	1 376
1923	377 025	1 372
1924	284 742	1 280
1925	297 511	1 238
1926	266 055	1 184
1927	293 835	1 172
1928	313 544	1 183
1929	315 155	1 173
1930	299 924	1 166
1931	269 142	1 116

Quelle: DHV Almanach 1933, Berlin 1933, S. 76f.

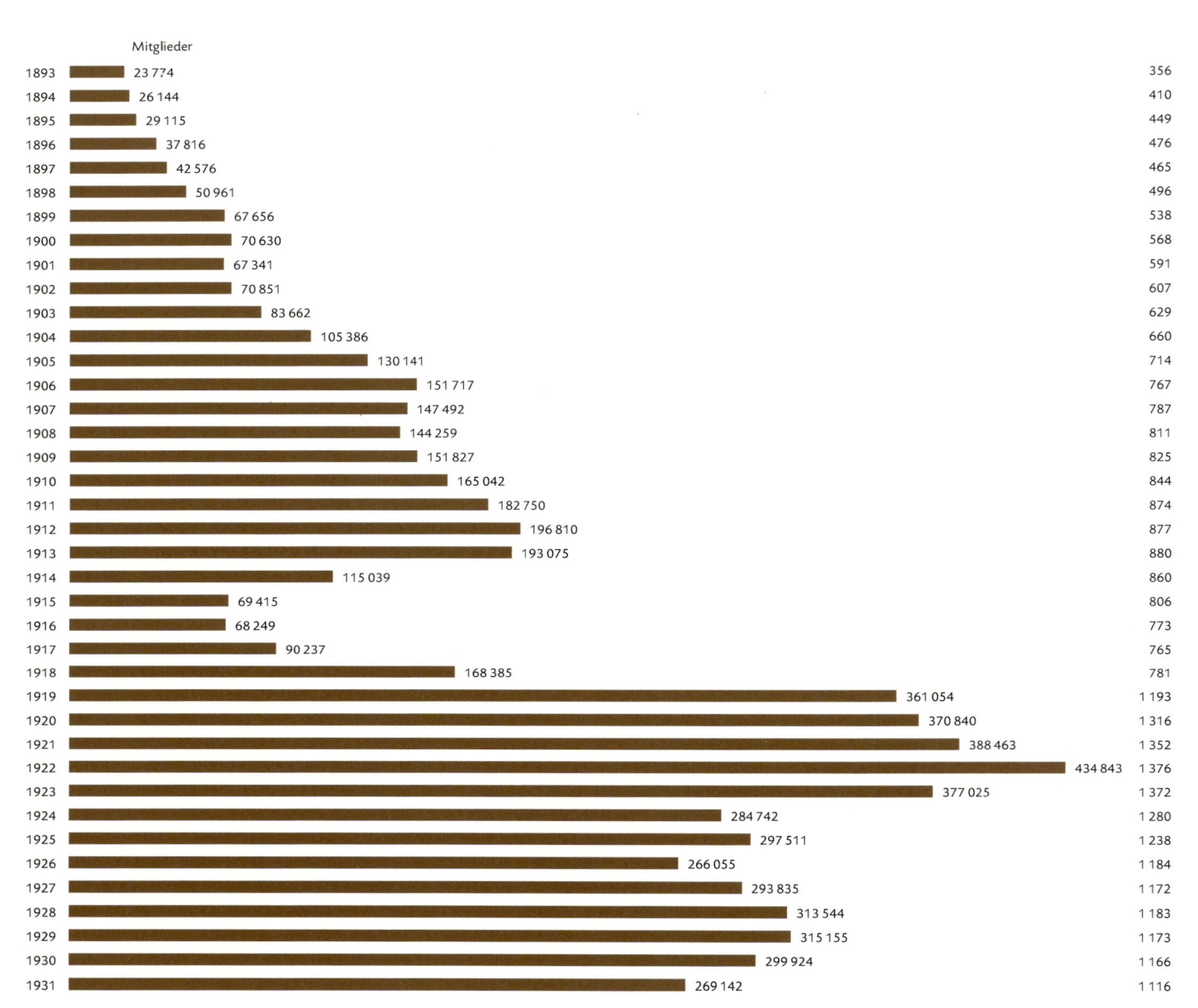

Quellen: EDV-Listen der GHK Hauptverwaltung in Düsseldorf, Gewerkschaftstagsprotokolle der GHK, Wirtschafts- und Tätigkeitsberichte der GHK, Statistisches Bundesamt, H.-O. Hemmer/K.T. Schmitz (Hrsg.), Geschichte der Gewerkschaften in der Bundesrepublik Deutschland. Von den Anfängen bis heute, Köln 1990.

ANHANG

Mitgliederzahlen der Gewerkschaft Holz und Kunststoff seit 1945 und Beschäftigtenentwicklung im Organisationsbereich

Jahr	Mitglieder insgesamt[1]	Frauen in %	Arbeiter	Arbeiterinnen in %	Angestellte	weibl. Angestellte in %	Jugendliche[2]	Rentner[3]	Beschäftigten-entwicklung in %
1945									
1946									
1947	126 024								
1948	162 232								
1949	175 745								
1950	189 661	9,9	185 446	9,7	4 299	16,8	25 712		
1951	211 770	10,6	206 520	10,4	4 550	17,2	34 149		
1952	202 208	10,2	200 074	10,0	4 550	19,5	31 658		
1953	185 897	9,9	189 261	9,8	3 759	17,1	30 138		
1954	180 969	10,0	183 698	9,9	3 417	18,8	29 655		
1955	178 439	10,0	183 769	9,8	3 237	17,8	27 334		
1956	184 962	10,8	184 003	10,7	3 113	17,8	28 468		
1957	143 139	11,6	181 240	11,5	3 391	19,3	27 531		
1958	177 559	11,5	174 779	11,4	2 777	20,8	24 754		
1959	168 721	11,0	167 300	11,0	2 094	15,9	21 587		
1960	165 043	10,7	157 848	10,5	2 933	18,6			
1961	161 108	10,7	158 175	10,5	2 933	18,6			3,0
1962	148 023	9,5	144 720	9,3	3 303	17,7			-2,1
1963	144 906	8,7	141 650	8,5	3 256	17,2			-3,2
1964	143 260	8,1	139 762	7,6	3 498	28,8			-1,8
1965	137 363	8,1	133 677	7,9	3 686	15,9			-1,1
1966	130 321	8,3	125 477	8,1	4 844	12,8			-3,6
1967	130 315	8,3	125 432	8,1	4 883	12,7			-3,0
1968	129 761	7,3	124 882	7,6	5 379	11,8			-0,7
1969	129 836	7,7	123 417	7,6	6 419	10,3		21 169	0,5
1970	129 721	7,7	123 023	7,5	6 698	11,3	10 028	18 945	-2,9
1971	129 830	7,7	122 818	7,4	7 012	12,7	13 480	14 723	1,0
1972	130 805	8,7	123 706	8,2	7 099	16,6	16 406	12 023	0,0
1973	134 871	8,5	126 691	8,1	8 126	15,5	16 331	12 667	1,2
1974	135 205	8,5	127 010	8,1	8 195	15,6	16 421	15 859	-4,1
1975	132 054	10,7	123 209	10,0	8 845	20,2	16 207	11 989	-6,3
1976	133 248	10,9	124 285	10,2	8 963	20,5	17 968	11 446	-2,7
1977	136 572	11,0	127 396	10,3	9 176	20,8	19 074	11 251	4,5
1978	145 076	11,5	135 455	10,7	9 621	22,0	22 010	10 984	1,1
1979	151 728	12,2	141 513	11,5	10 215	22,9	25 632	10 695	1,8
1980	157 142	12,9	146 428	12,0	10 714	24,4	27 263	10 757	-0,5
1981	160 040	13,3	148 973	12,4	11 067	25,6	27 339	10 841	-3,9
1982	156 453	12,8	145 417	11,7	11 036	26,4	25 118	10 905	-7,0
1983	149 724	13,3	139 144	12,3	10 580	26,3	23 038	9 474	-5,0
1984	147 177	13,3	136 789	12,4	10 379	26,3	22 261	9 235	-1,2
1985	144 653	13,5	134 481	12,5	10 172	26,5	21 487	8 764	-4,0
1986	142 954	13,6	133 085	12,5	9 869	26,9	17 194	9 443	-2,9
1987	143 139	13,6	133 454	12,6	9 685	27,8	20 284	9 855	-1,1
1988	144 763	13,8	135 000	12,7	9 763	28,2	20 929	10 437	1,3
1989	149 098	14,1	139 133	13,0	9 965	29,5	22 087	11 483	5,6
1990[4]	153 462	14,4	142 800	13,2	10 663	29,8	22 304	12 215	5,1[5]

1
Für die Jahre 1947–1949 sind die Mitgliedszahlen der drei westlichen Besatzungszonen zugrunde gelegt. Der Erhebungsmonat ist für diese Jahre aus den Quellen nicht ermittelbar. Ab 1950 werden die Mitgliedszahlen im Monat Dezember zugrunde gelegt.

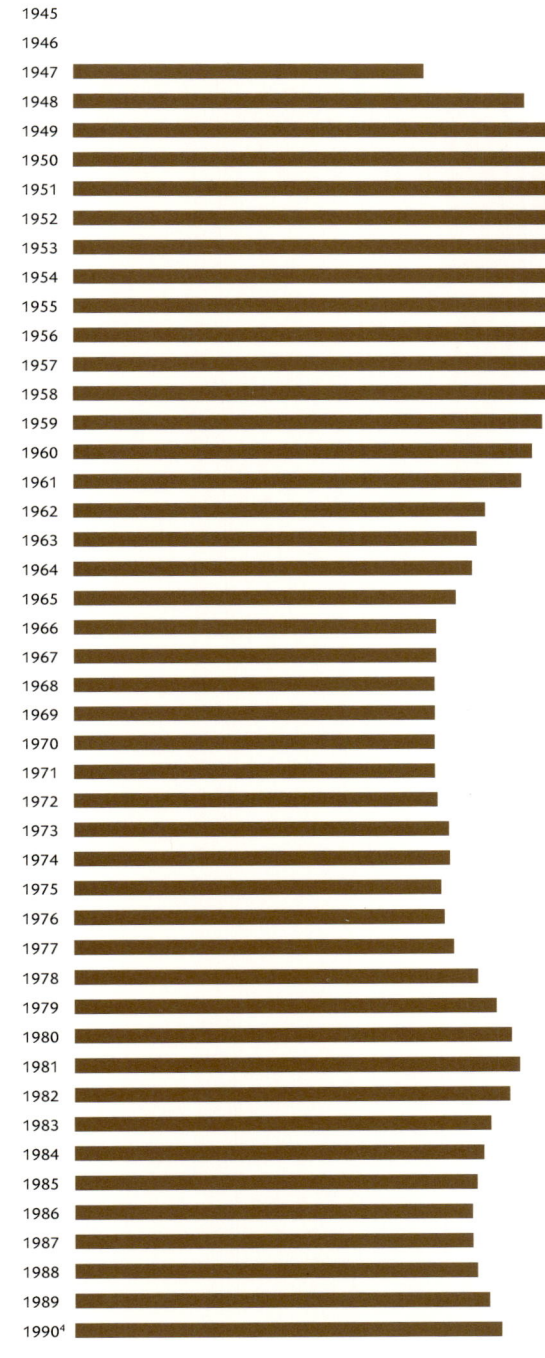

2
Gewerkschaftsmitglieder unter 25 Jahre. Für die Jahre 1950 bis 1959 werden nur die Mitglieder bis 21 Jahre ausgewiesen.

3
Ab 1974 beziehen sich die Zahlenangaben auf den Monat Dezember. In den vorhergehenden Jahren wurden die Mitgliedszahlen der Rentner in anderen Monaten erhoben.

4
Ausschließlich der Mitglieder aus den neuen Bundesländern. Aus den neuen Bundesländern kamen bis Dezember 1990 82 847 Mitglieder hinzu.

5
Bis Oktober 1990.

ANHANG

Tarifentwicklung der holzverarbeitenden Industrie am Beispiel Niedersachsen und Baden-Württemberg

	wöchentliche tarifliche Arbeitszeit/Stunden		Ortsklassen						Facharbeiterecklohn (100%) in Mark	
			Niedersachsen			Baden-Württemberg				
	Niedersachsen	Baden-Württemb.	I 100 %	II	III	I 100 %	II	III	Niedersachsen	Baden-Württemb.
1948	48	48	100 %	93 %	86 %	100 %	bis	85 %*	1,12	1,23
1949	48	48	100 %	94 %	87 %	100 %			1,24	1,27
1950	48	48	100 %	94 %	89 %	100 %			1,29	1,34
1951	48	48	100 %	95 %	90 %	100 %			1,40	1,44
1952	48	48	100 %	95 %	90 %	100 %	95 %	90 %	1,51	1,51
1953	48	48	100 %	95 %	90 %	100 %	95 %	90 %	1,53	1,55
1954	48	48	100 %	95 %	90 %	100 %	95 %	91 %	1,56	1,61
1955	48	48	100 %	97 %	92 %	100 %	95 %	91 %	1,64	1,64
1956	48	48	100 %	97 %	93 %	100 %	95 %	92 %	1,76	1,91
1957	45 April	45 Mai	100 %	97 %	94 %	100 %	95 %	93 %	1,95	1,97
1958	45	45	100 %	97 %	94 %	100 %	95 %	93 %	2,06	2,08
1959	45	45	100 %	97 %	94 %	100 %	95 %	93 %	2,21	2,30
1960	44	44 April	100 %	97 %	94 %	100 %	96 %	94 %	2,44	2,35
1961	44	44	100 %	97 %	94 %	100 %	97 %	95 %	2,58	2,55
1962	44	44	100 %	97 %	94 %	100 %	98 %	96 %	2,78	2,79
1963	43	43	100 %	97 %	94,5 %	100 %	98 %	96 %	3,08	3,05
1964	42	43	100 %	97 %	95 %	100 %	98 %	96 %	3,24	3,14
1965	42	42	100 %	97 %	95 %	100 %	98 %	96 %	3,50	3,45
1966	41 April	42	100 %	97 %	95 %	100 %	98 %	96 %	3,75	3,69
1967	40 April	41 Juli	100 %	97 %	96 %	100 %	98 %	96 %	3,92	3,78
1968	40	41	100 %	97 %	96 %	100 %	98 %	96 %	4,02	3,89
1969	40	40 Sept.	100 %	97 %	96 %	100 %	98 %	96 %	4,28	4,33
1970	40	40	100 %	97 %	Wegf. III	100 %	98 %	97 %	4,73	4,58
1971	40	40	100 %	97 %		100 %	98 %	97 %	5,31	5,13
1972	40	40	100 %	97 %		100 %	98 %	97 %	5,68	5,49
1973	40	40	100 %	98 %		100 %	98 %	Wegf. III	6,16	5,98
1974	40	40	100 %	99 %		100 %	99 %		6,83	6,78
1975	40	40	100 %	Wegf. II		100 %	99 %		7,33	7,28
1976	40	40	100 %			100 %	Wegf. II		7,77	7,72
1977	40	40	100 %			100 %			8,27	8,21
1978	40	40	100 %			100 %			8,80	8,71
1979	40	40	100 %			100 %			9,30	9,21
1980	40	40	100 %			100 %			10,00	9,91
1981	40	40	100 %			100 %			10,59	10,47
1982	40	40	100 %			100 %			11,09	10,96
1983	40	40	100 %			100 %			11,48	11,35
1984	40	40	100 %			100 %			11,82	11,69
1985	38,5 Okt.	38,5 Okt.	100 %			100 %			12,53	12,38
1986	38,5	38,5	100 %			100 %			12,98	12,83
1987	38,5	38,5	100 %			100 %			13,50	13,33
1988	38,5	38,5	100 %			100 %			14,01	13,83
1989	37 Okt.	37,5 Okt.	100 %			100 %			15,00	14,65
1990		37 Juli	100 %			100 %			15,44	15,32

*
Für Baden-Württemberg gab es im Jahr 1948 vier Ortsklassen: 100 %/95 %/90 %/85 %.

ANHANG

unterste Lohngruppe				tariflicher Urlaubsanspruch/Tage		zusätzliches Urlaubsgeld		vermögensbildende Leistungen		13. Monatseinkommen		
Niedersachsen % **		Baden-Württemberg %		Niedersachsen	Baden-Württ.	Niedersachsen	Baden-Württ.	Niedersachsen	Baden-Württ.	Niedersachsen	Baden-Württ.	
80 % (61 %)	0,90 (0,68)	85 % (61 %)	1,05 (0,75)	12–15	12–16							1948
82 % (62 %)	1,02 (0,77)	85 % (60 %)	1,08 (0,76)	12–15	12–16							1949
82 % (66 %)	1,06 (0,85)	85 % (60 %)	1,14 (0,80)	12–15	12–16							1950
85 % (68 %)	1,19 (0,95)	85 % (60 %)	1,22 (0,86)	12–15	12–16							1951
86 % (69 %)	1,30 (1,04)	85 % (65 %)	1,28 (0,98)	12–15	12–16							1952
86 % (69 %)	1,32 (1,06)	85 % (65 %)	1,32 (1,01)	12–16	12–18							1953
86 % (69 %)	1,34 (1,07)	85 % (65 %)	1,37 (1,05)	12–16	12–18							1954
86 % (69 %)	1,41 (1,13)	85 % (65 %)	1,39 (1,07)	12–16	12–18							1955
89 % (76 %)	1,57 (1,33)	85 % (65 %)	1,62 (1,24)	12–16	12–18							1956
75 %	1,46	65 %	1,28	12–16	12–18							1957
77 %	1,58	70 %	1,46	12–16	12–18							1958
73 %	1,61	66 %	1,51	12–18	12–18							1959
73 %	1,78	66 %	1,65	12–18	12–19							1960
75 %	1,94	72 %	1,84	12–18	14–20							1961
75 %	2,09	72 %	2,01	12–18	16–22	2,00						1962
75 %	2,31	74 %	2,26	12–18	18–23	2,00						1963
75 %	2,46	74 %	2,32	12–18	18–23	2,00						1964
76 %	2,66	74 %	2,55	18–21	18–25	2,00	5,00					1965
76 %	2,85	74 %	2,73	18–24	18–25	8,00	30 %					1966
76 %	2,98	74 %	2,80	18–24	18–25	8,00	30 %					1967
76 %	3,06	74 %	2,88	18–24	18–25	8,00	30 %					1968
76 %	3,25	78 %	3,38	18–24	18–25	8,00	30 %					1969
76 %	3,59	78 %	3,57	16–21*	16–22***	12,00	30 %					1970
77 %	4,09	80 %	4,10	17–22	17–23	12,00	30 %					1971
77 %	4,37	80 %	4,39	18–24	18–25	12,00	35 %	26,00	26,00	200,00	15–30 %	1972
79 %	4,87	85 %	4,88	18–24	18–25	13,00	35 %	26,00	26,00	25 %	15–30 %	1973
82 %	5,60	85 %	5,76	19–26	18–25	33 %	35 %	26,00	26,00	35 %	20–40 %	1974
82 %	6,01	85 %	6,19	19–27	19–26	35 %	40 %	26,00	26,00	40 %	20–40 %	1975
84 %	6,53	85 %	6,56	19–27	20–27	40 %	45 %	39,00	39,00	45 %	20–40 %	1976
85 %	7,03	85 %	6,98	20–28	20–27	40 %	50 %	39,00	39,00	50 %	20–40 %	1977
85 %	7,48	85 %	7,40	21–28	22–27	45 %	50 %	39,00	39,00	50 %	15–45 %	1978
85 %	7,91	85 %	7,83	23–29	23–28	45 %	50 %	46,00	46,00	55 %	15–50 %	1979
85 %	8,50	85 %	8,42	25–30	24–29	50 %	50 %	52,00	52,00	55 %	30–50 %	1980
85 %	9,00	85 %	8,90	26–30	25–30	50 %	50 %	52,00	52,00	60 %	37–55 %	1981
85 %	9,43	85 %	9,32	26–30	25–30	50 %	50 %	52,00	52,00	62 %	42–60 %	1982
85 %	9,76	85 %	9,65	28–30	25–30	50 %	50 %	52,00	52,00	65 %	42–60 %	1983
85 %	10,05	85 %	9,94	30	25–30	50 %	50 %	52,00	52,00	65 %	42–60 %	1984
85 %	10,65	85 %	10,52	30	25–30	50 %	50 %	52,00	52,00	65 %	42–60 %	1985
85 %	11,03	85 %	10,91	30	26–30	50 %	50 %	52,00	52,00	65 %	42–60 %	1986
85 %	11,48	85 %	11,33	30	27–30	50 %	50 %	52,00	52,00	65 %	50–62,5 %	1987
85 %	11,91	85 %	11,76	30	30	50 %	50 %	52,00	52,00	65 %	50–65 %	1988
85 %	12,75	85 %	12,45	30	30	50 %	50 %	52,00	52,00	65 %	60–67,5 %	1989
85 %	13,12	85 %	13,02	30	30	50 %	50 %	52,00	52,00	65 %	70 %	1990

**
Von 1948–1956 wurden in Niedersachsen und Baden-Württemberg die Lohngruppen in Männer- und Frauenlöhne aufgeteilt. Die Frauenlöhne stehen jeweils in Klammern neben den Männerlöhne.

***
Samstage zählen nicht mehr als Urlaubstage.

Quellen:
GHK-Hauptvorstand – HA III Tarif (Renate Broch).
Vervollständigung Jörg Skroblin.

LITERATUR

1899/1924. Ein Vierteljahrhundert Zentralverband christlicher Holzarbeiter, hrsg. vom Zentralvorstand des Zentralverbandes christlicher Holzarbeiter Deutschlands, Köln 1924

Bardey, Emil: Der »Deutsche Holzarbeiter-Verband« und der Weltkrieg. Die Entwicklung einer freien Gewerkschaft während des Krieges, Diss., Rostock 1922

Beier, Gerhard: Schulter an Schulter, Schritt für Schritt. Lebensläufe deutscher Gewerkschafter, Köln 1983

Borsdorf, Ulrich (Hrsg.): Geschichte der deutschen Gewerkschaften von den Anfängen bis 1945, Köln 1987

Der Zentralverband christlicher Holzarbeiter Deutschlands. Ein Bestandsverzeichnis, hrsg. von der Bibliothek der Friedrich-Ebert-Stiftung, Bonn 1991

Dikreiter, Heinrich Georg: Vom Waisenhaus zur Fabrik. Geschichte einer Proletarierjugend, Eggingen 1988

Dütting, Heinz: 1893-1983: 90 Jahre. Vom Deutschen Holzarbeiter-Verband zur Gewerkschaft Holz und Kunststoff. Ein Streifzug durch die Geschichte der lippischen Holzarbeiter, Detmold 1983

Ein Vergleich der Unterstützungseinrichtungen des Gewerkvereins der Holzarbeiter Deutschlands, des Deutschen Holzarbeiter Verbandes und des Christlichen Holzarbeiter-Verbandes, hrsg. vom Hauptvorstand des Gewerkvereins der Holzarbeiter Deutschlands, Berlin o.J. (ca. 1906)

Grebing, Helga: Arbeiterbewegung. Sozialer Protest und kollektive Interessenvertretung bis 1914, 3. Aufl., München 1992

Grießinger, Andreas: Das symbolische Kapital der Ehre. Streikbewegungen und kollektives Bewußtsein deutscher Handwerksgesellen im 18. Jahrhundert, Berlin 1981

Hemmer, Hans-Otto/Schmitz, Kurt Thomas (Hrsg.): Geschichte der Gewerkschaften in der Bundesrepublik Deutschland. Von den Anfängen bis heute, Köln 1990

John, Peter: Bauhandwerk und Industrie. Von den Gesellenverbänden zur Gewerkschaftsbewegung, in: Arno Klönne u. a. (Hrsg.): Hand in Hand. Bauarbeit und Gewerkschaften. Eine Sozialgeschichte, Köln 1989, S. 12-27

Kocka, Jürgen: Arbeitsverhältnisse und Arbeiterexistenzen. Grundlagen der Klassenbildung im 19. Jahrhundert, Bonn 1990 (Geschichte der Arbeiter und der Arbeiterbewegung in Deutschland seit dem Ende des 18. Jahrhunderts, Bd. 2)

Kocka, Jürgen: Weder Stand noch Klasse. Unterschichten um 1800, Bonn 1990 (Geschichte der Arbeiter und Arbeiterbewegung in Deutschland seit dem Ende des 18. Jahrhunderts, Bd. 1).

Kurtscheid, Heinrich: Fünfzehn Jahre Zentralverband christlicher Holzarbeiter Deutschlands. Vortrag zum fünfzehnjährigen Bestehen des Verbandes, hrsg. vom Zentralvorstand, Cöln 1914

Leipart, Theodor: Carl Legien. Ein Gedenkbuch, Berlin 1929 (Neudruck Köln 1981)

Lenger, Friedrich: Sozialgeschichte der deutschen Handwerker, Frankfurt am Main 1988

Radkau, Joachim/Schäfer, Ingrid: Holz – Ein Naturstoff in der Technikgeschichte, Reinbek 1987

Ritter, Gerhard A./Tenfelde, Klaus: Arbeiter im deutschen Kaiserreich 1871 bis 1914, Bonn 1992 (Geschichte der Arbeiter und der Arbeiterbewegung in Deutschland seit dem Ende des 18. Jahrhunderts, Bd. 5)

Schneider, Dieter: 1868-1968. Einhundert Jahre Gewerkschaften der Holzarbeiter, in: Holzarbeiter-Zeitung, 75 (1968) 9

Schneider, Michael: Die Christlichen Gewerkschaften 1894-1933, Bonn 1982

Schneider, Michael: Kleine Geschichte der Gewerkschaften. Ihre Entwicklung in Deutschland von den Anfängen bis heute, Bonn 1989

Schönhoven, Klaus: Die deutschen Gewerkschaften, 2. Aufl., Frankfurt am Main 1988

Schönhoven, Klaus (Bearb.): Die Gewerkschaften in Weltkrieg und Revolution 1914-1919, Köln 1985

Schönhoven, Klaus: Expansion und Konzentration. Studien zur Entwicklung der Freien Gewerkschaften im wilhelminischen Deutschland 1890 bis 1914, Stuttgart 1980

Tarnow, Fritz: Kämpfe und Organisationen der Berliner Holzarbeiter. Von den Anfängen der modernen Gewerkschaftsbewegung bis zur Gegenwart, Berlin 1912

DIE AUTORIN UND DIE AUTOREN

Dr. Detlev Brunner, geb. 1959, Historiker in Berlin

Gottfried Christmann, geb. 1951, wissenschaftlicher Mitarbeiter des »Projektes Geschichte der Holzarbeitergewerkschaften/Gewerkschaft Holz und Kunststoff«, seit 1991 Kreisvorsitzender des DGB in Jena

Dr. Josef Deutz, 1919 bis 1991, bis 1984 im Auswärtigen Dienst

Dr. Joachim Eichler, geb. 1958, wissenschaftlicher Mitarbeiter des Sandstein-Museums in Havixbeck/Münsterland

Dr. Udo Engbring-Romang, geb. 1955, Dozent in der Erwachsenenbildung

Dr. Bernd Faulenbach, geb. 1943, wissenschaftlicher Referent am Forschungsinstitut für Arbeiterbildung in Recklinghausen

Dr. Georg Gitschel, geb. 1960, wissenschaftlicher Assistent an der Universität Leipzig

Prof. Dr. Helga Grebing, geb. 1930, Leiterin des Institutes zur Erforschung der europäischen Arbeiterbewegung der Ruhr-Universität Bochum

Stephan Hegger, geb. 1957, Redakteur der Gewerkschaftlichen Monatshefte

Detlev Heiden, geb. 1960, Promotionsstudent an der Universität Marburg

Hans-Otto Hemmer, geb. 1946, Chefredakteur der Gewerkschaftlichen Monatshefte

Michael Lösel, geb. 1957, Technischer Redakteur in Nürnberg

Prof. Dr. Gunther Mai, geb. 1949, Hochschullehrer für Neuere Geschichte an der Universität Göttingen

Dr. Wolfgang Meinicke, geb. 1952, Assistent am Bereich Zeitgeschichte der Humboldt-Universität Berlin

Frank Meyer, geb. 1964, gelernter Möbeltischler, Student der Geschichtswissenschaft, Soziologie und Skandinavistik an der Ruhr-Universität Bochum

Martin Noé, geb. 1960, Politischer Redakteur beim Mannheimer Morgen

Dr. Heinrich Potthoff, geb. 1938, wissenschaftlicher Mitarbeiter der Kommission für Geschichte des Parlamentarismus in Bonn bis 1991

Peter Riemer, geb. 1928, stellvertretender Vorsitzender der Gewerkschaft Holz und Kunststoff

Dr. Hermann Rösch, geb. 1954, wissenschaftlicher Mitarbeiter der Bibliothek der Friedrich-Ebert-Stiftung in Bonn

Dr. Wolfgang Schäfer, geb. 1946, Wissenschaftlicher Referent in der gewerkschaftlichen Bildungsarbeit

Dr. Wolfgang Schmierer, geb. 1938, Archivdirektor im Hauptstaatsarchiv Stuttgart

Dr. Michael Schneider, geb. 1944, wissenschaftlicher Mitarbeiter der Abteilung Sozial- und Zeitgeschichte des Forschungsinstitutes der Friedrich-Ebert-Stiftung

Prof. Dr. Klaus Schönhoven, geb. 1942, Hochschullehrer für Politik und Zeitgeschichte an der Universität Mannheim

Dr. Rainer Schulze, geb. 1953, wissenschaftlicher Assistent am Institut zur Erforschung der europäischen Arbeiterbewegung der Ruhr-Universität Bochum

Dr. Dieter Schuster, geb. 1927, bis 1992 Leiter des Archivs und der Bibliothek des DGB-Bundesvorstandes

Dr. Henryk Skrzypczak, geb. 1926, Herausgeber der »Internationalen Wissenschaftlichen Korrespondenz zur Geschichte der deutschen Arbeiterbewegung« (IWK)

Hans-Georg Thönges, geb. 1958, Pressereferent des Vorstands des Goethe-Instituts in München

ANHANG

PERSONENREGISTER

Seitenzahlen in Klammern kennzeichnen die Erwähnung in einer Fußnote, kursive Ziffern das Erscheinen in einer Abbildung und halbfette Ziffern die Darstellung in Wort und Bild.

Achterbergh, Jan van   187
Agartz, Victor   208
Albrecht, Ernst   262
Albrecht, Willi   219
Amter, Heinrich   267
Andreas, F.   (209)
Arendt, Walter   **259**
Arndt, Günter   260, 269
Auer, Ignaz   20, 22, 40
Baade, Fritz   146
Bach, Theo   *204*
Bahlke, Rudolf   229
Bakowsky, Fritz   176
Barth, Ernst   196
Bauer   (DHV)   *138*
Bebel, August   9, 18, 22, 40, 46, 48, 93, 98
Becker, Philipp   (41)
Beim, Hermann   109
Berger, Bernhard   268, 269
Beslmeisl, Christel   268
Bismarck, Otto von   23, 74
Böckler, Hans   148
Boege, Heinrich   269
Bohmeyer, Gerhard   268, 269
Bohne, Kurt (220)
Bohnes, August   28
Brands, Klaus   232
Brandt, Heinz   214
Brandt, Willy   *258*
Bräu, Alfred   269
Breit, Ernst   275
Brenner, Otto   208, 256
Brose (DHV)   *138*
Brüning, Heinrich   105, 142
Bücking, Jan   (208f.)
Cassau, Theodor   *138*
Cassing, Heinz   267, 269
Cloß, Carl August   43
Conte, Jacques   159
Dammer (DHV)   *138*
Dast, Friedrich   267, 269
Deig, F. C.   107
Deinhardt, Ernst   228
Deister, Herbert   266
Deutz, Bernhard   230
Dierig, Franz   *204*
Dikreiter, Heinrich Georg   (50), 52f.
Dißmann, Robert   128, 132
Dröske (Vertreter der Berliner Holzarbeiter)   218

Dupont, Paul   230
Dürr, Wilhelm   **278-282**, 283
Eisenburger, Bruno   213-215, 266
Eitzinger, Georg   33f.
Elser, Georg   184, 191, **192**
Endres, Egon   285, **286**, 288f.
Erdmann, Lothar   186
Erfurth, Fritz   108-110
Erhard, Ludwig   149, 257f.
Everding, Lisbeth   (220)
Faber, A. W.   159
Faber, Johann   163
Faber, Lothar   159, 263
Fellner, Johann   (164)
Fischer, Hans   *204*
Fleischmann   25
Franke, Erich   (220)
Frilling, Bernhard   *204*
Fröhlich, Otto   218
Fröscheis, Johann   159
Fubel, Karl   213
Fuhrmann (Gewerkschaftssekretär)   244
Ganz, Hubert   268, 269
Gefeller, Wilhelm   256
Geib, August   22
Georgi, Kurt   213f., 255-257, 259, 266, **276**, 277
Glocke, Theodor   28, 32
Goebbels, Joseph   175, 191
Gorbatschow, Michail   270
Göring, Hermann   *175*, 191
Gottfurcht, Hans   148
Gramm, Wilhelm   24, 226
Grap, Helene   39
Grebing, Helga   **284**, 286f.
Gruchmann, Lothar   191
Grzonka, Anton   266
Haltenhoff (Unternehmer)   108
Hanke (Meister)   49
Hanschen, Karl   186f., 189
Harpe, Paul   176
Hasenclever   22
Haug (DHV)   *138*
Heinemann, Fritz   176, 218
Heise, R.   (209)
Hellwag, Fritz   46
Hemmer, Hans Otto   **288**, 289
Heneka, Liesel   203
Henne, Wilhelm   241
Henneking, Fritz   267, 269

Henning, Otto   218
Henrich, Rolf   270
Hermanns, Willi   *204*
Hertkorn, Hilar   *204*
Heystee, F. A. M.   115
Hidde, Albert   24
Hilferding, Rudolf   147
Hillegeist, A. H.   *106*, 108
Himmler, Heinrich   187
Hindenburg, Paul von   105, 174
Hirse (DHV)   *138*
Hitler, Adolf   89, 174, 176, 181, 184, 188, 191, 231
Hoch, Anton   191
Hölzer, Karl   196, 199-201, 204, 213, 215
Ihrer, Emma   93, 95
Ilse, Georg   242
Ilse, Karl   **240**, 242, 243-246
Ilse, Karlgeorg   242, 246
Ilse, Walther   242, 244
Imbusch, Heinrich   105, 152
Jahn (DHV)   *138*
Jansen, Carl (96)
Jansen, Carl   288f.
Kaas, Ludwig   105
Kädtler, Jürgen   284-286, **287**, 288f.
Kaiser, Jakob   105
Kalz, Paul   218
Kampfrath, Walter   (220)
Kassau, Helmut   245f.
Kassau, Heinz   267
Kaub   77
Kayser, Michael   **190**
Keil, Wilhelm   44, 46, 48f. (90), (173), 183, 190
Kempe, Otto   (208)
Kiefat, Hugo   *204*
Kißner, Franz   230
Klemme, Karl   243
Kloß, Karl   7, 11, 24, 26-28, 32-34, 42, **43**, 44, 63, 77, (79), 96, 109f., 112, 115
Kohl, Helmut   260
Kopka, Gustav   **165**
Korber, Erich   (220)
Kortin, Walter   (214)
Kreuzer, Hans   160
Kreuzer, Ludwig   160
Kuchem, Hans   268
Kummernuß   208

308

Kurtscheid, Heinrich 96, 98, 100f., 103, 120, **151f.**
Kynast, Horst (208f.), *267*, 269
L'habitant, Johann 196
Lambsdorff, Otto Graf von 260
Lappas, Alfons 275
Lassalle, Ferdinand 39f.
Laufkötter, Franz (67)
Leber, Georg 215
Legien, Carl 11, 28, 32–34, 46, 64, 82, 89, 92–94, 128, 132
Lehder, Oscar 17
Lehmann (DHV) *138*
Lehmann, Albert 218
Lehmann, Arthur 218
Leipart, Ernst 90
Leipart, Maria 91
Leipart, Theodor 7, 11, 23, 46, 48, 64, 74, 77, 82, 86f., **88**, 89, 90, 91, 95f., 98, 105, 109–116, 123, 128, 132f., 136, 143–146, 173, 177, 183, 186, 227
Lemke (DHV) *138*
Lemmer, Ernst 105
Leonhard, Hans *204*
Leopold (DHV) *138*
Leuschner, Wilhelm 7, 11, 91, 173, 176, 183, 187, **188f.**, 218
Ley, Robert 175f., 187
Liebknecht, Karl 82
Liebknecht, Wilhelm 22, 39f.
Lieske, Bruno 218
Lindemann (DHV) *138*
Lodder, Wilhelm 158
Ludwig, Bernhard 25
Luxemburg, Rosa 82
Marx, Benno (149)
Maurer, Gustav 208
Mendelson, Max 52
Menecke, Gustav 107
Meyer, Reinhard 23, 226
Mischner, Otto 196, *204*
Möckel, Louis *204*, 209
Möhrle (Meister) 53f.
Moje, Bruno 22, **23**, 225
Montgelas, Maximilian Graf von 159
Morich, Horst 203, *258*, **259**, 262, 266, 277, 284, 285, 286f., 289
Motteler 22, 41
Müller, Hermann 105
Müller, Richard 226
Neßler (Leiterin der HA Frauen beim ZV) 221
Neumann, Adam 128, **143**, 144
Nickel, Walter 263
Nindl, Anton 266
Noske, Gustav 11, 46, 98
Otte, Bernhard 105, 152
Papen, Franz von 139, 142
Peters, Jakob 22
Pfannkuch, Wilhelm 24, 227

Prey, Eduard 225
Pruwe, Diethelm 263
Putze, Werner 195–197
Raane, Peter 263, 266, 267
Rau, Eugen (192)
Reimer 22
Reyseck (DHV) *138*
Rhode, Wolfgang 266
Riemer, Peter 201, 209, 214, 231, **258**, *259*, 266, 284–287, **288**
Rogosch, Franz (208f.)
Röske, Albert 109, 226–228
Roßkopf 33f.
Rückert, Stefan 280, 283
Rusch, Anton 9
Sabel, Anton 196
Schacht 77
Scheffler, Hermann *138*, **186**, 187, 189, 224, 230f.
Scheuble, Julius 230
Schevenels, Walter 186
Schiemacher 24
Schiesser, Horst 270
Schiller, Karl 259
Schleicher, Markus 149, 183–185, **197**, 198, *200*, 201, 231
Schliestedt, Heinrich 145, 187
Schlimme, Hermann 91, **186**, 187, 189
Schmidt, Helmut 259
Schmidt, Robert 11, 80, 98
Schmitz, Wilhelm 18, 26
Schneegaß (DHV) *138*
Schneider, Alfred (220)
Schneider, Dieter 208, (209)
Schneppenhorst, Ernst 183, 189
Schönitz, August 242f.
Schotten, Josef (214)
Schröder, Ernst 196, 201, *204*, 209
Schröder, Willi (220)
Schulze, Willi 266, 268
Schumacher, Kurt 243
Schumacher, Mathias 96
Schumann, Wilhelm *204*
Schuster, F. (209)
Schwark, Karlheinz 266, *267*
Schweckendiek, Wilhelm 8, 23
Schweitzer, Johann Baptist von 40
Seeger, Heinz 201, *204*, 208–210, 213, **224**, 225, 231, 274
Seelenbinder, Werner 184
Segitz, Martin 28
Seifert, Oswald 231
Semmelhaack, Max 157
Sichelschmidt, Ernst 196
Sievers, Dietrich 24
Soltau, Jakob *204*
Sparfeld, Ernst 34
Staedtler, Johann Sebastian 159f.
Staedtler, Paul 159
Staedtler, Wolfgang 160

Stegerwald, Adam 11, 71, 96, 98, **102**, 103, **104**, 105, 151f., 228
Stephan, Günter 255
Stitz, Ernst 242
Storch, Anton 196, *204*
Strauß, Franz Josef 260
Stubbe, Heinrich 227
Tarnow, Fritz 7, 11, 40, 46, 89, 117f., 119, 128, 132, 136, *138*, 142, 144, **145**, 146, **147f.**, 149, 173, 176, 183–187, 190, 198
Tewes, Fritz (208)
Thielicke, Hermann 196, 199f., *204*
Thierfelder, Cäsar 187
Tietböhl, Max 176
Timm, Richard 183, 187–189, 218
Tölcke 39
Traeder, Margarete 187
Tutzauer, Franz 24
Umbreit, Paul 93
Vahlteich 22
Vake, Gerhard 173
Valentiner, Franz 196f., **198**, *200*, 201, *204*, 208, 224
Varnholt, Fritz 229
Vater, Gerhard 201, 208, 213f., 256, 258f., 266, **274**, 275, 277
Vogel, Hans 148
Vogt, Helga 284f., 286, 288
Volk, Heinrich 240, 244–246
Wachtel, Max 220, 223
Wehner, Herbert 258
Weidemann, Ferdinand 22f.
Wicklein, Max 108
Wilhelm I. 23
Wilhelmsdörfer, Karl 55f.
Wittkamp, Heinrich 196, 201, 208
Woltmann, Fritz 109
Wörner, Adolf 255
Wörstein 25
Woudenberg, Corneile 116–118
Woytinski, Wladimir 146
Yorck, Johann Gottlieb 39
Yorck, Rosina 39
Yorck, Theodor 7, 11, 17f., 20f., 24, **38**, 39–42, 225
Zeidler (Unternehmer) 108
Zeilinger, Fritz *267*, 269
Zetkin, Clara 87
Zühlsdorf, Jürgen 269

BILDNACHWEIS

M. = Mitte
o. = oben
u. = unten
l. = links
r. = rechts

Archiv der Gebrüder Thonet GmbH, Frankenberg
57–59

Archiv der Gewerkschaft Holz und Kunststoff, Düsseldorf
14–16, 19, 23, 25, 41, 43, 45–47, 51, 63, 69, 76, 77 (l.), 85 (M.l.), 90f., 106, 109, 119, 135, 143, 147, 151, 186, 190, 196–198, 200, 205, 206f., 210, 212, 259 (o.), 274, 276

1899-1924. Ein Vierteljahrhundert Christlicher Holzarbeiterverband.
97

Almanach des Deutschen Holzarbeiterverbandes, 1900ff.
8 (u.l., u.r.), 29, 63, 78f.

Deutscher Holzarbeiter-Verband. Hauptbüro 1927, o.O., o.J.
145

Holzarbeiter-Zeitung
250 (o.l.) [HZ 2/74], 150, 233

KK. 1847-1907, o.O., o.J.
43, 77 (l.)

Privatbesitz Dr. Josef Deutz
104 (o.)

Archiv der sozialen Demokratie, Bonn
84 (u.), 88, 134, 172, 177 (o.), 178f., 188f., 235 (u.), 236 (o.r.)

Archiv der Thyssen AG, Duisburg
131 (o.l.)

Archiv des Deutschen Gewerkschaftsbundes, Düsseldorf
85 (o.), 99, 148, 204 (o., M.), 211, 224, 226–229, 232f.

Archiv für Kunst & Geschichte, Berlin
66f., 83

Axmann, Artur: Der Reichsberufswettkampf, München 1938
180

Beck, Markus, Laer, Münster
258 (u.), 265

Bermpohl, R./H. Winkelmann: Das Möbelbuch, Gütersloh 1958
216f.

Bildarchiv der IG Metall, Frankfurt a.M.
251 (o.l.)

Bildarchiv des Dietz-Verlages, Berlin
54 (r.)

Bildarchiv Preußischer Kulturbesitz, Berlin
36, 54 (l.), 122 (M.r.), 129 (u.l.), 131 (o.r.), 141

Bilderdienst Süddeutscher Verlag, München
72, 102, 131 (M.r.), 162 (o., u.), 175, 187, 192

Bildstelle der Stadt Nürnberg
161 (u.), 162 (M.)

Bildwort Pressebüro, Beate Knappe, Düsseldorf
261 (u.r.), 267f.

Darchinger, J. H., Bonn
84 (o.), 259

Deutsches Museum, München
130 (M.r.)

Deutsche Presse-Agentur (dpa), Hamburg
263 (o.)
dpa – Etchart
263 (u.)
dpa – Hartmut Reeh
253 (o.l.)
dpa – Hollemann
261 (u.r.)
dpa – Milbret
253 (o.r.)
dpa – Weihs
260 (o.)

Diderot, Denis u. a.: Encyclopédie ou Dictionaire raisonné des sciences, des arts et des metiers. Paris 1751ff.
30f.

Dresing, Uschi, Bielefeld
251 (o.r.), 252 (o.r.)

Firma Ilse, Uslar
240, 242, 244f.

Firma Steinway & Sons, Hamburg
155f.

Glaser, Hermann: Maschinenwelt und Alltagsleben, 1981
33

Grimm, Kurt, Nürnberg
161 (o.)

Gröninger, Hamburg
264 (o.)

Gröninger, Hamburg – Bernhard Nimtsch
252 (o.l.)

Hamann, J., Hamburg
72 (u.), 73

Held, Heinz, Köln
273

Hochhuth, Rolf/Koch, H. H.: Die Kaiserzeit, München 1985
64f.

Holztechnisches Museum, Rosenheim
35, 37

Johannes-Sassenbach-Stiftung, Berlin
77 (r.), 122 (o.), 132 (o.)

Klar, Willi, Frankfurt
248–250

Klebe, Egon, Hamburg
203

Klemann, K., Berlin
33 (u.)

Knappe, Beate, Düsseldorf
264 (M.), 278–282, 284–288

Kommunalarchiv Herford
165 (u.)

Kümmert, Fritz, Bertelsdorf
62

laif-Jürgen Bindrim
253 (u.), 254 (r.), 261 (o.)

Landesbibliothek Hannover
45 (u.)

Landesbildstelle Berlin
85 (M.r., u.)

Leipart, Theodor: Carl Legien. Reprint, Köln 1981
92, 94

Lischke-Arbert, Herta, Düsseldorf
250 (o.r.), 251 (u.r.)

Museum der Stadt Rüsselsheim
33 (o.)

Museum für Kunst und Geschichte, Dortmund: Arbeiterwohnen (Ausstellungskatalog)
70f., 75, 83

Museum für Thüringische Volkskunde, Erfurt
129 (u.r.), 236 (o.l.)

Nordrhein-Westfälisches Staatsarchiv Detmold
165 (o.), 169

Ostwestfalen Lippe, Oldenburg 1957
168

Projektarchiv – GHK, Düsseldorf
51 (o.), 52, 55 (l.), 72, 122 (u.l., u.r.), 130f., 194, 202, 204 (u.), 219, 221f.

Propyläen Weltgeschichte
8 (o.)

roebild, Frankfurt a.M. – Kurt Röhrig
250 (u.)

Rose, Klaus, Iserlohn
260 (u.)

Rund um die Gängeviertel 1889-1930, Berlin 1986 (Paul Wutcke)
71 (u.)

Sächsische Landesbibliothek, Abteilung Deutsche Fotothek, Dresden
8 (u.M.), 122 (M.l.), 129 (o.), 130 (o.), 131 (u.), 132 (u.), 174f. (o.), 177 (u.), 222 (u.), 236 (M., u.), 239

Scharnberg, Manfred, Hamburg
258 (o.)

Scholz, Manfred, Essen
251 (u.l.), 252 (u.r.), 264 (u.)

Schorrer, Joseph, Hamburg
174

Seidel, Jürgen, Köln
271 (o.)

Spielzeugmuseum Sonneberg
235 (o.M.)

Staatliche Landesbildstelle Hamburg
130 (M.l.)

Staatsbibliothek, Berlin
78 (u.), 137

Stadtarchiv Bielefeld
185 (o.)

Stadtarchiv Bochum
194 (M.l.)

Stadtarchiv Essen
185 (u.)

Stadtarchiv Stuttgart
20

Thielen, Heinz-Willi, Eschweiler
55 (r.)

Ullstein Bilderdienst
104 (u.)

Vollmer, Manfred, Essen
271 (u.)